纪念中国人民解放军新疆军区
农业建设第二师成立七十周年
（1953—2023）

庆祝新疆生产建设兵团成立七十周年
（1954—2024）

向艰苦岁月献身于罗布泊西翼拱卫战略任务

向峥嵘岁月奋战于兵团塔里木农业开发事业

向激情岁月投身于塔克拉玛干沙漠生态建设

向奋进岁月坚守于祖国新疆南疆交通核心区

栉风沐雨筚路蓝缕不忘初心砥砺拼搏的伟大

奠基者拓荒者建设者创业者奋进者感恩致敬

新疆生产建设兵团第二师铁门关市史志丛书

三十三团志

（1995—2015）

第二师三十三团史志编纂委员会　编

国家行政学院出版社
NATIONAL ACADEMY OF GOVERNANCE PRESS
·北京·

图书在版编目（CIP）数据

三十三团志：1995—2015 / 第二师三十三团史志编纂委员会编. —北京：国家行政学院出版社，2024.10

（新疆生产建设兵团第二师铁门关市史志丛书）

ISBN 978-7-5150-2645-9

Ⅰ.①三… Ⅱ.①第… Ⅲ.①生产建设兵团—概况—新疆—1995—2015 Ⅳ.①F324.1 ②F327.45

中国国家版本馆 CIP 数据核字（2024）第 099462 号

审图号：新兵 S（2019）009 号

书　　名	三十三团志（1995—2015）
	SANSHISAN TUAN ZHI（1995—2015）
作　　者	第二师三十三团史志编纂委员会　编
责任编辑	曹文娟
责任校对	许海利
责任印制	吴　霞
出版发行	国家行政学院出版社
	（北京市海淀区长春桥路 6 号　100089）
综 合 办	（010）68928887
发 行 部	（010）68928866
经　　销	新华书店
印　　刷	北京新视觉印刷有限公司
版　　次	2024 年 10 月北京第 1 版
印　　次	2024 年 10 月北京第 1 次印刷
开　　本	210 毫米×285 毫米　大 16 开
印　　张	40.25
字　　数	1121 千字
定　　价	398.00 元

本书如有印装问题，可联系调换，联系电话：（010）68929022

第二师铁门关市团场志编修指导人员

编务总指导：康学贵

编纂总指导：张振华

篇目总策划：张振华

版面总策划：张振华

编审总指导：张振华　叶小芳

编辑总指导：张振华　叶小芳

编务服务：范金萍　苏　娟　王玉霞　周善亮　吴海婷　魏珂昕　何梦琦

《三十三团志》评审审读机构

初　　审：第二师三十三团史志编纂委员会

复　　审：第二师铁门关市党委党史研究室　师志办公室

终　　审：第二师铁门关市史志编纂委员会

保密审查：第二师铁门关市党委机要保密局

审　　读：第二师铁门关市审读领导小组办公室

三十三团史志编纂委员会

（2012年1月—2014年2月）

主　　任：刘期国　黄学东

副 主 任：石剑华　冯利和

委　　员：帅士新　李秋艳　张先信　许明书　李富强　李宏彬　田桂英　王保江
　　　　　张伯奎　陈　英　汪维忠　张咏梅　张琦军　郭海军　向　钧　石艳艳
　　　　　张　博　包宏才　高艳荣　朱红星　林　敏　杨帮力　陈尚毅　熊官琼
　　　　　刘小功　李世荣　王　芳　李　玲　白新华

办公室主任：帅士新

（2014年3月—2015年9月）

主　　任：刘期国　孙泽斌

副 主 任：冯利和

委　　员：帅士新　李秋艳　张先信　许明书　李富强　李宏彬　田桂英　王保江
　　　　　张伯奎　陈　英　汪维忠　张咏梅　张琦军　郭海军　向　钧　石艳艳
　　　　　张　博　包宏才　高艳荣　朱红星　林　敏　杨帮力　陈尚毅　熊官琼
　　　　　刘小功　李世荣　王　芳　李　玲　白新华

办公室主任：帅士新

（2015年10月—2016年10月）

主　　任：谢映周　孙泽斌

副 主 任：冯利和

委　　员：帅士新　李秋艳　许明书　张伊斌　赵小明　田桂英　王保江　张伯奎
　　　　　陈　英　向　钧　张咏梅　张琦军　石艳艳　张　博　包宏才　朱红星
　　　　　林　敏　杨帮力　陈尚毅　熊官琼　刘小功　王　芳　李　玲　白新华

办公室主任：帅士新

（2016 年 11 月—2017 年 12 月）

主　　　任：谢映周　夏元利
副 主 任：苏明兰　冯利和
委　　　员：帅士新　李秋艳　许明书　张伊斌　赵小明　田桂英　王保江　张伯奎
　　　　　　陈　英　向　钧　张咏梅　张琦军　石艳艳　张　博　包宏才　朱红星
　　　　　　林　敏　杨帮力　陈尚毅　熊官琼　刘小功　王　芳　李　玲　白新华
办公室主任：帅士新

（2017 年 12 月—2018 年 12 月）

主　　　任：杨淼森　夏元利
副 主 任：苏明兰　冯利和
委　　　员：刘小功　张伯奎　张伊斌　赵小明　陈　英　张咏梅　廖　英　张　博
　　　　　　郑　波　朱红星　杨帮力　熊官琼　王　芳
办公室主任：帅士新

（2019 年 1 月—2021 年 7 月）

主　　　任：杨淼森　夏元利
副 主 任：童永忠　李　燕
委　　　员：刘小功　陈　英　张伯奎　张伊斌　赵小明　汪维忠　陈英杰　帅　涛
　　　　　　徐丽华　张　丽　杨帮力　邢志远　奚启鸿　廖　英　熊官琼　王　芳
办公室副主任：刘小功

（2021 年 8 月—2024 年 1 月）

主　　　任：杨淼森　孙红莉
副 主 任：蔡　义
委　　　员：杨帮力　汪维忠　张伊斌　张启航　潘　玉　陈庆福　刘小功　陈　英
　　　　　　帅　涛　徐丽华　阳　军　奚启鸿　廖　英　谭道艳
办公室主任：杨帮力

（2024 年 2 月—2024 年 10 月）

主　　任：孙红莉

副 主 任：李林超

委　　员：杨帮力　谭道艳　汪维忠　张启航　潘　玉　陈庆福　刘小功　陈　英
　　　　　帅　涛　徐丽华　阳　军　奚启鸿　廖　英　李战胜

办公室主任：杨帮力

《三十三团志（1995—2015）》编委会

总　　编：杨　龙　孙红莉
执行总编：蔡　义
副 总 编：李林超
主　　编：杨帮力　汪维忠　谢奎斌　王晓鹏
副 主 编：谭道艳　付慧平
编　　审：杨帮力
编　　辑：谢奎斌　王晓鹏
统　　稿：谢奎斌　胡蒙召
校　　对：杨帮力　汪维忠　王秀玲
照片供稿：杨帮力　胡俊建　张伊斌　刘小功　奚启鸿
文字供稿：帅士新　李秋艳　张先信　许明书　李富强　李宏彬　田桂英　王保江　张伯奎
　　　　　陈　英　汪维忠　张咏梅　谭道艳　张琦军　郭海军　向　钧　石艳艳　张　博
　　　　　包宏才　高艳荣　朱红星　林　敏　杨邦力　陈尚毅　熊官琼　刘小功　李世荣
　　　　　王　芳　李　玲　白新华

第二师三十三团连队分布图

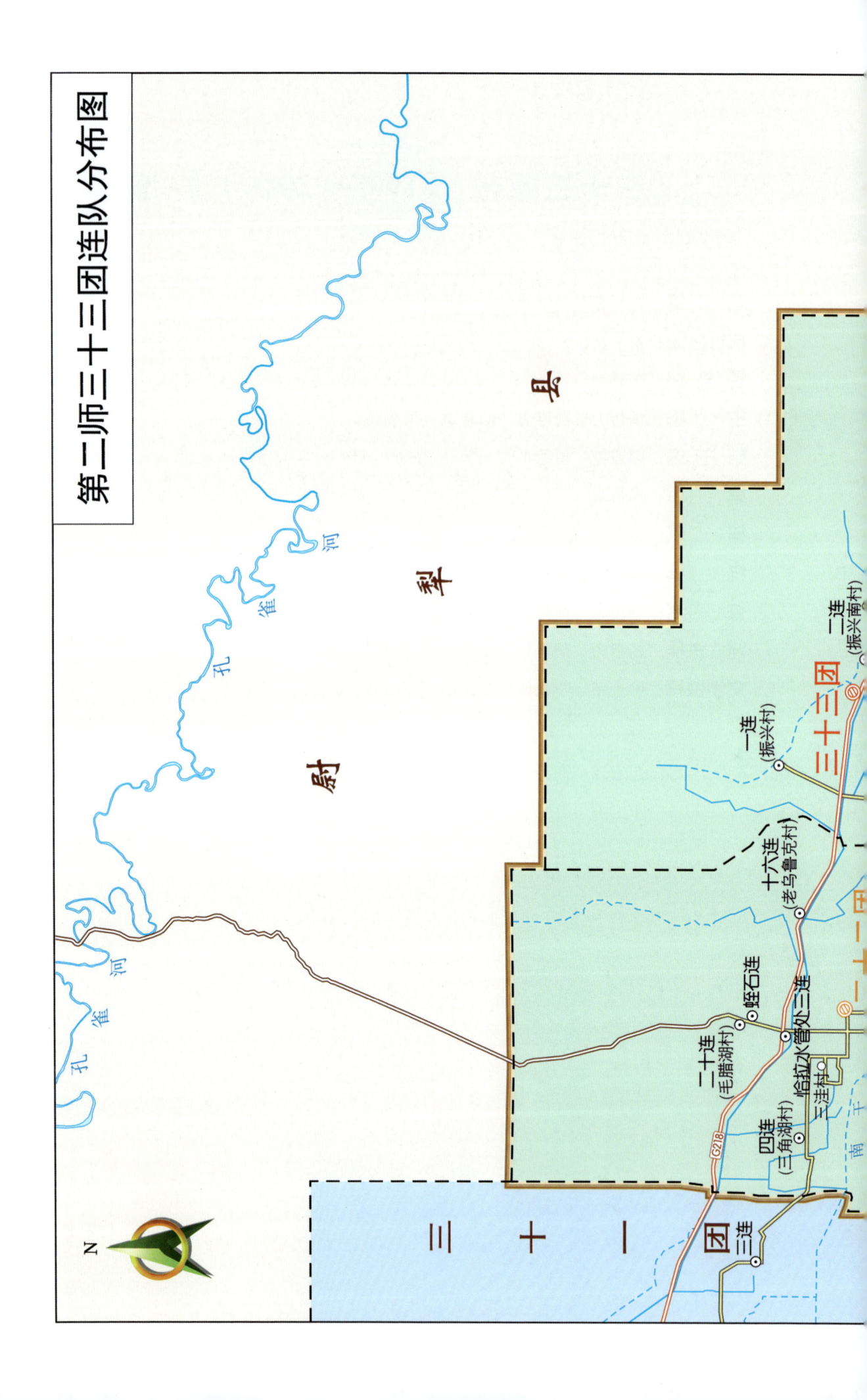

审图号：新兵S(2019)009号　　地图审核：新疆生产建设兵团自然资源局　　新疆兵团勘测设计院（集团）有限责任公司编制

团（镇）概貌

◀ 20世纪60年代，团土木苇把顶结构办公室

（档案室供图）

▲ 20世纪70年代，团连队办公室

（档案室供图）

▲ 建于20世纪80年代的团机关办公楼

（档案室供图 摄于2015年）

▲ 建于20世纪90年代的团文化宫

（档案室供图 摄于2015年）

▲ 建于20世纪90年代的团招待所

（档案室供图 摄于2015年）

三十三团志（1995—2015）

▲ 1996年，农业银行三十三团支行办公楼建设落成
（谢奎斌 摄）

▲ 2007年，团人力资源市场办公楼建设落成
（宣传科供图）

▲ 2010年9月，师在三十三团成立塔里木垦区公路养护分站
（宣传科供图）

▲ 2012年，第二师乌鲁克垦区检察院、司法局办公楼在三十三团建设落成
（谢奎斌 摄）

▲ 2013年，第二师乌鲁克垦区公安局办公楼在三十三团建设落成
（谢奎斌 摄）

▲ 2014年，团文化中心建设落成
（谢奎斌 摄）

团（镇）概貌

◆ 1994年，三十三团医院建设落成
（谢奎斌 摄）

◆ 2015年，三十三团库尔木依镇居民小区 （胡俊建 摄）

◆ 2013年，团新机关办公楼建设落成
（胡俊建 摄）

三十三团志（1995—2015）

◀ 团邮政营业所　　　（谢奎斌 摄于2016年）

▲ 尉犁县农商银行三十三团支行办公楼　　（谢奎斌 摄于2020年）

▶ 中国电信三十三团营业点
　　（谢奎斌 摄于2020年）

艰苦岁月记忆

● 20世纪六七十年代，人工收割小麦　　（档案室供图）

● 1966年，团人工选花　　（宣传科供图）

● 20世纪六七十年代，团加工厂人力堆积粮食　　（宣传科供图）

● 20世纪70年代，三十三团职工利用业余时间积千斤草改良土壤增加肥力　　（宣传科供图）

● 20世纪60年代，人工开挖排渠　　（档案室供图）

● 20世纪70年代，农业机械开始在农业生产中发挥作用　　（档案室供图）

政治建设

2006年6月25日,团举行电视进万家赠送仪式 （宣传科供图）

2008年4月5日,团党员先锋岗机车组在春播中引领示范 （宣传科供图）

2010年12月,团欢送新兵入伍 （武装部供图）

2010年2月1日,团召开一届六次职工代表大会 （团工会供图）

2011年4月29日,团召开庆祝"五四"青年节唱响兵团精神青春建功文艺汇演表彰大会 （宣传科供图）

政治建设

2011年5月26日，团召开干部作风建设年第二阶段动员大会 （宣传科供图）

2011年7月，团举行民兵野营拉练 （杨帮力 摄）

2013年3月14日，团开展"六五"普法宣传活动 （宣传科供图）

2011年7月19日，团召开第二届妇女代表大会 （宣传科提供）

7

2013年7月，团民兵开展防暴训练　　（武装部供图）

2014年4月28日，团在第二师铁门关市党的群众路线教育实践活动知识竞赛中获一等奖
（胡俊建　摄）

2014年8月20日，团机关党员干部向云南地震灾区捐款　　　　　　　　（宣传科供图）

2015年5月2日，团技术人员为尉犁县古勒巴格乡村民指导棉花管理技术　（宣传科供图）

政治建设

● 2015年7月13日，团举办纪念抗日战争胜利70周年暨党风廉政教育歌咏比赛　　　（宣传科供图）

● 2016年6月28日，团召开庆祝建党95周年暨"七一"表彰大会　（宣传科供图）

● 2016年11月18日，中国共产党三十三团第十一次代表大会在职工文化宫召开　（宣传科供图）

经济建设

▲ 2004年，棉田喷施封闭土壤除草剂
（生产科供图）

▲ 2005年冬季，职工捡拾棉田残膜
（生产科供图）

▲ 2005年，团实施双膜覆盖、精量播种技术推广应用　（生产科供图）

▲ 2006年，为减少早春寒对棉花的影响，团在大棚进行棉花育苗技术试验　（农试站供图）

▲ 2005年，团优质成品皮棉
（加工厂供图）

经济建设

▲ 2006年，职工为棉花打顶　　　（生产科供图）

▲ 2007年，职工交售棉花　　　（生产科供图）

▲ 2009年，团技术人员监测棉花日生长量
　　　　　　　　　　　　　（生产科供图）

▲ 2009年，团建设的高标准农田节水
　加压滴灌泵房　　　（节水办供图）

▲ 2011年3月，职工精选棉种　　（生产科供图）

▲ 2011年，棉田喷施叶面肥　　（生产科供图）

11

三十三团志（1995—2015）

● 2011年，生产科对棉种包衣（生产科供图）

● 2012年5月，团举行棉花全苗现场观摩会
（宣传科供图）

● 2015年，团全面推广机械采收棉花
（生产科供图）

经济建设

2011年的生长期棉花
（生产科供图）

2015年，现代化农业机械在团农业生产中普及　（生产科供图）

高标准农田春景图
（生产科 摄于2016年）

三十三团志（1995—2015）

● 2005年4月，团召开林果业机械液体喷雾授粉现场会
（袁明汉 摄）

● 2005年9月，职工采摘库尔勒香梨
（杨帮力 摄）

● 2006年11月26日，师特色林果业优质丰产栽培技术培训班在团举办
（宣传科供图）

● 2006年11月，团举办红枣栽培技术培训班
（杨帮力 摄）

● 2006年12月，团召开果树冬季修剪现场会
（袁明汉 摄）

经济建设

◦ 2008年，团自营经济种植的葡萄 （杨帮力 摄）

◦ 2009年9月，团库尔勒香梨采收后装车外运 （宣传科供图）

◦ 2006年，团种植的苹果丰收 （宣传科供图）

◦ 2009年，团红枣种植规模化 （园林科供图）

◦ 2014年冬季，职工在果园开展清园病虫害防治工作 （宣传科供图）

◦ 2015年，华蒙通在团建设的3万吨冷链仓储基地投入使用 （张伊斌 摄）

三十三团志（1995—2015）

△ 20世纪90年代中期，团建成马鹿养殖基地，塔河马鹿养殖成为团场经济发展重点产业　　（畜牧管理站供图）

△ 2001年，团马鹿养殖基地母鹿群

（畜牧管理站供图）

△ 2002年，团鹿场仔鹿　　（畜牧管理站供图）

△ 2006年，团鹿场公鹿

（畜牧管理站供图）

◁ 2007年，团鹿产品：鹿茸片、鹿鞭、鹿茸粉等

（畜牧管理站供图）

经济建设

◀ 2006年，团超大鹿茸获国家奖项
（畜牧管理站供图）

▶ 2006年，团养殖职工发酵饲草
（畜牧管理站供图）

▲ 2010年6月，职工果园土鸡养殖场　（团工会供图）

▼ 2013年，团养羊协会繁育基地
（畜牧管理站供图）

2010年，团个体户种植的大棚灵芝
（胡俊建 摄）

2014年，团巧梦苑手工协会组织女职工做工艺制品 （工会供图）

2014年9月10日，团招商引资太阳能项目举行签约仪式
（张伊斌 摄）

2015年，二连职工种植的大棚蘑菇喜获丰收
（陈尚毅 摄）

2015年，团大棚基地　　　（宣传科供图）

2015年，团招商引资企业兴业太阳能发电站一期工程竣工
（谢奎斌 摄）

经济建设

◦ 2016年，团电子商业平台建成举行观摩会
（宣传科供图）

◦ 2016年，团投资建设的创业孵化园
（胡俊建 摄）

◦ 2016年1月，团工会开办自主创业"农家乐"烹饪培训班 （工会供图）

◦ 2016年，团招商引资建设的兴业光伏太阳能发电厂竣工 （杨帮力 摄）

19

2006年，团生产的农用地膜（宣传科供图）

2009年，团棉花加工厂车间　　（工商科供图）

2009年，团预制厂　　（宣传科供图）

2010年，团蛭石矿蛭石分装（工商科供图）

经济建设

○ 2013年，团年产20万立方米商混站投产　（胡俊建 摄）

○ 2013年，团震企生物科技有限公司生产加工基地　（宣传科供图）

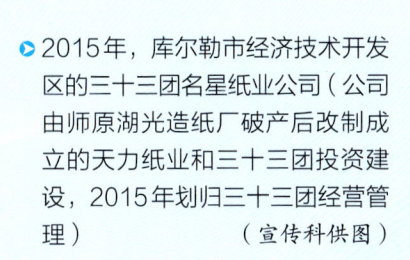

○ 2015年，库尔勒市经济技术开发区的三十三团名星纸业公司（公司由师原湖光造纸厂破产后改制成立的天力纸业和三十三团投资建设，2015年划归三十三团经营管理）　（宣传科供图）

城镇建设

▲ 2005年，团修建通连公路　　（基建科供图）

▲ 2013年，鱼水苑小区建设完成　（周维斌 摄）

◀ 2013年，团推进保障性住房建设

（胡俊建 摄）

▶ 2014年，德馨东苑小区建设完成
（胡俊建 摄）

城镇建设

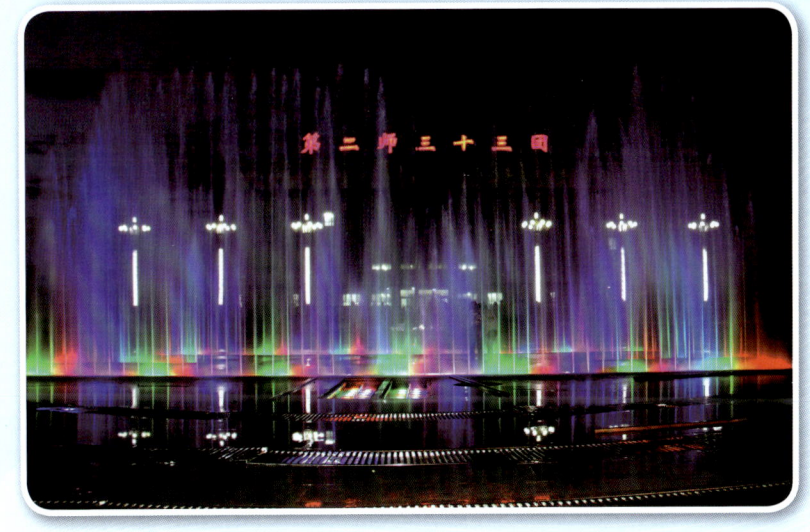

2014年，团部建设广场音乐喷泉　　（胡俊建 摄）

2014年，由河北承德市援建的承德广场　　（胡俊建 摄）

2015年，三十三团森林派出所办公楼建成　　（宣传科供图）

2015年，三十三团气象站办公楼建成　　（宣传科供图）

23

三十三团志（1995—2015）

● 2015年，团部建设的德尚苑小区　（胡俊建 摄）

● 2020年，正在建设的养老院　（谢奎斌 摄）

● 2015年，团结小区建成　（胡俊建 摄）

● 2015年，由河北省承德市援建的承德小区
（胡俊建 摄）

文化建设

○ 2011年1月，团举办职工拔河比赛
（杨帮力 摄）

○ 2012年5月4日，团中学鼓号小乐队表演
（团中学供图）

○ 2012年，团组织春节社火"舞龙"表演
（宣传科供图）

○ 2013年1月25日，团举办职工象棋比赛
（宣传科供图）

三十三团志（1995—2015）

2013年5月25日，第二师传媒中心向三十三团捐书仪式
（宣传科供图）

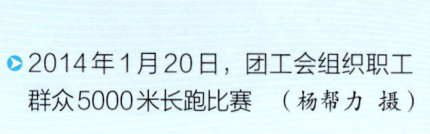

2014年1月20日，团工会组织职工群众5000米长跑比赛 （杨帮力 摄）

2014年1月28日，团组织社火"秧歌"表演
（宣传科供图）

2014年3月27日，兵团工会、电视台"快乐一线"在三十三团送文化送文艺下乡
（宣传科供图）

文化建设

2014年11月6日，三十三团与尉犁县举办兵地文艺演出
（宣传科供图）

2015年，团举行春节团拜会
（宣传科供图）

2015年，团组织社火"腰鼓"表演　（宣传科供图）

三十三团志（1995—2015）

2015年1月22日，团举办迎新春卡拉OK大赛

（杨帮力 摄）

2015年8月17日，兵团组歌硬笔楷书字帖发放仪式在三十三团举行

（宣传科供图）

2016年1月25日，团举办职工自行车慢赛　　（宣传科供图）

文化建设

2016年2月26日,春节期间团组织闹元宵社火 (李新城 摄)

2016年3月2日,第二师塔里木垦区职工篮球赛在团举办开幕式 (宣传科供图)

2016年6月16日,团举办职工百人广场舞活动 (胡俊建 摄)

29

社会建设

○ 2005年，团部建成的康乐公园　　（宣传科供图）

○ 2005年，团完成通连公路建设　　（杨帮力 摄）

◁ 2005年8月30日，团举行国家西部地区人口健康促进项目汇报会
（宣传科供图）

▷ 2012年6月，师消防演练观摩会在三十三团召开　　（宣传科供图）

社会建设

2013年7月14日,团民政部门为受灾职工发放救灾粮油　（民政科供图）

2014年3月,团巴扎日集市　（张伊斌 摄）

2014年,团部环卫工人在清扫道路　（宣传科供图）

三十三团志（1995—2015）

2014年，团部建成的香梨公园　　（胡俊建 摄）

2015年，居民在德福苑小区休闲娱乐　（胡俊建 摄）

2015年，团部爱心超市　　　　　（宣传科供图）

2015年，团养老院老人们下象棋　　（丁建斌 摄）

2015年，团部居民小区　　　　　（宣传科供图）

32

社会建设

2015年，团胡杨林水上公园
（胡俊建 摄）

兵一代和兵三代的快乐生活：1956年河南支边青年王殿臣连队退休后在自家菜园里种蔬菜
（萧华 摄于2002年）

2015年5月7日，团医院巾帼志愿者服务队在母亲节为老人免费义诊
（胡俊萍 摄）

2015年，团子凤幼儿园建成
（宣传科供图）

生态建设

● 20世纪90年代，团在沙漠边缘建设的绿色屏障

（胡俊建 摄）

● 2000年，团建设的生态系统沙生植物沙拐枣发挥防风固沙作用（胡俊建 摄）

● 2006年2月，团组织民兵用芦苇网格防风固沙

（宣传科 供图）

生态建设

○ 2008年，团退耕还林治理生态环境（杨帮力 摄） 　　○ 2008年，团组织职工群众植树造林　　（杨帮力 摄）

○ 2008年2月5日，团组织民兵开展生态建设活动
（胡俊建 摄）

○ 2009年，团在沙漠边缘种植红枣经济林改善生态环境　　（宣传科供图）

35

2012年，团用飞机在生态林防治虫害
（园林科供图）

2013年9月，团部建设攻坚期职工群众参加小区卫生整治行动
（宣传科供图）

2014年，团全面开展城镇绿化建设　（宣传科供图）

生态建设

2014年，团退耕还林还草种植的甘草
（宣传科供图）

2015年，团部建设的生态公园
（胡俊建 摄）

2015年，团环卫工人在道路林带除草
（宣传科供图）

2015年春季，团野生林管护队在天然胡杨林巡逻
（园林科供图）

三十三团志（1995—2015）

○ 2015年，团林管部门对生态系统沙生植物管护　　（园林科供图）

○ 2015年4月22日，第二师城镇绿化工作现场会在三十三团召开
　　　　　　　　（宣传科供图）

○ 流经三十三团的塔里木河　　　　　　　　（胡俊建 摄于2010年）

凡 例

一、本志编修坚持以马克思列宁主义、毛泽东思想、邓小平理论、"三个代表"重要思想、科学发展观、习近平新时代中国特色社会主义思想为指导，依照国务院《地方志工作条例》，全面系统地记述了志书断限内三十三团自然、经济、政治、社会、文化等事业发展历程和现状。

二、本志为三十三团的续志，上限1995年，下限2015年。为保持部分事物记述的完整性和可读性，部分记述内容和图片资料有所上溯和下延。

三、篇目设置由概述、大事记、分志、附录等组成，图、表并用；大事记采用编年体，分志采用纪事本末体。

四、志书记述资料大部分来自团档案室，部分资料由团机关部门、基层单位和驻团单位提供；采用的经济、社会数据，大多以第二师历年统计资料为依据；部分资料来源于口述资料。

五、数字和计量单位，均按国家出版物有关规定执行，亩产、施肥量、行距等计量单位为便于阅读，遵从通俗计量单位。

六、本志人物章遵循"生不立传"的原则；有突出业绩和贡献的在世人物以简介形式记述，历任正团职领导均按任职先后简介生平，其余特殊人物则以事系人散见于各章节。

七、2004年，三十二团并入三十三团。三十三团、三十二团合并前，两团在同一地域，相似内容不作分述；根据两团合并后过渡阶段管理体制，三十二团1996年至2005年记述内容与三十三团同时限内容并列记述，先三十三团，后三十二团；2006年起，三十二团正式全面并入三十三团，按三十三团整体记述。

八、2006年前，三十三团和三十二团记述内容均按团建制名称为称谓；2006年起，由于两团人事、财务、经济考核等方面全面合并，所有内容均以三十三团称谓记述，在章下序等记述中以团场为称谓。

目 录

概　述 ··· 1

大事记 ··· 7

第一章　建置区划

第一节　团场区划 ·· 37
第二节　建制沿革 ·· 38
第三节　农林连队和牧业单位 ··· 39
第四节　自然镇村 ·· 43
第五节　社区 ·· 45
第六节　企事业单位 ··· 47
第七节　地名工作 ·· 47

第二章　自然环境

第一节　地貌 ·· 49
第二节　土壤植被 ·· 50
第三节　水文 ·· 51
第四节　气候 ·· 51
第五节　矿产资源 ·· 56
第六节　野生动物 ·· 56
第七节　野生植物 ·· 57

第八节　自然灾害 …… 58
第九节　环境保护 …… 60

第三章　国土资源管理

第一节　土地资源 …… 65
第二节　规划利用 …… 66
第三节　耕地保护 …… 67
第四节　土地管理 …… 71

第四章　水利和电力

第一节　灌溉渠系 …… 75
第二节　排水工程 …… 76
第三节　节水灌溉 …… 78
第四节　饮水工程 …… 81
第五节　水利管理 …… 82
第六节　电力 …… 85

第五章　村镇建设

第一节　村镇规划 …… 91
第二节　城镇基础设施建设 …… 93
第三节　公用设施 …… 98
第四节　住房建设与房产管理 …… 100
第五节　连队居民点 …… 101

第六章　人口

第一节　人口规模 …… 103
第二节　人口结构 …… 104
第三节　人口变动及分布 …… 110
第四节　计划生育 …… 113

| 第五节　计生宣传与服务 | 115 |

第七章　经济综述

第一节　经济发展	119
第二节　经济结构	123
第三节　经济体制改革	126
第四节　多元化增收	133
第五节　自营经济	135
第六节　河北援建	137
第七节　招商引资	138

第八章　种植业

第一节　种植结构	139
第二节　棉花栽培	141
第三节　棉花采摘	152
第四节　植棉大户	154
第五节　棉花良种繁育推广	155
第六节　其他农作物栽培	159
第七节　植物保护	161

第九章　林果业

第一节　果园规模	167
第二节　香梨	169
第三节　果树病虫害防治	176
第四节　红枣	179
第五节　果树种植示范户	186
第六节　植树造林	187
第七节　退耕还林	192
第八节　经营管理	195

第十章　塔里木马鹿主体养殖业

第一节　饲草资源 …… 201
第二节　畜禽生产 …… 202
第三节　马鹿饲养技术 …… 207
第四节　家畜养殖 …… 210
第五节　家禽养殖 …… 212
第六节　养殖管理 …… 212

第十一章　农业机械

第一节　农机动力 …… 217
第二节　农机具 …… 220
第三节　农机作业 …… 222
第四节　农机具维修 …… 226
第五节　农机管理 …… 228
第六节　机构队伍 …… 231

第十二章　工副业

第一节　规模及效益 …… 233
第二节　蛭石（矿） …… 235
第三节　棉花加工 …… 237
第四节　塑料制品 …… 240
第五节　植物蛋白 …… 241
第六节　其他工业企业 …… 242
第七节　工业管理 …… 245

第十三章　交通和信息

第一节　道路 …… 247
第二节　货运 …… 249
第三节　客运 …… 251

第四节	交通运输管理	252
第五节	邮政	256
第六节	通信	257
第七节	数据网络	258

第十四章　商业和物资

第一节	国有商业	259
第二节	个体商业	261
第三节	农资购销	264

第十五章　经济管理

第一节	计划	269
第二节	财务管理	273
第三节	统计	284
第四节	审计	287
第五节	金融	288
第六节	保险	289

第十六章　人力资源和社会保障

第一节	机构沿革	291
第二节	劳动力资源	292
第三节	劳动力管理	294
第四节	薪酬管理	296
第五节	劳动技能培训	301
第六节	职称评聘	303
第七节	劳保福利	304
第八节	社会保障	307

第十七章　中共三十三团工作

第一节　组织机构 …… 317
第二节　党员代表大会 …… 322
第三节　组织工作 …… 324
第四节　机要保密 …… 330
第五节　重大政治活动 …… 331
第六节　干部管理 …… 336
第七节　纪检监察 …… 340
第八节　老干部工作 …… 348
第九节　宣传思想政治工作 …… 350
第十节　统战工作 …… 354
第十一节　精神文明建设 …… 356

第十八章　政企事务

第一节　重要施政工作 …… 361
第二节　行政机构 …… 366
第三节　信访工作 …… 372
第四节　电子政务 …… 374
第五节　驻团单位 …… 374
第六节　安全生产 …… 375

第十九章　政法武装

第一节　社会治安综合治理 …… 381
第二节　公安 …… 386
第三节　司法行政 …… 389
第四节　人民武装 …… 397

第二十章　群众团体

第一节　工会 …… 401

第二节 共青团 ………………………………………………………………………… 414
第三节 少先队 ………………………………………………………………………… 420
第四节 妇女联合会 …………………………………………………………………… 421
第五节 工商业联合会 ………………………………………………………………… 424
第六节 残疾人联合会 ………………………………………………………………… 426

第二十一章　科学技术

第一节 课题研究 ……………………………………………………………………… 427
第二节 科研和专利成果 ……………………………………………………………… 429
第三节 科学技术推广应用 …………………………………………………………… 433
第四节 科技活动 ……………………………………………………………………… 437
第五节 机构队伍 ……………………………………………………………………… 439

第二十二章　教育

第一节 幼儿园教育 …………………………………………………………………… 441
第二节 中小学教育 …………………………………………………………………… 445
第三节 成人教育 ……………………………………………………………………… 453
第四节 教师队伍 ……………………………………………………………………… 456
第五节 经费管理 ……………………………………………………………………… 460
第六节 教研 …………………………………………………………………………… 461

第二十三章　医疗和卫生

第一节 机构队伍 ……………………………………………………………………… 463
第二节 医疗 …………………………………………………………………………… 468
第三节 卫生防疫 ……………………………………………………………………… 475
第四节 医政管理 ……………………………………………………………………… 480
第五节 健康管理 ……………………………………………………………………… 482
第六节 食品卫生管理 ………………………………………………………………… 486
第七节 爱国卫生运动 ………………………………………………………………… 489

第二十四章　文化体育和广播影视

第一节　文艺演出 …… 491
第二节　群众文娱活动 …… 493
第三节　文艺创作 …… 494
第四节　文化设施 …… 496
第五节　文化市场管理 …… 497
第六节　史志 …… 498
第七节　档案 …… 501
第八节　体育 …… 502
第九节　广播影视 …… 506
第十节　旅游业 …… 508

第二十五章　社会生活

第一节　居民生活 …… 509
第二节　城镇事业发展 …… 514
第三节　民政事务 …… 515
第四节　社区建设 …… 522

第二十六章　人物和先进

第一节　正团级以上领导 …… 527
第二节　劳动模范 …… 530
第三节　兵团（省部）级以上先进个人 …… 533
第四节　师（地、州、市）级先进个人 …… 535
第五节　师级以上先进集体 …… 544

附　录 …… 559

索　引 …… 572

后　记 …… 584

概　　述

一

　　新疆生产建设兵团第二师三十三团（以下简称三十三团）于1958年5月8日成立。三十三团位于巴音郭楞蒙古自治州（以下简称巴州）尉犁县境内，地处塔克拉玛干沙漠和库姆塔格沙漠之间边缘地带，南依塔里木河，北邻孔雀河，坐落于两河下游的冲积平原上。东临楼兰古城280千米，西距库尔勒市160千米，是兵团28个重点小城镇和第二师的3个中心城镇之一。团部位于这片绿色走廊之中，所辖土地总面积414.95平方千米，其中耕地面积为7960公顷，林果业面积5403公顷。居住人口有汉族、回族、维吾尔族、蒙古族、土家族、彝族、藏族、壮族、满族、侗族、白族、羌族、锡伯族13个民族。团内驻有第二师乌鲁克公、检、法、司单位。团场先后获"全国优秀青年文化节""全国乡村青年文化活动先进集体""全国民间艺术之乡""国家级生态乡镇""全国生态旅游名镇""全国科技进步县（团）""全国粮棉高产创建先进单位""全国六五普法中期先进县（市）"等10余项国家级荣誉和263项自治区、兵师表彰的荣誉称号。

　　2004年5月，三十三团、三十二团合并成立三十三团中心团场。

　　2015年，三十三团总人口12115人，在册职工3179人，工商个体从业人员957人。辖33个基层单位，其中农业单位15个、园林单位1个、牧业单位1个（畜管站）、工交建商单位8个、科教文卫单位8个。是兵团10个小城镇建设示范团场之一。

二

　　团场所在地区属温带大陆性气候，日照时间长，昼夜温差大，无霜期长，特别适宜棉花、瓜果等作物生长。所在地域有独具特色的矿产、野生植物、野生动物资源。辖区主要以种植业为主，兼有畜禽养殖业、工交建商业等。种植业有棉花、香梨、红枣等；特色养殖有塔里木马鹿（塔河马鹿）、果园土鸡等畜禽产品；工业产品有蛭石矿、皮棉、生物柴油等。历经几代军垦人的艰辛探索，团场确定"稳棉、进草、兴果、强牧"发展格局，聚力发展二、三产业，狠抓棉花优势产业，推动传统农业向高附加值和高品质的产业发展，推广应用精准农业。在棉花种植上，实施种子包衣、双膜覆盖、精量播种、高密度栽培、节水灌溉、测土施肥、机械采棉等先进技术。团场加工厂生产的"孔雀河"牌棉花免检进入国家储备棉库。林果业围绕绿色食品，开展"精品园、示范园、标准园"建设，做强做优做大香梨产业，香梨在1996年获得国家"绿色食品""沁牌41.46°"认证，出口美国、加拿大、新加坡、日本等国家。畜牧业聚力发展塔河马鹿养殖，所产的鹿茸、鹿血、鹿筋出口韩国、日本、新加坡等国家。

20世纪60—80年代，团场农业以粮食作物为主，主要保障团场后勤供应。90年代后，团场水资源紧缺，种植水稻耗水低效，小麦产量低。随着国家改革开放的不断深入，粮油逐步完全商品化、市场化，为增加职工收入，提升团场经济实力，2002年后停种小麦，2005年后停种水稻，棉花种植在团场占主导地位，并形成一枝独秀的种植格局。

1995年，团场根据兵团改革政策，率先在农业、工副业单位推行联产承包经营责任制，对人事制度、劳动用工制度、收入分配制度进行系列改革。农业试行租赁承包和"两费自理"（生活费、生产资料费）承包经营方式，引进推广棉花高产品种和新技术，加快水利设施建设，实施节水灌溉，建立完善农业丰产攻关制度，发展"两高一优"农业；林果业合理调整产品结构，改革承包经营模式，大规模治理生态环境，推行林网化建设；畜牧业试行租赁经营模式，扩大养殖经济效益较高的马鹿；工业以蛭石矿、油脂厂为龙头，推进工业振兴，拓展二、三产业，工、交、建、商企业实施出售、租赁、股份制合作等多种形式。

1998—2000年，随着农业生产"两费自理"承包力度逐步加大，团场对商业、交通运输业、农业机械、园林业、畜牧业等均作价转卖给职工，由职工自主经营，自负盈亏。

2000年，棉花播种面积2945公顷，总产籽棉1110万千克，计划内籽棉亩均单产270千克，全社会籽棉亩均单产256千克；水稻播种面积270公顷，总产1934吨；林果业果品总产4302吨，实施国家生态农业建设工程项目，完成团部以北总长6.7千米生态微滴灌工程建设；畜牧业持续引进优质品种，运用优选精养、人工授精、胚胎移植、科学配方等综合配套技术，鹿茸总产2.69吨；农机行业加速技术革新步伐，强化农机具改造和农机作业质量管理，推进农业机械标准化建设。完成国内生产总值5908万元，实现利润455万元，职均收入6273元（含庭院经济收入）；完成基本建设总投资1434.35万元，其中农田基本建设投资563.58万元。工程性平地179.3公顷，清淤挖排7.19千米，修硬质路面9.42千米；职工危旧住房改造32户。

2002年，为持续增强发展活力，团场按照兵团《关于深化农牧团场改革的意见（试行）及改革配套措施》，扩大基层民主，扩大职工经营自主权，实行土地长期固定不变，生活费用、生产费用自理，土地固定到户，放宽农、林、牧业发展政策，农副产品实行订单收购，财务集中核算，压缩非生产性开支，减少非生产性人员，减轻职工负担，领导体制由管理型向服务型转变，理顺各种分配关系，实现团场发展稳定。

2004年，13个基层连队实行报账制，7个单位实施集中核算，团场总预算支出4525万元，其中上级补助收入821万元，自有财务资金3704万元，国内生产总值突破11200万元。马鹿存栏5920头，鹿茸总产4.1吨，肉类总产534吨，职均收入12696元。

2005年，团场合并后，采取农业稳团、工业强团、三产兴团的发展战略。皮棉总产1.54万吨，果品总产1.57万吨，鹿茸总产7.87吨；牲畜存栏3.09万头（只），其中马鹿存栏1.12万头。完成国内生产总值2.06亿元，实现利润1180万元，居民人均收入达0.7万元。是年，三十三团被农二师党委评为经济建设先进团场、政治和精神文明先进单位、人口和计划生育工作先进集体、职工自营经济工作先进单位，9个农业单位获农二师棉花高产连队达标称号。

2006年，团场进行人事机构改革，将机关科室由原来的20个缩减为9大科室，压缩非生产人员，减轻职工负担。以转变经济增长方式、调整产业结构、促进协调发展为主线，推进新型工业化、农业现代化、团场城镇化，发展团场工业，重点发展棉花加工、蛭石加工、滴灌带生产。

2007年，兵团制定政策为职工减负，维护职工群众的根本利益。农二师党委对三十三团下达的减负任务指标为251万元，团党委贯彻国家税费改革和减轻职工负担政策，将国家退还的税费全额返还职工，为一线职工减负337万元，亩均减负40.5元，职均增收1500元。团场通过招商引资发展工业，成立新疆震企科技塔里木有限公司、乌鲁克塑业有限责任公司、三汇液化气股份公司。多种经营模式齐头并进，经济效益稳步增长。

2008年，团场遭遇50年来最为严重的春夏连续旱情，塔里木垦区缺水量达0.58亿立方米，造成棉花、香梨大幅减产，团党委紧急拨付146万元资金为边缘连队抗旱打井180余口。因棉花、香梨大幅减产，加之农产品价格低迷，团场经济严重下滑。团制定各项举措，农产品价格仍按订单收购，共让利、补贴、返还职工2500万元。

2010年，团场加快改革步伐，完善经营体制，加大产业结构调整和科学技术推广应用，棉花生产克服前期低温、大风、多雨、病虫害等多种自然灾害影响，通过聚力抗灾自救和科学水肥运筹，棉花正常生长未受影响。完成国内生产总值2.89亿元，一产2.28亿元，二产0.15亿元，三产0.46亿元。农作物播种总面积4775.33公顷，其中棉花播种面积4006.13公顷，实现皮棉1.11万吨；果园5403公顷，其中结果果园面积696公顷，果品总产3.95万吨；畜牧业年末存栏1.3万（头）只，其中马鹿6675头，鹿茸（干茸）总产7.6吨，肉类总产1520吨。总人口1.52万人，人均住房面积35平方米；有线电视入户率98%，广播电视综合人口覆盖率96%。年度完成固定资产投资2864万元，实现财务利润1365万元，职均收入2.19万元。

2011年，按照兵团、农二师党委工作部署，团场完成职工群众最关心、最直接、最现实的十件实事。十件实事项目总投资1.16亿元，实施了三十三团中学宿舍楼抗震加固工程、乌鲁克中学实验楼工程、2.25万平方米廉租房工程、乌鲁克排污外网工程、三十三团养老院工程、300户农房改造工程、轧花厂厂房及设备基础建设工程、农业综合服务中心建设工程、幼儿园建设工程等。是年，一、二、三产业整体发展平稳，各项生产和经济指标达到团场历史最好水平。皮棉总产1.64万吨，果品总产0.46万吨，鹿茸7.2吨，牲畜存栏1.51万头（只），生产肉类1611吨。国内生产总值3.28亿元，职均收入2.43万元。

2015年，团场经营制度不断完善，坚持以团场增效、职工增收为核心，推广应用新技术。种植业坚持以职工家庭承包经营为基础、统分结合的双层经营体制，落实"交钱种地"政策，按照五统一管理，实行土地承包长期固定，主要指标一定三年。林果业深化经营体制改革，结果果园实行租赁承包，新植果园采取团场投资建园，年初一次性缴清果园租赁金。生产成本自购自投，产品自行销售和订单销售相结合。畜牧业以加大品种改良，推广应用优质良种、幼畜培育和育肥技术，实行合作化租赁经营，马鹿有序合并集中养殖，探索公司化经营模式，牛、羊养殖采取专业合作社发展方式。工业以团办工业和民营、联营工业相结合，加大招商引资力度，建成巴州名星纸业有限公司、兴业光伏电站、巴州京宇建材等中小工业企业8家。连队转型升级，以"连社合一"为方向，创新农业连队经营方式，培育家庭农场、股份公司、合作社等连队经营主体，促进连队转型发展。

团场农业现代化在稳棉、优果、强畜的总体思路指引下，籽棉总量由国家"十一五"期末的2400万千克增加到"十二五"期末的4500万千克，果品总产由3.95万吨增加到8.84万吨，牲畜存栏由1.3万头（只）增加到2.96万头（只）。实现国内生产总值8.37亿元。2015年，三十三团初步建成7400公顷优质籽棉生产示范基地和2533公顷有机果品生产示范基地，团场总人口12115人，职工2076人，职均收入4.43万元。

三

1995年，三十三团有党支部22个，党员542人（三十二团党支部25个，党员584人）。2015年，三十三团有党支部31个，党员1045人。在发展历程中，团党委组织党员干部和职工群众贯彻落实党中央、自治区党委、兵团党委、二师党委各项决策部署，落实党风廉政建设责任制，贯彻执行中央八项规定，正风肃纪。创新社会管理模式，突出职工教育管理，开展矛盾纠纷排查化解，强抓安全生产，推进"平安创建"活动，强化普法，深化法制教育。通过加强党的建设，党委核心作用进一步突显，党员干部作风进一步好转，职工素质进一步提升，团场呈现出风清气正、和谐稳定、欣欣向荣的新景象。

2006年，团场通过师"基层党组织建设先进团场"复验，3个连队党支部被授予师级"五好"党支部；3个连队支部通过师"五好"连队党支部复验，17个党支部被评为团场"五好"党支部。

2013—2015年，团场开展"两级党建联创"工作，实施推进"五大效能提升"。在"两级党建联创"活动中，基层党组织坚持"三会一课"制度，强化党课教育，辅以集中学习、理论培训。团党委与尉犁县委制定深化兵地党建工作举措，组织50名机关副科级以上领导干部、6个连队的支部书记，与尉犁县古勒巴格乡的人民群众结对帮扶，实施兵地共建项目4个，投入项目资金11万元，为遭受雪灾村民捐赠棉籽壳33吨。2015年，三十三团获兵团"第六次民族团结进步模范集体"荣誉称号。

四

1958年，团场建场时，人口来自国内其他省市。20世纪60年代，是团场第二代人口出生高峰期。20世纪70年代，从四川、河南、甘肃等省区自流来团人员增多，并逐渐在团场安家。1995年，三十三团总人口7441人（三十二团总人口6487人）。2005年，三十三团总人口8165人（三十二团总人口8122人）。2015年，三十三团总人口12115人。团场居民有13个民族，少数民族以蒙古族、维吾尔族、回族、土家族居多。

经过半个多世纪的发展历程，团场职工群众生活水平不断提高。由建场时期的住地窝子、缺粮少菜、生活单一、物资匮乏、出行艰难，发展到2015年的楼上楼下自来水、手机电脑互联网、冰箱空调小汽车、鲜果蔬菜牛羊肉、休闲健身广场舞、集市餐饮宾馆楼。随着团场"绿化、净化、亮化、美化"全面推进，形成"人在林中走、城在绿中建、休闲画中游"的美好图景。

2015年，团部镇区先后建成办公楼、招待楼、教学楼、商场楼、医院楼、文化宫、农贸市场和乌鲁克公检法司办公楼等公共设施；完成镇区水、电、路、桥、通信、供热、环卫、绿化、住房等基础设施工程建设，建起商住楼98幢、住宅楼13幢，总建筑面积达63万平方米，公共绿地面积达6.4万平方米；建成镇区六条主干道（塔里木大道、建设路、幸福路、振兴路、广场路、卫生路）两侧行道林12条，总长10千米，面积2.2万平方米；收入结构不断优化，贫困人口逐年减少，社会保障体系进一步完善，养老金发放率100%；富民惠民措施得力，累计发放城镇居民低保金600余万元，开展各类访贫问苦、社会救济活动惠及2万余人，职工群众生活水平大幅提高，全团居民可支配性收入达到2.14万元；团一连道路柏油化，天然气入户、水电入户、集中供暖100%；生活垃圾、污水处理率达95%以上，医疗卫生健康发展。团场社会各项事业蒸蒸日上。

五

20世纪90年代后，团党委围绕加强社会主义精神文明建设，助力推进团场物质文明建设，做到"两个文明"建设两手抓。1990年，三十三团举办首届"库尔木依文化月"系列活动（至2015年共举办25届；三十二团1995—2004年共举办9届"乌鲁克文化月"系列活动）。1995年后，团场相继建起职工文化中心、兵团级儿童文化园、基层连队文娱活动室、老年活动室、阅览室、运动场、门球场和"职工之家"等文化活动场所，职工群众文化活动日趋丰富。2006年后，团党委以"文化兴团"为目标，围绕传承和弘扬中华民族共同体意识，坚持弘扬传播主旋律，凝聚团场发展正能量。加大专项活动资金投入力度，开展"和谐小康家庭""巾帼建功""党团共建创先争优""道德讲堂""先进人物巡回演讲"活动；制作"劳模风采展播""丝路胡杨城　大美乌鲁克"专题片；举办赏花、包粽子等活动，职工群众文化生活更加丰富。2012—2015年，团场举办了两届"机采棉节"职工文化汇演、"乌鲁克杯"百日广场文化艺术节、"胡杨艺术摄影节""兵地一家亲"等文化宣传演出活动，营造兵地浓厚文化氛围，提升兵地文化引领作用。

至2015年，团场有文体协会11个，文艺骨干1592人；有"金色胡杨艺术团""少年火炬艺术团""幼儿苗苗艺术团""老年艺术团""夕阳红健身操艺术团"等职工业余文艺表演团队。形成独具特色的"卡拉OK赛""库尔木依文化月""职工百日广场舞""红柳杯职工文艺汇演""春晚表演"活动，团场文化事业蓬勃发展。

在屯垦戍边、保卫边疆、发展壮大团场的建设中，三十三团各项事业砥砺奋进，既取得了骄人成就，也积累了宝贵经验，但仍存在着一些短板和不足：经济发展质量不高，一产独大的局面没有得到根本改观，与之配套的产业链还没有形成，二、三产业还处在起步阶段，经济结构性矛盾没有从根本上改观，调结构、转方式仍是重点难点。缺乏税收及发展资金成为制约发展的瓶颈，随着城镇化建设不断推进，庞大的固定资产投资和公共设施的运转成本成为团场沉重的包袱。团场改革创新尚需进一步推进，体制机制方面还需要从更深的层次解决，要从转变观念和创新思路上多谋划多实践。干部职工队伍年龄结构普遍老化，职工队伍年龄结构不优，劳动技能欠缺，创新能力不足；干部队伍选人用人机制不够灵活，专业技术人才匮乏；干部作风亟待进一步转变。

雄关漫道真如铁，而今迈步从头越。在习近平新时代中国特色社会主义思想指引下，三十三团有信心把握机遇，有能力迎接挑战，更有决心战胜一切困难，与四海宾朋、有识之士共同打造出一个经济发展强镇、生态建设大镇、文化旅游名镇、维稳戍边重镇，使塔里木河畔的这颗"绿色明珠"耀发更加熠熠夺目的光彩。

大 事 记

一、三十三团

1995 年

3月7—8日　团在文化宫召开第五届一次职工（会员）代表大会暨1994年度表彰大会。

3月10日　团党委根据党的十四届四中全会通过的《决定》，联系团场实际制定出党建工作三个条例，即《党委常委工作条例》《基层党支部工作条例》《党政干部廉政自律规定》，下发团属各单位贯彻执行。

3月18日　团党委召开经济工作会议，全面部署1996年经济工作。

4月1日　团全面更换陆地棉"军棉一号"品种，改种"中棉"系列，同时全面推广棉花宽膜覆盖种植技术。

4月15日　团程控电话系统全面开通。

4月28日　团遭受8级以上狂风袭击，受灾面积达120公顷，重灾面积达54公顷。

6月13日　兵团、农二师"两高一优"特色农业参观考察现场会在团召开。

7月1日　团在文化宫召开党员学习孔繁森事迹精神演讲会暨表彰先进大会。

是日　团医院通过农二师"一级甲等"医院评审验收，进入农二师首批"一级甲等"医院行列。

7月8—10日　在三十二团举行的农二师职工象棋邀请赛塔里木赛区比赛中，三十三团获团体第三名。

8月6日　农二师综合治理先进经验汇报会在团文化宫召开。

8月15日　团党委召开"总结经验奔市场，促进经济奔小康"经济工作会议。

8月21日　共青团三十三团委员会第十一次代表大会在文化宫召开。

9月1日　团实行全员劳动合同制，全体职工首次签订劳动合同。

12月2日　尉犁县授予三十三团"文明单位"称号。

1996 年

1月7日　农二师党委任命雍朝万任三十三团党委第一书记、政委；马胜利任三十三团党委书记、政委；马庆华任三十三团党委副书记、团长；刘立智任三十三团党委常委、纪委书记；赵勇、杨伯银任三十三团副团长。

2月17日 团召开第五届二次职工（会员）代表大会暨"双先"表彰大会。

3月8日 团女职工委员会被全国总工会授予先进集体称号。

6月10日 团投资6万余元在农试站新建一座占地面积5400平方米的鹿场。

7月15日 团医院通过农二师"一等甲级"医院复验。

9月5日 团举办农二师首届团级老年运动会。

10月21日 团以281.2分居全师第一的成绩通过兵团"两基"教育督导验收。

11月10日 团开展"十星级文明户"评选活动。

12月8日 团党委书记、政委马胜利调离三十三团。

12月12日 团利用冬闲时间，对职工进行全员科技培训，培训职工6000余人次。

12月24日 团全面推广新技术、新品种，棉花在遭受严重的风灾情况下仍获丰收，皮棉亩均单产达106千克，总产8.72万担。

1997年

1月2日 《香港商报》登载《塔河明珠在招手》专版文章，向海内外全面介绍三十三团发展情况。

1月5日 盛祖才任三十三团党委书记、政委。

1月19—20日 团在文化宫召开第五届第三次职工（会员）代表大会暨"双先"表彰大会。

3月9—10日 团召开经济工作和精神文明建设暨"双先"表彰大会。

4月16日 团结合"三五"普法教育，邀请乌鲁克检察院领导到团对干部进行法制课学习辅导。

8月18—22日 团运动员参加在农二师三十五团召开的第二届塔里木职工运动会，团代表队获团体第四名。

9月21日 团获中国农学会特产综合学会颁发的"中国标准示范鹿场"奖。

11月10日 由团自行设计，建筑公司承建的团文化广场落成。

是月 由团工会王战军作曲、陈尚毅作词的团歌《跨越明天》完成创作。

是月 由团建筑公司承建的团农行营业所办公楼被农二师评为优秀工程。

12月5—6日 团在文化宫召开深化体制改革动员大会。会议决定1998年对农林业全面推行"两费自理"，对团农机行业全面实行股份合作制改造。

1998年

1月28日 团建筑公司召开股份合作制股东大会。

3月11日　团在文化宫召开晚春播工作动员暨"双先"表彰大会。

4月22日　夜间突降霜冻，气温骤降，致使团内1311公顷棉花、1666.66公顷结果香梨遭受严重冻害。

4月30日　团人口学校成立，杨百银任名誉校长。

5月28日　团库尔木依监狱第二届党代会在团机关会议室召开，大会共选出17名党委委员。

6月19日　农二师师长宋建业一行，到团视察棉花生产情况。

是日　中央电视台《中国新闻》详细报道塔里木（三十三团）沙化、干旱给塔里木垦区所带来的威胁，旨在引起国人的关切和关注。

7月2—3日　中共三十三团第八次党员代表大会在文化宫隆重召开，与会代表161人，大会共选出党委委员21人，纪委委员4人。

7月8日　兵团宣传部检查团到团检查小康示范连队建设情况。

7月3—16日　团开展建团40周年大型"银花杯"职工篮球赛等庆祝活动。全团共有15个单位（代表队）参赛，十连获冠军，团棉花加工厂获亚军，三十三团中学获季军。

8月21日　团党委向全团干部、职工发出号召，通过捐款捐物，伸出援助之手，支援湖南、湖北、黑龙江、内蒙古等地的抗洪救灾工作。

9月7日　团党风廉政建设经验交流及党员干部大会在团文化宫召开。

是月　团投资76万元，率先在林园一连42.2公顷果园推广涌泉灌新技术。

9月17日　团第一次工商业联合会会员代表大会在团文化宫召开，参会代表47人。大会选举出13人，组成团第一届工商业联合会执委会。其中名誉会长1人，常务会长1人，常务副会长2人，副会长4人。

12月　团11个农机单位、1个建筑企业全面实行股份合作制，共入股金753.7万元，其中法人股441万元，职工入股338.7万元，股金回报率13.2%。

是月　团绿廊商场根据市场需要，全面推行国有民营、租赁经营、出租等模式，全年销售存货达41.9万元，团收回前期投资22.6万元。

是月　团通过农二师科技示范团验收。

是月　团医院在巩固一甲医院的基础上，再创爱婴医院并通过兵团合格验收。

是月　团中学被兵团少工委授予"先进学校"称号；团幼儿园被兵团授予"蒲公英农场儿童文化园"称号；团获农二师"先进单位""党风廉政建设先进单位""社会治安综合治理先进单位""文化建设先进单位""纪检监察先进集体""民族团结模范先进单位"；获农二师工会"全心全意依靠工人阶级十佳企业"；获兵团"抗洪救灾捐款贡献突出单位"；获巴音郭楞蒙古自治州"精神文明建设先进单位"称号。

1999 年

1 月 10 日　团党委书记、政委盛祖才调离三十三团。付荣任三十三团党委书记、政委。

1 月 25—26 日　团召开第六届二次职工（会员）代表大会暨 1998 年度表彰大会。

2 月 10 日　团开展第九届库尔木依文化月活动。

3 月 3 日　团正式成立塔里木垦区病虫害测报站，属生产科管辖。

3 月 16 日　农二师在三十三团召开塔里木垦区"贯彻落实兵团纪委第八次会议精神"大会。

3 月 19 日　50 名河南新职工到团参加工作。

6 月 15 日　团引用科技新技术，并引进试种棉花 91-19 新陆早 7 号新品种，大面积实行棉田软管灌水新技术。

8 月 17 日　农二师党委书记、政委葛政法一行到团进行调研。

8 月 20 日　据《绿原报》刊载，农业部农垦局计划统计处最新公布农二师在兵团农场排序，其中三十三团排序如下：国内生产总值（现价）5135 万元，排序 263；利润总额 291 万元，排序 151；销售税金 96 万元，排序 232；耕地面积 3480 公顷，排序 187。

8 月 25 日　团工会在文化宫举行第九届女工手工艺品展览会，共展出作品 280 余件。

9 月 3 日　团邀请乌鲁克司法局为干部职工上依法治团法制课。

9 月 20 日　据《新疆日报》刊载，兵团党委在库尔勒市召开小康连队建设经验交流暨命名表彰大会，其中首批兵团小康连队有团建筑公司和民兵连。

9 月 21 日　据《绿原报》刊载，9 月 15 日在巴音郭楞蒙古自治州、农二师举办的首届库尔勒香梨创名牌质量评比会上，团香梨获优质产品、最高含糖量两个奖项。

9 月 29 日　团中学在文化宫举行迎接中华人民共和国成立 50 周年"祖国颂"文艺晚会。

10 月 19 日　兵团科技示范验收组一行 12 人，到团验收科技示范田工作，团以 92.4 分的成绩获"兵团科技示范团"称号，获奖金 1 万元。

12 月 10 日　团在提速农牧团场改革步伐中，首先在三连进行民主选举干部试点工作，达到预期效果。尔后，在逐步完善的基础上对八连、十一连、加工厂进行民主选举干部工作。

2000 年

1 月 14 日　团驻阿尔金山石棉矿因产品滞销，造成连年亏损，经团党委研究决定：撤销团石棉矿，人员回团分流。

1 月 30 日　团为推进市场经济发展，成立粮油供应站，实行两大经营实体，自负盈亏。

3 月 15 日　团组织联合调查小组对团农贸市场摊点、个体（商店）等所经营的商品进行质量、品质大检查。

3 月 30 日　副团长赵勇调离三十三团，丁龙奇任三十三团副团长。

4月23日 团被兵团授予"初级卫生保健合格团场"称号。

6月29日 团召开庆"建党节"座谈会暨1999年度先进党支部、优秀党员表彰大会。

7月25日 团党委召开经济工作会议。

8月20—24日 农二师第五届职工体育运动会在米兰垦区三十六团拉开帷幕，团共有41名运动员参加。团代表队获团体总分第二名，象棋获团体第一名；篮球赛男子获第三名、女子获第二名；乒乓球赛男子获团体第二名、女子获第三名；田径赛男子获团体第二名；广播体操团体获第三名。

9月24日 农二师党委在团召开塔里木垦区五个团场生态工程建设动员会。

10月15日 遵照兵团、农二师《关于危旧房改造工作的通知》精神，团采取筹资、个人集资的办法，在团新建一幢4层可居住32户的安居工程楼。

10月17日 农二师投资700余万元，用于团场生态改造工程建设，第一期工程项目在团所属沙漠边缘连队全面展开。

12月29日 团被农业部授予"农业基点调查工作先进单位"称号。

是日 团工会在团文化宫举行"迎接新世纪"大型文艺晚会。

2001年

1月3日 团医疗制度改革全面实施。

1月4日 团组织开展"解放思想、更新观念、深化改革、加快发展"大学习、大讨论活动。

1月16日 团六届四次职工会议暨表彰大会在文化宫召开。

2月2日 团在文化宫召开"三讲"教育动员大会，兵团副司令员华士参加会议并作重要讲话。

2月28日 团"三讲"教育第三阶段动员大会在文化宫召开。

3月28日 农二师塔里木垦区棉花播种现场会在团七连召开。

4月28日 团遭受8级以上沙尘暴袭击，860公顷棉田遭受到不同程度的灾害，其中184公顷棉田受灾严重，造成绝收。

5月4日 团共青团在文化宫举行"青年节"庆祝活动暨2000年度先进团支部、先进青年表彰大会。

5月18日 团"三个代表"教育动员大会在机关会议室举行。

5月22日 在塔里木垦区首届老年门球比赛活动中，团获第二名。

6月8—10日 团"三个代表"学习教育动员会转入第三阶段。

7月1—6日 为庆祝中国共产党成立80周年，农二师宣传部、中国市场报社驻南疆记者站、西凉啤酒驻南疆销售中心、巴音郭楞蒙古自治州电影院等单位联合组织电影巡映活动，为团职工群众放映《开国大典》《警界男儿》等影片。

7月21日 农二师第三届"马鹿人工授精"培训班在团举办。

7月25日 团直单位加工厂、修造厂、综合服务站、水管站、机关等10个单位的党政干部学习"三个代表"教育总结大会在团办公楼三楼举行。

8月10日 共青团三十三团第十二次代表大会在文化宫举行,大会选举张咏梅为团委副书记。

8月24日 团举办第十一届女工手工艺品展览活动,共展出20个单位的200余件作品,有30件作品分获五大类奖励。

8月28日 团库孜来克派出所办公楼落成剪彩。

9月5日 农二师棉花加工质量管理专题讲座在团文化宫举行。

9月11日 团在文化宫举办"建党节"学习江泽民总书记讲话报告会。

9月23日 巴音郭楞蒙古自治州路桥公司承建的三十三团农科站至向阳站路段铺设柏油路工程开始动工,总投资116万元,于是年10月1日全线竣工。

10月10日 团首次投资300余万元购买的2台采棉机在民兵连三角地试采。

10月11日 团宣传科、广播电视站拍摄制作的反映团生态环境建设专题片《大漠军垦人,绿洲保护神》,受到兵团、农二师有关部门的赞誉。

11月14—16日 兵团武警部队指挥部文工团到团进行慰问演出。

11月26日 巴音郭楞蒙古自治州移动通信公司三十三团营业厅开业。

11月30日 农二师工会到团检查贯彻落实兵团、农二师党委关于《发展自营经济,做好拴心留人》等工作情况。

12月7日 三十三团林业站被国家林业局授予"全国先进林业工作站"称号。

12月25日 农二师塔里木片区副处以上干部马克思主义理论考试在团文化宫举行。

2002年

1月26—27日 团召开第七届一次职工(会员)代表大会暨2001年度表彰大会。

2月20日 从河南杞县接迁的98名新职工到团。

5月4日 团共青团、工会在文化宫联合举办"青年节"文体活动。

7月1日 团纪委、组干科在文化宫举办"党的知识""党纪政纪条规"等内容的知识竞赛,并对2001年度获党风廉政建设的先进集体和先进个人进行表彰。

7月4日 团职工医疗保险由团统筹改为农二师统筹。

10月11日 团投资280万元,用于修建"双防"三支干渠道12.1千米,桥涵4座,改建中低产田266.66公顷。

11月25日 团农机标准化通过兵团验收组验收，并被评为年度"标准管理先进团场"。

12月6日 团"双防"渠道通过农二师水利局、监理公司检查验收。

2003年

1月15日 团蒋晓明、敬斌宇、李秋艳、李闫、林敏、靳建平、陈运谋7人联合撰写的《塔里木马鹿胚胎移植技术研究》一文获2002年度农二师科学技术进步奖科研项目一等奖。

1月18—19日 团第七届二次职工（会员）代表大会暨表彰大会在文化宫召开。

2月16日 团2000级中央农业广播电视学校中专继续教育"农业推广"专业大专班48名学员在文化宫职工培训教室举行毕业典礼仪式。

3月4日 团党员干部职工为新疆伽师县地震灾区群众捐款共计8775.30元。

3月11日 巴音郭楞蒙古自治州党委在农二师党委的陪同下到团进行调研，并考察六连养鹿场。

3月12日 尉犁县技术监督局、尉犁县烟草专卖局、尉犁县药品监督局乌鲁克工商所、兵团中华联合财产保险公司三十三团支公司、三十三团社区管理委员会等部门联合在团库尔木依农贸市场门前开展"消费者权益保护日"活动。

3月15日 2002年度"双先"表彰暨晚春播工作动员大会在团文化宫召开。

3月26日 团在机关办公楼会议室举办新闻培训班。

3月27日 由团长带队，各连队主要领导和职工代表及机关科室领导70余人到三十五团观摩春耕、春备工作。

3月31日 团组织各连队主要领导、农机作业站站长、连队技术员及机关挂钩科室领导，在八连召开"三个常规""二个标准化"棉花播种现场会。

4月4日 团首次引进4台棉花精量播种机。

4月14—16日 兵团副司令员一行到团视察工作。

4月17日 团召开第二次工商业联合会（商会）代表大会，参会代表58人。大会选举出13人，组成第二届工商业联合会执委会。会长1人、常务副会长1人、秘书长1人。

4月21日 兵团交通局一行，到团考察团际公路施工情况。

是日 农二师武装部塔里木片专武干部教育整顿工作会议在团办公楼三楼会议室召开。

5月2—3日 农二师纪委书记率农二师防疫站、卫生局一行，到团检查"非典"防疫工作。

6月3日 团对上半年生产工作进行观摩检查，各农业连队主要领导及机关副科以上领导70余人参加。

6月14日 兵团工会一行在农二师副政委、农二师工会等陪同下，到团调研工会工作。

6月16日 兵团调研组一行在农二师民政局的陪同下，到团调研检查统战民政工作。

6月17日 兵团纪委在农二师纪委一行陪同下，到团检查党风廉政反腐工作。

7月1日 团党委在文化宫隆重举行中国共产党成立82周年庆祝大会。

7月30日 农二师在团召开各植棉团场田管现场会。

8月31日 农二师监狱系统新生汇报演出队到团演出。

9月1日 农二师团委工作会议在团机关会议室召开。

9月4日 安徽利辛县800名拾花劳务工抵团。

11月1日 团蒋晓明、敬斌宇、李秋艳、李闫、林敏、靳建平、陈运谋7人联合撰写的《塔里木马鹿胚胎移植技术研究》一文获兵团科技进步成果三等奖。

12月13日 农二师副政委带队，农二师组织部及农二师有关部门领导到团检查政工工作。

2004年

2月26—27日 团第七届三次职工（会员）代表暨"双先"表彰大会在文化宫隆重召开。

3月 团完成2003年度十大民生工程：投资2305.79万元建成23千米团际主干公路；投资136万元实现了全团光缆电视联网；投资298万元改造危旧房100套；根据小城镇建设规划，投资270万元建成一栋2700平方米的底商楼，解决40个职工家庭高标准的住房和20余个就业岗位；发放贴息贷款446.28万元支持100户职工家庭发展养鹿产业，养鹿数量达到1200余头，较上年增加2.61倍；给承包职工发放微滴灌棉田农工补贴99.8万元，全团2866.67公顷棉花全部实现微滴灌种植，推广棉花新品种，推行棉花栽培新模式，当年棉花总产、单产均创历史新高；对上年度亏损的承包职工减免158.49万元；为52个贫困家庭发放扶贫款1.68万元，粮食6.4吨；按期完成全团农电网改造工程；投资57万元完成团客运站的改建。

5月22日 农二师党委决定，成立三十三团（中心团场），三十二团为进入团场。

6月11日 团在文化宫召开基层连队民主选举主要领导干部工作动员大会。

7月16日 团利用国债投资800万元，团配套资金200余万元，投资修建总长为21.49千米的团际柏油路工程正式建成并通车。

8月30日 团在文化宫召开香梨采摘销售动员大会。

9月14日 巴音郭楞蒙古自治州、农二师和新疆红太阳种业有限公司在团联合举办棉花新品种现场会。

12月8日 农二师农业局在团文化宫举行果树丰产栽培技术经验交流会。

2005年

1月10日 团机关全体工作人员为印度洋海啸灾区捐款2.3万元。

1月28—30日 团召开棉花技术研讨会。

1月29日 团保持共产党员先进性教育活动动员大会在文化宫举行。

2月3日 农二师在团中学阶梯教室，举办塔里木垦区副处级以上领导干部保持共产党员先进性学习教育活动学习班。

2月20日 农二师在团文化宫举办保持共产党员先进性优秀党员先进事迹报告会。

2月25日 上午11时，农二师塔里木水管处卡拉干渠600米处发生决口，接到救援通知后，团迅速集结200余人支援。

是日 农二师丰产攻关暨种养协会先进个人演讲报告会，在团文化宫举行。

3月7—9日 三十三团（中心团场）第一届一次会员代表暨"双先"表彰大会在文化宫召开。

4月2日 团召开晚春播工作现场观摩会，各连队主要领导、技术员、农机分站站长及机关科室领导80余人参加。

4月6日 下午5时至午夜1时，团遭受大风、沙尘袭击，降雨持续到7日下午6时许，近17个小时里还伴有霜冻，造成2282公顷已播棉田遭受不同程度灾害，重灾面积达266公顷。

4月13日 农二师在团库尔木依监狱机关会议室举办塔里木垦区保持共产党员先进性教育党支部书记培训班。

4月14日 团中学300名少先队员参加"春天的希望"诗歌朗诵比赛。

4月20日 团在文化宫召开上半年思想政治工作大会。

4月22日 农二师在团文化宫召开农牧团场劳动节先进代表座谈会，与会代表47人。

4月26日 由国家投资30万元、团自筹65万元建设的塔里木垦区疾病预防控制中心项目在团破土动工。

5月1日 团成立香梨种植协会。

5月4日 团共青团在文化宫组织举办"庆祝共产主义青年团成立86周年"文艺演出活动。

5月11日 团在文化宫召开第一批保持共产党员先进性教育活动暨整改提高阶段动员大会。

5月21—22日 团进行第一次农业生产工作观摩大检查。

5月23日 兵团武警指挥部文工团到团慰问演出。

5月25日 农二师党委一行，到团视察生态林及林果业生产工作情况。

6月14日 由团长、副团长率各生产单位连长、农业副连长、技术员等40余人，到二十九团、三十团观摩棉花长势及田间管理。

6月17日 农二师"四五"普法依法治理先进性教育活动群众满意度测评大会在团文化宫举行。

6月22日 团中学与土管分局联合举办"珍惜土地 爱我家园""全国土地日"演讲比赛。

7月6日 甘肃省陇西县劳动局一行，到团调研输入劳务工拾花工作及相关事宜。

7月14日 团在文化宫举行"树形象、正党风、倡廉洁、维权益、反腐倡廉"党课教育暨形势报告大会。

8月15日 团党委向驻团武警兵团二支队三大队官兵捐赠价值1.1万余元的各类图书600余册。

9月1日 甘肃省平凉市庄浪县2400余名拾花劳务工到团。

9月10日 团举办第21个"教师节"暨2004年度先进集体、先进个人表彰大会。

9月22日 团小城镇建设工作通过兵团检查验收。

11月1日 团成立老年体协。

12月2日 团领导班子、领导干部述职述廉大会在文化宫举行。

12月8—10日 农二师农业局在团文化宫举办各农牧团场冬季果树修剪培训班。

12月13日 由团工会组织团属各单位工会主席、副主席、女工主任及职工代表,在园林二连8-2果园举行果树修剪现场会,农二师工会、林业局在现场示范操作。

12月14日 团党委在文化宫召开今冬明春政治精神文明工作安排大会暨第三批保持共产党员先进性教育活动动员大会。

12月16日 团党委一行到距团600千米以外的且末跃进开荒驻地,看望和慰问奋战在开荒造林工地的百余名干部职工。

12月22日 农二师党委一行,到团检查验收下半年"三个文明"建设工作。

12月25日 团在文化宫召开机关副科及以上干部民主测评大会。

2006年

1月9日 团下发《关于电费调整的通知》,照明用电由原来的0.58元/度调整为0.65元/度,工业用电调整为0.80元/度,商业用电调整为1.08元/度。

1月16日 团第三批先进性教育分析评议阶段动员暨传达贯彻落实农二师党委第十二届七次全委扩大会议精神大会在团文化宫召开。

1月17日 兵团科技局专家一行,到团对马鹿人工授精、胚胎移植课题项目进行验收。

2月8日 团学生董圆华(13岁)在参加由文化部艺术服务中心、新疆维吾尔自治区文联等单位主办的2006年第六届全国电视"希望之星"大型系列活动新疆区比赛中,获少年声乐组优秀奖和少年朗诵组"十优"奖。

2月22—23日 农二师棉花栽培培训班在团文化宫举办。

3月2日 团第三批保持共产党员先进性教育活动整改提高阶段动员大会暨传达贯彻农二师纪委第七次全体会议精神大会在文化宫召开。

3月9—10日 团第一届二次职工(会员)代表大会暨2005年度"双先"表彰大会在文化宫

举行，到会代表254人。

3月20日 农二师党委干部考评组，到团宣布农二师党委任职（免）令：曹护林任三十三团（中心团场）党委书记、政委；刘期国任三十三团（中心团场）党委副书记、团长；原党委书记、政委周敏燕，副团长邓军，总农艺师张秀琴调离三十三团。

3月22日 团在文化宫举行"构建和谐二师，争创新时代女性"先进人物事迹报告会。

3月27日 团获2003年度、2004年度"全国科技进步市（县）"奖牌和证书。

3月31日 团在文化宫召开2006年度晚春播工作动员大会暨第三批保持共产党员先进性教育满意度测评大会。

4月7—8日 团邀请山东天鹅棉机厂专家到团传授棉花加工技术。

4月20日 团组织加工厂80余人，到且末开荒腹地种植红枣树。

4月27日 团劳动节先进人物座谈会在招待所二楼会议室举行。

5月10日 团党委研究决定对农业单位建制进行重新命名。编序建制如下：一连、二连（三十三团原二连一区）、三连、四连（原三十二团四连）、五连、六连、七连（原三十二团七连）、八连、九连、十连、十一连、十二连（三十三团原二连二区）、十五连（原三十二团五连）、十六连（原三十二团一连）、十七连（原三十二团十一连）、十八连（原三十二团八连）、十九连（原三十二团九连）、二十连（原三十二团十连）。

5月19日 农二师"幸福工程——救助贫困母亲"先进事迹报告会，在团文化宫举行。

5月25—26日 团进行第一次农业生产田间管理大检查，9个农业连队分别获得一、二、三等奖，并获得奖金。

5月31日 团党委班子成员到尉犁县古勒巴格乡13牧业队慰问，慰问品价值2万余元，并为牧民进行身体健康检查。

6月3日 农二师老干部工作座谈会在团机关会议室召开。

6月6日 农二师保持共产党员先进性教育月活动通报群众满意度测评大会暨三十三团传达贯彻兵团建设屯垦成边新型团场精神大会在文化宫召开。

6月8日 团成立志愿者协会。

6月10—14日 农二师棉花加工新技术培训班在团举行，为期5天。

6月18—19日 中共三十三团第九次党员代表大会在文化宫召开。

7月1日 团第二次农业检查评比总结暨庆祝建党八十五周年和第八个党风廉政教育月动员大会在文化宫召开。

7月3日 农二师首届青年文化节"我与祖国共奋进"青年歌手大赛在团文化宫举行。

7月5日 兵团党委主要领导在农二师党委主要领导的陪同下到团调研。

7月14日 结合农二师第八个党风廉政教育月活动，农二师纪委组织塔里木垦区团场在团文化宫举行反腐形势报告会。

8月2日 农二师工会在团举办第十次棉花种植现场观摩会。

8月4日 甘肃省庄浪县劳务输出基地挂牌仪式，在团办公楼门前举行。

8月7日 公安部"文化基层行"文艺小分队到师乌鲁克公安局慰问演出，活动在团文化广场举行。

8月8日 团党委在全团18个农业植棉单位，实施"三公开一签字"（公开、公正、公平，职工签字），共为农业一线承包职工减负312万元，完成农二师党委下达任务指标的124.3%，亩均减负35.5元。

8月9日 农二师棉花生产现场观摩分析会在团召开。

8月10日 团机关干部编制考试在文化宫举行。

8月13日 团133.33公顷输往美国的库尔勒香梨，通过美国专家验收，实现对美零出口的突破。

8月22日 由农二师纪委、文联、团委及塔里木水管处等单位联合举办的"塔河杯"廉政文化展才艺汇演活动在团绿廊商场门前举行。

8月23日 农二师工会在团文化宫召开田管能手劳动竞赛表彰大会。

是日 团"八荣八耻"廉政文化歌咏比赛晚会在绿廊商场门前举行。

9月4日 团举办关爱女孩书画摄影展。

9月5日 团"塔里木马鹿人工授精技术及胚胎移植技术推广"科研项目获兵团科学技术三等奖。

9月15日 团机关纳编竞岗考核测评大会在文化宫进行。

9月17日 团机关纳编竞岗科长、副科长大会在文化宫举行。

9月26日 团成立养鹿协会。

10月6日 团学生郑亚娟获全国第七届宋庆龄奖学金。

10月18日 由兵团党委捐赠给团19户贫困职工的电视机发放仪式在团办公楼门前举行。

11月6日 武警兵团指挥部文工团到团慰问演出。

11月10日 由甘肃平凉市组织的到新疆拾花工表彰大会在团文化宫举行。

11月17日 团首批20余名连长到香港等地考察，为期10天。

11月21日 农二师统战部塔里木垦区统战工作会议在团举行。

12月1日 团党委班子领导干部2006年度述廉述职民主测评大会在文化宫进行。

12月6日 农二师2006年度冬季果树修剪暨园林技术研讨会在团文化宫召开。

12月15日 农二师塔里木垦区"科技之冬"动员大会在团文化宫召开。

2007 年

1 月 6 日 团召开传达学习兵团党委五届九次全委扩大会议精神党员干部大会。

是日 农二师党委任职命令：任命生产科长陈建华为三十三团总农艺师；副政委田永明调离三十三团，任农二师天宇公司党委书记。

1 月 31 日 农二师在团中学阶梯教室举行学习贯彻胡锦涛总书记的重要讲话，以及党的十六届六中全会和兵团、农二师党委全委扩大会议精神塔里木垦区报告会。

2 月 1 日 团党委在团招待所三楼会议室举行三个文明建设暨老干部新春茶话会。

2 月 5—6 日 团第一届三次职工（会员）代表大会暨"双先"表彰大会在文化宫召开。

3 月 5 日 团中学、社区、医院等单位青年志愿者，与驻团武装部队携手开展学雷锋系列活动。

3 月 8 日 团召开庆祝妇女节暨 2006 年度妇女工作先进集体和先进个人表彰大会。

3 月 20 日 白杰任团副政委。

3 月 27 日 农二师党委宣传部一行，在团文化宫召开政治思想工作座谈会。

3 月 28 日 农二师在团召开塔里木垦区老年体协工作会议。

4 月 12 日 团成立社区残疾人协会。

4 月 16 日 团召开"我为党旗添光彩"主题实践活动动员大会。

4 月 29 日 团委在文化宫召开"青年节"暨共青团先进集体、先进个人表彰大会。

5 月 3 日 根据农二师党委决定，将乌鲁克油脂厂划归三十三团管辖，原油脂厂董事长、总经理周和平任三十三团副调研员。

5 月 5 日 中共中央政治局委员，自治区党委书记，兵团党委第一书记、第一政委王乐泉到三十三团，对团场屯垦戍边建设新型团场、经济结构调整、增速推进团场农业产业化、新型工业化进程等情况进行调研。

5 月 30 日 兵团政法委到团乌鲁克公、检、法、司、监狱等单位调研。

6 月 15 日 农二师塔里木垦区各单位副处级以上领导干部在团文化宫参加《党政领导干部选拔任用工作条例》闭卷考试。

7 月 1 日 团在文化宫召开庆祝中国共产党成立 86 周年暨第九个党风廉政建设教育月动员大会。

7 月 11 日 农二师塔里木垦区三个文明建设小康生态连队观摩现场会，分别在团林园连、十九连进行。

7 月 12—13 日 由农二师纪委、监察局主办，农二师党委宣传部、政法委、团委、文联、人口与计划生育办公室协办，团承办的农二师首届廉政文化节"我为党旗添光彩、共建和谐廉政幸福家园"文艺演出在团举行。

8月2日 阔别塔里木垦区三十三团 28 年之久的 53 名上海知青回访团抵三十三团，并为团中学捐赠 2000 余元的图书、为医院捐赠轮椅 4 辆。

8月5日 由兵团机关组织的"心系群众、服务基层"主题实践活动团体，到团开展医疗咨询、园艺技术培训、文艺汇报演出等活动。

10月15日 团全体机关干部在机关会议室，观看党的十七大开幕实况。

11月10日 团党委组织机关干部，集中收看党的十七大宣讲团电视电话会议实况。

11月27日 团 2007 年度党委领导班子述职述廉民主测评、民主推荐副团级后备干部大会在文化宫召开。

12月8日 团工会、妇联在文化宫共同举办"学习十七大、争做知识型职工"知识竞赛活动。

12月12日 农二师塔里木垦区"学习宣传贯彻党的十七大精神"知识竞赛在团文化宫举行。

2008 年

1月8—10日 团棉花研讨会在文化宫举办。

3月6—7日 团工会在文化宫召开一届四次职工（会员）代表大会暨"双先"表彰大会。

4月6日 团林园连、十九连获师两个生态文明小康连队建设奖，并在 2007 年度上半年的农二师各团评比中获第一名。

6月10日 团成立沼气协会和农机协会。

6月25日 团党委在文化宫召开第十二个"三德"教育活动大会。

2009 年

1月23日 农二师党委任免通知：刘河新任三十三团党委常委、副团长；三十三团党委常委、副团长丁龙奇、李清炎调离。

1月24日 团第十九届库尔木依文化月迎春文艺晚会在文化宫隆重举行。

2月16—17日 团第一届五次会员代表大会暨表彰大会在文化宫召开。

3月11日 团开展深入学习贯彻实践科学发展观大会，在文化宫召开。

3月17日 团在文化宫召开第二批深入学习实践科学发展观活动动员大会，此次活动于 3 月中旬开始，至 8 月底结束。

3月22日 团一线职工国家职业技能鉴定考试在中学进行。

4月3日 团在文化宫召开学习贯彻兵团《关于进一步推进团场改革发展意见》大会。

4月6日 农二师发改委、国土资源局、水利局、办公室等部门，到团进行调研。

4月20日 农二师自营经济工作经验交流大会在团文化宫召开。

4月29日 团庆"五一"促发展、和谐小康家庭表彰暨演讲大会在文化宫进行。

5月5日 团参加兵团第二批学习实践科学发展观活动第一阶段总结暨第二阶段动员大会在文化宫召开。

5月12日 团工会在文化宫召开"坚定信心、共谋发展"共同约定行动大会。

6月19日 团传达贯彻兵团工业工作会议在文化宫召开。

6月26日 团在文化宫召开庆祝建党88周年暨第11个党风廉政教育月动员大会。

7月3日 由团文明办、工会、团委、纪委监察等部门联合推出的庆祝"新中国成立60周年、建党88周年、兵团成立55周年"爱国歌曲大家唱活动，在文化广场举办。

7月14日 团上半年精神文明建设总结表彰大会暨上半年农林业生产总结和下阶段工作安排大会在文化宫召开。

7月17—22日 由农二师乡镇企业局、劳动局组织的农二师首期全员安全生产暨棉花加工操作技能培训班在团举办。

7月28日 新疆震企生物科技塔里木有限公司奠基仪式在原三十二团油脂厂举行。

7月29日 团党委在文化宫召开庆祝建军82周年座谈会。

8月3日 塔里木垦区农艺工技师考试在团中学进行。

8月18日 兵团党委领导一行在农二师党委的陪同下，到团视察调研。

8月20日 团参加兵团第二批学习科学发展观群众满意度测评大会，在文化宫召开。

9月17日 农二师塔里木垦区"三秋"劳动竞赛暨农民工入会工作现场会在团召开。

9月30日 团学习贯彻党的十七届四中全会精神干部大会在文化宫召开。

10月10日 塔里木垦区农业产业结构调整协调会在团文化宫召开。

10月15日 团在二十连代传兵枣园地召开产业结构调整现场会。

10月30日 团参加兵团第二批学习实践科学发展观活动总结暨第三批学习实践科学发展观活动动员大会在文化宫召开。

11月3日 团由农二师环宇建工集团承建的兴地山引水工程项目开工建设。

12月4日 团民主测评基层领导干部在全团各单位进行。

12月7日 农二师行政主要领导率农二师办公室、财务局、劳动局、林业局、政研室等部门到团进行调研。

12月16日 团参加兵团第三批学习科学发展观分析检查阶段动员大会在文化宫召开。

12月24日 团机关科室领导述职大会在文化宫召开。

12月28日 农二师党委宣布2010年团领导班子成员任免通知：周静调离三十三团；刘河新任三十三团党委常委、副政委；陈建华任三十三团党委常委、副团长；苏明兰任三十三团总会计师。

12月31日 农二师在团文化宫举办塔里木垦区学习贯彻党的十七届四中全会精神宣讲报告会。

2010 年

1月6—7日 农二师红枣栽培技术培训班在团文化宫举办。

1月13日 团第三批学习实践活动整改落实阶段动员大会在文化宫召开。

2月1—2日 团第一届六次职工（会员）代表暨2009年度"双先"表彰大会在文化宫召开。

3月7日 农二师塔里木垦区6000余名职工，在团中学参加红枣栽培技术技能考试。

3月11日 农二师工会在团召开塔里木垦区职工自营经济工作推进会。

3月15日 团深入开展实践科学发展观总结大会在文化宫召开。

4月1日 农二师在团召开塔里木垦区2010年晚春播工作现场会。

4月20日 塔里木垦区养殖土鸡培训班在团文化宫开班。

4月27日 团召开工会第一届六次全委扩大会暨劳动节先进集体、先进个人表彰大会。

5月4日 团工会、团委、妇联在文化宫联合举办纪念青年节暨2009年度先进集体、先进个人表彰大会。

6月2日 团第九届二十六次党委（扩大）会议在文化宫召开。

7月1日 由团纪委、监察、政工办联合举办的第十二个廉政教育月、感恩伟大祖国红歌献给党（庆祝中国共产党成立89周年）演唱会在文化广场举行。

7月19日 兵团副司令员一行在农二师党委的陪同下，到团考察自营经济工作。

8月4日 兵团党委一行在农二师党委的陪同下，参观考察团经济发展工作。

8月10日 环境保护部一行在农二师主要行政领导的陪同下，视察团标准香梨园建设和团股份制企业塔里木震企生物科技有限公司。

9月21日 中共三十三团第九届五次全委（扩大）会议在文化宫召开。

10月4日 农二师主要行政领导率工作组到团进行调研，并围绕棉花市场价格及皮棉销售市场问题进行座谈。

10月7—30日 团行政领导一行随同农二师主要行政领导，到河北省承德市进行考察。

11月10日 河北省承德市考察团一行13人，到团实地调研。考察团一行先后对团棉花加工厂、塔里木震企生物科技有限公司、团马鹿示范基地、红枣建园以及小城镇建设进行参观考察。

12月21日 农二师塔里木垦区三十一团、三十三团、三十四团基层干部警示教育大会在团文化宫召开。

2011 年

2月24日 团召开贯彻兵团第六届六次和农二师第十三届八次全委扩大会议精神大会。

2月26—27日 团第一届七次职工（会员）代表大会暨表彰大会在文化宫召开，到会代表232人。

3月3日 团举办农机安全监理学习班。

3月11日 团工会在文化宫举办"兵团政策""兵团精神"竞赛活动。来自全团32个单位的200余名干部职工参加。

3月30日 团计划生育协会获"全国计划生育协会先进单位"称号。

4月7日 中国时代感恩励志教育讲师团一行，到团中学举办主题为"感恩我们在行动"演讲报告会。

4月29日 团在文化广场举办青年节唱响兵团精神青春建功大会暨文艺汇演活动。

4月30日 河北省承德市援建干部宣红艳、崔万勇分别担任团医院妇产科医生、骨科医生。

5月10日 团召开干部作风建设年动员大会。

5月15日 团委派医院医生魏东、魏江、丁剑莉3人，到河北省承德市中心医院学习，为期半年。

5月26日 团召开干部作风建设年活动第二阶段动员大会。

6月29日 团在农二师党委宣传部、文化广播电视局、工会、交通局、机关党工委、团委联合主办，三十一团承办的塔里木片区"唱支红歌给党听、爱国歌曲大家唱"庆祝建党90周年大型演唱会中获三等奖。

6月30日 团召开庆祝中国共产党成立90周年暨表彰先进大会。

7月1日 团在文化广场举办庆祝中国共产党成立90周年"唱响主旋律，颂歌献给党"红歌演唱会。

7月5日 团召开第六届科技大会。

是日 由河北省承德市援建的团农业综合服务大楼工程开工。大楼计划投资963万元。其中，河北承德市投资900万元、团自筹63万元，计划建筑面积8000平方米，2011年11月完工。

7月11日 兵团党委常委、副政委、纪委书记一行在农二师行政主要领导陪同下，到团参观考察。

是日 团第十三个"党风廉政教育月"活动动员大会在文化宫召开。

7月19日 团第二届妇女代表大会在文化宫召开。

8月10日 就读于华山中学的四连职工张红岩之女张雨点高考677分被清华大学录取。

8月18日 农二师棉花加工技能操作与标准化管理培训大会在团文化宫召开。

8月25日 团委派教育中心张建君、团中学教师李自树、乌鲁克中学教师董英，到河北省承德市教育系统进行培训学习，为期120天。

8月30日 河北省承德市对团援建教师刘跃辉、贾万勇，分别担任团中学初中语文教师和乌鲁克中学小学数学教师。

9月10日 农二师党委对三十三团领导班子进行调整：政委曹护林调任二十一团政委；团长

刘期国任三十三团政委，黄学东由农二师农科所调入任团长，副政委刘河新任副团长，总会计师苏明兰任副政委，副政委白杰退居二线，颜哲由三十一团调入任副团长，陈志杰由农二师团委书记调入任副团长，石剑华由二十二团调入任副政委兼纪委书记，王伯琪由二十一团调入任副团长；副团长夏泽祥、总农艺师鲁建英调二十九团；副团长陈建华调三十四团任团长。

9月17日 中共三十三团第十次党员代表大会在文化宫召开，与会党员代表152人，会议历时一天。

10月1日 河北省承德市发改委一行24人，对援建的"三十三团农业综合服务中心"建设情况进行对接考察。

10月13日 团在二连3-6条田召开机采棉现场观摩会。

是日 兵团武警指挥部文工团到团慰问演出。

11月24日 团选派六连连长喻树山、十八连连长赵合辉、十九连书记陈庆福三人到河北大学学习，为期60天。

12月9日 团在文化宫进行兵团在职人员法律知识考试。

是日 团在文化宫召开2010年军训动员暨新兵入伍欢送大会。

12月13日 由三十三团史志编纂委员会组织，杨德胜主笔编纂的《三十三团简史》一书正式出版，首版印刷500册，面向全国公开发行。

12月29日 团召开第三届工商业联合会（商会）大会。大会选举产生第三届工商业联合会执委会以及工商业联合会主席、副主席、秘书长等人选。

2012年

1月7—19日 团开展第二十二届库尔木依文化月系列活动。

2月22日 经团第十届七次常委会会议研究决定，将全团18个基层农业单位整编为15个单位。整编单位名称变更如下：撤销十二连建制，合并到二连，统称二连。撤销十连建制，合并到九连，统称九连。撤销十八连建制，合并到七连，统称七连。整编后基层农业连队名称如下：一连、二连、三连、四连、五连、六连、七连、八连、九连、十一连、十五连、十六连、十七连、十九连、二十连。

2月24—25日 团第二届一次职工（会员）代表大会暨表彰大会在文化宫召开，到会代表225人。

3月5日 团第十一个"公民道德建设月"动员大会在文化宫召开。

3月9日 团在主要街道开展学雷锋志愿者服务活动。

3月20日 塔里木垦区《学习贯彻落实党的十七届六中全会形势政策宣讲报告会》在团文化宫召开。

3月21日 团机关全体干部参加兵团、农二师（市）经济社会"争先进位"电视电话会议。

是日 团党委召开"增强责任意识、大局意识、兵的意识、强化干部执政能力"工作会议。

3月22日 团党委在文化宫召开晚春播工作动员暨推进城镇化建设动员大会。

4月2日 团遭遇8级暴风袭击，3066.66公顷播种棉田受灾，直接经济损失1924万元。

4月9日 兵团实施国家保护生态林业病虫害防治防控"飞防"投资项目，在团八连新建临时飞机场项目开工建设，面积2.4万平方米，国家投资40万元。

4月11日 团在文化宫召开"深化干部作风建设年"活动动员大会。

5月9日 团在文化宫召开"城镇化建设"动员大会。

5月25日 团工会、妇联、共青团、计生协会、老年体协在文化广场举办"唱响兵团精神，舞动和谐生活"群众大型广场舞比赛活动。

6月8日 团召开上半年农业观摩检查暨农业争先进位总结表彰大会。

6月15日 冯利和调入三十三团任总农艺师。

6月19日 团敬老院竣工，投资268万元，建筑面积1590平方米。

是日 农二师塔里木垦区基层党建工作推进会在团召开。

6月28日 团获农二师职工广场舞比赛第一名。

6月30日 全团机关党员和基层党支部书记，在机关三楼会议室收看"创先争优"优秀共产党员大型诗史朗诵会实况。

是日 团庆祝建党91周年暨"创先争优"先进集体、先进个人表彰大会，在文化宫召开。

7月5日 团第十四个"党风廉政教育月"暨廉政风险防控动员大会，在文化宫召开。

7月6日 团参加农二师党委宣传部、广电局主办，农二师工会、团委、新闻中心协办，三十四团承办的"铁干里克杯"团歌比赛，获第一名，比赛在农二师博斯腾宾馆举行。

7月11日 由农二师副师长带队，农二师机关、塔里木垦区、三十团一行90余人，到团观摩棉花、香梨生长及加工厂检修等工作。

7月16日 团机关挂钩科室人员下沉生产一线，协助连队抓好棉花中后期灌水、施肥、化调、病虫害防治工作。

7月19日 团举办"安康杯"知识竞赛。

7月23日 团生活垃圾处理工程得到兵团环保局批复。项目位于团西北侧12千米处的戈壁荒漠上，工程投资1636.14万元，日处理生活垃圾填埋可达44吨。

7月24日 团根据国家农机具购置补贴政策，在招待所门前举行发放仪式。91名职工投资共计807万元，购买大马力机车65台，配套农机具108台，获国家农机补贴200万元。

8月16日 由团党委主办，工会、妇联、团委、共青团承办，新疆万源农业机械有限公司协办的"三化建设促发展，蓝图规划绘明天"职工大型歌舞晚会，在团中心广场举办。

8月22日 团工会在文化宫举办农民工法律知识培训班。

9月13日 新疆兴业新能源有限公司50兆瓦光伏发电项目在团开工建设，该项目为农二师重点招商引资之一，团为其提供157万平方米光伏项目建设用地，计划总投资4.2亿元。建成并网投产后，年发电量约7600万千瓦时，实际上网5400万千瓦时。

9月15日 数字电视在团全面开通。

9月30日 兵团实施国家保护生态林业病虫害防治防控"飞防"投资项目在塔里木垦区开始"飞防"作业。

12月8日 农二师十八大宣讲团一行到团进行授课。

12月24日 农二师更名为新疆生产建设兵团第二师（简称第二师）。

2013年

1月5—8日 团医院为3397名职工进行健康体检。

1月8日 团农业管理部门对林园连果树冬季修剪和安全越冬工作检查指导。

1月11日 团在文化宫召开机关副科级以上领导干部述廉述职大会。

1月21日 第二师党委学习贯彻党的十八大精神宣讲团报告会在团文化宫举行。

2月27日 团委召开基层连队"大团委"推进会。

3月12日 团二届二次职工（会员）代表暨"双先"表彰大会在文化宫召开，到会代表215人。

3月23日 团派出所、综治办、团委在团农贸市场联合举办"预防未成年人犯罪法立法宗旨"宣传活动。

5月9日 团在文化宫召开机关干部、基层连队干部廉政风险防控工作暨农业生产安排大会。

5月24日 团举办第二届职工广场舞比赛。

6月4日 团党委在机关三楼召开机关副科以上干部下基层工作会议。

6月7日 接第二师通知，原新疆生产建设兵团农业建设第二师三十三团更名为新疆生产建设兵团第二师三十三团。

6月23日 第二师建设局、审计局、质监局到团对在建的保障性住房及房屋建筑工程进行安全生产质量检查。

7月15日 团在十九连召开林果业生产新型农机具耕作示范现场会。

7月17日 师援疆办到团实地调研河北承德援建的农业技术服务中心大楼和职工廉租房建设进展。

7月18日 团为年度第一批75台（架）农机具办理享受国家对农机惠农的财政补贴，补助资金128.69万元。

7月22日 三十三团、第二师万源农机公司、乌鲁克垦区法院、乌鲁克垦区司法局在团文化广场举行第二届"棉花机采节"职工文艺汇演。

8月1日 团举办首届老人暨职工健身运动会。

8月15日 团工会在文化宫举办职工手工绣作品展活动。

8月22日 团沥青混凝土市政道路工程在承德新区开工建设。道路总长2.8千米，总投资355万元。

8月29日 团在文化宫召开传达兵团城镇化服务业精神暨扶贫开发现场会。

9月9日 三十三团中学、乌鲁克中学第29个"教师节"暨先进集体、先进个人表彰大会在团文化宫召开。

10月10日 第二师纪委检查组到团检查十一连、十九连连务公开及农资一票到户情况。

10月20日 由河北省承德市投资960万元援建的团农业综合服务大楼竣工，并投入使用。

10月26日 兵团农业局调研组到团对继续调整产业结构、不断提升农产品价值、确保农业增效、职工增收和推进农业产业化进程情况进行调研。

11月9—12日 团在文化宫召开传达学习党的十八届三中全会精神大会。

11月20—22日 第二师行政主要领导率第二师发改委、建设局等部门领导一行，到团就塔里木垦区产城结合、产业调整、连队功能转换、职工多元增收等工作进行为期3天的实地调研。

12月6日 团党委召开宣传贯彻党的十八届三中全会精神安排部署大会。

12月11日 经中共第二师第十四届委员会第二十六次党委会议决定，刘民任第二师三十三团党委常委副团长、武装部长（正团级）。

2014年

1月14日 三十三团乌鲁克镇获全国首批"国家特色旅游景观名镇"。

2月8日 团长黄学东调离三十三团任二十九团团长；河北省承德市援疆干部赵志勇到团任三十三团党委常委、副团长。

2月10—14日 团在机关五楼会议室召开第一批党的群众路线教育实践活动动员部署大会，全体机关干部和基层单位连长、指导员参加。

2月28日 团组织机关全体人员收看第二师召开的"关于开展党的群众路线教育实践活动电视电话会议"。

3月13日 团党委在机关五楼召开"雷锋精神伴我行"先进事迹报告会。

3月14日 兵团国土资源局调研组到团对城镇化建设工程进展及规划设计、团场基本农田建设保护等工作进行调研。

3月17日 团第二批党的群众路线教育实践活动动员大会在机关五楼召开。

3月19—21日 第二师行政主要领导到团调研干部中存在的"四风"问题。

3月25日 团召开二届三次职工（会员）代表暨"双先"表彰大会，到会代表187人。

3月26日 团对在团部入住楼房的干部、职工和退休工人每月每户给予100元的蔬菜补贴惠民政策，共计发放400余万元。

3月27日 兵团工会、广播电视台"快乐一线"摄制组到团对团场干部职工群众的业余文化生活进行采风。

3月28日 团投资250万元，引进GPS导航播种技术。

4月3日 团召开创建兵团卫生团场启动大会暨传达兵团、第二师创建兵团卫生团场文件精神大会。

4月16日 团在三连召开环境治理现场会。

4月23—26日 团遭受7级以上沙尘暴袭击，夜间最低气温降至−2℃以下，棉花受灾面积达6425.93公顷，直接经济损失达1015万元。

4月27日 由第二师组织的塔里木垦区党的群众路线教育知识竞赛在团文化宫举行。

4月29日 团在机关五楼召开传达学习《党政领导干部选拔任用工作条例》大会。

4月30日 第二师铁门关市党委决定：孙泽斌任第二师三十三团党委副书记、团长。免去其第二师二十二团党委常委、副团长职务。

5月2日 兵团歌舞团"送文化下基层"到团慰问演出。

5月9日 团与巴州安徽商会就团综合商业街开发招商引资经考察、推介、洽谈，达成合作意向，在团机关会议室签约，签约金额1.5亿元。

5月10日 团召开第32个"民族团结教育月"暨第二批党的群众路线教育实践活动大会。

5月14日 团工会、妇联组织全团80余名刺绣手工艺品爱好者，在文化宫开办为期10天的"巧梦苑"培训班。

5月19日 第二师畜牧局到团对马鹿养殖协会、养羊示范繁育基地产业化进行调研。

5月25日 第二师行政主要领导带领农业局等部门，到团就农业生产及城镇化建设情况进行调研。

6月2日 团党委决定基层农林业单位连长、指导员实行轮岗制。

6月17日 第二师行政主要领导到团调研棉花抗灾自救情况。

6月18日 第二师铁门关市党委决定：童永忠任第二师三十三团党委常委、副团长，免去神宇公司副处级干部职务。

6月19日 第二师铁门关市民政局到团就民政工作开展情况进行调研。

是日 第二师财务局、商务局、工会到团对职工多元增收开展情况进行调研。

6月26日 团工会对各基层单位上半年工会工作开展情况，进行为期2天的检查考核。

6月27日 团党委在文化宫召开庆祝建党93周年暨先进党支部、优秀党员表彰大会。

7月3日 团党委在机关五楼召开维稳工作会议。

7月4日 团召开机关全体干部第十六个党风廉政教育月动员大会。

7月15日 团党委召开干部大会，传达兵团党委六届十三次全委扩大会议精神。

7月25日 团在机关五楼召开机关副科以上、部分单位党政领导与尉犁县古勒巴格乡维吾尔族结对帮扶部署大会。

8月13—14日 团举办首届乌鲁克杯"激情广场、幸福家园"广场文化艺术节。

8月19日 团号召机关全体党员干部向发生地震灾害的云南鲁甸县人民群众捐款。

9月18日 团召开"三秋"动员大会。

10月7日 团举办道德讲堂演讲活动。

11月8日 团党委与第二师党委宣传部、尉犁县委宣传部共同举办的"兵地一家亲，共圆中国梦"文艺演出，在库尔勒市华山中学青少年艺术基地举行。

11月14日 第二师纪委在团文化宫召开对团副处级以上干部和领导班子述廉述职民主测评大会。

11月18日 兵团第二巡视组到团调研并参加团在文化宫召开的连级以上党风廉政工作大会，听取团反腐倡廉等方面的工作汇报。

11月25日 团获全国"六五"普法先进县荣誉称号。

12月1日 团召开对全团26个基层单位进行民主评议和民主选拔后备干部考核大会。

12月10日 乌鲁克垦区司法局在团机关会议室对团机关全体干部、基层单位的党政主要领导进行法律知识考试。

12月11日 团在文化宫召开2014年度机关干部述职述廉暨绩效考核大会。

2015 年

1月23日 团在机关五楼召开2014年度生产经营兑现大会。

1月28日 团党委举办"百位共产党员百人小传"朗诵会。

2月8日 团在文化宫召开二届四次职工（会员）代表暨"双先"表彰大会，到会代表215人。

3月6日 团在文化宫召开晚春播工作动员会。

3月7日 团妇联、工会、团委、女工委、老年体协在文化宫联合举办"妇女节"联谊活动。

3月9日 兵团办公厅、商务局、发改委、援疆办调研组，在第二师行政主要领导陪同下，到团对新建兴业光伏项目、小城镇建设、乌鲁克商贸城建设等工作进行调研。

3月10日 第二师农业局、政研室、工信委、劳动局、国土局调研组到团就土地流转和劳动力转移进行调研。

是日 兵团团委调研组到团对青年文明社区、医院团组织建设、益民养殖合作社团组织建设、马鹿养殖基地等工作进行调研。

3月18日 铁门关市政协、第二师党委组织部、党委政研室、发改科、建设（环保）局、农业局调研组到团就贯彻落实第二师党委第十四届六次全委（扩大）会议精神，安排部署全年经济社会发展，全面深化"十二五"规划、对口援疆、城镇化建设、职工多元增收、兵地融合、群众路线教育整改落实情况、反腐倡廉等工作进行调研。

是日 第二师在三十三团召开春季植树造林工作现场会。

3月30日 团办公室、生产科、畜牧管理站、二连、四连、七连、九连、十九连等单位的主要领导到尉犁县古勒巴格乡对接兵地农业融合发展工作。

4月2日 团党委在机关五楼召开党风廉政建设警示教育大会。

4月16日 团领导、机关全体干部、基层单位党政主要领导及会计到乌鲁克监狱廉政警示教育基地接受廉政警示教育。

4月25日 团召开国家"十三五"时期团规划编制会议，会议确定团场"十三五"国民经济发展总体目标和总体任务，提出要切实抓住"一带一路"倡议的发展机遇，规划明确2018年前率先建成小康团场的时间表和路线图。

5月28日 团在承德广场举办第三届职工广场舞大赛。

6月5日 团在机关五楼召开党风廉政建设暨传达兵团文件精神大会。

6月19日 团在敬老院举办首届端午节包粽子活动。

7月1日 团党委在文化宫召开庆祝中国共产党成立94周年暨建党节表彰大会。

7月13日 团在承德广场举行"纪念抗日战争胜利七十周年"暨党风廉政教育歌咏比赛庆典活动。

7月16日 新疆塔里木大学组织的文艺"三下乡"活动团到三十三团慰问演出。

7月21日 团召开上半年农林业生产总结大会暨第十七个"党风廉政建设教育月"专题法制讲座。

7月24日 第二师乌鲁克垦区公安局在团乌鲁克中学举行警务实战大比武竞赛活动。

7月26日 中国工程院院士马建章一行到团对马鹿养殖进行调研。

7月27日 团纪委在机关五楼开办第十七个"党风廉政教育月"专题法制讲座。

7月30日 兵团城镇化建设学习观摩活动推进会在团召开。

8月4日 团举办"全民健身日"暨"百城千村"健步走活动。

是日 团第二届乌鲁克杯百日广场文化艺术节在承德广场举办。

8月16日 团党委在机关五楼召开第十七个"党风廉政教育月"表彰总结大会。

9月6日 团党委在机关五楼会议室召开对新招录的大学生进行组织培训工作安排部署会。

11月19日 第二师党委考检组到团对2015年度团党委班子及副处级以上领导干部进行考核。

12月1—6日 团党委对各基层单位领导班子和个人进行年终民主考评。

12月31日 团党委在机关五楼召开经济工作暨职工兑现会议。

二、三十二团

1995 年

1月7日 农二师党委任命饶仕乾为三十二团党委副书记、团长。

3月6日 团在新开发的老八队地区成立八连。

3月18日 团党委召开经济工作会议,全面部署1996年经济工作。

4月1日 团全面更换陆地棉"军棉一号"品种,改种"中棉"系列。同时全面推广棉花宽膜覆盖种植技术。

4月2日 团四连、七连、十二连推行农业生产资料费、生活费自理(简称"两费自理")改革试点。

4月8日 团番茄酱罐头厂停产关闭。

4月15日 团程控电话系统全面开通。

4月28日 团遭受8级以上狂风袭击,棉田受灾面积达666公顷,重灾面积达133公顷。

5月5日 团国民经济和社会发展"九五"计划及2010年规划纲要制定完成。

5月1日 团成立林园二连。

7月1日 团医院通过农二师"一级甲等"医院评审验收,进入农二师首批"一级甲等"医院行列。

7月8—10日 农二师职工象棋邀请赛塔里木赛区比赛在三十二团举行。

8月7日 全国政协、中国科学院20余人调研组,到团进行调研。

8月4—14日 团举办首届"金鹿杯"职工篮球赛,塔里木垦区14支球队,160名运动员参加。

10月20日 团医院新门诊楼落成,建筑面积1440平方米。

11月4日 受农二师委派,团生产科科长赵令铭出任博湖县科技副县长。

12月5日 农二师团委书记周逸调任三十二团政委,三十二团政委谭敦退居二线任调研员。

12月6日 团印发《关于推行股份合作制经济有关问题的通知》，规定私人集资开荒与团合作建设股份合作制小农场。

是日 三十二团获2015年度"兵团安全生产先进单位""农二师文明团场"称号。

1996年

2月22日 团撤销供销科，成立物资供应总站；撤销畜牧科，成立畜牧兽医总站；撤销机务科，成立农机服务总站；撤销番茄酱罐头厂，成立生活服务总站。

3月7日 农二师组建"新疆塔里木鹿业（集团）有限责任公司"，团参加开幕式。

9月3日 团实行全员劳动合同制，全体员工签订劳动合同并开始实施。

12月12日 团利用冬闲时间，对职工进行全员科技培训，培训职工4000余人次。

1997年

1月5日 团农机服务总站撤销，改为农机管理总站。原农机服务总站各农机服务分站仍旧归属各生产连队管理，修理站恢复修理连建制。

是月 团科委办公室、林园科并入生产科，团委并入组干科，政研室并入计财科，审计与纪委办公室合署办公，工副业科改为工商科。

4月1日 团农机部门研制的宽膜小畦化筑埂播种机，获农二师科技进步三等奖。

5月15日 团副团长、工会主席贾书选调农二师湖光毛巾被单厂任党委书记，陈镛林调任三十二团副政委。

6月25日 团五连综合办公楼竣工验收并交付使用。

6月30日 团新"乌鲁克农贸市场"建成并交付使用。

是日 团参加农二师在三十六团举办的塔里木垦区"铁牛杯"篮球友谊赛，三十二团篮球代表队获冠军。

7月11日 团首家股份合作制企业"股份猪场"召开首届股东大会，会议通过《三十二团股份合作制猪场章程》，选举产生董事会、监事会。

7月20日—8月9日 团举办第二届"金鹿杯"篮球赛。参赛球队17支，参赛男、女队运动员170人。生活服务站男队、中学女队分别获男、女队冠军，五连男队、团部女队分别获男、女队亚军。

8月18—22日 团参加农二师在三十五团召开的第二届塔里木职工运动会，团代表队获团体总分第一名。

9月12日 农二师召开劳模表彰大会，三十二团蛭石连连长李金获"农二师劳动模范"称号。

9月19日　在河北省秦皇岛市召开的全国养鹿研讨暨鹿产品博览会上，经中国农学会特产学会常务理事会推荐，团养鹿场获"全国标准化示范鹿场"称号，畜牧兽医总站站长蒋洁获"全国养鹿功臣"荣誉称号。

9月25日　团副团长张哲峰作为中国援外专家组成员到多哥帮助发展当地农业生产。

9月27日　团医院通过兵团验收，获农二师首批"爱婴医院"。

10月15日　团九连第二座建筑面积954.92平方米、2层砖混结构综合楼通过验收并交付使用。

10月16日　中国农业银行巴州兵团支行三十二团营业所新办公楼建成，建筑面积960.39平方米。

12月1—2日　团在文化宫召开深化体制改革动员大会。会议决定，1998年在农林业全面推行"两费自理"；撤销"乌鲁克商场"机构建制，改为民营；对团农机行业全面实行股份合作制改造，对印刷厂实行招投标租赁承包。

12月28日　团畜牧兽医总站改为营级经济实体单位。总站下设4个正连级单位：一鹿场、二鹿场、三鹿场、兽医站；1个副连级单位：饲料加工厂。

1998年

4月22日　夜间突降霜冻，气温骤降，致使团内1875公顷棉花、1000公顷结果香梨遭受严重冻害。

6月5日　团苏盖特北山引水工程启动，计划总投资1180万元，工程于是年10月竣工并投入使用。

9月5—6日　农二师小康连队示范连建设工作现场会在团召开。

12月27日　团农机标准化以91.75分通过兵团验收。

1999年

1月10日　团开展科技之冬活动。

8月15日　团采取强有力措施，严格控制口蹄疫病情传播，对进入团场的各种车辆一律盘查，并采取机械药液消毒，严防口蹄疫进入团场。

9月25日　团党风廉政建设知识统一考试在文化宫举行。

10月10日　原巴音郭楞蒙古自治州政协主席、州长在农二师师长陪同下，到团视察工作。

2000年

5月11日　农二师在团召开香梨、鹿茸营销工作会议。

7月28日　团在建军节来临之际，举办军事演练活动，民兵连、加工厂等单位的应急民兵参加步枪实弹射击。

8月6日　农二师第二次农牧团场农业检查团到团检查。

8月20—24日　团运动员参加农二师在米兰垦区三十六团举办的第五届职工体育运动会。

11月1日　团开展全国第五次人口普查工作。

12月11日　团工会召开第四次职工代表议事会，主要讨论"十五"规划、2001年团经济责任制修改意见、职工医疗制度改革方案、副团级以上干部推荐等内容。

2001 年

1月3日　团全面实施医疗制度改革。

4月28日　团遭受8级以上沙尘暴袭击，1295公顷棉田遭受到不同程度的灾害，其中715公顷棉田受灾严重，造成绝收。

7月1—6日　为庆祝中国共产党成立80周年，农二师宣传部、中国市场报社驻南疆记者站、西凉啤酒驻南疆销售中心、巴州电影院等单位联合组织电影巡映活动，为团干部职工放映《开国大典》《警界男儿》等影片。

7月21日　农二师第三届"马鹿人工授精"培训班在团举办。

10月12日　团中学教师刘德荣绘画作品获农二师"迎国庆书画展"三等奖，离休干部王锐书法作品获农二师"迎国庆书法展"三等奖。

10月13日　团机关干部袁明汉采写的《大漠深处的红柳》一文获《绿原报》"金秋风采杯"一等奖。

11月14—16日　武警兵团指挥部文工团到团慰问演出。

2002 年

7月4日　团职工医疗保险由团统筹改为农二师统筹。

8月6日　团财务科对全团会计进行会计电算化培训。

9月11日　团制定新的"三秋"拾花劳动竞赛办法，各拾棉单位掀起拾花竞赛高潮。

11月15日　团计划生育工作通过农二师计生委年终检查验收。

2003 年

5月2—3日　农二师纪委、防疫站、卫生局检查组到团检查"非典"防治工作。

6月27日　兵团计划委、农二师计划委到团考察小城镇建设情况。

7月11日　农二师武装部组织全师各单位专职人武干部到团进行巡回观摩。

9月22日 团围绕"三秋"安全生产等工作，查处农用机械违章、无照驾驶等各类安全隐患80余起。

2004 年

5月22日 农二师党委决定，成立三十三团（中心团场），三十二团为进入团场。

6月12日 团在文化宫召开基层连队民主选举主要领导干部工作动员大会。

8月29日 团召开香梨采摘销售动员大会。

9月14日 团参加巴州、农二师和新疆红太阳种业有限公司在三十三团联合举办的棉花新品种现场会。

12月8日 团参加农二师农业局在三十三团举办的果树丰产栽培技术经验交流会。

2005 年

1月11日 团组织干部职工开展援助印度洋海啸灾区捐款活动。

1月27日 团保持共产党员先进性教育活动动员大会在文化宫举行。

2月20日 三十二团代表参加农二师在三十三团中心团场文化宫举办的保持共产党员先进性优秀党员先进事迹报告会。

4月1日 团召开晚春播工作现场观摩会。

5月4日 团委在文化宫举办庆祝共产主义青年团成立86周年文艺演出。

6月21日 团中学与土管分局联合举办"珍惜土地　爱我家园""全国土地日"演讲比赛。

7月12日 团在文化宫举行"树形象、正党风、倡廉洁、维权益、反腐倡廉"党课教育暨形势报告大会。

第一章　建置区划

三十三团位于巴州尉犁县境内。建场后，一直沿用军队的团、连组织管理体系，寓兵于农，党、政、军、企合一，在屯垦戍边事业中发挥着特殊作用。2015年，团有基层单位33个，其中农、林、牧（畜牧管理站）单位17个。

第一节　团场区划

一、位置

（一）三十三团

位于天山南麓，塔克拉玛干沙漠东北边缘尉犁县境域内的孔雀河与塔里木河之间，沿库若公路两侧的155～186千米段狭长地带。团场地理坐标为东经87°07′30″～87°30′00″，北纬40°40′00″～40°54′14″。场区东与三十四团接壤，西与三十二团毗邻，南依塔里木河，北临沙丘起伏区（距孔雀河约20千米）同古斯巴灌区。团部距尉犁县城91千米、库尔勒市160千米、若羌县218千米。库若公路（218国道）与周边团场柏油路互通，交通便捷。

2016年，三十三团库尔木依镇　　（杨帮力 摄）

（二）三十二团

地处塔克拉玛干沙漠东北边缘、塔里木河下游、巴州尉犁县境域内。地理坐标为东经87°00′～

87°08′，北纬40°42′~40°52′。场区东与三十三团接壤，距若羌县城228千米；西与三十一团毗邻，距尉犁县城81千米、库尔勒市150千米；南抵塔里木河南岸沙漠带；北以距离20千米的孔雀河岸为界。库若公路（218国道）和周边团场道路交通安全畅通，出行方便。

二、面积

（一）三十三团

团场东西长约19.3千米，南北宽约21.5千米，总面积为414.95平方千米。

（二）三十二团

团场东西平均宽15.3千米，南北平均长19.2千米，土地面积293.76平方千米，折合29373.3公顷。其中，南部农区勘测规划面积18293.33公顷，北部荒漠戈壁区面积11080公顷。

第二节　建制沿革

一、三十三团

1958年3月1日，农二师党委决定在塔里木垦区组建塔里木第六农场（简称塔六场）。是年4月中旬，农二师党委任命高成连、杨和顺为副场长，赵伟武为副政委，组织筹建塔六场。4月下旬，副场长高成连、杨和顺率领工作人员到场，指挥建场工作；农二师从其他垦区农场抽调2个连队，3个劳改队开垦农场。1958年5月8日，塔六场召开建场成立大会。

1969年7月10日，兵团统一团场番号，塔六场易名为三十三团，新番号自9月1日执行。

1975年3月，兵团建制撤销，农二师并入巴州，成立巴州农垦局，三十三团隶属巴州农垦局。1982年4月，兵团建制恢复后，三十三团回归农二师建制序列。

2004年2月，兵团党委下发《关于兵团农牧团场机构改革的指导意见》，推动实行中心团场改革政策。5月19日，农二师党委决定撤销中共农二师三十三团委员会，成立中共农二师三十三团中心团场委员会和农二师三十二团委员会。三十三团中心团场党委属主团场，三十二团党委接受中心团场党委的领导。5月22日，农二师党委宣布成立三十三团中心团场。是月，三十三团中心团场成立机构改革领导小组。

2005年7月，兵团党委下发《关于加快推进中心团场建设工作的意见》，进一步明确中心团场的职责职能。

2006年3月16日，农二师党委决定，撤销中共农二师三十三团和三十二团委员会，两个团场正式合并，统编为三十三团中心团场。

2012年12月24日，新疆生产建设兵团农业建设第二师更名为新疆生产建设兵团第二师（简称第二师），三十三团冠名随之改变。

二、三十二团

1958年2月18日，农二师在塔里木垦区组建塔里木第四农场（简称塔四场）。

1969年9月1日，兵团统一团场番号，塔四场易名为三十二团。

1975年3月，兵团建制撤销，农二师并入巴州，成立巴州农垦局，团场归属巴州农垦局管理。

1982年4月，兵团建制恢复，三十二团回归农二师建制序列。

2004年5月，农二师党委决定，撤销中共农二师三十二团委员会，成立进入三十三团中心团场的中共农二师三十二团委员会。

2006年3月16日，农二师党委决定，撤销进入三十三团中心团场的三十二团委员会，三十二团并入三十三团中心团场。

第三节　农林连队和牧业单位

一、三十三团

1995年，团场有农、林连队10个，牧业单位1个。经多次拆并改存，至2015年有农、林连队16个，牧业单位1个（畜牧药理站）。

一连　位于库尔木依镇西，直线距离约3.50千米。由1958年5月暂编的生产四中队经多次拆并，于1972年9月改为生产一连（含1980年7月成立、1984年2月并入的砖厂，2012年1月劳改一队划拨的耕地），延至2015年。2015年，一连总户数93户，总人口325人，在职职工134人，棉花种植面积505.66公顷。在任连长田文星，书记于华（女）。

二连　位于库尔木依镇（团部）。由1958年建立的值班三连经多次拆并，于1972年9月改为民兵连，2002年改编为二连建制（含2007年并入的林园二连、2012年并入的十二连），延至2015年。2015年，二连总户数172户，总人口602人，在职职工253人，棉花种植面积707.26公顷。在任连长沈红艳（女），书

2001年，团马鹿养殖基地母鹿群　　（畜牧管理站供图）

记赵银江。

三连　位于库尔木依镇南，直线距离2.7千米。由1958年暂编的生产二中队经多次拆并，于1972年9月改为生产三连，延至2015年。2015年，三连总户数105户，总人口367人，在职职工86人，棉花种植面积317.26公顷。在任连长汪维忠，书记廖英（女）。

四连　原三十二团四连，2006年合并到三十三团后为三十三团四连编制，延至2015年。2015年，四连总户数177户，总人口619人，在职职工258人，棉花种植面积646.8公顷。在任连长孙家志，书记姜汉武（副科）。

五连　位于库尔木依镇东，直线距离4.7千米。由1958年暂编的生产三中队经多次拆并，于1972年改为生产五连，延至2015年。2015年，五连总户数65户，总人口227人，在职职工116人，棉花种植面积560.6公顷。在任连长奚晓军，书记何荣峰。

六连　位于库尔木依镇东，直线距离4.7千米。由1958年暂编的生产一中队经多次拆并，于1993年改编为农科站，2002年撤销农科站编制，恢复六连编制（含2003年2月并入的三十三团原七连部分耕地及职工），延至2015年。2015年，六连总户数127户，总人口444人，在职职工95人，棉花种植面积490.26公顷。在任连长李春利（副科），书记杨燕青（副科）。

七连　原三十二团七连，2006年合并到三十三团为七连编制（含2012年并入的三十三团十八连），延至2015年。2015年，七连总户数147户，总人口514人，在职职工222人，棉花种植面积822.26公顷。在任连长杨新江，书记任兴旺。

八连　位于库尔木依镇东，直线距离9.5千米。由1958年成立的生产五连经多次拆并，于1972年9月改为生产八连（含2003年2月并入的三十三团原七连部分耕地及职工），延至2015年。2015年，八连总户数99户，总人口346人，在职职工140人，棉花种植面积367.26公顷。在任连长杨健，书记帅剑峰。

九连　位于库尔木依镇东，直线距离14.2千米，由1958年建立的生产九队经多次拆并，于1972年9月改为生产九连（含2012年1月并入的三十三团原十连），延至2015年。2015年，九连总户数233户，总人口815人，在职职工351人，棉花种植面积659.4公顷。在任连长、书记王孟辉（享受正科）。

十一连　位于库尔木依镇东南，直线距离9.5千米。由1958年建立的生产七队经多次拆并，于1972年9月改为生产十一连，延至2015年。2015年，十一连总户数116户，总人口406人，在职职工240人，棉花种植面积664公顷。在任连长杨晓英（女），书记张永革。

十五连　原三十二团五连，2006年合并到三十三团为十五连编制，延至2015年。2015年，全连总户数118户，总人口413人，在职职工188人，棉花种植面积578.53公顷。在任连长刘新凤（女），书记马军。

十六连　原三十二团一连，2006年合并到三十三团为十六连编制，延至2015年。2015年，十六连总户数182户，总人口637人，在职职工182人，棉花种植面积585.4公顷。在任连长、书记邓学东。

十七连　原三十二团十一连，2006年合并到三十三团为十七连编制，延至2015年。2015年，十七连总户数96户，总人口336人，在职职工109人，棉花种植面积371.66公顷。在任连长晋星，书记赵宝平。

十九连　原三十二团九连，2006年合并到三十三团为十九连编制，延至2015年。2015年，十九连总户数105户，总人口367人，在职职工195人，棉花种植面积491.06公顷。在任连长王明峰（副科），书记廖斌。

二十连　原三十二团十连，2006年合并到三十三团为二十连编制，延至2015年。2015年，二十连总户数113户，总人口395人，在职职工355人，棉花种植面积439.86公顷。在任连长祝新华，书记刘庆堂。

林园一连　位于库尔木依镇东南，直线距离6千米。由1958年的生产八队经多次拆并，于1972年9月改为林园连，1985年改为林园一连，延至2015年。2015年，全连总户数165户，总人口577人，在职职工229人，果园种植面积353公顷（其中结果果园256.26公顷）。在任连长王晓维，书记张全兵。

畜牧管理站　位于库尔木依镇（团部）。由1984年6月成立的畜牧公司经多次拆并，于1991年1月成立畜牧科，2002年改为畜牧总场（下设一鹿场、二鹿场、三鹿场、四鹿场），2007年改编为畜牧管理站，管理7个鹿场（含原三十二团的三个鹿场），延至2015年。2015年，畜牧管理站有职工107人。在任站长书记林敏（正科），副书记肖培云（副科）。

撤销连队及单位：

三十三团原七连　位于库尔木依镇东南，直线距离7.5千米。由1958年暂编的生产五中队经多次拆并，于1972年11月组建成立七连，1995年并入八连，2000年与八连分开，恢复七连建制。2003年2月撤销建制，地处218国道东北片棉花耕地及职工归属八连，218国道西南片棉花耕地及职工归属六连，果园归属新建的林园三连。

原十连　位于库尔木依镇东南端，直线距离10.5千米。由1958年成立的生产八队经多次拆并，于1972年9月改为十连，2012年1月撤销建制并入九连（含劳改三队划拨的耕地）。

十二连　位于库尔木依镇西，直线距离约3.5千米。2004年为三十三团二连二区（含劳改二队耕地），2006年改编为十二连，2012年撤销建制并入二连。

十八连　原三十二团八连，2006年合并到三十三团编为十八连，2012年撤销建制并入七连。

园林总场　位于库尔木依镇（团部）与二连共用办公场地。2002年组建园林总场，负责管理林业工作站和3个林园单位：林园一连、林园二连（2002年恢复建制）、林园三连（2003年组建），2007年园林总场建制撤销改为园林科，林园二连、林园三连建制随之撤销。

林园二连　位于库尔木依镇（团部）。1985年组建林园二连，1990年撤销建制，2002年恢复建制与二连共用办公场地，负责一、二、三、五连分离出来的果园管理工作，2007年撤销建制，所管理的果园回归各原农业单位。

　　林园三连　2003年在三十三团原七连位置组建，负责六、八、九、十、十一连分离出来的果园管理工作，2007年撤销建制，所管理的果园回归各原农业单位。

　　林业治沙站　位于库尔木依镇（团部）。1996年成立，2000年改为林业工作站，2002年归属园林总场兼管，2007年归属园林科兼管。

二、三十二团

　　一连　位于乌鲁克镇东北，直线距离2千米，由1958年成立的生产三队，于1969年11月改为一连（含1978年成立、1984年撤销并入的原三十二团施工连），延至2005年。2006年合并到三十三团后为十六连建制。

　　二连　前身为1981年成立的机耕作业站，于1983年12月改为生产二连，1999年撤销建制并入原三十二团五连。

　　三连　由1958年成立的机耕队经多次拆并改为三连，1999年撤销建制改为农试站，2004年并入四连。

　　四连　位于乌鲁克镇西，直线距离3千米。由1958年建立的生产一队于1969年11月改为四连，延至2005年［含2004年并入的原三十二团三连（农试站）］。2006年合并到三十三团后为四连建制。

　　五连　位于乌鲁克镇东南，直线距离4.3千米，始建于1958年的值班五连经多次拆并，于1969年11月改为五连，延至2005年（含1999年并入的原三十二团二连）。2006年合并到三十三团后为十五连建制。

　　六连　由1958年成立的营建队经多次拆并，于1975年10月与十连拆分的营建部分合并成立六连，2001年撤销建制，人员分流至团直周边单位。

　　七连　位于乌鲁克镇东南，直线距离10千米，南靠塔里木河。由1958年建立的生产七队经多次拆并，于1969年11月改为七连，延至2005年。2006年合并到三十三团后为七连建制。

　　八连　位于乌鲁克镇南，直线距离7千米。由1958年建立的生产八队经多次拆并，于1979年7月改为八连（含2001年并入的原三十二团十二连），延至2005年。2006年合并到三十三团后为十八连建制。

　　九连　位于乌鲁克镇东南，直线距离14.2千米。由1958年建立的生产九队和生产十队经多次拆并，于1969年11月改为九连（含原2002年并入的原三十二团林园连），延至2005年。2006年合并到三十三团后为十九连建制。

十连　位于乌鲁克镇西北角，直线距离2千米。由1958年成立的营建队经多次拆并，于1973年1月改为十连，延至2005年。2006年合并到三十三团后为二十连建制。

十一连　位于乌鲁镇东南，直线距离8.4千米。由1958年成立的生产二队经拆并重组后，于1973年1月改为十一连，延至2005年。2006年并入三十三团后为十七连建制。

十二连　由1958年成立的生产三队经多次拆并，于1973年改为十二连，2001年撤销建制并入原三十二团八连。

林园一连　由1959年成立的林园队经多次拆并，于1985年8月恢复林园连建制，2002年撤销建制并入原三十二团九连。

林园二连　建于1995年8月，是年年底撤销并入林园连。2001年恢复建制。2004年撤销建制，被原三十二团五连、四连兼并。

畜牧总站　位于乌鲁克镇（团部）。由1958年成立的畜牧队经多次拆并，于1969年11月改为畜牧连，2001年撤销建制，2002年成立畜牧总站（下设一鹿场、二鹿场、三鹿场），2007年并入三十三团畜牧管理站。

第四节　自然镇村

一、三十三团库尔木依镇

三十三团在1984年地名普查时，命名10个自然村：振兴村（一连）、北干南村（三连）、固沙村（五连）、五里村（六连）、库孜列克北村（原七连）、库孜列克新村（八连）、金鹿村（九连）、坤尔东村（原十连）、坤尔村（十一连）、梨园村（林园连）。

至2015年，有2个行政连队（原七连、原十连）建制撤销，镇区自然村无变化。

振兴村：一连驻地。寓意为发展生产，追赶先进村。振兴村位于库尔木依镇以西，直线距离3.5千米，占地面积0.7平方千米。主要种植棉花、香梨。

北干南村：三连驻地。因该村地处北干渠南面，故定名为北干南村。北干南村位于库尔木依镇南，直线距离2.7千米。主要种植棉花、香梨、红枣，开展马鹿养殖。

固沙村：五连驻地。该连所处位置靠近沙丘，必先固沙才能发展生产，因名"固沙村"。所处位置库尔木依镇以东，直线距离4.5千米，占地面积0.15平方千米。主要种植棉花、香梨、红枣。

五里村：六连驻地。根据该连所处地理位置，相距库尔木依镇约5千米，故定名"五里村"。五里村位于库尔木依镇东南，直线距离4.7千米，占地面积0.44平方千米。主要种植棉花、香梨、红枣，开展马鹿养殖。

库孜列克北村：原七连驻地（2003年连队编制撤销，2007年驻地归属八连，地名尚存）。据当地维吾尔族人称，该地为畜牧业秋季转场的地方，因该连地处库孜列克新村北面，故定名"库孜列克北村"。库孜列克北村位于库尔木依镇东南，直线距离7.5千米，占地面积0.2平方千米。主要种植棉花、香梨、红枣。

库孜列克新村：八连驻地。由于八连新居在库孜列克以西，故定名"库孜列克新村"。库孜列克新村位于库尔木依镇东南，直线距离9.5千米，占地面积0.18平方千米。主要种植棉花、香梨、红枣。

金鹿村：九连驻地。因该连是团场最早发展养鹿，效益显著，故定名"金鹿村"。金鹿村位于库尔木依镇东南，直线距离14.2千米，占地面积0.52平方千米。主要种植棉花、香梨、红枣，开展马鹿养殖。

坤尔东村：原十连驻地（2012年连队编制撤销并入九连，地名尚存）。该连地处坤尔以东，故定名"坤尔东村"。坤尔东村位于库尔木依镇东南，直线距离11.5千米，占地面积0.61平方千米。主要种植棉花、香梨、红枣，开展马鹿养殖。

坤尔村：十一连驻地。该村曾是维吾尔族居住地，第一个居住人的名字叫坤尔，故定名"坤尔村"。位于库尔木依镇南端，直线距离9.5千米，占地面积0.31平方千米。主要种植棉花、香梨、红枣。

梨园村：林园连驻地。由于该连盛产香梨，故定名"梨园村"。梨园村位于库尔木依镇东南，直线距离6千米，占地面积0.2平方千米。主要种植香梨、苹果、红枣、桃、杏、棉花。

二、三十二团乌鲁克镇

三十二团在1984年地名普查时确定乌鲁克镇辖15个自然村：老乌鲁克村（一连）、培新村（原施工连）、毛腊湖村（十连）、三洼村（原三连）、三角湖村（四连）、渠西村（原六连、加工连、修理连）、黄岗村（原畜牧管理分站）、盐池村（五连）、沿河村（七连）、枣园村（原十二连）、塔阳村（九连）、果园村（原林园一连）、沙岗村（十一连）、蛭石村（蛭石连）、河湾村（原八连，1995年3月暂定为河湾村，至2015年未正式定名）。

至2015年，有9个行政单位（原施工连、原三连、原六连、原加工连、原修理连、原畜牧管理分站、原十二连、原林园一连、原八连）编制撤销，镇区自然村维持原状。

老乌鲁克村：十六连驻地（原三十二团一连）。1958年建场初期为场部临时所在地。位于团东北端，紧靠库若公路北侧。塔四场在开发时，这里留有当地农牧民遗弃的若干房舍，因又名"小无人村"。主要种植棉花、红枣。

培新村：原三十二团施工连，过去以青年为主，故得名。该村紧挨库若公路北侧，东距老乌鲁克村约2千米。村口路边有4户个体户（其中3户是维吾尔族），开设饭馆、旅馆，后并入原三十二团一连（现三十三团十六连）。主要种植棉花。

毛腊湖村：二十连驻地（原三十二团十连）。位于团部北端，218国道北侧约1千米处，因紧靠毛腊湖海子而得名。主要种植棉花、红枣。

三洼村：原三十二团三连驻地。地处独一支和三支干渠交汇处，因地势低洼而得名，后并入四连（现三十三团四连）。主要种植棉花。

三角湖村：四连驻地（原三十二团四连）。地处团西北角，因有1个三角形大水荡而得名。主要种植棉花。

渠西村：原三十二团六连、加工连、修理连驻地。因紧挨三支干大渠而得名。位于六连驻村西，加工连驻村北，修理连驻村南。是团加工副业、农机修理、建筑安装业基地。2005年归入团物资供应总站。

黄岗村：畜牧管理站分站驻地。在渠西村西北面，因地势高，村西为沙丘垄岗而得名，是团重要的畜牧业基地。以养殖为主，种植棉花、红枣。

盐池村：十五连驻地（原三十二团五连）。距乌鲁克镇3千米，村东北沙丘后有盐池而得名。盐池村土壤肥沃，属团优质粮棉高产区。主要种植棉花、香梨、红枣。

沿河村：七连驻地（原三十二团七连）。地处团正南边沿，因紧挨塔里木河而得名。主要种植棉花。

枣园村：原十二连驻地。因盛产红枣而得名，除红枣外，还盛产香梨，后与原七连合并（现三十三团七连）。

塔阳村：十九连驻地（原三十二团九连）。地处团东南端，三支干渠最下游，塔里木河北岸，古以水北为阳而得名。主要种植棉花、苹果、香梨。

果园村：原三十二团林园连驻地。地处十支口，是团内最早最大的果园基地，因盛产金冠、红富士苹果及香梨而得名，后并入原九连（现三十三团十九连）。

沙岗村：十七连驻地（原三十二团十一连）。因紧靠北面沙丘而得名。沙岗村土地肥沃，是重要的产棉基地。主要种植棉花、红枣。

蛭石村：团蛭石矿驻地（原三十二团蛭石连）。因生产点在蛭石矿而得名。蛭石矿储量位居世界第二，产品远销欧美及东南亚等国。

河湾村：原三十二团八连驻地。1992年为团开发沿塔里木河北岸大湾处的生产八队地域，1995年正式成立为八连，建居民点，成一自然村落，暂定村名"河湾村"。团场合并后，2006年改编为三十三团十八连，于2012年并入七连。

第五节　社区

2002年，为建立新型团场城镇化管理模式和运行机制，团场在乌鲁克镇和库尔木依镇成立社区管理委员会办公室（简称社管会）。社管会下设社会治安、物业管理、老龄少儿、文明事业的4个办事机构。三十三团社管会管辖梨花、拥军2个居委会，各居委会负责区域内居民管理和社会化服务等；三十二团社管会管辖东区、西区2个居委会。

2006年12月，三十三团中心团场成立社区建设指导委员会办公室（简称社区办）。

2008年5月，团成立社区服务中心，同时成立3个社区居委会，分别为拥军社区居委会、梨花社区居委会和山水社区居委会（在原三十二团），3个社区居委会在团社区管理服务中心管理下开展工作。居委会具体负责离休党支部事务、居民生活服务和文体活动等。

2015年3月，随着团场城镇化发展，连队职工群众持续向团部区域聚集，为完善社会化管理，团重组建立3个社区：三十三团片区原梨花社区撤销，组建成立拥军社区和承德社区；原三十二团片区成立山水社区。三个社区属团社区管理服务中心管理。

一、拥军社区

位于库尔木依镇北部，因管辖范围驻有部队官兵而得名。2008年5月成立，2015年3月重组，辖德尚苑、德宏苑、军民、团结一期、团结二期5个小区。东至团子凤中学，西至德尚苑小区，南至塔里木大道，北抵团敬老院，面积3.51平方千米。2015年，人口总数为4385人，社区办公室设在团结二期小区。

团拥军社区活动中心　　　　　　　　（谢奎斌　摄）

二、承德社区

位于库尔木依镇西部，因是河北省承德市援建而得名。2015年3月成立，辖德福苑、德馨苑、承德、和谐、金苑5个小区。东至团子凤幼儿园，西至承德小区，南抵218国道，北到胡杨林公园，面积4.29平方千米。2015年，人口总数为3650人，社区办公室设在老机关办公楼。

三、山水社区

位于乌鲁克镇西部，因希望将乌鲁克镇变为青山绿水之镇而得名。2008年5月成立，2015年3月重组，辖和谐、祥和、绿荫、红箭、育才、梨香、阳光、康乐、团结9个小区。东抵阳光小区，西到团结小区，南至祥和小区，北至红箭小区，面积10平方千米。2015年，人口总数为3820人，社区办公室设在原三十二团文化馆。

第六节　企事业单位

2015年，团场连级建制事业单位有：农试站、治沙站、招待所、幼儿园、气象站、畜牧站；营级建制企事业单位有：水管站、社区、建筑公司、团中学、医院、名星纸业。

一、三十三团

1995年1月，团有农、林业单位11个：一连、民兵连、三连、五连、六连、八连、九连、十连、十一连、林园一连、林园二连。工交建商单位9个：加工厂、修造厂、水管站、建筑公司、商贸公司、冷饮厂、采购站、采矿连、招待所。科教文卫单位5个：中学、医院、幼儿园、畜牧科、农科站。

2015年，团有农、林、牧业单位17个：一连、二连、三连、四连、五连、六连、七连、八连、九连、十一连、十五连、十六连、十七连、十九连、二十连、林园连、畜牧管理站（含7个鹿场）。工交建商单位8个：加工总厂（一厂、二厂）、水管站、建筑公司、社区、三汇公司、震企公司、名星纸业、蛭石矿。科教文卫单位8个：三十三团中学、乌鲁克中学、教育中心、医院（疾控中心）、敬老院、三十三团幼儿园、苗苗幼儿园（原三十二团）、农试站。

二、三十二团

1995年，三十二团有农、林、畜业单位14个：一连、二连、三连、四连、五连、六连、七连、八连、九连、十连、十一连、十二连、林园一连、畜牧连。工交建商10个：加工连、塑料厂、印刷厂、蛭石连、基建连、水管站、酱厂、商场、服务站、修理连。科教文卫4个：农试站、乌鲁克中学、苗苗幼儿园、医院。

第七节　地名工作

1996年8月，三十三团、三十二团成立地名改革委员会，组长由团场主要行政领导担任，成员由团办公室、基建科、生产科、财务科、政工科主要领导组成。地名管理机构挂靠在团办公室，由负责民政事务的干部处理日常业务工作。

2007年，根据农二师《关于农二师地名公共服务工程实施方案》，三十三团制定《地名公共服务工程实施方案》，成立由社政科、经营管理科、办公室、国土分局、政工办、派出所、工交建商科等部门共同参与的地名公共服务工程组织机构。地名工作是团场进入21世纪后社会管理规范化发展一项新的工作任务。从适应小城镇建设的需要出发，本着"尊重历史，照顾习惯，体现规划，突出特色，好找宜记"的原则，在确保原有地名相对稳定的前提下，对三十三团、原三十二团两辖区内地名、设施和处所实行地名改革。是年6月，三十三团地名管理机构统一规范原来的地名设置，重点清理整治未命名的地名名称、不规范的地名标志等。社政部门负责清理不规范地名名称，按程序办理地名命名、更名的审批工作，负责团域内未命名道路、广场、桥梁等的命名申报工作；库孜来克派出所负责居民区门牌和团域内交通指示牌，以及路、街、巷牌的清理规范；社区负责自然村、路、街、巷（含社区道路）名称与标志的清理规范，主干线交通指示牌的清理规范，地名标志的清理规范等工作。

2008年，团地名标志规范设置完成安装任务。年底，团普查居民门牌总户数5524户，普查房栋牌2488栋，制作各类标牌8425块，地名彩喷图24块。其中连队（自然村）牌24块，街路巷牌163块，平幢牌2484块，平户牌5030块，门牌216块。是年，完成2个小城镇的3个居委会、19个连队（自然村）标准地名标志的校对上报、审定和地名、门牌标志的制作安装工作。

2010年，建成地名公共服务工程数据库信息系统，实行电子建档录入地名信息。

2014年，根据第二师铁门关市《关于开展地名普查工作的通知》，从8月1日开始，至2018年6月30日结束，分三个阶段实施地名普查工作。普查标准时点为2014年12月31日。

2015年，统一规范区域名称的使用，确定了三十三团居委会和三十三团山水社区、拥军社区、承德社区居委会名称。

第二章　自然环境

团场位于尉犁县境内，塔克拉玛干沙漠和库姆塔格沙漠之间的"绿色走廊"中，南依塔里木河，北邻孔雀河，在两河下游的冲积平原上，区域内自然资源丰富，但干旱缺水、盐碱较重。

20世纪90年代后，团场逐步树立尊重自然、顺应自然、保护自然的生态理念，在发展绿色生态文明的同时，将生态环境保护融入社会发展全局当中，从保护环境滞后于经济发展转向环境与发展经济并进。2015年，三十三团被第二师评为环境综合治理先进单位。

第一节　地貌

一、三十三团

坐落于塔里木盆地东部，介于天山南麓和昆仑山、阿尔金山北麓之间，受地势和塔里木河、孔雀河冲积面的影响，呈东宽西窄状。团场所属塔里木垦区整体地势南高北低，南北向坡降为1/5000～1/1000，东西向坡降为1/4000～1/5000，海拔高度为855～860米。平原区主要由河流冲积、三角洲，及大片沙漠和风蚀组成。荒漠地带多沙丘和古河道分布，其间有少量胡杨林，土壤多沙性，植被较稀少。

二、三十二团

处于塔里木河下游冲积平原上，属第四纪全新世沉积母质。海拔高度为855～863米。地形由西北向东南倾斜，呈"工"字形，场区范围东西向坡降平缓，为1/4000～1/5000，南北向坡降较大，为1/1000～1/1500，团场所属塔里木垦区内，分布有无数大小垄岗、连片沙丘、洼地和干沟。地形地貌总体起伏不大。雄厚的沙质沉积土，在荒漠植被稀少、多风的气候条件下容易风蚀，以前进式类型向西南方向移动堆积。

第二节　土壤植被

团场土壤多由冲积沉积和沙质风积两种母质类型组成。底土以粗砂为主，具有沙性大、质地轻、肥力低的特点，表土多为壤质和黏土质。土壤含盐量一般为0.5%，地表以下0~100厘米平均含量，以$SO_4^{2-} - Cl^-$为主，$Cl^- - SO_4^{2-}$次之。据农试站提供的土壤普查资料，极轻盐渍化面积仅占规划面积的28%。

一、三十三团

1995年，草甸土耕地面积5284.93公顷，占总面积的28.42%。塔里木垦区土壤肥力较差，特点是钾丰富、氮缺少、磷极缺；土壤有机质含量平均占0.86%，最高1.07%，最低0.69%；速效氮平均含量41.68毫克/千克，速效钾平均含量375毫克/千克，速效磷平均含量4.79毫克/千克。团场所属塔里木垦区由于气候干燥，蒸发量强，土壤盐分表聚性极强，呈周期性升降运动。

2009年，土壤有机质平均含量9.5克/千克，速效氮平均含量62毫克/千克，速效钾平均含量159毫克/千克，速效磷平均含量21毫克/千克。

2012年，土壤有机质平均含量10.2克/千克，速效氮平均含量75毫克/千克，速效钾平均含量166毫克/千克，速效磷平均含量19毫克/千克。

2015年，草甸土耕地面积5836.58公顷，占总面积的9.31%。土壤有机质平均含量10.92克/千克，最高占0.2%，最低占0.4%；有效氮平均含量97毫克/千克，有效钾平均含量179毫克/千克，有效磷平均含量23.2毫克/千克。2009—2015年，团场加大肥料投入力度，有效氮、有效钾、有效磷含量呈稳步上升趋势，土地有机质含量逐年提升。

二、三十二团

1995年，灌溉草甸土面积4494公顷，多为耕地面积，占场区规划利用面积51.46%；淡草甸土面积1288.66公顷，占14.73%，此类土多为耕地外围生荒地，地形起伏大，含盐量高，宜作林地；风沙土1553公顷，占17.78%，主要分布在耕地外围的沙丘地带，肥力低，质地砂土或粉沙土混合，含盐量不高，但保水保肥性能差，若改善物理性状后，可作农林用地；盐土1367.13公顷，占15.64%，多分布在距耕地较远的碱滩洼地，地表有盐渍结皮，凹凸不平，物理性状不良，难以改造利用；泥炭土40.33公顷，占0.39%，多分布在毛腊湖一带，数量不多，质地较轻，地表有极薄的泥炭层。

2005年，土壤有机质平均含量9.3克/千克，速效氮平均含量61毫克/千克，速效钾平均含量150毫克/千克，速效磷平均含量20毫克/千克。

第三节　水文

一、地表水

塔里木垦区南侧有塔里木河，流经团场地段，河水最大流量每秒21.7立方米，枯水期水量很少，20世纪90年代后枯水期基本断流。塔里木河流经团场地段为44.2千米，是塔里木垦区灌溉用水的主要来源。其引水灌溉方式主要依靠第二师卡拉（爱沙米尔）水库之水。长约40千米的卡拉总干渠输水进场，经塔里木河北岸开口，由西向东，经卡拉、乌鲁克、库尔木依进入团场，灌区年进水量约8760万立方米。引水利用率84%左右，矿化度在0.8克/升以下，枯水期3~4克/升，洪水期1~1.2克/升。

二、地下水

团场地下水平均埋深1.89米，最浅达1.2米，但都是矿化水，盐碱含量极高，有深厚的第四纪冲积层，主要补给水源是河水渗透，属松散岩类。孔隙含水量程度较弱，从整个地质结构勘测，潜水埋藏深度在30米左右。地下矿化水是造成塔里木垦区土壤盐渍化的主要原因，因此味道微咸或咸，矿化度极高，盐碱含量高，不能饮用。即便用作农作物灌溉，也多造成农作物枯死，造成土壤盐渍化，破坏土壤结构，故未开发利用。

第四节　气候

一、气温与湿度

团场所处塔里木垦区内，盆地气候效应比较明显。春季气温回升快，夏季炎热，少酷暑，秋季降温迅速，冬季寒冷而漫长。年、日温差较大，全年≥10.8℃活动积温高，年平均气温7.9℃，无霜期163天。

（一）气温

团场年平均气温10.8℃，白天温度高，夜间温度低，昼夜温差大。一年中1月最冷，多年平均-9.9℃；7月最热，多年平均23.6℃。

气温的季节变化，春（秋）季气温回升（下降）迅速。3月上旬可稳定通过0℃，进入春季。11月中旬入冬，全年生育期250天左右。≥10℃活跃积温3353.2℃。夏热冬寒，夏季月平均气温22.8℃~23.3℃。冬季特冷年最冷平均气温-20.2℃，极端最低气温-29.9℃。暖冬年份最冷月平均气温-10.8℃以上，极端最低气温仅-17.4℃。

气温的年际变化，夏季小，冬季大。最热月平均气温变化范围在3℃~4℃；冷冬和暖冬1月气温10.8℃~15℃。

团场农区初、终霜期平均在9月下旬和4月下旬至5月初，无霜期平均156天。

表2-1　三十三团霜冻初、终日及无霜期一览表（1995—2015年）

年份	初、终霜日期（日/月） 初日	初、终霜日期（日/月） 终日	无霜期天数（天）
1995	8/10	11/4	179
1996	1/9	29/4	124
1997	27/10	9/4	200
1998	18/9	15/5	125
1999	9/10	26/4	165
2000	9/10	6/4	185
2001	8/10	11/4	179
2002	18/9	1/5	139
2003	29/9	23/4	158
2004	10/10	3/4	189
2005	12/10	13/4	181
2006	23/10	11/4	194
2007	7/10	3/4	185
2008	22/10	20/4	184
2009	15/10	30/4	167
2010	11/10	16/5	147
2011	8/10	11/4	179
2012	10/10	3/4	184
2013	12/10	13/4	181
2014	15/10	28/4	167
2015	17/10	36/4	172

表2-2　三十二团霜冻初、终日及无霜期一览表（1995—2005年）

年份	初、终霜日期（日/月） 初日	初、终霜日期（日/月） 终日	无霜期天数（天）
1995	8/10	11/4	179
1996	1/9	29/4	124
1997	27/10	9/4	200
1998	18/9	15/5	125
1999	9/10	26/4	165
2000	9/10	6/4	185
2001	8/10	11/4	179
2002	18/9	1/5	139
2003	29/9	23/4	158
2004	10/10	3/4	189
2005	12/10	13/4	181

（二）土壤温度

团场土壤分灌溉草甸土、淡草甸土、风沙土、盐土、泥炭土5大土类14个土种。

封冻期（结冻、封冻、解冻）分别在10月20日至11月30日、11月10日至翌年3月15日、3月12日至4月15日。土壤冻层厚度平均62.5厘米，极值79厘米。

团场所处塔里木垦区内，多年月平均土壤温度在6—8月为最高峰值，1—2月最低。全年平均土温：5厘米土层10.4℃，10厘米土层10.2℃，20厘米土层10.2℃，40厘米土层10.3℃。土壤温度的变化与气温的变化有明显的规律性。

表2-3　三十三团各月土壤温度平均值一览表（1995—2015年）

月份	不同深度土壤温度（℃）			
	5厘米	10厘米	20厘米	40厘米
1	-5.4	-4.6	-3.1	-1.9
2	-3.2	-2.9	-2.2	-1.8
3	1.8	0.9	0.1	-0.6
4	10.2	9.1	7.4	6.1
5	18.7	17.8	16.7	15.4
6	23.9	23.1	21.8	19.9
7	26	25.2	24	22.6
8	24.6	24.1	23.5	22.4
9	19	19	19.1	19.2
10	10.5	11	11.8	13.7
11	1.6	2.5	3.9	7.2
12	-3.2	-2.4	-0.9	1.7
全年平均	10.4	10.2	10.2	10.3

（三）湿度

团场所属垦区濒临塔里木沙漠和库鲁克沙漠之间，受沙漠强烈热气团的蒸腾，气候干燥，蒸发量高。空气相对湿度年平均48%，最大相对湿度51%，最小相对湿度45%。最大月平均湿度69%，最小月平均湿度31%。作物生育期（4—10月）年平均湿度为40%，最大湿度52%，最小湿度31%，湿度一年中春季最小，冬季最大。

表2-4　三十三团主要气候要素一览表（1995—2015年）

气候要素	单位	数据
海拔高度	米	855~860
年平均气温	摄氏度	10.9
1月平均气温	摄氏度	-9.1
7月平均气温	摄氏度	26.2
平均日较差	摄氏度	14.3
平均年较差	摄氏度	36.3
极端最高气温	摄氏度	41.3

续表

气候要素	单位	数据
极端最低气温	摄氏度	-29.9
≥10度积温	摄氏度	4218.3
年平均日照时数	小时	4526.8
平均日照百分率	%	67
年平均蒸发量	毫米	2757.9
年平均降水量	毫米	48.5
空气相对湿度	%	49.5
初霜日期	日/月	5/10
终霜日期	日/月	16/4
无霜期	天	163
太阳总辐射量	千卡/平方厘米	158.8
大风	次/年	15.6
干旱风	次/年	11.7

表2-5　三十二团主要气候要素一览表（1995—2015年）

气候要素	单位	数据
海拔高度	米	855~860
年平均气温	摄氏度	10.9
1月平均气温	摄氏度	-9.1
7月平均气温	摄氏度	26.1
平均日较差	摄氏度	14.3
平均年较差	摄氏度	36.3
极端最高气温	摄氏度	41.3
极端最低气温	摄氏度	-29.9
≥10度积温	摄氏度	4218.3
年平均日照时数	小时	4526.8
平均日照百分率	%	67
年平均蒸发量	毫米	2757.9
年平均降水量	毫米	37.7
空气相对湿度	%	-49.5
初霜日期	日/月	5/10
终霜日期	日/月	16/4
无霜期	天	163
太阳总辐射量	千卡/平方厘米	158.8
大风	次/年	15.6
干旱风	次/年	11.7

二、日照

团场所处塔里木垦区内，日照丰富，多晴少雨，空气透明度大。日照长，太阳总辐射量高，光热资源丰富。

（一）太阳总辐射量及其生理辐射

太阳年总辐射量为 158.8 千卡/厘米^2，6—7 月最多，占太阳总辐射量的 3.5%。太阳总辐射分为直接辐射和散射辐射。塔里木垦区直接辐射和散射辐射各占太阳总辐射量的 50%。

生理辐射是农作物在光合作用过程中吸收（同化）波长为 73.8～78.3 千卡/厘米^2 的太阳辐射。一般生理辐射占太阳直接辐射的 43%，占太阳散射辐射的 57%。也就是说，单位面积上截获生理辐射量多，是提高作物生长潜力的重要资源。

（二）日照时数和日照百分率

团场所处塔里木垦区内，全年日照的可照时数为 4510.1 小时，实照时数多年平均为 2942.2 小时，日照百分率为 65.0%；作物生育期（4—10 月），日照时数为 2959 小时，日照百分率为 67.29%。

表 2–6　三十三团日照情况一览表（1995—2015 年）

月份	可照时数（小时）	实照时数（小时）	日照百分率（%）
1	298.7	197.8	66.2
2	299.8	185.2	61.8
3	369.9	242.4	65.5
4	401.9	262.9	65.5
5	447.8	292.8	65.4
6	459.6	288.1	62.7
7	469.6	297.8	63.4
8	437.3	299.8	68.6
9	382.6	278.5	72.8
10	351.8	255.1	72.5
11	298.1	195.6	65.6
12	293.0	146.2	49.9
全年	4510.1	2942.2	65.0

三、降水

团场所处塔里木垦区内，自然降水量极少，多年平均降水量为 44.6 毫米，且大多集中在 4—9 月。春、夏、秋、冬四季分布比例为 19.3%、53%、24.5% 和 3.2%。夏季居多，冬季最少。降水量最多的是 7 月；月最大降水量 112 毫米，生育期（4—10 月）平均降水量 54.56 毫米，占全年降水量的 92.8%。

四、蒸发量

团场年平均蒸发量为 2378.4 毫米。作物生育期（4—10 月）平均蒸发量为 2055 毫米，为同期降水量的 37.67 倍。

五、霜期冻期

团场农区内降雪极少，个别年份无降雪。每次降雪时间大多不超过1天，积雪厚度一般不超过3厘米。年降雪一般1~2次，积雪数日内融化，基本无积雪越冬。

历年平均冻结期为11月上旬。封冻期历年平均为11月22日左右。日最低气温≤2℃为轻霜冻，日最低气温≤0℃为重霜冻。终霜日在4月中旬至5月中旬，最低气温-2℃~-3℃，地面最低温度-4℃~-6℃。初霜冻在9月底，最早9月下旬，最晚11月下旬。

六、风

（一）大风

团场风向以东南风为主，其次为西风，最大风速1.4米/秒。3—6月是刮风频繁季节。8级以上大风多发生于3月中旬至6月中旬。发生在4月至5月上旬的8级以上大风，会影响作物产量10%~20%。

（二）旱风（干热风）

多发生在6月中旬至8月上旬。高温季节农作物若无法得到及时灌溉，干热风加之高温炙烤，将影响或危害农作物的生长发育。

第五节 矿产资源

距原三十二团团部80余千米的北面兴地山中，有蛭石、磷矿等资源。蛭石矿区储量约1400万吨。磷矿矿源有西山布拉克、窝伦塔克等6个矿点，共有储量87万吨，矿石P_2O_5含量为7%~15%。

第六节 野生动物

一、兽类

塔里木马鹿、野猪、狼、大头羊、黄羊、狐狸、野兔、黄鼬、野猫、刺猬、旱獭、獾、鼠、沙漠跳鼠等。

二、禽类

鹰、鹞子、乌鸦、喜鹊、野鸡、野鸽、斑鸠、黑雀、麻雀、燕子、猫头鹰、布谷鸟、啄木鸟等。以麻雀数量居多。

三、虫类

苍蝇、蚊子、蝗虫、螟虫、蚜虫、黏虫、红蜘蛛、棉铃虫、尺蠖、蚯蚓、地老虎、水蛭、螳螂、象鼻虫、瓢虫、蝎子、蜈蚣、蜻蜓、蚂蚁、蜘蛛、黑蜂、黄蜂等。以上虫类害虫居多，尤其是棉田地的蚜虫、红蜘蛛、棉铃虫、黏虫、地老虎等对农作物的危害最为严重。

四、爬行动物

蛇、蟾蜍、壁虎、蜥蜴等。

由于地理环境的整体性特征，以及人类利用自然资源对区域地理环境的影响，野生动物的栖息活动范围持续缩减。自《中华人民共和国野生动物保护法》颁布后，三十三团严格落实相关政策法规，民众对野生动物的保护认识得以提高，野生动物数量有所恢复。

五、水生动物

水生鱼类动物有鲤鱼、鲢鱼、草鱼、武昌鱼、新疆尖头鱼、鲫鱼、白条鱼、五道黑、大头鱼、内鱼等，还有水鳖子、水蝎子、水老鼠、水蛇、螃蟹、螺、虾等。20世纪90年代中期，团场在人工小面积水荡中饲养过鲤鱼、草鱼、鲢鱼等品种。

第七节　野生植物

一、木本植物

所辖区域野生木本植物资源主要生长分布于塔里木河两岸和耕地沟渠，由于气候和土壤等因素，分布量不均衡且不多，团场有胡杨、榆树、柳树、杨树、槐树、沙枣树等，素以胡杨为主，塔里木垦区生长着2880公顷自然胡杨片林。乔木有胡杨和沙枣等，灌木有柽柳（俗称红柳）、梭梭柴和铃铛刺等。

胡杨：抗盐碱耐旱耐寒，为团场所处塔里木垦区内主要乡土林木资源。野生胡杨次生林约1266.67公顷，林木蓄积量少，价值低，主要营造农田防护林，对防风固沙，抵御自然灾害效果显著。

沙枣：最适宜沙质碱性土壤和寒冷的荒漠气候，其果实虽粒小，但却是上乘的牲畜饲料，并可制酒和食用。此树种可防风固沙，但生长缓慢，成材极少。随着团场退耕还林政策和经济发展，沙枣树又多被作为果园围墙材料而大量栽种。

二、野生草类

团场所处塔里木垦区内，野生杂草品种繁多，已知名称的有40余种。有罗布麻（当地俗称野麻）、骆驼刺、胖姑娘草、苦豆子、紫穗槐、灰黎、车前草、苦苣、灰灰草、田旋花草、牛角花、六月雪、蒲公英、败酱草、筋骨草、面条菜、野田青、野菊花、野葡萄、大蓟、小蓟、黑枸杞、三棱草、稗草、芨芨草、冰草、狗尾草、野荸荠、茅草、燕麦、匾蓄、浮萍、牛毛草、鸭舌草、鱼草、毛腊草、苍耳子、醉麻草、毒芹等。寄生植物有列当、菟丝子。菌类有蘑菇（3 种）。

药材种类有甘草、罗布麻、芦苇根、车前草、红花、苍耳子、蒲公英、大蓟、小蓟、败酱草、筋骨草、黑枸杞、枸杞、菟丝子、列当、三春柳（红柳）等。尤其甘草、罗布麻分布面积广，产量高，质量好。

罗布麻：主要生长在荒漠沙丘，分蘖极强，耐旱耐寒，繁殖力旺盛，花多且开放时间长，可放蜂采蜜，其枝叶可作药用，又是保健品，不仅清热解毒，而且可制成降血脂、降血压的中草药。纤维可作高级纺织品原料，其茎皮曾一度是农场制作绳索套具的主要来源，随市场发展和技术的迭代创新，将具备更多潜在价值。

甘草：素有"中药之王、百药之引"的美称，辖区内到处生长，总计面积约 1300 公顷。甘草抗碱耐寒，根茎活力极强，虽有不法者年年采挖，但挖而不死，来年又发出新芽，生生不息。

芦苇：是最常见的一种野生草本植物。芦苇的载畜量可达万头（只）以上。芦苇生命力极强，比其他田间杂草更难清除，因而成为种植业的一大公害，农田职工每年都要消耗大量的人力物力清除。随着塔里木河水流量的逐年下降和开荒造田，大片草场因缺水造成草质衰败而枯死，芦苇资源日渐枯竭。

三、水生植物

有绿萍、毛腊、头稗、三棱草等。

第八节　自然灾害

在塔里木垦区内，农业抗灾自救一直是团场农业生产的重点工作，当地自然灾害具有种类多、发生频繁、灾害损失严重等特点。针对这些灾害，职工群众逐步探索总结出相应有效措施。据统计，每年风灾发生面积 200～1300 公顷次，最重年份约发生 2000 公顷次，2004—2014 年，年均遭受风灾 2 次（2012 年除外）；2004—2011 年，每年出现 8 级以上大风 2 次，年均风灾面积 1246.66 公顷。

一、大风灾害

大风和旱风都是农业灾害性气候。大风不仅能吹走表层土壤，形成风蚀地表，还会引起风沙入侵。旱风是在最高气温大于 30℃，相对湿度小于 25%，风速大于 3 米/秒时形成的。其危害主要是加速植物体蒸腾和土壤水分强烈蒸发，土壤供水失调，导致作物生理失水，影响正常发育而减产失收。

1995年4月28日，夜间团场遭受8级大风袭击，受灾棉田2796.66公顷，重灾面积达666.66公顷。

2001年4月28日，团场遭受8级以上沙尘暴袭击，三十三团700公顷棉田遭受不同程度的灾害。其中，200公顷棉田受灾严重，184公顷棉田绝收；三十二团1295公顷棉田受灾，其中715公顷棉田绝收。

2005年4月6日，团场遭受大风、沙尘袭击，2282公顷已播棉田遭受不同程度灾害，其中266公顷棉田绝收。

2008—2009年塔里木河断流，7—8月未现洪水，恰拉水库储水无几，经和巴州水利部门协调，博斯腾湖也只供给了不足1/3的水量，大面积棉田仍缺水受旱，致使团场棉花减产严重。

2012年4月2日，团场遭遇8级大风袭击，致3066.66公顷播种棉田受灾，直接经济损失达1924万元。

2014年4月23—26日，团场突遭7级以上沙尘暴袭击，棉花受灾面积达3855.53公顷，直接经济损失达1015万元。

二、霜冻灾害

1998年4月22日，塔里木垦区夜晚突降霜冻，气温骤降，致使团场4515公顷棉花、2600公顷结果香梨遭受严重冻害，造成棉花绝收176公顷。

2005年4月6日，团场遭受大风、降雨、霜冻，致使全团2282公顷已播棉田受灾，其中造成棉花绝收226公顷。

2014年4月23—26日，团场遭受霜冻灾害袭击，夜间最低气温降至-2℃，棉花受灾面积达2570.4公顷，经济损失严重。

三、冰雹灾害

团场自建团起，文字记载有突降冰雹9次，大多发生在作物生长期，最早发生在4月，最晚为9月。其中，1980年1次，突降冰雹直径达20毫米，棉叶及长点遭受不同程度的打击，给团场造成重大经济损失。1998年和2011年，团场各发生过1次小面积冰雹，直径3毫米左右，未造成经济损失。

四、盐碱灾害

团场所在地区盐碱大，范围广，农作物出苗差，作物灌时死苗现象严重，无苗面积增大，严重危害农业生产。建团后，团场干部职工便与盐碱危害作斗争。介于当时大部分条田地块高差达

1米左右，灌溉毛渠均为临时性的，无干、斗、毛排，无法形成排碱系统，导致地下水位高，农田盐碱重，脱碱效果差，最终影响农业生产发展。

20世纪70年代后，团场建成浅、密、通深浅结合的总干排、干排、支排、斗排、毛排5级排水系统。1973年8月，团场组织劳力大会战，建设总排水系统，从下游动工挖至上游，于1974年建设完工，灌溉排水体系得以完善。同时，通过农业机械平整土地，增加水稻种植面积，改良土壤，加之农田排水系统作用有效发挥，地下水位降低，盐碱危害减轻。

1996年后，团场将清挖排淤、割草畅流作为降低地下水位、改良盐碱地的有效措施，常抓不懈。

2001年后，随着团场节水灌溉新技术的运用推广，地下水位持续下降，盐碱危害大幅减轻。

2004年，团场各级排水渠道总长854.05千米，其中三十三团337.3千米，有效排灌面积5000余公顷；三十二团516.75千米，有效排灌面积4500余公顷。

至2015年，团场节水灌溉覆盖面100%，地下水位降至2米以下，各级排水渠道未再增加。

第九节　环境保护

1995年后，随着塔里木垦区持续农业开发和交通、工业、商业、文化旅游产业等发展，人类在土地空间上的活动频率持续增大，对自然生态产生一定影响。随着社会发展和气候变化，区域内资源约束趋紧，干旱缺水日趋严重、自然灾害越发频繁，自然生态系统退化，沙漠化形势严峻，生物多样性受到持续影响。团场在发展中逐步认识到生态建设的重要性，在国家、自治区、兵团、第二师生态理念和政策指引下，团场"生态卫士"的职责逐步加强，职工群众逐步树立起尊重自然、顺应自然、保护自然的生态文明理念。团场顺应产业结构调整之际，推进林业快速发展，注重自然生态资源保护，使经济、社会建设与生态建设得到同步发展。多年来，团场始终将辖区环境综合整治作为落实生态文明建设、构建新型团场的首要任务，着力打造人居新环境，建设优美新村镇，村镇面貌不断改观，发展环境得以持续优化。

团场独特的地理位置，造就了优质商品棉、库尔勒香梨、塔里木马鹿三大支柱产业。2004年，团库尔木依镇（乌鲁克镇）环境规划通过上级部门审批。2007年，被兵团命名为环境优美团场。至2015年，镇区专用绿地有休闲公园、香梨公园、胡杨公园、生态公园小区、文化广场等，总面积26.64公顷。团场绿化、净化、亮化、美化全面提升。

一、编制环保规划

2002年，团场按照国家环境保护总局、建设部制定的《小城镇环境规划编制导则（试行）》文件精神，在结合实际，充分论证，广泛调研的基础上，完成团场环境规划编制，经农二师环保局批准并组织实施。

团场的环境建设五年总体规划主要内容如下：围绕基础性设施建设抓好环境建设，提高服务功能；围绕企业形象抓好环境建设，实施精品工程；围绕"热点、难点"问题抓好环境建设，实施环境综合整治，提高人民生活质量，年年都有新变化。在环境建设综合整治过程中，严格执行环保法律法规，将改善环境质量列入团场党委一项重要工作议事日程，并纳入"四个文明"建设考核范畴；与各基层单位签订环境保护工作目标责任书21份，环境保护整治工作有效推进。

二、农业环境保护

1995年，团场成立农业环境保护工作领导小组，由生产科负责监测耕地环境保护和永久基本农田环境污染情况。

2004年，团场开始推广种植玉米诱集带，诱集棉铃虫，减少农药使用量，降低基本农田污染，收效良好。

2005年后，随着地膜使用量增大，白色污染也愈加严重，团场建立"白色污染"档案，下设主管办公室（生产管理科），负责残膜回收检查、验收等农田环境保护工作。每年开展不同形式的劳动竞赛，农田环境保护工作由团领导小组验收评比，地膜回收率保持在80%以上。

2007年后，加大农药管控力度，连队农田用药由连队植保员专人负责管理登记和发放，统一销毁使用过的空药瓶，防治人为乱扔造成对环境的次生污染。

2015年，团场棉花播种面积0.73万公顷，结合科学技术强化田间管理控制农业用水总量，提高用水效率。减少化肥和农药使用量，达到两减目的。棉花秸秆粉碎还田综合利用率为100%，畜禽粪便经无害化处理后施用田间，残膜回收率达93%以上，农田污染问题基本得到根治，实现农业"一控两减三基本"目标。

三、生态环境保护

历经多年发展变化，团场推行节水技术发展林果经济，通过大面积退耕还林与植树造林，生态环境日渐改善。2005年，团场加大森林管护和林木病虫害防治力度。2010年后，团开始采用先进节水滴灌技术，种植沙枣、梭梭、红柳、胡杨等树种，使2万公顷沙漠披上了绿装，野生植被得以有效保护；推广生物防治技术，施用低毒农药防治病虫害，减少对野生物种的危害。团利用退耕还林还草政策，在团场周边荒漠栽种防护林，形成长16千米、宽0.5千米，面积达666.66公顷的生态屏障。沿218国道实施城镇生态绿化走廊建设工程，着力打造218国道沿线生态景观，林木覆盖率由2010年的23.25%上升至2012年的29.4%，农田林网化率达100%。

2012年，团场新建森林派出所和林业工作站综合办公楼。是年，三十三团被农二师评为生态文明团场。

2013年，完成承德生态公园、绿化管网、林床平整等基础设施建设，安装绿化管道1.2千米，小区绿化面积57352平方米。

2015年，团严格执行环境保护政策和法律法规，团林业工作站会同森林派出所加大生态环境监管力度，依法打击破坏生态植被和捕杀珍稀野生动物等不法行为。

四、工业环境保护

自建团起，棉花加工厂一直处于居民生活区内。2006年，团投资2000余万元，将棉花加工厂从居民区整体迁移至新工业区，减少噪声及粉尘污染，污染源达标排放率100%。

至2015年，团对城镇区内住户及餐饮业个体工商户1200户中的1152户，采用抽烟机设备排放油烟进行处理后，达标排放率达到96%；同时，加强投资项目审核管理，严格环评、土地和安全生产审批全过程，发展低能耗、无污染和高附加值的环保工业。

五、居住环境保护

生产、生活、商业和医疗垃圾是团场居住环境的主要污染源。1995年后，团场每年均有开展生活区暴露性垃圾、建筑垃圾集中整治活动，清理乱堆乱放的杂物、柴垛、杂草。

2006年起，团场开展"小康生态连队建设"活动。到2009年，团已建成日处理量800立方米污水处理厂一座，完成污水主管网铺设4千米；库尔木依镇住户1100余户，有858户入住楼房，污水处理率达78%；团场19个生产连队中，有13个生产连队完成生活污水集中排放处理建设，经治理的行政村生活污水排放率为68.4%。

2009年，团建立垃圾收集处理机制，按照方便、节约、有效的原则，采取逐户收集、连队清运、集中填埋的方式，统一完成无害化处理，防治再生污染，实现生活垃圾收集处理全覆盖。

2010年，团场各基层连队以每20～30户为一个片区，统一修建垃圾池，共建起垃圾池125个、垃圾填埋场21个，新添大型转运车3辆、小型转运车21辆、吸粪车2辆、拖拉机2台。是年，团实施农户卫生改厕项目。经改造，有3371户使用双瓮式水冲式厕所，农村卫生厕所普及率和生活区垃圾无害化处理率均达到96%。医疗卫生垃圾则采取医院定点回收、统一转运的方式，拉至库尔勒集中焚烧处理，无害化处理率达到93%，延至2015年。

团场的次生环境污染源是大气污染。1995—2008年，团场多数家庭住所仍为平房，冬季取暖以传统煤炉为主；少数家庭居住在楼房，集中供暖。冬季大量燃煤供暖产生的烟尘，以及农用机械、运输车辆和家庭小型汽车排放的尾气中，含有大量二氧化碳，是导致团场大气污染的主要来源。2009年后，团部住宅规划侧重于楼房建设，人口逐渐向团部聚集。通过楼房集中供暖，控制烟尘排放量，烧煤产生的污染随之减少，城镇空气环境质量得到有效改善。经治理，团场整体二氧化硫、氮氧化物、颗粒物浓度远低于《环境空气质量标准》（GB 3095—2012）挥发性有机物的排放标准，空气污染程度较轻。2015年，团场加大城镇扬尘综合整治力度，强化施工扬尘责任监管，严控扬尘、煤烟尘、机动车尾气，依法依规完成团场"三废"（废气、废水、废渣）整治。严格审批新建、改扩建项目，严禁敞开式作业，将各建筑工地绿网覆盖和洒水处理结果详细记录在案；规范建筑工地运输车辆管理，对渣土车超限超载、沿途撒漏、违规装卸严肃查处，避免渣土扬尘等现象发生，杜绝环境污染。

2001年起，少数家庭开始使用太阳能热水器。2006年后，团场加速小城镇建设进程，随着危旧房改造项目的实施，使用太阳能热水器的家庭增多。

2004年，团场实施兵团"生态富民工程"建设项目，启动沼气池专项建设。2004—2007年，共建成沼气池801座。沼气池有8～10立方米容积的钢混水泥预制板型和容积8立方米的玻璃钢型两种。2008年6月10日，团成立沼气协会。是年年底，团场完成沼气池建设项目。由于少数沼气池缺料、漏水、漏气、冻裂、产气量少，加之维修服务跟不上，98%以上沼气池不能正常使用。之后，沼气池建设停止。

六、环境污染防治

（一）治污措施

1995年起，团场成立由党政主要领导任组长的环境建设工作领导小组，在生产科设环境建设工作办公室，负责具体业务工作，管理机制沿用至2015年。团场在重大工程项目建设中，执行环保政策和法律法规，加强监督管理问责，遏制破坏环境不法行为。

2010年，三十三团根据《农二师2010年度环境保护工作目标责任书》要求，制定《三十三团环境保护目标责任书》，团行政与各基层单位第一责任人签订环境保护目标责任书。制定《三十三团环境综合整治工作考核办法》，把营区环境卫生、污染物排放、水源污染、环境保护宣传等内容纳入责任目标绩效考核，将考核结果纳入年度连级干部目标绩效考核，作为评先评优的重要条件之一。

2010年后，团财务设立环境综合整治、基础设施配套专项奖励基金，对完成任务好的单位，采取以奖代补的形式，奖励3000～5000元。连级投入方面，经济条件好的连队以连队投入为主；经济薄弱连队，通过职工大会落实筹资办法，按照每户每月1～2元的标准收取，并采用动员驻团单位捐资等方式，解决连队经济薄弱问题，为环境综合整治工作提供资金保障。

2014—2015年，团场投资1636万元，在西北侧12千米处的戈壁荒滩上，新建日处理能力44吨的生活垃圾填埋场一座，填埋场有效库容为21.6万立方米，占地面积3万平方米，使用年限为10年。填埋场配套建设有废气、废水治理和绿化工程等环保设施，采用双层人工合成材料防渗衬层，确保填埋场底部及四周边坡达到规定的渗透率标准要求和防渗效果。团场添置垃圾箱24个、垃圾桶180个、装载机1辆、自卸式垃圾压缩车2辆、吸污车1辆、洒水车1辆、公路清扫车2辆，保障快速清运生活垃圾，有效防止土壤及地下水污染。

(二)连队及城镇污染防治

1. 环境整治

1995—2006年,团场每年都对城镇及连队暴露性垃圾、乱堆乱放杂物、杂草进行集中整治。2007—2008年,团场共组织2次大规模的环境突击整治活动,职工群众近1万人次参加,共动用铲车12台、拖拉机82台、板车113辆,清除卫生死角400余处,清运垃圾、杂草2万余吨。

2015年,团组织职工群众、中小学生3000余人次,出动各类保洁清扫车辆165车次,清理积存垃圾、杂物、卫生死角150处,清理生活垃圾530余吨,清理各类渠道5.56万米,清理残垣断壁无功能老旧建筑38处,清理张贴在墙壁、电杆、路标上的非法小广告、乱涂乱画266处。开展环境集中治理4次,参与人数2000余人,清理包装物5200个,团场卫生环境得到有效治理。

2. 规模化畜禽养殖粪便处理

1995—2015年,团规模化畜禽养殖主要为马鹿养殖,共有规模化马鹿场7个,养殖场粪便全部用于农业生产,规模化畜禽养殖场粪便综合利用率达92%。

3. 农业无公害种植

1995年后,团场农业逐步调整产业结构,以棉花、库尔勒香梨、红枣种植为主。农业生产所产生的棉秆全部粉碎还田,农作物秸秆综合利用率97%。严格控制化肥和农药使用量,2015年,团播种总面积为9251.33公顷,使用化肥1.67万吨,农用化肥使用强度1750.49千克/公顷(折纯);使用农药123.12吨,农药实用强度12.39千克/公顷(折纯);测土施肥6475公顷,测土施肥普及率70%。三十三团是注册库尔勒香梨种植基地的团场之一,2009年取得国家绿色食品A级产品达标认证书,至2015年,全团香梨种植面积1333.34公顷,其中960公顷被确定为绿色食品基地。主要农产品中有机、绿色及无公害产品种植(养殖)面积比重达72%。

4. 生态环境宣传

2005年起,团场每年均开展"世界环境日"宣传教育活动。在社区居委会组织下,在两所学校组织学生开展"清除污染,净化环境"宣传等活动,清除校园内外、团部社区、广场及主干道的卫生死角、白色垃圾等。各连队开展"保护环境,节约资源""珍惜资源,绿色生活"等主题教育活动。

2012年,两所中学利用广播和宣传栏开展以"节能减排""我爱绿色家园"等绿色生活理念为主题宣传活动,组织以"歌唱祖国庆六一、低碳时尚促和谐"为主题的文艺汇演。学生志愿者在团部街道发起"爱护环境,治理家园""小手拉大手"结帮对宣传教育活动,发放环保倡议书500余份。在校园组织师生签名参与环保行动,并举办"关注环境,爱我家园"演讲和征文比赛等活动。

2015年,团以"绿色学校""绿色小区"创建活动为着力点,宣扬环境保护、污染防治理念。在"5·22国际生物多样性日""6·5世界环境日"活动期间,累计发放各类宣传资料1800余份,张贴宣传标语40余幅,接受群众咨询130余人次。

第三章　国土资源管理

1996年以前，团场的土地管理工作由团土地管理科管理，在师国土管理部门指导监督下实行团场统一规划、设计、开发和利用。随着兵团国土管理体制的改革，1997年起，团场的土地管理工作由团土地管理分局统一管理，土地管理工作逐步向专业化、规范化行业管理模式发展。

第一节　土地资源

一、土地类型

团场地处塔里木河下游、塔克拉玛干沙漠东北边缘，土壤多为草甸风沙土、胡杨林土、沼泽土、龟裂土、盐碱土。土地干旱缺水、生态恶劣、盐碱较重。

二、区域面积

（一）三十三团

1995年，团土地总面积41401.35公顷，规划利用面积26378.77公顷。规划利用面积占总面积的63.71%，未利用面积15022.58公顷，占总面积的36.29%。

2015年，团辖区面积为54334.35公顷，其中农用地27031.41公顷，建设用地941.51公顷，其他土地26361.43公顷。

（二）三十二团

1995年，团土地总面积29373.76公顷，规划利用面积9720公顷。规划利用面积占总面积的33.09%，未利用面积19653.76公顷，占总面积的66.91%。

2005年，团辖区面积为21760.27公顷，其中农用地6981.27公顷，建设用地363.44公顷，其他土地14415.56公顷。

三、土地利用现状

根据兵团土地利用总体规划修编领导小组确定的本轮规划基数，团场将土地划分为三大类，沿用至2015年。

（一）农用地

2015年，团农用地包括耕地、园地、林地、牧草地。其中耕地面积7959.16公顷，园地面积1616.66公顷，林地面积15920.96公顷，牧草地面积1534.63公顷。

（二）建设用地

2015年，团有城乡建设用地941.51公顷。其中建制镇用地245.2公顷，连队居民点用地207.51公顷，采矿用地26.08公顷，交通运输用地435.27公顷，风景名胜及特殊用地27.45公顷。

（三）其他土地

2015年，团有其他土地面积23229.68公顷。其中设施农用地57.87公顷，另有未利用土地23171.81公顷。

第二节 规划利用

1992年始，团场相继成立农业区域规划领导小组，团长、政委任组长，土地管理工作由团土地管理科管理，团场统一规划、设计、开发和利用。1997年，团场成立土地管理分局，团土地管理工作由团土地管理分局统一管理，使土地管理工作步入行业管理规范化的重要阶段。1998年，团土管分局改称国土分局。

2000年，团场对农业区域规划进行调整。对常受风沙侵袭、产量低下条田，全部改种果树，并在南部、西部种植防护林，以减少风沙危害。

2006年，两团正式合并，根据实际情况，将农业区域调整为东、西两个片区。东片区主要种植棉花，靠近沙漠前沿的区域则以种植红枣、香梨为主；西片区以种植棉花为主，西片区的七连靠近塔里木河，部分条田经调整后改种果树。将沿线靠近沙漠前沿的条田改为直播枣园，团场种

三十三团沙漠边缘的天然胡杨林　　（胡俊建 摄于2009年）

植结构得到优化，逐渐形成大量经济林和防护林，降低沙漠前移速度。

2007年3月，三十二团国土分局撤销，并入三十三团（中心团场）国土分局办公室。

2011年，团对农业区域规划进行调整，将东片区靠近沙漠前沿低产田全部进行退耕还林，以种植红枣为主，带动经济产业增收。西片区（原三十二团）的部分低产条田调整为种植香梨和红枣，其他适宜种植棉花的条田，以种棉为主；不适宜棉花种植的条田，全部调整改种红枣，使土地产生较好的经济收益。

至2015年，团场农业区域历经调整，农业区域规划和种植结构布局已然成型，未来经济效益更加可及。

第三节　耕地保护

一、农业综合性开发

团场在农田基本建设中，以土地开发为首要目标，带动中低产田改造、弃耕地收复和农田灌、排、林、路的配套保护设施建设。农业综合性开发分为四个阶段：第一阶段（1992—1994年），农业综合开发累计投资3390万元，共收复弃耕地1808公顷，改造低产田214.65公顷，开荒1043公顷，配套建筑物102座，渠道防渗自然长度24.15千米；第二阶段（1995—1996年），农业综合开发累计投资1323.75万元，收复弃耕地

2015年，连队基本农田保护区　　（谢奎斌　摄）

252.29公顷，改造低产田778.02公顷，开荒533公顷，修建水工配套建筑物135座，渠道防渗35.43千米；第三阶段（1997年），农业综合开发投资5070万元，收复弃耕地100.71公顷，改造低产田897.66公顷，开荒320公顷，修建水工建筑物162座，渠道防渗78.6千米；第四阶段（1998—1999年），团场累计投资4620万元，收复弃耕地1352公顷，开荒1084公顷，支、斗、农、排渠、路、林、涵、桥、闸全部配套。

在前三个阶段综合开发中，主要采取土地连片规划收复弃耕地与零星收复弃耕地相结合的策略，集中机力和人力突击收复弃耕地，与各农机单位分散收复弃耕地相结合等方法，将冬季空闲时间与春夏季间隙时间有效结合收复弃耕地，土地面积逐年增多，为作物结构调整创造更多有利条件。1995—2002年，三十三团棉花种植面积由2470公顷扩大到2870公顷；皮棉产量也由

3838 吨提升至 5012 吨，皮棉单产从每亩 104 千克增加到每亩 116 千克，单产产量增加 11.54%；粮食产量由每亩 344 千克增加到每亩 407 千克。1993—2002 年，三十二团棉花种植面积由 1700 公顷增加到 2600 公顷；皮棉产量也由 2616 吨变动为 4560 吨，皮棉单产从每亩 102.59 千克增加到每亩 116.92 千克，单产产量增加 13.97%，粮食产量由每亩 300 千克增加到每亩 461.33 千克。粮、棉生产的发展，为发展工业、牧业和基本建设积累资金，使生产经营投入产出得到良性循环。

2005 年，职工捡拾残膜　　　　（生产科供图）

随着团场机车数量增多和机械化程度的提高，条田改建工作不再由人工进行，全部改用机械，机械改建条田不仅节省劳力，而且工作进度快、质量高。1995 年，团改建条田 666.66 公顷，改建条田工作大都集中在农闲时进行。为增加条田的肥力，团组织劳力拉运厩肥和农家粪追施到改建条田，从而达到丰产丰收之目的。

农业综合开发从 1998 年始，主要是集中机力连片大面积收复弃耕地。弃耕地收复后，第一年种植水稻洗盐，第二年种棉花，经过多年改良种植，收复的弃耕地变为团连良田。

2000 年，改建条田 1000 公顷。主要采用机械针对棉花种植多年，病害严重、高差大、盐碱重的条田进行改建。之后，收复弃耕地、改造低产田和开荒工作基本停止。

2005 年起，条田改建主要选择在低产田进行。经生产和土管等部门鉴定后，由团投入资金进行改建。是年，全团低产田改建达 1333.33 公顷。

至 2010 年，团累计改建低产田 4523.25 公顷。改建主要采取以工程性平整土地和完善排、林、涵、桥等配套工程。

2015 年，即国家"十二五"期末，是团耕地保护目标考核的终期年，年初由团向各连队分解落实耕地保护责任目标。团与连队、连队与职工层层签订耕地保护责任书，对永久性基本农田进行合理调整，开展基本农田信息统计上报工作。团场拨付 12 万余元耕地保护专项资金，在各农业连队醒目位置，设置 17 个基本农田保护牌。同时，加强国土资源管理法律法规和相应方针政策的宣传。国土分局对各连队的土地利用和土地违法违规情况进行监督问责，严格土地执法机制运行。

二、土壤改良

团场土地的基本特点是盐分重、养分低,地下水位高。1995—2004年,为改良土壤,团场采取倒茬种植技术措施,对盐分重、养分低的棉田进行隔年倒茬种植水稻或小麦,秸秆还田。至2015年,团组织职工积运有机肥追施田间,部分农田增施油渣,使低产田土壤有机肥含量提升,土壤得到有效改良。

(一) 改土治碱

1992年后,根据重盐碱地的成因、水文地质、盐碱活动规律和作物生长与盐碱的关系,团场采取种稻脱盐、生物排水、缩短灌排渠间距离和降低高差、合理灌溉等技术措施,以解决土地盐碱过重问题。1992—2010年,全团累计清挖排渠达352.97千米,土地洗碱8666.66公顷。对条田内重碱斑区域进行改建治理,采取人工或挖掘机深挖碱斑,间距在2~3米,宽在1~2米,长度不等

2006年,团建成首部加压滴灌泵房节水设施　　　　(生产科供图)

的深槽若干。以挖透胶质黏土层,经暴晒后,用茎秆、杂草、稻壳垫底回填。团逐年对七连、九连、十连、十一连、十六连、十九连等连队的部分条田,采用挖碱斑,用茎秆、杂草、稻壳垫底回填的方式进行改良;对五连、六连、二十连等连队的部分重黏土条田采取拉沙改土。至2015年,团通过改土治碱的低产田变为连队良田。

(二) 土壤培肥

20世纪90年代,棉花种植面积逐年扩大,绿肥种植面积相应下降。1992年,土壤有机质含量为0.69%。1995年后,土地开拓面积逐年增多,农家肥供给不足日渐凸显。为增加土地经济作物产量,耕地逐步增加化肥使用量,致使土地板结现象呈上升趋势。农业连队每年组织职工利用冬闲,积运农家肥和草肥,改良土壤。1995—1997年,年均积运肥1万吨左右。1998年后,棉籽榨油后的油饼、油渣成为棉田用肥之一。1998—2010年,全团棉田共施油饼、油渣2.13万吨,累计有9200公顷农作物秸秆还田。据测,将每亩8325千克的秸秆翻入土中,相当于纯氮32千克,纯五氯化二磷14.5千克,折合尿素70千克。至2010年,土壤有机质含量增至1.2%。2012—2015年,团场出台激励政策,职工棉花地施用油饼每亩减4千克上交产量,每亩普遍增施

80~100千克油饼,对改良土壤有机质起到很好作用。

三、土地整理

2008年,团场争取国家资金3980万元,对一连、六连、十连、十一连4个连队部分土地进行整理工作。主要针对条田平整、低产田改建、田间道路硬质化、引水渠道防渗、排水渠清淤、水工建筑配套等事项开展工程建设,工程分二期进行。团成立土地整理项目领导小组,由基建、项目办等部门负责工程项目招投标工作。2008年底,完成第一阶段工程,经兵团验收,工程质量合格达标。2009年初,第二阶段工程动工建设,于年底竣工,完成一连、六连、十连、十一连4个连队土地整理工作。

2010年,团利用国债资金1500余万元,对二连、五连、七连的1000公顷土地进行整理。是年4月底,工程建设项目全部完成;7月,经兵团和农二师验收,工程合格达标。团通过对土地整理、平整条田、畅通排水,地下水位持续下降,盐碱化得到控制,亩产较土地整理前提高10%左右。

四、荒漠治理

1993年,为强化荒漠治理深层次推进农垦事业发展,团场依照前期战略总体布局,在沙漠前沿部署开荒治理工作。将新拓土地作为经济林,以种植防护林和红枣为主,阻止沙漠前移;对各连队地处沙漠前沿不成片的小条田改建成片。团投资812万元,购进45台大马力机械,成立机械化开荒队,进行荒漠治理,在北部筑起一条防风固沙林,阻止沙漠对农田的侵袭,加速团场生态环境的发展改善。1993年5月,开荒队解散,转入各连队农闲开荒,团场鼓励职工购车公私联合开荒。1995—1999年,团投资6532.5万元,开荒1937公顷,修建水工建筑物310座,2000—2007年未进行开荒,2008年后团场禁止开荒。2000—2010年,荒漠治理达4943.33公顷,修建灌排渠道450.25千米,水工建筑桥涵、渡槽、闸325座。至2010年,绿色生态向沙漠推进5千米,通过荒漠治理,在北部筑起一条长30千米的生态防护林,风沙侵袭逐年减缓。2011—2015年,团场荒漠治理都以人工造林为主,延缓沙漠前移进度。至2015年,全团人工林面积3322公顷,沙漠前移得到控制,生态环境得以改善。

表3-1 三十三团荒漠治理一览表(1995—2005年)

单位:公顷

年份	开荒	低产田改造	收复弃耕地	荒漠治理	减少耕地
1995	246	325.36	117.66	120	7.35
1996	287	452.66	134.63	120	10
1997	320	897.66	100.71	430	0
1998	802	4475.59	845.63	802	10

续表

年份	开荒	低产田改造	收复弃耕地	荒漠治理	减少耕地
1999	282	1232	506.37	282	12
2000	0	1000	126.28	626	0
2001	0	0	44.91	385	0
2002	0	0	17.33	268	0
2003	0	0	96.73	519	0
2004	0	0	0	375	0
2005	0	0	7.68	483	0

第四节 土地管理

一、法规宣传

1995年，团土管部门组织连队职工学习《中华人民共和国行政诉讼法》《中华人民共和国农业法》《中华人民共和国劳动法》。

1998年，团国土分局组织各基层单位土管员培训，学习新修订的《中华人民共和国土地管理法》（以下简称《土地管理法》）。

2002年，团国土分局组织学习《中华人民共和国土地管理法》《中华人民共和国土地管理法实施条例》，调整土地管理"四五"普法领导小组。建立《土地管理法》普法固定宣传橱窗2个，为各单位配置土地基本情况公示栏。

2003年，团国土分局组织学习《土地复垦条例》《中华人民共和国农村土地承包法》《关于认真做好土地整理开发规划工作的通知》，制定《三十三团营区管理办法》。

2004年，团国土分局组织学习《中华人民共和国基本农田保护条例》《中华人民共和国行政许可法》，举办"消除白色污染，还我一片净土"万人捡拾残膜活动；举办"12·4"法制宣传日的法制咨询活动和国土资源国策签名活动；制定《三十三团土地违法行为追究干部责任考核办法》。

2005年，团国土分局组织学习《招标拍卖挂牌出让国有土地使用权的规定》《关于进一步规范建设用地审查报批工作有关问题的通知》，成立工作机构。团办印发《关于认真做好三十三团国土资源"四五"普法检查验收准备工作的通知》。5月底，制定"四五"普法制度。

2006—2010年，团国土分局向各级报刊累计发稿24篇，向农二师广播电视台报送专题新闻9篇；举办《土地管理法》电视法制宣传讲座22期，接收电视电话会议5次；各单位出板报60期，300名中小学生参加兵团国土局、普法办举办的"国土资源杯"百题有奖竞答；各基层单位设立自办广播17个，举办广播宣传累计1700分钟，设宣传橱窗19个；挂宣传横幅7条，固定标

2015年，团中学开展"我爱绿色家园"实践活动（宣传科供图）

语18幅，举办保护耕地书法、绘画、摄影展2期；学校1000余名中小学生参加团国土分局组织的"爱我土地，爱我家园"演讲活动。

2011—2015年，团千名中小学生送法到连、送法到户，发放《土地管理法》宣传材料6000份。团开展《土地管理法》宣传培训63次，参培干部、职工、学生达10000人次，发放《土地管理法》宣传资料8次，累计11000份。

二、法规制度

1996年，团暂停非农业建设项目占用耕地一年。

1998年，团场开始给职工宅基地发放国有土地使用证，纳入有偿使用的管理范围。之后，团逐步恢复将公房卖给职工个人。

1999—2000年，团国土分局严禁规避法定审批权限，将单个建设项目用地拆分审批。各类非农业建设经批准占用耕地的，建设单位补充数量、质量相当的耕地，补充耕地的数量、质量实行按等级折算，防止占多补少、占优补劣。

2001年3月，团国土分局按照农二师局下发的《财务管理规定》，采取收支两条线的财务管理办法。其事业收入包括：土地征迁管理费、临时用地管理费、土地补偿费、采挖用地管理费、证照工本费、土地登记费、土地租赁费、上级财政部门拨款收入、其他收入。事业支出包括：基本工资、补助工资、社会保障金、办公费、邮电费、差旅费、招待费、设备购置费、车辆管理费、宣传费、业务费、修缮费、其他支出。

2002年，团开展治理整顿土地市场秩序工作，严肃处理非法占地建房、建圈、乱开荒和非法买卖房屋等行为。

2004年9月11日，团场召开国土资源工作会议，执行《关于印发〈三十三团土地违法追究干部责任考核办法〉的通知》精神。通过加强对各单位辖区内土地的管理，杜绝土地违法行为的发生；完成各单位对土地市场秩序清理出来的各类乱建房、乱建圈、乱开荒的治理，凡未完成整顿的单位，追究干部主要责任；精减国有土地使用证的年检审批手续，提效率，再提速；完成基本农田保护检查工作，落实基本农田保护碑、牌的更新。

2006年，根据《关于深入推进国土资源领域治理商业贿赂专项工作的通知》《农二师国土系统开展治理商业贿赂专项工作实施方案》总体要求，团场开展治理国土系统商业贿赂专项工作，排查2004年后的商业贿赂行为。

2007—2010年，团场开展查处"以租代征"为目标的"土地执法百日行动"。对供应的土地，从供地前的规划设计到供地后建设管理的每一处环节，逐宗查阅并全面清理。同时，对专项清理工作进行总结，起草专项清理工作情况报告，向农二师、团领导汇报专项清理工作情况，对提出的问题和不足之处加以整改。

至2015年，团场土地管理各项制度建立健全，无违规用地和破坏耕地。

三、地籍管理

1995—1999年，团场耕地下降309.35公顷，团国土分局在连队土地档案册上对各图版进行变更。1999年，对未利用地、原宅基地、职工住房用地办理用地手续。8月，团土管分局对团土地利用总体规划和基本农田保护区进行修编。

2003年，团国土分局发放国有土地使用证、土地承包经营使用证（简称"两证"）。

2004年，团国土分局对发放国有土地使用证采取更为稳妥规范的方法，对附件齐全的职工，成熟即报批，依照法定工作程序发证，为团场地籍管理工作发展奠定坚实基础。

2006年，团场与各农业连队签订国家"十一五"时期耕地保护责任书16份，各连队与承包户签订耕地保护责任书3587份。

2011年，团场与各农业连队签订国家"十二五"时期耕地保护责任书17份，各连队与承包户签订耕地保护责任书2378份。

2015年5月起，国土分局与团职能部门强化地籍管理工作，全面践行政务网登记发证工作。是年，通过电子政务网上报登记10宗，其中已登记完成发证的6宗，已上报第二师局办理土地登记4宗。对完成登记的土地在分局进行公示，接受社会监督。7月，国土分局开展"月清季累"工作，按照上级要求对团场预变更的土地，进行野外调查、现场拍照等电子图片资料的收集和内部业务自查工作。是年，全团土地变更12宗，总面积24.83公顷。在供地环节上，按照土地跟踪监测监管和执法监察要求，坚持现场交地确认，实地拍照取证，网上同步巡查的原则，强化项目用地跟踪监测监管，确保土地无违法违规行为发生。

四、土地档案

1998年12月，农二师土管局对团国土分局档案员进行业务知识培训，团国土分局开展达标定级活动。

1999年，团国土分局将档案室达标定级工作列入工作计划，指定由分局长负责，分局全体业务人员在农二师土管局的技术指导下，具体抓档案室达标定级工作，使这项工作按照预定计划顺利开展。

2000年，团国土分局根据《新疆维吾尔自治区档案管理工作升级考评办法》，抓住发展机遇，开展国土分局综合档案室达标定级工作。

2001—2010年，团国土分局按照自治区档案管理办法要求，各类档案集中统一管理，制定完善档案工作规章制度。

2011—2015年，团国土分局档案业务与管理制度在日常工作中得以完善。土地管理档案工作如下：综合类、计划财务类、地籍管理类、土地利用规划类、建设用地类、土地监察类、土地宣教科技类、土地管理声像材料类、矿产管理等。

五、机构

1996年10月11日，农二师编发《关于农二师所属团场管理机构更名的通知》，将各团场土地管理科更名为土地管理分局（简称土管分局）。

1997年，团"土地管理科"更名为"三十三团土地管理分局"，工作人员2人；三十二团"土地管理科"更名为"三十二团土地管理分局"，工作人员2人。

1998年，两团土管分局变更为国土分局，各有工作人员3人。

2006年两团合并后，团国土分局共有3名工作人员，兼职协管员17人。

2008年，团国土分局有工作人员4人，全团17个基层单位都设有兼职土管员，有兼职土地协管员17人，延至2015年。

第四章　水利和电力

1958年起，团场将农田水利基础建设作为首要目标，发展灌溉农业。20世纪90年代末开始，随着国家改革开放，团场经济发展实力大幅提升，在国家、兵团农业及水利政策和项目支持下，师投入大量资金对团场水利设施改造，团场干、支渠系进行改造和扩建。2015年，全团干、支、斗、农4级输水工程总长880.12千米。

1995—2001年，团场所属塔里木垦区的电力管理，仍沿用水电一体化管理模式，由各团水电管理站统一管理。2002年6月，团场完成35千伏输变电改造工程，即农网改造一期工程。2003年8月，团场完成农网改造二期工程。2006年5月，农二师推进农电网管理体制改革，由农二师天泰电力公司接管塔里木垦区电力工作。

第一节　灌溉渠系

一、卡拉总干渠

卡拉总干渠于1958年全线开挖疏通，西起三十一团总干渠尾段，自西向东经三十二团（乌鲁克镇）、三十三团（库尔木依镇），流经总长约39.88千米，年引水量15515万立方米，节水灌溉土地面积达10064公顷。

（一）三十三团

1958—1995年，团场累计修建各种引水灌溉渠道336.15千米，其中防渗渠25.5千米；排水渠道337.3千米，机井58眼，扬水站一座，各类永久性水工建筑物52座，田间配套建筑物113座，形成较完备的水利系统。1996—2005年，团全面推行节水农业技术，兴建高效节水工程，建成防渗渠道35千米，喷、滴灌1424公顷，新建、改建水工建筑物165座。

1999年，团党委将提高水资源利用效率作为农业增产、团场增效的关键之源，坚持以发展节水农业、节水社会为中心，完善配套水利设施，全面增强灌区调控功能，提升水利服务经济社会发展的能力和效果。1999—2012年，团场水利基本建设累计投资达29640万元，完成改建砼板塑膜防渗支渠45.46千米，斗渠135.25千米，新建、改建水工建筑物252座，新建扬水站4座，新增场内节水灌溉面积5870公顷。团场发展多年建成的供水体系，年平均供水6682万立方米，2015年，有效灌溉面积达10040公顷，为团场今后一个时期的经济社会发展提供水务保障。

（二）三十二团

1958—2005年，团场累计修建各级灌排渠道1060.72千米，其中排水渠516.75千米，各级输水渠道543.97千米。兴建砼板防渗35.25千米，塑膜防渗40.6千米；修扬（排）水站6座，各级水工建筑物87座，田间配套建筑物520座，形成比较完备的农田排灌网络体系。至2010年，团场累计建设原三十二团片区干、支、分支、斗四级工程渠道防渗工程145.21千米。

二、引水干渠

塔里木垦区灌溉用水，主要引自塔里木河、博斯腾湖，引水工程为恰铁干渠及所属南干渠。团内农场从恰铁干渠开口引水。

2005年，三十三团毛引水量5432万立方米，灌溉全团6420公顷土地；三十二团毛引水量3515万立方米，灌溉全团3410公顷土地。

2006年，团场正式合并。2006—2015年，塔里木垦区年均毛引水量13400万立方米，有效灌溉全团10064公顷土地。

南干渠从恰铁干渠开口引水，向东南方向延伸，总长度24千米，设计流量每秒25立方米，有效灌溉全团8800公顷土地。

三、支斗农渠

三十三团分10个渠系，即三支干渠系及所属的一支渠系、二支渠系、三支渠系、北支渠系，南干渠及所属的一支渠系、二支渠系、三支渠系、零支渠系，总长（包括干、支、斗、农4级）336.15千米。

三十二团输水工程分四个渠系，规划设施分干、支、斗、农4级遍布全团，总长543.97千米。

2005—2015年，全团干、支、斗、农4级输水工程总长880.12千米。

第二节 排水工程

团场所属塔里木垦区于1958—1979年，已建成更为配套完善的总干排、干排、支排、斗排、农排5级浅、密、通和浅深相结合的排水系统。

一、南总排

南总排于1972年建成，担负着"两团两乡"合计13333.33公顷排水任务，其中三十三团2873.33公顷、三十二团7633.33公顷，全长27.2千米，设计最大排水流量每秒5立方米。

二、干排

三十三团干排有3条：三支干总干排，1956年建成，1964—1965年改建，全长5.05千米，设计最大排水流量每秒1.95立方米；八一干渠总排，1960年建成，1965年改建，全长2.25千米，设计最大排水流量每秒1.18立方米；干渠南总排，1978年建成，全长1.75千米，设计最大排水流量每秒1立方米。

三十二团干排有2条：北干排，1974年建成，全长14.7千米，设计最大排水流量每秒3立方米；中干排，1974年建成，全长12.2千米，设计最大排水流量每秒2立方米。

三、支排

三十三团有9条支排：三支干一支排、三支干二支排、三支干三支排、南干渠零支排、南干渠西一支排、南干渠东一支排、南干渠一支排、南干渠二支排、南干渠一分支排，总长42.55千米，设计总排水流量每秒6.69立方米。

三十二团有2条支排：南支排，1974年建成，全长6.8千米，设计最大排水流量每秒1.5立方米；北支排，1974年建成，全长12.7千米，设计最大排水流量每秒3立方米。

四、斗排

三十三团斗排有27条，总长21.6千米。三十二团斗排有8条，总长30.3千米：西支渠系5条，全长15.7千米；北支渠系2条，全长10.4千米；南支渠系1条，全长4.2千米。

五、农排

三十三团农排有335条，总长264.15千米。其中三支干一支渠系21条；三支干二支渠系31条；三支干三支渠系43条；南干一支渠系91条；南干二支渠系57条；南干三支渠系52条；南干零支渠系40条。

三十二团农排有418条，总长411.45千米。其中西支渠系农排82条，全长78.6千米；北支渠系农排193条，全长197.05千米；南支渠系农排143条，全长135.8千米。

1996年后，团场坚持清淤挖排、打草畅流，降低地下水位，持续改良盐碱地。通过机械清淤和人工割除排渠杂草相结合的方式，保持各级排渠设计深度和畅流。

至2015年，全团各级排水渠道总长854.05千米，其中三十三团片区337.3千米，有效排灌面积9500公顷，原三十二团片区516.75千米。

表4-1 三十三团干、支排水工程一览表（2015年）

	渠道名称	长度（千米）	流量（立方米/秒）设计	流量（立方米/秒）实际	主要建筑物（座）
总三干支排干	三支干总干排	5.05	1.95	1.93	2
	三支干一支排	4.96	0.65	0.50	5
	三支干二支排	7.98	0.87	0.87	4
	三支干三支排	5.64	1.5	1.5	3
南干渠总排	南干渠总排	2.25	1.18	1.30	4
	南干渠南总排	1.75	1.00	1.10	2
	南干渠零支排	7.36	0.87	0.74	2
	南干渠西一支排	3.31	0.50	0.55	1
	南干渠东一支排	3.46	0.50	0.55	1
	南干渠一支排	4.41	0.61	0.61	2
	南干渠二支排	4.45	0.74	1.00	2
	南干渠一分支排	0.98	0.45	0.50	2
南总排	南总排	27.20	5.00	8.00	2
	中干排	12.20	2.00	5.00	6
	北干排	14.70	3.00	5.00	5
	南支排	6.80	1.50	3.00	7
	北支排	12.70	3.00	5.00	8

第三节　节水灌溉

1996年后，团场将节水增效作为提升农业产业的关键性措施，始终贯穿水资源优化配置的全过程，提高水资源使用效益。在加强灌区节水改造、渠道防渗等节水工程建设的同时，全面推广加压滴灌、常压滴灌、软管灌、袖筒灌等先进节水灌溉技术。

一、高新节水灌溉

北疆的兵团团场较早引进节水农业。1989年起，农五师各团场试行农业节水高新技术，探索出以喷灌治碱洗盐、改良土壤、水土开发提档加速等经验。

1999年5月，农二师党委组织计划委、水利局、农业局、办公室、宣传部和塔里木垦区各农业团场到农四师、农五师、农六师、农七师学习节水灌溉与水土开发等经验。

2000年2月，兵团将"26.66万公顷节水灌溉工程"列为西部大开发四大战略工程的首要工程之一。

2001年，三十三团通过争取国家投资、上级拨款和自筹资金等方式投资408万元，完成4座滴灌工程，种植面积324.66公顷微滴灌棉田，完成26.8千米渠道双防工作，有效减少田管阶段劳动强度，水资源利用率得以提高。是年11月，滴灌工程通过兵团水利局、兵团计划委员会的验收。

2002年，三十三团完成16.2千米渠道双防工作，建成1座滴灌工程、9座滴灌沉淀池，分别新增48.2公顷微滴灌农田和64.13公顷常压灌农田，修建各种闸门、桥涵37座。有408.86公顷沿用带压灌、常压灌等节水灌溉技术，分别在五连、农科站、八连、九连、十一连等单位完成带压灌、常压灌示范实验。通过实验，使用节水灌溉技术可减少病虫害，达到省水、省肥、省地、省机械、省劳力之目的，可抑制各类杂草生长，给棉花根系生长提供较为适宜的环境条件，进而带动棉花产量和经济效益。是年，在一连、七连等单位进行的深埋滴灌种植试验取得成功。

2003年，三十三团全面推广农业高新节水新技术，通过争取国债及兵团和农二师资金，并于年内修建完成各种闸门、桥涵42座，棉花膜下滴灌面积增加725.66公顷，渠道防渗10.3千米，使全团25%的棉田实现高新节水灌溉。

2004年，三十三团实施棉花膜下滴灌工程力度最大的一年，实施棉花滴灌工程1322.93公顷，共计投资1500.2万元（其中团投资409.2万元），使全团节水滴灌面积达到2866.66公顷。年内全团棉花产量有较大提高，皮棉总产6800吨，籽棉亩产达457千克。

团场经过短短四年的实践证明，塔里木地区盐碱地实施高新节水技术具有洗盐、保苗、增产优势，高新生态节水农业已悄然在塔里木垦区崛起。

2005—2008年，团场继续棉花高新节水滴灌工程的推广，累计新增棉花滴灌面积3343.53公顷。其间，投资19.3万元用于修建4座桥涵、114.3千米防渗渠道、6座首部滴灌泵房，并通过国家和兵团对棉花高新节水灌溉技术建设项目的竣工验收。2007年，由于克服了各种自然灾害的影响，团场种植的7470公顷棉花籽棉亩均皮棉达178.40千克，其中333.33公顷棉花籽棉亩产达到500千克以上。2008年，完成棉花膜下高新节水灌溉工程518.44公顷，完成22.8千米的渠道防渗工程。

2001—2008年，在团场持续实施棉花膜下高新节水滴灌技术的作用下，传统"浇地"模式彻底扭转，不仅直达农作物，还具有匀水、匀肥等功效；从"大水漫灌"一去不返，已转为对作物的小面积"局部灌溉"。大田统计数据表明，全团棉花每年4—8月生长期的灌溉亩节水达35%~40%。

在中低产田进行的膜下滴灌实验证明，该技术措施可增产30%。因滴灌采用的是管道输水，条田传统的斗渠、毛渠被取而代之，土地利用率可提高5%~7%。该灌溉方式不仅能够提高水资源利用率，还可以使肥料随水直接施入作物根系范围，有效控制田间杂草生长。

以原种植棉花灌溉模式测算，一名农工管理定额在25~30亩，采用膜下滴灌技术后，一名农工可管理棉花100亩左右，这意味着新的灌溉模式，可使劳动力得以解放，生产效率大幅提高。

2010年，全团完成节水灌溉面积5870公顷，占有效灌溉面积的67%，其中加压滴灌面积5001公顷，常压滴灌面积869公顷。

至2015年，全团100%的棉田实施加压滴灌节水灌溉技术。

表4-2 国家"十一五"时期三十三团高新节水灌溉面积一览表（2006—2010年）

年份	有效灌溉面积（公顷）	节水灌溉面积（公顷）					机电井（眼）
		加压滴灌	常压滴灌	袖筒灌	合计	占有效灌溉面积百分比（%）	
2006	8762	1243	1507		2750	31.39	7
2007	8762	1507	440	1000	2947	33.63	7
2008	8762	3540	867	460	4867	55.55	10
2009	8762	3727	1866	880	6473	73.88	13
2010	8762	5001	869		5870	66.99	13

二、渠道防渗

（一）三十三团

团工程渠道防渗始于1981年，至1995年共完成渠道防渗25.5千米，其中在南干渠一支渠铺设砼板防渗2.2千米。1997年，团投资64.87万元，完成塑膜、砼板渠道防渗4.57千米，其中二支干三支渠道防渗3千米，投资52.58万元；南干三支渠道防渗1.57千米，投资11.03万元；投资1.26万元，完成南干三支渠道防渗配套闸门。

2003年10月至2004年3月，团场投入92万元，其中利用"中央专项"资金61万元，自筹资金31万元，完成三支干二支渠道防渗5千米。同时，修建安装支渠带制闸门8座，农渠闸门30座。工程设施和施工全部采用砼板与塑膜双防衬砌，梯形断面。工程投入使用后，项目区年引水量由原来的389万立方米，下降到309万立方米，年减少引水量80万立方米。

至2005年，团场累计建设干、支、分支、斗四级渠道防渗35.5千米，其中干渠防渗8千米，支渠防渗20.5千米，分支渠防渗7千米。

2015年，全团干渠16.03千米，已衬砌防渗10.08千米，未防渗5.95千米；斗渠229条，186.09千米，已防渗128.37千米，未防渗57.72千米；支渠32条，110.5千米，已防渗102.32

千米，未防渗 8.18 千米。

（二）三十二团

1958—2005 年，团工程渠道防渗共完成干、支、分支、斗四级渠道防渗 81.19 千米。工程设施和施工主要采用砼板双防、塑膜防渗、U 塑双防三种结构形式。

2005 年，工程渠道防渗设计与施工随着经济发展而发生改变，砂、砾垫层很快被淘汰，其结构形式多采用苯板垫层防冻胀，砼板与塑膜双防衬砌，梯形断面。2006 年，团场合并后，投资 27.24 万元，完成南干渠二分支一斗渠道防渗 1.54 千米；投资 29.8 万元，完成南干渠一支渠渠道防渗 1.73 千米。2007 年，投资 113.4 万元，完成南支渠二分支渠道防渗 1.08 千米，南五斗渠道防渗 1.82 千米，同时配套水工建筑物 23 座。2008 年，投资 137.7 万元，改建北支渠二分支渠道防渗 2.15 千米，同时配套水工建筑物 23 座。

至 2010 年，中心团场累计建设原三十二团片区干、支、分支、斗四级工程渠道防渗 145.21 千米，其中支渠防渗 24.96 千米，斗渠防渗 120.25 千米。

第四节　饮水工程

1958—1980 年，团场主要以涝坝水、井水、手压井水为主要生活饮用水，其水质苦咸、混浊、高氟。调查证实该地区为中度水型氟病区，碘含量低，地甲病患病率高，水污染严重，长期饮用劣质水，将对职工群众的身体健康造成严重危害。团场人畜饮水难的问题，引起各级党委和有关部门的高度重视。在上级有关部门的关怀下，1996 年 10 月完成了对《兴地山引水供水项目可行性研究报告》的评审和批复。1998 年初，该项目中的苏盖特泉引水供水工程的勘测设计和实施获得批准。1998 年 11 月，苏盖特泉引水供水工程竣工，人畜饮水已通往塔里木垦区内各团场，随着取水—输水—团部调蓄水池（三十三团 800 立方米、三十二团 800 立方米）项目的建成，团部及其附近单位的饮水状况得到初步改善。

2000 年，是国家对农村饮水解困投资力度最大的一年，也是农二师解决农村饮水困难最佳时期，以新建苏盖特泉引水供水工程公共给水点工程为主。2000 年 12 月，三十三团开工建设，于 2001 年 10 月竣工，建设饮水距离 27 千米，总投资 80.72 万元，其中中央补助资金 48 万元，地方配套资金 32.72 万元，受益人口 2328 人；2000 年 12 月，三十二团开工建设，于 2001 年 10 月竣工，建设饮水距离 29.08 千米，总投资 81.3 万元，其中中央补助资金 48.5 万元，地方配套资金 32.8 万元，受益人口 2199 人。苏盖特泉引水供水工程公共给水点工程建成使用，使团场 4500 余人饮水难的问题得到有效缓解，团场饮用涝坝水、井水的历史一去不返。

2005 年，饮水安全工程建设项目是恢复苏盖特泉取水的首部（饮水工程的第一道拦水坝工程），饮水距离49.8千米，为解决塔里木垦区内三十一团、三十二团、三十三团、卡拉水管处的人畜饮水问题，采取跨团集中供水的方式，供水规模为3953.54米^3/天。

2008年，团场投资200.12万元，由神宇水利水电建筑安装工程有限责任公司对苏盖特泉饮水首部进行扩容和改造施工，解决团部以外偏远连队的人饮水困难问题。

2009年，为让居民直接饮用到卫生、达标的山泉水，团场投资2239余万元，修建北山至团场的饮水管网，经团卫生防疫站和农二师环保局取样检测水质较好，矿化度为0.02毫克/升，符合《生活饮用水卫生标准》（GB 5749—2006）的要求，可以作为人畜饮用水。

随着城镇和中心连队的建设发展，以及生产生活用水需求量增加，供水不足问题凸显。2012年，在塔里木垦区农村饮水安全工程建设上，团场申请国家专项资金1957.47万元，团自筹217.5万元，用于水源地打井5眼、铺设管道4.21千米、修建管理用房一座、铺设35千伏输电线路52.4千米，以及4个连队（二连、三连、八连、九连）和团部铺设配水管网DN75—DN315长44.49千米，水厂改造更换水泵2台，建管理用房1座和日常水质实验室建设。

至2015年，团场人饮工程水源为恰拉水厂和苏盖特泉两个，分为三十三团分站和原三十二团分站两处。该工程采取集中供水的方式，受益人口12115人。其中，三十三团分站8658人，三十二团分站3457人。实际年供水117.04万立方米，输配水管网村头以上管道长度162.85千米，团内管道长度240.7千米，全团饮用水基本得以满足。团场集中饮用水水质达标率100%。农村饮用水卫生合格率100%。收费形式为水表计量收费，两处水厂均由铁门关市新绿园物业公司管理。

第五节　水利管理

一、管理机构

1996—2001年，塔里木垦区农田水利管理仍延续水电一体化的管理模式，由团场水电管理站统一管理。

2002年4月，团场落实农二师农网办对农电网改制指示精神，按照精简高效原则，电管站从水电一体化中分离。重新整合水管站内部结构，实行按需设岗，以岗定编，三十三团水管站定编15人；三十二团水管站定编19人。

2006年3月，团场正式合并。是年12月28日，经三十三团党委全委研究决定，团场水管机构合并，成立三十三团水管站（正连级建制）；原三十二团水管站设为水管分站（2009年分站撤销），人、财、物归三十三团水管站管理，团水管站定编38人，水管分站定编14人。至2015年，团水管站定编干部职工77人。

二、工程管理

塔里木垦区水利工程管理一直沿用分级负责制，规定斗渠闸门以上由团水管站负责管理，斗渠闸门以下由所辖农业单位负责管理，主管水管部门监督。每年引水前和停水后，对渠系建筑物进行一次整修加固和清淤疏通，年均不少于3次清除渠系杂草（春灌前、夏灌中、秋灌前）。灌溉渠系由生产单位组织承包职工清淤割草，排灌渠系由团场统筹计划安排。

至2005年，团场灌排渠系配套永久性水工建筑物252座，田间配套建筑物113座；三十二团灌排渠系配套永久性水工建筑物87座，田间配套建筑物520座。

2005年后，团制定完善各项水利设施管理制度，严禁任何单位和个人在渠道边堆草、拉沙土、架便桥等行为影响和破坏渠系工程建筑。

至2015年，全团灌排渠系配套永久性建筑物339座，田间配套建筑物873座。

三、灌溉管理

塔里木垦区农业灌溉，是以计划用水和节约用水为核心的灌溉管理机制，历届团党委对灌溉管理都十分重视。团设有专职管理部门和专职领导负责，水管站配有用水调度员、测水员，用水单位配有接水员，各司其职。

2005年，三十三团毛引水量5432万立方米，实灌面积3798公顷，平均毛灌定额每公顷788立方米，净灌定额每公顷583立方米，渠系有效利用率达75%；三十二团毛引水量3515万立方米，实灌面积3170公顷，平均毛灌定额每公顷586.7立方米，净灌定额每公顷573立方米，渠系有效利用率达80%。

2006年后，团场全面推广加压滴灌、常压滴灌、软管灌等先进灌溉节水技术，随着灌区节水技术的创新改进，灌溉技术得到快速发展，管理制度和能力逐步完善。团水管站按照"编报计划、总量控制、统一调配、层层负责"的原则，严格执行"计划用水、限额配水、以水定地、节水归己、超计划加价"的灌溉管理办法。单位接水员按照"四定一保"（定额、定地、定时间、定水量，保质量）的工作守则，坚持"五不配水"（无计划用水不配水、渠道不清淤不配水、不割除杂草不配水、田间工作准备不充分不配水、节水灌溉措施不配套不配水）规定，严格制度落实，坚持服务第一，合理调配，均衡受益。随着加压滴灌节水技术的应用推广，常压滴灌和软管灌溉逐步退出灌溉历史舞台。

2008年6月，团制定《三十三团灌溉管理细则》，同时下发《三十三团灌溉管理守则》，建立《灌溉管理目标考核办法》，采取分阶段、分项目，责任到人，逐层评比考核，奖罚对等措施，管理者和职工的责任心得到显著增强。

2010年，全团毛引水量9300万立方米，实灌面积4390公顷，平均毛灌定额每公顷1115立方米，净灌定额每公顷891立方米，渠系有效利用率80%。

2015年，全团毛引水量13400万立方米，实灌面积8133公顷，平均毛灌定额每公顷1500立方米，净灌定额量每公顷1318立方米，渠系有效利用率88%。

表4-3 三十三团灌溉用水情况一览表（1995—2015年）

年份	种植面积（公顷）	实灌面积（公顷）	年毛引水量（万立方米）	平均毛灌定额（米³/公顷）	平均净灌定额（米³/公顷）	渠道有效利用率（%）
1995	3190	3190	5286	220	93	58.00
1996	3280	3280	5308	260	107	61.00
1997	3540	3540	5312	415	354	68.00
1998	3470	3470	5319	490	402	72.00
1999	3470	3470	5322	580	496	85.00
2000	3478	3478	5327	670	503	85.00
2001	3560	3560	5330	685	521	82.50
2002	3480	3480	5335	721	533	70.00
2003	3230	3230	5430	740	556	71.00
2004	3570	3570	5431	765	578	72.50
2005	3798	3798	5432	788	583	75.00
2006	7210	7210	8373	846	634	75.00
2007	8070	8070	7627	823	650	79.00
2008	8373	8373	9162	989	742	75.00
2009	6584	6584	9560	1032	826	80.00
2010	4390	4390	9300	1115	891	80.00
2011	6018	6018	9432	1056	867	82.00
2012	1265	1265	9870	1030	825	80.00
2013	8512	8512	10085	1216	953	78.37
2014	10299	10299	11920	1421	1167	82.12
2015	8133	8133	13400	1500	1318	87.86

表4-4 三十二团灌溉用水情况一览表（1995—2005年）

年份	种植面积（公顷）	实灌面积（公顷）	年毛引水量（万立方米）	平均毛灌定额（米³/公顷）	平均净灌定额（米³/公顷）	渠道有效利用率（%）
1995	3080	3080	3575	600.60	543	89
1996	3080	3080	3575	600.60	589	92
1997	3080	3080	3682	618.58	594	92
1998	3520	3520	3841	645.29	615	93
1999	3360	3360	3766	632.69	611	91
2000	3326	3326	3483	585.14	562	90
2001	3200	3200	3570	599.76	574	86
2002	3200	3200	3728	600.30	580	83
2003	3100	3100	3611	606.65	583	90
2004	3170	3170	3416	573.89	551	84
2005	3170	3170	3515	586.70	573	80

四、水费征收

团场水费征收标准统一按农二师规定执行。1996年，斗渠闸门口收费每100立方米9元。

2000年，斗渠闸门口收费每100立方米9元，超计划用水加价。凡未列入团用水计划的开荒、片林及其他用水项目，按议价水收费。

2002年，斗渠闸门口收费每100立方米9元，超计划用水加价1倍，每100立方米收费18元。

2005年，三十三团引水量3515万立方米，斗配水量2980万立方米，实收水费172.84万元；三十二团引水量5432万立方米，斗配水量4944万立方米，实收水费287万元。

2006年，农场口引水量8373万立方米，斗配水量6698万立方米，实收水费484万元。

2010年，农场口引水量9300万立方米，斗配水量7440万立方米，实收水费431万元，除交恰铁干渠水管站243万元外，其余部分用于渠道大修及管理维修费。农业承包职工应交水费由连队报账员代收代交，张榜公示。

2015年，农场口引水量1.33亿立方米，斗配水量1.28亿立方米，实收水费3087.35万元。

五、泵房管理

2007年，全团购买移动式加压滴灌首部达86台，建成固定式加压滴灌系统6处，固定式加压滴灌和移动式加压滴灌面积迅速扩大。

2008—2015年，团场节水灌溉工作全面展开，推行首部买断政策，专人进行管理。各生产单位每年需对所有上岗人员进行岗前安全知识、操作规程培训，增强管理人员的安全意识和防范意识，以落实责任制强化对泵房的工作管理。连队与管理泵房人员每年必签安全管理责任书，由连队治安员进行安全巡查，实行干部全天带班制度，定岗定员、明确安全奖惩措施，强化各级管理人员的监督职责。并在各个泵房悬挂安全警示牌，杜绝各类事故的发生，做到有专人看管、有领导带班、有督导检查。团检查组如发现有脱岗运行、无领导带班及违规操作运行现象，团将按规定进行处罚。

第六节　电力

1959年12月，为解决场部照明，三十三团购置1台12.5千瓦汽油发电机组发电，供机关办公使用。1966—1974年，团场陆续购置3台柴油发电机组，白天供小修厂加工厂生产用电，晚上供场直单位照明。1977年，修建1幢189平方米动力房。1980年，团购置6160型发电机组1台。1988年，团新购进1台400千瓦发电机组，供团内生产照明用电。各生产连队都使用柴油机发电，只供零点以前照明用电。1991年12月30日，库塔线（库尔勒、塔里木）110千伏输电线路架通，铁门关水力发电站正式向塔里木垦区供电，团场使用柴油机发电的历史就此结束。

1958年建场初期，三十二团使用1吨蒸汽锅炉发电，供场部照明和发报机用电。1959年4月建立拖拉机修造厂时，购置45千瓦柴油发电机1台，用"东方红-54"做动力发电，供小修厂生产用电和场部照明。1970年10月，购置84千瓦柴油发电机1台。照明范围扩大至生产一队、种畜连和值班三连。1972年，购置84千瓦和75千瓦2台柴油发电机组，安置在磷肥厂。1973年11月，分置12千瓦、45千瓦、30千瓦3台柴油发电机组于十二连、十一连、九连供生产和照明用电。1975年12月，磷肥厂再购2台240千瓦柴油发电机。1980年10月17日，解散后的磷肥厂所置发电机组供全团生产用电。1980—1983年，架设10千伏线路30千米。1983年4月23日，全团各基层生产连队生产和民用电统一由团电站供电，用煤油灯照明的历史自此结束。1991年12月30日，库（尔勒）—塔（里木）线110千伏高压输变电工程竣工，团不再自行发电。团电站留3台发电机组作备用电源。1996年末，全团计有10千伏输电线路60余千米，配电变压器41台（3690千伏安）。各基层单位低压380/220伏线路30余千米。

1996—2001年，团场电力管理一直沿用水电一体化的管理模式，团场由水电管理站统一管理。

2006年5月，农二师天泰电力有限责任公司接管团场电力工作，延至2015年。

一、管理机构

2002年4月，根据农二师农网办的农电网改制精神，两团电管站和水管站从行政到财务彻底分离，成立电管站。

2002—2005年，电管站均为自主经营、自负盈亏独立核算的经济实体，全面负责团场高低压线路的建设管理，维护及电费征收工作。各自对本团的电管人员实行"五定"（定编制、定岗位、定职责、定待遇、定人员），取消各连队电管人员，面向全团实行电工竞聘上岗，统一考核，择优录用。被录用后的电管人员实行持证上岗，分片区管理高低压线路，服务到生产连队，制定管理定额，每个聘用电工管理450~500户。

2006年5月，农二师为进一步改革农电网管理体制，决定由农二师天泰电力公司接管塔里木垦区电力工作，将三十三团和原三十二团电管站并入天泰电力公司，成立天泰电力公司三十三团电管站和三十二团电管站。塔里木垦区从团场到连队的电力工作，由天泰电力公司统一管理。

2010—2015年，团场电站编制9人，其中持证上岗电工6人、业务2人、领导1人；原三十二团电站编制9人，其中持证上岗电工6人、业务2人、领导1人。

二、农电网改造建设

（一）三十三团

2002年6月13日，团完成35千伏输变电改造工程，即农网改造一期工程。2003年8月22日，完成农网改造二期工程。历时18个月的两期农网改造工程，新建35千伏输变电站一座及全程高低压线路。35千伏变10千伏有4个出端，输电线路总长219.7千米，其中10千伏线路101.2千米，低压线路118.5千米，供电入户4455户。

2005年，团场输电线路总长286.83千米，其中三十三团118.6千米，全年用电量507.6万度，供电入户4064户。

2008年，农二师天泰电力公司争取国家农网项目资金，在团场开工新建110千伏变电站一座，原三十二团改由团场110千伏变电站35千伏临时供电，线路17千米，供电半径至团场最远单位35千米。因供电电压等级低，供电线径长，电损高，用电设备无法正常运行，用电高峰期只能采取分时分片停电等措施。2010年9月，一座110千伏变电站建成并投入运行。团10千伏四条出线并为三条出线，由110千伏变电站出线供电，团原35千伏变电站退出运行。

2010年，团电站配合团场落实节水灌溉工程，新增0.4千伏供电线路14.39千米，10千伏供电线路3.45千米，新增变压器24台。是年，团加速设施农业大棚工程建设，新增0.4千伏供电线路3.65千米，10千伏供电线路3.52千米，新增变压器9台。

至2015年底，全团输电线路总长311.84千米，其中高压线路170.93千米，低压线路140.91千米，全年用电量3621万千瓦时，供电用户5635户。

表4–5　三十三团用电量一览表（1999—2015年）

单位：万千瓦时

年份	总用电量	照明	农业	工业	商业
1999	358.90	82.30	118.70	154.60	3.30
2000	378.80	86.80	124.80	163.40	3.80
2001	410.40	94.40	139.50	172.40	4.10
2002	458.60	104.00	160.50	189.60	4.50
2003	400.60	92.90	146.00	157.80	3.90
2004	390.10	92.60	142.00	151.80	3.70
2005	463.10	113.50	175.00	170.00	4.60
2006	507.60	124.00	191.80	186.80	5.00
2007	578.00	140.30	218.80	213.10	5.80
2008	741.60	179.70	280.30	274.10	7.50
2009	825.80	118.30	427.80	275.60	4.10

续表

年份	总用电量	照明	农业	工业	商业
2010	1006.70	143.20	522.10	336.40	5.00
2011	1577.30	259.30	750.00	562.00	6.00
2012	2960.20	580.20	1339.00	1033.20	7.80
2013	3240.00	576.40	1473.00	1182.30	8.30
2014	3924.00	682.00	1438.00	1794.40	9.60
2015	3621.00	675.70	1350.00	1584.50	10.80

（二）三十二团

1993年4月2日—10月20日，团在农二师农电网建设处的悉心指导下，完成农电网改造工程，即新建35千伏变电站一座，架设35千伏输电线路14.6千米、10千伏线路53千米、0.4千伏线路46千米。

35千伏输变电改造一期工程。35千伏输变电改造工程，由新疆兵团勘测设计院一分院设计，三十二团建安公司承担土建施工，巴州电力安装公司承担电气安装。一期工程于2002年3月26日开工，6月30日全部竣工，通过新疆建通监理公司、农二师农网办、三十二团农网办验收。

35千伏输变电改造一期工程，由1座新建的2×4000千伏安变电站和11.8千米35千伏输电线路两部分组成。

新建35千伏变电站，距乌鲁克镇3千米，占地面积1300平方米。35千伏进线一回，出线一回，至团变电所。10千伏出线4回，预留两个备用间隔，变压器S9-4000/35两台，二次盘柜共5台。

新建变电站35千伏输电线路首端，由三十三团110千伏变电站出线，架空电缆80米至1号线杆，末端至三十二团新建35千伏变电站。全程11.8千米线杆均采用直径为300毫米钢筋混凝土等径杆，杆高18米，共54基，四方拉线，档距为200米；线材为钢芯铝交线TGJ-120；跨越耕地时主线杆为双杆架设，其余地段为单杆架设，耐张、转角、终端为双杆。

35千伏输变电改造二期工程。团农网改造

2003年，团农电网二期工程改造建设　（宣传科供图）

二期工程总投资为1280.84万元，其中594.38万元为国债补贴，占总投资的46.41%；团场长期贷款686.46万元，占总投资的53.59%。该工程自2002年10月8日由团农网办组织督办，于2003年8月22日竣工，高压完成立杆1255根，架设线路101.2千米；低压完成立杆1971根，架设四线118.5千米，架设两线219.7千米；安装到位变压器128台，供电入户4455户。

农电网改造后，新线路投入运行，全团生产用电和民用电实现了一户一表、一表一卡，采用预付费刷卡购电，用电同价，一改多年先用电后结算付款的历史。至2005年，全团输电线路总长118.6千米，其中高压线路65.6千米，低压线路53千米，全年用电量424.90万度，供电入户2632户。

表4-6 三十二团用电量一览表（1996—2005年）

单位：万千瓦时

年份	总用电量	照明	农业	工业	商业
1996	156.30	30.90	67.30	56.40	1.70
1997	173.00	33.40	73.20	64.50	1.90
1998	201.50	38.50	86.70	74.20	2.10
1999	223.30	42.70	94.80	83.30	2.50
2000	271.80	57.30	112.30	98.50	3.70
2001	294.30	62.10	121.70	106.40	4.10
2002	323.10	65.30	137.40	117.30	3.10
2003	348.80	79.60	143.70	121.80	3.70
2004	376.70	83.50	152.40	137.30	3.50
2005	424.90	92.10	173.30	156.40	3.10

三、用电管理

（一）管理制度

2006年，团场电管站并入农二师天泰电力公司管理后，农二师天泰电力有限责任公司三十三团电站和三十二团电站，对团场电业实行统一归口管理。

取消连队的电管组织和电管人员及团对连、连对电工、电工对职工收取电费的老办法。

实行"五统一""四到户""三公开"的用电管理制度（统一电价、统一发票、统一抄表、统一核算、统一考核，销售到户、抄表到户、收费到户、服务到户，电量公开、电价公开、电费公开）。

电站对电管人员核定管理定额，每个电工管理定额为500~800户，分片包干，管理到户。

全团用电户全部采取持卡用电，先交钱，后用电。

执行安全用电"十大"禁令：禁止私设电网、禁止私拉乱接、禁止用电捕鱼、禁止挂钩用电、禁止一地一线照明、禁止带电接火、禁止使用不合格的导线和用电设备、禁止带电移动和安装及修理电气设备、禁止违约停电和送电、禁止触电现场急救中打急救强心针。

2007年12月1日起，农二师天泰电力有限责任公司取消公司对团电管站、团电管站对连队电管组织、连队电管组织对职工收取电费的三级管理运营，实行公司直接管理、收费模式，沿用至2015年。

（二）违约处理

在电价低的供电线路上，私自接用电价高的电器设备和私自改变用电类别者，按实际使用日期补交差额电费，并承担二位差额电费的违约使用电费，使用起讫日期难以确定的，实际使用时间按3个月计算。

对私自超过合同约定的容量用电，责令拆除私自增容设备，处以每千瓦（千伏安）50元的违约罚金。用户要求继续使用者，按新装增容办理。

擅自使用已办理暂停手续的电气设备或启用封存电气设备的，责令停止使用违约的电气设备，处以每次每千瓦（千伏安）30元的违约使用电费罚金。

私自迁移、更动和擅自操作电站的用电计量装置、线路及其他供电设施者，处以每次500元的违约电费罚金，责令改正。

对改变计量装置的接线或绕越电表用电，视为窃电。对窃电者，除追补电费外，还处以补交电费3倍的违章罚金，情节严重的，将依法起诉。

依法对窃电用户中止供电时，将予以事先通知，采取防范设备重大损失和人身伤害的措施，不影响团场公共利益和其他用户正常用电。电管站负责审批1000元以下的补收电费及违约使用电费。

四、太阳能发电

2012年9月13日，三十三团利用国家项目资金110万元，在库尔木依镇南面三连方向新建10.8千伏太阳能光伏电站一座。后由师招商引资，新疆兴业新能源有限公司100兆瓦光伏发电项目在团建设，团为其提供建设用地，总投资10亿元，建成并网投产后年发电量约1.35亿千瓦时。项目于2015年投产，塔里木垦区用电量紧张的局面得到有效缓解。

第五章　村镇建设

20世纪90年代，团场加快推进城镇化建设和统筹发展步伐，在团部镇区先后建成办公楼、招待楼、教学楼、商场楼、医院楼、文化宫、农贸市场等现代化公共设施。随着城镇化建设步伐的加快，团场城镇特色逐步形成，团逐年实施道路、供水、供电、供暖和绿化等项目的基础设施建设。2004年，三十三团被列为兵团南疆地区31个小城镇基础设施项目改造的农牧团场之一。

2010年5月，通过对口援疆建设、招商引资和自筹资金等方式提供资金支持，团场特色鲜明、功能齐全的小城镇建设大步推进。2011—2013年，新建保障性住房2600户，建成面积207101.47平方米，85%以上的职工家庭搬进新居。2015年，团场城镇建设项目22个，总投资16674.27万元，新型多功能城镇化建设成效显著。

第一节　村镇规划

2004年，三十三团被列为兵团南疆地区31个小城镇基础设施项目改造的农牧团场之一。2004年6月，团成立小城镇基础建设项目领导小组及办公室，并聘请有资质的设计单位，按照"适度超前、统筹考虑、分批实施、有序发展"的原则，着手进行城镇建设规划。至2012年1月，先后共有3家设计院编制完成三十三团总体规划。至2015年，团城镇建设经过多年实施运作，已初具规模，完成基层社区的水、电、路三网化，团场城镇化建设得到快速发展。

一、2004—2020年三十三团（库尔木依镇）总体规划

规划发展方向：以旧镇为依托，逐步向四周紧凑拓展，以改造中心区为主，适当向南发展，远期向西靠近218国道发展。规划在镇区中部形成行政办公、文化活动中心；西部形成文化教育中心；沿塔里木大道形成商贸设施和商业金融中心；工业区主要分布在镇区东北侧，安排一些棉花加工企业；生活居住区主要分布在镇区的南区和北区。整个镇区路网采用方格网形。

二、2011年三十三团城镇新区规划

2010年5月，中共中央、国务院召开新疆工作座谈会，作出重点做好对口援疆工作，推进新疆跨越式发展和长治久安的战略部署。8月，根据国家援疆工作协调会议精神和兵团领导要求，河北省委、省政府第65次常务会议研究，确定承德市与三十三团结对，并启动对口支援工作。10月27日，由师主要领导率代表团到承德市考察对接。11月17日，承德市规划院一行6人到三十三团进行城镇规划、实地考察和收集资料。在原来2平方千米城镇规划的基础上向西规划15平方千米左右的城镇新区。

2011年3月31日，承德市规划院完成三十三团城镇规划，通过巴音郭楞蒙古自治州、农二师组织的各级专家评审。

三、2012—2030年三十三团（乌鲁克镇）总体规划

2012年2月，武汉华中科大城市规划设计研究院编制完成《2012—2030年新疆生产建设兵团农二师三十三团乌鲁克镇总体规划修编》。规划乌鲁克镇建设，遵循"旧镇逐步改造、新区成片建设"的原则，城镇性质为塔里木垦区的新型中心城镇，以发展特色农产品加工，现代物流和旅游服务基地为主的绿色城镇。优化提升空间发展格局，与新建承德小区、行政中心发展相结合，沿218国道连接新建两区以向西发展为主，向东形成城镇新型工业小区，向北发展逐渐改造老镇区，适当向南发展，体现西连、北拓、南限、东扩。镇区总体布局本着整体协调的特点，着力打造关注民生，营造景观优美，设施齐全，功能合理，宜住、宜业、宜游的生态型现代居住区，总体结构为"一环一带两心三片"。"一环"即防风防沙绿环，围绕镇区四周形成完整的绿化防护林带，阻隔外界风沙侵蚀。"一带"即中央绿地带，在镇区内部形成一条连续的绿化带，将各绿化中心和绿化廊道串联，形成有机绿地系统。"两心"分别为东西老城中心和西部新城中心。结合现状广场、在建客运站、扩建市场和新建旅游接待中心形成老城公共中心，西部则结合在建的办公楼和体育中心、文化中心以及中心公园等形成新城综合服务中心。"三片"即根据镇区

2012年2月，三十三团乌鲁克镇建设总体规划修编完成　（张伊斌　摄）

发展格局形成三个功能片区，包括西部新城居住片区、中部老城居住片区、东部工业物流片区。

设施配置标准充分考虑"五通五有""四化一处理"等基础设施和环境建设。"五通"指自来水、有线电视、宽带、柏油路（水泥路、石板路）、客运班车（公交车）。"五有"指标准化幼儿园（小学）、卫生室、活动中心（文化活动广场）、组织活动场所、商店。"四化一处理"指城镇道路硬化、街道亮化、街院净化、村庄绿化，实现生活垃圾集中收集处理。

第二节 城镇基础设施建设

2004年，团场多方筹资3391万元，完成一批水、电、路、桥、通信、供热、环卫、绿化、住房等目标工程。2012年起，团全面实施"绿化、净化、亮化、美化"工程，对城镇规划区范围内的公共区域园林绿化、病虫害防治等植被设施进行整治。通过整治形成鲜明的街区特色，团场绿化、净化、亮化、美化得到全面提升，团场城镇面貌得到进一步改善。在加快团部小城镇基础设施建设的同时，统筹规划连队居民区和生产作业区，持续优化中心连队和生产作业点的布局，引导连队职工群众向团部小城镇集中，使团场城镇化建设提质加速。

一、道路建设

2004年，国家"十一五"时期，团场按照道路总体规划，在乌鲁克垦区（库尔木依镇）投资900万元，新建城镇道路6条，总长5935.4米。其中塔里木大道长1514.8米，红线宽度28米，车道15米，两侧绿化带2米×3米，步道2米×3.5米；幸福路长1133.3米，红线宽28米，车道15米，两侧绿化带2米×3米，步道2米×3.5米；建设路长1163.6米，红线宽28米，车道15米，两侧绿化带2米×3米，步道2米×3.5米；振兴路长485.4米，红线宽21米，车道12米，两侧绿化带2米×2.5米，步道2米×2米；广场路长840米，红线宽21米，车道12米，两侧绿化带2米×2.5米，步道2米×2米；卫生路长798.3米，红线宽21米，车道12米，两侧绿化带2米×2.5米，步道2米×2米。

土建工程按3级道路支路标准进行设计和建设，车道面层为5厘米中粒式沥青混凝土，基层为30厘

2005年，团完成通连公路建设　　（杨帮力 摄）

米级配砂砾，垫层为 50 厘米天然风积沙。道路采用 1.5% 两面抛物线路拱横坡，人行道面层为 6 厘米彩色水泥方砖，15 厘米级配砂砾，30 厘米天然风积沙，1% 单面横坡。道路配套照明高压钠灯 164 盏，中华灯 18 盏，电缆 11870.8 米，箱式变电站 2 座，并配套标志标线和减速路障。

2007 年，团通连公路投资 1150 万元，其中企事业单位自有资金 380 万元、自筹资金 770 万元，实现团与连、连与连的柏油路通行。累计改造团部公路 6 条，总改建面积 191 公顷，三纵三横的布局。

2011—2013 年，团投资 2220 万元，启动道路畅达工程项目。该工程使团市政道路、承德新区道路，以及连与连之间道路建设和戈壁道路建设得到完善。

2015 年，团投资 900 万元，铺设 12 连至 17 连沥青公路 10 千米，完成公路养护 116 千米。运行过程中，团制定两套管理方案：第一套是团部城镇建设的三纵三横的柏油路段，配备 18 名专职环卫工人，主要负责道路过往车辆的安全行驶，以及道路的卫生等维护工作；第二套是制定环卫工人责任制，将团部主干道划分为 9 个责任区，由 18 名环卫人员负责路面的清洁、绿化带的浇灌、种花、修树等工作。

二、镇区绿化

20 世纪 90 年代后，团场职工群众在长期开发建设团场的生产实践中，逐步养成在路旁、渠边、房前、屋后植树种花继而美化环境的习惯。在加快城镇化建设的进程中，镇区改扩建与绿化工程计划实现同步衔接。道路修到哪，树木就栽到哪；居民小区建在哪，草坪就绿到哪。形成具有军垦特色的带、片、点相融合的独特绿化格局。

对违法建设及私搭乱建行为，团严格落实违建拆除，经常性开展清脏治乱等活动。在市场综合治理中，加强对农贸市场的管理整治，清理占路经营，规范镇内沿街两侧广告、灯箱、牌匾布局。通过治理，镇区形成了路净、灯明、草绿、景美的鲜明特色。

2000 年，随着团场经济的发展进步，城镇建设步伐加快，环境绿化保护力度也随之加大。

2003 年后，团场以治理团部周边垃圾死角为目标，制定相应治理方案和系列保洁措施。在镇区开展"自家门前净起来""市场内外净起来""整治周围环境净起来"的集中整治活动。

2015 年，团城镇风貌　　（胡俊建 摄）

至 2005 年，镇区新建垃圾池 45 个，新增垃圾箱 75 个，购置垃圾运输车 2 台，年清运垃圾 4300 吨；清理乱堆乱放、乱摆乱卖、乱贴乱画 360 余处；集中整治小区垃圾死角 20 余处，镇区垃圾围城问题得到解决。

2008 年，团场新改建城镇道路共计 18 千米。在道路建设时，均有林荫带和绿化用水设计，道路绿化 16.56 千米，主要道路绿化普及率达 92%。

2010 年，团投资 30 万元，建绿化广场 3.2 公顷，种植风景树 4000 余棵，公共绿地面积达 63840 平方米，城镇居民 4560 人，人均 14 平方米。围绕推进"绿色家园、绿色生态连队"建设，团扎实推进林带绿化工程，坚持"有景必有林、有路必成景"原则。当年，团先后完成退棉进枣面积 2666.67 余公顷，巩固退耕还林面积 1333.34 公顷，成片造林 80 公顷，人均绿化面积进一步提升，生态环境有效改善。

2012 年起，团落实"绿化、净化、亮化、美化"工程项目建设，对城镇规划区范围内的公共区域园林绿化、病虫害防治进行整治。

2015 年，团与各单位签订环境保护工作目标责任书 26 份，将各单位主要领导纳入第一责任人，团配备卫生保洁员 23 人，对城镇街、巷实行全天候保洁，连队垃圾做到及时清运。团场绿化、净化、亮化、美化全面提升，镇容得以改变。

（一）行道林

乌鲁克垦区（库尔木依镇）行道林种植与道路建设同步发展，镇区 6 条主干道（塔里木大道、建设路、幸福路、振兴路、广场路、卫生路）两侧有行道林 12 条，总长 10 千米，面积 2.2 万平方米。2011 年前，以种植垂榆、馒头柳为主，间种有榆叶梅等乔灌结合。2012 年后，以种植圆冠榆、国槐为主。

（二）专用绿地

镇区专用绿地有休闲公园、香梨公园、胡杨公园、小区绿地、文化广场绿地等，绿地总面积 266361 平方米。

休闲公园绿地位于塔里木大道以东，卫生路以南，于 2013 年营建，占地面积 32997 平方米，绿地面积 25766 平方米，栽植馒头柳、国槐、垂榆等风景树。

香梨公园绿地位于建设路以东，塔里木大道以南，于 2014 年建设，占地面积 32463 平方米，绿地面积 27616 平方米，以种植香梨树和草坪为主。

胡杨公园绿地位于建设路以北，环城大道以西，于 2014 年开工，2015 年建设完成，占地面积 150907 平方米，绿地面积 111937 平方米，以种植梧桐树和草坪为主。

小区绿地。团场有德尚苑、德宏苑、军民、团结一期、团结二期、德福苑、德馨苑、承德、和谐、金苑 10 个小区，位于场区城镇内，2010—2014 年建设成型，占地面积总计 208495 平方米，绿地面积 74185 平方米，以种植栽植馒头柳、国槐、垂榆等为主。

团文化广场绿地位于218国道以北,环城大道以西,于2013年建设完成,占地面积57100平方米,绿地面积26857平方米,以种植梧桐树、馒头柳、国槐、垂榆和草坪为主。是年,团同步完成改造主干道与电力、通信、有线电视等架空线路入地工程项目的建设。按照城镇绿化规划,城区植树、种花绿化面积达到4.3万平方米。团以平房改造为切入点,顺应居民高品质住房需求,加快推动高标准住宅小区建设,改善城镇居民的居住环境。遂成立4个居委会,分管18个片区,相继建起商住楼98幢、住宅楼13幢,总建筑面积达63万平方米。自城镇规划建设项目启动后,团将基础设施建设与加快经济建设列入同步发展轨道,7年间发展迅猛。

2012年,团启动"绿化、净化、亮化、美化"工程项目建设,城镇规划区范围内的公共区域园林绿化、病虫害防治、公共设施经整治后形成街区特色。至2015年,城镇面貌提档升级。

三、集中供暖

1988年,团在建设办公大楼时,建起271平方米的锅炉房,购置1吨和2吨锅炉各1台,团机关办公、领导住宅、医院、商店供暖问题得以有效解决。

1995年,团为解决教学楼、知识分子住宅楼和邮电通信楼急需取暖问题,新建466.96平方米锅炉房1幢,购置6吨锅炉1台,同时满足加工厂轧花间、修造厂办公等场所取暖所需。

1997年,团根据城镇建设发展需求,再建锅炉房,购置10吨热水锅炉1台,对团部公共场所集中供暖。主要供暖范围包括机关办公楼、农业银行、派出所、邮电局、幼儿园、学校、商场、医院及上述住宅,总面积17492平方米。自1997年11月15日至1998年3月31日,供暖期共计136天。

2004年,团部镇区供暖面积增至5万平方米,原有设备不能满足团场需求。团再次投资1018万元,重新选址,新建乌鲁克垦区(库尔木依镇)集中供热站2座,新增供暖设备10吨锅炉1台,供热能力达13.5万平方米。占地面积9718平方米。其中新建锅炉房1195平方米,采用钢筋混凝土框架结构作为主体。煤厂面积800平方米,渣场面积250平方米。烟囱采用钢制结构,高度45米,出口直径0.8米,铺设管网3885米2组,设计供热面积20万平方米。锅炉房配有14名司炉工、4名水处理工、6名管道工,以便完成团锅炉供热和管道维修工作。

2012年,乌鲁克垦区(库尔木依镇)总供热面积增加至30万平方米。团投资810万元,添置供暖设备20吨锅炉1台,铺设管网2445米2组,新建锅炉房655平方米,采用钢筋混凝土框架结构作为主体。煤厂面积1000平方米,渣场面积400平方米,烟囱采用钢制结构,高度45米,出口直径0.8米。设计供热面积增加20万平方米。总供热面积可达40万平方米,基本满足场内镇区需求。

2013年,集中供暖转化为向社会组织、企业单位购买服务,建立起较为完善的市场化运营模式,延至2015年。

四、供排水

（一）供水

20世纪80年代前，团场基本生活用水为涝坝水，为解决供水难问题，遂在机关办公室西侧的居民小区内挖出一口甜水井。

1989年，团直单位开始饮用自来水。各连队仍采取机井吸引地下水，配套无塔压力罐或水塔，供自来水到各户。

1991年后，团场除少数单位畜牧点、果园未通自来水外，多数单位均修通安装自来水。

1995年，团场党委斥巨资加快自来水民生工程改建，为各单位修建面积不等的蓄水池，储夏季渠水以备冬季使用，水质较前期的涝坝水有显著改善。并先后在远离团部的连队建立起独立完整的自来水供水体系，团场职工群众自此可饮用干净清澈的自来水。

1996年末，团场全面进入饮水安全建设时期，所有连队均可取用地表自来水，让团场职工彻底摆脱喝涝坝水的历史，饮水卫生安全得到保障。

1997年，团场投资3400万元，用于塔里木垦区北山引水工程项目的建设。该工程于1998年竣工通水，共运行11年，管道设计日流通量为4500立方米。

2000年10月，团场为改善镇区居民的饮水质量，依靠国家项目资金，投资80.7万元，新建一座自来水厂，建设规模为：新建800立方米清水池一个，二级加压泵房100平方米，加氯间60平方米，铺设供水管网2.7万米，于2000年12月竣工投入使用，日供水量达139立方米。一连、林园一连、三连、十连、十一连、劳改三队及团直2328名居民的饮水安全问题得以解决。

2004年，团场扩建自来水厂，团直管道于2004年底完工并使用，改造供水管网124.5千米，通过管道输送，全团居民均用上了纯净的自来水。为确保全团自来水正常运行，特制定水厂工作责任制和百分考核制度，由4名水厂工人来完成自来水的消毒及水厂、管道的维护和修理工作。

2007年，团依靠国家项目资金，新建1000立方米清水池一座，铺设供水管网29千米，基本解决团场居民的饮水安全问题。

2008年，农二师投资2000万元，为团场进行二次引水工程建设，于2009年11月竣工通水，新管道设计日流通量12000立方米，实现居民24小时供水。

2012年，团以卡拉水厂为水源，新建1500立方米清水池一座，铺设供水管网80千米，团场饮用水质量大幅提高。

2015年，供水转化为向社会组织、企业单位购买服务，实行市场化运营模式。

（二）排水

2004年前，团场均未配套建设排水工程，居民多采用"水窖"渗水方式，自建下水道排放污水。这种排水方法，导致水窖中油泥沉淀过多，造成日常生活管道堵塞、下水不畅等诸多问题。

2004年后，依靠兵团小城镇建设，团场投资327万元，新建污水处理厂一座，污水提升池一座，日处理污水800立方米，铺设排水管网4.97千米，用以保证居民生活排水、道路雨水的正常排放。为确保污水处理和污水管道的正常运作，团配有污水处理工3人，按照《城镇污水处理厂污染物排放标准》（GB 18918—2002）制定并完善污水工作责任制，确保团直污水处理和排出的正常运行。污水处理厂为净化城镇环境起到环保推进作用，彻底改变了过去污水到处流、蚊蝇漫天飞的状况。

2015年，团在西北侧12千米处的戈壁荒漠上，投资1636万元，新建日处理规模为44吨的生活垃圾填埋场一座，填埋有效库容为21.6万立方米，占地面积3万平方米，使用年限约为10年，填埋场配套建设废气治理、废水治理、绿化工程等环保设施，均采用双层人工合成材料防渗衬层，确保填埋场底部及四周边坡达到规定的渗透率标准要求和防渗效果。污水经处理后，达到《污水排入城镇下水道后水质标准》（GB/T 31962—2015）质量监督标准，成为林带绿化、植物灌溉等主要来源。

第三节　公用设施

一、三十三团（库尔木依镇）

20世纪80年代末，团场加快"两化"（团部城镇化、连队园林化）建设。1988年修建1872平方米的3层楼砖混结构办公楼。

1994年后，团先后建起2134平方米文化宫、锅炉房、5160平方米教学楼、1546平方米绿廊商场楼、3073平方米医院楼、邮电所及供电所等建筑物。

1996年，团投资217万元，新建团招待所，建筑面积2175.5平方米，为三层砖混结构。

1998年，团投资100万元，新建三十三团农业银行，建筑面积925.7平方米，为二层砖混结构。

2001年，团投资50万元，新建库孜来克派出所，建筑面积460平方米，为二层砖混结构。

2002年，职工自筹资金170万元，新建库尔木依农贸市场，建筑面积1617平方米，采用单层砖混结构和小二楼砖混结构。

2003年，团场投资80万元，新建团武装部，建筑面积759平方米，为三层砖混结构。

2004年，团场投资210万元，新建团中学宿舍楼，建筑面积2671平方米，三层砖混结构。同年，团投资110万元，新建团中学食堂，建筑面积889平方米，为单层砖混结构和钢结构。

2005年，为加快库尔木依镇行政、公用房建设步伐，团场投资60万元，新建团疾病预防控制中心，建筑面积626平方米，为单层砖混结构。

2006年，团场投资560万元，新建团综合教学楼，建筑面积4305平方米，为四层砖混结构。

2007年，团场投资300万元，新建团人力资源管理市场，建筑面积2564平方米，为四层砖混结构。

2008年，团场投资124万元，新建团气象站，建筑面积1157平方米，为四层砖混结构。

2011年，团场投资303万元，在原三十二团片区新建教学试验楼，建筑面积1899平方米，为二层砖混结构；投资240万元，新建三十三团敬老院，建筑面积1548平方米，为二层砖混结构，带电梯，内设办公室、会议室、食堂、餐厅、老年活动室、健身房和40套标准间；投资1393万元用于扩建团棉花加工厂，增加轧花设备和厂房；河北省承德市投资930万元援建团综合服务楼开工建设，建筑面积5056平方米，为五层框架结构，附带电梯。

2012年，团投资785万元，新建团乌鲁克垦区（库尔木依镇）司法楼，建筑面积4150平方米，为四层框架结构。

2013年，团场投资240万元，新建团双语幼儿园，建筑面积2300平方米，为二层砖混结构；团投资234万元，新建团塔里木垦区养护中心，建筑面积1523平方米，为二层砖混结构；团投资800万元，新建团乌鲁克垦区（库尔木依镇）公安局办公楼，建筑面积4250平方米，为四层框架结构。

2014年，团投资420万元，新建团森林公安派出所，建筑面积3118平方米，为四层框架结构。

2015年，团投资220万元，新建团结小区服务中心工程，建筑面积1231平方米，为三层砖混结构。

二、三十二团（乌鲁克镇）

20世纪五六十年代，三十二团团部所在地乌鲁克镇，曾是农二师塔里木垦区集政治、文化、教育、卫生、工业于一体的中心。

20世纪60年代后，随着塔里木管理处、塔里木第二中学和巴音郭楞蒙古自治州第三人民医院的陆续撤销，以及粮油机械厂、水利工程团陆续搬迁，乌鲁克镇在塔里木垦区的中心优势逐步减弱。

1989年，团加快"两化"建设步伐，先后建起招待所楼、职工澡堂、混凝土广场、"苗苗"中心幼儿园、乌鲁克商场、连廊式砖混结构的中学教学大楼和医院门诊楼等建筑。

1995年，团先后投资建起现代化农贸中心市场，集商贸、交易于一体，并建成二层职工文化中心、个体饭店、酒店等砖混建筑，通信、水电、供暖、文化公共设施等系列配套工程得以修建完善。

2005年，团主要公用设施建筑物有棉花加工厂、塑料厂、小车队、乌鲁克垦区公安局、乌鲁克垦区司法局、团工人文化宫、团中学、工商局、烟草专卖局驻团专卖点、乌鲁克商场、农贸市场、商住楼、税务所、生活服务站、新华书店、油脂化工厂、医院、邮局、司法所、派出所、银行、团机关、苗苗幼儿园、乌鲁克检察院、国土分局、畜牧防疫站、锅炉房、大漠公园等。

2006年，团场正式合并后，三十二团团部乌鲁克镇塔里木垦区中心功能作用停止，公用设施建设趋缓。

第四节 住房建设与房产管理

20世纪90年代前，团场职工住房均为公建后分配给职工居住，每月收取租金。住房大多为土木结构，由于经济实力弱，新建住房少，旧房、危房较为普遍。

1992年，团场实行住房制度改革，将各连队居民住房折价销售给职工。由于房改在团场内始行，理解政策的职工群众甚少，售出的房屋也不多，多数职工仍旧低价租住公房。

1995年，三十二团为鼓励职工建房，为每户建房职工划拨宅基地0.1公顷，边远连队适当增加。同时，给新建房户每户补贴4000元，边远连队则为6000元，职工建房热情大增。

1995—1997年，团场职工住房以福利房为主，1栋两户，每户建筑面积60~80平方米，新建住房大多为土木或砖木结构。

1998年起，团场取消建造福利房，改为砖木结构建造。

1999年后，团场开启危旧住房改造工作，全部实行砖木和砖混结构平房。是年，三十三团建起唯一一栋知识分子住宅楼。

2000年，团场职工住宅楼陆续起建。

2003年，团金苑小区开建商品楼。

2005年，职工住房建设与房产管理日趋规范。

2006年3月，团场正式合并。是年7月，团部新建和谐小区2号底商住宅楼竣工，为砖混结构的五层条楼。职工购房每户可享受团场补贴1.2万元，团首批购买楼房的46户职工于年底迁入新居。团新建解危解困住房1.1万平方米，共75幢，总造价628万元。

2007年，团新建解危解困住房，单层砖混结构51幢，累计建筑面积0.78万平方米，共计造价467万元。职工购房每户仍享受团场补贴1.2万元。

2008年，军民小区新建保障性住房，砖混结构五层4幢，建筑面积0.72万平方米，共计造价746万元，职工购房每户享受团场补贴2.5万元。

2009年，团新建保障性住房，砖混结构五层条楼7幢，建筑面积1.61万平方米。其中军民小区1幢，建筑面积0.33万平方米；团结小区5幢，建筑面积1.28万平方米。总计造价1520万元。职工购房每户享受团场补贴2.5万元。

2010年，团新建保障性住房，连队单层砖混结构50幢，共计建筑面积0.6万平方米。总造价605万元。职工购房每户享受团场补贴2.5万元。

2011年，团新建保障性住房和廉租房，砖混结构五层条楼14幢，共计建筑面积3.53万平方米。其中，承德小区8幢（14#~28#楼），建筑面积2.08万平方米；团结小区6幢（4#、14#、15#、18#、19#、20#楼），建筑面积1.45万平方米。职工购房每户享受团场补贴2.5万元。

2013年，团职工群众在新建的小区认购楼房　　（宣传科供图）

2012年，团建保障性住房和廉租房37幢，面积9.05万平方米。其中，承德小区20幢，面积4.28万平方米；团结小区17幢，面积4.77万平方米。职工购房每户享受团场补贴2.5万元。

2013年，团在承德小区、德馨东苑和德福苑小区共建保障性住房37幢，总建筑面积7.8万平方米。其中，6层电梯楼3幢，建筑面积1.06万平方米；4~5层条楼16幢，建筑面积3.3万平方米；2层洋楼8幢，建筑面积0.71万平方米；底商住宅楼10幢，建筑面积2.73万平方米。购房职工每户享受团补贴2.5万元。

2015年，房管工作制定十项优惠政策以鼓励职工购买楼房，科室组织专人负责售房工作，并为103户特困及伤残职工解决公住房入住问题。

第五节　连队居民点

一、三十三团

1989年，团场党委根据农二师"两化"建设安排，加快推进改善职工居住点环境面貌进程。

1995年，团场各连队职工均以所在单位为片区集中居住，住宅布局无论有无院落均排列整齐，一般以数十户人家为一片，片与片之间有可通车辆的道路，道路两旁有绿化林，路、林、渠三者笔直成线，职工住房面积及房屋结构均由基建部门统一规划设计，以改变职工生活环境。

1996年，团场有60%以上职工新建砖木结构住宅，每户面积在62.5~87平方米。团场连队居民点共建住房289幢，面积3.93万平方米，人均住房面积16平方米。

1999—2003年，团场新建居民住宅16.46万平方米，多为土木结构、砖木结构、砖混结构平房。室内布局为两室一厅或三室一厅，卧室、客厅、卫生间、厨房均有分离，户均建筑面积60~

75平方米。

2004年,团场作为兵团南疆地区31个小城镇基础设施项目改造的农牧团场之一,在各连队进行危旧房住房改造0.28万平方米,均为砖混结构。

2005年,团场各连队危旧房住房建设1.06万平方米,76幢,共计造价661万元,均为砖混结构。职工购房每户可享受团场补贴1.2万元。劳务工住房0.2万平方米,同为砖混结构。

2006年,团场在加快城镇化发展中,遵循城镇发展规律,按照"抓规划、聚资金、保重点、出亮点、强管理、建新城"的工作思路,坚持以经营城镇的理念促进城镇发展,以资本运作的方式换取综合效益,突破传统发展理念的束缚,加快基础设施建设步伐,提高城区品位,加快城市化进程。

2007年,团场投资700余万元,在林园连修建集文化长廊、仿古凉亭、休闲娱乐设施为一体的文化广场,总面积3万平方米。文化广场由西向东依次为沙漠公园、休闲娱乐区、篮球运动场、文化长廊、健身活动区、文化活动区,成为团场各连队众设施最为完善的连队文化活动广场。

2012—2015年,基层连队结合团危旧住房改造工程,实施保温节能改造,六连、十连、十九连职工住房经改造后,居住条件得到改善。全团房屋拆迁工作完成居民点房屋征收861户,拆除面积7.6万平方米,征收补偿2929.8万元。

二、三十二团

1997年后,三十二团连队居民点建设在先行保证职工住房的前提下,逐年投资修建连队砖木结构住房、文化活动室、办公室、职工之家等办公及活动设施。兼顾美观的同时,在连队建筑造型上实现多样化和实用化。一连、四连、七连、九连、十连、十一连等16个单位,先后建起多功能职工文化中心(俱乐部)、连队职工住宅区、食堂、托儿所,并合理划分畜圈区、棉花场、农具场、自来水池(泵房)。

第六章 人口

建场时期，团场人口由支边青年以及兵团和农二师范围内调度人员两部分组成。团场最早一批入场人员来自其他省市。其中，以四川、浙江、江苏、山东、河南、河北、湖南、湖北、山西、陕西、甘肃等省的来疆人员和部队复员转业军人等农场职工队伍为主。随着团场的发展壮大，人口数量也在逐年增加。1996年，团场人口增长和计划生育被列入日常工作，制定有效措施促进团场人口稳步增长。2000年后，落实团内职工子女、大中专毕业生和少数民族群众在团场就业政策，辖区总人口呈上升趋势。至2015年，团场总人口12115人，有13个少数民族。

第一节 人口规模

1958年，三十三团总人口1906人，三十二团总人口2869人。1960年，团场第二代人口开始出生。1970年，从四川、河南等省自流来团场人员增多，并逐渐在团场安家，团场人口骤增。1966—1978年是团场人口增长最快的时期。1978年，三十三团总人口7587人，三十二团总人口8681人。

1995年，三十三团总人口为7441人。2001年，三十三团人口变动较大，全团总人口为8255人，较2000年同比增长811人。2004年末，三十三团总人口为7862人，较2003年同比下降656人。

1995年，三十二团总人口为6487人。1996年，三十二团人口变动较大，全团总人口为7506人，较1995年同比增长1019人。2003年，三十二团总人口为8076人，较2002年同比增长1096人。2004年，人口总数8052人。

2006年，团场正式合并，三十三团（中心团场）人口总数为16352人。2011年以后，人口呈逐年下降趋势。2015年，团总人口12115人，其中少数民族262人，半年以上流动人口1389

人，出生66人，死亡72人，出生率5.45‰，自然增长率为-0.5‰。20年间，团人口呈曲线波动。2006—2015年，团场总人口下降4237人。

第二节　人口结构

一、人口总量

（一）三十三团

1995年，团场总人口7441人，其中汉族7413人，土家族6人，回族5人，蒙古族2人，维吾尔族2人，苗族2人，藏族4人，其他民族7人。2004年，团场总人口7862人，其中汉族7793人，维吾尔族15人，土家族10人，回族6人，蒙古族3人，苗族5人，藏族4人，其他民族26人。

2015年末，团场总人口12115人，其中汉族人口11853人，回族152人，土家族38人，维吾尔族32人，蒙古族2人，苗族7人，藏族11人，其他少数民族20人。

表6-1　三十三团各民族人口结构一览表（1995—2015年）

单位：人

年份	总人口	汉族	维吾尔族	土家族	回族	蒙古族	苗族	藏族	其他少数民族
1995	7441	7413	2	6	5	2	2	4	7
1996	7756	7728	3	5	6	3	3	4	4
1997	7529	7511	1	3	4	2	2	4	2
1998	7263	7209	12	8	7	4	4	6	13
1999	7281	7238	6	8	7	4	4	6	8
2000	7444	7420	2	4	3	2	3	4	6
2001	8255	8208	9	11	6	3	2	4	12
2002	8422	8356	19	13	4	3	3	4	20
2003	8518	8455	11	13	4	3	3	4	25
2004	7862	7793	15	10	6	3	5	4	26
2005	8165	7961	22	16	111	6	8	8	33
2006	16352	16137	20	27	117	3	12	13	23
2007	16104	15899	25	22	119	3	8	10	18
2008	15963	15758	25	22	119	3	8	10	18
2009	15963	15755	21	26	121	3	8	10	19
2010	15157	14933	27	27	129	4	10	13	14

续表

年份	总人口	汉族	维吾尔族	土家族	回族	蒙古族	苗族	藏族	其他少数民族
2011	13146	12947	22	25	118	3	8	10	13
2012	12604	12406	24	25	116	3	8	10	12
2013	11947	11740	27	26	115	5	10	13	11
2014	11910	11653	27	36	142	4	15	13	20
2015	12115	11853	32	38	152	2	7	11	20

（二）三十二团

1995年，团场总人口6487人，其中汉族6314人，回族123人，维吾尔族12人，土家族8人，蒙古族2人，苗族6人，藏族3人，其他民族19人。

2005年，团场总人口8122人，其中汉族7975人，维吾尔族27人，土家族4人，回族108人，蒙古族3人，苗族2人，藏族3人。在少数民族中回族的占比较大，占总人口的1.33%。

表6－2　三十二团各民族人口结构一览表（1995—2005年）

单位：人

年份	总人口	汉族	维吾尔族	土家族	回族	蒙古族	苗族	藏族	其他少数民族
1995	6487	6314	12	8	123	2	6	3	19
1996	7506	7313	15	11	142	2	6	3	14
1997	7531	7400	8	6	99	1	4	3	10
1998	7312	7189	6	4	92	1	4	3	13
1999	7102	6962	10	6	102	3	4	4	11
2000	7063	6916	10	5	107	3	4	4	14
2001	7009	6871	9	4	106	2	2	4	11
2002	6980	6844	11	4	101	2	4	6	8
2003	8076	7914	13	10	116	3	4	4	12
2004	8052	7901	12	8	110	3	4	5	9
2005	8122	7975	27	4	108	3	2	3	0

二、性别结构

（一）三十三团

1995年，团场男性人口3820人，占总人口的51.34%，女性人口3621人，占总人口的48.66%。

2004年，团场男性4169人，占总人口的53.03%，女性3693人，占总人口的46.97%。

2015年，团场男性7405人，占总人口的61.12%，女性4710人，占总人口的38.88%。

1995—2015年,从三十三团人口性别结构变化情况可见,除1997年以外,其他年份男性人口均多于女性人口。

表6-3 三十三团人口性别构成一览表(1995—2015年)

年份	总人口(人)	总户数(户)	男性(人)	占总人口比例(%)	女性(人)	占总人口比例(%)
1995	7441	2160	3820	51.34	3621	48.66
1996	7756	2209	3956	51.01	3800	48.99
1997	7529	2529	3491	46.37	4038	53.63
1998	7263	2983	3823	52.64	3440	47.36
1999	7281	2692	3849	52.86	3432	47.14
2000	7444	2756	3862	51.88	3582	48.12
2001	8255	2710	4644	56.26	3611	43.74
2002	8422	2747	4716	56.00	3706	44.00
2003	8518	2942	4853	56.97	3665	43.03
2004	7862	3012	4169	53.03	3693	46.97
2005	8165	2930	4245	51.99	3920	48.01
2006	16352	5366	8533	52.18	7819	47.82
2007	16104	5201	8414	52.25	7690	47.75
2008	15963	5120	8233	51.58	7730	48.42
2009	15963	5117	8234	51.58	7729	48.42
2010	15157	4628	7728	50.99	7429	49.01
2011	13146	4314	7259	55.22	5887	44.78
2012	12604	4903	6957	55.20	5647	44.80
2013	11947	4107	6483	54.26	5464	45.74
2014	11910	3985	6665	55.96	5245	44.04
2015	12115	4076	7405	61.12	4710	38.88

(二)三十二团

1995年,团场男性人口3412人,占总人口的52.60%,女性人口3075人,占总人口的47.40%。

2005年,团场男性4171人,占总人口的51.35%,女性3951人,占总人口的48.65%。

表6-4 三十二团人口性别构成一览表(1995—2005年)

年份	总人口(人)	总户数(户)	男性(人)	占总人口比例(%)	女性(人)	占总人口比例(%)
1995	6487	2318	3412	52.60	3075	47.40
1996	7506	2527	3873	51.60	3633	48.40
1997	7531	2689	3954	52.50	3577	47.50
1998	7312	2553	3766	51.50	3546	48.50

续表

年份	总人口（人）	总户数（户）	男性（人）	占总人口比例（%）	女性（人）	占总人口比例（%）
1999	7102	2487	3758	52.91	3344	47.09
2000	7063	2509	3733	52.85	3330	47.15
2001	7009	2413	3662	52.25	3347	47.75
2002	6980	2327	3587	51.39	3393	48.61
2003	8076	2590	4090	50.64	3986	49.36
2004	8052	2652	4172	51.81	3880	48.19
2005	8122	2613	4171	51.35	3951	48.65

三、职业构成

（一）三十三团

1995年，团场从业人员3220人，其中女性职工1220人。从事农业生产、连队管理、机关管理及工勤人员2561人，从事工业生产人员423人，其他行业从业人员329人。

2012年，团场全社会从业人员2701人，其中女职工1458人。在从业人员中，农业从业人员1614人、工业从业人员392人、其他行业从业人员695人。农业依然是从业人数最多的行业。

2015年，团场全社会从业人员4648人。在从业人员中，农业从业人员2076人，工业从业人员320人，机关事业单位1030人，商业和社会服务行业1127人，其他行业从业人员95人。随着团场发展壮大，农业产业化、多元化发展，工业企业增多，三产服务业的兴起，团场职业结构呈多元化发展趋势。

（二）三十二团

1995年，团场从业人员3190人，其中女职工1197人。从事农业生产、连队管理、机关管理及工勤人员2401人，从事工业生产人员303人，其他行业从业人员486人。

2004年，团场从业人员1922人，其中女职工1040人。从事农业生产、连队管理、机关管理及工勤人员1446人，从事工业生产人员185人，其他行业从业人员291人。

四、文化构成

1958年，团场建场初期，职工中文盲、半文盲占比较重。

20世纪60年代，团场职工队伍由大批上海支边青年及国内其他省市人员组成，职工队伍文化结构整体向好发展。党的十一届三中全会后，国家普及九年义务教育，团场人口文化水平快速提升。

2000年后，随着国家支持中西部地区发展战略，兵团计划单列的作用进一步显现，团场鼓励职工参加成人教育学习,以适应生产建设需求。同时,相继引进大中专毕业生加入职工队伍,人口文化结构逐步发展变化。

2015年,随着大专以上学历人员的增加,团场职工队伍文化素质大幅提升,人口文化结构发生变化。

(一)三十三团

1995年,团场本科及以上学历71人,大专学历205人,高中人数335人,中专人数338人,初中人数725人,小学及以下文化程度5767人。该时期小学及以下文化程度人口占比较大,人口文化程度偏低。是年,三十三团党委与各单位领导签订责任书,严把职工队伍关口、阻止少年儿童中途辍学。凡职工参加在团组织的职工培训、学习,吃、住费用全免;职工学习所占时间不计假、不扣工资,以减轻职工负担;部分职工外出学习,提供文具、教材,所需费用由团场予以报销。

1996年,团场拨款2.1万元,用以职工学习等费用支出。通过定期组织脱盲人员集中考试等方式,巩固职工脱盲率。是年,三十三团"两基"教育工作通过国家验收,2000年通过国家复验。

2000年,团场本科及以上学历171人,大专学历305人,高中人数435人,中专人数438人,初中人数1626人,小学及以下文化程度4469人。团场职工队伍文化素质逐步提升,人口文化结构发生变化。

2005年,团场本科及以上学历317人,大专学历464人,高中人数516人,中专人数429人,初中人数3041人,小学及以下文化程度3398人。这一时期人口数量稍有提升,但人口文化程度整体仍然较低。

2006年,两团正式合并,团场本科及以上学历535人,大专学历830人,高中人数1635人,中专人数703人,初中人数5889人,小学及以下文化程度6733人。

2010年,团场本科及以上学历659人,大专学历933人,高中人数1501人,中专人数589人,初中人数5852人,小学及以下文化程度5623人。

2015年,全团本科学历767人,大专学历985人,高中学历1359人,中专学历551人,初中学历4426人;小学及以下文化程度4027人。

表6-5 三十三团人口文化程度构成一览表(1995—2015年)

单位:人

年份	总人口	本科及以上	大专人数	高中人数	中专人数	初中人数	小学及以下
1995	7441	71	205	335	338	725	5767
1996	7756	91	231	370	352	841	5871
1997	7529	76	212	345	342	757	5797

续表

年份	总人口	本科及以上	大专人数	高中人数	中专人数	初中人数	小学及以下
1998	7263	159	290	415	430	960	5009
1999	7281	161	292	417	431	1667	4313
2000	7444	171	305	435	438	1626	4469
2001	8255	222	371	526	475	2023	4638
2002	8422	233	385	545	483	2084	4692
2003	8518	239	393	556	487	2120	4723
2004	7862	297	439	582	457	2179	3908
2005	8165	317	464	516	429	3041	3398
2006	16352	535	830	1635	703	5889	6733
2007	16104	619	910	1807	732	5898	6138
2008	15963	703	889	1886	717	5836	5932
2009	15903	710	898	1791	726	5847	5931
2010	15157	659	933	1501	589	5852	5623
2011	13146	632	869	1275	498	4915	4957
2012	12604	698	925	1314	473	4316	4878
2013	11947	749	953	1330	538	4357	4020
2014	11910	754	969	1336	541	4362	3948
2015	12115	767	985	1359	551	4426	4027

（二）三十二团

1995年后，随着团场社会事业的发展，团场居民文化程度逐年提高。三十二团党委与各单位领导签订责任书，严把职工队伍关口。

1996年，三十二团"两基"教育工作通过国家验收，2000年通过国家复验。

2000年起，随着国家中西部发展战略的实施，兵团计划单列作用进一步显现，团场鼓励职工参加成人教育学习。加之引进大中专毕业生加入职工队伍，人口文化结构逐步发展变化。

2005年，团场具有本科学历126人，大专学历183人，中专学历269人，高中学历1640人，初中学历2248人，小学及以下文化程度3656人。从人口文化结构来看，受教育程度人数侧重于初中和小学及以下学历群体。

表6－6　三十二团人口文化程度构成一览表（1995—2005年）

单位：人

年份	年末总人口	本科人数	大专人数	中专人数	高中人数	初中人数	小学及以下
1995	6487	65	132	265	513	2633	2879
1996	7506	67	141	327	738	2852	3381
1997	7531	76	142	318	742	2860	3393
1998	7312	84	148	289	806	2792	3193

续表

年份	年末总人口	本科人数	大专人数	中专人数	高中人数	初中人数	小学及以下
1999	7102	92	154	261	871	2526	3198
2000	7063	101	163	239	965	2414	3181
2001	7009	108	162	227	1056	2297	3159
2002	6980	110	161	226	1151	2188	3144
2003	8076	117	171	280	1432	2419	3657
2004	8052	123	172	279	1527	2324	3627
2005	8122	126	183	269	1640	2248	3656

第三节 人口变动及分布

20世纪90年代后，团场历届党委十分重视人口与计划生育工作，始终把人口与计划生育工作纳入党委中心工作来抓。坚持计划生育"一票否决"制，确保了团场人口与计划生育工作健康有序发展。

一、人口变动

（一）三十三团（1995—2015年）

团场始终提倡晚婚、晚育、少生、优生，有计划地控制人口。2004年末，团场总人口7862人，比建团初期的1958年人口增加5849人。2006年团场正式合并后，于2007年初达到人口峰值，全团总人口16352人。至2012年初，人口降至13143人，2011年人口净减2014人。2007—2013年，人口一直处于负增长。2015年，团场总人口为12115人。

（二）三十二团（1995—2005年）

2005年，全团总人口8122人，比建团初期增加5183人。1996年，年内人口净增1019人，1998—2002年，人口一直处于负增长阶段，下降最多的年份是1998年，当年下降219人。2003年，全团年内人口净增1096人。

表6-7 三十三团人口变动一览表（1995—2015年）

单位：人

年份	年初人口	年内增加 迁入	年内增加 出生	年内增加 合计	年内减少 迁出	年内减少 死亡	年内减少 合计	年内净增	年末人口
1995	7272	198	75	273	48	56	104	169	7441
1996	7441	335	68	403	52	36	88	315	7756
1997	7756	37	49	86	277	36	313	-227	7529
1998	7529	32	61	93	325	34	359	-266	7263

续表

年份	年初人口	年内增加 迁入	年内增加 出生	年内增加 合计	年内减少 迁出	年内减少 死亡	年内减少 合计	年内净增	年末人口
1999	7263	45	54	99	35	46	81	18	7281
2000	7281	173	59	232	33	36	69	163	7444
2001	7444	843	53	896	45	40	85	811	8255
2002	8255	219	53	272	59	46	105	167	8422
2003	8425	138	53	191	68	30	98	93	8518
2004	8515	37	40	77	688	42	730	-653	7862
2005	7792	393	71	464	26	65	91	373	8165
2006	16287	141	79	220	80	75	155	65	16352
2007	16352	23	91	114	308	54	362	-248	16104
2008	16104	29	80	109	166	84	250	-141	15963
2009	15963	43	73	116	386	66	452	-336	15627
2010	15627	32	66	98	505	63	568	-470	15157
2011	15160	12	60	72	2006	80	2086	-2014	13146
2012	13143	32	59	91	558	72	630	-539	12604
2013	12604	47	70	117	706	68	774	-657	11947
2014	11947	78	97	175	18	46	64	111	12058
2015	12058	70	101	171	45	69	114	57	12115

表6-8　三十二团人口变动一览表（1995—2005年）

单位：人

年份	年初人口	年内增加 迁入	年内增加 出生	年内增加 合计	年内减少 迁出	年内减少 死亡	年内减少 合计	年内净增	年末人口
1995	6267	273	88	361	108	33	141	220	6487
1996	6487	1032	74	1106	47	40	87	1019	7506
1997	7506	56	86	142	70	47	117	25	7531
1998	7531	74	77	151	342	28	370	-219	7312
1999	7312	41	86	127	307	30	337	-210	7102
2000	7102	16	61	77	99	17	116	-39	7063
2001	7063	25	61	86	111	29	140	-54	7009
2002	7009	28	52	80	93	16	109	-29	6980
2003	6980	1167	48	1215	95	24	119	1096	8076
2004	8076	29	43	72	64	32	96	-24	8052
2005	8052	122	52	174	61	43	104	70	8122

二、人口分布

团场人口主要分布在辖区内218国道南北两侧，218国道南侧居住人口数高于北侧居住人口数，各连队居住人口数高于团部人口数。2006年团场正式合并后，团部小城镇建设快速发展，全团人口逐渐向团部集中，据2015年全团人口普查统计，连队居住人口数为5412人，占全团总人口的44.67%，团部居住人口数达到6703人，占全团总人口的55.33%。人口数在300人以上的连队有四连、六连、九连、十五连、十六连、十八连、十九连、二十连、林园连，其他8个连队人口数都在300人以下。（注：三连、五连拆迁人口全部入住团部社区）

表6-9 三十三团各单位人口分布一览表（2015年）

单位：人

指标	期初人口	期末人口	年平均人口	位置（218国道）
总计	11995	12115	12055	
一连	59	62	33	三十三团218国道北侧
二连	108	46	77	三十三团218国道北侧
三连	0	0	0	三十三团218国道南侧
四连	533	536	535	原三十二团218国道南侧
五连	0	0	0	三十三团218国道北侧
六连	300	306	303	三十三团218国道南侧
七连	202	195	199	原三十二团218国道南侧
八连	273	275	274	三十三团218国道北侧
九连	520	527	524	三十三团218国道南侧
十一连	263	261	262	三十三团218国道南侧
十五连	318	327	323	原三十二团218国道南侧
十六连	483	490	487	原三十二团218国道北侧
十七连	282	288	285	原三十二团218国道南侧
十九连	824	823	811	原三十二团218国道南侧
二十连	408	409	409	原三十二团218国道北侧
林园连	567	573	579	三十三团218国道南侧
蛭石连	110	111	111	原三十二团218国道北侧
梨花社区	814	681	748	三十三团218国道北侧
团结一区	1688	1675	1682	三十三团218国道北侧
山水社区	1081	1134	1108	原三十二团218国道南侧
黄岗社区	885	1011	948	原三十二团218国道南侧
畜牧站	166	0	0	三十三团218国道北侧
加工厂	184	188	186	三十三团218国道北侧
油脂厂（山水社区管理）	355	356	356	原三十二团218国道南侧
承德社区	583	722	653	三十三团218国道北侧
团结二区	989	1119	1057	三十三团218国道北侧

第四节　计划生育

20世纪八九十年代，由于国家计划生育政策的推行，团场家庭结构发生变化，每个家庭一般是3~4口人，团场家庭人口呈减少势态。

团场计划生育工作，坚持以宣传教育、避孕调节、经常性工作为主，奖励为辅的基本方针；坚持综合治理、综合服务，建立健全奖励和社会保障机制；坚持与发展经济、增加职工群众受教育和就业机会，建立幸福家庭相结合；坚持推行农村计划生育家庭奖励机制和农村失孤伤残家庭帮扶制度，增进妇女健康、控制人口数量、提高人口素质，促进团场经济社会可持续发展。

一、机构

（一）三十三团

1980年前，团场计划生育工作由团组织股管理。1980年3月，团根据巴州革命委员会和计划生育委员会的指示精神，成立计划生育领导小组，办公室设在团医院。团属各基层单位相继成立计划生育领导小组。

1982年，农二师建制恢复，团场根据农二师计划生育委员会指示精神，充实、健全各级计划生育领导小组，办公室设在团机关，各基层单位设立计划生育宣传员。

1985年，为适应团场改革新形势及计划生育工作需要，团对计划生育领导小组进行调整充实。

1986—1994年，团场计划生育领导小组成员虽有调整变动，但计划生育工作机构、法规、政策仍得以延用，逐渐形成政治宣传网络体系，也更加系统化、规范化、正规化。

至1999年，团场计划生育管理机构有：计划生育领导小组、计划生育办公室、计划生育协会、计划生育技术服务站。计划生育领导小组组长一直由团长、政委担任，副组长由主管计划生育的领导担任，成员由各相关部门负责人及计生办人员构成，计生办设专职管理干部1人。

2006年，三十三团计划生育办公室更名为人口和计划生育办公室。

2015年，团有计生协会组织41个，其中团级协会1个，基层计生协会25个，流动人口协会15个，协会理事108人，会员1750人，达到全团总人口的14.45%，缴纳会费3752元。

团计划生育服务站站长由医院院长担任，副站长由人口计生办主任担任，人口计生办设专职干部2人。团下设26个基层单位计生服务站，兼职计生宣传员32人。

（二）三十二团

1979年10月，团群工科成立后，计划生育工作由群工科管理。

1984年，群工科撤销后由团工会接管计划生育工作。

1989年，计划生育工作归属组干科。

1995年，计划生育工作归新成立的群工科管理。

1996年5月22日，团场成立计划生育委员会，由一名党委常委负责计划生育领导工作，一名组干科干事兼职计划生育管理工作。

2002年，计划生育办公室人员进行调整，并延续至2004年。

二、目标管理责任制

1995年起，团场党委每年与各基层单位的党政领导签订党政计划生育及人口指标责任书，团计生办主任与各单位计生宣传员签订业务指标责任书，落实人口和计划生育领导小组成员单位的目标管理职责，职能部门配合参与团计划生育工作。

2006年，三十三团党委与26个基层单位和机关职能科室签订计划生育工作责任书。做到党委一把手负总责，分管领导具体抓，有关部门配合。团机关挂钩科室与单位人口和计划生育工作挂钩，努力协调单位解决人口和计划生育工作中的难点问题，抓好团场流动人口计划生育管理与服务。协同派出所建立流动人口登记、查验"三证"等工作，在团场形成了部门协同抓，基层不懈抓的齐抓共管良好局面。

2006年后，团场逐步完善了生育服务证发放程序，使基层基础台账规范统一。做到信访、财务、人口统计、科技服务、协会发展、计划规划和各类信息报表及时准确上报。团场每年投入近万元，征订《人生》《中国人口报》《人口与计划生育》《幸福生活》等报刊。

2011—2015年，团场通过开展形式多样的宣传教育，落实"一法三规"和自治区条例，职工群众法制意识和干部依法行政的水平能力得到增强。团人口计生办落实团场各项奖励和惠民政策，开展便民维权活动。26个基层单位人口计生服务室均设有便民维权电话，对来信来访，做到件件有登记、事事有回应、宗宗有结果。

三、流动人口管理

1995年后，团场坚持"政府牵头、部门参与、落实责任、多措并举、综合治理"的工作方针。建立流动人口定期清查制度。在综治办、派出所的支持下，在每年集中两次流动人口清理的基础上，坚持每月一小查，及时查验"四证"（婚育证、结婚证、身份证、生育证）登记造册；建立流动人口信息管理制度，实行了由过去的账、册、卡管理为主，逐步过渡到信息化管理为主；健全管理网络，将流动人口的计划生育工作管理纳入团场三个文明建设发展的重要议事日程，成立流动人口计生协会17个；制度健全、责任制落实，团先后下发了《三十三团流动人口计划生育工作管理办法》《三十三团流动人口计划生育管理和服务工作若干规定》等文件，将流动人口工作纳入依法行政轨道，坚持综合治理为核心，将流动人口计生工作考核纳入综合治理的目标管理，层层签订责任书，层层考核；坚持长效管理机制原则，规范流入人口计划生育管理，各级协会发挥主渠道作用，形成一套"管理与服务相结合、日常验证与定期检查相结合、综合执法与专项检查相结合"的管理机制；建立流动人口信息联系制度卡，与流动人口原户籍所在地取得联系，通过全国流动人口计划生育信息交换平台做好信息交换和资源共享等；向实行计划生育的流动人口育龄夫妻开展免费服务，落实计划生育优惠政策；与常住人口一样同宣传、同服务；在团场派出所成立流动人口计划生育维权站，使流动人口维权工作更加贴近实际、贴近生活，享有均等化服务。

2015年，全团共签订245份《流动人口担保书》和《流动人口计划生育管理合同书》，流动人口计划生育查验证率达98%以上。按照国家人口计生委2015年流动人口动态监测工作总体安排，团场被确定为动态监测单位。2015年，全团有流动人口1467人，免费技术服务落实率100%，流动人口出生政策符合率100%。

四、经费保障

2006年起，团党委把人口和计划生育事业经费纳入团经济社会发展的基础性投入预算，落实"五项统筹"人均17元的计划生育经费。使独生子女保健费的落实率、流动人口免费技术服务的落实率、退休奖励政策的落实率、计划生育人员工资及岗位津贴的落实率均为100%。团用于人口与计划生育的经费约56万元。

2015年，团场投入160万元人口与计划生育经费，对上级拨付的经费做到专款专用，确保人口与计划生育工作经费的正常支出。

第五节 计生宣传与服务

20世纪90年代起，团场历届党委均坚持党政领导一把手负总责制度。落实《中共中央 国务院关于加强人口与计划生育工作稳定低生育水平的决定》，围绕计划生育"全优服务工程"，坚持推行"三为主"（宣传教育为主、经常性工作为主、避孕节育为主）；拓宽"三生"服务（服务生产、服务生活、服务生育），对违反政策计划外生育的单位实行"一票否决制"。团结合计划生育工作实际，年初，下发《年度人口和计划生育工作要点》，做到责任到人、措施到位。年末，根据人口和计划生育目标管理责任制工作完成情况进行奖惩。

2008年，团、连两级人口计生协会共为职工做实事58件，撰写人口理论课题技术论文2篇。是年4月12日，团对2007年度人口计划生育工作的先进单位和先进个人进行了表彰奖励。

这一形式多样的计生宣传、服务和奖励政策，一直沿用至2015年。

一、宣传教育

（一）三十三团

1995年后，团场历届党委班子十分重视计划生育宣传教育工作，常年开展形式多样的计划生育宣传和知识竞赛活动。制作各类计划生育宣传专版、计划生育户外景观图册和印发计划生育服务手册上千册。

2000年，团计生办通过"科技之冬"、春节、妇女节、"5·29"协会活动日、"7·11"人口宣传日开展婚育新风进万家和关爱女孩等宣传活动。各基层计生协会结合实际，开展形式多样的新型生育文化宣传教育，推广"晚婚晚育，少生优生""生男生女一样好"的新型婚育观。3月8日，人口计生办协同工会、团委、妇联联合举办计生知识有奖竞赛活动，发放生殖健康知识宣传单610余份。

2007年，团开展人口与健康宣传活动　　（计生办供图）

2006年，团场新建的生育文化长廊和各单位新型生育文化大院项目竣工完成。其中设有优质服务室、新型生育文化一条街、彩色灯箱、生育广场、计划生育和健康知识宣传牌等，投入经费达96万元。并将婚育新风、优生优育以及生殖健康等新型生育文化知识，渗透到职工群众每个家庭。是年，团计生办高艳荣撰写的《农二师屯垦戍边新型团场建设中的人口计生工作及对策研究》论文获"国家人口计生委人口和计划生育队伍职业化建设和能力建设"征文纪念奖。

2007年9月，三十三团被确定为"新团场新家庭——兵团人口健康促进"项目试点单位，该项目争取到国家资金21万元。团党委将此项目列入团场发展的重要议事日程，与新型团场建设同步发展。2009年，团完成该项目申请书所提出的全部指标。

2014年，团场投资30余万元，用于修建计划生育宣传雕塑、人口文化宣传版面。借助视听广播、中心广场等资源，开展演出、讲座、歌舞比赛等文娱活动，营造学有所思、乐有所得的良好氛围。

（二）三十二团

2002年后，团落实"一法、三规、一条例"宣传工作。一法指《中华人民共和国人口与计划生育法》；三规指《社会抚养费征收管理办法》《流动人口计划生育管理办法》《计划生育技术服务管理条例》；一条例指《新疆维吾尔自治区人口与计划生育条例》。开展"婚育新风进万家"主题宣传活动，通过电视广播站、人口学校，宣传和倡导科学、文明、进步的婚育观念和计划生育、优生优育、生殖健康等科普知识；利用基层计生协会和计生服务站，组织育龄妇女进行青春期、新婚期、孕产期、育儿期、更年期的"五期"教育。在宣传中结合团场生产、生活、医疗、教育实际，引导育龄群众掌握节育知识，实行"晚婚晚育，少生优生"。

二、服务

按照国家、兵团及农二师人口计生委要求，团场开展计划生育服务机构标准化、规范化建设。2006年，团获"全国计划生育优质服务先进县"称号。

2007年，团计生办按照"完善功能，提高素质，规范管理，优质服务"要求，巩固和发展以计生服务站为龙头，单位服务室为基础的技术服务网络，开展计生优质服务室创建活动。团计生服务站本着面向基层、方便群众之目的，坚持以群众需求为导向，立足社区和家庭，发放群众所需的科普知识、致富信息、计生政策宣传等资料。加强计划生育科技管理和技术服务基础工作，规范团、连计划生育服务机构、医疗文书及基础台账，提升计划生育技术服务能力。是年，计生服务站携带便携式B超、避孕药具、生殖保健等药品，下基层为妇女检病、治病；围绕生育、节育、不育方面，规范避孕、节育、优质服务等事项，完成生殖道感染预防和出生缺陷干预工程建设。术后随访率达100%，知情选择率97%。团计生服务站承担着全团两年一度的男女常见病普查及妇女"两癌"检查工作。

2008年，团计生服务站设立服务监督岗，建立质量监督责任制，并取得计划生育技术服务机构执业许可证和医疗机构执业许可证。团分别选送超声科、检验科、妇科医生外出培训，计生服务站妇产医师参加了兵团人口计生委开展的三千人才工程培训。是年5月，团新建计生服务站项目破土动工，于2009年3月竣工。

2009年，团计生服务站组织开展基层教育讲座，普及计划生育政策法规和技术服务，延伸服务范围。是年，团投入资金5万余元，为新建计生服务站添置室内设备（包括办公桌椅板凳、窗帘、文件柜、电脑、宣传牌、计生服务站标志牌等）。

至2011年，团计生服务站设有宣教室、生育文化宣传长廊，放有避孕节育、生殖健康和优生优育图书等宣传资料。

2012年，连队计生服务室向职工群众宣传优生优育政策　（计生办供图）

2015年，团分三个批次，为计生服务站投入设施。第一批次，团投资4万元更新办公桌椅、档案柜，制作宣传展牌20余块，增添便民服务设施；第二批次，投入300万元新购医疗设备，包括彩色超声诊断仪2台和X光机1台；第三批次，投入13.8万元，新增生殖道康复治疗仪和肿瘤早期诊断仪。新建的计生服务站，按标准设置15个科室（宣教室、咨询室、手术室、治疗室、悄悄话室、康复室、B超影像室、乳腺扫描室、药具库房、药具室、信息室、档案室、生化检查室、药房、X光室）。建立已婚育龄妇女生殖健康档案，实行妇科病检查和计划生育4项手术免费服务，提供已婚育龄妇女健康检查优质服务，团计生服务站就诊量大幅提升。

三、成效

1995—2010年，人口与计划生育工作步入优质化服务时期。职工群众的婚育观念发生根本转变，晚婚晚育、少生优生成为团场社会生育新风尚。

（一）三十三团

1995—2004年，团独生子女结婚领证率均在30%以上。2006年两团正式合并后，独生子女结婚领证率随着人口的下降发生变化。2011年，领证率只有16.56%。2014年，领证率增至38.9%，成为团场历史最高水平。1995年起，出生人口呈下滑趋势，其中2004年、2008年、2011年、2012年和2014年自然增长率为负数，2015年有所回升。

2010—2015年，团开通人口计生办、计生服务站及各基层连队计生服务室计划生育药具咨询热线。

（二）三十二团

1995—2004年，团人口出生率呈下降趋势。

2002年之前，独生子女结婚领证率呈递增态势，2002年达到44.68%。2003年独生子女领证率为29.91%。

第七章　经济综述

20世纪90年代后，三十三团和三十二团农业发展形成以棉花为主、粮食为辅的发展格局。2001年，根据自然地理条件及土地资源现状，团场因地制宜制定稳定大农业、狠抓林果业、做大做强以马鹿养殖为主的畜牧业"三元结构"发展方针。2002年后，团场推广发展农业滴灌技术、精量播种、杂交棉等新技术，棉花单产不断提升，职工收入逐年增加。工、交、建、商发展并进，团场综合经济实力持续壮大，团场经济迅猛发展，产值效益快速增长。2015年，三十三团完成生产总值8.37亿元，实现利润5037万元。

第一节　经济发展

一、三十三团

20世纪90年代初、中期，团场加大经济发展投入力度，扶持加工业，更新与改造棉花加工厂生产设备，使之尽快适应市场经济条件下的棉花加工规模。1995年，团投入资金200余万元，引进全套轧花、打包、脱绒等全新设备，改进加工工艺，棉花加工能力大幅提高，年轧花5088吨，完成计划的141%。是年，投资34万元新增磨面设备一套，面粉加工质量得以提高。是年，工副业总产值达3920万元，占工农业总产值的52.3%，同比增长40.22%。

国家"九五"时期（1996—2000年），团生产皮棉1.9万吨，果品1.3万吨，鹿茸9456千克，马鹿存栏头数由1995年末的1329头增加到2000年末的3284头，其他牲畜存栏由1995年末的8407头（只）增加到2000年末的9600头（只）。5年间，累计完成国内生产总值2.73亿元，工农业总产值2.14亿元（不变价），实现利润2735万元，上缴利税1571万元，累计完成固定资产投资5764万元，二、三产业总产值达0.87亿元。2000年，三十三团收复弃耕地1400公顷，改造中低产田600公顷，使绿洲向沙漠推进5千米，新的生产能力逐步显现。年末，实现国内生产总值 5908 万元，为团场经济可持续发展奠定坚实基础。

国家"十五"时期（2001—2005 年），团场抓住国家、自治区、兵团西部大开发战略部署机遇，加强基础设施建设，加快城镇化发展。发挥特色资源优势，推进产业化，实现资源优势向经济优势转化，团场综合实力明显增强。团固定资产投资 1.65 亿元，比国家"九五"时期增长 286.53%。第一产业中棉花产业经济优势凸显，畜牧、林果业平稳发展，退耕还林还草 666.67 公顷；第二产业所有制结构转换，经济略有下降；第三产业加速发展，多方融资、共同发展成为主流。精准农业等新技术广泛推广运用。医疗、教育基础设施建设完善，教学条件改善，学龄儿童入学率为 100%；社会保障得以加强，五险一金覆盖率达到 100%，退休人员养老金和低保基本生活保障金按时足额发放。

国家"十一五"时期（2006—2010 年），团坚持以经济建设为中心，全面落实科学发展观，深化改革，围绕初步形成的棉、果、茸为主的特色高产、高效、优质的"三足鼎立"农业格局，继续加快经济结构调整步伐。集塔里木垦区农业生产、职工群众生活、生态文明建设中的共性优势，以水定地，退耕还林，增加经济积累，推进社会各项事业全面进步，不断提升职工群众的幸福指数。

2006 年 6 月，中共三十三团委员会召开第九次党员代表大会，明确国家"十一五"时期的主体发展与指导思想，即牢固树立科学发展观，紧紧围绕"发展壮大团场，致富职工群众"的工作目标，以转变经济增长方式，调节经济结构和促进协调发展为主线，提高农业现代化水平，努力推进工业化、城镇化，建设屯垦戍边新型团场"六个新"目标：到 2010 年，完成皮棉总产 2.2 万吨，果品总产 5 万吨，马鹿存栏 2 万头，鹿茸总产 1.4 万千克，国内生产总值 4 亿元；建立起职工收入稳定增长的长效机制；加大团场新职工思想、技能素质培训建设力度；优化整合教育、卫生等社会资源，提高服务质量，促进社会事业新发展；到 2010 年，人均住房面积达到 28 平方米以上；健全团场社会保障和社会救助体系。

国家"十一五"时期，团累计完成固定资产投资 2.44 亿元，林木绿化率由 20.1% 提高到 21.32%，提高 1.22 个百分点。在此基础上，继续加大农业产业结构调整力度，按照"稳棉、进枣、增果、强畜"总体发展思路，确立"四大基地"（优质商品棉基地、红枣深加工基地、马鹿畜牧业基地、香梨有机绿色产品基地）发展战略，进一步优化农业经济结构。坚持以市场为导向，以结构调整为突破口，以发挥区域经济优势为前提，走出一条"确立四轮驱动、实行区域布局、发展规模经营"的农业产业化发展道路，使农业现代化建设扎实推进。大力发展畜牧业，按照市场带动、集中饲养、产权明晰、统一服务的总体要求，创新畜牧业发展方式，推进专业化、规模化、集约化、标准化养殖模式。农业基础设施累计投资 6549 万元，退耕还林还草区域植被覆盖率达 30%。农业优良品种推广种植率 100%，实现农作物高产高效历史性突破。皮棉累计总产 7.78 万吨，香梨累计总产 12.36 万吨，肉类累计总产量6024吨；投资1273万元购进大型机车、农机具，农业科技水平和农业机械化水平居农二师前列。

国家"十二五"时期（2011—2015年），团深入实践科学发展观、全面落实党的十七大提出的战略目标和中央新疆经济工作会议精神。该时期既是实现经济结构战略性大调整、发展方式战略性大转变的重要战略机遇期，也是加快团场城镇化、新型工业化、农业现代化进程的关键时期。2011年，团皮棉总产1.64万吨，完成师计划的110.7%；全社会果品总产0.46万吨，完成师计划的10.3%；鹿茸总产7.2吨，年末牲畜存栏1.51万头（只），完成师计划的105.3%，生产肉类1611吨，完成师计划的101.2%；国内生产总值3.28亿元，完成师计划的101.5%；在岗职工职均收入2.43万元，三次产业结构为75∶6∶19。根据《三十三团"十二五"发展规划》目标和基本任务，2011—2013年，主要经济社会指标提前完成规划预期目标的指标占总数的60%，有第二产业增加值、工业增加值、人均生产总值等；完成规划中期预期目标的指标占总数的28%，有地区生产总值、第一产业增加值、全社会固定资产投资额、团场人均纯收入等；未能完成规划中期预期目标的指标占总数的12%，有非公有制经济所占比重、社会消费品零售总额、年底总人口数。

2015年，团国内生产总值8.37亿元，较国家"十一五"期末增长1.8倍，同比增长189.82%，实现利润5037万元。第一产业4.54亿元，第二产业2.07亿元，第三产业1.77亿元。三次产业结构由国家"十一五"期末的79∶5∶16调整为国家"十二五"期末的54∶25∶21。国家"十二五"期间，团累计完成全社会固定资产投资23.42亿元，年均增长304.3%。

表7-1 三十三团经济发展情况一览表（1995—2015年）

单位：万元

年份	职均收入	固定资产投资总额	国内生产总值	工业总产值	建筑业总产值	第一产业总产值	第二产业总产值	第三产业总产值	农业企业利润总额	农业企业应交税金
1995	0.44	1468	5409	604.5	594.8	3739	844	826	768	128
1996	0.46	892	5624	592	312	4235	487	902	1277	85
1997	0.57	1563	5127	856.1	387	3008	747	1372	709	121
1998	0.51	713	5520	583.8	740	3728	639	1153	291	96
1999	0.45	1247	5135	461.4	1100	3450	650	1035	3	133
2000	0.51	1349	5908	237.2	1395	4235	629	1044	455	167
2001	0.58	3455	6488	272.4	1502	5405	638	1038	403	218
2002	0.62	1651	7081	401.4	760	4165	847	1476	281	124
2003	1.24	3478	10328	6.3	1350	8509	474	1345	626	116
2004	1.27	5932	11200	73.1	1356	8907	645	1648	614	117

续表

年份	职均收入	固定资产投资总额	国内生产总值	工业总产值	建筑业总产值	第一产业总产值	第二产业总产值	第三产业总产值	农业企业利润总额	农业企业应交税金
2005	1.39	2000	11863	186	1220	10132	394	1337	450	19
2006	1.62	4090	22925	1071.1	1700	17417	840	4614	1252	51
2007	1.82	4566	26422	1163.4	1800	21128	958	4356	1511	2
2008	1.96	3406	21607	820.2	1050	16713	592	4302	-1373	7
2009	1.95	9460	20888	736.4	1420	16138	755	3995	-1619	76
2010	2.19	2864	28904	2811	942	22808	1479	4617	1365	100
2011	2.43	9549	32790	3627	2711	24686	1971	6133	1654	110
2012	3.12	15793	49382	8226.3	7036.8	37008	5302	7072	3351	-1
2013	3.60	31327	64191	40479.3	—	40524	12193	11474	4129	12
2014	4.16	36241	72326	53685.6	—	40866	15809	15651	4835.35	6.57
2015	4.43	1222491	83769	77396.6	—	45424	20685	17660	5037	-4

二、三十二团

国家"九五"时期（1996—2000年），团调整种植结构，突出特色农业，农业经济稳步发展。2000年团国内生产总值5198万元，其中，第一产业2959万元，第二产业827万元，第三产业1412万元，三次产业结构为57∶16∶27。其间，团累计固定资产投资总额7544万元，较国家"八五"时期增长242.21%，经济总量增长的同时，第一、第二、第三产业均有大幅度提升。2000年，团畜牧存栏7500头（只），完成利润总额762万元，职均收入4548元。

国家"十五"时期（2001—2005年），团进一步巩固和扩大改革开放成果，逐步建立适应社会主义市场经济要求的管理体制和运行机制，做强扶壮第一产业，突出特色做优第二产业，搞活做大第三产业，不断壮大团场的综合经济实力。2001年，全团1213公顷棉花地实行"两费"全自理。棉田每公顷皮棉单产2439千克，同比增加126.6千克；籽棉总产达1140万千克，同比增加144千克，增加14.46%，完成农二师下达指标的111.7%。2005年，团实现国内生产总值8762万元，比2000年增长68.56%。其中，第一产业7592万元，年均增长156.57%；第二产业441万元，年均增长-46.67%；第三产业729万元，年均增长-48.37%，三次产业结构为86∶5∶9。农业机械总动力9412千瓦，较2000年增长49.63%；畜牧存栏1.26万头（只），较2000年增长68.59%。职均收入1.22万元，较2000年增长169.94%。实现利润730万元，较2000年增长5.95%。国家"十五"期间，团累计固定资产总投资12102万元，农业基础地位持续增强，产业结构逐步优化，第二、第三产业成为发展首要目标。社会事业健康稳步发展，国民经济和社会各项事业取得可喜成绩，超额完成国家"十五"规划目标。

表7-2 三十二团经济发展情况一览表（1995—2005年）

单位：万元

年份	职均收入	固定资产投资总额	国内生产总值	工业总产值	建筑业总产值	第一产业总产值	第二产业总产值	第三产业总产值	农业企业利润总额	农业企业应交税金
1995	0.48	1272	4330	553	0	3274	326	730	439	121
1996	0.58	1421	4170	927.6	0	2735	455	980	672	98
1997	0.65	1307	4110	1821.9	0	2374	629	1107	390	62
1998	0.49	2081	4520	1341.3	250	2487	749	1284	367	40
1999	0.48	1308	4308	1181.9	175	2210	715	1383	744	65
2000	0.45	1427	5198	1057.5	432	2959	827	1412	762	71
2001	0.50	2903	5393	662.6	650	3567	957	1480	131	78
2002	0.55	1397	6004	543.3	500	2967	812	1614	0	48
2003	1.00	2431	7150	569.2	445	5504	623	1023	148	70
2004	1.09	3557	8069	749.5	452	5871	646	1552	455	67
2005	1.22	1814	8762	858	201	7592	441	729	730	14

第二节　经济结构

科学技术是第一生产力。随着团场生产规模的扩大，经济的快速发展，按照兵团和农二师党委的统一部署，团场结合实际，实施科技兴农、科技兴团战略。

一、三十三团

20世纪90年代，团以种植棉花为主、粮食为辅的发展格局基本形成。国家"十五"期间，团场持续加大"科技兴农"力度，坚持走种养结合的道路，瞄准市场狠抓棉花不放松，持续开展科技示范团、科技示范连、科技示范户活动和农业丰产攻关活动，强化农业适用技术的开发应用，提高农业科技含量。

根据兵团《进一步加快经济结构调整的意见》精神，2001年，团场结合自然地理条件及土地资源现状，制定出台《稳定大农业，狠抓林果业，做大做强以马鹿为主的畜牧业"三元结构"》调整计划，增强农业发展后劲，提高农业经济整体效益。将农、林、牧结构比重在国家"十五"末期基础上逐步调整为65∶15∶20；依托地理优势，以西部大开发为契机因地种植，发展特色经济；采取宜种则种、宜林则林措施，对沙性大易受灾害的风沙前沿条田逐步实施退耕还林还草工程；利用作物秸秆、苜蓿种植及野生资源发展林果业、畜牧业。

第一支柱产业棉花。在种植业上继续发挥棉花优势，以科技进步和技术创新为支撑，加速品种升级；加大对农业"两费自理""租赁承包"和自理金额的改革力度；在农户上缴指标、农资价格、土肥投入、承包形式等方面进行鼓励性调整。极大地调动了职工种植积极性，使棉花种植成为团场经济第一支柱产业。

第二支柱产业林果业。香梨产值占全团国内生产总值的18%左右。2001年，团在认真做好国际市场调研的基础上，实施申请团场绿色食品达标工程。团拿出20万元科研经费，组织林业科技人员推广香梨树的"矮、密、早、丰""落、缓、促、控、断、齐"和"4+6"栽培模式。对果园定期实施病虫害生物防治技术措施，将果园的虫果率控制在1‰左右，使果品一级商品率大幅提升。为解决果品农药残留问题，团引进新农药，对塔里木垦区香梨病虫害进行综合防治。通过示范整理出一套翔实实用的防治资料，使果品特一级品率持续达到85%以上。对衰老香梨树进行树形开心改造和幼龄树落干开心技术，同时对新建园果树进行矮化、密植、早丰及"4+6"栽培技术全面普及，以提高香梨品质，逐步解决香梨果小、外观差等问题，促使香梨快速形成早开花、早见果、早见效良好格局。

第三支柱产业马鹿养殖业。马鹿养殖改变沿袭多年的传统饲养方法，在科技投入上加大力度，并开展"塔里木马鹿选育提高""塔里木马鹿人工授精与胚胎移植技术推广""塔里木马鹿科技示范基地"等课题研究。人工授精及胚胎移植技术在马鹿养殖中得到广泛应用和普及，饲养的公鹿整体产茸量提高15%，母鹿繁殖率提高10%，使马鹿养殖业的快速发展得以大步推进，保障团场的社会经济效益。2002年，团利用塔里木垦区养殖马鹿资源优势和技术优势，将发展以马鹿养殖为主的自营经济作为调整产业结构的重要举措，引导职工走股份合作、联合经营之路。团与银行合作，给职工提供自营经济贴息贷款，建立60万元自营经济发展基金，鼓励职工整合入股养鹿。团对股份制鹿场在建圈和划分饲料地上优先审批，并享受5年内适当减免土地租赁金、免交牧业税和50%的防疫费等待遇。防疫部门在推广应用人工授精及品种改良等新技术时，也优先于股份制鹿场。为解决马鹿饲草供需矛盾，团引种苏丹草、甜高粱、高丹草等优质高产饲草品种，使亩产草量提高40%，从而缓解养鹿业饲草供应不足问题。

2002年后，团坚持实践科学发展观，走可持续发展道路，围绕产业结构调整，加快生态农业、绿色农业发展步伐，逐步解决土地荒漠化问题。立足兴农先兴林总体工作思路，启动退耕还林、退田还草工程，来推进林果业、畜牧业快速发展。为确保农田林网化、沙漠生态林建设，团年均投入20余万元科研经费和200余万元专项经费，用于实施农田防护林、防风固沙林和退耕还林还草建设，使塔里木垦区内1546.66公顷次生胡杨林和2.03万公顷野生植被得到有效保护，林木覆盖率达26%。团场农、林、牧发展进入生态平衡和良性循环轨道。

国家"十五"期间，团根据兵团党委《关于深化农牧团场改革的意见（试行）及改革配套措施》文件（简称"1+3"文件）精神，依托大农业优势，抓住机遇，大力发展职工自营经济，作为职工群众脱贫致富奔小康和全面建设和谐小康团场的重要工作。2004年，团党委坚持将发展职工自营经济作为团场新的经济增长点和调整产业结构的重要措施来抓，出台一系列优惠政策，加大引导和扶持力度，提升经营能力。2004年，三十三团自营经济工作被农二师评为先进单位。2005年，团自营经济总产值达3000余万元，约占全团国内生产总值的25.29%，自营经济人均纯收入首次突破1000元。

国家"十五"期末，团坚持以市场为导向，以效益为中心，围绕农业增产、团场增效、职工增收的目标，按照调高调优的思路，不断加大对农业的科技投入，加快构建种植业、畜牧业、果蔬园艺业"三足鼎立"和粮、经、草"三元结构"格局。

团引进大芸、甘草、野生罗布麻等沙生植物，扩大各类饲草种植面积，大力发展生态林业。通过引进新型生物农药及强化果树栽培管理措施，林业职均收入达到2.5万元。团在种植业作物结构调整中，将棉花种植作为重中之重，实施棉花精量播种、宽膜覆盖高密度栽培、节水灌溉、微机测土配方、土壤平衡施肥和生物综合防治病虫害现代精准农业六项新技术，使棉花总产单产水平大幅提升，实现一二三产业同步迅猛发展。

国家"十一五"期间，团按照"稳棉、进枣、增果、强畜"的总体发展思路，确立"四大基地"发展战略，农业经济结构得以优化。团坚持以市场为导向，以结构调整为突破口，以发挥区域经济优势为前提，走出一条"确立四轮驱动、实行区域布局、发展规模经营"的农业产业化发展道路，扎实推进农业现代化建设。大力发展畜牧业，按照"市场带动、集中饲养、产权明晰、统一服务"的总体要求，创新畜牧业发展方式，推进专业化、规模化、集约化、标准化养殖模式。团累计实现皮棉总产7.78万吨，香梨总产13.36万吨，肉类总产量6024吨任务目标。

国家"十二五"期间，团场强化产城融合发展，构建"大众创业、万众创新"等经济结构格局。依托优势资源，以招商引资为总抓手，以项目为支撑，实现城镇化、新型工业化和农业现代化建设良性互动。调整经济结构、转变经济增长方式，促进经济由粗放型向集约型转变，由数量外延型向质量效益型转变，统筹区域协调发展。发展特色生态高效农业，依托自然优势条件，做强做优棉花、红枣、香梨、马鹿等产业；依托自然区位优势，做优做好设施农业和畜牧业，促进农业增效、职工增收。种植业、畜牧业、园艺林果业产值比重由73∶10∶17调整为60∶20∶20。

加快推进新型工业化建设，坚持协调发展，注重区域协调，提高工业和服务业在GDP中的比重，工业化水平明显提高。发展新兴产业，加快产业转型升级，提高创新能力和市场竞争力。

二、三十二团

20世纪80年代初，团在完成农业结构调整的基础上，加大园林业和畜牧业的发展比重。在种植业内部，继续加大经济作物棉花的生产比重，加强农业基础地位，增强团场的整体经济实力。

1996年，全团实现国内生产总值（现行价）4170万元，其中第一产业2735万元，占

65.59%；第二产业455万元，占10.91%；第三产业980万元，占23.5%。

2004年，团场实现国内生产总值8069万元，其中第一产业5871万元，占72.76%；第二产业646万元，占8.01%；第三产业1552万元，占19.23%。2004年末，团场非国有经济生产总值1734万元，占经济比重21.49%。

2006年，团场正式合并。

第三节　经济体制改革

20世纪90年代初，团场以建立社会主义市场经济为导向，精心策划各项改革方案，以改革推进发展。在"改革、开放、搞活"的方针指引下，团场首先在农业领域实行经济体制改革，推行以联产计酬财务包干为主的经济责任制，实行"定额上缴，超利不缴，亏损不补，自负盈亏"的经营管理新体制，实行党委领导下的团长负责制。至此，团场经济体制改革的基本思路和政策已成格局，此后，每年仅对经济责任制进行调整和补充。

一、农业经济体制改革

（一）三十三团

1991年起，团在各农业连队推行以家庭联产承包为主要形式的土地承包责任制。

1992年，第二轮承包期起，团在原有"大包干"基础上进一步放宽政策，推行部分生产资料自理的承包办法，逐步向"两费自理"过渡。管理果园与林带的职工，实行班组承包，平时劳动集体互助，实行考勤制度。开发性林场实行"两费自理"，承包结果果园的职工组建协作承包组，具体任务落实到个人。

1994年，是团场计划经济向社会主义市场经济重要转轨的关键年。6月，农二师在第十一次党代会上提出"建立多种所有制经济结构，不断拓展新的经济增长点，使各方面有所突破"的发展要求。为推行"两费自理"政策，团对基层连队进一步放宽政策，实行"三个一"管理（"一个发展总体规划""一份包括固定资产增值、利润总额、上缴利润的合同""一张手聘书"），按照市场经济体制的要求实行统一经营与分散管理的双层经营体制。对"两费自理"和长期承包土地的职工，定产下调10%，提前上缴利费或租金的土地可以转让或出租。土地可以自由种植，产品按市场价交售。针对团场部分职工存在资金不足、技术不全等承包困难问题，由连队选出能人，在连队实行以能人牵头承包的"两费自理"试点工作，鼓励职工租赁承包和股份合作制经营。

1995年起，团场"两费自理"全面推行，连队自主权扩大。工、交、建、商单位实行企业化管理，部分单位和行业进行股份制改造。

1998年，团党委深入贯彻党的十五大精神和兵团与农二师两级党委经济工作会议精神，充分发扬民主，相继召开各级"深化改革与经济发展"专题研讨会；举办股份制和股份合作制学习班。在统一思想的基础上，农业连队全面推行租赁承包、"两费自理"、"一费自理"、"风险抵押"和"有偿垫资"等多种承包经营形式，使团场"两费自理"累计资金占承包费用的50%以上。各项分配制度不断改变平均主义倾向，团场全面推行全员劳动合同制，实行双向选择，确立双方当事人的法律地位，干部职工在定编定岗定责的基础上，实行一级聘一级，一级管一级，一级对一级负责的管理模式。同时严格实行按劳分配和按生产要素分配相结合的分配办法，逐步打破了干多干少一个样的"大锅饭"分配方式。团场各项制度的改革，强化了各行业内部管理，激发干部职工劳动积极性。农业在1997年让利180余万元的基础上，是年再次让利250余万元，根据不同的承包形式分别下调上缴指标。对事业单位实行费用包干制。在机关等单位工作的非生产人员，保留1997年半年套改工资的20%，作为1998年风险抵押金，1998年保留50%工资，年终与承包盈亏挂钩；农机行业实行股份合作制改革，农机职工股份占到71.65%，有4个连队的农机具被职工买断经营。是年，团对建筑公司全面试行股份合作制改造，310名干部和职工入股资金金额达到102.7万元，占22.39%。建筑公司内部干部工人人均入股达0.7万元以上。

1999年，三十三团继续加大改革力度，推行"三项"改革措施的承包办法，即农业实行100%的"两费自理"承包，园林业实行100%的租赁承包，农机实行100%的"风险抵押、费用自理、定额上缴"。在实行"两费自理"承包中，出现部分职工想承包而资金不足的现实问题，团党委针对这些实际情况，召开党、政、工联席会议，研究寻找"两费自理"承包中资金缺口的解决办法。一是由各连队主要领导共同担保，职工在银行存一贷二参加承包；二是对连队没有人承包的土地，采取干部出资牵头承包和雇佣管理的解决办法；三是在团属范围内，由计财科牵头，吸纳干部、职工、群众为承包户融"两费自理"资金，也称"互助金"。这些具体可行的举措使团内无人承包的土地落实到职工个人，连队职工"两费自理"承包资金不足的难题得到解决，加快推进团场"两费自理"承包工作的全面落实。

2000年初，由于受农产品价格低、塔里木垦区生活环境差等各种因素影响，导致团场职工承包土地的积极性不高，部分职工离开团场外出打工，团场发展陷入"贷款—垫支—挂账—再贷款"的恶性怪圈。为进一步深化团场改革，增强发展活力，兵团党委提出"发展壮大兵团，致富职工群众"的工作目标。兵团出台下发"1+3"文件，文件的核心是"八个字"和"两个扩大"。"八个字"即固定、自助、服务、分配；"两个扩大"是政治上扩大基层民主，经济上扩大经营自主权。"1+3"文件的基础是以公有制为主体，多种所有制经济共同发展的基本经营制度；以家庭承包经营为基础，探索多种承包经营形式，以社会服务体系和科技进步为支撑，建立和完善统分结合的双层经营体制。同时，是以按劳分配为主，多种分配形式并存的分配制度的试行，以使团场生产关系适应生产力发展水平，调动兵团农牧团场职工生产积极性。

2001年后，团党委加大"1+3"文件精神贯彻力度，以"解放思想，大胆实践，积极引导，逐步完善"为基本指导思想，推行土地长期固定承包责任制度，承包期30年不变。同时，给种植业、林业、牧业、水利等一线职工补划"两用地"，户均0.14公顷，鼓励职工发展庭院经济，增加收入。在召开的果农代表、果品包装材料供应商、质检技术人员以及机关有关部门领导参加的香梨销售工作会议上，明确了凡签订承包合同并交齐租赁金的职工，可以自主出售产品。销售由团场提供香梨指导价，以冠农果茸股份有限公司代销为主，按照优质优价、随行就市和现款现货原则，职工可自由选择与各地客商签订购销合同和包装材料供应合同。

  2002年，团场围绕土地固定政策，以实现土地固定率、资金自理率、土地发证率三个100%为突破口，出台8项优惠政策，鼓励职工"两费"完全自理。团党委以职工增收、团场增效为发展目标，首先扩大棉花"两费自理"、租赁承包覆盖面，并在林果行业尝试推行"两费自理"和租赁承包。因团场部分职工存在怕担风险心理和自理资金不足等因素，团场及时调整棉花、果园租赁承包面积与自理资金额，明确上缴指标、农资价格、土肥投入等标准。是年，团场棉花"两费自理"和租赁承包面积达2266.66公顷，经营资金自理额达1194万元，自理率达93.8%；林果业"两费自理"和租赁承包率达到100%。发放土地使用证686份，土地固定面积达到3033.33公顷，固定期限均在10年以上，由团场垫资职工承包土地的怪圈得到突破。

  2003年，围绕经济增长速度10.9%的发展目标，继续按照"1＋3"文件精神要求，巩固和完善棉花、林果业"两费自理"和租赁承包成果。是年，团场棉花"两费自理"、租赁承包面积达到2533.33公顷，职工缴纳生产资料费（简称"生资费"）达到1538.2万元，"生资费"自理率100%。年内结果果园"两费自理"、租赁承包面积253.33公顷，果农共交租金220万元，"生资费"自理率达到100%。

  2004年末，棉田土地和林地固定面积达3220公顷，固定率在100%，发放土地使用证1043份，发证率100%。412.73公顷管理果园按照树龄、果树成活率、生长健势等情况定为5个等级，实行租赁经营和买断经营（果树实行买断，果园内的土地实行租赁），果农缴纳买断金46.6万元。

  2005年，团办工交建商业90%以上完成经营性质转换；财务管理体制进一步规范；团场合并，机构改革启动。

  2006年，团场执行大宗农产品集中统一销售、大宗货物集中统一运输、农资供应"一票到户"政策。

  2011—2015年，团坚持抓改革、促发展、惠民生、强党建、保稳定的发展主线，加大招商引资力度，强化产城融合发展，提升城镇服务品质，构建"大众创业，万众创新"等经济结构新格局。种植业：坚持以职工家庭承包经营为基础、统分结合的双层经营体制，落实"交钱种地"政策，按照"五统一"管理，土地承包实行长期固定，主要指标一定三年。林果业：深化经营体制改革，结果果园实行租赁承包，新植果园采取团场投资建园，年初一次性交清果园租赁金。生产成本自购自投，产品自行销售和订单销售相结合。对残次果园，实行自主改造、三年免交租赁金的优惠政策。畜牧业：全面实行合作化租赁经营。马鹿有序合并集中养殖，探索公司化经营模式，牛、羊养殖全面采取专业合作社方式发展。连队转型升级：以"连社合一"为方向，探索和创新农业连队经营方式，大力培育家庭农场、股份公司、合作社等连队经营主体促进连队转型发展，动员引导职工入股，实现职工向"社员"的转变。

（二）三十二团

1982 年起，团实行"定额上缴、超利不缴、亏损不补、自负盈亏"的经营管理新体制，实行党委领导下的团长负责制。

1988 年，为深化改革，搞活企业，提高团场经济效益，根据《中共中央关于经济体制改革的决定》，结合多年来改革进展情况，在往年责任制办法基础上，团场进一步充实、完善、理顺各种关系，在全团实行连长负责制和连长任期目标责任制。在团场推行农、林、牧全奖全赔大包干。

1995 年，团对连队仍实行"财务包干，超利分成"的大包干责任制办法。连队超利部分按"三七"比例分配，即 25% 留作连队生产发展基金，5% 留作连队福利基金，70% 用作连队对职工奖金分配。对职工个人按其超欠产量实行对等奖赔，不论连队经营情况盈亏如何，承包者每年超或欠产量 1 千克，籽棉按 1.50~2 元、稻谷按 0.68~0.9 元、小麦按 0.60~0.80 元的标准对等奖赔。职工个人欠产赔偿额超过该年保留的 20% 劳务工资额时，其超过部分挂账到次年延续结算。这样做是考虑到职工的承受能力，在职工欠产赔偿额较大时，不至于对职工该年收入产生太大影响。随着全国农垦经济体制改革，团逐步实行"两费自理"的全新经济形势。主要特点是"两自理，四到户"（生产资料和劳务费用两自理，土地承包、核算、盈亏、风险到户），职工拿自己的钱，种自己的地，自承风险，自负盈亏，自我发展。

1996 年初，团正式出台《三十二团"两费自理"经济责任制》，推行"两费自理"，以及对团场小型工业企业实行租赁承包，鼓励用股份合作制形式开荒建小农场等，这些都是在新形势下，继续推进团经济体制改革的新探索。团在条件较好的四连、七连、十连实行试点，考虑到基层一线大田承包职工 70% 以上是新职工，因而制定的"两费自理"政策比较宽松和优惠。团场将各生产连队土地分为 9 个等级，"两费自理"后的职工按土地等级种植作物品种上缴固定额度内的产品，足额上缴产品后，扣除所需成本费用，收入全部归己。团场按比大包干计划价高出 10% 的内部价收购产品。为防止出现个人土地承包面积过大或者过少的现象，实行连队职工一个承包定额棉花不得超过 2 公顷、水稻不超过 2.7 公顷、小麦不超过 10.7 公顷的原则，所需生产资料和生活费均由团场垫支。团场对职工垫支的生产资料费按该年银行贷款利率年息 13.2% 收取利息，劳务费则不收利息。同时对"两费自理"职工的各项政策性补贴另行发放，不进职工个人成本，对"两费自理"单位的行政管理费也给予政策性全额补助。

至 1999 年，由于在发展过程中，团场职工形成种"公家田"、吃"大锅饭"的心理，自我发展意识并没有在短时间内得到提升，所以改革步伐缓慢。是年，职工"名义"上的"两费自理"

和变通"两费自理"分别是50%和80%。

2001年，兵团制定出台《关于深化农牧团场改革的意见》，提出"固定、自主、分配、服务"的改革重点，全面推行"两费自理"、租赁承包，明确土地使用权，理顺土地承包关系。

农业：团、连两级干部在多年不发工资的情况下，每人拿出3000~40000元不等的资金，共计出资172.5万元，用于支持团场推行"两费自理"和租赁承包。同时，团场出台系列优惠政策，鼓励干部职工承包土地，承包经营模式分租赁承包、"两费"全自理和"两费"部分自理等方式。政策包含：上缴指标一定三年不变；实行"两费"全自理、租赁承包的上缴指标优惠6%；机关干部在挂钩单位可采取集资方式或直接参加土地承包；可将2001年以前团场欠干部的风险抵押金和承包职工往年提留的生产储备金转为年度"两费自理"、租赁承包金；每公顷上缴现金6000元，成本不足部分从银行贷款，年终决算一并代扣代缴；对资金确有困难的职工则实行"两费"部分自理；在完成财务的前提下保证基本收入不低于3930元，超额完成任务的团按每千克1.5元兑现奖金。

林果业：采取地上部分（果树）一次性买断和缴纳年土地租金的形式经营，买断期限为10年。1~6年新建园，一次性缴纳押金，每公顷750~1500元，经年底综合考评后，第七年返还计入买断金中。土地租赁金则根据土地及果树生长情况，从第七年起缴纳，一年一缴。第七年每公顷年缴750元，后每公顷年递增750元，每公顷封顶指标9000元。土地租赁金结合市场行情可以进行适当调整。新建园实行地上部分一次性买断和缴纳土地租金的承包形式。新建杂果园、熟地第五年、荒地第七年起上缴租金，每年每公顷上缴租金3750元；结果果园（包括初结果园）地上部分按树龄，从第七年起实行一次性买断，每公顷作价6000~30000元不等；盛果期果园每公顷年缴土地租赁金1500~10500元。

畜牧业：在团场宏观调控下全面实行租赁承包，独立核算、自主经营、自负盈亏。采取原群、联户、大户或整场租赁等多种承包形式。根据各种类型的公、母鹿年龄计算各年龄段每头鹿的租赁金。租赁期一定三年不变，公、母鹿根据不同年龄上缴不同标准的租金。1~2岁的公鹿、育成鹿、该年断奶仔鹿免交租金。团场核定饲养成本，费用由承包户自理，饲养成本年底考核后返回。鹿茸则依据市场需求质量标准，出台相应的指导价统一收购。成年公鹿群承包户未完成生产指标的，每少交1000克鹿茸，按该年统一定价赔偿。成年母鹿群承包户未完成生产指标的，每少交一头仔鹿按该年仔鹿平均销售价赔偿。三鹿场整场大小马鹿被刘河新率先承包，该年收效可观，被列为团场示范典型。在他的带动下，2002年团场2279头马鹿很快以原群、联户、大户或整场租赁的形式全部实现租赁承包，收回租金111万元、"生资费"179.32万元。团场在马鹿品种改良上，引进天山马鹿作为父本与塔里木马鹿进行杂交，取得成功，为发展特色经济注入了新的活力。

农机行业：实行机车及随车农机具个人买断经营。买断经营和股份机车上的农机职工按规定缴纳一定的管理费。农机买断后实行市场准入和"两证"管理制度，必须服从于"五统一"的管理体制。做到合作统管，标准作业，按规定收费。

团场干部、事业单位按照兵团"1+8"文件精神，实行所有权与经营权分离。将干部公有摩托车、正连以上干部住宅电话全部折价转卖给个人，取消油料、修理费、生活费补贴；对机关科室干部差旅费、机关科室和连队公用电话实行费用包干，超支自补；根据改革需要，撤销各连队公共食堂，成立团粮油中心，统一送粮油到连队；推行家属小孩医疗包干制度改革，完善医药费报核销制度，实施医院内部增收节支措施；生活服务站定员定岗费用包干使用，粮站、招待所等单位实行租赁承包，自主经营、自负盈亏。

2003年，团场再次下调上缴指标，最大限度让利于职工群众，团场内出现抢包土地风潮，果园租赁经营100%，3000余头马鹿采取原群大户和整场租赁承包的形式经营。是年，团成立核算中心，在实行报账制和会计委派制的基础上，全面推进团、连两级机构改革，精简机构和非生产人员。

2004年，团场按照"多予、少取、放活"的方针，将农机买断经营和股份制经营职工向团场缴纳的管理费由2002年的4028元降到了1500元。调减了承包土地职工上缴的固定费用、籽棉总量、包地水费，对农用物资供应实行"一票到户"制。"两费自理"和租赁承包中涌现出来的致富能手，使全团租赁承包和买断经营的社会氛围愈加浓厚，职工承包土地人数增多。

2005年，团场实行一个党委两个机关，人、财、物统归"中心团场"管理。

二、工业经济体制改革

（一）三十三团

1995年后，团场工业生产对外运作上向市场经济过渡，蛭石矿、塑料厂、新疆库尔勒液化气储运供应公司、机械修造厂、畜牧产品加工等工业企业按照乡镇企业机制运作，逐步向"自主经营、自负盈亏、自我约束、自我发展"的法人实体和市场经济迈进，但生产项目不多，规模不大。

2005年，团场办工业企业改制工作重组后，管理模式发生重大变化，团场党委贯彻落实兵团和农二师有关发展非公有制企业的政策法规，引导改制企业经营者增强法制意识，坚持合法经营。

2006年团场正式合并后，三十三团（中心团场）引领团工业从传统工业发展模式，向新型工业化转变，加快了产品结构的优化升级和优势资源转换步伐。

2007—2011年，在工业上，团鼓励职工自主经营发展第二、第三产业，除国家法律、法规禁止经营的以外，工业发展做到不限比例、发展速度、经营范围、经营方式和经营规模。加工厂继续实行"吨成本"包干增强企业活力。

2012年，团党委立足团场资源和经济基础，摒弃固有观念，转而更新思路、跳出团场谋发展、谈合作，加速发展新型工业，推进团场新型工业化建设进程。

2013—2015年，团对蛭石矿、油脂化工、红枣加工实行股份制改造，吸引民间资本，增强企业活力。

（二）三十二团

1988年，团工业实行账务包干、定利上缴，按比例计奖赔。基本建设实行工程预算，费用包干定缴税费，超支不补，节支留用的办法。

1995年，团工业生产对外运作上向市场经济过渡，蛭石矿、塑料厂、机械修造厂、畜牧产品加工等工业企业按照乡镇企业机制运作，逐步向"自主经营、自负盈亏、自我约束、自我发展"的法人实体和市场经济迈进。

1996年8月，团推行股份合作制方案，12月6日，团下发《关于推行股份合作制经济有关问题的通知》，强调在条件成熟的情况下，工、建、农机等企业逐步推行股份合作制改造，以充分调动企业职工劳动性。

1997年，团实行个人投资、与团联合承包方式。

2001年，团工矿单位深化改革，实行所有权与经营权分离，对团属工业流通企业进行改制。对粮棉加工厂实行核定加工成本，定额包干，留成提用的责任制办法；蛭石矿实行定额上交，超利五五分成；塑料厂、饲料厂等单位实行租赁承包，自主经营、自负盈亏。

2005年，团以依法保护改制企业和改制企业职工合法权益为重点，认真贯彻落实兵团和农二师有关发展非公有制企业的政策法规，引导改制企业经营者增强法制意识，坚持合法经营。

三、商业经济体制改革

（一）三十三团

1996年底，供销体制改革在团场全面铺开，团作价将原属供销科管理的汽车卖给个人，结束团场国营货运运输业的历史，由个人自主经营。

1998年，团对第二、第三产业（工商业）全部实行风险抵押承包，实行国有民营的办法。是年，完善团驻库尔勒采购站承包责任制办法。团将明盈暗亏的全民所有制商业企业"绿廊商场"改制，实行国有民营，买断经营，引入个体经营承包户，承包者自筹资金，自主经营，照章纳税，定额上交利费，自负盈亏，全年销售存货达41.9万元，团收回前期投资22.6万元。商户的服务意识得以增强，收入明显提高，丰富了塔里木垦区市场。

1999年，为增加职工收入，团场扶持连队、集体、个人兴办第二、第三产业，对利用团场资源和农副产品兴办的项目，团场优先安排土地、水、电等资源，并提供贷款担保；连队自主选择的第二、第三产业项目，资金不足可从留成中支出；机关干部兴办第二、第三产业者，第一年照常发放工资，不承担任何风险，第二年与团场脱钩；团属单位可量力自主决定上第二、第三产业项目，新上项目均实行股份制。

2005年后，国有民营商业惨淡经营，个体私营商业阵容扩大。

2009年，团将原绿廊商场改建为客运站。自此，国有民营商业宣告结束。

2011—2015年，团大力推进招商引资工作，落实完善招商引资奖励办法，鼓励集体或个人依托资源优势招商引资，对招商引资的集体或个人，按引资额的一定比例奖励引资人。

（二）三十二团

1995年，团国营商业以"面向农场，面向生产，面向职工，保障供给"为经营宗旨，独立核算，自负盈亏。

1996年12月6日，团下发《关于推行股份合作制经济有关问题的通知》，商业逐步推行股份合作制改造。

1998年，团深化经济体制改革大会在职工文化馆召开，大会提出深化团场内部改革目标，其中包括对团属国有商业进行体制改革大会。全面改革"国有民营"制，撤销"乌鲁克商场"行政建制，将商店固定资产、房产全部收回，库存商品按原进价的55%重新作价后，全部转让给私人经营。3月9日，原商店经理伍云虎集资21万元，买断全部库存商品后，自主经营，自我发展。原商店职工绝大部分分流到工业单位和农业连队，从事新的工作岗位，也有个别职工自谋职业从事个体商业经营。商店改制后，团属国有商业自此转为私营商业。

2001年，团事业单位按照兵团"1+8"文件精神深化改革，实行所有权与经营权分离，对团属商业流通企业进行改制，实行租赁承包，自主经营、自负盈亏。

2005年后，团国有民营商业逐渐退出，个体私营商业突起。

第四节 多元化增收

2013年，团场实施职工"多元化"增收项目，由团工会负责，2014年后，由团生产科接管实施职工"多元化"增收项目工作。

团党委将职工"多元化"增收工作作为一项主要绩效考核目标下达各单位，按照"一年打基础、两年快发展、三年见成效"的要求，制定实施"一个目标，五轮驱动"的三年职工"多元化"增收攻坚计划，即2013—2015年，团场农牧职工家庭人均纯收入年均增长7%以上，确保2015年比2010年翻一番，达到2万元。其中农业经营收入达到13862元，占58%；第二、第三产业经营收入达到956元，占4%；工资性收入达到4302元，占18%；财产性收入达到1912元，占8%；转移性收入达到2868元，占12%。团出资600万元设立"多元化"增收基金，其中300万元用于发展育肥牛羊养殖合作社，建成可容纳500头的肉牛育肥场；200万元用于林果业残次果园及中低产田的改造；50万元用于园林受灾和种植业亏损职工的重点帮扶；设立30万元专项资金补助和20万元的奖励基金。农业上倡导职工兼种小茴香，可实现亩均增收2000元。各承包户地块种植玉米诱集带，团集中回收作为养牛场冬备青贮饲料，作价支付职工，增加职工非承包性收入。发展劳务经济，鼓励各连队利用农闲时间组织职工参与小型农田、水利基本设施建设。各连队组建施工队，原则上每户有一人进队，力争每户每年增收2000元。发挥工会、妇联等群众性团体的作用，引导职工发展作坊"小手工业"，开展手工纺织、十字绣、织毛衣、绣鞋垫等手工创收项目。

2013年，团场鼓励职工自主创业。十六连、九连的两个小型罗布麻厂，罗布麻茶叶日加工量约为6000千克，共收购罗布麻叶420吨，除去工人工资共创收139.9万元；采棉机引进职工参股经营，职工入股股本总额1900万元，可分红11.4万元；成立"巧梦缘"手工艺品合作社，可收益56万元；依托城镇化建设，2连成立25人的胖嫂家政服务公司，家政服务创收13.2万元。2013年底，团申请注册19个农民专业合作社。

2014年，团场由个人牵头投资600万元入股尉犁县土鸡养殖农民专业合作社、兴牧畜禽养殖合作社和益民牲畜养殖合作社。是年，先后建起"六七养殖合作社"和"兴牧育肥繁殖母牛合作社"养牛场2个，职工入股投资770万元，购买肉用仔牛150头和育肥繁殖母牛350头，年出栏育肥牛500头。年底，两个新建合作社纯利润达600余万元。根据"减棉、增果、强畜"的方针，加大种植结构调整工作力度。团减少棉花种植面积185.33公顷；饲草种植面积800公顷；新植香梨园133.33公顷；甘草种植47.2公顷。结合团场实际，举办烹饪、手工艺品编织和网络营销等培训班10余场，培训人数达1328人次。团培育以刘恒带头的自主创业示范户7个，并提供贴息贷款300万元；共青团委培育以王世学、韩飞等青年自主创业项目带头人7个，为他们提供贴息贷款120万元，用于项目发展。

2015年，团场按照职工"多元化"增收攻坚计划，发展二三产业。发展林下经济，鼓励职工进行畜、禽、鱼的育肥养殖，有牛0.12万头、猪0.4万头、羊2.44万只、鹿0.38万头，禽类0.55万羽，以及鱼类8.7万尾等，其中200只羊以上规模化养殖户1个。是年，由团场投资350万元，职工承包经营的旅游采摘观光大棚6座7300余平方米，种植草莓、灵芝等特种作物，年产值达到25万元以上；鼓励能人承包经营土地，富余职工可从事餐饮、服装、小商品、室内装修、家政服务等行业，繁荣城镇经济，服务团场职工；鼓励扶持辖区内少数民族困难职工从事第二、第三产业。年末，团有少数民族餐馆5家，新增各类商铺13家。利用农闲季节，推动技术劳务输出，由各单位组织实施有序高效的技术劳务输出工作，全团输出果树技术工人110人。进一步发展团场集体经济，通过扩边整角，提高土地利用率，提高棉花、果品产量达到增收。

2015年，全团棉田套种小茴香174.06公顷，共计增收60.05万元；新建果园科学套种打瓜、西瓜、甜瓜、黄豆等矮秆作物320公顷，此项增收510万元；养殖合作社存栏繁殖母羊1270只，种公羊50只，繁育羔羊3400只，出栏1210只，产值266.2万元，利润169.4万元；从事个体经营的工商户增加 16 家；全团实现组织转移就业总计 1435 人次，其中第二师、团内转移 1105 人次，第二师向外转移 330 人次，创收 401.8 万元，人均转移就业收入 2800 元。

2015 年，团场辖 26 个基层单位，共 4076 户，12115 人，在岗职工 2076 人。全团棉花种植面积 7153.47 公顷，香梨面积 1439.6 公顷，红枣种植面积 1790.27 公顷，甘草 83.73 公顷，安息茴香 68.4 公顷，蔬菜 250.93 公顷，青贮饲料 748.13 公顷，苜蓿 163.67 公顷，高粱 43.87 公顷，玉米种植 305.6 公顷，打瓜种植 170.87 公顷，西瓜 90.26 公顷。年末，畜牧存栏羊 2.44 万只，猪 0.4 万头，牛 0.11 万头。职工家庭人均纯收入达 22286 元，其中农业经营性收入 13817 元，二、三产业经营性收入 669 元，工资性收入 3789 元，财产性收入 1337 元，转移性收入 2674 元。农业经营性收入占职工总收入的 62%，较 2014 年降低 3 个百分点；其他各项产业收入占职工总收入的 38%，比 2014 年增长 3 个百分点。

第五节　自营经济

20 世纪 90 年代后，团场工会将自营经济作为职工致富的重要任务途径。在种植、养殖、工副业受到制约，规模发展上无法提高的状况下，团场工会根据职工庭院经济发展现状，制定出符合实际境况的庭院经济发展规划，提出"放手发展种植业，发展特色庭院经济"的要求，即职工庭院养畜和两用地种植，放手职工，自己发展，顺应市场。

一、三十三团

1996 年，团提出庭院养畜，"两用地"种植，放手让职工自行发展，以适应市场需求的发展计划。为职工划分"两用地"户均 0.1 公顷，并免除生产成本以外的一切费用。

1997 年，团建成蔬菜大棚 25 座，面积 0.8 公顷，职工冬季吃菜难的问题基本得到解决。自营经济收入人均实现 800 元，较 1996 年净增 160 元。

2001 年，团落实补划"两用地"，户均 0.14 公顷，并出台职工住宅用地和自用地管理办法及自营经济实施办法。

2004 年，团工会执行自营经济贴息贷款政策，完善自营经济小额贷款管理办法，确保贷款落到实处，产生实效。在加强专业养殖示范小区建设上，完成专业养殖示范小区建设 2 个，新增养殖专业户 15 户。庭院种植香梨 15.33 公顷、红枣 35.8 公顷、饲草 20 公顷，三贮一化 7000 吨。

2005 年，团工会牵头成立三十三团香梨协会，打通绿色市场通道，与客商签订长期供货购销订单合同，扩大出口注册果园面积，从 2004 年的 80 公顷到 2008 年出口注册面积达到了 466.66 公顷，会员收入大幅增加。

2007 年，团香梨协会会员的香梨平均售价为 3.2 元，非会员的香梨平均售价为 2.95 元，协会成员收入提高168万元，平均每个会员增收2710元。

2010年，团工会加快产业协会建设。马鹿、香梨、沼气三大协会会员达2190人。全年举办技术培训30余场次，培训率达95%以上，赠送科技书籍2000余册，自营经济加工业稳步发展，自用地亩均收入达到800元。

2013年，团申请注册尉犁县土鸡养殖农民专业合作社、兴牧畜禽养殖合作社和益民牲畜养殖合作社。合作社采取集资入股形式筹集资金发展自营经济。

2014年，团场注册各类种养殖合作社19个，发放职工自营经济贴息贷款2135万元，惠及职工356人（户）。举办"促进团场职工多元增收特色"农副产品网络销售培训班。巧梦苑手工编织合作社带动职工家庭200户，并申报兵团职工自主创业示范项目。

2015年，团党委将发展职工自营经济作为团场新的经济增长点和调整产业结构的主要措施来抓，团工会协调金融机构为符合条件的职工发展自营经济提供小额贷款，扶持职工发展猪、牛、羊、鸡等传统畜牧业、加工业、饮食业等技术含量较高的产业，鼓励职工通过入股形式参与集约化、规模化、现代化畜牧业发展。全团已有规模化养殖合作社19个。由股民自行投资130万元改扩建的益民牲畜养殖合作社，新建现代化温室仔羊繁育养殖圈舍4000平方米，使母羊繁育条件得到极大改善。母羊繁育率从改扩建之前的150%提高到年末的173%，新增利润3万元，使之抵御市场风险的能力得以增强。是年，羊存栏数2500头，其中繁育母羊1200头。七连养牛合作社股民投资65万元，新购入西门塔尔肉牛58头，在品种上进行改良，年度贷款80万元，新建仔牛繁育圈舍1200平方米，计划3年内繁育肉牛500头，填补塔里木垦区肉牛供应不足状况。

由团内女职工成立的尉犁县巧梦苑针织手工艺品专业合作社，作为女职工专业培训基地，2015年人均增收2300元，较2014年提高12.3%。合作社利用农闲举办2期手工编织灯笼、生肖笔筒等工艺品培训班，35名女职工合格达标，编织销售150个福字灯笼和120个生肖笔筒，该两项手工创收1.1万元，人均增收314.2元。在承办的第二师铁门关市妇联、工会等部门在三十三团举办的"巧手编织成就梦想"首届妇女手工制品展示交流及现场培训活动中，共收集展品1600余件。为提高手工品品质，团工会派专人参加了在北京大学举办的全国"提升女性创业创新能力"、四川大学举办的"兵团致富带头人手工编织师资"和乌鲁木齐"兵团女性手工制作技能人才"等培训班。同时，组队参加第二师、市举办的"库尔勒香梨节"产品展示会和"兵团绿洲产品博览会"，为三十三团巧梦苑产品走出团场、走向经济运行市场奠定坚实基础。

二、三十二团

1995—2005年，团将自营经济作为致富职工群众新的经济增长点。

1996年，团为职工划分自用地和宅基地（简称"两用地"），户均0.1公顷。

2002年，团为职工补划"两用地"，核发土地使用证100%。职工"两用地"以种植果树为主，成活率达到 80% 以上。

2004 年，团工会为职工建造沼气池 30 座；新建养殖小区 2 个，新增养殖户 7 家；为大棚种植户每公顷补贴 15000 千克棉粕，免费配发常压滴灌带；协同农行发放自营经济贴息贷款。

第六节　河北援建

2010 年 5 月，中共中央、国务院召开新疆工作座谈会。8 月，根据国家援疆工作协调会议精神和兵团领导要求，河北省委、省政府第 65 次常务会议研究，确定承德市与三十三团结为对子，并启动对口支援工作。10 月 27 日，由农二师、市主要领导率代表团到承德进行对接考察。11 月 17 日，承德市规划院一行 6 人到团进行城市规划实地考察，收集资料，计划在原来 2 平方千米城镇规划的基础上向西规划 15 平方千米左右的城镇新区。11 月 30 日，承德市对口援疆指挥部丁朝东指挥长带领援疆办一行，到团进行考察。12 月 17 日，承德市首批到团挂职干部桑爱民任团党委常委、副团长，分管对口援疆、发改、招商引资工作。

2011 年 3 月 21 日，三十三团党委书记、政委曹护林组团到承德市进行对接考察。3 月 31 日，承德市规划院完成三十三团城镇规划，通过由农二师建设局牵头，巴音郭楞蒙古自治州、农二师各专家组成员的评审，规划全面科学、支撑起点高、特色突出详尽。4 月 18 日，承德援建的 350 套廉租住房项目完成施工图设计，于 4 月 25 日全面开工建设。4 月 20 日，承德市援建的农业技术服务中心项目完成可研和平面设计方案。4 月 30 日，承德市首批援疆的 2 名医疗专家到团，投入临床治疗和传帮带工作。5 月 15 日，团发改科、医院 4 名工作人员到河北省承德市学习培训，主要对项目管理、放射、心电图、内科等专业技能进行提升学习。6 月 16 日，承德市援建的农业技术服务中心完成招标工作，于 6 月 20 日开工建设，该工程项目总投资 962.89 万元，建筑面积 4884.8 平方米。8 月底，承德市第二批 2 名教师到团，运用其先进的教育理念对团学校教师进行传帮带。10 月 1 日，承德市发改委考察团队到团，对三十三团农业技术服务中心项目建设情况进行考察。承德市委副秘书长高俊虎率代表团对承德市援建三十三团项目进行考察。

2012 年 3 月 25—30 日，团

2010 年 11 月 11 日，团召开河北省承德市对口支援座谈会　（张伊斌　摄）

长黄学东率队到承德市考察和洽谈对接事宜,并向承德市委、市政府、发改委敬献锦旗,以此感谢承德人民对三十三团无私援助。4月初,团8名教师到承德市民族中学、实验小学进行为期一个月的学习培训。9月14日,承德市第三批12名教师抵团,进行为期一个月的教学交流。10月,承德市援疆办、发改委、住建委、财务局、审计局等相关部门组成联合验收组对三十三团农业技术服务中心进行验收。10月23日,团举行农业综合服务大楼落成庆典剪彩仪式。

2013年4月初,团8名教师到承德市民族中学、实验小学进行为期一个月的学习培训。12月,首批到团挂职干部桑爱明圆满完成援疆任务并于当月结束任期。

2014年4月,第二批到团挂职干部赵志勇任团党委常委、副团长,分管对口援疆、招商引资、党群办等工作。5月15日,三十三团医院、学校4名工作人员到承德学习培训,主要对放射、心电图、内科、初中教育等专业进行学习。9月,团党委书记、政委刘期国,团党委常委、副团长刘民,团党委常委、副团长王伯琪,团党委常委、副团长赵志勇,团发改科科长王保江等到河北对接取得新进展。11月,由承德市人民政府援疆办主任范保东、承德市人民政府央企办主任杨俊泉带队,中电投承德新能源发电有限公司执行董事、总经理刘丙文,中电投承德新能源发电有限公司副总经理焦永强,中电投承德新能源发电有限公司发展工程部副主任郝跃辉一行,就产业援疆拟选开发光伏发电项目场地,对团进行实地考察。是年,一、二期工程正式开工建设。

第七节　招商引资

1999年,国家制定西部大开发战略,为团场发展带来机遇。随着塔里木垦区各团和企业结构调整推进,招商引资成为团场经济发展的推力。

2004年,团场通过招商引资投资560万元,在三十二团团部新建军垦路农贸市场。

2010年,新疆冠农股份、新疆震企等企业通过招商,到团场投资红枣深加工、棉粕深加工等项目。

2011—2013年,团推进招商引资工作,落实完善招商引资奖励办法,鼓励集体或个人依托资源优势招商引资,对招商引资的集体或个人,按引资额的一定比例奖励引资人。珠海兴业投资4.2亿元在团建设的太阳能光伏站项目开工建设。

2014年5月9日,团与巴州安徽商会就三十三团综合商业街开发招商引资经过考察、推介、洽谈,达成合作意向并签约,签约金额1.5亿元。项目用地10.8万平方米,规划建设面积7.8万平方米,可容纳650名商户。

2015年3月,团招商引资新建乌鲁克商贸城开工,项目总投资6000万元,11月竣工。

2015年3月6日至10月1日,团通过招商引资新建的华蒙通物流(巴州)有限公司3万吨果蔬仓储建设正式完工,项目总投资7200万元,一期建设1.5万吨。

第八章　种植业

20世纪90年代，团场种植业主要有粮油作物和经济作物，经济作物在种植业中占主导地位，种植业结构由粮棉搭配转向以棉花为主的发展模式，生产规模呈逐年扩大趋势。棉花高密度高产栽培、深耕追肥，引繁品种、随水施肥、双膜覆盖、常压滴灌、高新节水膜下加压滴灌、机采棉以及卫星定位导航自动化和精量播种等农业新技术推广应用，使棉花单产水平和经济效益进入持续增长和发展壮大阶段。

第一节　种植结构

1958年建场以来，团场栽培的农作物主要有水稻、小麦、棉花、玉米、苜蓿及少量瓜果和蔬菜。1995年后，由于水资源紧缺、种植水稻耗水多、种植小麦产量低、经济效益低等原因，团场于2000年停种小麦，2005年后停种水稻。1995—2005年，棉花种植在团场占主导地位，零星搭配的水稻和小麦种植只起到改良低产田作用，棉花的种植格局占据绝对优势。由于棉花市场逐年转好，种植面积逐年扩大，经济效益大幅提升，促使团场经济发展大步推进。玉米和苜蓿种植主要是两个方面：玉米种植是从综合防治棉铃虫，作为诱集带而种植的，一般在棉花地的两条边种植玉米，占棉花种植面积的1%～3%，可为家庭养殖提供饲料来源；苜蓿种植是作为团场发展养殖业的重要青贮饲料来源，为饲养马鹿、牛、羊等提供原料，约占棉花种植面积的0.5%。瓜果、蔬菜种植，因团场经济体制改革的不断深化，由以往的集中连片种植，逐步向庭院种植转变，以满足职工家庭食用，不成规模。

1995—2000年，团场棉花种植规模逐年扩大，其他作物面积稳中有减。三十三团植棉连队有：一连、三连、五连、六连、七连、八连、九连、十连、十一连、民兵连（现二连）、一监区（2010年土地划给一连）、二监区（2010年土地划给二连）、三监区（2010年土地划给原十连）；三十二团植棉连队有：一连、二连、三连、四连、五连、七连、九连、十连、十一连、十二连。

该阶段，三十三团总播种面积20428.47公顷。其中棉花播种面积17635公顷，占总播种面积的86.33%；粮食作物播种面积1440公顷，占总播种面积的7.05%；其他作物播种面积1353.47公顷，占总播种面积的6.63%。

2001—2007年，三十三团总播种面积32918公顷。其中棉花播种面积28678公顷，占总播种面积的87.12%；粮食作物（水稻、玉米）播种面积1810公顷，占总播种面积的5.5%；其他作物（饲草、西甜瓜、蔬菜等）播种面积2430公顷，占总播种面积的7.38%。

2008—2015年，三十三团总播种面积59868.39公顷。其中棉花播种面积55292.53公顷，占总播种面积的92.36%；粮食作物（玉米）播种面积2183.6公顷，占总播种面积的3.65%；其他作物（饲草、西甜瓜、蔬菜等）播种面积2392.26公顷，约占总播种面积的4%。

从这三个阶段作物种植结构一览表可以反映出，第一阶段种植有少量水稻、小麦。第二阶段小麦退出种植，2004年是最后一年种植水稻。团场采用大范围种植玉米诱集棉铃虫的方式可一举两得：一方面综合防治以减少棉铃虫的田间落卵量，减轻棉铃虫危害；另一方面作为粮食作物，玉米诱集带替补了小麦种植，棉花面积和所占比例均有增长。第三阶段水稻全面退出种植，玉米替代成为团场的粮食作物来源，但仍是以诱集棉铃虫为目的，在条田两侧种植一个单行。由于没有引起种植户的足够重视，玉米产量较低。该阶段，棉花面积和所占比例较往年有所增长。

表8-1　三十三团种植结构及规模一览表（1995—2015年）

单位：公顷

年份	水稻	小麦	棉花	苜蓿	西甜瓜	蔬菜	玉米
1995	130	320	2470	180	20	70	—
1996	200	180	2670	100	70	60	—
1997	150	100	3080	120	30	60	—
1998	0	80	3200	120	10	60	—
1999	0	0	3270	110	40	50	—
2000	270	10	2945	143.47	50	60	—
2001	190	—	3130	130	60	50	—
2002	100	—	2870	250	220	40	—
2003	130	—	2870	140	30	60	—
2004	200	—	2920	110	130	80	130
2005	—	—	3218	110	120	80	270
2006	—	—	6200	230	80	180	520
2007	—	—	7470	120	10	200	270
2008	—	—	7593	166.67	26.67	120	466.67
2009	—	—	6000	133.33	33.33	84	333.33
2010	—	—	4006.13	4	9.87	101.33	269
2011	—	—	5733.33	4	10.67	70	200

续表

年份	水稻	小麦	棉花	苜蓿	西甜瓜	蔬菜	玉米
2012	—	—	7297	6.33	20	103.33	133.47
2013	—	—	7964	53.33	134.67	168.33	191.4
2014	—	—	9545.6	141.53	163.07	164.2	284.13
2015	—	—	7153.47	163.67	259	250.93	305.6

表8-2　三十三团主要农作物播种面积及产量一览表（1995—2015年）

年份	水稻 面积(公顷)	水稻 总产(吨)	水稻 亩产量(千克)	小麦 面积(公顷)	小麦 总产(吨)	小麦 亩产(千克)	玉米 面积(公顷)	玉米 总产(吨)	玉米 亩产量(千克)	棉花(皮棉) 面积(公顷)	棉花(皮棉) 总产(吨)	棉花(皮棉) 亩产(千克)
1995	130	677	344	320	1225	255	—	—	—	2470	3838	103.59
1996	200	1340	447	180	685	254	—	—	—	2670	4410	110.11
1997	150	1005	446.7	100	218	145	—	—	—	3080	3306	71.55
1998	—	—	—	80	240	192.8	—	—	—	3200	4329	90.18
1999	—	—	—	—	—	—	—	—	—	3270	4070	82.97
2000	270	1934	477	10	34	226.7	—	—	—	2945	4137	93.65
2001	190	1043	366	—	—	—	—	—	—	3130	4750	101.17
2002	100	610	407	—	—	—	—	—	—	2870	5012	116.42
2003	130	200	103	—	—	—	—	—	—	2870	6270	145.64
2004	200	280	93.3	—	—	—	130	540	277	2920	6800	155.25
2005	—	—	—	—	—	—	270	1400	345	3218	8360	178.17
2006	—	—	—	—	—	—	520	1320	169	6200	17370	186.77
2007	—	—	—	—	—	—	270	1200	296	7470	19990	178.40
2008	—	—	—	—	—	—	466.67	100	14	7593	17020	149.43
2009	—	—	—	—	—	—	333.33	1200	240	6000	12280	136.44
2010	—	—	—	—	—	—	269	1225	304	4006.13	11118	185.01
2011	—	—	—	—	—	—	200	900	300	5733.33	16400	190.69
2012	—	—	—	—	—	—	133.47	800	267	7297	19080	174.31
2013	—	—	—	—	—	—	191.40	1089	379	7964	21588	180.71
2014	—	—	—	—	—	—	284.13	1842	432	9545.6	25200	175.99
2015	—	—	—	—	—	—	305.6	1605	350	7153.47	17566	163.70

第二节　棉花栽培

20世纪90年代后，团场棉花栽培模式经过不断探索研究和经验教训，总结出较为完善的种植培护方案，并通过持续引进运用系列高新技术、新成果，克服种种困难与灾害，使棉花种植水平和产量逐年提升，步入高产团场行列。

一、棉花种植概况

由于高新节水膜下加压滴灌等一系列新技术的广泛推广应用，团场棉花单产和总量逐年递增，经济效益大幅提升，为团、连增效，职工增收，为团场经济发展奠定了坚实基础。

随着膜下加压滴灌技术的广泛应用，一些盐碱稍重条田，棉花出苗难的问题基本得到解决，水资源也得以充分利用。因此，棉花种植面积逐年增加，单产、总产不断攀升。

团场棉花生产大致划分为三个时期：1995—2000年，棉花累计种植面积17635公顷，皮棉总产累计24090吨，亩均单产92千克；2001—2005年，棉花累计种植面积15008公顷，皮棉总产累计31192吨，亩均单产139.33千克；2006—2015年，棉花累计种植面积68962.53公顷，皮棉总产累计177612吨，亩均单产172.14千克。纵观历史，三十三团棉花生产正逐渐步入大面积持续稳产、高产发展轨道。在这三个时期，通过作物结构调整，采取以水定地和节水技术推广应用等措施，棉花产量连年增高。

二、棉田土壤耕作

（一）1994—2002年棉田土壤耕作程序

冬耕地：缺口耙灭茬—捡拾残膜—24行条播机撒施肥料—耕地25厘米—强制平地机对角平地—打埂犁筑埂—11月冬灌每亩250立方米越冬+来年3月中下旬至4月上旬春灌每亩180~200立方米—扒埂—适墒整地（除草剂封闭+对角切地、耱地）—播种—中耕（2~3次）—初花期、盛花期开沟施肥两次。其中，为降低来年机力耕作压力，70%棉花面积采取冬耕模式。

带茬地：缺口耙灭茬—捡拾残膜立茬—筑埂—冬灌+来年春灌—扒埂—立茬地灭茬—24行条播机撒施基肥—耕地23厘米—强制平地机对角平地—整地（除草剂封闭+对角切地、耱地）—播种—中耕（2~3次）—初花期、盛花期开沟施肥两次。其中1996—2001年大面积推行宽膜小畦膜上灌技术，采取每个播幅两张宽膜筑一个小畦，灌溉时一个小畦为一个小灌溉单元的方法。2000年，团引进自压软管灌溉技术，这是一次技术上的革新。

（二）2003—2015年棉田土壤耕作程序

冬耕地：茎秆粉碎—捡拾残膜—抛肥机抛施基肥—秋冬耕—刨式平地机平地—筑埂—秋冬灌每亩200~250方越冬—来年扒埂—适墒整地（除草剂封闭+对角切地、耱地）—播种—中耕（2~3次）—初花期、盛花期开沟施肥两次。

（三）棉花播种

团场棉花播种三种模式。

双大膜覆盖播种：开春后（3月25日左右）地表解冻15~20厘米时，打除草剂封闭后整地待播，3月底至4月初双膜覆盖播种。双膜覆盖播种具有保墒、提温、抑盐、早播、促苗早发的作用，缺点是成本增加。2007年起，每年实际应用面积1300~2600公顷。

单膜直播：单膜播种一般使用在4月5日以后播种的沙壤土地，土地处理程序与双膜相同。每年实际应用面积4000公顷，约占总面积的60%。

先铺膜后点种：越冬前削埂破平—开春后地表解冻10厘米左右时（3月10~20日）除草剂封闭+整地—滴灌带铺膜—待膜下5厘米地温稳定通过14度时即可在膜上点种，具有保墒、提温、抑盐、早播、增苗的作用。这种播种方式从2011年开始得到应用，每年实际应用面积400~800公顷。

（四）带茬地耕作

团场带茬地耕作三种方式。

带茬冬灌地：捡拾残膜—机械抛施基肥—春耕—刨式平地机平地—除草剂封闭+整地—播种（这是普遍采用的一种方式）。

未冬耕地（干播湿出）：茎秆粉碎—捡拾残膜—机械抛施基肥—春耕—刨式平地机平地—带滴灌带铺膜—滴水春灌—适墒点种（2010—2014年，每年采用这种方式的播种面积133~400公顷，由于这种播种方式只适合沙性偏重的土地，故未广泛应用）。

不冬灌地：带茬滴水春灌—茎秆粉碎—捡拾残膜—机械抛施基肥—春耕—刨式平地机平地—除草剂封闭+整地—播种（这种播种方式只在五连恰铁干渠北小范围使用过）。

（五）棉花播种时间

2007年前是3月28日开始，4月20日结束。2007—2015年，棉花播种期提前到3月25日，4月12日结束。先铺膜后点种的地3月10日左右开始整地铺膜，4月5日左右适墒点种。新技术、新方法及先进充裕的机械设备，在团场适时早播和缩短播期上发挥出重要作用。

三、技术革新与应用

20世纪80年代起，团场开始大面积种植陆地棉"军棉一号"后，通过不断探索棉花叶龄模式栽培和相关技术，在原先的栽培模式上持续改进，并逐步取得成效。

1994年，株行配置改为（60+30）×13.5厘米，亩理论株数达到10974株，田间实际保苗株数在每亩6500~7500株。团场全面实行沟灌栽培模式，播种后田间机械作业程序：棉苗现行（5月5日至10日）中耕，中耕深度16~18厘米，幅宽35~38厘米；7~10天后中耕第二次，中耕深度14~16厘米，幅宽32~35厘米，带尿素3~5千克/亩；初花期开沟（6月15日至20日）施肥，带尿素6~8千克/亩；头水后进行第三次中耕，深度10~12厘米；花铃期实施二次开沟每亩带尿8千克+三料磷8千克；后期（7月20日以后）由于棉花全面封行，无法补施盖顶肥，故机械作业和施肥停止。

1995年后，团场在总结往年生产技术和经验教训的基础上，进一步改善生产条件，通过实施拉沙改土、工程性平地、水旱轮作、格田平地、增施有机肥、秸秆还田、疏通排渠和农田标准化建设等基础性措施，土壤盐碱危害显著减轻。在稻、麦、棉栽培技术等方面进行专题培训，开展高效丰产攻关技术研究，推广叶龄模式化栽培、化肥基施深施、系列化调、病虫害综合防治、定额灌溉和宽膜植棉等技术，使作物栽培管理向好发展。2000年，团场引进1.45米宽膜栽培技术，株行配置改为（60＋30）×12.5厘米，亩理论株数达11840株，田间实际保苗株数6000～8500株/亩。这一时期，由于"军棉一号"种性退化，抗逆性、适应性减弱，出现大范围严重早衰，产量和品质明显下降，伴随内地品种（中棉所19号、中棉所35号，冀棉20、冀棉22，抗虫棉：K9系、K5系等）及北疆棉花新品种新陆早7号涌入，外地品种逐步取代了盛行南疆当地棉花品种"军棉一号"。该阶段由于受到各种自然灾害（低温、霜冻、大风、高温、干旱、干热风、缺水、病虫草害等）的影响，尽管采取了多种措施，棉花生产水平仍处于徘徊不前的状态阶段。

2001年，团场在前一阶段的基础上，普及应用高密度高产栽培、化肥深施、机采棉播种模式［株行距配置：（66＋10）×9.5厘米］、精量播种等新技术。通过不断扩大常压滴灌、高新节水膜下加压滴灌示范规模，逐年减少常规沟灌面积，进一步提高灌溉质量，使水、肥有效利用率得以大幅提升。在棉花品种更新方面，全面推广应用中棉所35号，抗虫棉K9系、K10系等，加之实施棉花病、虫、草害综合防治技术，棉花产量提升。是年，团场示范高新节水膜下加压滴灌节水技术面积315.93公顷。引进2.05米超宽膜栽培技术，株行配置改为（55＋28）×10.5厘米，亩理论株数提升至15300株，田间实际保苗株数每亩10000～11500株。是年，全团籽棉亩均单产310千克。团还运用了高密度机采棉株行距配置模式，将株行配置改为（66＋10）×9.5厘米和多种株行距配置模式的探索。如（60＋10）×10.5厘米、（50＋18＋18）×10.5厘米，亩理论株数分别为18460株、17886株、21000株，田间实际保苗株数每亩11000～15500株。实践证明，（66＋10）×9.5厘米比（60＋10）×10.5厘米、（50＋18＋18）×10.5厘米分别亩增产29.5～35.5千克，这表明，在合理范围内棉花产量是随着收获株数的增加而增加的。（50＋18＋18）×10.5厘米的收获株数虽高，但由于行间透光空间小，不利于提高单株结铃数和单铃重，且空果枝多，最终影响了单产的提高。

2002年后，团场均采用（66＋10）×9.5厘米的株行配置，亩理论株数为18460株，收获株数达到每亩1.3万株，五年亩单产皮棉平均138.2千克，其中2005年亩单产皮棉平均达到178.17千克，团场在历年棉花最高产量的基础上再创新高。因（66＋10）×9.5厘米的株行配置模式具有理论株数高、收获株数有保证、宽窄行设计合理、通风透光效果好、棉苗生长发育快、棉花结铃性强和增加铃重等因素，同时又可实施机械化采收，故该种模式沿用至2015年。由于新技术的推广应用，团场连年出现超高产棉田，其中2002年，二连3－4条田11.4公顷，机采棉亩均单产籽棉511.7千克，创团连片整条田高产纪录；2003年，九连25－7条田1条2.66公顷，通过农业部专家组验收，亩均单产籽棉597千克；2004年，一监区1－13二毛8公顷，亩均单产籽棉达到

532千克。在此期间，棉花产量逐年上升，皮棉从2000年的亩均单产94千克，增加到2005年的亩均单产173.19千克，五年间提升近两倍。2001—2005年，棉花总播种面积15008公顷，皮棉总产31192吨，皮棉亩均单产138.56千克。由于多项新技术的运用，示范推广面积逐年增加，为棉花总量的提升奠定坚实基础，并发挥较好效果。

2006年团场正式合并后，团场持续加大投入，优化重组高新、实用技术，使得棉花高产配套栽培技术措施不断完善成熟。在杂交棉的引进上，选用棉花高产杂交棉品种标杂A_1、鲁棉研25、鲁棉研28、K6系、K8系，中棉所43号，常规品种新陆中35号、新陆中33号、新陆中26号等；在随水施肥技术基础上，采取因地制宜（重黏土地）推广应用双膜覆盖、精量播种等植棉技术，使出苗、保苗率得以提高。为扩大推广应用滴灌节水技术和注重花铃中后期施肥，团立项实施测土配方施肥技术，为节本增效提供有力保障。这一时期，机采棉及其相关技术大面积推广运用，棉花采收效率大幅提升，超高产条田不断涌现，经济效益不断创高。2006年，九连职工张守模承包的横条田2毛1条2.66公顷棉田，经兵团农业局专家组验收皮棉亩均单产258.9千克；2007年，十九连职工张兰花承包的20-1条田2毛1条5.13公顷，经兵团农业局专家组验收皮棉亩均单产279.98千克，两名职工均获创纪录奖励，团场棉花整体产量和经济效益进入不断提升的稳步发展阶段。

2008—2009年，因受严重干旱缺水影响，棉花产量和经济效益出现滑坡。

2010年，团实行退棉、进枣、增果战略，大力发展林果业生产。在着力做好香梨产业的同时，加快产业结构调整，采取以水定地，在低产田土地实施退棉进枣，发展特色林果业；通过调优棉花种植面积和用水保障等措施，棉花单产逐步得以回升。

2006—2015年，团场棉花总播种面积68962.53公顷，总产皮棉177612吨，亩均单产皮棉172.14千克。

（一）施肥技术革新

1995年，团场棉田施肥采取两种方式：60%磷肥（三料磷12千克）与少量氮肥（尿素5千克）基施，苗期中耕一般亩施3千克尿素，蕾期亩施尿素5~6千克，第一次开沟初花期亩施尿素8千克+5~8千克三料磷，第二次开沟盛花期亩施尿素12~15千克，结束棉花第一季施肥；对小畦化灌溉的棉田采取"一炮轰"方式，即耕地时将第一季计划使用的化肥一次性施入（三料磷17.5千克+35~40千克涂层尿素）。

2002—2015年，是团场广泛推行新技术，取得新成果的重要阶段。采用滴灌高新技术后，使施肥技术与作物的需肥规律有机衔接。多年多地施肥经验及肥料试验结果表明，在中等地力条件下，适当增加化学肥料投入，可以实现由中产到高产跨越。高产棉田的施肥原则及方法：需掌握好增加有机肥投入量，氮肥分次施用，坚持轻施苗肥，稳施蕾肥，重施花铃肥，补施盖顶肥，增施铃重肥的原则，故磷肥以基施效果较好。场区内，一般熟地施用钾肥可以提高棉花产量，依据本地土壤的化学特性，施用硫酸钾比氯化钾效果好。从1997年开始示范推广施用硫酸钾，亩用量5千克，2005年后硫酸钾的亩用量增加到10千克。由于棉花膜下加压滴灌节水技术的不断推广应用，肥效显著，棉花单产明显提高，对棉花生产各年段制定了不同的攻关目标，从亩均单产150千克皮棉增长至亩均单产200千克皮棉，故提出一斤皮棉一斤肥的施肥标准。2007年，团立项测土配方施肥项目，实施"3414"测土施肥试验，为合理施肥提供了科学依据（目标产量亩均单产皮棉180千克，按照亩施油饼肥料80～100千克、尿素45～50千克、二铵20～23千克、硫酸钾5～10千克），2007年普遍推广施用棉花滴灌专用肥复合肥，亩用量30～40千克（滴灌肥中以氮肥为主，钾肥为辅，搭配一些微量元素肥料），该施肥方案一直沿用至2015年。

表8-3 三十三团棉花滴灌肥配方一览表（2007—2015年）

单位：%

品种	肥型	主要养分含量				微量元素含量						含量总计
		氮	钾	磷	合计	硼	钙	镁	铁	锌	合计	
棉花	一号肥	39.2	0.4	8.8	48.4	—	—	—	—	—	—	48.4
	二号肥	40.1	0.28	6.16	46.54	0.1	—	0.03	0.1	0.1	0.33	46.87

20世纪90年代后，团场专业技术人员不断探索研究根外追肥技术（叶面施肥：有机络合微肥、叶面宝、喷施宝、磷酸二氢钾+尿素等）。1994—1995年，农二师农业局开展叶片养分平衡诊断与叶面配方施肥技术试验示范（在每水前取有代表性的样点10株棉花的倒四叶烘干后送农二师农科所诊断，做出配方返回团场实施），其配方是以补充单质微量元素肥料为主，包含铜、铁、锌、锰、硼、钙、硫等，收效良好。随着示范面积进一步扩大，诊断、配方工作量太大，配方施肥方案不能及时送达，最终影响实施效果；之后又因农二师主管农业领导调换，致该项技术的推广一时中断。团场叶面施肥工作仍在探索当中，叶面肥的品种则相对单一，主要是磷酸二氢钾+尿素。2002年，经诊断团场棉花存在缺锌、缺硼问题，故叶面施肥的肥料品种增加了禾丰锌、禾丰硼、佳乐硼钾，沿用至2015年。

（二）灌溉技术革新

节水一直是团场作物栽培研究的课题。自滴灌节水技术广泛应用以后，水的利用率是显著提高了，实际节水效果却并不明显，故又开展了新的节水途径与探索。从冬灌240立方米+春灌120立方米改为：冬灌180～200立方米后春不复水（单膜常规播种或双膜覆盖播种），在冬灌180～200立方米春不复水的基础上实施先铺膜后点种。尽管该年份水资源紧缺，但探索铺膜滴水春灌（亩用水量60立方米），对适度扩大种植面积具有十分重要的意义。

塔里木垦区干旱缺水，水制约着团场棉花的生产和发展，灌溉对棉花产量起着决定性作用。1995年以前，团场秋灌、春灌各一次，秋灌亩用水量为每亩200～250立方米，春灌亩用水量为

150立方米。生育期内开沟2~3次，作物灌由人工打引水渠实施沟灌5~7次，亩用水量为420~450立方米。因团场土地平整度差，旱涝现象普遍，致使棉花产量徘徊不前。1995年，团场引进节水灌溉技术。1998年，团场推进作物膜上软管小畦灌，生育期内不再开沟，全生育期灌溉6次水，亩用水量为400立方米，比常规开沟灌溉每亩节水20~50立方米，灌溉质量有了一定提高。膜上小畦灌实际操作中，遇到的困难有：追肥困难，造成棉株后期脱肥早衰，无法提高棉花单产；全面揭膜，地膜残留多，导致"白色污染"严重。1999年，团恢复开沟灌，同时，引进作物软管灌技术，示范面积为66.66公顷，由于操作困难，实用性差，灌第一水就停止应用，仍采用作物沟灌方式。

2001年，团场引进膜下加压节水滴灌技术，示范面积260公顷。此项技术田间灌溉均匀，滴水量少，灌溉间隔期短，可随水施肥，使旱涝不均现象得到显著改善。同时，还具有劳动强度明显降低、便于管理、棉苗损失少、结铃性增强、增产幅度大等特点。当年经济效益大幅提升，获得全团职工的广泛认可。

2002年，团场在推广膜下加压滴灌的同时引进常压滴灌技术，经调查比对，加压滴灌与常压滴灌的基本苗、收获株数、株高、结铃数、有效果枝数均比沟灌具有优势，实际单产与沟灌相比提高了15%和13%，较沟灌相比有效减少30%~40%的用水量。是年，全团滴灌面积600公顷，亩均单产皮棉150千克以上的条田面积达76.4公顷，占高产条田面积的16%。通过实践，采用膜下滴灌节水的条田，均表现增产、增效，有着较大的增产潜力。此项灌溉技术一改传统灌溉方式，实现了匀水匀肥，高产节水。2010年完成全团所有棉田加压滴灌设施建设，对膜下加压滴灌、深埋式加压滴灌和常压滴灌，以及不同毛管布局、不同滴头滴量等滴灌效果进行深入研究探索。科学的灌溉方式促进了作物生长，减少了作业程序和劳动强度，使土地利用率和水肥利用率得以提高，针对团场水资源匮乏和用水供需矛盾问题，发挥了有效缓解作用。

（三）种植技术与应用

1995—2015年，团场在棉花种植技术应用方面，大致可划分为三个时期。1995—2000年，对农作物产量提升，没有根本性的突破，该时期引进的新技术有：棉花新品种引进与示范推广、宽膜小畦膜上灌溉节水、尿素增效剂包膜缓释氮肥、性诱剂诱蛾、种衣剂包衣、应用多元素复合肥撒特利等技术；2001—2005年，是新技术引进、应用、组装优化研究的重要时期，也是棉花高产栽培配套技术体系基本成型阶段，为棉花产量提升提供物资装备基础和技术保证。该时期引进的新技术有：膜下加压滴灌节水、高密度高产栽培、小双膜覆盖、双膜覆盖、精量播种、杂交棉、深耕、随水施肥及机采棉等相关技术；2006—2015年，新技术组装优化、成型配套全面到位，为大面积作物高产奠定了基础。

1. 宽膜植棉技术

宽膜植棉相对以往窄膜植棉更具增温、保墒、抑盐效果。1994年，团场实行小面积宽膜小畦膜上灌节水技术试验。1997年，宽膜小畦膜上灌2100公顷。这种灌溉方式较传统沟灌节水每亩20～50立方米，由于膜上小畦灌在实际操作中，存在诸多缺陷，无法提高棉花单产，于1999年恢复作物灌前揭膜开沟灌水模式。2001年，团引进2.05米超宽膜植棉技术，播种模式有一张超宽膜+一张普宽膜，即一个播幅五个双行（一膜三行+一膜二行），株行距配置是（66+10）×9.5厘米。至2005年，全面改用一幅三张普宽膜覆盖模式，该地膜规格为：膜宽125厘米、厚度8微米，双膜覆盖的上层膜膜宽125厘米、厚度6微米，该技术一直沿用至2015年。2015年起，团场全面实行0.01毫米厚度地膜，杜绝农田使用低于此厚度地膜。

2. 性诱剂诱集棉铃虫技术

采用性诱剂诱集棉铃虫成虫，用以监测棉铃虫的发生动态，了解和把握棉铃虫发生规律，为制定正确防治方案和适时防治提供可靠依据。

3. 棉种包衣技术

1995年以前，团场为减轻棉花烂种和苗期病害，采用"3911"+敌克松拌种方法，从理论上解决了防止烂种和苗期病害、虫害问题，实际效果并不理想，烂种、根腐仍普遍存在，并存在严重的安全隐患。1995年，开始对种衣剂品种引进与筛选工作。1996年，大面积应用苗康一号种衣剂，效果较好。1997年，使用兵团推广站推荐的含呋喃丹的种衣剂，造成大面积烂种。1998年，团生产科引进多个种衣剂品种，进行多批次品种对比试验，结果筛选出农垦科学院生产的P4-Ⅱ种衣剂，并连续使用6年。2003年，再次开展对种衣剂的筛选试验，结果"锦华牌"26%多福甲枯种衣剂入选，防止烂种效果显著，沿用至2015年。

4. 除草剂品种更换

1999年，团场将使用十多年的土壤封闭药剂氟乐灵更换为禾耐斯，禾耐斯具有见光不分解和除草活性高的特性，极大地拓展了化除喷雾的时间，为适时调整机力、提高喷雾质量等具有独特优势。但该除草剂存在一个致命弱点，地膜覆盖后，膜下土壤湿度大，除草剂活性提高，对棉种萌发出苗影响较大。2002年，将禾耐斯更换为施田补，施田补具有见光不分解、对棉种发芽出苗安全、使用剂量宽限、除草效果较好、土壤残留对作物影响小等优点，但在低温条件下对灰藜的封闭效果不够理想，由于没有效果更好的药剂可替代，故沿用至2015年。

5. 膜下常压滴灌与膜下加压滴灌技术

膜下常压滴灌技术是常压式膜下的滴灌系统。该系统是将渠水按原渠系通过渠道引到地头，再通过铺放到地头的管系将水直接引入作物行间的软管（毛管）内，通过阀门控制，进行滴灌。该系统主要包括主管、支管、毛管、铺膜铺管播种机。经使用，该种灌溉方式比以往沟灌、膜上小畦灌节水5%～10%，同时，有利于棉花花铃期增施肥料，对提高棉花产量具有较大作用。其特点是建设成本低，操作相对简单。主要缺点：对土地的平整度要求较高，否则仍会出现旱涝不均；毛管到后期极易堵塞，影响滴水；在灌溉过程中，要求实施灌溉人员要勤检查和调整，劳动量较大，对责任心不强的人，其作用发挥并不明显。随着膜下加压滴灌高新节水技术的引入，建立起以高新膜下加压滴灌节水技术为主的平台，实践证明，凡是应用此技术的条田，较常压膜下滴灌增产、增效潜力更大，膜下加压滴灌节水技术是节水技术上的又一次革新，改变了以往传统灌溉方式，既实现了节水增效，省时省力，又能依据作物需求，达到匀水匀肥和高产的目标。据测算，膜下滴灌与大水漫灌相比，亩增产50%以上，节水20%左右，节约生产成本（节肥、节药、节劳）每亩50元，土地利用率提高8%左右。以下为团场2001—2010年各年度建设加压滴灌设施规模情况一览表。

表8-4　三十三团棉花种植滴灌应用一览表（2001—2010年）

年份	棉花种植面积（公顷）	加压滴灌应用面积（公顷）	实际应用面积（公顷）	所占比例（%）
2001	3130	515.63	515.63	16.47
2002	2870	141	141	4.91
2003	2870	836.81	836.81	29.16
2004	2920	3417.34	3417.34	117.03
2005	3218	1483.07	1483.07	46.09
2006	6200	662.07	662.07	10.68
2007	7470	1073.47	1073.47	14.37
2008	7593	754	754	9.93
2009	6000	—	—	—
2010	4006.13	112.13	112.13	2.8

表8-5　三十三团建设滴灌系统首部及控制面积一览表（2001—2010年）

建设时间	首部数（个）	控制面积（公顷）
2001年4月	6	515.63
2002年4月	2	141
2003年4月	9	836.81
2004年4月	47	3417.34
2005年4月	30	1483.07
2006年4月	19	662.07
2007年4月	31	1073.47
2008年4月	3	754
2009年4月	—	—
2010年4月	6	112.13
合计	153	8995.52

6. 棉花精量播种技术

棉花精量播种技术是现代农业发展的必然趋势，它具备节省用种、节省定苗用工、节省成本等特点，同时拥有培养壮苗早发和实现增产等优势。棉花精量播种技术通过2005年、2006年两年的试验与示范，在全团得到广泛推广应用，并沿用至2015年。

7. 棉花双膜覆盖技术

双膜覆盖比单膜增温、保墒、抑盐、防灾效果更好，出苗率大幅提高，对培育壮苗的早发起到了有效的促进作用。该技术在2005年和2006年的运用过程中，保苗率提高7%~18%。注意事项：天气、气温、土地墒度等情况，掌握不好都会造成不良影响，故因地制宜应用好此项技术，可以达到保苗、增效两相宜的目的。

8. 棉花测土平衡施肥技术

从降低成本和提高经济效益的角度出发，大力推行棉花测土平衡施肥技术，是实现高产高效的有效途径。依据该技术项目要求，平均每三年采集田间土样一次，每次600多个混合样，涵盖全团1/3的耕作面积，检测主要内容有：碱解氮、速效磷、速效钾、有机质、土壤盐分的八大离子等，为测土平衡施肥技术示范及推广奠定了基础。在棉花测土平衡施肥技术的试验中，其实际增产效果并不显著，没有一定的规律性。在实施棉花测土平衡施肥技术示范的过程中，由于受当地水情、土壤盐分、土地处理质量和实际操作技术方面的影响，尽管采用了测土平衡施肥技术，节省了一些肥料，但最终的节本、增产、增效作用并没有得到发挥。因此，为全面运用此项技术，需要进一步研究、探索和实践，创造出良好的技术操作条件，再加大力度推行。

2009年，连队推广地膜棉机械精量播种（生产科供图）

9. 高密度高产栽培技术

1995年，团场引进1.25米宽膜栽培技术，株行配置改为（60+30）×12.5厘米，亩理论株数达11840株。

2001年，团场通过多年调查与实践经验，确定棉花高密度栽培是夺取高产、增加亩效益的捷径之一，遂引进2.05米的超宽膜栽培技术，并将亩理论株数提升至15300株，株行配置改为（55+28）×10.5厘米，全团平均籽棉单产达310千克。同时运用高密度栽培技术，将株行配置改为（66+10）×9.5厘米、（60+10）×10.5厘米、（50+18+18）×10.5厘米，亩理论株数分别为18460株、17886株、21000株。实践调查证明，（66+10）×9.5厘米比（60+10）×10.5厘米、（50+18+18）×10.5厘米分别增产35.5千克、29.5千克，表明产量是随着收获株数的增加而增加的，（50+18+18）×10.5厘米的收获株数最高，但由于行间透光空间小，不利于提高单株结铃数和单铃重，且空果枝数加大，最终影响了单产的提高。

2003年，团场植棉2870公顷，全部采用（66+10）×9.5厘米的机采棉株行配置模式，亩理论株数为18460株，该株行距配置模式一直应用至2015年。

10. 化肥深施与随水滴施技术

深施化肥是在耕地的同时或耕地前将化肥撒于地表，再进行耕地作业，耕地深度即施肥深度，使化肥较为均匀地分布于耕作层，为作物各生育阶段均匀提供养料，对促进棉苗早发和防早衰起到了重要作用。该项作业一般在秋季，也叫秋施肥或秋施基肥。化肥深施主要以磷钾肥、油饼肥料为主，只带少量氮素肥料。该技术从1994年开始试验、示范并推广，实际应用已有20余年，效果很好。

11. 棉花脱叶催熟技术

化学脱叶是在收获前促使棉株绝大部分叶片尽快脱落的一种技术，以提高机械采收作业效率并降低籽棉的含杂率。在脱叶剂的直接作用下，脱叶后棉田通风透光状况得以改善，促进了棉铃的开裂。而化学催熟是应用催熟剂解决棉花后期晚熟问题，尤其在气候异常多变情况下加以使用，效果明显。实行棉花化学脱叶、催熟技术，是实施棉花机械采棉的重要技术手段，对团场棉田节约成本、增加效益和提高原棉的竞争力尤为重要。2001—2003年，团场逐步实施脱叶剂筛选试验，参试脱叶剂品种有20余个，其中，德国拜耳公司的脱落宝，四川国光的真功夫、脱必施，美国孟山都公司的哈威达表现突出，其主要脱叶成分是噻苯隆。其余品牌成分多以除草剂为主，造成叶片迅速枯萎不脱落。德国拜耳公司的脱落宝在低温≤12℃的情况下，脱叶效果明显下降，后改进为脱吐隆。随后，国产的脱叶剂也陆续进入市场，效果较好的有瑞脱龙、逸采，其效果接近脱吐隆。

提高脱叶率的施药技巧：根据施药期决定施药量。早施的棉田可采用较低剂量，随施药期的推迟，施药量应随之增加；根据气象预报确定施药期和施药量。施药期应选择在降温后气温开始回升之前，尽量避免在降温之前的高温日施药。若必须在此时施药，则应适当增加药量；根据棉田群体大小，确定施药次数。群体小的棉田，施药一次即可。群体大的高产田，由于药液不易喷到中下层叶片，宜采用分次施药：第一次施药应比正常施药期提前7天左右，采用较低剂量，待上部叶片大部分脱落后，再第二次施药，剂量适当增加；脱叶剂效果除了与用量、喷药时间、温度等上述因素有关外，还与棉花品种有关。

（四）卫星定位导航自动化播种技术

2014年，团场应用卫星定位导航自动驾驶拖拉机播种技术推广获得成功，引进该系统卫星定位导航自动驾驶播种技术，棉花从播种、中耕、化调、喷施打顶剂和脱叶剂到机采棉等均可应用。拖拉机安装导航自动驾驶系统后，1000米播行垂直误差不超过2厘米，接幅准确率在2.5厘米，农机自动化播种作业中出现的"播行不直"等难题得以彻底解决，为精准农业的发展提供了可靠技术支撑。2014年4月，团引进该系统20套，均配置到各连队，使用该技术实施年度播种面积达1926.66公顷，为后续各项作业实施提供诸多便利。2015年，全团有41台机车安装GPS卫星定位自动导航系统，播种质量和土地利用率大幅提升。

（五）深松破除板结技术研探

深松耕作技术是在不破坏土壤原有耕层结构的同时，利用全方位深松机三根类似犁铧的巨型杆齿的纵向切割，土壤受到切割、弯曲、挤压、拉伸等多种力的作用，使耕深范围内土壤抬升松动。该技术既省力又能切碎土壤，使土壤变得疏松绵细且地表平整。作用是增加土壤孔隙度，增加土层水稳性团粒体，改良和恢复土壤肥力，提高地力，改善土壤水渗透性能，提高洗盐压碱效果，实现土壤的可持续利用具有重要意义。作业深度可达50~60厘米，远超一般犁地作业。该项技术的推广应用，使团场因土壤板结和盐碱较重引起的失收面积下降80%左右，约133公顷。

第三节　棉花采摘

一、人工采摘

1995—1999年，团场采用人工采摘棉花的方式，由于拾花劳力非常紧张，每年都从其他省市联系人员来团拾花。

2000年始，为逐步解决拾花劳力紧缺问题，团场个人投资购买2台采棉机，团场为其提供150万元（60%）农机购置贷款担保。

2000—2001年，少数条田尝试采棉机采摘，除采棉机采摘外，90%的棉花由人工采摘。

2002—2011年，没有使用采棉机，人工采摘100%。

2012年，农二师成立万源农机公司，配备现代化采棉机，三十三团当年机采4200公顷，还有42.2%的棉花由人工采摘。

2013—2015年，万源公司有20台采棉机在团采摘，剩余42.2%的棉花仍然采用人工采摘。

二、机采棉

（一）机采棉栽培模式

棉花品种要求紧凑型，棉花始果节位高度18~20厘米，吐絮集中。采取（66+10）×9.5厘米机采播种模式，提高采净率。严格化学调控高度，株高65~75厘米，始果节位18~20厘米，群体结构上封下不封，中间一条线最好。

1. 打顶

7月1日至15日为最佳时段，保证棉花后期吐絮一致。打顶后滴灌棉花专用肥，保蕾保铃，增大果实，促进棉花稳健生长，提高抗性。

2. 脱叶剂和催化剂的使用

结构体内五大激素（生长素、细胞分裂素、赤霉素、乙烯利、脱落酸），实际运用的是脱落酸；由于脱叶剂没有内吸传导作用，对温度有限制，最低温度12.5℃；脱叶最佳时间在9月10日至20日，视吐絮程度，一般整块地吐絮达到60%以上

2009年，团推广机采棉　　　　（刘小功 摄）

就可以施药，过早会影响顶部铃重和叶片功能期，过晚会影响脱叶和集中吐絮效果，施药（脱落宝：每亩30~35克+每亩70克乙烯利；脱吐隆：每亩10克+每亩70克乙烯利）后一个月可以机采。

（二）技术要求

1. 机采前

采前不揭膜，需把地膜、滴灌带接头压实压好，机采结束后再回收地膜和滴灌带；在机采前及时清除杂物，两边地头准备好各一块拉运机车停放场地，场地干净无杂物。

2. 采棉机的检修工作

采前必须对驾驶员及工作人员进行技术培训和安全教育；对采棉机械必须进行全面保养和检修，确保采摘质量和机械安全。

3. 采棉机的操作要求

机采速度严格控制在5.5千米/小时至6千米/小时内，棉花较差的地控制在3.5千米/小时至4千米/小时；按标准调节好压力板的间隙，摘锭尖端与压力板之间的间隙调至3~5毫米，脱棉盘与摘锭保持拟接触状态，避免摘锭摩擦，碰撞压力板造成机件损坏和其他不安全因素。

4. 采棉机的防火措施

工作人员应及时清洗和清理采头杂物，实时检查脱棉盘或吸风口杂物和堵塞情况，防止火灾事故发生。

5. 卸花和拉运的安全工作

在采棉机卸花时，其他人员不得在拉运车斗内踩花，以免踩花人员从车上跌落；每台采棉机有一名连队干部负责抓安全工作，避免安全事故发生；在拉运过程中，不准在路途中随意停车，抵达加工厂后及时交售卸车和安全返回，确保采摘工作正常运行。

团场研究、示范机采棉已有十多年的经验，机采棉扩大推广应用不仅节省成本，增加收入，

还能提高棉花生产现代化水平，从长远来看在棉花采摘市场更具竞争力。

机采棉较常规手采棉略有减产，机采棉成本为1.03元/千克，人工采收籽棉为2.3元/千克。

表8-6 三十三团手采棉与机采棉成本效益一览表（2014年）

采收方式	亩产量（千克）	亩产值（元）	物化投入（元）	采收费（元）	成本计（元）	服务费（元）	承包费（元）	保险（元）	护林费（元）	亩效益（元）
手采	350	2625	1203.59	805	2008.59	35.5	435	38.5	10	97.41
机采	320	2400	1203.91	518.4	1722.31	35.5	435	38.5	10	158.7

通过对比，机采较传统手采产量每亩损失30千克，手采棉产值较机采棉每亩提高225元，机采物化成本每亩均比手采棉高0.32元，而手采棉的采收费比机采棉高286.6元，最终亩效益机采棉比手采棉高61.29元，从经济效益相比机采棉更具有发展潜力。

（三）"三秋"管理

1995—2015年，团场每年在"三秋"工作开始前，团、连都要召开宣传动员大会，各农业连队棉花场均设有"一栏五制"（综合宣传栏，干部带班制度、警卫值班制度、产品管理制度、安全消防制度、机车拉运制度）。每天定时不定时宣传棉花采收质量和棉场消防安全工作要求。通过各种形式多样的宣传活动，职工和外来拾花工的安全意识得以增强。

团检查组负责对连队棉田的检查，连队负责本单位每个条田检查，干部分片包干到每个承包户，重点治理"三丝三白"（铁丝、头发丝、异性纤维，白帽、白色棉布拾花兜、白色棉布装花袋）。拾花人员均须头戴白帽，腰围白色棉布拾花兜，用规定的白色布袋装花，严禁使用异性纤维和有色袋子装花入场。加大对违规人员的惩处力度，促使拾花人员形成自觉遵守进场秩序和规范要求。为防止霜前花和霜后花的混堆，团连采取"五分"制，2000年后改为"四分"制（分级、分拾、分堆、分放）。各连队棉场设有返工场地，拾花人员均须先在返工场地对当天所拾棉花进行质量返工，挑选出僵尖花、僵瓣花、雨锈花、霜后花，由连队"五分员"验收合格后，发放合格证过秤进场，确保棉花品质。

第四节 植棉大户

一、三十三团九连职工谭德周

谭德周为九连职工，生于1958年，重庆开州人，中共党员，1991年参加工作，家庭承包棉田7.33公顷。他善于钻研农业技术，在长期棉田承包中善于总结经验，吃苦耐劳，在棉花种植技术上重视病虫防治和对新品种应用示范的科学技术管理。采用早整地、早播种、早中耕、早定苗、早打顶、早拾花的方式，控制顶梢生长，促进花芽生长；加大棉田有机肥的投入，抓好生育期各阶段化肥的施用量；加大病虫防治力度，确保连年丰产稳产技术的有效实施。其承包的棉田日常管理成为连队示范，连年获得丰收。丰产年份优质籽棉亩均单产 522 千克，家庭年收入 21 万元。1993 年，他在承包工作中被评为团"先进生产者"，曾连续三年超额完成生产任务，当年承包的 3.7 公顷棉花地，亩均单产 134 千克皮棉，且在担任班长期间全力配合连队行政工作，刻苦钻研农业种植技术，为连队经济发展作出突出贡献，被团授予"标兵"称号。1999 年，被巴州人民政府授予"劳动模范"荣誉称号。2000 年，九连委托其协助农业副连长进行农业生产管理，该年连队各项农业生产取得重大收获。谭德周被评为 2000 年新疆维吾尔自治区"劳动模范"和三十三团"先进工作者"。

二、三十三团二十连职工张玉珍

张玉珍为二十连职工，生于 1968 年，四川省安岳县人，1991 年参加工作，家庭承包棉田 8.8 公顷。她善于钻研农业技术，在长期棉田承包中善于总结经验，肯于吃苦、敢于克难，在棉花种植技术上重视棉苗补种和灾后修复的科学技术管理。她主动向技术员请教种植技术，并学以致用，按照"无氮不长枝，无磷难成花"的方法，加大棉田有机肥的投入，抓好生育期各阶段化肥的施用量；加强棉田病虫防治力度，确保连年丰产稳产技术的有效实施。其承包的棉田日常管理成为连队示范，连年获得丰收。丰产年份优质籽棉亩均单产 517 千克，家庭年收入 20.86 万元。2003 年，皮棉单产每亩 227 千克，创产值 11.79 万元，获纯利 5.6 万元，皮棉单产获农二师第二名，被农二师评为"农业丰产攻关标兵""十佳植棉能手"；2004 年 10 月被兵团授予"劳动模范"称号。

第五节 棉花良种繁育推广

棉花作为团场的主要经济作物，是团场重要经济支柱，是团场发展建设的根基。自建场起，棉花品种的更新换代就一直受到各级党委的关注。1995—2015 年是团场棉花品种更换频繁期，1999 年当地品种军棉一号逐渐"退役"，被外地品种所代替，按照引进地区品种先后顺序排列大致有：军棉一号、中棉系列、冀棉系列、转基因抗虫棉系列、新陆中系列、鲁棉系列、楚棉、豫棉等，也是团场引进棉花品种最繁杂的时期。

一、种子提纯复壮

历年来，团场引用的棉花品种较多，其中表现较突出的品种有常规种：冀优 851 系、康地种业（K9 系、K8 系、K6 系）和中棉所 43 号；杂交棉品种：中棉所 48 号、鲁棉研 25；抗病品种：中棉所 49 号、新陆中 26 号在病田中表现出较好的抗枯萎病性能，另有中棉所 41 号属耐病品种，为枯萎病田增产发挥了重要作用，以上品种均有创超高产纪录。

表8-7 三十三团种植的棉花主要品种一览表（1995—2015年）

年份	种植品种					
1995	军棉一号	中棉所19号	—	—	—	—
1996	军棉一号	中棉所19号	—	—	—	—
1997	军棉一号	中棉所19号	冀棉20、冀棉22	—	—	—
1998	军棉一号	中棉所35号	冀棉20、冀棉22	—	石远621号	—
1999	军棉一号	中棉所35号	冀棉22	新陆早7号	石远29-1系	—
2000	军棉一号	中棉所35号	K9系、K5系	—	—	—
2001	中棉所35号	K9系、K10系	—	—	—	—
2002	K9系、K10系、1197系	—	—	—	—	—
2003	K9系、K10系、1197系	冀优851系、冀棉668	—	—	—	—
2004	K9系	冀优851系、冀棉668	鲁棉研28	新陆中32号	—	—
2005	中棉所41号、中棉所43号	K8系	鲁棉研28	—	—	天合5号
2006	中棉所43号	K8系、K6系	鲁棉研28	—	—	—
2007	K6系	鲁棉研25	新陆中35号、新陆中33号、新陆中26号	标杂A$_1$	—	—
2008	中棉所44号、中棉所48号	K6系	鲁棉研15、鲁棉研25	新陆中35号、新陆中32号、新陆中33号、新陆中26号	楚杂380系、D180	豫棉15
2009	中棉所41号	新陆中35号、新陆中32号、新陆中26号	—	—	—	—
2010	中棉所41号	鲁棉研15、鲁棉研25	新陆中35号、新陆中26号、新陆中32号	—	—	—
2011	中棉所41号、中棉所43号	新陆中35号、新陆中46号、新陆中33号	—	—	—	—
2012	中棉所49号、中棉所43号、中棉所46号	K7系	新陆中46号	—	—	—
2013	中棉所49号、中棉所56号	新陆中35号、新陆中46号	—	—	—	—

续表

年份	种植品种					
2014	中棉所49号、中棉所43号、中棉所56号	新陆中46号、新陆中26号、新陆中56号	新陆早41号	豫棉9	—	—
2015	中棉所49号、中棉所43号、中棉所56号	新陆中46号、新陆中26号、新陆中56号	新陆早41号	豫棉9	—	—

团场种子繁育工作，大致可划分为两个时期。1995—2001年为自繁时期，作物种子繁育基本按照以往"四化一供"要求实施繁育。采取好地布优种的做法，再分期进行田间去杂去劣，提高田间种子纯度，通过加强田管，提高种子质量，实施单独收获、单独加工、单独储存，为来年提供高质可靠的种子。2002—2015年为外购与自繁相结合时期，这一时期，因棉花出现较为严重的品种退化，原品种已无法满足团场生产发展需求，选用其他优质品种成为必然。团采用多选多试做法，先选取多个品种，进行品种小区对比试验和筛选，后将入选品种作示范，进一步观察确认。对选定品种，从种子经营单位购进，扩大种植规模，并在其中选种作为下年用种，作为再繁再使用来源。这种方法优势在于品种来源方便，扩繁用种较为简单；缺点是种子纯度不高，品种退化快（一个品种使用年限约3年）。针对品种退化问题，团采取过实施"三圃制"（单楼选择、分系比较、混系繁育程序）和"单选混繁"繁育制种，但该时期棉花品种繁多，品种间差异、品种代数间差异，良繁工作滞后跟不上生产用种，以致脱节，加之巴州地区各种子公司竞争激烈，优良品种层出不穷，用种方便实惠，遂停止实施烦琐"三圃制"和"单选混繁"的良繁程序。

在此期间，团场每年各种作物种植面积均在6000公顷以上，大田生产用种数量较大，在当时情况下，棉花品种繁多，除其他技术措施外，更新优良品种进行推广应用，是保证作物产量稳步发展的一项重要措施。团场每三年从供种单位购进一批原种用于大田生产，再对新引进的品种进行扩繁推广种植，保证棉田使用的种子为原种、原种一代或原种二代，避免使用代数过多的种子。

二、棉种推广

（一）军棉一号

20世纪80年代起，团场棉花品种被生产性能和品质较好的军棉一号替代，于1980年开始推广种植军棉一号。军棉一号生育期135~138天，株高75~80厘米，株型紧凑，茎秆粗壮，叶片大，裂缺浅，叶色偏淡，Ⅰ-Ⅱ式果枝，单铃重可达8克以上，籽指12~13克，衣分率39%，绒长29~31毫米，色泽洁白，有丝光，是一个优良的棉花品种。军棉一号的种植一直受到团党委的高度重视，有专人负责军棉一号的良种繁育，从良种田中选择优良单株，采用"三圃制"繁育良种，该品种在团场连续种植了18年。由于当时的土地、经济、耕作种植技术等条件都比较落后，团植棉技术水平一直处于摸索阶段，皮棉单产水平一直稳定在100千克/亩上下，后来由于军棉一号的提纯复壮工作管理放松和偏选，入选的军棉一号抗逆性、抗病害较差，军棉一号在2001年最终被疆外棉花品种淘汰。

（二）新品种的引种

1995年，团场引种棉花新品种中棉所19号，种植示范面积26公顷左右，此品种抗逆性、耐旱性、丰产性表现较好，亩收获株数在6600株的情况下，籽棉亩均单产可达330千克，收效颇好。

1996年，团场5000余公顷棉田全部种植中棉所19号。

1997—1999年，团场加大引种力度，三年内，相继引进了中棉所35号、冀棉20、冀棉22、石远321号、石远29-1系、新陆早7号等新品种。其中，1999年引种的新陆早7号，由于不了解品种特性和客观原因，造成200余公顷棉田亩均籽棉单产只有180千克，比全团亩均籽棉产量低80千克。这一时期，团场引进的品种繁杂，没有完善良种繁育体系，导致品种退化快，种植2~3年就淘汰，始终没有确定主栽品种，导致引种工作带有一定的盲目性，在品种选育上处于多、乱、杂的被动局面。

2000年，团场一方面严格引种标准，品种具有抗逆性强、叶片较小、株型紧凑、前期生长稳健、后期不早衰、结铃性强、吐絮集中流畅、内在品质较优等特性，才会被纳入引种范围；另一方面加强良繁基地建设，完善良种繁育体系，减少品种混杂退化，加大种子提纯复壮、筛选、驯化工作，棉花品种不断优化。2000—2006年，团逐步引进的中棉所35号、抗虫棉9号、冀优851系、冀棉668、天合5号、康地种业（K6系、K7系、K8系、K9系）均达到团引种标准，小区试验皮棉亩均单产150千克以上。

因团场棉花品种良繁滞后，棉花品种优良种性得不到保持，品种退化严重。2007年后，团开始大量更换品种，引进的常规品种有：新陆中系列品种（新陆中35号、新陆中32号、新陆中26号、新陆中46号、新陆中56号）、中棉所43号、中棉所56号等；杂交棉有：标杂A_1、鲁棉研15、鲁棉研25、D180、楚杂380系、豫棉15、中棉所48号、豫棉9；抗病品种有：中棉所41号、中棉所49号、新陆中26号等，这些品种都具各自的优点。新陆中系列品种优势主要是：株型较紧凑，适宜团场高密度种植，产量较好，衣分率高；杂交棉优势是：籽棉产量高，衣分率在40%以上，但种子价格过高，棉花出苗阶段自然灾害频繁，采用杂交棉风险较大，但对实现超高产是个捷径；抗病棉品种的应用是较重枯黄萎病田的首选，其优势在于能够有效降低田间棉苗发病率，减少用药成本，减轻因病害造成的损失，保证病田棉花不减产。所用的抗枯萎病棉花品种有：新陆中26号、中棉所41号、中棉所49号。

2015年，团主栽品种为新陆中46号、新陆中26号，推广示范扩繁品种为新陆中56号、中棉所56号。

第六节　其他农作物栽培

一、粮食作物

（一）水稻

20世纪80年代前，水稻在团场粮食生产上一直占有主导地位。20世纪90年代后，团场全面进入以经济建设为中心阶段，水稻种植作为改良土壤和培肥地力的重要手段之一，将水稻种植在一些盐碱较重、肥力较低的条田，为日后经济作物种植打好基础。由于水资源的匮乏，水稻经济效益较低，故生产规模逐步缩减，直至退出种植。1995—2015年，三十三团共种植水稻8年，累计播种1370公顷，总产稻谷7089吨，亩均单产334.96千克。其中，1998年、1999年为棉花年，未种植水稻，2004年后团场水稻停种。

水稻栽培分为两个方面。一方面，在总结前一阶段带施磷素种肥经验的基础上进行革新，将磷素种肥地表施肥改为入土施肥，有效提高磷肥利用率和防治起地皮，为稻苗顺利度过6月关和保苗以及培育壮苗早发夺丰产创造有利条件；另一方面，完善水稻叶龄模式栽培技术，为合理管理水层、科学施肥、科学控制田间稻苗有效穗数、增加单穗结实粒数、粒重和提高水稻产量提供技术支撑。

1. 水稻播前土地耕作

切地灭茬，施有机肥每亩1500~2000千克进行耕翻，用强制平地机调平，筑埂（半埂）后测量田块内地形高差，依据田块地形图块平、细平，格田内高差在3厘米，验收合格后待播；播种质量要求：用圆片开沟器带种肥三料磷，入土3厘米以上。播种做到播行正直，接幅准确，下种均匀，播量准确，不重不漏，到头到边。

2. 种子

1995年后，团场种植水稻品种为矮丰二号（沿用至2004年），搭配品种辽盐－241，用种一般使用的是原种一代、二代为主，种植后期使用的为三代种。其间引种过其他类型品种（籼稻红香糯、黑稻等）。

（二）小麦

1995年后，团场在1995年、1996年、1997年、1998年、2000年种植过五年小麦，累计种植面积690公顷，总产2402吨，亩均单产232.08千克，小麦产量较以往有小幅度提升，但经济效益不高，2000年后小麦停种。

1. 春麦播前土地耕作

春麦种植条田，提前一年做好规划，早计划、早安排、早落实。秋收结束后，采取先灭茬，施基肥耕地作业，再用强制平地机实施对角平地，筑埂秋灌，灌后破埂越冬。次年开春2月下旬左右，采用轻型圆片耙带糖对角整地达到待播状态，再进行播种作业；播种质量要求播行正直，行直行匀，接幅准确，筑埂结实。小畦埂高度20厘米，下种均匀，播种深度2～3厘米，覆土良好，无浮籽，播种量准确无偏差。播量每亩22.5千克，不重不漏，到头倒边。从多年种植小麦的经验来看，团场春小麦明显比冬小麦产量高。

2. 种子

1995年后，种植的小麦品种也基本稳定，小麦主栽品种解放5号（34-1），搭配品种新春5号（20-2），用种一般使用的是原种一代、二代为主。种子繁育采取的是"三圃制"，有效保证团内用种质量。

二、瓜类蔬菜

（一）西甜瓜

1995—2015年，团累计种植面积1527.28公顷，总产24761吨，亩均单产1080.84千克，这些瓜类生产大多是利用田边、地头、地角及闲置的毛渠种植，几乎没有大面积连片种植，所产西甜瓜基本用于团内自销和接待外来拾花工，只有少数进入市场销售。所种植的甜瓜品种主要有：金皇后、伽师黑皮、86-1、86-7、金玉1号、青皮、兰州白等；西瓜品种有火洲1号、红优2号、新优3号、小籽西瓜等。

（二）蔬菜

蔬菜在团场种植已有50多年历史，蔬菜的种类在以往基础上有所丰富，多达50余个种类。1995年前，主要品种有西葫芦、黄瓜、丝瓜、冬瓜、南瓜、苦瓜、瓠子、葫芦、芹菜、菠菜、苋菜、香菜、茼蒿菜、花椰花、大小白菜、莲花白、豇豆、豌豆、四季豆、刀豆、扁豆、蚕豆、胡萝卜、白萝卜、马铃薯、红薯、茄子、西红柿、辣椒、甜椒、韭菜、洋葱、大葱、大蒜、豆腐菜、空心菜、儿菜、香葱、莴笋、生菜、蘑菇等，使团场职工拥有更多选择。自给的蔬菜大多是在夏秋季节，冬春季蔬菜主要还是来源于外地。1995年后，集体不再大面积种植蔬菜，大多为职工私人种植，自给自足。2010年，查付胜等人在塔河边种植10余亩山药，长势良好，亩产量2000余千克，有效填补了团场蔬菜种类空缺。

表8-8 三十三团种植蔬菜、瓜类面积及产量一览表（1995—2015年）

年份	蔬菜 面积（公顷）	蔬菜 总产（吨）	蔬菜 亩产（千克）	瓜类 面积（公顷）	瓜类 总产（吨）	瓜类 亩产（千克）
1995	70	1050	1000	20	400	1333
1996	60	1040	1155.53	70	410	391.13
1997	60	990	1100	30	450	1000
1998	60	1280	1422.2	10	300	2000
1999	50	1125	1500	40	1200	2000

续表

年份	蔬菜 面积（公顷）	蔬菜 总产（吨）	蔬菜 亩产（千克）	瓜类 面积（公顷）	瓜类 总产（吨）	瓜类 亩产（千克）
2000	50	750	1000	50	1125	1500
2001	50	750	1000	60	1800	2000
2002	40	600	1000	220	1650	500
2003	60	816	906.67	30	324	720
2004	80	1845	1537.53	130	1170	600
2005	80	2320	1933.33	120	1150	638.87
2006	180	4600	1703.7	80	1500	1250
2007	200	4620	1540	10	220	1466.67
2008	120	3600	4000	26.67	70	175
2009	84	3200	2540	33.33	600	1200
2010	101.33	4010	2638	9.87	661	4466
2011	70	2415	2300	10.67	344	2150
2012	103.33	3480	2245	20	432	1440
2013	168.33	4805	1903	134.67	2730	1351
2014	164.2	4855	1971	163.07	3445	1408
2015	250.93	5876	1561	259	4780	1230

表8-9　三十二团种植蔬菜、瓜类面积及产量一览表（1995—2005年）

年份	蔬菜 面积（公顷）	蔬菜 总产（吨）	蔬菜 亩产（千克）	瓜类 面积（公顷）	瓜类 总产（吨）	瓜类 亩产（千克）
1995	40	3000	5000	20	390	1300
1996	30	126	280	10	152	1013
1997	70	460	438.06	10	148	986.67
1998	40	1080	1800	10	225	1500
1999	90	2480	1837.07	80	1015	845.87
2000	60	1650	1833.33	10	216	1440
2001	60	2250	2500	10	144	960
2002	80	2300	1916.67	20	240	800
2003	40	1085	1808.33	—	—	—
2004	40	1286	2143.33	10	165	1100
2005	50	1295	1726.67	—	—	—

第七节　植物保护

1995年，团场植保工作由生产科一名技术人员总负责，下属各农业连队配备一名农业技术员，植保员依据农业连队实际种植作物面积进行配置。每100公顷棉田配一名植保员，并实行植保员考核上岗。2004年，每166.66公顷棉田配一名植保员，同时延续了考核上岗的办法。2012年后，由于植保员中部分人员退休和单位裁员，植保工作主要由连队的农业技术员兼任，进行虫情调查和虫害防治工作。2015年，全团有7153.47公顷棉花，植保员逐年减少已不足10人。

一、主要病虫害

（一）主要作物病害

1. 小麦

锈病和黑穗病。1995—2000年，因种植面积较少，采取轮作，麦田相对分散，这两种病害发生轻微，对小麦生长和产量未造成明显影响。

2. 水稻

团场水稻病害有烂秧、白叶枯病、纹枯病。一般烂秧比较普遍，发生较多，烂秧原因主要是播前翻压了较多未腐熟秸秆等有机肥料，在发酵腐熟的过程中产生出大量硫化氢有毒气体，故出现烂秧死苗，造成缺苗减产。

解决方法：可采取稻田先进水保持20厘米以上水层10天左右，然后人工踩田，使有害气体排出，再降至浅水层人工撒种即可避免烂秧。

3. 棉花

团场棉花病害一般有：幼苗期的根腐病、立枯病，蕾期的角斑病，花铃后期的棉铃黑果病。棉花幼苗期的根腐病、立枯病，多发生在棉花生育前期遇长时阴雨、低温天气的年份，可造成大量缺苗断垄，更严重的造成重播。一般年份通过采用锦华牌26%多福甲枯种衣剂包衣即可避免。花铃后期的棉铃黑果病，多是由7月底至8月上旬棉蚜暴发形成大量"蜜露"和此期大量蓟马锉吸式口器造成的棉铃损伤，在夜间低温环境下出现结露，蜜露和损伤处作为培养基霉变，黑霉菌菌丝侵染棉铃造成烂铃。尽可能避免棉铃损伤，及时防治铃期害虫，及时摘除暴晒病铃和受伤病铃。发病初期喷洒1∶200倍波尔多液或70%代森锰锌可湿性粉剂500倍液进行预防。其他病害茎枯病、红腐病、曲霉病、软腐病、疫病、黑斑病等，发生轻微，一般年份不需专门防治。此外，据调查，团场棉花枯、黄萎病多为零星发生，一般地块病株率为1%~3%，重病地块在5%~10%，个别地段田块可达到30%左右。1998年该病发生面积28.66公顷，2004年该病发生面积34.66公顷，2009年（团场合并后）该病发生面积达到560公顷，2014年通过普查该病发生面积达到1533.33公顷，部分条田已出现明显减产，该病害已呈明显加速蔓延和加重趋势。由于该种系统性病害的一些特点，必须从根源出发进行整体防治，综合运用多种有效措施，延缓或控制其发展蔓延。常用的方法有两种。第一，农业防治。依据病害的类型，选用抗病或耐病棉花品种是最有效、最经济、最简便的手段。在生产上所应用的抗枯萎病棉花品种有：中棉所49号、新陆中26号、中棉所41号、新陆中56号，重病田采取轮作或换作，恶化其生活环境或不给病原菌创造适生环境，改种其他作物，避免受其危害；加强中耕，提高土壤环境质量，破坏病菌生长繁殖场所；加强水肥管理，提高水肥管理水平，避免高湿或受旱，促使棉株健壮，提高抗病性；拔除病株，及时清除病残体。认真做好病害普查工作，划分病田级别和无病田，建立健全病田档案及管理制度，实施科学耕种，杜绝乱引种、乱购进油饼肥料、品种乱布局；避免造成人为传播病害，实施病田拔秆，降低病原菌基数；加强改造重病田，控制轻病田，消灭零星病田。第二，化学药剂防治。一是在历年发生枯黄萎病较重条田，可采取在播种前使用宁南霉素拌种，比例为1∶70（1千克宁南霉素拌70千克棉花种），拌匀后堆焖种子三小时以上，充分阴干后点种。同时，在棉花苗期2~3片真叶期、7~8片真叶期，7月8日左右和7月25日左右喷施，配比为每亩100毫升2%宁南霉素兑水30千克，共喷施四次。二是对重病田采用药剂处理，选用抗重茬剂重茬2008或重茬PK，亩用量1~2千克于播前整地时均匀施入，然后耙地→耱地→播种，棉花出苗后达到3~4叶时，将其中的叶面喷施药剂喷施一次，可起到较好控病作用。

4. 玉米

玉米主要病害是黑粉病，是玉米生产中的重要病害。由于病菌侵染植株的茎秆、果穗、雄穗、叶片等幼嫩部位，所形成的黑粉瘤消耗大量的植株养分或导致植株空秆不结实，因此可造成30%~80%的减产，严重威胁玉米生产。防治措施主要有三个。第一，摘除病瘤。在病瘤未变色时进行人工摘除，用袋子带出田外进行集中深埋或焚烧销毁，减少田间菌源量，连续摘瘤3次，可显著减轻危害。第二，加强栽培管理。一是避免偏施氮肥；二是及时灌溉，特别是抽雄前后加强灌溉；三是及时防治玉米螟、棉铃虫等害虫；四是尽量减少机械损伤。第三，药剂防治。在玉米抽雄前10天左右，用50%福美双可湿性粉剂500~800倍或50%多菌灵可湿性粉剂800~1000倍喷雾，可减轻再侵染危害。

5. 苜蓿

苜蓿病害在团场发生轻微，一般年份没有形成危害。苜蓿草害主要是菟丝子，防治方法是可采用地乐胺叶面喷施防除。

（二）主要作物虫害

1. 小麦害虫主要有黏虫、麦蚜

黏虫：一年可产四代，第一代危害小麦和禾本科植物，一般在小麦抽穗前后，进入暴食期，取食小麦叶片和穗部，可造成严重减产。第二代、第三代危害杂粮植物和水稻，第四代危害转移到田外的禾本科杂草上。防治方法：可在黏虫2~3龄期，用2.5%溴氰菊酯1500~2000倍液喷雾灭杀。

麦蚜：小麦种植年份均有发生，但没有造成明显危害，对虫口密度较大的应及时防治。防治方法：可采用吡虫啉类药物与菊酯类药物复配3000倍液喷雾灭杀。

2. 水稻害虫主要是稻水蝇、稻摇蚊

稻水蝇属双翅目水蝇科害虫，在新垦盐碱化稻区发生极为严重，是局部地区水稻生产的重要

害虫之一。稻水蝇在团场的寄主有芦苇草、三棱草、稗草、狗尾草、茇茇草、莎草等禾本科杂草。稻水蝇是盐碱地水稻幼苗期重大害虫，以幼虫危害蛀食刚露白的稻种，造成烂种，啃食水稻初生根和次生根，造成根断漂秧。另外幼虫化蛹后夹在稻根上严重影响水稻的根系正常发育。稻水蝇以口钩取食水稻根部，形成伤口，造成稻苗大量死亡。

防治方法主要有三种。第一，通过定期剥查化蛹进度，预测成虫羽化高峰期和卵孵化盛期，隔5~10天剥查1次。第二，每年3月以前彻底清除水稻地排渠陈年残留杂草、残株销毁，集中深埋。第三，主防一二代，控制三四代，杀灭初孵幼虫，兼治成虫。喷洒25%爱卡士乳油1500倍液或2.5%溴氰菊酯乳油2500倍液、10%吡虫啉可湿性粉剂2500倍液、50%蝇蛆净粉剂或35%驱蛆磷乳油2000倍液。

稻摇蚊属昆虫纲双翅目摇蚊科害虫，俗称红线虫，以幼虫危害水稻的幼根和幼芽，造成浮苗，并取食未发芽的种子胚及胚乳，使种子不能发芽，水稻秧田和直播田受害严重。

防治方法主要有两种。第一，农业防治。排水晒田2~3天，可抑制稻摇蚊虫的危害。改水育秧为旱育秧，能够减轻稻摇蚊的危害。第二，药剂防治。一是用90%晶体敌百虫10~15克，加水10~15千克，在水深4厘米左右时喷在稻丛中。二是把田水排干后，停一天，在进水口挂一个装有敌百虫的小袋灌溉，当灌溉水深3~4厘米时，停灌堵上进水口，12小时后可杀死幼虫。三是每亩用3%甲拌磷颗粒剂或3%呋喃丹1千克，拌15~20千克细土撒施于田中，可以兼治其他害虫，效果很好。

3. 杂粮害虫主要是玉米螟和棉铃虫

对玉米、高粱、向日葵及多种蔬菜造成诸多危害。由于此类作物大多采取分散种植的方式，危害不太显著，在防治上多采取铲埂除蛹，压低虫口基数，取得较好成效。

棉花害虫主要有棉铃虫、棉叶螨（又称棉红蜘蛛）、棉蚜、地老虎、棉蓟马、牧草盲蝽等。

棉铃虫属鳞翅目夜蛾科害虫。被列为塔里木垦区棉花三大害虫之一。一年发生四代，1代棉铃虫幼虫以危害顶尖和嫩叶为主，2~3代幼虫主要危害蕾、花和幼铃。花被害后不能结铃，棉铃被害容易霉烂脱落，不脱落的形成僵瓣，如防治不当，将造成严重损失。1998—2001年，棉铃虫发生猖獗，给棉花造成一定损失，通过采取一系列方法举措，虫害得到有效控制。

防治措施有十项。一是加强预测预报及田间调查，确定防治方法；二是实行秋耕冬灌，消灭越冬蛹；三是种植经检疫检验合格的抗虫品种；四是在棉铃虫发生期间，结合整枝打叉，喷施磷素化肥趋避棉铃虫产卵；五是在棉田四周种植玉米诱集带，集中诱杀；六是在棉铃虫羽化高峰期利用频振式杀虫灯和摆放杨柳枝条对其进行诱杀；七是人工捕捉幼虫，另外，促使棉花早发，早熟，减少晚秋桃的数量，对棉铃虫也有一定的控制作用；八是生物防治上，在棉铃虫产卵高峰期喷洒25%灭幼脲制剂、苏云杆菌制剂或棉铃虫核多角体病毒；九是利用以虫治虫，天敌主要有赤眼蜂、姬蜂、寄生蝇等，捕食性天敌主要有蜘蛛、草蛉、瓢虫、螳螂、鸟类等；十是化学防治使用氟虫腈、硫丹、灭多威、乐斯本等对棉铃虫防治效果相对较好的农药及其复配制剂,并且轮换使用。

棉叶螨属蛛形纲蜱螨目叶螨科害虫,是塔里木垦区棉花三大害虫之一,一年可产20代左右,孤雌生殖,世代重叠严重。喜高温干旱,如遇干旱少雨年份,防治不当将造成严重损失。棉叶螨发生的规律性变化,均呈明显的双峰曲线,第一个高峰期在5月下旬至6月中旬,第二个高峰期在7月上旬至7月中旬。只要调查与防治及时得当,不会造成严重损失。

棉叶螨的防治主要有四种。第一,4月下旬认真做好前期棉叶螨的普查工作,抓住时机对地边、农渠和田埂有棉叶螨的地方进行药剂封锁,剿灭和压低螨源基数。第二,加强棉田边玉米诱集带上的棉叶螨防治,消灭棉叶螨于地边。第三,合理选用杀螨剂和药剂复配。第四,抓住防治的关键时机:首先,把住棉叶螨进地前,压基数;其次,中心株扩散前,控制蔓延;再次,高温来临前,控制基数快速增长;最后,棉花打顶前,防止人为传播扩散。

棉蚜属同翅目蚜科害虫。是塔里木垦区棉花三大害虫之一。一年可产30~40代,世代重叠严重。越冬卵孵化为干母,孤雌生殖2~3代后,产生有翅胎生雌蚜,4~5月迁入棉田,危害刚出土的棉苗,随之在棉田繁殖,5~6月进入危害高峰期,6月下旬后蚜量减少,但干旱年份危害期多延长。10月中下旬产生有翅的性母,迁回越冬寄主,产生无翅有性雌蚜和有翅雄蚜。雌雄蚜交配后,在寄主枝条缝隙或芽腋处产卵越冬。适宜发育温度23℃~27℃,喜植株旺盛,且抗虫棉棉田蚜虫发生较重。

危害特点:棉蚜以刺吸式口器刺入棉叶背面或嫩头,吸食汁液。苗、蕾期受害,棉叶卷缩,出叶速度明显减慢,开花结铃期推迟;成株期受害,上部叶片卷缩,中部叶片现出油光,下位叶片枯黄脱落,叶表有蚜虫排泄的蜜露,易诱发霉菌滋生。蕾铃受害,易落蕾,影响棉株发育。2002—2004年,由于前期温度较高,棉蚜多发生,由于防治得当,保留并培育出大量天敌,7月初棉蚜发展得以有效控制,未对产量造成影响。

天敌主要有蚜茧蜂、捕食性瓢虫、草蛉、食蚜蝇、蜘蛛等。其中瓢虫、草蛉、食蚜蝇控制作用较大。生产上施用杀虫剂不当,杀死天敌过多,会导致伏蚜猖獗危害。

防治方法主要有五种。第一,农业防治。冬春两季铲除田边、地头杂草,早春消灭越冬寄主上的蚜虫。第二,种子处理。用10%吡虫啉有效成分50~60克拌棉种100千克。第三,药液滴芯。用20%吡虫啉水剂500倍液滴在棉苗顶心。第四,用20%丁硫克百威乳油6000倍液点片挑治。第五,氨基甲酸酯类的20%灭多威每亩70克或有机氯类的35%赛丹乳油每亩150~180克。

地老虎属鳞翅目夜蛾科害虫。是团场的次要害虫,但近年危害有上升趋势。地老虎在团场棉田一年发生一次,主要发生在胡杨林比较密集的林带边的棉田,一般在4月下旬至5月初棉花出苗阶段发生,虫龄在3龄左右,进入暴食期,由于此期棉苗嫩小,同时又没有其他寄主,极易受害,局部危害极大,虫口基数大,会造成严重缺苗、断垄和重播。

防治方法:可在傍晚时用杀地老虎专用药喷雾灭杀,效果更佳。

棉蓟马属缨翅目蓟马科害虫，是团场的次要害虫，近些年危害有上升趋势。棉蓟马发生危害期一般在 4 月下旬至 5 月上旬和 8 月上中旬两个阶段。在 4 月下旬至 5 月上旬苗期危害棉苗生长点，形成无头株或多头株。在 8 月上中旬主要危害未定形的棉铃和叶片，造成棉铃创口大未能愈合加上露水偏大，便可造成烂铃。危害叶片时造成危害部位失绿，不能进行光合作用，危害严重时可影响产量。

防治方法：对虫口密度较大、必须采取化防的条田、地段，可在傍晚时用 2.5% 溴氰菊酯 2000 倍液喷雾灭杀，效果较好。

二、主要草害

团场杂草种类较多，经过多年防治，农作物的主要杂草种类也有所变化。

麦田主要杂草有灰藜、苦苦菜、田旋花、芦苇等，通过采取化学除草结合人工除草，杂草种类和基数较以往显著降低，对作物的危害也有很大程度减轻。

防治方法：采用二甲四氯钠盐、苯达松于 4 月下旬进行田间喷雾，可有效控制灰藜，苦苦菜、田旋花、芦苇可用草甘膦涂抹灭杀。

稻田主要杂草有稗草、三棱草、泽泻和少量芦苇。

防治方法：采用亩用农得时 10 克 + 禾大壮 100 克或高杀草丹 120 克可有效防除基数特别大的稗草、三棱草和泽泻，结合人工拔草可收到较好效果。

棉田杂草有三棱草、灰藜、龙葵、田旋花、苦苦菜、小蓟、独行菜、稗草、芦苇、花花柴、鹅绒藤、萹蓄、马齿苋等。其中局部密度较大对棉花形成威胁的杂草种类主要有三棱草、灰藜、龙葵。部分连队的部分条田由于承包不固定，防除草害浮于形式，致使三棱草多年处于防除疏漏空间。加压滴灌方式条件下，肥水供应充足，三棱草大量繁殖形成庞大基数，对棉花生产形成严重威胁；龙葵起初发生稀少，未能引起足够重视，对该种杂草种子成熟过程不了解，防治措施不当。又由于其种子数量极大，以至于形成较大密度，对棉田形成一定威胁；灰藜在以往正常播种期（4 月初开始播种）内，通过现使用的药物（施田补、二甲戊灵）封闭，灰藜草量极少。自节水技术改进后，播种期提前至 3 月中下旬，地温较低，该除草剂在低温条件下对灰藜防效下降，灰藜发生基数明显增加，使人工除草工作量显著增大；苦苦菜、独行菜、田旋花、芦苇、花花柴、鹅绒藤等几种杂草，虽然密度不大，但仍要引起重视并加强防治，才能确保棉花生长不受影响。

防治方法：33% 施田补或 33% 二甲戊灵土壤封闭可有效防除稗草、灰藜、萹蓄、马齿苋等一年生杂草，在提前铺膜、播种的情况下，可将亩药量增加到 250 毫升。针对多年生杂草必须采用草甘膦类内吸传导除草剂进行点涂灭杀，可起到良好效果；另外，针对三棱草等基数特别大的条田施行休耕，利用休耕期，采取草甘膦类药物灭杀后再行耕种；针对龙葵，至 2015 年尚未有特效防治药物，只能人工移除田间。

第九章 林果业

自1958年建场后，历届党委非常重视防风固沙、植树造林工作，建成较为完善的防护林体系。1994年起，团场扩大优质果品种植面积，加大经济林种植，以香梨、红枣为主，发展果品生产。1999—2015年，团场按照沙、水、田、林、路综合治理，农、林、牧、副协调发展的工作思路，把发展林业作为绿洲生态建设主题，持续推进造林绿化等多种有效形式，取得了绿化速度加快、生态环境改善、职工收入增加和经济、社会、环境协调发展的显著成就。

第一节 果园规模

塔里木垦区的三十三团、三十二团除林园单位以种植库尔勒香梨为主外，其他各农业连队及团直单位和职工房前屋后小块地均有种植香梨。

1996年，团党委落实兵团党委《关于深化兵团农牧团场改革》文件精神，深化园艺业产权制度改革，实践果园生产的多种有效形式，出台"目标管理，责任到人""两费自理，定额承包""果树作价出售，园地有偿使用"等惠民政策，促进果园生产快速发展。

2003年，团党委按照兵团"1+3""1+8"文件要求和农二师党委经济工作会议安排，围绕"固定、自主、服务、分配"八字方针，扩大基层民主，扩大职工生产经营自主权，扎实推进土地长期固定，"两费"自理，租赁承包。

2005年，三十三团实有果园面积687公顷，结果面积286公顷，果品总产10200吨，其中梨10120吨，红枣60吨，苹果20吨；三十二团实有果园面积763公顷，结果面积265公顷，果品总产5834吨，其中梨5523吨，红枣45吨，苹果221吨，葡萄45吨。

2006年团场合并后，三十三团党委加大转变职工思想观念和深化改革传统管理模式力度，推广果树种植"4+6"技术路线（"4"指矮、密、早、丰；"6"指落、缓、促、控、断、齐），通过"4+6"技术措施落实，将树高控制在3.5米以下。通过多年生产技术经验积累，逐步形成库尔勒香梨优质高产栽培技术规程，园艺产业整体水平得以提升。

2008年，塔里木河水资源匮乏，果树受旱严重，造成树势差、腐烂病严重、死树增多等因素，导致果品品质下滑。加之受国际经济大气候影响和香梨自身弱点，以及人为因素等原因，客商减少，压价收购，导致团场市场价格竞争力降低，职工亏损面增大。

2009年起，团场把贯彻上级党委退棉、进枣、增果的战略目标作为第一要务，加快"三化"建设步伐，实现优质、高产、高效和生态良性循环的现代化农业。2009—2012年，全团共退棉进枣1733.33公顷，持续强化红枣产业的发展管理，逐步成为团场经济增长和职工致富的新亮点。

2014年，团场根据上级"稳红枣、促葡萄、推香梨，强化管理，全面提质增效，加快林果业全面发展"的总体工作方针，进行产业结构调整，全面实行省力化栽培技术，拓宽职工增收渠道。

至2015年底，团场实有果园面积3769.41公顷，其中香梨面积1935.6公顷、枣园面积1790.28公顷、苹果11.73公顷、葡萄26.47公顷、桃4.66公顷、杏0.67公顷。完成果品总产88395吨，其中梨65180吨、苹果150吨、葡萄350吨、杏15吨、桃60吨、红枣22640吨。

表9-1　三十三团果园生产一览表（1995—2015年）

年份	年末果园面积（公顷）	水果产量（吨）	梨（吨）	红枣（吨）	苹果（吨）	葡萄（吨）	其他（吨）
1995	401	2413	2281	14	35	77	56
1996	511	1900	1788	6	30	63	13
1997	531	2591	2455	9	70	43	14
1998	560	12	1	9	0	2	5
1999	606	4197	4077	20	45	50	5
2000	782	4302	4220	19	33	26	6
2001	926	4604	4521	22	27	34	—
2002	940	5256	5200	30	16	10	—
2003	779	6502	6460	12	23	7	—
2004	765	5500	5447	23	20	10	—
2005	687	10200	10120	60	20	—	—
2006	1447	21530	21000	80	410	30	10
2007	1563	16500	15580	260	600	50	10
2008	1554.7	35930	35370	210	350	0	0
2009	2461.3	25100	24625	160	300	0	15
2010	5403	39500	37058	1230	528	549	135
2011	4225.5	4634	3044	1220	130	150	90
2012	4194.8	43355	36073	7012	88	120	62
2013	4194.8	34382	23566	10252	314	180	70
2014	3794.8	41409	23578	17273	286	210	62
2015	3769.41	88395	65180	22640	150	350	75

表 9-2 三十二团果园生产一览表（1995—2005 年）

年份	年末果园面积（公顷）	水果产量（吨）	梨（吨）	红枣（吨）	苹果（吨）	葡萄（吨）	其他（吨）
1995	444	1625	1160	6	440	12	6
1996	478	1229	952	7	252	17	1
1997	427	1563	1210	10	332	10	1
1998	416	25	5	6	7	7	—
1999	494	1919	1867	10	20	20	2
2000	462	1865	1743	12	40	33	7
2001	455	1824	1702	16	51	42	13
2002	487	2142	1974	32	84	46	6
2003	461	2908	2450	77	280	88	13
2004	548	3386	3105	40	173	58	9
2005	763	5545	5523	45	221	45	11

第二节 香梨

团场种植以库尔勒香梨为主，梨树品种有少量酥梨、苹果梨、鸭梨、砀山梨、巴梨。

一、常规园香梨优质高产栽培技术

（一）栽植方式

香梨株行距指标采用乔化密植的栽植方式，行距 3～6 米，株距 3～4 米，栽植密度为每亩地 28～111 株。

（二）整形修剪

1. 冬修

香梨树整形修剪原则：主从分明，结构合理，冬夏结合，随枝作形；矮壮枝组，定位培养，缓放成花，结果回缩；平衡树势，以果控冠。

一年生树的修剪以整形修剪为主，采用轻剪缓放多留枝的手法，增加枝量，促进主枝生长，加速树体成形；二年生树的修剪主要对中干和主枝延长头修剪；三年生树的修剪对中干延长枝继续用弱枝带头；四年后生树的修剪在中干上距第三主枝选留一大枝组，保证主枝绝对的生长优势，其余枝以缓放成花为主，直立枝撑拉至 75 度变向缓放；6～10 年生树的修剪以继续扩大树冠对中干延长枝采取弱枝带头，饱满芽处短截，非骨干枝变向缓放，主枝延长头饱满芽处短截，促进扩冠；10～15 年生树的修剪和结果枝组的配备，原则上每 25～30 厘米留一枝组，枝组单轴延伸，螺旋排布。结果枝组以矮壮为主，进行培养、利用、控制和更新。

2. 夏修

梨树修剪在 5 月初至 6 月，全期进行 2 遍。采用缓势修剪手法为主，解决好光照，调整好枝势，平衡好结果与生长的关系。幼树期促进骨干枝生长，控制辅养枝；盛果期调整好主枝和结果枝的枝势，保证结果和生长两不误。

（三）花果管理

1. 花前复剪

花前复剪是对冬季修剪的补充，从花芽萌动开始到花蕾膨大期结束，即3月上旬至3月底。花前复剪后，初果期树（树龄5~10年，产量0.5~1.5吨）留饱满花芽500~1000个/株，亩留花芽2万~4万个；盛果期大树（产量1.6~3吨）留饱满花芽1200~1500个/株，亩留花芽5万~6万个。

2. 授粉

香梨初花期，开花量达25%时开始授粉，整个花期授粉2~3次，初花期至盛花期前授完。授粉在中午12点前和下午5点后进行。成龄果园用量为10~12克/亩，初果期果园为5~8克/亩。按1∶8比例配置授粉树，授粉品种以鸭梨为主，砀山梨为辅；缺少授粉树的果园可以在树冠上部迎风面嫁接砀山梨为授粉枝。

人工授粉主要有插花枝授、人工点授、人工抖授、人工蜜蜂授粉等。

2006年，园林连队职工给香梨人工授粉（袁明汉 摄）

插花枝授。初花期，在香梨树中上部迎风面挂水瓶（袋），采集鸭梨、砀山梨将要开放的花枝，每一瓶（袋）中插一丛，让其自然开放授粉。

人工点授。花粉与花粉稀释物（食用细淀粉或松子粉），比例1∶3。以当天开放花药呈红色的花点授效果最好，坐果率最高。选择橡皮头、棉签等物蘸花粉，点授同一花序的1~3序位花朵为宜。

人工抖授。花粉与花粉稀释物比例1∶8；用双层细纱布包裹花粉，捆缚于长杆顶端在树冠上方抖动。

机械液体喷雾授粉配方成分及比例：水15千克、白糖1.5千克、硼酸1.5克、硝酸钙7.5克、混溶剂粉3克、花粉6~10克。花粉悬浮液按以下步骤制取：先取适量水烧开，将混溶剂粉边撒边搅，直至完全溶化。待冷却后倒入水中，加入白糖和其他药品，搅拌使其充分溶解。用500毫升左右的矿泉水瓶取半瓶溶液，加入花粉后拧紧瓶盖，上下左右震荡瓶子2~3分钟，直到花粉完全分散到溶液中，即配成花粉母液。将花粉母液倒入水溶液中搅拌均匀，配成稳定的花粉悬浮液。喷施方法：搅拌均匀后用超低量喷雾器喷雾，宜现配现用。

人工蜜蜂授粉。花期放蜂，开花前果园内按每0.33~0.66公顷设置1箱蜜蜂的方法进行操作。

疏花疏果。疏花序：从花序分离到开花前进行。树冠内每 15~20 厘米空间留 1.5~2.0 个花芽，留强壮果枝上的花序，疏除瘦弱果枝上的花序；将花序的花蕾部疏净，保留莲座叶。疏果：落花后 1 周开始，3 周结束。疏除畸形果（霜环、冻伤果）、小果、虫果、碰伤和划伤的残次果；按每 15~20 厘米长度留 1 个果。

（四）肥水运筹

加强花前、花后、花芽分化、果实膨大和冬灌肥水运筹，促进树体稳健生长、花芽分化和果实发育。

1. 调控灌溉

原则"前促后控"。前期促新梢生长、幼果发育，花芽分化临界期（5 月中旬至 6 月中旬）50 天左右控水，8 月 31 日后严格控水，11 月 15 日冬灌结束。

2. 科学施肥

坚持前期用氮肥，中后期用磷、钾、钙、镁肥，硼肥花前施入，施肥深度 0.3 米；10 月上中旬秋施腐熟有机肥，施肥坑深度 0.5~0.6 米。盛果期香梨树：氮、磷、钾施入比例为 1：0.75：1；初果期香梨树：氮、磷、钾施入比例为 1：0.75：1；幼龄香梨树（1~5 年生）：追肥以磷、钾为主，不追施氮肥，磷、钾比例为 1：1。

二、新建园香梨主杆结果栽培技术

（一）总体目标

梨树主干结果栽培也称为省力化栽培，主要采取矮化密植、生草栽培、自控灌溉、广泛应用机械化等省力高效栽培技术，达到高产、优质、节本增效目的。

（二）技术指标

1. 树体指标

栽植株行距 1 米×4 米，培养圆柱状树形，树高 3 米，强壮的中心领导干，中心干着生 20~24 个结果枝组，枝组基角 70~80 度，枝组长度控制在 0.8 米以内，中干与枝组粗度比为 3：1。

2. 经济指标

实现一年栽树、二年嫁接、三年成花、四年见果、五年丰产目标。四年亩产 300 千克；五年亩产 500 千克；六年单产达 1000 千克；七年单产达 1500 千克；八年以后单产维持 2000 千克，优质果率 90% 以上，劳动力成本降低 30% 以下。

（三）技术要点

1. 园地选择

选择盐碱较轻、排水良好的壤土或沙壤土地。土壤有机质含量在 1% 以上；总盐含量在 0.3%

以下；土壤条件较差的园地可以改良1~2年，另选择条件好的棉花地置换种植香梨树。

2. 土地准备

在原有梨园计划进行更新建园的，挖除病残树体及根系并彻底清理出园，土壤深耕0.5米左右，平整土地，种植2年棉花或其他作物后再定植梨树。在土壤条件较好的棉花地新建梨园，秋灌前将油饼肥料200千克/亩或厩肥4~5立方米/亩和过磷酸钙30千克/亩拌匀施入。秋灌后土壤耕翻达待植状态。计划滴灌的香梨园在前一年秋季挖设滴灌管道，次年春季播种时或栽植后铺设地面滴灌管。

（四）种植

1. 定植密度及苗木选择

定植株行距1米×4米，167株/亩，南北行向定植。苗木选择2年生茎粗1厘米以上的一级杜梨苗。

2. 定植方式

栽植前机力开沟，沟上宽1.2米，下宽0.9米，深0.25米。在沟内人工挖坑，定植坑长、宽、深分别为50厘米×50厘米×40厘米。每坑内施腐熟有机肥3千克，过磷酸钙200克。栽植时期根据当地气候特点，适时浅栽（30厘米），晚栽（4月5日前后），栽植后立即灌水（水量要小，10天后再灌一次透水），保证成活率达95%以上。待地干后铺双道滴灌管，定植沟内铺地膜覆盖，揭膜时间在6月中旬。定植的杜梨苗在70厘米高度定干，剪（抹）去二次分枝。

3. 间作

定植杜梨建园的可间作1年。间作物选择矮秆作物，如饲草、花生、豆类、茴香等，严禁种植棉花和高秆作物，间作面积不超过总面积的40%，第二年严禁间作。

4. 嫁接时期和方式

栽植次年春季枝接为主，时间在3月底至4月初，当年秋季芽接为辅。

5. 接芽和接穗

接穗在农二师建立的采穗圃中采集，采自品质优良的母本树体。

6. 授粉树配比

以新梨9号、新梨10号做授粉树为好。授粉树配比为3∶1，嫁接树通行配备。

（五）嫁接后树体管理

1. 抹芽和绑缚防风杆

连续抹除砧木萌蘖3~4次，对新梢及时抹芽定枝成单枝生长，对新梢发出的二次枝及时剪除，保持主干单轴生长，新梢0.3米左右时及时绑缚防风杆。

2. 设立立柱

嫁接的前一年秋季或嫁接后及时设立水泥立柱，立柱高度2.8米，间隔15米设一立柱，并在立柱0.8米、1.5米、2.2米处横向拉三道钢丝，固定新梢及主干防风。

（六）整形与修剪

1. 修剪原则

修剪以放、疏、拉为主，去大留小，单轴延伸。

2. 树体结构

成型后的树形为圆柱形，树高3米，中心干强壮，着生20~24个结果枝组，长度控制在0.8米之内，基角70~80度。

3. 刻芽及修剪

嫁接第二年，春季芽萌动前从芽上0.5厘米处进行刻芽处理，长度为周长的1/2，时间约为3月25日至4月5日。促进分枝，地面80厘米以上和苗先端30厘米以内不刻芽，其余芽全刻。对刻芽长出的枝条，长至40厘米左右时，如基角过小，用牙签或开角器将角度开到70~80度。嫁接第三年，春季用同样的方法对上年顶芽抽生出的枝条做刻芽处理，下部枝条如角度过小，用撑、拉方式打开角度，其余枝不做任何处理，尽可能多结果，以控制树势。嫁接第四年，继续扩大树冠，促发分枝，对直立及过密枝疏剪为主，不短截和回缩，对长势过粗、过旺难以控制的枝组留橛锯除，培养保留中小枝组。嫁接第五年，重点控制枝组背上发出的直立枝，以疏为主。对生长过密、过大的枝留橛据除，保证主干上着生20~24个结果枝组。冬季修剪时控制枝组延伸水平长度在0.8厘米以内，单轴延伸，控制树冠中上部枝组的生长量，形成圆柱型树形。

（七）地面管理

采取行间生草模式，水源较充足的可以在行间种植苜蓿、黑燕麦等，一年2~3次收割，覆盖于树盘或翻压入土壤，水源紧张的果园可以采取树盘清耕或覆盖、行间生草模式改善果园小气候。

（八）肥水管理

1. 施肥

各时期梨园施肥量根据2~3千克/50千克鲜果标准计算，严禁施尿素，可以施磷酸二氨，磷、钾施入比例为1∶1。

表9-3 梨树幼龄期（1~4年）阶段施肥一览表

单位：千克

肥料	萌芽期（3月中下旬）	花芽分化期（5月初）	果实膨大期（6月中旬）	果实膨大期（7月中下旬）	秋施肥	总计
三料磷	—	—	—	—	15	15
硫酸钾	—	—	—	10~12	—	10~12
合计	—	—	—	10~12	15	25~27
有机肥	—	—	—	—	1500~2000	1500~2000

表9-4 梨树初果期（5~6年）阶段施肥一览表

单位：千克

肥料	萌芽期 （3月中下旬）	花芽分化期 （5月初）	果实膨大期 （6月中旬）	果实膨大期 （7月中下旬）	秋施肥	总计
三料磷	—	—	5~8	—	15~20	20~28
硫酸钾	—	—	—	15~20	—	15~20
硝酸钙	—	—	5~10	—	—	5~10
硼砂	2	—	—	—	—	2
合计	2	2~5	10~18	15~20	15~20	42~60
有机肥	—	—	—	—	2000~2500	2000~2500

表9-5 梨树盛果期（亩产1600~2000千克）阶段施肥一览表

单位：千克

肥料	萌芽期 （3月中下旬）	花芽分化期 （5月初）	果实膨大期 （6月中旬）	果实膨大期 （7月中下旬）	秋施肥	总计
三料磷	—	—	7~8	—	28~32	35~40
硫酸钾	—	—	—	30~35	—	30~35
硝酸钙	—	—	15	—	—	15
硼砂	2	—	—	—	—	2
合计	2	—	22~23	30~35	28~32	78~92
有机肥	—	—	—	—	2500~3000	2500~3000

2. 灌水

前期1~2年采用滴灌或沟灌模式，保证在全年至少冬春漫灌2次，每次亩150立方米。后期采用小畦漫灌模式。滴灌时期、次数、水量根据具体情况自定。前促后控，5月中下旬适当控水，促进花芽分化，达到以水控新梢的目的，8月中旬开始控水，9月果实采收期禁止灌水，直至10月下旬冬灌；漫灌模式。全年灌水6~7次，春、秋灌每次每亩160立方米。其余灌水量为每次每亩80~100立方米，年灌水量每亩820立方米，8月20日至采收前控水；滴灌模式。根据灌水原则，按照不同立地条件灌水。全年总灌量500~600立方米。平时以滴透60厘米以上，春秋季加大水量到80厘米以上。

三、香梨收储

收储，即在一定的低温下通过控制储藏环境中的气调成分（氧气、二氧化碳、氮气），使果蔬达到最佳休眠状态，最大限度保持果蔬的各种营养成分及新鲜度。其中气调储藏后能有效改善果蔬的品质，各种产品由于产地、气候、品种的不同，各种数据也有所不同。

2015年前，团场没有仓储（冷库）设施，果农的部分果品一般都运往库尔勒进行储存。2015年3月6日，三十三团华蒙通物流果蔬仓储（冷库）项目开工建设，于当年10月1日完成建设并投入使用，总投资16130万元。仓储面积10400平方米，分选车间2000平方米，服务中心391.3平方米，总储量3万吨。因项目竣工初成，故团场果农的储存量并未形成规模。是年，全团果农香梨存储量达到1万吨。

（一）采摘

采摘前的准备：承包户在果品采收前要提前搭好防雨棚，防止果品及包装箱淋雨和曝晒，平整好果品堆放场地，堆放包装箱的地点应铺设塑料布，防止纸制品受潮，装车地点应方便装车或相对集中，采果用的筐子要用麻袋片垫好。

2002年，职工进行香梨分级包装（园林科供图）

采摘方法及要求：果品采摘人员必须戴手套，并分层采摘。先大果、后小果，先树下外围、后中部树上。

（二）果品等级的分类

1. 特级香梨。单果重120克以上，果实呈纺锤形或卵圆形，无疤痕和外形扁缺，没有不正常的凹陷或凸起。

2. 一级香梨。单果重100~120克，与特级果品质较为相近。

3. 二级香梨。单果重80~100克，个头较小。

1996年起，团场果品等级一直沿用以下标准。

表9-6 三十三团果品等级一览表

项目		特级	一级	二级
基本要求		正常成熟，果形端正，果面光洁，果实新鲜，果皮细润，无新伤食心虫果及药害		
果形		突顶果不超过5%	突顶果不超过10%	允许有突顶果
果梗		完整	完整	允许轻微损伤，但保留长度不少于1.5厘米
果面	色泽	鲜艳、一致	鲜艳、一致	允许差异
	旧伤	不允许	允许轻微1处，单果面积不超过0.5平方厘米	允许轻微2处，单果面积不超过2.0平方厘米
	日灼	不允许	允许轻微存在，单果面积不超过0.5平方厘米	允许轻微存在，单果面积不超过2.0平方厘米

续表

项目	特级	一级	二级
单果重	120 克以上	≥100 克，<120 克	≥80 克
可溶性固形物	≥12%	≥11.5%	≥11%
果实去皮硬度	49~68 帕	49~68 帕	无要求

注：参照《新疆维吾尔自治区库尔勒香梨等级品质指标》。

（三）果品包装

采后包装必须分清品种、规格、重量、等级，不得混杂，要求包装的果品无虫果、伤果、畸形果、烂果，无断把，不准带叶包装。

（四）储存规程

严格把关入库果蔬的质量，杜绝带菌、病虫害、品质低的产品。

严格按照入库操作程序（清洗库房、消毒、提前预冷、注意包装的选择）进行操作。

及时降温，本着快进快出的原则进行出入库管理。也就是说，当天采摘的果蔬要求当天入库，及时将田间热温去除，对长期储藏来说这一环节至关重要，一个库房要求3~5天入满，一个星期内温度要求达到储藏稳定温度（这里说的温度标准是果蔬的中心温度，不是库房的空气温度，空气温度的调整要以中心温度为标准进行调整）。

严格控制各种数据稳定，防止波动过大超过要求值，在保障果蔬质量的情况下，尽量节省电的消耗。

加强中期的管理及抽检记录工作，一定不能忽略中期的管理及检测工作，不同的果蔬有不同的要求，即使是相同的果蔬，生长期的气候及采摘时的天气也有差别，中期的管理就是要及时、及早发现问题，及时安排销售，防止损失扩大。

严格按照出库操作流程进行出库，有些果蔬在贮藏时是微冻状态，要出库的时候要求先解冻（解冻一定要缓慢，严格操作规程，在室内外温差大的情况下，尤其要注意和把控）。

香梨采摘后，两天之内入冷库，冷库温度控制在-2℃~0℃，存放时间为第一年的9月至第二年的4月。

第三节　果树病虫害防治

团场所处塔里木垦区内，林果业主要有害生物共16种，其中国家林业检疫性有害生物4种：黄斑天牛星、苹果蠹蛾、枣大球蚧、梨园蚧；国家级林业检疫性病害包括：杨树花叶性病毒、杨树枝枯病、杨树溃疡病共3种；新疆补充林业检疫性有害生物12种：青杨天牛、杨蠹蛾、皱小蠹、苹果小吉丁虫、春尺蠖、杨梦尼夜蛾、大青叶蝉、沙枣木虱、梨小食心虫、果树叶螨、梨二叉蚜、根田鼠；新疆补充林业检疫性病害有杨树斑枯病、杨树锈病、果树干腐病3种。针对目前腐烂病普遍发生的严重现状，应坚持防病和防虫并重的综合防治措施，及时进行病虫测报，合理用药，依据化防指标及时喷药，采取点、片、带、株防治方法，消灭病虫源，确保果树健康生长。

一、香梨病虫害防治

（一）农业防治

1. 清园

每年2—3月清理落叶、枯死枝和病虫枝，带出园外集中烧毁，降低病虫越冬基数。

2. 刮除老翘皮和病斑

在2—3月冬春交替时，刮除枝干老翘皮，并及时运出园外集中烧毁或深埋。对各种伤口包括冻伤、虫伤（香梨优斑螟）、修剪口、拉枝杈口等，涂抹药剂保护。药剂可用5°Be~7°Be石硫合剂、40%福美砷50倍液、"9281制剂"3~5倍液、"843康复剂"5~10倍液等涂抹病部和伤口。

3. 合理修剪

以利通风透光，调节树体负载量。

4. 增施有机肥

施化肥注意氮、磷、钾的合理搭配，切忌偏施氮肥。

5. 合理灌溉

5月中旬至6月中旬控水，预防黄化病的发生，增强树势，提高抗病虫能力。

（二）物理防治

1. 树干束膜诱杀

2月中下旬束膜诱杀春尺蠖雌虫上树，8月中下旬束草袋或麻袋片诱杀叶螨越冬。

2. 性诱剂和糖醋液诱蛾

4月上旬设置梨小食心虫及苹果蠹蛾性诱芯或性诱剂迷向丝和糖醋液诱碗诱杀香梨优斑螟，其中性诱芯每亩设置4~8枚，迷向丝以每株树悬挂1个、悬挂高度为1.7米，于6月初换一次迷向丝诱虫效果最佳。糖醋液诱碗每亩设置4个，悬挂高度为1.7米诱杀更具成效。

（三）生物防治

禁用广谱性、高毒性和残效期长的农药，大力推广生物农药，保护利用蜘蛛、扑食螨、草蛉、瓢虫捕食蓟马及各种寄生性天敌。

（四）病虫害化学防治

1. 2月至4月上旬防治

2月下旬梨木虱冬型成虫活动到产卵前，用来福灵、敌杀死或菊酯类药剂喷施，打光干药，杀灭迁飞成虫；3月下旬喷施5°Be石硫合剂，灭杀春尺蠖、梨木虱、叶螨等虫、卵，并防治腐烂病；4月初即花前用菊酯类等熏蒸剂农药进行全园封闭，防治梨木虱和梨茎蜂成虫。

2.4月上中旬至6月上旬防治

4月底至5月初重点防治第一代梨木虱若虫、叶螨，兼防香梨茎蜂幼虫、香梨优斑螟和苹果蠹蛾成虫，可用虱螨辟杀、爱福丁、集奇虫螨克等阿维菌素类药剂或吡虫啉等氨基甲酸酯类药剂喷施；涂治腐烂病斑和伤流处，对有新鲜虫粪的蛀孔涂抹80%敌敌畏乳油500倍液；在梨圆盾蚧两个繁殖高峰期5月中下旬至7月上中旬，分别喷药1~2次（发生严重的果园喷2次）。5月下旬至6月上旬喷药防治吐伦球坚蚧幼虫，药剂可用速扑杀1500~2000倍液或20%朴虱灵1500~2000倍液等。

3.6月中旬至8月中旬防治

重点防治叶螨和梨木虱，兼治食心虫和介壳虫等。叶螨防治在6月中下旬，中心虫株每叶有活动叶螨4~5头或七月中下旬有7~8头时需喷药防治，药剂使用5%尼索朗乳油2000倍液或1.8%阿维菌素类1500~2000倍液等。中后期发生严重时用三锉锡1500~3000倍液很有效。根据虫情，7月中下旬可用吡虫啉类药剂或阿维菌素类药剂防治梨木虱。

4.10月上旬至12月防治

对果螨、梨木虱危害严重的果园，于果实采收后及时进行药剂清园，用73%克螨特乳油3000~3500倍液或20%灭扫利乳油3000倍液，落叶后用5°Be石硫合剂喷施。

（五）新植梨园病虫害防治

团场以农业防治为基础，生物防治为中心，大力推广无害病虫害防治。

1. 农业措施

可通过栽培、耕作和修剪等农业措施管理生态环境。利用生草、间作、灌溉等措施，破坏越冬场所和压低病虫基数。通过清园、刮老翘皮、刮治病斑，树干束膜、束麻袋片、伤口涂抹杀菌剂或保护剂等物理防治，达到防虫治虫之效果。

2. 物理措施

配置太阳能杀虫灯、黑光灯、粘虫板、性诱剂、糖醋液等，使虫口基数减少到最低水平。

3. 化学防治

精准施药，科学合理使用生物农药或低毒高效农药化学防治技术，有效控制病虫危害。严格执行春秋两季喷施自己熬制的石硫合剂5°Be等基础性防治工作。

4. 腐烂病防治

嫁接后及时解除嫁接口薄膜，涂抹保护剂和伤口愈合剂，预防腐烂病菌。加强结果树腐烂病病斑刮治，随发现随防治。

二、枣树病虫害防治

（一）病虫害种类

团场发生的红枣病虫害主要有红蜘蛛、枣瘿蚊、枣瘿螨、梨园盾蚧 4 种和黑斑病、裂果病、缩果病 3 种。

（二）防治原则

加强检疫，因地制宜，以农业防治为主，化学防治为辅，生物防治相结合的综合防治方针，重视测报，点与片结合，适时防治，群防群治，达到安全有效防治病虫害的目的。

（三）防治方法

1. 封冻前翻树盘

封冻前把以树干为中心，半径 1 米范围地面 15 厘米的表土耕翻，冻死土壤中枣瘿蚊越冬幼虫。

2. 冬修和刮树皮

2—3 月结合修剪，调整树体枝量，减少树冠郁闭，增加树体的通风透光。同时，剪除梨园蚧、枣壁虱虫口密度较大的枝条，集中烧毁。刮除老翘树皮，集中烧毁。

3. 清园

清除枯枝落叶及病虫枝和果。

4. 化防

枣树萌芽前（4 月中旬）和落叶后 11 月中旬喷施 3°Be~5°Be 石硫合剂。可控制越冬虫螨、枣瘿螨、梨园蚧和黑斑病等病源；6 月上旬，喷施 50% 硫悬浮剂 300~400 倍 1~2 次，每 7~10 天一次，可杀灭大多数卵、若螨、成螨和枣瘿螨，能基本控制全年危害；6 月中旬至 7 月上旬喷施 1~2 次 40% 速扑杀 1500 倍，可有效控制梨园蚧。对红蜘蛛或枣瘿螨虫口基数较大的枣园用 20% 螨死净 2000~3000 倍，1% 阿维菌 1500 倍等喷施 2~3 次；枣瘿螨发生严重的年份，在 8 月中下旬再防治一次。用 9.5% 螨即死乳油 1500~2000 倍液，或 1.8% 阿维菌素 1000~1500 倍液喷雾防治；在黑斑病和缩果病发病高峰（7 月中旬至 8 月上旬）连续喷杀菌剂 2~3 次，杀菌剂交替使用。

第四节　红枣

一、直播建园

（一）园地选择

选土地平整，防风系统完善，排水良好，土壤总盐 0.23% 以下，土质肥沃的壤土或沙壤土质的熟地。

(二)土地准备

秋灌土地处理。播种上一年11月，将油饼肥料200千克/亩或厩肥1500~2000千克/亩作为基肥施入，并进行冬灌，灌水量180立方米/亩。并将30千克/亩的过磷酸钙、10千克/亩的尿素和5千克/亩钾肥与有机肥拌匀一起深翻入土。

(三)机械播种

播前土壤封闭：用禾耐斯80克/亩或施田补120克/亩封闭，5厘米地温持续12℃以上时进行机械铺膜播种，一般在4月8日至15日进行，播深2.5~3厘米，每穴3~4粒种子，种子由人工精选，要饱满、色泽鲜艳，破碎率小于1%，纯度达97%，发芽率为90%以上，含水量小于12%，每亩用种量150~250克，4月30日前完成播种。

(四)苗期管理

定苗、补苗、出苗后，在苗高10厘米左右时按株距0.6米定苗，去弱留强。缺苗地方可用移苗器移苗补齐。7月上旬，当苗高0.4米时摘心，摘心后，上面发出的丛枝也要摘心。摘心时间不得晚于7月15日。酸枣生长后期（7月15日前），及时揭除酸枣行的地膜。7月中旬揭膜后及时清理树沟，沟底宽0.8米，埂高0.3米。

(五)株行距指标

新建园采用矮化、合理、适度密植，株行距1~2米×3~4米，亩栽植83~222株；加密直播只适合在行距4~4.2米中间再播一行，要根据情况间距3~4米留一宽行作为机械通道。

(六)生长指标

直播酸枣苗高0.6米，30厘米处径粗0.6厘米以上。嫁接当年树体高1米，径粗2厘米以上，生长一致，嫁接成活率为85%，品种纯度为90%以上，保证嫁接当年树体健壮，实现安全越冬。加密行嫁接当年见果，株产达0.5~1千克。

(七)土壤耕翻

秋季耕翻：秋灌后及时土壤耕翻，深度在18厘米以上；夏季耕翻：6月至7月用旋耕机耕翻一次。

(八)中耕锄草

灌水后根据杂草生长情况，清除树盘或行间的杂草，不得保留恶性杂草如田旋花、芦苇、滨草等，在花期可保留适当的良性杂草。

二、水肥管理

(一)灌水

采用漫灌+滴灌的方式，年总水量350立方米/亩。全年沟灌二次，7月下旬至8月中旬，每次40立方米/亩；大水漫灌一次，10月下旬，灌量180立方米/亩；其他时间采用滴灌。

1. 漫灌模式

全年灌水 6~7 次，春、秋灌 160 立方米/亩。其余灌水量为每次每亩 80~100 立方米，年灌水量 820 立方米/亩，8 月 20 日至采收前控水。

2. 滴灌模式

全年灌水量 700 立方米/亩，其中春秋两次必须大水漫灌，充分洗盐压碱、溶解、吸收土壤中各种养分，灌水量 160 立方米/亩，4 月至 8 月滴水 6~7 次，每次 40 立方米/亩，6 月至 7 月花期连续两次沟灌，每次 60 立方米/亩，8 月 20 日开始控水至秋灌，10 月底前结束秋灌。

（二）施肥

全年施化肥 70 千克/亩，生长季追施 25 千克/亩，其中尿素 10 千克/亩，硫酸钾 15 千克/亩。

1. 施肥原则

100 千克鲜枣约需纯氮 1.8 千克，纯磷 1.0 千克，纯钾 1.3 千克（即氮、磷、钾比例为 1∶0.5∶0.7）。基肥以有机肥为主，枣树萌芽—花期以施氮肥为主，果实膨大期以磷、钾肥为主。

2. 施肥量及施肥时期

每年施肥量要结合枣园当年目标产量、土壤供肥能力、秋施有机肥计算当年应补充的化肥施入量。

以亩产 1000 千克鲜枣产量中等肥力枣园计算投肥量，施油饼肥料 500 千克/亩，折合 N = 500 千克 × 3.41%（氮含量）= 17.05 千克，P_2O_5（五氧化二磷）= 500 千克 × 1.63%（磷含量）= 8.15 千克，K_2O（氧化钾）= 500 千克 × 0.97%（钾含量）= 4.85 千克，当年红枣根系吸收转化率为 1/3。为保持土壤肥力不降低，红枣所需氮、磷、钾肥全部由施入有机肥及化肥提供，则全年需投入化肥 65.4 千克/亩，若土壤瘠薄，肥力较低，需要酌情增施有机肥和化肥。

施肥部位要根据灌溉方式合理确定，肥料的转化、吸收以水能浸润、溶解为前提条件，要充分考虑各连队灌水方式和灌量，以生长季灌水范围确定施肥位置，并树立"局部沃土"的施肥理念。将 100% 的磷肥、30% 的氮肥和 30% 钾肥与有机肥拌匀一并施入，施肥深度在 0.5 米以上。结合沟灌和滴灌，6 月中旬前将剩余的 70% 氮肥投完，7 月至 8 月 20 日前将 70% 钾肥施入，8 月 20 日至秋施肥间停止追肥。

三、树体管理

（一）枣树定植后于第二年实施嫁接管理

1. 嫁接品种

以灰枣为主，骏枣为辅。

2. 嫁接品种的配置

主要嫁接灰枣，并根据种植密度和需要配置适当比例的骏枣，加密行全部嫁接骏枣。

3. 嫁接时期

4月10日至30日为嫁接最佳时期。

4. 嫁接方法

采用高位劈接，嫁接高度在20～30厘米处，嫁接成活关键是酸枣安全越冬，接穗保存得当，操作时削面光滑、砧穗结合紧密，绑扎严实。

5. 嫁接管理

嫁接前后一个星期各滴一水，滴量40立方米/亩。除萌蘖。嫁接后7～10天除萌，以后每隔10天进行1次，一般抹芽2～3次，直到无萌蘖为止。对一次枝基部抽生枣吊及时抹除。若接穗仅萌发枣吊不发枣头，将枣吊留2～3叶摘心，刺激萌发枣头。

绑棍。当幼树15厘米高时及时立防风杆绑缚新梢，30厘米时进行二次绑缚。

检查成活率。嫁接20天后检查成活率，未成活的及时补接。

摘心。灰枣按"三个8"摘心，即苗木长有8个二次枝摘心。骏枣按"三个6"摘心，即苗木长有6个二次枝摘心，二次枝6节，枣吊6片叶摘心。枣吊达到摘心的叶数就及时分批摘心。

（二）树体结构

1. 株行距、树高指标

1～2米×3～4米，亩株数83～222株，树高控制在3米左右。该树形特点是低干矮冠，树体树冠小，光照条件好，骨架牢固，层次分明，结构合理，通风好，易丰产。

2. 产量指标

灰枣嫁接后第六年亩产鲜枣600千克。第10年亩产鲜枣1000千克。

3. 六年定型后的树体结构和定量指标

树高：3米左右，干高50～70厘米。

层次：分上下二层，第一层与第二层层间距1.0～1.2米。

主枝：5～7个，主枝粗度是中干的1/2～2/3。第一层，3～4个，基角70～80度，腰角60～70度，层内距30厘米，长度为1.5～2.0米。第二层，2～3个，基角70～80度，腰角70度，层内距50厘米左右，长度不超过第一层主枝长度的1/2；中干上在第一层与第二层之间培养2～3个小枝组作辅养枝，开角70～80度，长度不超过下部主枝长度的1/3。

侧枝：第一层主枝根据空间配2个侧枝，第一侧枝距中干40～50厘米；第二侧枝距第一侧枝50～60厘米；外围枣头枝的二次枝数量控制在3～7个。成型后果园群体结构达到株间不交接，行间留1～1.5米通风作业带。

（三）修剪

1. 修剪时间

一般在2月至3月修剪。

2. 修剪原则

及时短截，促生分枝，选留强枝，开张角度，扩大树冠，培养枝组，疏截结合，因树修剪，随枝作形，合理占空，不重不漏。由于枣树萌芽力强、成枝力弱、极性强、易上强下弱，修剪反应迟钝，所以在培养下层骨干枝与中心干时，需先培养下层骨干枝，隔年交替培养后成形，并结合夏季修剪。

3. 修剪方法

采用逐年培养、分期缩枝修剪的方法，控制主干生长。

第一年培养强壮的二次枝。酸枣嫁接后抽生的一次枝，在8个二次枝摘心，当二次枝抽生8节摘心，培养强壮的二次枝，为第二年选留第一层骨干枝打好基础。

第二年培养健壮的第一层骨干枝（主枝）。①在中干50～70厘米以上处选3个方位适当的二次枝，留1个枣股短截，以保证所发枣头枝的方位角均匀分布达到120度。中干顶部的第一、二个二次枝均保留不动剪以辅养树体，但中干50厘米以下的二次枝疏除。②直播酸枣当年的嫁接苗弱生长量和粗度不够（计划选留主枝的二次枝粗度达不到0.7厘米以上），则留一个二次枝处截干重新培养。

第三年培养中心干延长头和第一层三大主枝第一侧枝。①中心干延长头，在中心干顶部所留的第一个二次枝上留0.5厘米短截，促其主芽萌发抽生中心干延长枝。②侧枝，在三大主枝上选距中心干40～50厘米的芽朝外（最好方向一致）的一个二次枝根据粗度留1个枣股短截培养第一个侧枝。

第四年培养第一层主枝延长头和中间层辅养枝。①培养第一层主枝延长头，与培养中心干延长头方法相同，在第一层主枝头第一个二次枝上0.5厘米处短截，以促进萌发延长头。②培养层间辅养枝，距第一层主枝50～60厘米处选2～3个与第一层主枝插空的二次枝（南面不培养层间辅养枝），粗度在0.6～0.8厘米的留1～2个枣股短截，其余的枝均保留辅养树体。

第五年培养中心干延长枝和第一层主枝的第二侧枝。方法与第三年相同，注意第2侧枝要选在第1侧枝的对侧，与第1侧枝相距50～60厘米，对下垂枝及时回缩抬头扶壮，对第一层主枝以下的辅养枝可根据疏密程度逐年清除。

第六年培养第三层骨干枝。①冬季距层间辅养枝50～60厘米处选3个与下层枝插空的二次枝，根据粗度留2～3芽短截，培养第三层骨干枝，剪口芽同向。②主、侧枝有空间的继续向外延伸。③对平斜下垂的枝组短截在抬头枝或上芽处及时更新扶壮。

六年生以上树的修剪。①控制树冠高度控制在3米左右，株间不相交，行间留1～1.5米宽的通风作业带。②二层主枝的长度控制在一层主枝长度1/2，辅养枝长度控制在一层主枝长度1/3。③回缩延长枝：对下垂的枝回缩，抬高枝势。④疏截过密枝和细弱枝：对于重叠枝、过密枝、树冠外围细弱的发育枝，应疏除。⑤更新枝组，抬高树势，对于下垂枝组及时回缩。

盛果期树的修剪。此期树冠已经形成，生长势减弱，树冠大小基本稳定，结果能力强。后期骨干枝先端逐渐弯曲下垂、交叉生长，内膛枝逐渐枯死，结果部位外移，修剪上要注意调节营养生长和生殖生长的关系，应疏剪结合，集中营养，维持树势，保持树冠通风透光，使枝条分布均匀，并有计划地及时进行结果枝组的更新复壮，使每枝组能维持较长的结果年限，做到树老枝不老，长期保持较高的结果能力。

①更新枝组，抬高树头：对下垂、衰老的枝组及时回缩至朝上的枣股处，抬高树头以复壮。

②回缩冗长枝：对下垂的冗长枝回缩短截，选择向上的角度，在剪口留1～2个朝上的枣股短截，促进枝头向上生长，并在生长期进行摘心，使其生长健壮。

③利用主枝下部背上枝进行主枝的更新（灰枣）：主枝衰弱后，有计划地利用主枝下部背上枝进行更新，第一年冬季对背上枝留一个枣股进行重剪，春季萌发枣头后5～7节进行摘心，并引向侧面角度调整到50～60度，第二年冬季修剪时回缩至此枝处，促进背上枝快速扩大枝量，通过较强的刺激集中营养恢复树势，继续维持树冠大小和产量。

4. 抹芽

酸枣直播嫁接后萌发后选留一个壮芽，其余全部抹除（包括抹除砧木的萌蘖）。对萌发的没有空间、不留做骨干枝培养的枣头及时从基部抹除。

5. 摘心

对选留培养的主枝、中央领导干枝和侧枝等萌发的枣头一次枝灰枣留5～7个二次枝摘心；骏枣留3～5个二次枝摘心，二次枝长至40厘米也摘心；摘心时主枝延长头留朝外生长的二次枝。对不需要培养的中心干上和主枝上抽生的枣头根据空间留3～5节及时摘心，摘心时延长头留朝外生长的二次枝。树体成形后，树体内的枣头会萌发多次，根据选留进行多次摘心或抹芽。

6. 开张角度

对多年生的直立生长的主枝采用撑、拉等方法开张角度，基角要达到70～80度，腰角60～70度。

7. 拉（拿）枝

培养基部主枝时，当年萌发的枣头枝半木质化时为最佳时间，5月中下旬时，轻轻从基部顺着往外拿（拉）枝软化，并用开角器固定。使主枝与中心干成70～80度角，三主枝之间的水平夹角为120度，并使枝头向有空间的方向延伸。

（四）花果管理

为提高枣树的坐果率，需采用综合保花保果技术措施，在前期加强花前肥水投入的基础上，主要采取以下方法。

1. 生长调节剂的使用

枣花开50%～70%时，用10%～15%浓度的赤霉素进行叶面喷施。红枣绿豆大时，用10%～15%浓度的赤霉素进行叶面喷施。

2. 环剥（主要用于灰枣）

环剥时间：盛花期。环剥技术：主干直径大于10厘米的旺树采用主干环剥，宽度为干径的1/10。对主干直径在5～10厘米的旺树，留一跟枝，在第一跟枝上5厘米处环剥，宽度为干径的1/8～1/10。环剥后保持伤口清洁，保证30天内不愈合。

3. 环割

环割时间：盛花期。环割技术：对主干直径小于5厘米的幼龄树主干和旺树的骨干枝及结果枝采用环割，并且采用多道环割（间距5厘米，间隔5天，连续3～4次），保证20天左右不愈合。

4. 摘心

枣吊摘心：枣吊8对叶（20厘米左右）摘心，促进坐果。木质化枣吊长至30厘米左右时摘心。

5. 增加空气湿度

早晚结合喷施叶面肥进行喷雾，盛花期喷施1%氨基酸和0.2%尿素+0.3%磷酸二氢钾+0.3%硼肥等促进枝叶生长、花芽分化，隔一天连喷三次。盛花期前树盘进行滴灌，树行保持一定的良性杂草覆盖，保持地表湿润，但不能大水灌。

6. 枣园放蜂

在枣树开花前2～3天，每5～10亩果园放置一箱蜂，将蜂箱放在枣园的中心地带。加强花前、花后、花芽分化、果实膨大和冬灌的肥水运筹，促进树体稳健生长、花芽分化和果实发育。

7. 防止裂果

骏枣和灰枣在幼果期时，用钙加镁喷施两遍。骏枣在白熟期时，用钙加镁喷施两遍。果实白熟期前后防止土壤湿度过大，避免果食发生剧烈变化。

（五）安全越冬

1. 涂白

成龄枣树在落叶后至封冻前对主干、主枝涂白。涂白高度：主干1米、主枝基部0.5米。涂白剂配方：生石灰12千克，食盐2～2.5千克，水36千克，23°Be石硫合剂1千克，先用水将生石灰溶为石灰乳，再加入已化开的盐水，最后加入石硫合剂，搅拌成浓糊状即可。

2. 树体包扎

2～3年生的幼树，在浇完越冬水至土壤封冻前，采用布条、麻袋片或毡片缠绕包扎主干防寒。

第五节　果树种植示范户

一、三十三团十九连职工张志华

张志华是十九连职工，生于1952年2月，四川省乐山人，1969年参加工作，家庭承包香梨园1.6公顷。他善于钻研林业技术，在长期果园承包中善于总结经验，吃苦耐劳，在林果种植技术上重视果园及树体的科学技术管理。在香梨种植技术上，采取冬夏结合，合理修剪，培养稳固的树体骨架，采用扭梢、摘心、拿枝等方法，控制新梢生长，促进花芽形成；加大果园有机肥的投入，秋施有机肥每亩2800千克，抓好生育期各阶段化肥的施用量；加强花果管理，蜜蜂授粉和人工辅助授粉相结合，提高坐果率；加大疏果工作力度，确保连年丰产稳产技术措施。承包的果园日常管理成为连队的示范，连年获得丰收。丰产年份优质果亩产达5000千克，家庭年收入35万元。2006年张志华获得高产状元称号。2009年，他带头租赁承包的22亩果园，年纯收入20.6万元，获团"先进生产者"荣誉称号；连年被团授予"劳动模范""五好职工""先进生产者"荣誉称号。

二、三十三团三连职工何碧英

何碧英是三连职工，生于1975年5月，四川省仪陇县人，2000年参加工作，家庭承包枣园1.67公顷。她善于钻研林业技术，在长期枣树承包中善于总结经验，呕心沥血，在林果种植技术上重视果园及树体的科学技术管理。在枣树种植技术上，为解决群体光照恶化问题，行间密间伐过密临时行，株间密间伐过密株等问题，采取"先动锯，后动剪"和缓势手法等技术措施，调整枣园的合理密度，开张主枝角度，抹除多余枣头，以小冠疏散分层树继续培养，减少过多刺激萌发枣头；加大果园灌溉和有机肥的投入，春秋季节漫灌灌水量每亩140立方米，秋施有机肥每亩2000千克，生长期前促后控，抓好生育期各阶段化肥的施用量；加强花果管理，叶面坐果微量元素的喷施及病虫害防治相结合，萌芽前喷施5°Bé石硫合剂，选用红蜘蛛等防治枣瘿蚊等虫害的安全药剂，提高枣树坐果率；加大疏果工作力度，确保连年丰产稳产技术措施，承包的果园日常管理成为连队的示范，连年获得丰收。丰产年份优质果亩产达570千克，家庭年收入13万元。她承包的果园产量连年持续丰产，作为连队示范户，连年被团授予"三八红旗手""劳动模范""五好职工""先进生产者"荣誉称号。

三、三十三团七连职工李维莲

李维莲是七连职工，生于1974年10月12日，四川省合江县人，中共党员，1995年参加工作，家庭承包红枣园 3.3 公顷。她善于钻研林业技术，在长期枣树承包中善于总结经验，呕心沥血，在林果种植技术上重视果园及树体的科学技术管理。在枣树种植技术上，采取骏枣苗高位嫁接、除萌芽、打枣头、去枣吊等方法，实现亩保株数 1100 株；采用矮化密植的管理模式，控制新梢生长，促进花芽形成；加大果园灌溉和有机肥的投入，抓好生育期各阶段化肥的施用量；加强花果管理，叶面坐果微量元素的喷施及病虫害防治相结合，提高坐果率；加大疏果工作力度，确保连年丰产稳产技术措施，承包的果园日常管理成为连队的示范，连年获得丰收。丰产年份优质果亩产达 620 千克，家庭年收入 80 万元，带动连队职工年增收 5 万元。2000 年，李维莲被团工会评为"十佳行业女能手"；2009 年，她在团和谐小康家庭创建活动中，获团"和谐小康家庭"示范户荣誉称号；连年被农二师、团两级评为"三八红旗标兵""红枣建园高产个人""先进生产者""五好职工"；2015 年，团授予李维莲"巾帼致富带头人"荣誉称号。

四、三十三团八连职工高秋英

高秋英是八连职工，生于 1962 年 8 月，河南省禹州人，1990 年参加工作，家庭承包 1 公顷香梨园。她善于钻研林业技术，在长期梨园承包中善于总结经验，呕心沥血，在林果种植技术上重视果园及树体的科学技术管理。在梨树种植技术上，采取撑、拉、吊等修剪方法，开张主、侧枝和层间辅养枝角度，扩大树冠稳定树形结构，对果树进行抑强控上，平衡树势，加强结果枝组的培养，丰满树体；加大果园灌溉和有机肥的投入，采用小畦化节水灌溉，秋施有机肥每亩 1500 千克，抓好生育期各阶段化肥的施用量；加强花果管理，叶面坐果微量元素的喷施及病虫害防治相结合，提高梨树坐果率；加大疏果工作力度，确保连年丰产稳产技术措施，承包的果园日常管理成为连队的示范，连年获得丰收。丰产年份优质果亩产达 3667 千克，家庭年收入 20 万元。2008—2012 年，高秋英作为果园种植示范户，连年被团授予"三八红旗手""模范家庭""先进劳模"称号。

第六节　植树造林

一、公益林

（一）三十三团

1995—2015 年，是团场林业生产深化改革，快速发展的重要阶段。团根据兵团和农二师党委要求，以立足保护生态环境，推动团场经济发展为目标，逐步深化改革林果业管理体制，果园由"两费自理，上交利费"管理，过渡到"果树作价出售，产权归己，自主经营，园地长期固定承包，有偿使用"为主要内容的产权制度改革。对成林由"目标管理，经济核算，专业承包，责任到人"的林业生产责任制，过渡到"按定额承包到人，费用自理，以林养林，自负盈亏"的经济责任制。对幼林以最少2公顷为单位，一次性作价转让给职工，产权归己，费用自理，树木凭采伐证采伐，自行进入市场。林果业生产管理模式的改革，推动了林果业生产快速发展。1995—2005年11年间共造林1426公顷。

2006年团场合并后，团场根据实际情况，重新规划，重点发展特色林果业，增强综合经济实力，使林业又一次快速发展。截至2015年，人工林面积3184公顷。

表9-7 三十三团林业生产一览表（1995—2015年）

年份	年末实有林业面积（公顷）	年末实有苗圃面积（公顷）	林业产值（万元）	义务植树造林面积（公顷）
1995	465	1	25	16
1996	488	1	26	14
1997	589	2	38	53
1998	607	3	62	41
1999	607	7	39	38
2000	647	7	41	106
2001	753	7	154	242
2002	783	9	146	82
2003	2801	10	309	345
2004	1145	6	379	338
2005	1350	4	503	79
2006	1955	12	455	348
2007	3000	12	415	130
2008	4796	12	398	150
2009	4547	3	428	67
2010	4547	1	267	7
2011	4547	1	378	8
2012	4547	13	505	12
2013	4628	13	396	7
2014	2683	26	365	20
2015	3184	30	395	15

注：1995—2007年林业产值均为当年价格，2007—2015年林业产值均为现在价格。

（二）三十二团

1995年，团场造林面积272公顷。20世纪90年代后期，团以立足保护生态环境、推动团场经济发展为工作目标，坚持生态与经济相结合，对果园实行"果树买断，园地租赁"为主要内容的产权制度改革。对林业实行"专业承包、管理到人、两费自理"经济责任制。同时，鼓励发展非公有制林业，干部职工谁种谁拥有，路旁和营区实行公造私管，林业生产在数量上持续发展，质量也由劣转优。2005年，团场造林面积1096公顷，林网化程度95%。

表9-8 三十二团林业生产一览表（1995—2005年）

年份	年末实有林业面积（公顷）	年末实有苗圃面积（公顷）	林业产值（万元）	义务植树造林面积（公顷）
1995	272	1	35	5
1996	1315	1	97	20
1997	858	1	88	20
1998	237	0	57	27
1999	309	0	20	50
2000	347	3	24	133
2001	400	3	221	188
2002	506	3	247	64
2003	1024	6	185	720
2004	1032	2	143	47
2005	1096	0	148	18

注：1995—2005年林业产值均按当年价格计算。

二、野生胡杨红柳保护（重点公益林管护）

至2015年，团场有林地23733.34公顷，其中人工防护林1800公顷；经济林3733.34公顷；天然胡杨林、荒漠灌木林15126.67公顷。2015年纳入重点公益林面积8933.34公顷，一般公益林10453.34公顷。

（一）机构

为确保中央森林生态效益补偿基金的实施和管理，团场于2009年成立新的森林生态效益补偿基金管理领导小组，做到专款专用。为有效地利用国家的生态效益补偿基金，加快团场林业的发展，切实担负起保护和管理好重点公益林的责任，团场成立重点公益林管护中心，作为日常具体负责重点公益林的主要机构。

（二）管理措施

在封育区显要位置设立标示牌，利用广播、电视宣传相关法律、法规；制定三十三团重点公益林管理规章制度，明确基金管理领导小组、重点公益林管护中心职能；制定管护中心主任、技术人员岗位职责；制定对管理人员、技术员及护林人员监督制度、考核办法；对管护责任人实行绩效管理考核，形成领导小组、管护中心、管理人员、技术人员、管护责任人5级管理网络；做到管护措施到位、管护人员到位、管护经费到位、管护责任到位，管护中心各项工作有章可循。

（三）队伍管理

团场将纳入中央森林生态效益补偿重点公益林划分为 40 个林班，1120 个小班。其中团场西区（原三十二团）3493.34 公顷；东区（原三十三团）5506.67 公顷。根据《三十三团重点公益林重大管护抚育项目实施方案》，团场划分落实管护责任区 23 个，落实管护人员（护林员）23 人，管护单位与护林员签订管护合同 23 份，落实管护面积 9000 公顷。明确各护林员管护责任区区域、面积、四至界线及管护责任。每月对护林员所管辖片区进行考核，管护中心定期培训护林员，学习《中华人民共和国森林法》《中华人民共和国防沙治沙法》等相关法律、法规。

（四）成效

团场通过对国家重点公益林重大抚育项目的实施，杜绝了公益林区砍柴、割草、放牧等破坏植被行为，公益林区天然植被有效恢复。植被生长量较抚育前有明显增加，部分流动、半流动沙地基本固定，沙垫面起伏增大，风速削弱，外来流沙阻截，沙漠地带生态相对稳定，风沙危害得到控制。团场职工群众生产生活环境有效改善，为职工增收、团场经济可持续发展奠定基础。

三、防护林

（一）义务植树造林活动

1995—2005 年，团场每年 4 月上旬，组织团各单位开展义务植树活动。林管部门制定植树造林规划、任务和技术质量要求，做好林地和供应树苗准备，分配到各单位。各单位采取集中机力、人力等多种形式进行植树造林。

1995—2015 年，三十三团累计义务植树造林 2118 公顷，年均 105.9 公顷。

1995—2005 年，三十二团累计义务植树造林 1292 公顷，年均 117.45 公顷。

2012—2015 年，团场围绕推进"绿色家园、绿色生态连队"建设，开展绿化造林活动，推进林道绿化工程。引导职工群众搞好庭院绿化美化，建设高效农田林网。实施通达工程，制定有路就有树、有田就有林的长远规划，完成团场绿化任务。

四、主要树种及育苗

（一）树种

团场人工林树种经过多年的筛选和培育，基本适应定植的有 3 大类 30 余个品种。

造林树种：胡杨、沙枣、红柳、新疆杨、榆树、柳树等。

经济林树种：香梨、苹果、红枣、杏、桃、李、葡萄等。

风景观赏林树种：国槐、小榆树、长枝榆、垂柳、馒头柳、金丝柳、合欢树、香花槐、木槿、侧柏、千头椿、火炬树、红叶李、小叶白腊、榆叶梅、金枝国槐、丁香、水腊、红叶小檗、紫穗槐等。

（二）育苗

1998年起，团场育苗工作由团林业工作站负责，主要承包给职工，团按市场价购买。主育苗类有胡杨、沙枣、杜梨、葡萄、红枣等树苗，年均育苗在3公顷左右。

（三）林种结构

团场林种结构所占比重最大的是农田防护林，其次是渠道林、道路林。

1. 农田防护林

塔里木垦区农田防护林建设与条田规划同步进行，新植林带与成林轮伐更新相互衔接，其发展过程是由混交林向纯种林过渡，由密植（3米×1.5米）向稀植（2×2米~2×3米）过渡，由稀疏结构向疏透结构（或透风结构）过渡，由宽林带、大网格向窄林带、小网格过渡。

2. 树种选择

农田防护林的树种选择以胡杨、沙枣、新疆杨为主。

3. 造林质量与密度

新植林地坚持实行"四不栽"制度（地不平不栽、不治碱不栽、苗木不合格不栽、当天不进水不栽），栽植坑须达到直径40厘米、深度40厘米，每公顷在2250株以上，横竖一条线，保证树行通直，林相整齐。

（四）防护林生产

1995—2015年，三十三团围绕农田林网化建设任期目标责任制，年均出动3500人次实施全民义务植树造林。20年间，共营造（更新）农田防护林200余条，面积2056公顷。至2015年，农田防护林面积达3184公顷，林网化程度87%。

1995—2005年，三十二团坚持以巩固提高农田林网化成果为中心，强化林业技术措施的落实，进一步完善团、站（林业工作站）、连三级林网化建设任期目标管理责任制和林业工人"两费自理"及专业承包责任制。10年间，年均出动3000余人次进行全民义务植树，建农田防护林100余条，面积1292公顷。至2005年，农田防护林面积达1350公顷，林网化程度为85%。

（五）渠道林

渠道林栽种，按照建设田、林、路、渠标准条田要求，在栽种农田防护林的同时，在无林带条田的农渠上定植1~2行胡杨树。它一不占耕地，二不专门灌水，一经定植，稍加管护，就可5年成林，既能改变林带间距，又能提高农田防护效益。2000年后，因农田开始实施加压滴灌，渠道长年不进水，渠道林建设基本停止。

（六）道路林

团场道路林分为镇区道路林和农区道路林两大类。镇区道路林与小城镇绿化相结合，既是道路林又是绿化带。农区道路林大都与农田防护林建设相结合，既是道路林又是农田防护林。2015年，团场道路绿化总长155千米，道路绿化率为97%。

第七节　退耕还林

退耕还林工程是国家生态建设的一项重大举措，是西部大开发战略目标计划的重要组成部分。2003年3月，根据国务院颁布的《国务院关于进一步做好退耕还林还草试点工作的若干意见》《退耕还林条例》和上级党委部署，及"1+3"文件精神，全力实施退耕还林（还草）工程。按照突出重点，生态优先、宜林则林、宜草则草的工作思路，团场制定了《退耕还林（还草）实施办法》《退耕还林（还草）目标管理办法》《退耕还林（还草）工程设计书》。把退耕还林（还草）作为改善塔里木垦区生态环境，合理利用土地资源，帮助职工致富，保障和促进团场经济可持续发展的重要措施，全面规划，稳步推进。

一、工程基本概况

三十三团退耕还林工程于2003年开始实施，完成退耕还林666.66公顷，其中生态林600公顷，经济林66.66公顷，百分之百完成上级下达的工程任务。三十二团完成退耕还林工程面积333.33公顷，其中经济林66.66公顷，生态林266.66公顷。

二、承包政策

坚持生态效益优先，兼顾团场增效和职工增收，防止边治理边破坏，充分尊重职工意愿，尊重自然规律，科学选择树种，因地制宜，统筹规划，分步实施，面向社会，不受单位和职业限制，鼓励私人参加退耕还林（还草）承包，无户人员表现突出的可办理落户手续，交清社保费用（个人承担部分），并完成一个管理定额，团承认职工身份。实行多元化投资，多种形式经营，多层次发展，承包形式"两费（生产资料费和生活费）自理"，承包期10年，合同期满可以续定。每人承包退耕还林（还草）面积至少2公顷为一个管理定额，凡参加退耕还林的承包人员，须签订承包合同。凡列入退耕还林（还草）条田，根据土地类型进行科学规划，允许间作小麦、籽瓜、番茄、辣椒等矮秆作物，间种产品归己，成本费用自理，严禁种植高秆作物。

三、管理规定

团场成立退耕还林建设项目领导小组及办公室，由团长、政委任组长，主管林业副团长任办公室主任，林管站抓具体工作及措施的落实。退耕还林单位连长为第一责任人，退耕还林承包人员及宜林荒地造林的看护工作均由所在辖区的连队管理；退耕还林承包第一年苗木定植前所发生的水费、机耕费、苗木费及栽培费均由团承担。第二年开始所发生的一切费用（除团补贴外）由承包人承担（包括农业税）；退耕还林水费，团按每年120~160元/亩进行补贴（补贴年限7

年）。所补贴的水费、管理费必须在完成各阶段目标管理，经团验收合格后进行补贴，实行封育禁牧管理，严禁在退耕还林地放牧割草，对破坏苗木者，除加倍赔偿外，团有权收回其承包权。凡签订退耕还林（还草）承包合同人员，如中途退出承包，按单方违约规定条款解决。

2006 年两团合并后，团场从退耕还林承包户的利益出发，对红枣种植成活率较低的退耕还林地，由红枣树种改换经济树种。

根据《退耕还林条例》相关规定，经济林 5 年进行检查验收，生态林 8 年进行检查验收。2008 年，国家林业局西北院专家对三十三团退耕还林 66.66 公顷经济林到期地块进行抽查验收，所到之处是硕果累累的丰收景象，西北院专家看到团场退耕还林建设成果，给予很高的评价和肯定。2011 年，国家林业局西北院专家对团场退耕还林 600 公顷生态林进行检查验收，检查所抽地块，保存率达到 99%，退耕还林工程验收通过。

四、工程成果

团场自工程实施后各级领导高度重视、科学规划、合理布局、真抓实干，努力改善团场恶劣的生态环境和加速产业结构调整，为早日实现职工脱贫致富提供了有效途径。通过退耕还林工程的实施，增加经济林面积，经济效益良好，职工收入得到提高。土地荒漠化得到有效遏制，风沙明显减少，生态效益显著，对改善本地区生态环境、生产生活条件，起到关键作用。团场经济社会稳定，职工群众安居乐业。

表 9-9　三十三团退耕还林一览表（2003—2015 年）

单位：公顷

连队	小班号	树种	面积
一连	1-7 南	红枣	28
二连	7-9	红枣	321
	8-5 荒	红枣	46
	8-5	红枣	192
五连	9-5-1	梨	330
	9-7-1-5	红柳	234
	95-5-1	红柳	298
	17	梨	280
	11-5 荒	梨	620
八连	17-7 东	梨	206
	17-7 东	红柳	654
九连	13 连荒	红枣	425
十一连	11-19	梨	350
	11-20	梨	274
	11-21	梨	351

续表

连队	小班号	树种	面积
林园连	Y-73西	梨	27
	三斗南	红枣	117
	五斗南	梨	250
合计	—	—	5003

表9-10 三十二团退耕还林一览表（2003—2015年）

单位：公顷

连队	小班号	树种	面积
十一连	菜地	红枣	25
	16-3西	红枣、香梨	48
	16-6	沙枣、红柳	294
八连	三角地	沙枣、胡杨	86
	14-2	梨	250
	14-2南	红枣	17
	14-2西	红枣	30
十连	大桥下	梨	100
	5-4	梨	18
	4-3	梨	44
	新一支	杜梨、胡杨	64
四连	3-9	梨	70
	3-9	梨	190
	林场	梨	105
	一支干西	沙枣、胡杨	88
	一支干西	梨	122
	1-5	梨	190
	1-7	梨	145
	菜-3	梨	32
七连	18-2	梨、沙枣	168
	18-4	沙枣、红柳	358
	18-4东	红柳	250
治沙站	二系统	红枣	10
	吕安云	红枣	45
	鱼池边	酸枣	10

续表

连队	小班号	树种	面积
九连	Y-48	红枣	457
	Y-49	梨	114
	17-5	红枣	138
	17-1	梨	57
	17-5北	红柳	260
	高台地	红枣	115
	苹果园	梨	100
15连	16-2	梨	212
18连	14-4	梨	109
18连	14-5	梨	308
18连	8-1	梨	156
18连	8-2	梨	160
19连	Y-46	梨	55
合计	—	—	5000

第八节 经营管理

团场从建场之初至20世纪70年代中期，受重农轻果影响，曾导致林果业经济效益下滑。

1978年后，团场逐步深化改革林果业管理体制，林果业生产有了长足发展，尤其是进入国家"十五"时期之后，团场党委和各级领导坚持把林果业摆在和农、牧业同等重要的位置，致力于种植业、畜牧业、林果业"三足鼎立"发展格局。在机构设置、管理体制、经营管理等方面，逐步向专业化、科学化、效益化推进。

一、林业产业调整

（一）生态环境综合治理工程

2000年，由国家投资的塔里木生态环境综合治理工程正式启动。该工程在团场辖区内局部沙漠地带建设生态系统9个，面积403.6公顷。其中三十三团建设4个系统，建设面积173.3公顷；三十二团建设5个系统，建设面积230.3公顷。项目采用先进的滴灌技术，在沙漠上种植胡杨、沙枣，该工程实施当年树木成活率达到95%以上。工程的实施使部分流动和半流动沙带基本固定，从而削弱风速，阻截外来流沙，维持沙漠地带生态相对稳定，减轻风沙对周边连队及农田的危害，给团场职工增收创造更多有利条件，为团场经济可持续发展奠定基础，职工群众生产生活环境得以改善。

（二）封沙育林工程

2005—2008年，团场完成封沙育林3333.33公顷，人工栽植草格沙障90公顷，人工建设铁丝围栏32千米，遏制沙化土地继续漫延。经过十年的封育，风沙灾害减轻，植被覆盖率和防风固沙效能提高，地区生态环境改善，生物多样化得以保护，人与自然和谐发展。

二、管理机构

团场建场初期，设有林业管理机构，办公室配一名林业参谋，主管全团林业生产。20世纪90年代后，团场相继成立园林科、林业工作站，负责全团果园管理及其他各项林业工作。

2006年，团场成立公益林管护中心和兵团级森林病虫害测报站，负责公益林的管护工作。

2013年，团场成立绿化办公室，专门负责团部城镇绿化管理工作。

至2015年，团场林业工作站下设园艺中心、公益林管护中心、森林病虫害测报中心和绿化办公室。林业管理工作站有站长1人，副站长1人，主任4人，技术员12人，护林员23人。

三、管理体制改革

（一）三十三团

2002年2月，团场按照兵团和农二师两级党委要求，深化团场内部改革，实行林果业改制。对现有果园实行果树作价出售，产权归己，自主经营的政策。园地实行长期固定政策，按等级划分租金标准，年初一次性交清租金，有偿使用。经营者以市场为导向，宜果则果，宜牧则牧，宜农则农。

（二）三十二团

2000年1月，三十二团按照兵团和农二师两级经济工作会议要求，深化团场内部改革，努力探索和实践造林绿化的多种有效形式，鼓励发展非公有制林业，对林果业实行改制。团制定《三十二团林果业改制方案和管理暂行办法》，对现有果园实行果树作价出售，产权归己，园地有偿使用和自主经营、自我发展、自负盈亏的经营体制。团所有果园按果树品种、结构、树龄、结果量，公开作价拍卖给果农。园地按等级划分租金标准，年初一次性交清。在果园改制同时，林业改制方案一并出台，后因条件尚不成熟，故暂没实行，仍沿用专业承包办法。

四、配套管理制度

（一）三十三团

1996年，林果业实行责任到人，核算到人，按抚育管理目标分解到位的管理办法。中成年果园管理定额为1公顷，幼林管理定额为2公顷。果园实行"两费自理"或租赁承包，年初一次性交清租赁金。2000年以后，林业承包开始实行"两费自理"、定额管理、目标考核的管理办法，承包职工年初一次性交连队保证金300元/亩，幼林管理定额为2公顷。果园均实行"两费自理"，核定上交利费的承包办法。是年，团对果园实行树体买断、园地租赁、长期固定不变的承包方式，配套"五统一"管理办法。2003—2005年，对退耕还林地均实行"两费自理"固定承包，承包期10年，承包定额原则上以33.3公顷为限。退耕还林地按要求定植苗林，第一年保证成活达到120株/亩以上，第二年春季保存率（完整度）达到95%以上。未达到规定指标，经林管站验收核实，由承包户自行负责缺一补一，费用自理。林地套种原则上仅限饲草和矮秆作物，费用自理，套种收入归己。退耕还林土地租金10年不变，前七年每年按0~600元/亩收取，以后每年增加150元/亩，保证金一次性按每公顷300元计交，待承包期到后，本息返还，团统一建账，专项管理。

2014年，团场新植香梨园按照团场投资建园、职工承包管理、产品归团所有、技术统一管理的总要求实行综合管理。每个职工2公顷一个管理定额，目标管理各项指标经团场考核达到规定，核发年管理费。对树体老化、果实品质差的残次果园，采取更新的方法，经团鉴定批准后，采用适合于本地区的新品种进行更新定植。对幼果期、盛果期的果园实行缺苗补栽制度，补栽苗木费由承包人自行承担。团允许对经济林进行流转，但各项费用不变。承包人转让果园时，由个人提出申请报告，经林业站、团同意审核后，再行合同变更方可有效。私自转包者，团有权解除承包。果园内除自建房外，原有公房由团统一管理，任何人无权变卖转让。2015年，政策未发生较大变化。

（二）三十二团

团场林果业管理体制改革后，实行辖区负责，分类管理，出台一系列发展林业的优惠政策，并逐步完善相关配套管理制度。

1. 林业

实行专业承包管理，林业管理须达到团目标管理六条作业标准（中耕除草、灌水、整枝修剪、包扎涂白、喷药、防治病虫害）。1~5年生幼林4公顷为一个定额；6~10年生林8.33公顷为一个定额；11年以上成林16.67公顷为一个定额。生态连队及小城镇绿化均纳入单位管理，由林业职工专业管理，管理费按承包面积、成活率、保存率计算，由团林业站按目标管理考核办法考核后核销到单位进行发放。

2. 果业

团对果园实行"树体买断，承包经营，土地租赁"和"五统一"（统一地面管理，规范作业标准；统一肥料投入，强化科学施肥；统一植保，控制病虫害；统一果园灌溉，狠抓灌水质量；统一新技术推广应用，强化科学管理）管理办法。挂果老果园原则上维持每1公顷管理定额，允许多定额承包。新植园及幼园管理定额为2公顷。

3. 苗圃

团场对苗圃地实行鼓励种植政策，鼓励职工拿出自用地进行种植，不上缴任何费用，成本自理。种植的苗木，团场按市场价收购，多余的团林业站协调外销。

4. 退耕还林

退耕还林地均实行"两费自理"，管理费补贴的核定，由树木成活率及阶段目标管理各占50%组成（成活率须达到85%以上）。退耕还林经济树种纳入果园"五统一"技术管理，执行目标管理六条作业标准（中耕除草、灌水、整枝修剪、包扎涂白、防治病虫害、管护）。团林业站每月对退耕还林地进行考核，考核90分以上为合格，按承包合同约定发放补助款，考核分每少1分，每亩扣除补助款2元。

五、林木管理

（一）承包管理

1. 常规梨园

团场实行租赁承包，土地属国家所有，团代表国家行使辖区内土地的使用权和经营权，果园产权归团所有。管理果园每人管理定额为1公顷，新植果园每人管理定额为2公顷。

2. 新植香梨园

按照团场投资建园、职工承包管理、产品归团所有、技术统一管理的总体要求进行管理。管理面积为2公顷/人，前五年由团场投资建园，职工固定承包，第六年开始租赁承包，上交50千克/亩一级香梨，以后50千克/亩/年递增，400千克/亩封顶。当年新定植果园承包时一次性交清果园管理保证金300元/亩，果园管理保证金，严格按团制定的标准化果园进行管理考核，凡有违反管理目标和考核不达标的，扣罚管理保证金，对扣罚的管理保证金在当年底补齐，违反本条者，团可单方解除合同。5年后果树保存率达到90%，全额返还保证金。保存率低于90%，每死一棵果树，赔偿50元，直至保证金赔完。

3. 枣园

根据兵团红枣产业化发展要求，采取产权归属团场、枣园固定到户、成本费用自理、产品定量上交、实行五个统一的经营方式。产权归属团场，按照所有权与经营权"两权分离"原则，确定枣园产权关系。枣园所有权属团场，职工通过承包、租赁形式获取果园经营权。枣园承包户与团场签订土地长期固定合同，最长固定至本人退休年限为止。枣园流转须经团场同意按规定办理相关手

2009年，团红枣种植形成规模化　　（园林科供图）

续后方可执行，私自转让均为无效。红枣直播建园承包定额为1公顷，成本费用个人自理，自理金900元/亩，技术保证金300元/亩，在合同签订时一次性交清。

4. 直播枣园上交指标的确定

第三年起红枣直播建园按10千克/亩上交优质干灰枣，以后每年按10千克/亩递增；第七年起每年按5千克/亩递增，80千克/亩封顶。未达到上交指标的，按300元/亩缴纳"五保三费"。

（二）林木保护

自建场初期，团场就非常重视护林和森林火灾的预报工作，先后成立治安联防队和义务消防队，制定一系列林业管护规章制度，并坚持常年开展群众性爱林护林活动。

1995年后，团场有一名副团长主管护林工作，由林管部门牵头，会同相关部门（科室），以植树节、"12·4"全国法制宣传日和创建"绿色生态团场"为载体，组织开展以打击破坏林木及林业资源违法犯罪活动为主要内容的宣传教育活动，引导全社会力量关注、支持、参与林木保护管理，严禁乱伐和践踏林木等违法行为。

2000—2002年，团场林果业改制后，对各连队下达树木抚育和管护两大指标，对林业承包职工实行护林、承包一肩挑，把依法治林工作纳入林带管护量化考核的主要内容。

2006年两团合并后，团场为保护培育和合理利用林业资源，制定相关林业管理制度和奖励办法。对乱伐林木、林中放牧、乱剃树枝、林带周围放火等行为实行全社会监督、举报。

2006—2015年，团与连队及护林员，层层签订责任书，制定岗位责任制办法，确保林有人管，树有人护，责有人负。

（三）林木的采伐管理

团场历年来，一直严格执行采伐管理制度，对林木采伐按照国家有关政策进行管理，在辖区采伐林木一律实行林木采伐许可证制度。林木采伐许可证发放管理工作，由农二师铁门关市林业局管理，团林业工作站对需要采伐的林木进行现场调查、确认和申报，经农二师林业局开具采伐许可证后，由团林业工作站具体监督执行。

（四）林地征用审核

1995年后，根据国家林业局对征用林地审核工作要求，团场按照国家标准组织协同占用林地建设单位，认真做好征占林地前期的各项准备工作，以确保征占用林地审核、申报工作有序进行。同时加大对已审批同意征占用林地的监督管理力度，对已审批同意征占用林地的建设项目，由团林业工作站进行监督检查，并交纳森林植被恢复费。在加强林地征用审核工作上，对不需占用林地的坚决不批准，坚决杜绝非法占用林地案件发生。

六、效益

(一) 生态效益

团场通过大面积造林,农田防护林、道路林、护渠林、片林错综相连,局部生态环境得到改善。防护林体系构成天然的防风屏障,风沙对农田的侵袭逐年减轻,塔里木垦区农业生产得到保护,为团场经济发展和职工增收创造更多良好条件。

(二) 经济效益

20 世纪 90 年代中期,随着团场经济体制改革的不断深入,林果业快速发展,职工收入不断提升,团场经济和社会效益凸现。国家"十五"时期,对林业管理体制进行系列改革,农田保护林在资源可持续经营的前提下,采取严格制度、确保平衡、总量控制、合理更新的办法,推动林果业向好发展,经济效益大步提升。2015 年,团场果园面积为 3769.41 公顷,果品总产 88395 吨,创造产值 55229 万元。

2013 年,团护林巡逻队在胡杨林巡逻 (胡俊建 摄)

第十章　塔里木马鹿主体养殖业

20世纪80年代，团场成为全国乃至亚洲最大的塔里木马鹿驯养繁育基地。20世纪90年代，三十三团、三十二团塔里木马鹿驯养繁育基地是国家高效特色农业示范区之一。2008年起，受国际市场冲击，国内鹿茸市场价格遭遇"寒流"，市场持续低迷，严重影响到团场马鹿养殖业的生存与发展。

因鹿茸市场经济萧条，鹿茸价格一路下滑，职工收入普遍下降，遂实行养鹿"两费自理"承包。2013年，养鹿业开始转型，向畜禽养殖合作社方向发展。2015年末，团马鹿存栏5500头。

第一节　饲草资源

一、天然草场

团场天然草场主要分布在塔里木河两岸，2015年，团场可利用天然草场16933.34公顷。为春、夏、秋三季放牧所用，主要有同古斯巴、阿西木椰、大西海子水库湿地三个区域。草场主要植物有芦苇草、甘草、罗布麻、铃铛刺、茇茇草等。

二、农区饲草

团场饲草来源虽较丰富，但不能满足日益发展的畜牧业需求。团场农区饲草资源主要有种植作物秸秆、牧草基地及工副业产品三大类。弃耕地、饲草地、排灌渠和道路两侧的草资源作为冬季主要饲草来源。棉花秸秆、棉籽壳、棉渣壳可以作为反刍动物的主要粗饲料，棉饼、棉渣及棉蛋白可以作为畜禽的主要蛋白性饲料。2000年后，为培肥地力，团场在种植业上采取秸秆还田的方式，作物倒茬地骤减，农区冬季放牧区域大幅减少。

第二节　畜禽生产

一、畜禽结构

20世纪80年代后，随着经济社会发展，团场提倡和鼓励职工发展畜禽养殖，私人养殖业开始兴起。

团场牲畜品种主要有马鹿、羊、猪、牛、马、骡、驴、兔等。马鹿是团场所处塔里木垦区内的珍稀动物。家禽类有鸡、鸭、鹅等。

二、经济效益

1995—2007年，是团场畜牧业快速发展时期。1997年，由于鹿茸价格上涨，团场聚力发展马鹿养殖业，对小而全、少而散的畜牧业经济结构做了较大调整。畜牧业开始逐步改革经营体制，实施专业承包、以产定酬、责任到人的生产责任制，采取"三扇门"（全民、集体、私人）一起开，鼓励职工大力发展养殖生产，经济效益日益看好。

1998—1999年，团场畜牧业先后实行以产权转让、民有民营为核心的产权制度改革，畜牧业生产开始由团场经营转为民营。

国家"十五"时期，畜牧业随着改革开放的不断深入，在发展主体、发展模式、管理体制、生产增长方式等方面都发生了深刻变革。团场围绕发挥优势、多业并举、点区结合、整体致富的发展思路，采取政策引导，资金支持，科技推动和信息技术服务等发展措施。在养殖用地、基础设施建设、饲草供应、资金信贷、繁育补贴和职工待遇等方面出台一系列优惠政策，出现一大批养殖专业户。通过为畜牧工发放小额贴息贷款，走种养结合之路，发展养殖小区，加快饲草基地建设。引进优良种畜来改良畜牧品种，提高畜产品质量，将养殖、屠宰、运输、产品销售有效对接，抵御市场风险，推动畜牧业持续发展。

2005年，三十三团有专业养殖小区2个，年末牲畜存栏18313头（只），肉类总产617吨；三十二团有专业养殖小区1个，年末牲畜存栏12644头（只），肉类总产418吨。

2006年，团场畜牧业合并后，年末全团牲畜存栏34114头（只），肉类总产1131吨。

2008年，鹿茸价格下跌，市场低迷，随后鹿茸价格持续低迷。

2013年，养鹿业开始转型畜禽养殖合作社，团建立各类专业化畜禽养殖合作社13个。

2014年，团畜牧存栏22300头（只），其中马鹿存栏4600头，畜牧业总产值6005万元。

2015年，团畜牧存栏29600头（只），其中马鹿存栏5500头，畜牧业总产值5708万元。

表 10-1　三十三团畜牧业生产一览表（1995—2015 年）

年份项目	牧业产值（万元）	年末牲畜总数（头/只）	牛（头）	猪（头）	羊（只）	肉类总产量（吨）	猪肉（吨）	羊肉（吨）	羊毛产量（吨）	牛奶产量（吨）	禽蛋产量（吨）
1995	593	8407	608	2144	5225	193	115	47	12	11	27
1996	699	7048	670	2261	3752	246	144	62	11	9	35
1997	621	6690	712	1791	3871	221	154	21	10	10	35
1998	575	10563	726	2925	6552	269	196	28	13	11	21
1999	801	10348	596	3487	5931	321	212	65	14	12	13
2000	979	10192	600	2482	6759	335	249	37	23	17	5
2001	924	11685	701	2297	8413	362	314	24	16	14	6
2002	1059	13125	881	2103	9930	398	272	88	20	19	7
2003	949	14253	779	2084	11216	427	246	130	29	23	14
2004	1477	16316	1107	2129	12866	534	298	190	26	105	24
2005	1485	18313	943	2180	14986	617	342	220	46	41	21
2006	2734	34114	3210	3610	27010	1131	480	432	70	150	38
2007	2626	10400	1400	1300	7700	1022	476	310	73	180	40
2008	3346	11600	1800	2000	7600	1160	369	232	21	160	10
2009	3487	13920	1200	2500	9829	1191	472	196	15	180	30
2010	3817	13000	1000	2500	9800	1520	374	288	16	171	21
2011	5714	15104	1500	2124	11369	1611	560	236	17	125	25
2012	5737	15400	700	1300	13300	1611	267	280	22	95	21
2013	4121	14300	400	1600	12300	1611	267	280	65	135	18
2014	6005	22300	1100	2900	18300	968	221	424	42	150	22
2015	5708	29600	1200	4000	24400	1064	350	337	150	220	130

注：1995—2007 年牧业生产总值均为当年价格，2008—2015 年均为现价。

表 10-2　三十二团畜牧业生产一览表（1995—2005 年）

年份项目	牧业产值（万元）	年末牲畜总数（头/只）	牛（头）	猪（头）	羊（只）	肉类总产量（吨）	猪肉（吨）	羊肉（吨）	羊毛产量（吨）	牛奶产量（吨）	禽蛋产量（吨）
1995	675	10075	674	1992	6628	256	164	55	19	33	28
1996	718	8126	792	1399	5276	234	120	64	14	20	42
1997	543	7401	864	1603	4564	161	97	30	12	22	41
1998	587	8501	842	1872	5404	186	111	27	15	25	49
1999	568	8258	871	1652	5467	218	117	31	16	29	50
2000	635	7500	800	1100	5400	212	117	35	16	28	48
2001	649	8003	846	1108	5813	187	80	40	13	34	54
2002	758	8519	1022	1323	6030	210	85	53	15	85	52
2003	852	9816	1060	1187	7441	300	175	62	25	104	48
2004	1032	11233	1872	861	8410	356	200	70	36	163	40
2005	1266	12644	2213	1519	8814	418	126	172	32	155	40

注：1995—2005 年牧业产值均为当年价格。

三、马鹿养殖

（一）体貌特征

塔里木马鹿体格中等，四肢细长结实有力，蹄大而端正，额宽角大，公鹿角基巨宽，唇宽坚实而柔软，耳较宽且长、直立，耳壳内有白色柔软的长毛、耳被面褐色短毛，眼大微隆，颈粗壮、泪腺明显，角茸圆润、粗壮、丰满、表面有灰褐色的短茸毛，适应于炎热、干燥环境，耐风沙、耐粗食、抗病力强。

（二）养殖环境

塔里木马鹿原生态繁衍栖息于严酷的自然环境中，属耐高温、耐干旱、耐粗饲、产茸量高的茸型鹿种，几经团场人工改良、驯化、杂交，驯育成为新疆马鹿的一个优秀亚种，被中国农科院特产研究所誉为"中国茸鹿之花"。自然马鹿种群活动于塔克拉玛干大沙漠东北边缘广泛区域，主要栖息于塔里木河流域及孔雀河两岸的绿色走廊地段，适应严酷的自然环境和干旱荒漠气温剧变。

（三）养殖规模

20世纪60年代后，团场马鹿养殖规模很小，经过人工驯养和不断改良，由少到多，规模不断扩大。2005年，养鹿业已成为团场的主导产业，是团场三大经济支柱之一。

20世纪90年代后，团场养殖圈舍和设施开始更新，条件好的单位由原来的土坯圈变成砖砌圈。铡草机、饲料粉碎机等得到普遍应用，饲草拉运工具由马车、牛车换成了小四轮拖拉机。三十三团鹿场由3个发展到4个，三十二团鹿场由2个发展到3个。

1995年起，团场畜牧科相继制定实施《塔里木马鹿公鹿饲养管理技术规程》《塔里木马鹿母鹿饲养管理技术规程》《塔里木马鹿哺乳仔鹿和育成鹿饲养管理技术规程》《鹿茸加工和品质评定技术规程》《塔里木马鹿鹿病防治技术规程》。提出饲养科学化、管理目标化、百分考核制度化、工作内容程序化的发展方针。

1995年，三十三团马鹿存栏1329头，鹿茸产量1072千克。经过十年发展，2005年，存栏6832头，鹿茸产量4802千克。

1995年，三十二团马鹿存栏954头，鹿茸产量819千克。2005年，马鹿存栏4465头，鹿茸产量3068千克。

1997年，三十三团鹿场被中国农学会特产学会评为"标准化示范鹿场"。

2006年两团合并后，马鹿存栏数从2006年的13100头调整到2015年的5500头，鹿茸产量由10200千克调整到7800千克（以上均为2.8∶1折合干茸计算）。饲养技术科学化、规范化发展，培养出一批专业职工队伍，养鹿业快速发展，成为团场一大特色产业，拉动了团场经济增长。

表10-3　三十三团部分年份鹿存栏及鹿茸产量综合评估一览表

年份	马鹿年底存栏数（头）	鹿茸总产（折合干茸）（千克）	干茸平均单产（含周岁）（千克）	最高单产（千克）	周岁公鹿单产（千克）	二岁以上受锯公鹿单产（千克）	三岁以上受锯公鹿单产（千克）	特级茸比重（%）	繁育率（%）
2000	3284	2691	3.95	27	6.8	11.5	9.1	93	78
2005	6832	4802	4.4	28	8	12	9.35	94.5	80
2010	6675	7600	5.1	34	7.8	11.8	9.4	95	76

表10-4　三十二团部分年份鹿存栏及鹿茸产量综合评估一览表

年份	马鹿年底存栏数（头）	鹿茸总产（折合干茸）（千克）	干茸平均单产（含周岁）（千克）	最高单产（千克）	周岁公鹿单产（千克）	二岁以上受锯公鹿单产（千克）	三岁以上受锯公鹿单产（千克）	特级茸比重（%）	繁育率（%）
2000	2040	1745	3.8	17	2.7	4.6	8.96	94	88.8
2005	4465	3068	4.3	18	3.2	6.9	9.24	95	90

（四）产值和利润

1995年，团场对养鹿业实行经营承包到人（户）的计件工资制，职工年初和连队签订上缴合同，超额部分按一定比例分成的经营体制，职工生产热情高涨，养鹿业得以快速发展。

1996—2002年，团场对养鹿业实行"两费自理"承包，职工按合同上缴利费，所有费用自理，鼓励职工私人发展养畜。2002年末，三十三团马鹿存栏4617头，产干茸3429千克，职均收入0.62万元；三十二团马鹿存栏2691头，产干茸2205千克，职均收入0.55万元。

2003年，团场养鹿业全面实行租赁承包经营，宗旨是实行专业化管理，自主经营，自负盈亏，独立核算，自我发展，自我约束。每年九月初职工按合同须付清本轮生产期的全部租金（马鹿、饲草地和圈舍租金）。租赁经营者须遵循"三统一"[统一技术措施及饲养标准（包括防疫、检疫）、统一产品管理和鹿的调拨、统一劳力调配及人员管理]管理制度。团以鹿产品收购价兑现职工，鹿茸每千克1250元（以干茸计算折合比为2.8∶1），仔鹿每头3000元，人工授精的仔鹿每头3500元，仔鹿要求健康无残疾，体重在30千克以上。

2005年，三十三团马鹿存栏6832头，产干茸4802千克；三十二团马鹿存栏4465头，产干茸3068千克。

2006年，团场正式合并后，马鹿存栏13100头，产干茸10200千克。随着鹿茸市场价格的高低不稳定性，马鹿的数量随之波动起伏。

2007年，团场马鹿存栏数为14410头。

2008—2015年，由于鹿茸市场不景气，鹿茸价格一路下滑，职工收入下降，养鹿实行"两费自理"承包。2013年，养鹿业开始转型，向畜禽养殖合作社方向发展。2014年，鹿茸价格有所回升，每千克鲜茸价格头茬500元，二茬鲜茸价格650元，全团马鹿存栏4600头，产茸6800千克。由于畜牧业产业结构调整，到2015年末，全团马鹿存栏5500头，产茸7800千克。

表10-5 三十三团马鹿存栏及产茸数一览表（1995—2015年）

年份	三十三团马鹿存栏数（头）	鹿茸（千克）
1995	1329	1072
1996	1607	1304
1997	1991	1492
1998	2322	1702
1999	2722	2252
2000	3284	2691
2001	3897	3012
2002	4617	3429
2003	5120	3450
2004	5920	4102
2005	6832	4802
2006	13100	10200
2007	14410	11820
2008	8620	13710
2009	6720	11200
2010	6675	7600
2011	7031	7200
2012	4100	6000
2013	4500	6200
2014	4600	6800
2015	5500	7800

注：鹿茸产量均以干茸计算。

表10-6 三十二团马鹿存栏及产茸数一览表（1995—2005年）

年份	马鹿存栏数（头）	鹿茸（千克）
1995	954	819
1996	1199	1097
1997	1487	1082
1998	1576	1198
1999	1886	1509
2000	2040	1745
2001	2279	1912
2002	2691	2205
2003	3250	2051
2004	3809	2662
2005	4465	3068

注：鹿茸产量均以干茸计算。

（五）鹿产品开发

至2015年，团场开发马鹿主副产品的粗加工有十余年的历史。鹿副产品主要有鹿茸片、鹿茸胶囊、鹿胎胶囊、鹿鞭、茸血酒等。马鹿及其他畜禽肉类制品深加工得到进一步推进，生产量及产品附加值得以提高。团非常重视畜牧业的科研和新技术推广应用，多项科学技术获兵团和农二师科学进步奖；塔里木马鹿的选种选育，获兵团科技进步二等奖；马鹿人工授精及胚胎移植，获兵团科学技术进步三等奖、农二师科学技术进步一等奖；鹿茸高产技术、标准化示范鹿场、育肥羊的饲养技术、小尾寒羊示范养殖基地建设，均获农二师及以上科学技术奖。

第三节　马鹿饲养技术

一、母鹿繁殖

选育工作是畜牧生产中提高生产水平的关键之一，如果把饲料、饲喂、科学管理、科研试验等诸因素比作外因的话，品种选育则是内因。鹿的选育工作是一项长期复杂而艰巨的系统工程。20世纪90年代，团场畜牧工作者花费大量的人力、物力、财力，收集准确、翔实的数据资料，先后进行"塔里木马鹿的选育""提高塔里木马鹿繁殖率""农二师马鹿鹿茸大面积增产计划"等几个大课题的子课题研究，这三项课题分别获黑龙江省农垦局科技进步二等奖、兵团科技进步二等奖两项。

建立档案是为了从育种的角度提高鹿茸产量，这是一项长期而烦琐的工作，年初由畜牧科把建档所需要的数据资料以统一表格形式下发各鹿场，各鹿场结合不同生产时期由技术员统一规范下发填写，最后全部资料交付畜牧科。每个鹿场建立自己的马鹿档案，畜牧科建立全团的马鹿档案，档案管理由专人负责，做到档案管理规范化。依据马鹿档案，可以精准反映该公（母）鹿一生的生产情况，为鹿的育种工作夯实基础。

（一）塔里木马鹿人工授精技术

塔里木马鹿人工授精技术是团场自主研发的技术，1999年获农二师科技进步一等奖。兵团塔里木马鹿种鹿场亦设在三十三团，推广项目由三十三团牵头，以兵团种鹿场为基础，在农二师三个主要养鹿团场进行马鹿人工授精技术推广。利用已有的马鹿冻精储备资源和优良种公鹿资源，引进优良高质精液，严格按照人工授精技术要求，完善操作规程，强化母鹿饲养管理，注重人员培训及组织协调，确定计划和目标，使人工授精母鹿受胎率达到85%，人工授精后代产茸性能可提高15%~20%。

（二）同期发情技术

采用CIDR + PMSG处理母鹿，使同期发情率达到95%以上。

(三) 人工采精技术

随着养鹿业规模化、集约化水平的不断提高，繁殖技术水平已直接影响到养鹿业的经济效益。人工采精技术在塔里木马鹿生产中的应用越来越被人们所重视，人工授精技术已成为改进鹿群品质、提高生产能力和培育新品种不可替代的技术。塔里木种公鹿发情时性情暴烈、不易接近，在进行人工采精时，需对其使用全麻侧卧式及半麻站立式采精技术。通过研究增加采精量，提高鲜精质量和制作细管冻精，使高产种公鹿的冷冻精液得到有效保存。

(四) 胚胎移植技术

2000年7月至2002年，塔里木马鹿胚胎移植技术研究的供体母鹿的处理以CIDR－FSH（8mg）＋PMSG（400IU）的组合效果最经济最理想，平均每头8.6枚。同期发情处理的SgLlcro－mate－B＋PMSG（400IU）的组合为最理想，在预定期同期发情率100%，受胎率70%；其次为CIDR＋PMSG（400－500IU）的组合，在预定期同期发情率75.74%，受胎率66.17%。2002年11月，通过了兵团科委组织的专家的成果鉴定。2002年获农二师科学技术进步一等奖，2003年获兵团科学技术进步三等奖。

(五) 母鹿管理

母鹿妊娠期由于大量饲喂青贮饲料（经初步检测PH为1.5~2），为防止过酸而引起流产，向青贮饲料中添加小苏打。妊娠期正值冬春季，气候寒冷，职工每天在圈内适当驱赶运动，增强母鹿体质，减少难产，同时进行驯化，使人鹿亲和。产仔时，饲养员需寸步不离，进行观察，以母鹿羊水破裂开始计时，2小时左右还未产出，便进行助产。助产原则是保证母鹿的繁殖力，以保母鹿为主，胎鹿为辅，两者共存最为理想。坚持早发现、早助产，助活胎，宁早勿晚的原则，助产时不论胎势如何，必将胎鹿矫正好胎位，随着母鹿的努力，慢慢地将胎鹿取出，严禁强力拉出胎鹿。

(六) 仔鹿管理

采取仔鹿人工哺乳时，奶温需保持在38℃左右，每3小时喂一次，日喂8次，每次100毫升（一定不要喂得过饱，宁缺勿多），同时进行人为排胎粪。随着日龄增长，日喂次数逐渐减少，日喂量增加。

表10－7 仔鹿人工哺乳三定进度一览表

日龄（日）	5	10	15	20	25	30	35	40	45	55	60
每日次数（次）	8	8	6	6	6	6	6	4	4	2	2
每日奶量（毫升）	100	120	180	200	240	350	400	450	500	500	500
温度（℃）	36~38									

注：初生仔鹿体重为8~13千克可参照该表。

仔鹿初生后20天左右，母鹿泌乳量的增长比仔鹿生长发育得慢，因此，开始进行补饲，这样，既能补充营养不足，又能使仔鹿的消化器官及其生理机能在哺乳期就得到充分的锻炼，实践证明，通过早期补饲的仔鹿，断奶体重较未补饲者高得多。

二、饲养

在养鹿生产中，首先要规范饲喂程序和方法。夏秋季节喂三次，冬春季节喂两次，先精后粗，均匀饲喂，全年平衡饲养，增减饲料逐渐进行，每次变动至少间隔3~5天，每次100~300克，防止胃肠疾病的发生，只有采取科学的饲喂方法，才能使鹿始终保持旺盛的采食欲和采食速度，避免发生顶料、剩料现象。

生茸高峰期为5—7月，为防止夏季干热影响鹿茸生长，每天向圈内喷洒水，保持地面潮湿，同时降尘，为鹿茸生长创造适宜的环境小气候。向饲料中添加黄豆、鱼粉、骨粉、氨基酸等，满足生茸期公鹿生茸的需要，并采取夜间补饲，以达到催茸目的。从2006年起，在长茸公鹿饲料中添加增茸剂，增茸剂属于纯中药制剂，能够促进鹿茸生长，在饲料中按照公鹿的不同年龄添加20~50克，每天两次，在长茸前15~30天开始到锯茸前15天结束，平均可增产5%~10%。冬季发情期，公鹿性机能异常兴奋，性情变得凶猛好斗，易造成圈舍损坏，使鹿的伤残率提高。为降低鹿的伤残率，各鹿场于2010年应用鹿宁宝，鹿宁宝属于纯中药制剂，能够抑制公鹿发情，降低雄性激素的分泌，降低公鹿的兴奋状态，保持鹿的安静，使公鹿能够正常进食、消化、吸收，促进公鹿的生长发育，减少打斗造成意外伤害或死亡。按照公鹿的不同年龄在饲料中添加15~30克，每天两次，伤残率减少3%~5%，保证鹿茸产量的提高和养鹿业持续健康发展。

三、鹿茸

随着团场塔河马鹿养殖规模的扩大和不断总结经验，马鹿的选育与科学饲养向规范化迈进，根据2008年资料，三十三团马鹿繁育率达89.5%，居农二师前列。

2008年，三十三团马鹿存栏8620头，繁育率89.5%，平均鲜茸单产5.5千克，四岁以上单产7.5千克，周岁单产2.1千克，最高单产28千克，特级茸比重81%。

四、鹿病防治

随着养鹿业的饲养规模和集约化程度的不断增大和提高，新的疫病会不断产生。三十三团对马鹿的大肠杆菌、布氏杆菌、巴氏杆菌、放线菌、棉酚中毒等防治取得了明显效果，团疫病防疫站始终坚持以防为主、防治结合、防重于治的原则，长年坚持圈舍消毒，保持圈舍良好卫生环境。

饲养人员需在每次喂养时认真观察鹿的精神状态，卧位和卧姿是否正常，鼻镜、鼻翼、眼角及食欲、排便和运动等情况是否正常。遇到恶劣天气时，要把运动场里的鹿群及时赶回棚舍内，避免受凉、受冷。饲养人员需坚持每天打扫圈舍、饲槽，清洗水槽，使圈舍内平坦、干燥、水质清洁，不喂变质饲料，不饮低温、劣质水。

一年二次圈舍消毒。母鹿产仔前圈舍消毒和仔鹿进圈前消毒，以避免传染病的发生，仔鹿大部分时间喜欢在保护栏内固定的地方伏卧休息，每天需定时对其慢慢哄赶，增加其运动量，死亡率要控制在3%以下。经过勤消毒、勤扫圈和仔鹿提早补饲等综合防治，仔鹿毛球病、蹄叶炎、胃肠炎及代谢性疾病的防治取得了较好效果。

通过防治结合，基本消灭了马鹿布氏杆菌、放线菌和结核病，巴氏杆菌、蹄叶炎等病也得到有效控制。

第四节 家畜养殖

畜牧业发展作为团场主导产业，属三大经济支柱之一。饲养的牲畜有猪、羊、牛、鹿、驴、马、骡等，随着机械化程度的不断提高，畜力运输和田间作业量大为减少，牛车、马车被逐步淘汰，牛、马养殖数量也随之减少。

一、家畜种类

（一）羊

2000年，团场羊的品种有本地黑头羊、山羊、波尔山羊、杜泊绵羊、陶赛特羊、刀郎羊、小尾寒羊。

团场对细毛羊进行改良，塔里木垦区已有的羊群均为改良羊种。改良后羊的特点：繁殖率高、遗传性能好、品种稳定、耐粗饲、抗病能力强，圈养、放牧适应性强，产肉率高，平均产肉25千克。三十三团羊的年末存栏数由2000年的6759只增加到2015年的24400只；三十二团的羊由2000年5400只增加到2005年8814只。2013年，三十三团为职工多元增收，持续加强畜牧养殖业发展力度，随着畜禽养殖合作社的建立，注册有13家养殖合作社，惠受团场聚力扶持，合并鹿场，利用旧圈舍改建成立益民合作社。2015年，益民合作社为团场最大规模的养羊合作社，有优质小尾寒羊母羊1800只，存栏达2500只。

（二）猪

已有品种：长白、大约克、杜洛克。团场将这些品种进行杂交，杂交后的猪具有耐粗饲、耗料少、抗病力强、繁殖快、成活率高、品种稳定等特点，小规模养殖较多。2015年，猪存栏数达4000头。

（三）牛

20世纪90年代后，团场在调整养殖结构上，减少牛的饲养量，变公养为私养，作价卖给私人。2000年，牛的主要品种有黑白花奶牛、土种黄牛，这些品种的牛体格高大，饲养成本高，利润低。2006年起，养殖户逐年减少牛的养殖数量，三十三团年末存栏量从2006年的3210头缩减到2015年的1200头。

（四）驴、马、骡

随着团场经济发展，大、小拖拉机等农机逐渐增多，替代驴、牛、马等农用交通工具，畜力车逐渐被淘汰，因此驴、马、骡也随之减少。至2015年末，驴、马、骡合计存栏18头（匹）。

二、饲料及供应标准

（一）饲料

蛋白饲料以棉粕为主，用1%~2%的硫酸亚铁进行浸泡去毒，按饲料的35%~40%进行配比。粗饲料以苜蓿、棉籽壳、棉渣、青贮饲料、黄贮饲料为主，进行合理的饲料搭配。按照饲喂程序定时、定量、定人，搞好环境卫生、圈舍卫生，及时清理粪便，及时消毒，及时免疫，冬天防寒、夏天避暑。

（二）供应标准

1. 羊供应标准

1986年，团场规定每年每只种公羊配给饲料365千克，发情期公羊每年每只100千克饲料，育肥羊每年每只10~20千克饲料。2008—2010年，团场养羊户大部分是个人，因成本较高，每年每只种公羊饲料30千克，育肥羊每年每只10~20千克饲料。

2. 猪供应标准

1988年，团场规定每年每口种公猪供料1095千克，每年每口后备猪供料408千克。2006—2015年，仔猪时期每天需饲料200~500克，育肥猪每天需饲料约3千克，哺乳期猪每天需饲料4千克，怀孕期猪每天需饲料1千克。

3. 牛供应标准

牛的饲料每日每头基础母牛1千克；每年每头母牛365千克；每年每头公牛730千克。

三、产值效益

2013年，三十三团益民养殖合作社成立，从山东引进小尾寒羊存栏900只。2014年，产羔1920只，繁育率达到160%，在团场实现多胎羊的优势。利用良种繁育的科学技术，从外地引进杜泊羊、刀郎羊等优良品种的种公羊进行更新换代，出生的羔羊30天体重可达26~28千克。

2005年，三十三团畜牧业产值1485万元；三十二团畜牧业产值1266万元。2008年，团场畜牧业产值达3346万元。2009年，团场畜牧业产值3487万元。2011年，团场畜牧业产值5714万元。2014年，团场畜牧业产值6005万元；是年，团益民养羊合作社产值为416万元，6月股民分红达10%。2015年，团场畜牧业产值5708万元。

第五节　家禽养殖

团场禽类有鸡、鸭、鹅、火鸡等。1994年以前，团场禽类的养殖只是自养自用，所养的鸡均为土种和杂交种，未形成规模养殖。

一、鸡

1994年，三十三团实施家庭规模化养殖，二连职工李光辉自筹资金20余万元，在原兽医站自办家庭蛋鸡养殖场，养殖规模在10000只左右。因不善经营，造成入不敷出，于1997年停产。

1998年后，团场鸡的养殖数量逐年增多，尤其是果园鸡养殖发展较快。

2010年，根据塔里木垦区特殊自然条件，农二师工会鼓励团场发展果园土鸡饲养，免费提供鸡苗34000只，分散到各连队果园职工进行养殖。2012年后，农二师工会每年均提供5000～15000只免费鸡苗，只要职工愿意养的每户给予分配50～150只不等数量鸡苗（困难职工家庭优先）。

二、鸭

1995—2015年，团场始终没有形成规模养殖，只有少量家庭养殖，数量不大，供自家食用。

三、鹅

鹅的养殖，在团场也没有形成规模，只有少量家庭养殖，数量很小。

第六节　养殖管理

一、机构

1998年，团场畜牧业改制后，牲畜产权发生变化，团场兽医防治体系也随之进行改革，按照精简高效原则，建立由畜牧兽医站分片包干的动物疫病防治体系。兽医站对大的技术措施（防疫、检疫、驱虫、治疗）实行统一管理，发挥指导、监督、服务职能作用。连队畜牧业生产仍然由连队抓管理、计划、协调、监督、保障等工作。

2005年，畜牧管理站暂未合并，设三十三团畜牧管理站和三十二团畜牧总站，下设畜牧兽医站1个，7个养鹿分场（三十三团一、二、三、四鹿场，三十二团一、二、三鹿场），1个饲料加工厂，负责全团畜禽生产、饲料供应、防疫、检疫、驱虫等工作。

2006年，团场正式合并，三十三团畜牧兽医站有兽医技术人员10人，其中兽医师3人，助理兽医师 3 人，兽医技术员 4 人；原三十二团畜牧总站有技术人员 8 人，其中兽医师 5 人，助理兽医师 3 人。

2007 年，原三十二团畜牧总站正式并入三十三团畜牧管理站。设畜牧管理站站长 1 人，书记 1 人，副站长 1 人，兽医站站长 1 人。

2009 年 12 月，林敏任畜牧管理站站长，陈建文任书记，王绍勋任兽医站站长。

2014—2015 年，林敏任站长兼书记，袁利波任兽医站站长。

表 10-8　三十三团畜牧业机构负责人名录（1995—2015 年）

年份	姓名	职务
1995—2000	蒋小明	畜牧科科长
	李秋艳	畜牧科副科长
	王绍勋	兽医站站长
2001—2004	蒋小明	畜牧总站站长
	李秋艳	畜牧总站副站长
	王绍勋	兽医站站长
2005—2006	李秋艳	畜牧总站站长
	简南宇	畜牧总站书记
	林　敏	畜牧总站副站长
	王绍勋	兽医站站长
2007	刘河新	畜牧总站站长
	简南宇	畜牧总站书记
	王绍勋	兽医站站长
	林　敏	畜牧总站副站长
2008—2009	刘河新	畜牧总站站长
	陈建文	畜牧总站书记
	王绍勋	兽医站站长
	林　敏	畜牧总站副站长
2010—2012	林　敏	畜牧总站站长
	陈建文	畜牧总站书记
	王绍勋	兽医站站长
	孙志强	畜牧总站副站长
2013	林　敏	畜牧总站站长
	袁利波	兽医站站长
	孙志强	畜牧总站副站长
2014—2015	林　敏	畜牧总站站长兼书记
	肖培云	畜牧总站副书记
	袁利波	兽医站站长
	孙志强	畜牧总站副站长

表 10-9　三十二团畜牧业机构负责人名录（1995—2006 年）

年份	姓名	职务
1995—1998	张留记	畜牧科科长
	蒋　洁	畜牧科副科长
	高荣根	畜牧连连长
	杨翠峰	畜牧连书记
	刘水生	兽医站站长

续表

年份	姓名	职务
1999—2000	蒋　洁	畜牧科科长
	杨翠峰	畜牧总站书记
	高荣根	畜牧总站站长
	刘水生	兽医站站长
2001—2003	蒋　洁	畜牧科科长
	杨翠峰	畜牧总站书记兼站长
	刘水生	兽医站站长
	刘河新	畜牧总站副站长
2004	刘河新	畜牧总站站长
	杨翠峰	畜牧总站书记
	肖培云	畜牧总站副书记
	刘水生	兽医站站长
2005—2006	刘河新	畜牧总站站长
	杨翠峰	畜牧总站书记
	刘建华	兽医站站长

二、管理制度

1998—1999年，团场牲畜作价归户后，由于畜禽及产品跨地区、高频率流动，使动物疫病传播概率加大，动物疫病防控难度增大。兽医站按照预防为主、防治结合的方针和内防外堵的工作思路，发挥指导、监督、服务职能，对畜禽疫病防治和重大技术措施实行统一管理，依法防疫。

（一）疫病防治执行

兽医站负责全团各类牲畜疫病防治工作，对危害较大的人畜共患传染病的防疫、检疫、驱虫、治疗等落实"五强制、两强化"（强制扑杀、强制封锁、强制消毒、强制免疫、强制检疫，强化疫情报告管理、强化动物防疫监督）的综合防控措施，用"4个100%"（免疫密度100%、耳标佩戴100%、病死畜禽无害化处理100%、免疫档案登记率100%）的免疫强制执行。

（二）防疫证制度

团场实行牲畜、禽类防疫证制度，每个养殖户一本，防疫项目必须认真填写，并明确养殖户和兽医技术人员的责权关系，无防疫证的畜禽禁止饲养。

（三）佩戴耳标

严格按照"免疫—佩戴免疫标识—检疫—出证"程序，强化动物免疫耳标佩戴，未免疫的牲畜不予佩戴耳标，进入流通的牲畜先免疫再佩戴，将检疫管理、规范操作贯穿生产、流通全过程。

（四）畜禽检疫

团内养殖户出售的各类畜禽及其产品，须经团兽医站兽医卫生检疫员检疫合格，出具所需各项证明后，方能上市出售。经检疫的畜禽及其产品如出现问题，责任由兽医卫生检疫员负责。

（五）畜禽流通管理

凡团外购进的各类畜禽，须具有县以上的兽医部门出具的免疫证、检疫合格证才能进入市场。无证进团的牲畜，必须隔离圈养观察，由兽医站进行疫苗注射免疫，费用由畜主承担。

（六）疫苗管理

各养殖点防疫用的各种疫苗，由团兽医站统一规划，统一供应，统一注射，对畜禽及其产品实行统一检疫检验，出具证件。

（七）生猪定点屠宰

实行生猪定点屠宰制度，规定任何单位和个人不得在生猪屠宰场以外的地方屠宰生猪。1999年，为确保群众的身体健康，提供肉食质量保障，团场决定组建屠宰场并实行定点屠宰，地点设在原饲料加工厂房后的养猪场。凡是要屠宰上市的生猪须在屠宰场实行入场检疫，宰后检验，检验合格发放合格证，加盖公章后方可上市。凡外购所屠宰的家畜及肉类售前和宰前须持有关证明报请检疫部门检疫。2000年，团场开始全部实行定点屠宰，团场私屠滥宰现象再未发生。牲畜产地检疫、定点屠宰、统一胴体检疫等工作在团场得以有序进行。

三、畜禽疫病防治管理

2006年，团场合并后，团场设立由15人组成的畜禽重大疫病防控指挥部和8人组成的畜禽重大疫病应急预备队。兽医站由团畜牧管理站统一领导，设专职兽医技术人员8人，其中卫生监督员4人，动物卫生检疫员2人。

团场对畜禽的疫病防治，采取预防为主、防治结合工作法，每年春秋两次重大动物疫情防控，疫苗注射率均达到100%。常年进行补免，建立动物疫情监控机制，加强对畜禽产品的管理检疫、检测，形成集检疫、防控、实验、监测为一体的动物疫病防治体系。

（一）重大动物疫病防控

团场按照兵团和农二师对重大动物疫病防治的新要求，结合团场实际，制定并完善《三十三团重大动物疫病防治应急预案》《三十三团防治牲畜口蹄疫应急预案》《三十三团防治高致病性禽流感应急预案》《三十三团防治高致病性猪蓝耳病应急预案》。口蹄疫、高致病性禽流感、高致病性猪蓝耳病、猪瘟、狂犬病的免疫率均达到100%。

1. 口蹄疫（五号病）防控

团畜牧兽医站把口蹄疫防疫工作作为一项政治任务来抓，成立防治"五号病"领导小组及办公室，采取内防外堵的办法，凡路过本团的牲畜，均查验免疫证件，对可疑畜群进行封堵，禁止牧工从团外私自购畜进团。对团内牲畜进行全面检查，全力做好冬春口蹄疫防治工作。做好清查和注苗工作，确保一只不漏，猪、牛、羊均注射口蹄疫疫苗，实行口蹄疫疫苗100%强制免疫，免疫耳标佩戴率100%。

2. 高致病性禽流感防控

团党委按照兵团和农二师通知精神，成立防控高致病性禽流感领导小组，各单位相应成立由主要领导任组长的禽流感防控领导小组，负责本单位（辖区）高致病性禽流感预防工作。主要措施是团属各单位主要领导对本辖区的高致病性禽流感防治应急工作负总责。畜牧兽医站、联防队、派出所为疫情处理预备队；宣传科利用广播、电视做好宣传教育工作，做到家喻户晓、群防群治；兽医站按期对团场各类家禽进行免疫接种工作，加强农贸市场的活禽和禽蛋的检疫检验，挨家逐户严查疫情，杜绝疫情发生。工会走家入户做好全团庭院养禽普查，协助兽医站开展禽流感防治工作；卫生防疫站、派出所、联防队在团场主要路口设立消毒检查站，对过往车辆进行消毒检查，严防疫病传入团内。至2015年，团场没有发生一例禽流感疫病，防控达到预期效果。

（二）普通传染病防治

羊：预防性注射羊痘疫苗、三联四防苗。

猪：预防性注射猪瘟免化弱毒苗、猪丹毒菌苗、猪肺疫菌苗、仔猪副伤寒疫苗。

鸡：预防性注射鸡瘟Ⅰ系苗、鸡瘟Ⅱ系苗、鸡传染性支气管炎病毒疫苗。

1. 布鲁氏菌病

布鲁氏菌病（简称布病）在三十三团、原三十二团牲畜中流行广泛，感染率高，在20世纪六七十年代就有发生。2000年，感染率呈上升趋势，发生率达到15%，在配种、产仔、马鹿锯茸等生产环节接触频繁，提高了此病的感染概率。对养殖职工的身体健康造成影响。团场遂加大对易感动物的疫苗注射，加强对牲畜的饲养管理，提高动物的疾病抗病能力。2009年，防疫站对辖区6720头马鹿进行抽血检测，用虎红平板凝集实验、试管凝集试验，对呈阳性反应的马鹿实行淘汰处理。2014年，对益民养殖合作社的2500只羊进行抽血检测，结果有80只羊血液检测呈阳性，团场及时采取隔离和淘汰处理措施。团场大型鹿场、羊场的布鲁氏菌病发生率逐年下降，再生率大幅降低。

2. 马鹿、牛的副结核

团场每年对辖区马鹿和牛的副结核进行一次抽血检测或皮下注射，对呈阳性反应的均作淘汰处理。2009—2014年，对辖区共计33626头马鹿和5900头牛进行抽血检测，酶联免疫吸附试验，对呈阳性反应的进行隔离淘汰，畜舍、用具等实行严格消毒制。

（三）寄生虫防治

团场畜禽寄生虫病有：牛羊绦虫、疥癣，猪疥癣、绦虫、线虫，鸡绦虫、球虫、草螨、蛔虫病，家畜体外寄生虫、螨病等，危害比较严重，感染率高。饲养的畜禽发生剧痒，破坏安静和食欲，使大批羊只体质消瘦，甚至死亡，造成经济损失。

防治方法：保持圈舍卫生，定时进行清洁消毒，改善饲养环境，加强牲畜管理。进行预防性驱虫，使其可在最适宜的地点和时间破坏寄生虫的流行；定期驱虫，在一定时期应轮换使用驱虫药，以免寄生虫产生抗药性；涂药和药浴每年春秋各进行两次，以保证畜禽健康生长。

第十一章　农业机械

团场自20世纪90年代中期,农业机械化水平随着农业经济体制改革的不断深入而日益扩大提高。团场国有农机产权制度改革不断推进,农业机械管理体系不断健全和规范,国营农机具实行作价买断,国有经营转户到民营,逐步形成以私有农机为主体,多种农机经营形式共同发展的新格局。高科技、高效益的新型农业机械更新力度逐年加大。

2005年起,科技含量更足、马力更大的农业机械进入团场从事农业生产。高效、节能、安全、环保、节约型的农机具更新步伐加快。GPS卫星定位自动导航系统的使用和棉花机采的全面展开,让团场在精准农业(精准播种、精准施肥、精准灌溉、精准采收)现代化生产中迈出了一大步。2015年,三十三团共有耕地9251.33公顷,全团农机总动力3.54万千瓦,拖拉机510台;较1995年相比,农机总动力提高8.2倍。是年,三十三团被兵团评为"平安农机先进团场",被国家授予"农机标准化示范团场"。

第一节　农机动力

一、三十三团

1995年,三十三团农机总动力4319千瓦,其中大中型拖拉机62台,动力2760千瓦,占总动力的63.9%;T-150K轮式拖拉机3台,链式拖拉机18台,轮式拖拉机41台,联合收割机3台。团场出资60余万元更新3台T-150K轮式拖拉机、4台德特75链式拖拉机。马力较大的T-150K轮式拖拉机耕深可达30~32厘米,比链式拖拉机耕深(25~26厘米)深5~6厘米,作业质量和工作效率大幅提升。

1998年初,团在农机行业进行股份合作制,成立10个农机股份制试点单位,原连队所有拖拉机、农机具及农具棚库作价由股份公司出资买断,降低能耗,减员增效,自主经营、自负盈亏。1998年，团农机总动力3312千瓦，其中大中型拖拉机56台，动力2485千瓦，占总动力的75.03%，团出资75万元新进5台东方红70链式拖拉机、7台铁牛55轮式拖拉机。

1999年，团对8个农机合作股份制进行改革，坚持"私车公管""五标准五统一"进行管理，所有农机具由团统一作价，全部农机具由个人出资买断，个体农机经营户自主经营、自负盈亏、自我发展。农机总动力3401千瓦，其中大中型拖拉机59台，动力2630千瓦。股份公司和个人出资42万元，新进2台东方红70链式拖拉机、3台铁牛55轮式拖拉机、1台洛阳1002链式拖拉机。

2004年，团农机总动力7210千瓦，其中大中型拖拉机159台，动力3620千瓦。农机户个人出资（团担保贷款）85万元，购进5台东方红1204拖拉机、3台JDT650拖拉机。2004年底，全团有大马力拖拉机6台、凯斯2555采棉机2台、东方红1204拖拉机7台、东方红1002链式拖拉机13台、JDT650拖拉机18台。

2006年3月，团场正式合并，三十二团原有农机产业全部并入三十三团，由中心团场农机科统一管理。2006年，团场农机总动力23265千瓦，其中大中型拖拉机326台，动力9300千瓦。农机户个人出资（团担保贷款）290万元，购进1台凯斯190大马力拖拉机、1台纽荷兰140拖拉机、5台JDT1204拖拉机、6台JDT650拖拉机。

2008年，团场农机总动力24436千瓦，其中大中型拖拉机305台，动力达7245千瓦，占总动力的29.65%。农机户出资454万元（国家农机购置专项补贴115万元）购买更新14台迪尔1204拖拉机、15台JDT650拖拉机、6台JDT600拖拉机、1台JDT720拖拉机。是年底，团有大马力拖拉机11台、凯斯2555采棉机3台、120~140马力拖拉机33台、60~80马力拖拉机75台，链式拖拉机和铁牛55拖拉机被淘汰。随着团场农业机械装备能力不断提高，作业质量和工作效率得以显著提升，晚春播工作由20世纪八九十年代的25~30天缩短为15天左右。

2011年，团农机总动力28279千瓦，其中大中型拖拉机312台，动力达17152千瓦，占总动力的60.65%。农机户出资105万元（国家农机购置专项补贴30万元）购买更新了4台迪尔1204拖拉机、2台JDT724拖拉机。

2015年，团农机户出资523万元（国家农机购置专项补贴105万元）购买更新4台200马力以上拖拉机、3台50~100马力拖拉

2009年，职工通过国家农机补贴政策购买农机 （生产科供图）

机、34台50马力以下拖拉机。农机总动力35477千瓦，其中大中型拖拉机332台，动力达23394千瓦，占总动力的65.94%。较1995年总动力提高8.2倍，大中型拖拉机总数提高5.35倍。2015年，团有200马力以上大马力拖拉机19台；100~200马力拖拉机59台；凯斯2555采棉机2台，凯斯620采棉机1台。团场农机装备由农业机械化向农业生产全程机械化转变。

表11–1 三十三团农机动力一览表（1995—2015年）

年份	农业机械总动力（千瓦）	大中型拖拉机 数量（台）	大中型拖拉机 动力（千瓦）	联合收割机械（台）	排灌机械（台）	农用运输汽车（台）
1995	4319	62	2760	3	2	3
1996	4042	59	2594	3	18	4
1997	2986	56	2267	3	4	6
1998	3312	56	2485	2	2	1
1999	3401	59	2630	2	2	1
2000	3850	59	2885	3	6	3
2001	4283	63	2954	2	12	3
2002	5081	73	3693	4	12	4
2003	6044	91	5000	2	23	5
2004	7210	159	3620		94	4
2005	8724	175	4297	2	96	20
2006	23265	196	9300	7	333	128
2007	24554	198	10560	3	359	120
2008	24436	308	11386	3	392	135
2009	29430	310	15720	3	465	138
2010	29139	312	17152	2	465	117
2011	28279	312	17152	3	470	134
2012	30837	315	19861	2	458	127
2013	32967	321	22851	2	425	76
2014	33425	325	23155	2	425	72
2015	35477	332	23394	3	418	68

二、三十二团

1995年，三十二团农机总动力5352千瓦，其中大中型拖拉机50台，动力2760千瓦，占总动力的51.57%，T–150K轮式拖拉机3台，链式拖拉机20台，轮式拖拉机40台，联合收割机2台。团场出资30余万元更新3台T150K轮式拖拉机。

1999年，团农机总动力6185千瓦，其中大中型拖拉机72台，动力4219千瓦，占总动力的68.21%。团出资50万元更新4台东方红70链式拖拉机、4台铁牛55轮式拖拉机。

2001年，团农机总动力7950千瓦，其中大中型拖拉机110台，动力5622千瓦，占总动力的70.72%。团出资140余万元、个人出资170万元，购进1台凯斯2555采棉机、3台大马力拖拉机、更新5台东方红1002链式拖拉机、5台铁牛55轮式拖拉机。

2005年，团农机总动力9362千瓦，其中大中型拖拉机97台，动力5086千瓦，占总动力的54.33%；农机户个人出资（团担保贷款）40万元，购进2台东方红1204拖拉机、4台JDT650拖拉机。2005年底，团拥有大马力拖拉机4台、凯斯2555采棉机1台、东方红1204拖拉机8台、东方红1002链式拖拉机11台、JDT650拖拉机15台。

第二节　农机具

一、三十三团

1995年，团有机引犁22架、重耙54台（架）、平地机28台（架）、耱地机43台（架）、打埂机19架、半精量播种机49架、中耕机27架、打药机11台（架）、棉花拖斗60台（架），共计313台（架）。

1999年，团修造厂生产出9台3.2米联合整地机，实际整地作业1333.3公顷，碎土能力为3.4型圆盘耙的4~6倍，深受农户青睐。

2003年，团引进4台新疆大学制造的气吸式精量播种机，播种面积333.3公顷，每亩可节省棉种1.8千克，初显棉花精量播种优越性。

2006年，团农机户投入185.4万元，更新45台（架）配套农具及204个15穴精量穴播器。团场开始大面积推广棉花精量播种。

2007年，团农机户投入190余万元，更新14台天诚农机生产的精量播种机及20台（架）其他配套农具，全面使用棉花精量播种机播种。

2008年，团农机户投入30余万元，更新46台播种机双膜覆盖连接机构，双膜覆盖技术运用，棉花出苗、保苗率大幅提高。

2010年，团农机户投入65万元，更新23台（架）大、中型拖拉机配套农具及其他18台（架）农机具。

2011年，团农机户投入85万元，更新35台（架）大、中型拖拉机配套农具和其他50台（架）农机具，其中更新40台（架）棉花拉运拖斗，机采棉交运问题得以解决。是年，棉花机采面积达2400公顷。

2012年，团农机户更新21台（架）大、中型拖拉机配套农具。其中，更新20台（架）棉花拉运拖斗，团场机采棉的正常交运得以保障。

2013年，团农机户投资200余万元，更新53台（架）大、中型拖拉机配套农具。

2014年，团农机户投入260余万元，更新57台（架）大、中型拖拉机配套农具及其他13台（架）农机具。团场20台棉花精量播种机安装GPS卫星定位自动导航系统，通过运用GPS定位技术和自动方向控制技术，播种质量和土地利用率得到提升，播种进度加快，采棉机采净率提高，浪费减少。

2015年，团农机户投资300余万元，更新39台（架）大、中型拖拉机配套农具。是年，团投资800余万元购进13台机采棉棉花打模机和12台运模平板车，各种农机具共计637台（架）。

表11-2 三十三团农机具一览表（1995—2015年）

单位：台、架

年份\种类	犁	联合整地机	重耙	平地机	耱地机	打埂犁	半、精量播种机	中耕机	打药机	茎秆粉碎机	棉花拖斗	机采棉运输车
1995	22	—	54	28	43	19	49	27	11	—	60	313
1996	22	—	56	29	53	20	49	29	11	—	60	329
1997	25	1	64	28	53	20	42	36	13	—	60	342
1998	24	—	56	29	48	20	53	13	14	3	61	321
1999	24	10	61	28	43	20	55	19	14	3	61	338
2000	28	29	64	27	43	19	64	28	15	5	68	390
2001	21	24	52	27	43	19	61	28	18	5	71	369
2002	31	25	35	27	29	20	54	26	22	5	77	351
2003	31	28	32	27	16	21	66	26	22	20	92	381
2004	32	28	28	22	16	21	62	26	21	24	123	403
2005	31	42	32	43	17	22	121	63	22	47	123	563
2006	32	11	37	32	19	23	121	63	33	47	—	—
2007	35	8	39	32	19	26	84	63	54	47	—	—
2008	38	8	40	32	23	23	88	90	63	67	90	—
2009	38	8	40	32	25	23	88	90	63	67	90	—
2010	16	4	40	32	27	26	82	63	63	56	94	—
2011	18	4	45	32	28	20	85	63	63	56	94	40
2012	27	4	48	32	28	31	108	63	64	56	94	60
2013	31	7	53	34	28	35	123	65	64	50	94	60
2014	31	7	53	35	28	35	123	65	64	43	94	63
2015	34	9	50	38	28	35	110	65	65	45	94	64

2007—2015年，团利用国家农机购置补贴项目，引进推广先进适用的农业机械。在国家农业机械购置补贴政策引导下，直接拉动农机户投资3616.66万元购置农业机械。先后更新新型拖拉机210台及378台（架）的配套农具，有588个农机户享受国家购置补贴1198.56万元。

表11-3 三十三团兑现国家农机购置补贴一览表（2007—2015年）

年份	购机资金总额（万元）	类型 农机户投入资金（万元）	类型 国家补贴资金（万元）	购置农机具 拖拉机（台）	购置农机具 农具（台）	补贴收益农机户（户）
2007	471.01	353.2	117.81	36	7	43
2008	370	290	80	17	31	48
2009	515.98	400	115.98	9	123	132
2010	35.60	24.90	10.70	7	12	19
2011	176.08	126.61	49.47	14	15	29
2012	946.08	666	280.08	25	21	46
2013	674.19	527.87	146.32	41	58	99
2014	778.47	600.42	178.06	20	47	67
2015	847.80	627.66	220.14	41	64	105

二、三十二团

1958年建场时，团内农具量少，品种也少，仅75台（架）。1966年发展到108台（架）。1995年则发展为547台（架），其中各型犁58架，各型播种机43台，选种机5台，机引中耕器24架，镇压器56台，各型耙120架，机引强制平地机17架，机力喷雾器19台，小畦筑埂机10台，铲运机12台，各型拖斗56辆，刮土板23架，推土铲11个，茎秆粉碎机13台。

2005年，团场更新32台（架）配套农具及98台（架）15穴精量穴播器，团场进入棉花精量播种新时代。

第三节 农机作业

20世纪90年代初期，团场以种植棉花为主，还种有少量的小麦、水稻、饲草，农机作业项目主要是耕地、耙地、播种、中耕、开沟、追肥、调控化除、田间粮棉饲草运输等。

1995年，三十三团耕地面积3340公顷，农业生产综合机械化程度为72.92%。其中耕地机械化程度100%，整地100%，播种93.75%，中耕81.25%，追肥99.4%，植保77.19%，化除87.5%，机收17.19%，产品运输70%；三十二团耕地面积2710公顷，农业生产机械化程度达

80%以上。

1996年，三十二团总播面积2650公顷，机耕为100%，机播为100%，机收为5.7%。投入标准亩：小麦10.4个，水稻18.5个，棉花13个。

2000年，三十三团耕地面积3000公顷，农业生产综合机械化程度为85.83%。其中耕地机械化程度100%，整地100%，播种93.33%，中耕92.93%，追肥100%，植保93.33%，化除100%，机收7.06%；三十二团农业生产机械化程度达85%以上。

2006年，团场正式合并，三十二团农业机械并入三十三团（中心团场）。

2010年，团场耕地面积5466.6公顷，农业生产综合机械化程度为86.25%。其中耕地机械化程度100%，整地100%，播种100%，中耕100%，追肥90%，植保100%，化除100%，无机收。

2015年，团严格田间作业质量标准化，制定《三十三团农业机械田间作业质量》标准，实行农机田间作业质量标准验收制度。全团棉花耕地面积7153.47公顷。其中4033.3公顷棉田采用机采，农业生产机械化程度提升至95%以上，生产成本降低，棉农劳动强度减轻，生产效率和职工收入大幅提高。

一、耕地作业

1995年前，团场主要是用链式拖拉机液压牵引五铧犁、四铧犁等进行田间耕地。1996年后，团场引进的T-150K拖拉机和液压悬挂五铧犁，耕深达到30~32厘米，对减少墒沟、翻压杂草、加深耕作层、提高耕作质量和作业效率作用明显。

2001年，团场出台《农业机械田间作业系列标准》，鼓励农机户购买大马力拖拉机，要求各农业连队耕翻土地使用大马力机车作业。

2005年，团场所有农田实现大马力耕作，耕深达到35~42厘米。

2015年，为确保耕地质量，团要求200马力以上拖拉机才能进行农田耕作，加大耕作深度，提高土地产出量，150~200马力拖拉机只进行整地作业，150马力以下拖拉机不得从事整地作业。耕翻作业质量标准及要求：作业前必须进行田间清理，确保翻地作业质量；抓住宜耕期、不误农时、适期耕翻、不起大块、不出明条、严禁湿翻；翻地需打起止线，宽度为机组工作幅宽的整倍数；根据农艺要求，保证达到规定耕深，各铧耕深一致，耕深误差不超过规定耕深±1厘米。春耕要求耕作深度在30厘米以上，秋耕耕作深度必须在35厘米以上；翻后达到地头整齐，百米误差不超20厘米；扣垡严密整齐，不出现回垡现象，翻后地面平整细碎，地表10米内高低差不超10厘米；不重不漏，翻到头，翻到边，无三角区，无斜扭；耕堑直，百米内直线度误差不超过20厘米；耕幅一致，无跑犁漏翻现象，每犁铧（以35厘米为准）正负误差不超过2厘米；电线杆、标桩等建筑物周围的死角，需人工挖翻，整平整细。

二、整地作业

团场整地包括平地、平埂、破毛渠、耙地、糖地、镇压等作业。整地作业首先掌握土地情况，抓好恰当处理时机，土壤含水率14%~48%，确保土地墒情及土壤碎细程度标准。机具组合合理，增加复合作业装置，减少平地作业层次，减轻对土地碾压程度质量要求达到

2011年，团引进暴走式平地机作业　　　　　　　　　（生产科供图）

"深、平、齐、碎、墒、净"六字标准。耙地作业方法有两种：一为对角耙，二为直耙。耙深标准：偏置耙应达10~12厘米，重型耙16~20厘米，耙深误差不超1厘米，相邻两边耙需互相重叠15厘米，不得漏耙。地头、地边整齐一致，百米内误差不超15厘米；平地作业标准：刮土板在条田平地吃土5厘米左右，保证高包，坑洼碎土流沟，平整后达到地平、细碎、无杂草、无残茬、无残膜、边成线、角成方、上松下实；糖地作业质量标准：掌握土壤水分，适墒糖地，严禁抢墒糖地，作业时以不粘糖，无大块为准。糖后地表平整，10米内高低差不超2厘米，土壤细碎，上虚下实。不重糖、不漏糖、不起堆，两幅结合线重叠不超10~15厘米。地头、地边整齐一致，百米内误差不超10厘米。

三、播种

（一）小麦

团场按照《农业机械田间作业系列标准》，做到小麦适时播种，播行笔直，千米直线偏差不大于±2厘米；播量准确，下籽均匀，不重不漏，亩种量误差不大于1%，带种肥播种须做到量准量匀，全部入土，不洒地表；深度适宜，播深偏差不大于±0.5厘米，复土严密无浮籽；播种机前带筑埂器，播种筑埂一次完成，小麦畦埂高度一般为16~18厘米。

（二）棉花播种质量要求

播行笔直，接幅准确，200米内偏差不大于4厘米，接幅误差不超过±2厘米；半精量播量为4~4.2千克/亩，穴播器每穴下籽2~3粒占85%以上。精量播种播量为1.8~2千克/亩，穴播器每穴下籽1粒占92%以上。下种深度2.5~3厘米无浮籽，空穴率和错位率均小于2%；双膜覆盖

种子带膜孔复土以填满填平穴孔为准,穴孔覆土严实,铺膜平展,紧贴地面,膜边采光面 6 厘米,膜边入土 7 厘米,埋膜边严实。铺置小膜,种子带置于小膜中间,小膜两边复土严实,防止飘膜;播种时注意保护膜内滴灌带,以防破损,影响滴水效果,滴灌带的铺设方式依照节管站要求进行,滴灌带迷宫朝向种子带,滴孔朝上,防止径流,做好滴灌带接头标记,便于查找连接;播种后达到一膜"四线五面"(四条种子带覆土线,五条地膜采光面);压膜质量:1.25 米宽膜膜床宽度要求 109~110 厘米,膜边压实,不切膜,3~5 米由人工辅助一条防风带,防止起风飘膜跑墒;播种到头到边,不留地头,机车播至地头停车,留够地膜、滴灌带,人工及时辅助铺膜;下种质量的检查方法:每台播种机车须有专人负责检查播种空缺率,做好翔实登记,发现问题及时停车检查调整。检查方法是用小勺在每一行种子带连续挖一个穴播器一周的总穴数,清点下种情况,如空穴率超过 2%,须停车检查和调整。

四、中耕

机力中耕适时偏早,坚持早中耕、深中耕、勤中耕,铺膜作物在显行初时进地中耕,达到土壤透气、增温效果。中耕"六不"(不铲苗、不伤苗、不埋苗、不压苗、不错行、不漏耕),中耕后达到地平、土碎、不拉沟、不拖堆,地面起伏不超过 3~4 厘米。中耕深度 18~25 厘米,对土壤板结地,可分次逐步加深耕作层。作业时须起落整齐,耕深一致,在确保不伤苗的情况下,尽量缩小护苗带,扩大除草、疏松面积。中耕作业一般在作物生长期内进行 2~3 次。开沟棉田,标准为沟深 20~30 厘米,沟离中心植株相邻两边偏差小于 ±2 厘米,沟深一致,沟壁光滑,沟内畅通。

五、植保机械

1995 年后,团场每年根据各类作物不同病虫害,用轮式拖拉机带牵引式喷雾机进行喷杀防治,依照农时农艺要求进行化学除草、微肥喷施等多项作业。1995—2002 年,团场植保机械基本没有增加。2002 年,团有植保机械 23 台,机械化学除草面积 3866 公顷,机力防治病虫害面积 3400 公顷。2003 年后,植保机械农机户每年有所更新换代和增加。2015 年,团场有植保机

2004 年,棉田喷施封闭土壤除草剂　　　　(生产科供图)

械56台，机械化学除草面积100%，机力防治病虫害和叶面肥喷施面积100%。

作业质量标准。净：喷药前先灌满水，清洗喷头和罐体，保证罐体和喷头干净无堵塞物；匀：向罐体加药时，边加边搅使药物混合均匀，亩用水量必须达30~35千克，后期亩用水量必须达40~50千克；雾：在田间作业时雾化要均匀良好，达到雾化效果，避免药物伤苗；清：在药物喷洒完后将药袋、药瓶等杂物不得乱扔，需交回到植保员处集中处理；安：配药人员和驾驶员须佩戴口罩及手套，做好安全防范；禁：在大风、下雨、高温等不良天气严禁喷药作业；效：机采棉脱叶剂脱叶作业时，药机必须配有合适的吊杆，保证施药多方位、多层次、喷施均匀。采用两次喷施脱叶剂方法确保良好脱叶效果。

六、收获机械

（一）小麦、水稻

塔里木垦区内采用联合收割机收割小麦、水稻须适时偏早，尽量缩短收获期，作业时割茬整齐，高度一致，一般茬高为20厘米，保持直线收割，不漏、不压，根据小麦、水稻产量高低及时变换行走速度，调整割幅宽度和拔禾转速。按照早、中、晚气温高低和小麦、水稻干湿度、杂草多或少，及时调整滚筒转速和凹板间隙，保证"三率"达标（脱净率大于99%，糠含率小于0.3%，破碎率小于3%）。茎秆切碎器运转平稳，刀片齐全，茎秆切碎长度6~8厘米，抛撒均匀，铺满整个割幅。

（二）棉花机械采收作业要求

采收前20~25天停止灌水（根据土壤类型），条田土壤湿度不宜过大，以便机采；每台采收机配置不少于4辆棉花运输车辆；机械采摘前最后一次滴水结束后，在2~3天内将条田中的支管、辅管收回，埋好出地桩、滴灌带接头和地膜，不影响正常机采为宜；机采地块的田间杂草须清除干净，防治杂草缠绕进入采棉机；机采条田两头应提前准备不少于20×12米的卸花停斗地段，将杂物捡拾干净；采棉机工作人员需服从团场机采棉管理领导小组的统一安排，按团场计划分配的机采量作业，不得擅自跨区作业；棉花采收时，行走路线合理，避免跨播幅作业。采棉机工作速度控制在4~5千米/小时，采净率在95%以上，损失率在4.5%以下；地头卸棉时采棉机须鸣笛警示，严禁运输拖斗上人，时刻确保安全。

第四节　农机具维修

一、三十三团

1995年，团场修造厂已成为农机维修、制造、改装、加工为一体的综合服务单位。拥有各类型修理加工设备16台，维修工人20人。是年，维修拖拉机47台次（大修21台、四保26台），改造棉花宽膜筑埂播种机14台、宽幅折翼圆盘耙2台，制作强制液压平地机3台。各农具场维修工人44人，维修农具269台（架）次。

1996年，团有农业机车组62个，年末农机具维修人员55人，其中修造厂20人。修理车间3396平方米，主要维修设备16台（金属切削机床7台，锻压设备2台，修理专用设备1台，修理实验设备5台、拖拉机马力试验台1组）。是年，维修厂冬修65台（大修13台、小修9台、高保43台），一般日常性维修185台，完成26台小畦化宽膜播种机的改造工作。

1998年，团维修厂冬修56台（大修9台、小修5台、高保42台），一般日常性维修140台。完成22台宽膜播种机、4台悬挂式打药机的改造工作。

1999年，维修厂冬修58台（大修5台、小修12台、高保41台），研制9台3.2型联合整地机，研制1台超宽膜播种机和1台五铧犁双箱施肥器样机。

2000年，团有农业机车组62个，农机具维修人员30人，其中修造厂13人。修理拖拉机58台、联合收割机2台，改造联合整地机13台、超宽膜播种机17台、双箱施肥器4台。

2001年，修造厂修理拖拉机63台、联合收割机1台，改造半精量播种机16台（架）。

2002年，团成立农机管理总站，修造厂归属农机总站管理，修造厂有修理工13人，正常检修拖拉机59台（大修5台、小修13台、高保25台、检修16台），完成28台超宽膜高密度播种机的改造和1台常压滴灌带铺设设备的研制。

2003年，修造厂修理拖拉机54台，检修联合收割机1台，完成4台侧开式精量播种机的配套工作，改装棉花播种机穴播器124个。

2004年，修造厂维修改造44台棉花播种机，维修拖拉机53台。

2005年，团农机体制改革，修造厂解散，修造厂职工分流到其他单位工作。

2006年后，团场农机拖拉机的维修保养工作基本由团内5个民营维修点进行。因新机型、进口机型较多，这些车辆的维修保养由该公司负责。农具维修保养工作由各单位农机场保养工和机车人员共同完成，至2015年没有大的变动。

二、三十二团

1995年，团修理连自制宽膜点播机17台，茎秆粉碎机1台。

1996年，团成立农机服务总站（修理站），设铸造、锻造、电焊、车床加工等工种，承担全团机车的维修任务。当年，自制宽膜点膜机10台，小畦筑埂机10台，施肥机10台。

1999年，修理连改为修造厂，承担团农具的维修改造任务。随着农机行业不断改制，2003年修造厂撤销，原修造厂职工一部分分流到其他单位工作，少部分职工从事个体机械修理。至2005年，团场农具维修保养工作由各单位农机场保养工和机车人员共同完成。

第五节 农机管理

一、管理方式

1995年以前，团场对农机用柴油实行审批制，作业用油由罐车送至机农合一单位农具场油库，由单位农具场油料保管负责保管和分售，实行全团统一价格，以便油料核算。

1995年后，团场对各连队机车制定定额上缴、超利分成、亏损受罚的责任办法。年初定人、定车、定年完成工作量指标、定各项成本指标、定利润指标、超利奖励、亏损扣罚（年终兑现时从工资中扣除）。对机务工人实行百分考核制，不达80分的机车，给予一定的经济处罚。团场对机车驾驶员实行"六定、七统一"〔六定：定工作量、定作业质量、定标准耗油、定技术保养、定机车"三率"（完好率、出勤率、工时利用率）、定安全生产指标；七统一：统一标准化管理、统一指挥调度、统一折合系数、统一收费标准、统一作业方式、统一技术监督、统一机务报表〕。凡参加团场农机作业机车须做到"五净、四不漏"（五净：油净、水净、空气净、机车净、工具净；四不漏：不漏油、不漏水、不漏电、不漏气）维护标准。农具要求达到"六不、三灵活、一完好"（六不：不松动、不哐动、不缺件、不缺油、不变形、不锈蚀；三灵活：转动灵活、传动灵活、操纵灵活；一完好：技术状态完好）。通过不断创新和完善农机标准化管理模式，使农机管理和经营方式发生明显转变，主要表现为农机职工素质明显提高，机具更新加快，领导与管理部门督导、检查、验收行之有据，机务人员操作保养有章可循。农机标准化管理更加科学化、制度化。

1997年，团场国有农机产权制度改革深化推进，团场建立私车公管"十统一"（统一农机人员管理、统一农机技术培训、统一机车调配、统一作业标亩系数、统一标亩收费、统一作业质量标准、统一作业质量验收、统一机力费结账、统一农机具更新改造和新技术推广、统一农机具停放）的管理机制，实行全行业农机具作价买断，农机产权转让给职工。团农机管理部门除进行业务管理和技术指导外，每年只对各单位的农机标准化建设进行管理，不再对私车公管机车进行其他管理工作，由机主自主经营，自负盈亏。

2006年团场正式合并后，农机转让，机车归户，油材料供应方式随之改变。油料供应推向市场，机车户可自主采购，机主和燃油公司自行结算油款。

2007年，团场以私车公管"五统一五规范"（统一作业标准，规范作业层次；统一折合系数、收费标准，规范收费方式；统一市场管理，规范市场秩序；统一机务区建设，规范机具停放；统一技术培训，规范队伍建设）和"十项标准化"（管理体制标准化、装备管理标准化、技术推广标准化、维护修理标准化、经营核算标准化、信息工作标准化、机务区建设标准化、队伍建设标准化、安全监理标准化）管理模式管理团场农机，加大机车更新力度。新型农机具大量引入，团场农机作业能力大幅提高。

2011年，团下发相关文件，确定中、小型拖拉机作业收费标准：7元/标准亩；100马力以上（含100马力）大马力拖拉机和履带式拖拉机的作业收费标准：10元/标准亩。

2015年，团现代化农业机械在农业生产中普及　　　　（生产科供图）

2014年，团场下发相关文件，确定49马力以下拖拉机作业收费标准：6元/标准亩；50~100马力（不含100马力）拖拉机作业收费标准：7.2元/标准亩；100~150马力（不含150马力）拖拉机作业收费标准：10元/标准亩；150马力以上拖拉机作业收费标准：10.3元/标准亩。

2015年，团有在册拖拉机510台，其中大中型拖拉机332台（包括200马力以上拖拉机14台），小型拖拉机178台，大型机引农具525部，小型机引农具225部，联合收割机3台，农用运输车68辆，农业机械总动力3.54万千瓦。是年，全团机耕面积8533.3公顷，机械采收棉花4000公顷，农机运输作业量57000吨/千米。农业机械化程度和标准化管理水平稳步提升，棉花种植农业机械化程度超过95%，形成具有一定装备力量，适应农时、农艺要求的大综农业机械化生产体系。

二、农机监理

（一）机构及审验

1. 三十三团

1998年，团检验拖拉机驾驶员220人，拖拉机检验落户158台。1999年，团农机检验驾驶员270人，拖拉机检验落户151台，发放拖拉机号牌21副。2000年，检验农机驾驶员275人，拖拉机检验落户158台，发放拖拉机号牌14副。2004年，审验拖拉机182台，年审率达到95%以上，合格率达98%以上；驾驶员年审人数186人，占有证参审人数的96%。2015年，拖拉机审验100%，年审合格率100%。

1995—2005年，团有农机专职监理员1人，兼职监理员2人。

2006—2015年，团配专职监理员2人、兼职监理员1人。为建立健全农机安全生产管理制度，完善各种规章规程，团加大农机安全监理工作，明确各单位责任人职责，层层签订安全生产责任书。团每年坚持开展形式多样的安全培训、教育等活动，每月组织相关部门深入连队开展一次查患活动，安全生产基础得以夯实。每年"三秋"团对棉花拉运拖拉机实行"四证"（驾驶证、行车证、机车保险证、棉花拉运准运证）管理，在棉花拉运前做到对各单位拖拉机（安全链、安全销、反光贴、防火罩、灭火器）的检查、审验，检验合格核发准运证后，方可上路营运。十年间，团共检验拖拉机900余台（架）次，合格率在97%以上。

2015年，为保证农机安全，团安办携同农机科，与各单位主要领导签订安全责任书18份，并督促连队与每个农机操作员签订农机安全生产责任书353份。定期组织部门人员查处"黑车非驾"，做到坚决严厉打击，全年组织7次查处"黑车非驾"，查处黑车14辆。

2. 三十二团

1995—2005年，三十二团有农机专职监理员1人，兼职监理员1人。负责团内农业机械及驾驶操作人员办理登记入户，安全技术检验考核，核发统一的号牌、证照工作，参与新型、改型、改装农业机械安全技术性能的审核和安全鉴定。按照"三统一"（统一标准、统一要求、统一检审）方法，做好每年一度的机车、驾驶员年检、年审。开展"黑车非驾"专项整治和农机安全生产隐患排查活动，杜绝无牌无证驾驶。农机监理人员履行在连队、田间、社区、道路停放和作业过程中农业机械的安全检查工作，纠正、查处违章作业，上报和处理农业机械事故。开展经常性安全知识宣传教育，建立健全农业机械安全生产制度，重点排查拖拉机无牌行驶及驾驶员无证驾驶，拖拉机超速超载、违章载人等违法行为。十年间，农机监理人员出动240余人次，查验农业机械500余台次，纠正、查处各种违章机车100余台次，清理黑车100余台，查处非驾20余人次。

（二）安全事故

1995年，团发生7起农机安全事故，死亡3人、重伤3人，造成直接经济损失6.84万元。

1996年，因驾驶员违章操作造成1起农机事故，造成直接经济损失2700元。

1997年，团发生2起农机安全事故，死亡1人、重伤1人，造成直接经济损失3.1万元。

1998年，团发生3起农机安全事故，造成直接经济损失8000元。

2000年，因安全设施不全、机件失灵出现农机事故2起，造成直接经济损失600元。

2004年，因驾驶员违章操作，造成1起一般农机安全事故，造成直接经济损失1800元。

2006年，团发生1起一般农机事故，造成直接经济损失2000元。

2007年，因驾驶员违章操作，发生1起一般农机事故，造成直接经济损失6000元。

三、农机安全培训

1995年后，团场每年通过"科技之冬"活动对农机驾驶员和管理干部进行3~5天的专业技术知识培训。由农二师农机监理所、尉犁县交警和塔里木二中队交警，对团场农机驾驶员进行农机操作知识、维修保养知识、拖拉机检审验常识以及《中华人民共和国道路交通安全法》《中华人民共和国农业机械促进法》《农业机械安全监督管理条例》《新疆维吾尔自治区农业机械安全监督条例》《新疆生产建设兵团农业机械化管理办法》等法律法规培训，并进行考试，考试成绩独立存档。2006—2015年，共培训农机人员4752人次。

第六节　机构队伍

一、管理机构

1995—2005年，团场农机管理工作由农机科统一负责。

2002年，三十三团成立农机管理总站，团场农机管理由团农机科和农机管理总站统一负责，农机管理总站实行独立核算、自负盈亏、自我发展。总站下设10个管理分站，1个农机修造厂，管理技术人员15人。

2004年，农机管理总站撤销，团设农业生产管理科辖农机科，设副科长和科员各1人，负责全团全部农机管理工作。团下设18个机农合一单位，农机副连长18人。

2015年，团成立国家级标准化农机总站，下设两个分站、15个农机现代化管理站，有管理人员17人，团农机科和农机总站共同管理全团农机工作。

1996年，三十二团成立农机服务总站，同时成立8个农机分站和1个修理厂，管理人员11人，实行独立核算，自负盈亏。2000年后，三十二团实行"两费自理"，团设农机科，农机管理由农机科统一负责，下设8个机农合一单位、1个修造厂、农机管理人员11人（延至2005年）。

二、农机队伍

（一）三十三团

1995年，团有机农合一单位9个，1个农机修造厂，机车组62个，机务人员331人。其中，管理服务人员20人、农机驾驶操作人员247人、修理人员64人。

1996年，团有机农合一单位9个，1个农机修造厂，机车组69个，机务人员332人。其中，管理服务人员20人、农机驾驶操作人员248人、修理人员64人。

1997年，团有机车组69个，机务人员277人。其中，管理服务人员21人、修理人员43人、农机操作人员213人。

1998年，团有机车组69个，机务人员231人。其中，管理服务人员21人、农机驾驶操作人员156人、修理人员54人。

1999年，团有机车组67个，机务人员201人。其中，管理服务人员19人、修理人员55人、农机操作人员127人。

2000年，团有机车组68个，机务人员194人。其中，管理服务人员14人、农机驾驶操作人员150人、修理人员30人。

2001年，团有机车组64个，机务人员193人。其中，管理服务人员4人、农机驾驶操作人员156人、修理人员33人。

2003年，团有机车组92个，机务人员226人。其中，管理服务人员7人、农机操作人员190人、修理人员29人。

2005年，团场合并后，三十三团有机车组258个，下属18个机农合一单位，机务人员270人。其中，管理服务人员20人、农机操作人员232人、修理人员18人。

2012年，团有15个机农合一单位，管理人员17人，修理服务人员18人，农机作业服务人员281人。

2013年，团有250个标准化机车组，管理人员17人，修理服务人员18人，农机操作人员285人。

2015年，团有标准化农机管理总站一个，下设两个分站、15个农机现代化管理站，251个农机标准化机组。农机工作人员324人，含农机工人287名，农机管理技术干部19人，农机服务人员18人。3人有专业技术职称，其中，2人有中级专业技术职称，1人有初级专业技术职称。团场已形成农业机械管理、使用、维护、保养、技术培训、安全监理的现代化农机管理工作体系。

（二）三十二团

团场实行团连两级，机、农合一的管理体制。1995年底，三十二团成立农机服务总站，农机分站8个，维修站1个。机车组65个，机务人员214人，管理技术人员8人。至2005年，无较大变化。

第十二章　工副业

三十三团、三十二团工业始于建场初期,加工厂作为团场唯一的工业单位,一直占据龙头地位,生产项目以粮、油、棉等农副产品加工为主。1995年,团场工业生产在对外运作上,开始向市场经济过渡,蛭石矿、塑料厂、新疆库尔勒液化气储运供应公司、机械修造厂、畜牧产品加工等工业企业按照乡镇企业机制开始运作,逐步向自主经营、自负盈亏、自我约束、自我发展的法人实体和市场经济迈进,但生产项目不多,规模不大。

2005年,团办工业企业改制重组后,管理模式发生重大变化,团场党委依法保护改制企业和改制企业职工合法权益,增强改制企业经营者法治意识,坚持合法经营。发挥民营工业优势拉动团场经济增长、促进经济结构调整、扩大社会就业、增加职工收入。

2006年团场正式合并后,团党委落实兵团党委《关于加快兵团非公有制经济发展的意见》《加快推进新型工业化进程》等一系列会议文件,团场工业从传统工业发展模式向新型工业化发展模式转变,并加快产品结构的优化升级和优势资源转换步伐。

第一节　规模及效益

团场实施改革,加快经济发展,工业阵容由弱变强。全民所有制企业逐步向民营企业和股份制企业转变。农产品生产基地向产后深加工、再增值转变,团场工业发展加快。

一、规模

1993年,三十三团选派骨干人员外出进行调研、考察,探索联合办厂。1994年4月,团新办新疆库尔勒液化气储运供应公司,于1995年2月建成运营。

1997年,三十二团党委落实兵团文件《关于加快兵团工交建商企业改革和发展的意见》,实行个人投资与团联合承包方式,由四川籍人员何希勇承包地膜回收加工。是年底,团场对塑料厂实行租赁承包，竞争上岗。

2006年团场合并后，三十三团党委加快工业产品结构的优化升级和优势资源转换步伐，提高工业发展水平。

2012年，团与农二师天力纸业有限责任公司共同投资新建巴州名星纸业股份有限公司，双方意将公司设计为年产1.2万吨高档生活用纸的专业新型企业。项目于2013年10月正式投产，总投资为1.3亿元。时隔不久，天力纸业把所持的股份转让给三十三团，由此巴州名星纸业股份有限公司更名为巴州名星纸业有限责任公司。

是年，团在蛭石矿、油脂化工、红枣加工等支柱工业项目建设上，与中国非金属矿业公司合作，共同开发蛭石矿，提升产能，对蛭石后续产品深加工，增加综合效益，提升工业产值。

二、效益

至2015年，团工业总产值77396.6万元，较2014年增加23711万元，增速44.17%。其中规上企业工业总产值68816.5万元，占团工业总产值的88.9%；规下企业7240万元，占团工业总产值的9.35%；个体工业1340.1万元，占团工业总产值的1.73%。

表12-1 三十三团工业总产值一览表（1995—2015年）

单位：万元

年份	工业总产值	分类 国有工业产值	分类 非国有工业产值	分类 规上企业工业产值	分类 规下企业工业产值	分类 产业产值	分类 个体工业
1995	604.5	604.5	0	0	0	0	—
1996	592.0	592.0	0	0	0	0	—
1997	856.1	856.1	0	0	0	0	—
1998	583.8	583.8	0	0	0	0	—
1999	461.4	461.4	0	0	0	0	—
2000	237.2	237.2	0	0	0	0	—
2001	272.4	272.4	0	0	0	0	—
2002	401.4	401.4	0	0	0	0	—
2003	6.3	6.3	0	0	0	0	—
2004	73.1	1.8	71.3	0	0	0	—
2005	186.0	186.0	—	0	0	0	—
2006	1071.1	614.1	457	0	0	0	—
2007	1163.4	1037.4	126	0	0	0	—
2008	820.2	756.2	64	0	0	0	—
2009	736.4	736.4	—	0	0	0	—
2010	2811.0	2811.0	—	0	0	0	—
2011	3627.0	3627.0	—	0	0	0	—

续表

年份	工业总产值	分类 国有工业产值	分类 非国有工业产值	分类 规上企业工业产值	分类 规下企业工业产值	产业产值	个体工业
2012	8226.3	—	—	3616.3	7.0	4222.0	381.0
2013	40479.3	—	—	14729.7	8894.6	13670.0	3085.0
2014	53685.6	—	—	39274.0	5660.0	5859.0	2891.9
2015	77396.6	—	—	68816.5	7240.0	—	1340.1

注：表内数据均为当年价格。

表12-2 三十二团工业总产值一览表（1995—2005年）

年份	工业总产值（万元）	国有工业产值（万元）	占工业总产值比重（%）	非国有工业产值（万元）	占工业总产值比重（%）
1995	553.0	553.0	100	—	—
1996	927.6	927.6	100	—	—
1997	1821.9	1821.9	100	—	—
1998	1341.3	1341.3	100	—	—
1999	1181.9	1181.9	100	—	—
2000	1057.5	1057.5	100	—	—
2001	662.6	662.6	100	—	—
2002	543.3	543.3	100	—	—
2003	569.2	569.2	100	—	—
2004	749.5	655.1	87.4	94.4	12.6
2005	858.0	624.0	72.7	234.0	27.3

注：表内数据均为当年价格。

第二节 蛭石（矿）

一、概况

三十二团蛭石矿位于尉犁县境内库鲁塔格山脉西段的且干布拉克。地理坐标东经87°53′，北纬41°13′。东距库尔勒市180千米，南距三十二团团部83千米。

蛭石是一种片状结构，含铁、镁、水、铝、硅酸盐类矿物质，它是由金云母或黑云母蚀变而成，在受热膨胀时与水蛭相似，故名为蛭石。蛭石加热后体积迅速膨胀，具有体积大、重量轻、防火、耐潮、隔热等特点，因而在冶炼、造船、冷藏、建筑、电力、油漆、化工、园艺、轻工、机械及工业废水处理中有着广泛用途。

膨胀蛭石经憎水憎油表面处理后，可作为含水炸药的密度调节剂，价格十分昂贵。

蛭石焙烧后，可做复合肥，在农业生产上有广阔的应用前景，在建筑工业方面使用也十分广泛。蛭石不论使用片状或以粒状直接铺填，还是搅拌在混凝土内，又或是制成板料和砖来建造为墙体或天花板，都能起到很好的绝缘效果。由于其重量较轻，可减少建筑物的负荷，因而深受建筑行业的认可。

2008年，团蛭石矿生产的产品　　　　　　　（陶建新 摄）

蛭石矿从成立伊始按市场机制运作，产品以外销为主，以销定产，产品多销往新加坡、日本、中国香港、印度尼西亚、奥地利、加拿大、美国等国家和地区。

由于办理新采矿证须依照已实行的矿业权价款先行买断，故团投资400余万元，用于矿业权买断及选矿设备更新改造。该矿预测矿石量74.7万吨，可采储量64.52万吨，年生产规模4万吨，理论服务年限16.8年，固定资产投入352.53万元。矿区范围为44200平方米，开采深度为1320～1348米。

蛭石矿区，自1977年建矿至2015年，已有38年的生产历史，产量从建矿时的1260吨，逐步发展到1987年的11050吨。此后因市场波动起伏，1988—1994年一直徘徊在3000～5000吨；1995—1999年恢复至10000吨左右；2000—2009年维持在4000～7000吨；2010—2015年提升到30000吨左右，2015年完成利润284.6万元。

表12-3　蛭石矿生产经营情况一览表（1995—2015年）

年度	产量（吨）	销量（吨）	利润（元）
1995	10420	10506	439973
1996	12000	11000	489568
1997	13965	12700	1375949
1998	12735	11938	1236549
1999	11611	8658	882907
2000	9059	7233	856130
2001	6768	6535	532133
2002	4033	3854	402255
2003	3675	3030	311205
2004	4100	3196	436631
2005	4500	4073	357829

续表

年度	产量（吨）	销量（吨）	利润（元）
2006	4500	4400	404289
2007	9000	7232	869688
2008	6500	6080	711107
2009	7514	8500	925000
2010	32300	25445	2981000
2011	40880	24870	2743000
2012	11599	11366	1539000
2013	12743	8737	2570000
2014	18643	14924	1825000
2015	20135	20127	2846000

第三节　棉花加工

2009年4月21日，成立三十三团加工总厂，下辖三十三团加工一厂（原三十三团加工厂）、三十三团加工二厂（原三十二团加工厂）。固定资产4000余万元，成为集收购、轧花、加工、销售为一体的国有棉花加工企业。

一、加工一厂

原加工厂位于三十三团团部居民区，1959年建成，1963年改为加工连，1972年改为加工厂。2006年迁至团部东北方向与五连之间新建的加工厂（直线距离1.5千米），固定资产1900万元，年轧期加工皮棉能力13000吨，2006年9月23日正式投产，总占地面积173420平方米。其中，籽棉垛场25200平方米，皮棉垛场21600平方米，生产车间7940平方米。有96型轧花机组（5台）生产线1条；144型剥绒机组（16台）生产线1条；200型和400型打包机组各1台；生产皮棉包装为工型包（227±10千克）。随着团场棉花种植面积扩大，加工厂现有规模已无法满足棉花加工需求，团遂对加工厂进行改造扩建，于2009年4月成立加工总厂。

2009年，团棉花加工厂1.3万吨生产线建成　　（工商科供图）

2011年，新增建起126型轧花机组（4台）生产线1条；三丝清理1套，清理籽棉15吨/小时；打膜机组2套，处理量15吨/小时；散花喂料机组1套，处理15吨/小时。皮棉加湿器等设备投入使用后，使机采棉加工设备更加完善，产品质量大幅提升，加工进度持续加快。厂区扩建9900平方米，籽棉场扩建25200平方米，皮棉场扩建21600平方米。

2014—2015年，淘汰原有单台96型轧花生产线，新建年加工能力为10000吨皮棉的机采棉轧花生产线1条，均更新为MY171型锯齿轧花生产线，与机采棉加工配套，加工能力扩大。加工籽棉达到每小时11万千克，日加工籽棉能力为26万千克。经过技术改良，籽棉采用气流输送、清花和风运等方式，实现清花、自动喂花、液压称量、打包、棉籽清筛和小花朵回笼一条龙作业程序。

表12-4　三十三团加工一厂加工籽棉情况一览表（1995—2015年）

单位：吨

年份	加工籽棉数量	加工皮棉数量
1995	9138	3838
1996	9286	3900
1997	7857	3300
1998	10238	4300
1999	7824	3286
2000	9526	4001
2001	11381	4780
2002	12895	5416
2003	15548	6530
2004	16905	7100
2005	20905	8780
2006	41357	—
2007	47595	—
2008	34131	—
2009	29238	—
2010	26471	—
2011	39048	—
2012	45429	—
2013	52654	—
2014	55000	—
2015	56000	—

二、加工二厂

建于1959年3月，为联合加工厂，1960年12月撤销并改为加工厂，1973年1月改为加工连。2000年新建棉花加工厂，位于原三十二团北面与218国道之间（直线距离1千米），最初为由三十一团、三十二团、三十三团、油脂厂四家集资组建的股份制企业。2006年并入三十三团，2009年改称三十三团加工二厂，总占地面积64600平方米，其中籽棉垛场10400平方米，皮棉垛场8000平方米。有山东MY139轧花机组（3台）生产线1条；MR144D型剥绒机组（16台）生产线1条；MDY400型、200型打包机组各1台；生产皮棉包装为Ⅰ型包（227±10千克）。

2009年，改建成拥有151型轧花机组（3台）。2011年，新增151型轧花机组（1台），年加工能力为9000吨皮棉。

2013年，安装三丝清理机组1套，清理籽棉15吨/小时；打膜机组2套，处理量15吨/小时；散花喂料机组1套，处理15吨/小时。皮棉加湿等设备投入使用后，加工能力大幅提升。至2015年，机采棉加工设备更加完善，机采棉加工进度和皮棉品质大幅提高。

表12-5　原三十二团加工二厂加工籽棉情况一览表（1995—2015年）

单位：吨

年份	加工籽棉数量	加工皮棉数量
1995	6352	2668
1996	6081	2554
1997	12302	5167
1998	7833	3290
1999	10169	4271
2000	7486	3144
2001	6748	2834
2002	10162	4268
2003	13643	5730
2004	15369	6455
2005	16905	7100
2006	17370	—
2007	19990	—
2008	14335	—
2009	12280	—
2010	11118	—
2011	16400	—
2012	19080	—
2013	21588	—
2014	25200	—
2015	26600	—

第四节 塑料制品

三十二团地处尉犁县境内,为顺应时代发展,团场产业结构不断优化,形成以棉花、粮食、香梨、油料等多种农产品综合发展的总体布局。同时,三十二团结合先进科学技术,充分利用现有资源,加工生产团场所需塑料制品,为当地经济可持续发展提供支持。

一、发展概况

三十二团塑料厂,位于尉犁县东100千米处的乌鲁克镇,占地面积2600平方米,前身为三十二团阀门厂(印刷厂、地膜回收加工厂),建于1986年。1997年,三十二团实行个人投资承包方式,由四川籍外来人员何希勇承包地膜回收加工,一次性出资10万元购买一台塑料吹膜机。是年年底,团场对塑料厂实行租赁承包,竞争上岗,由何希勇出资24万元承包。2001年塑料厂归团场经营,2002年由祁登云租赁承包(2003年,因厂长退休,故该厂停产)。

2002年,三十二团新建一座节水器材加工厂,购置两套生产流水线,以生产滴灌带等塑料制品为主,为当地提供节水器材。2005年,该厂因管理经营原因,已无法顺应市场发展需求,于2006年关闭停产。2009年,陈彦飞与三十三团通过协商后双方达成联营。三十三团以场地、厂房、现有设备等固定资产作为入股资本占股本的51%,陈彦飞占股本的49%,总投资120万元,职工14人。该厂位于原三十二团油脂厂以南,锅炉房以东,占地面积2000平方米。

二、生产效益

2009年,乌鲁克塑业公司完成生产产值为600万元。2015年,完成生产产值为570万元。

表12-6 尉犁县乌鲁克塑业公司产值情况一览表(2009—2015年)

单位:万元

年份	产值
2009	600
2010	600
2011	500
2012	590
2013	580
2014	560
2015	570

第五节　植物蛋白

一、企业概况

新疆塔里木震企生物科技有限公司，位于尉犁县乌鲁克镇，占地面积46620平方米。前身为三十三团乌鲁克镇油脂化工有限责任公司。新疆塔里木震企生物科技有限公司成立于2009年9月16日，由农二师三十三团、三十一团和新疆震企油脂有限公司共同出资组建。公司在原乌鲁克油脂化工有限责任公司的基础上进行改制后重组，注册资本3000万元。其中，三十三团出资600万元，占注册资本的20%；三十一团出资420万元，占注册资本的14%；新疆震企油脂有限公司出资1980万元，占注册资本的66%。公司董事长王海涛、总经理王艳。2014年5月，王西海任副总经理兼厂长。2015年2月，钱建波任公司董事长。

2009年10月，公司筹建并开始动工，于2011年10月开始试机生产，严格按照市场规律运作模式，推行企业经营制度改革，深挖工艺潜力，从上规模到高质量，持续品种创新，努力提升产品市场占有率，销售市场从疆内延伸到四川、河北等地。公司有职工76人，其中管理人员8人，大专以上学历人员6人，高级职称人员2人，中级职称人员4人。

2011年，团震企生物科技有限公司　　（工商科供图）

二、公司生产经营情况

2012年，公司总资产3000万元，年加工棉籽8000吨，全年累计实现工业总产值3000万元，工业产品无积压，全年实现销售总值3000万元。2013年，公司总资产6589万元，年加工棉籽12400吨，全年累计实现工业总产值3100万元，工业产品无积压，全年实现销售总值3100万元。2014年，加工棉籽18700吨，累计实现工业总产值4675万元，工业产品产销率100%，实现销售产值4675万元。2015年1月至4月，加工棉籽20000吨，累计实现工业总产值5000万元，实现销售产值5000万元。

震企油脂有限责任公司的主要投入方向是利用生物技术经两种溶剂对棉籽进行脱毒处理，使用新型脱酚棉籽蛋白加工技术。通过对引进工艺关键点的不断改进，已申报三项专利技术，提高设备使用率，将工艺指标中各项消耗降至全国行业最低水平。至 2015 年，公司生产的棉蛋白经新疆维吾尔自治区畜牧办检验，达到国家优级标准。

震企油脂有限责任公司是农二师产业化龙头企业，兵团农业产业化重点龙头企业。公司作为清真食品加工企业，争取到民族贸易企业的政策支持，流动资金贷款均享受 2.88% 利率贴息。公司内部结构合理，各项规章制度健全，并建立起较为完善的内部控制机制。2013—2014 年，经农发行评定企业信用等级为 2A 级。

三、公司规模

公司采用北京中棉紫光生物科技有限公司的"液—液—固脱酚棉籽蛋白"专利技术及其成套设备，年设计加工能力为 12 万吨，年产脱酚棉籽蛋白 4.8 万吨，精炼棉籽油 2.04 万吨。针对棉籽脱毒，成功开发出新的饲用蛋白资源，棉籽综合利用率和产品附加值得以提高，实现优势资源就地转化增值。

公司生产所需原料主要来自三十一团、三十三团，其余部分原料来自地方零星收购。公司在 2~3 年内新建成为稳定的原料供应基地，使原料加工量达到 8 万~10 万吨。5 年间，通过与科研院校合作，使棉籽深加工方向继续延伸 2~3 个项目。公司经多年经营，已建立起稳固的销售网络和渠道，并将产品销往全国各地，产销率 100%。

四、社会效应

2010—2015 年，逢年过节，震企生物科技有限公司都会拿出大量资金，购置米、面、油、被褥等物品，分发给三十一团、三十三团、三十四团的贫困户。2011 年起，公司坚持每学期都滚动式资助三十一团中学、三十二团中学和三十三团中学的 6 名贫困学生，直到他们完成中学学业。2012 年春节，公司总经理王艳拿出 3000 元，购置粮油，慰问走访 12 户贫困群众。

2012—2013 年，公司被尉犁县农发行评为 2A 级信用企业，被第二师工商联评为优秀民营企业。总经理王艳任公司工商联副主席。2014 年 5 月，王西海接任公司工商联副主席。

第六节　其他工业企业

一、三汇液化气公司

新疆库尔勒三汇液化石油气储运供应公司于 1994 年 4 月动工建设，隶属三十三团，于 1995 年 2 月竣工投入使用。

公司位于库尔勒 314 国道南侧，占地面积 14729.49 平方米，建筑面积 1078.77 平方米。公司厂区分为储存罐装区和生活区两部分，以防火墙隔开，符合规定安全距离。公司有50立方米液化气储罐2台（架），5立方米液化气储罐1台（架），液泵3台，液化气压缩机2台，残液倒空架2套，消防设施、设备配置齐全。

1995—1996年，三汇公司法人为马斌（承包经营），经营状况持续亏损，年销售液化气935吨，税前利润-146万元。

1997年，三汇公司法人为张健，因经营状况差，年销售液化气1084吨，税前利润-88万元。年底，三十三团党委收回张健三汇公司法人权。

1998年，团党委研究决定，三汇公司法人为张文浩（至2007年），经营状况逐年好转。

2002年，三汇公司经团党委批准，实行三汇公司内部股份制改制，公司为内部股份合作制，采取公司职工由团配股和团参股的方式，进行股份合作制经营。

2008—2015年，企业法人为袁长宝。

表12-7 三汇公司生产利润情况一览表（1995—2015年）

年度	产量（吨）	利润（万元）
1995	935	-146
1996	935	-146
1997	1084	-88
1998	1163	-25
1999	1348	9.5
2000	1437	30
2001	1657	39.9
2002	1754	64
2003	2086	77
2004	2115	79
2005	2274	68
2006	2287	41
2007	2490	50
2008	2523	118
2009	2715	270
2010	2987	100
2011	3320	135
2012	3264	106
2013	3301	92
2014	3338	121
2015	3399	132

二、巴州名星纸业有限责任公司

巴州名星纸业有限责任公司（原名巴州名星纸业股份有限公司）于 2012 年 4 月 13 日成立，注册资金 1000 万元，厂区位于库尔勒经济技术开发区工业园二区羚翔路 4676 号，占地 2 公顷（在该地块东侧预留 1.3 公顷后期建设用地），厂房、办公室等附属物建筑面积 16656 平方米。建设初期，由农二师天力纸业有限责任公司（51%股份，原农二师湖光造纸厂破产后改制成立）与三十三团（49%股份）共同投资成立，是专业生产高档生活用纸系列产品的造纸企业，由天力纸业控股。公司成立不久，由于资金问题，双方股份进行调整，三十三团占股 60%，天力纸业占股 40%。2014 年，由于天力纸业面临破产，无力承担资金投入，便将所持 40%股份全部转让给三十三团。由此，巴州名星纸业股份有限公司更名为巴州名星纸业有限责任公司。企业产能 6 万吨，分两期进行。第一期工程为年产 1.2 万吨，于 2013 年底试产，2014 年正式投产营运。

公司为三十三团所属国有独资企业，法定代表人由三十三团党委书记、政委刘期国担任。截至 2015 年 6 月，公司有管理人员及员工 72 人。

生产工艺及技术线路和设备选型上，通过对全国生活用纸市场调研，采用先进的日本 BF 纸机和欧克、宝索等后加工先进生产线设备。产品采用

2015 年，三十三团名星纸业公司　　（宣传科供图）

100%原生木浆作为原料制成，以独特的造纸工艺，生产出自然洁白、柔软细腻的高档生活用纸。产品有半成品纸及"梨花飘""帅柔"等系列包装品牌生活用纸。

2012—2015 年，公司累计生产纸品 7224.62 吨，销售纸品 5993.52 吨，实现销售收入 4464.41 万元，缴纳税金 60.38 万元。

公司产品已销往乌鲁木齐、阿克苏、库车、喀什等市场。与库尔勒新老汇嘉、天百、太百、家满福、亿家、日日鲜、民家、金桥等超市展开合作，逐步拓展公司的销售市场。

第七节　工业管理

一、机构

（一）三十三团

1995年，团场工业企业仍然沿袭由团工商科管理，团一名副团长分工主管的管理制度。

2004年5月，三十三团和三十二团开始合并，为精减机关编制，撤销工商科，成立工交建商科，负责管理团场工业。

2013—2015年，张伯奎任工交建商科科长，赵小明任副科长。工交建商科负责协调、检查、指导各工业单位的安全生产、技术革新、设备改造等管理工作；负责团场工业新项目的开发、环境保护、组织筹建、验收，做好日常监督；对招商引进的工业企业、改制的民营企业和私营企业，负责协调解决工作中的困难问题，做好产前、产中、产后的职能服务。

（二）三十二团

1996—2004年，团工业企业由工商科管理。一名副团长分工主管团场工业工作，工商科保留编制4人，科长1人，负责全团工副业的宏观调控、计划编制及指导性管理。

2006年，三十三团与三十二团正式合并后，工业管理部门整合。

二、企业管理

（一）三十三团

1995—2004年，随着团办工业企业改制重组，管理模式随之发生转变。工商科与机关有关科室及时转变服务职能，加强对改制企业的协调、管理、监督，从多方面支持企业，充分发挥民营工业经济在拉动团场经济增长、促进经济结构调整、扩大社会就业、增加职工收入等多方面的作用。

2005年，团党委加快产品结构的优化升级和优势资源转换步伐。工交建商科与机关有关职能部门相互配合，在企业扩大生产能力和厂房厂地等需求服务方面，提供必要的便利条件。

2011年，根据农二师党委工作会议精神和《农二师促进团场工业发展目标考核奖罚办法》，团场对工业企业实行企业发展目标考核。制定《三十三团工业企业发展目标考核办法》，考核为争创团场工业先进单位和企业产品知名品牌，设四项考核指标，即团场工业增加值计划指标、团场工业利费计划指标、团场工业项目投资计划指标、工业企业在岗职工年均收入计划指标，权重分别为25%、35%、30%、10%，标准分值与分项权重相同，分别为25分、35分、30分、10分。

2015年，团在工业企业安全生产管理工作上仍贯彻安全第一、预防为主、综合治理的总体思路，着力构建党委统一领导、部门依法监督、单位全面负责、群众广泛参与的安全生产工作新格局。团安委会及安全生产办公室每月召开1~2次安全生产例会，组织开展工业企业机械设备运转、机车拉运、作业安全、压力容器运行安全、用电安全、防火通道安全及食品安全生产等专项检查。分别与各工业单位签订《安全生产暨消防安全目标管理责任书》，制定《三十三团基层单位安全生产标准化考核细则》，要求团场工业企业须做到"四有一健全"（有安全生产工作计划，有突发事件应急处理预案，有风险抵押金制度，有重点岗位、重点部位安全责任书；单位安全生产消防安全领导组织机构健全）。对重点区域、重点部位做到危险物品专人管理，重点单位重点管理，有害废弃物单独管理，消除安全隐患，使团场工业企业安全生产管理目标落到实处。

（二）三十二团

1995—1997年，对团办工业实行独立核算、确定基数、超利分成、自负盈亏的管理办法。生产方面，对各厂（矿）企业从产品的产量、质量、销售、设备管理、双增双节、安全生产6大指标14个项目，开展月考核评估活动。职工的劳动报酬与劳动成果相结合，实行原材料消耗、产量、质量与计件工资挂钩的经济责任制。固定资产采取统一调度、分级管理，折旧费集中交团统一安排，主要用于企业急需的设备更新和新产品试制。

1998—2002年，团办工业企业改制重组后，管理模式发生变化，工商科日常工作也由管理、监督转变为协调、管理、服务。棉花加工厂生产期间，团抽调机关干部负责监督、协调和扣杂工作，服务至生产一线。针对民营企业，团领导及机关科室深入车间一线，了解生产经营情况，在产、供、销各个环节给予帮助指导，排查生产安全隐患，引导改制单位转变工作作风，坚持合法经营，强化安全生产意识，提高工业经济运行质量。延至2005年。

第十三章　交通和信息

20世纪60年代初，团场公路路面多为土质路。20世纪80年代，团场主干道和公路开始铺垫砂石料，路况逐步改善。20世纪90年代后期，团部与各单位的通连道路，大多铺设砂石路面，镇区主干道铺设柏油。田间运输道路，按生产需要统一规划保持路面平坦畅通。2009年，实现柏油路连连通，交通状况得到根本改善，为客运、货运提供诸多便利。至2015年，团有车辆5139辆，团内通车里程达79千米。

1995年后，团场邮政通信快速发展。2001年，巴音郭楞蒙古自治州移动公司、联通公司开通手机通信服务。2003年5月，库尔勒市邮电局完成转型，邮政和电信分离，分别成立邮政储蓄银行和电信局。电信局在团场设有业务代办点，除负责程控电话的安装和线路维修外，还承担电信宽带网入户工作。通信设施的改变，给团场居民的信息交流带来诸多便利。

第一节　道路

一、通团公路

20世纪90年代后，团场公路已由建场初期坑洼不平、路况极差的简易公路修建成土戈壁路，基本实现公路硬质化，交通运输业与团场各项事业同步发展，辖区的交通状况和运输条件得到较大改善。

1994年，三十三团团部修建柏油路2.2千米，团部"晴天尘土扬、雨天遭泥淋、刮风沙搬家、浇水断行人"的历史，自此宣告结束。

1996年，三十二团完成通往各连队的7条主干道硬质路面铺设工作，并相继对团部内7条主干道路铺设柏油路面。

1995—1999年，三十三团修建公路通车总里程76.3千米，其中主干道20.3千米，田间运输道路56千米。

1999年，三十二团加快城镇化建设进程。在团场资金运行十分困难的情况下，为完成团部道路柏油路面的铺设，团机关、学校、医院、连队干部及一部分职工群众共482人，在不能按时足额兑现工资情况下，自愿捐出一个月的档案工资，投入团部柏油路修筑。同时，农二师乌鲁克垦区的公安局、检察院、司法局和地方驻团邮电、税务等单位累计捐款54.01万元，铺设柏油路1.6千米。因当时资金有限，路面宽度只有7米。随后，团内主干道相继铺设柏油，"晴天一身土、雨天两脚泥"的状况得到彻底改变。

2000年，团场按照团、连公路建设整体规划和保护耕地、节约土地资源要求，针对塔里木垦区公路等级差，农副产品向外运输困难，与团场经济发展不相适应等实际，利用原有路基，合理选定公路走向，开展公路工程建设，于2004年完工。新建通连公路县道063线25.405千米、县道064线13.131千米、县道065线31.42千米、县道066线4.352千米（路段名称为杏塔线、砖沿线、一国线、国界线），公路设计等级为三级柏油路。是年，改建连队道路（村道）15.149千米，全线铺设柏油。

2004年，团在改扩建塔里木大道、建设路、幸福路的同时，新建振兴路、广场路、卫生路，全长5969米，路面宽15米，均为柏油路。两侧设3.5米宽的绿化带，3米宽的人行道架新添路灯，形成镇区闹市格局。

2005年，在兵团和农二师党委及交通局的支持下，依靠国家项目资金投入，塔里木垦区公路建设和交通运输条件呈现出有规模、速度、质量和可持续发展态势。贯穿团场东西12千米的柏油路经两年改扩建，路面等级和质量得到提高。团场往返库尔勒市班车通车运营，客运网络快速发展。是年，建成"连连通"柏油公路18.2千米，团场17个农林连队道路运输能力提高。形成以国道（218国道）为主干，以四条县道（县道063、县道064、县道065、县道066）为骨架，以通连公路为支脉，形成内联连队、外联县乡，四通八达的交通运输网络。

至2009年，团累计投资1195.6万元，建设通连公路和营区公路合计35千米，工程总开挖土方126000立方米，铺垫戈壁126000立方米，铺筑柏油路面28万平方米。

2012年，塔里木垦区内的三十三团公路总里程为136.7千米，其中县级公路74.3千米，乡级通连公路18.2千米，村级公路44.2千米；有客货运输

2005年，团铺设连队柏油路　　　　（基建科供图）

汽车 171 辆，其中载货汽车 43 辆，班线客车 14 辆，小型载客轿车 82 辆，农用运输车 32 辆；货运拖拉机 412 台；年公路货运量 54.61 万吨，公路货运周转量 2225 万吨千米，营运业务收入 1713.17 万元。团场 2 个自然镇、25 个自然村均实现路面柏油化，居民出行公交化。

至 2015 年，团有车辆 5139 辆，国内通车里程 79 千米，客运量 33.45 万人次，货运量 52 万吨，营运业务收入 2750 万元。

二、桥涵

20 世纪 80 年代起，团内公路建设发展迅猛，干线公路、条田道路和居民点交通道路上原有的木结构桥涵也在不断完善改建。20 世纪 90 年代，新建公路桥涵大多为钢筋混凝土结构。到 1998 年底，共建运输道路配套桥涵 12 座。

至 2015 年末，辖区公路中小桥涵共 18 座，团内段洞涵 34 座，全长 292.55 米。

第二节 货运

一、汽车货运

三十三团和三十二团汽车运输分别始于 1956 年和 1958 年，团场各有一辆 2.5 吨载重货车，从事农业生产物资拉运。随着塔里木垦区经济建设的发展需要，汽车逐年增多，汽车班组建为运输连。1979 年，三十三团有载重汽车 7 辆，年货物周转量 82 万吨千米；三十二团有载重汽车 18 辆，年货物周转量 18 万吨千米。

20 世纪 80 年代后，塔里木垦区公路运输工具、运输市场和运输方式均发生较大变化。汽车运输取代畜力运输；私营个体运输户逐步取代团场全民所有制的运输业务。1994 年和 1996 年，两团车队分别解体，将公有汽车以产权转让的方式，先后作价出售给私人。至 1999 年，三十三团有私营载货汽车 10 辆，农用运输车 2 辆，完成年货运量 1.1 万吨，货物周转量 275 万吨千米，营运业务收入 107.6 万元；三十二团有私营载货汽车 41 辆，农用运输车 8 辆，完成年货运量 1.4 万吨，货物周转量 750 万吨千米，营运业务收入 330 万元。

2000—2005 年，团场个体运输业油料市场价格上涨，运营成本增加，货源紧张，经营收入下滑，生产规模逐渐萎缩。2005 年，三十三团有私营载货汽车 6 辆，农用运输车 7 辆，完成年货运量 1 万吨，货物周转量 100 万吨千米，营运业务收入 143 万元；三十二团有私营载货汽车 30 辆，农用运输车 139 辆，完成年货运量 3.1 万吨，货物周转量 878 万吨千米，营运收入 422 万元。

2006 年团场合并后，团有私营载货汽车 87 辆，农用运输车 276 辆，完成货运量 6 万吨，货运周转量1620万吨千米，实现营运业务收入1200万元。

2007年，团场党委落实兵团"1+3""1+8"文件精神等一系列惠农政策，吸引部分从事货物运输的个体经营户重返农业生产第一线，承包土地。还有部分个体运输户，根据市场需求，凭借多年的资本累积和费改税政策，迅速转换经营模式。货车的吨位越来越大，低吨位普通货车逐步被承载30～40吨的大型载重汽车所取代；运输距离越来越长；中小型翻斗自卸车增幅较大，成为团场村镇建设拉运砂石料和其他生产物资的主力。

2015年，团场有各类货运汽车103辆，农用运输车32辆，完成公路货运量52万吨，货运周转量4970万吨千米，实现营运业务收入2750万元。

二、拖拉机运输

1958年团场建场伊始，两团各有一台热托-25轮式拖拉机，之后逐年增多，成为农业生产的主要运输工具，承担团场农用物资及生活物资的运进和粮食等农产品的运出任务。20世纪80年代后，个体运输业兴起，用于公路运输的小四轮及轮式拖拉机大幅增多。

1995年，三十三团有轮式拖拉机107辆，其中小型拖拉机66辆，中型拖拉机41辆；三十二团有轮式拖拉机96辆，其中小型拖拉机43辆，中型拖拉机53辆。

1996年，国家公路交通管理日趋规范，拖拉机只限于短途运输，不允许进入城市市区和高速公路。故轮式拖拉机偏重于田间作业，主要运输任务多集中在夏收、秋收时节，往返送粮和送运棉花。

2005年，三十三团有轮式拖拉机173辆，其中小型拖拉机126辆，大中型拖拉机47辆，年完成货运量12万吨；三十二团有轮式拖拉机140辆，其中小型拖拉机83辆，大中型拖拉机57辆，年完成货运量22万吨。

2006年两团合并后，有轮式拖拉机451辆，其中小型拖拉机125辆，大中型拖拉机326辆，承担农用物资和生活物资的运输，年完成货运量25万吨。

2007年后，团场职工购买拖拉机可享受国家农业机械购置补贴的优惠政策，加之轮式拖拉机车身低，易装易卸，可同时满足田间作业和短途运输等多种需求，受政策性因素和价值取向影响，农机户购买轮式机车的兴趣需求日益高涨。

2008年，团有轮式拖拉机527辆，其中大中型拖拉机305辆，小型拖拉机222辆，年货运量43万吨。

2015年，团有轮式拖拉机411辆，其中小型拖拉机79辆，大中型拖拉机332辆，年货运量44万吨。

第三节 客运

1994年起，三十二团的个体出租车在团场客运市场悄然兴起，并以方便、快捷、舒适、价格合理等优势，很快成为职工出行的首选车型。而私营中巴车，因座位多、客源少、乘客等车时间长，与夏利出租车竞争乏力，营运收入日趋下滑，于1995年前后全部停业。

1995年初，三十三团至库尔勒市班车线路开通，每天一辆中巴客车从团部出发，往返库尔勒一次。年末，三十三团至库尔勒中巴客车增至2辆，年公路旅客周转量2.19万人次。

2006年，农二师交通局启动塔里木垦区客运网络化建设，为团配发2辆中巴客运班车，解决连队职工出行难问题。年末，三十三团通达连队的公路网建设已初具规模，客运网络化建设在上级交通部门的支持下，向城乡公交一体化推进，团场职工出行环境得到改善。

2007年4月，团印发《关于成立三十三团客运网络化建设组织机构的通知》，成立客运网络化建设领导小组及办公室。是年，团场分别在西片区（原三十二团）、东片区（三十三团）建立16个简易客运站、10个招呼站，并制定《三十三团客运网络化建设实施方案》，实行团内公交车租赁承包，全线开通团部至各连队的班车。

2008年6月，团交通科制定《三十三团内部道路公交车营运方案》，对团内道路公交车营运协议进行修订，规定从7月1日起运行东片区和西片区两条线路，每天发车4次，每辆车每年补贴2吨柴油。东片区起终点设在团部；西片区起终点在原三十二团社区。连队职工在家门口即可乘坐班车往返团部，周末学生在校门口即可乘坐班车安全回家。

2009年5月，团投资50万元，在原三十二团建设客运站，是年6月1日正式投入运营。客运站定员3人，负责团场客运管理，履行客运服务职能。团场16个简易客运站相继选出兼职站长和安检员，并确定站长职责，安检员岗位责任制及相关安全管理制度，建成团内客运网、团市客运网、团连客运网，相互独立、相互融合的一体化公共客运机构体系。

2010年9月，农二师交通局投资130万元，以团客运站为基础，组建塔里木垦区公路养护分站，

2014年，团新建客运站落成　　　　　　　　　　　　（谢奎斌 摄）

并启动客运站工程。2010年末，团有各式客运车24辆，其中轿车8辆，班线车12辆。班线车可往返于团部至库尔勒，形成"长途有班车，团内有公交，快捷乘出租"全方位复合式客运服务网络。是年，团场完成公路客运量14.3万人次，公路旅客周转量1917万人千米。

2014年，团新建客运站和塔里木垦区农产品物流园。新建客运站一层部分为客运站及商业用房，二层、三层为宾馆，总建筑面积14124.4平方米，建筑高度16.75米，总投资2200万元，项目由中联客运有限公司承办，施工方为新疆神宇公司工程三处。项目在2014年10月开工建设，于2015年10月竣工并交付使用。项目的建成，改善了团基础设施建设，交通枢纽作用凸显，团场物流产业进入高速发展期。

至2015年，团有载客车辆48辆，客运量33.5万人次，旅客周转量4100万人千米，业务营业收入965万元。

第四节　交通运输管理

一、客运管理

1996年，塔里木垦区客运安全工作由团场安全委员会办公室管理，办公室设在工商科，各配一名科员主管日常业务，沿用至2005年。

2006年团场正式合并后，团组建客运网络化建设领导小组及客运站机构，在农贸市场南侧设临时客运发车点，下设兼职安检员3人。客运安全管理坚持安全第一、预防为主的方针，秋收时节在团部中心路口设置安全检查站，对出入车辆的安全系统进行检查，督导驾驶员立足于"防"，消灭事故隐患于未然。

2009年，团客运站正式运营后，团交通科根据《中华人民共和国安全生产法》《道路旅客运输及客运站管理规定》，制定《三十三团客运交通安全管理规定》，设专职安检员2人，按照"三不乘坐，四不出站"原则（携带危险物品不乘坐，非客运资质的车辆不乘坐，未排除故障的客运车辆不乘坐；超员客车不出站，安全例检不合格车辆不出站，驾驶员资格不符合要求不出站，客车证件不齐全不出站），对进出客运车辆进行安全检查。如发现人员车辆存在安全隐患，随时叫停处理，确保团场道路交通一方平安。

二、路政管理

1995年12月，农二师路政稽查分队在三十二团组建路政稽查所，对团场进行路产、路权管理工作。1999年，农二师驻团路政机构撤销，路政员调回农二师路政稽查分队，团场路政管理工作一度中断。

2000年12月，两团分别在本团机务科设置路政管理办公室，负责开展本团路政管理工作。

2003年，团场组建路政稽查办公室，办公室业务归农二师路政稽查分队管理，行政隶属团基建科领导。

2004年，团路政办按照农二师路政管理要求，开展"七个严禁"（严禁履带车、链轨车上路；严禁污染路面、抛杂物；严禁在公路上晾晒农作物，占用公路及公路用地堆放杂物；严禁破坏、偷窃公路设施；严禁超限运输车辆上路行驶；未经许可，严禁开设交叉道口；严禁在公路及控制区内修建各种设施）的依法治路工作。是年，三十三团路政办查处路政案件3起，事案查处率100%；三十二路政办查处路政案件2起，事案查处率100%。

2006年团场正式合并后，路政稽查办公室更名为公路管理办公室，办公室设在团办公楼三楼。路政管理工作按照《中华人民共和国公路法》及公路管理的有关规定，巩固维护干线公路路产、路权，并向通连公路延伸。是年，塔里木垦区干线公路、通连公路管理覆盖率均达100%。

2008年起，团路政工作归口交通科管理。团与基层单位签订路政管理责任书，按照分区、分段原则，明确规定各单位连长或书记为公路管理第一负责人，负责辖区内公路的综合管理。团交通科以"全面治理超限超载保护路桥"为主题，利用广播电视在辖区广泛宣传，在主要道口刷墙体交通标语14条，每周上路巡查2次，发现问题及时处理。是年，经群众举报查处侵害路产、路权案件3起，向农二师路政分队上报损路案件3起，对公路设施存在的安全隐患实施改进和改建。是年，新增加标识标牌4个，安装路口安全警示桩5处共40根，更换里程碑16个、百米桩1500个，改、新建桥涵4座。

2009年，路政管理以提高事案查处率为工作目标，实行218国道、团场主干道、通连公路三路并重的路政管理模式，时时上路巡查，开展建立长效机制为重点的车辆超限、超载治理工作，实施有效监控。是年，查处路政案件3起，上报农二师路政分队损路案件3起，案件查处率、结案率100%。

至2015年，团设辖区公路各类标识标牌103个、警示桩80根、减速带8条；设"文明上岗监督台"一处、监督电话一台、损路举报电话一台。制定《路政员职责》《路政管理守则》《路政员行为准则》等规章，规范行政执法行为。垦区干线公路和通连公路管理覆盖率100%。

三、管理机构

2003年前，由于没有专业的公路管理机构，公路规划、建设均由农二师交通局和团基建科两级部门负责。

2004年8月，团场成立公路管理办公室，办公室设在基建科，负责全团公路管理工作。

2005年，团场机关设工交建商科，重新组建公路管理办公室，负责辖区公路规划、公路建设、公路养护、路政稽查和客运网络化管理，延至2015年。

团场交通管理部门有生产农机科、工交建商科、客运管理办公室。生产农机科负责辖区农机管理及农机监理工作；安全生产办公室（工交建商科）负责辖区交通安全管理工作；客运管理办公室（工交建商科）负责辖区客运车辆管理工作。每逢重大节假日，团安办均会同农机管理科、驻团尉犁县交警二中队联合执法，维护交通秩序。

四、养护管理

1996年起，团场先后成立林路队，下设养路班，负责辖区公路管理及养护，修复损坏路段，保障行车安全畅通。

团场公路养护管理工作，采取统一领导、分级管理、专业（专职养护工）和义务（各单位职工）相结合模式。专职养护工负责镇区附近主干道的日常养护；团内公路沿线单位按所辖区域，实行分段承包责任制，各单位按照团场规定的养护办法和技术标准，利用农闲（每年3月和11月前后），安排义务工进行全面养护。

2004年，团场根据《兵团公路养护管理执行办法》，成立公路管理办公室，制定《公路养护管理实施细则》，实行团（路管办）、连两级管理和连队公路养护管理领导责任制。按照农二师交通局下发的《农二师公路养护管理实施细则》规定，每亩耕地每年提取1元作为本团公路养护基金，并设立养护基金专户，用于团场公路的日常养护。

2005年，三十三团完成公路养护里程22.4千米，义务投劳2000人次，投入养护工程费1.5万元。三十二团完成公路养护里程54千米，义务投劳3000人次，投入养护工程费2万元。

2006年后，根据农二师交通局、路政分队的授权，结合团场实际，团路管办编制年度公路养护计划和工程预算。按照《兵团公路养护管理执行办法》，建立起统一领导、分级负责、团连管理为主、职工群众参与的公路养护管理机制。将团场公路划分为西片区（原三十二团辖区）和东片区（原三十三团辖区）两大责任区，22个责任路段，与各基层单位签订公路养护承包合同里程83千米，辖区公路季节性养护责任得以落实。至2007年，团辖区省道好路率达90%，县道好路率达85%。

2008年，团按照交通行业《公路养护技术规范》和兵团及农二师公路养护达标要求，制定《三十三团公路养护管理办法》《公路养护管理技术标准》，实行公路四季养护管理责任制，对公路设施、路面、路基、路肩根据不同季节制定不同的目标任务和考核内容。具体为：清扫路面，保持路面清洁无杂物；路肩培土平整无杂草，肩距0.75~0.80米，路肩边沟宽0.3米，沟深0.3米，呈V字形，边坡1∶1.5，路肩边线，路肩边沟上口线与路沿线保持平衡；公路两侧地势与路面平齐，开挖排水沟，保证排水畅通。是年，辖区内省道、县道好路率分别达到95%和90%。

2010年4月，团正式组建专职公路养护队，李开文任副队长（副连级），配养护工5人。专职养护队在农二师及三十三团两级公路管理办公室领导下，开展团际公路养护和公路设施管理工作，农二师交通局为专职养护人员每人每年补助25000元费用，不足部分则由团场承担。是年9月，农二师塔里木垦区公路养护分站在三十三团成立，塔里木垦区公路养护分站、客运站由团交通科统一管理。团际公路养护采取师、团、连三级管理，专业、专职、社会养护三种方式相结合的运行模式。其中，专业养护包括公路大修、中修、路面维护和设施维修等，由农二师养护中心负责，塔里木垦区分站协助；专职养护为路肩边坡整修，路面及附层设施保洁等日常养护，由团公路养护队专职养护工分段承包完成；社会养护由交通科统一组织全属各基层单位，按划分责任段，每年开展三次群众性养护活动。

2013年，团道路养护队在通连公路道路养护　　（基建科供图）

2010年10月，团完成218国道团域路段19个道口的沥青铺面工作，累计铺筑面积1730.5平方米。年末，全团公路养护总里程89.457千米。全年公路养护投劳4000余人次，其中专业养护队投劳900人次。团场省道好路率达95%，县道好路率达90%。

2015年，团场根据《第二师公路养护管理实施细则》，制定《三十三团公路养护管理办法》，将公路养护工作纳入目标管理，建立团、连两级公路管养机构，统一领导，分级负责，团与各单位层层签订《三十三团公路养护管理责任书》，坚持群众性养护常态化。团公路养护工作由队长李开文全权负责，2015年，有养护工人13人，养护总里程116千米。养护内容包括：清理路面，修整路肩边坡，检查修整警示桩及标志、标牌，确保安全设施齐全无破损，团际公路有效畅通。

五、养路技术与机械设备

团场专职公路养护队在养护过程中，根据道路施工年代的差异和柏油路表处工程损坏程度，采取不同的养护方法，并在施工实践中形成一套较为成熟、完善的常规养护技术。

修泛路：新铺油处泛油时，根据泛油轻重，均撒面料。

修啃边：新路出现啃边时，加宽路基或修补镶边。

铲油包：油面表处出现油包时，在气温20℃~25℃时，及时铲平。

治网裂：油层老化性网裂，轻则涮油，重则挖补或罩面。

治坑槽：彻底挖除底面层废料，填补相同料，使补料略高于路面，对表层损坏较重的路面，用面料罩面维修。

团场公路养护队最初成立时，养护工具仅有铁锹、铁镐，工作劳动量大，公路养护效率低。2010年7月，团公路养护办公室自主研发出公路养护路肩整形机1台，养路机械开始发展。同年10月，农二师交通局为塔里木垦区公路养护分站配备1台移动式沥青路面再生养护机。该设备自备发电机组，装有容量300千克的沥青罐体，自带拖挂底盘，转场移动快捷，设计生产能力为每小时6立方米沥青热料，具有快捷、经济、方便的特点，对于沥青路面小范围坑槽、破损、龟裂，可做到随挖随补，原废旧混合料利用率达100%。再生料无须再次运输、堆放、掩埋，可节约大量生产成本，可减少对环境的二次污染。

至2015年底，团场公路养护队配备小四轮车1辆，旋转式扫路机1台，路肩整形机1台，移动式沥青路面再生养护机1台。

第五节　邮　政

1993年，团场设立邮电所，主要承担报刊订阅投递、包裹收寄投递、邮政储蓄、汇款、信件、电报、长途电话收费安装等业务，临时代管上级寄发的文件，邮件由班车从库尔勒捎带。

1998年，团场开通邮路，邮件改为由邮政专车运输，三天一个班次。

2001年7月1日，中国邮政依托邮政综合计算机网，拓展并推出电子汇款业务。这是集汇款交易处理、资金清算、会计核算和风险防范为一体的多功能快速汇款服务，汇出款项当天即可在全国任意范围内收到。随着固定电话的普及，电报业务随之减少。

2004年6月，邮电局实行内部业务整合分离，改制为邮政局和电信局两家单位。邮政局主要承担包裹书信收寄、报刊投递、邮政储蓄、汇款、农资销售、商品销售等业务，承担国家普遍服务，投递团场各单位党报党刊、书信包裹等。全团有28个投递点，单程长度90千米，配有2名专职投递员，投递频次团

团邮政营业所　　　　　　　　　　（谢奎斌　摄于2016年）

部周边每周 5 次，各连队每周 3 次。

2007 年，随着网络的普及，邮政局开通电子商务业务，主要代办飞机票销售，代收电话费充值等业务。

2008 年，邮政局改制为邮政集团公司。

2013 年，邮政局开通便民服务，代开电子发票，代缴电费、手机话费等业务。

2014 年，邮政局开通代开税务发票业务，为团场带来便利。

第六节　通信

20 世纪 90 年代初，团场使用模拟语音交换机，传输设备使用微波传输，电话机使用摇把式电话，摇把式电话只能打通团内电话，邮电局可按需拨打长途电话或与外界联络，但仍存在诸多不便。落后的通信技术制约着团场的发展，使团场不能及时了解掌握外界市场信息。

1994 年，由兵团和农二师牵头，塔里木垦区的三十一团、三十二团、三十三团、三十四团、三十五团、塔里木水管处等单位联合筹资建设了库（库尔勒）塔（塔里木）微波通信工程，塔里木垦区各团场对外通信难的现实问题得到解决。

1995 年后，团场建成程控电话系统，通信事业进入全新发展阶段。是年 4 月，300 门团场内程控电话正式建成。与此同时，经与巴音郭楞蒙古自治州邮电管理局和尉犁县邮电局共同协商，撤除场区原先设立的特高频系统，由三十三团微波通信中心铺设光缆到三十二团和三十一团，实现三个团场微波通信的连接，使总装机设计规模由原来 300 门的程控交换系统扩容至 1000 门。至此，各基层单位办公室均安装程控电话。

1997 年 5 月，由农二师牵头组织，库尔勒市邮电局完成通往三十二团和三十三团的长途光缆架设并投入使用，语音交换机采用先进的华为村道 08 数字程控交换机，机关个别部门、团领导办公室和少数家中安装固定电话，可直接拨打长途电话。

1998 年 5 月，团场成立电信局，电信局在团设有业务代办点，负责固定电话的安装和线路维修。是年 8 月，所有连队实现数字程控交换机的开通。由于安装电话费用昂贵，安装一部电话要花费 4000~6000 元的装机费和材料费，职工收入偏低无法承受，安装固定电话的职工家庭很少。

2001 年后，随着电话装机费和材料费的减少，团场职工家庭安装固定电话数量增多。至 2010 年，有 80% 的职工家庭安装固定电话。

2002 年，移动公司、联通公司在团场建设基站，部分职工选择购买手机作为新型通信设备。因团场建设移动、联通基站较少，不能形成辖区覆盖，部分区域手机无法正常接收信号。

2003 年，移动公司、联通公司在团部建起更多基站，团部区域手机信号实现全覆盖，购买手机的职工增多，平均每4名职工中有2人购买手机。移动公司、联通公司在团场设有代办点，主要承担话费充值、手机办号入网、销售手机和手机维修等服务。是年，移动公司、联通公司先后在团场部分连队设点建设基站，实现辖区手机信号全覆盖。

2008年，电信公司收购联通公司的村道DMA网络开始经营移动业务，团场使用电信天翼移动手机业务人数增多。

至2014年，团场有95%的职工家庭安装固定电话，有70%的职工使用手机。

1995—2015年，全团拥有固定电话户数3532户，手机用户4018户。

第七节　数据网络

2004年2月，电信公司在团部开通华为MA5100宽带接入设备，提供家庭用户的互联网服务，因使用双绞线为传输介质，且受制于技术影响，初期最大速率只能达到8M。是年3月，团机关启动电子政务网信息化网络工程建设，总投资40万元，工程分为2期。第一期工程，在团机关办公楼开展局域网五类线布线工程。第二期工程，开展光缆引入、设备安装、机房装修、辅助设施建设。

2005年，团开通电子政务网，方便机关各部门上网查找资料及通过网络向上级部门传送资料。

2007年，连队开通宽带接入服务，团部的设备升级为华为MA5600，最大速率可达20M。

2008年，电信公司开通移动3国道数据业务，最大速率达到3.1M。

2013年，电信公司在团场进行光网改造，传输介质从双绞线改为光纤，速率从20M提升至100—200M。

2014年，电信公司开始建设移动4国道网络，移动设备的最大速率可达100M。网络的升级使人们更加方便、快速地获取信息。

至2015年，全团宽带用户为11023户，覆盖率达90.98%。

第十四章 商业和物资

20世纪90年代后，团场国有商业随着市场经济的快速发展，个体私营商业日趋壮大，国营商业完全退出，并逐渐形成个体商业占据市场的经营格局。2000年，国家实施西部大开发战略，随之218国道改建，带动了团场物资运输、商贸繁荣、旅游业的快速发展。

第一节 国有商业

1982年前，团场以国营商业为主，职工实行等级工资制。

1982年后，团实行经济体制改革，商业系统实行超收分成的含量工资办法，后又改为百元销售额含量工资提取法。缝纫、照相、理发等服务行业则实行定额上缴、超收归己的包干办法。

20世纪90年代，面对个体商业和集体商业的竞争，团场国营商业举步维艰。由于成本费用高，加之经营机制受到束缚，在商品价格和服务质量上明显失去竞争力，只能靠团场内部社会集团消费的保护性措施勉强生存。

1994年，团部和连队营区有职工群众开办多家私营商店，与国有商店形成竞争态势。国有商店年购进商品周转率下降，部分商品滞销，经营再度陷入困境。

1998年，根据市场需要，团场商业全面推行国有民营、租赁经营、出租等形式。

2000年后，团场国有商业改制由社会主义计划经济体制向社会主义市场经济体制过渡，历经了由团属国营商业独家经营到集体、个体私营商业突起的发展历程。

2009年，团场国有民营商业退出市场，全部趋向于民营和个体经营。

一、商业概况

（一）三十三团

1958年5月，由农二师商业科在团场建立了一个代销点。7月30日，农二师商业科将代销点移交团场，更名合作社。8月1日，合作社正式开业，设门市部1个，年底增加服务网点4个，从业人员13人。

1963年10月31日，合作社更名为商店。

1985年，商店有门市部5个、商业网点3个、服务部门5个、季节性冷饮店1个。商店内设百货门市部、食品门市部、五金交电门市部、照相馆、修理铺、缝纫组、理发室和二分场六连综合门市部、三分场十连综合门市部，营业面积1044平方米，从业人员76人。

1992年11月，商店迁入新建的"绿廊商场"，建筑面积1545.51平方米，仓库占地500平方米。

1994年，商场从业人员26人，设门市部6个、商业网点2个、服务部门3个，当年利润16.8万元。

2006年后，国有民营商业再现惨淡经营。

（二）三十二团

1959年，三十二团商店营业门市和商品库房仅有80平方米，商品不过300余种。

1965年，团新建640平方米营业门市和库房，分设食品、五金、针织布匹、文具、鞋帽、百货等专柜，经营商品达千种。同时开设缝纫、理发、白铁皮加工、自行车维修、糕点食品加工、冷饮以及农副产品、废品收购等服务行业，并在基层连队一连、七连、九连、林园连建4个商品代销店。

1985年，团在乌鲁克镇东原巴郭蒙古自治州第三人民医院附近建200平方米的第二综合门市部，大小百货门市部发展到4个。理发、缝纫、修理、照相、糕点加工、冷饮等服务性行业门市部5个。基层连队业代网点增至10个，从业人员减至48人。

1992年，团新建1318平方米2层砖混结构营业楼，第二门市部因营业不景气而撤销，服务行业保留缝纫、照相、理发3个门市部。基层连队商业代销网点逐渐为私人经营所代替。

1996年，团仅保留2个连队代销点，商场从业职工减至28人。

1998年，国有商业改为国有民营。

2005年，国有民营商业经营惨淡。

二、商业改制

（一）三十三团

1989年，三十三团提出商店在"责任上分、目标上合，工作上分、思想上合"的经营方针，求真务实，讲究质量，价格合理。在春播秋收中，商店组织人员送货下连。是年，销售额160万元，利润9.89万元，上缴利税4.95万元。

1992年11月，商店迁入新建的"绿廊商场"。11月15日，团进行招标，实行经理承包责任制。经理缴风险抵押金7200元，定利上缴，盈亏自负，为塔里木垦区首例。

1993年，国有商业在市场竞争中逐渐处于劣势，国有商业采取保护措施，商店人员工资由团核发，以减轻商店经济负担。集体生产、行政办公、运输、后勤所需商品均从商店购买，商店经营勉强维持。

1998年，团场按照重组工商业的思路，对团属国有商业进行改制。实行商场楼房租赁、库存商品买断、职工重新组合、国有民营，面向全团公开招标，竞选承包人。商场改制后，原商场职工除少部分留用外，大部分转岗分流充实到农业生产第一线，承包土地或从事个体商业经营。

2009年，国有民营商店作价拍卖，私人买断经营权，国有民营商业宣告结束。

（二）三十二团

团国营商业以"面向农场，面向生产，面向职工，保障供给"为经营宗旨，独立核算，自负盈亏。20世纪90年代后，商业成本逐渐加大，商业利润逐渐减少。

1998年，团在职工文化馆召开深化经济体制改革大会，提出深化团场内部改革目标，其中包括对团属国有商业进行体制改革。会议决定：撤销"乌鲁克商场"行政建制，全面改"国有民营"，决定将商店固定资产、房产全部收回，库存商品按原进价的55%重新作价，全部转让私人经营。3月9日，原商店经理伍云虎集资21万元，买断全部库存商品，开始自主经营，自我发展。原商店职工绝大部分分流到工业单位和农业连队，从事新的工作，个别职工自谋职业或从事个体商业经营。商店改制后，团属国有商业自此转为国有民营。

2005年，国有民营商业勉强维持。

2006年，两团合并。

第二节　个体商业

一、团场个体商业

（一）三十三团

个体商业是在改革、开放、搞活的新形势下开始逐步涌现。先后经历了从不准涉足到逐步放开再到全面放开；从沿路摆摊、推车叫卖到店铺云集的发展过程。

1998年，团场个体私营商业网点已遍布团部、连队和主要交通路口，经营范围从烟酒百货、饮食服务发展到文化用品、水暖建材、种子农药、修车修表、理发、缝纫、镶牙、照像、粮油、蔬菜、瓜果、肉类、禽蛋等。年批零营业额236万元，年经营纯利润116万元，个体商业户117家。

2002年3月，团库尔木依镇农贸市场门面房由三十三团土管局牵头建设，一楼为门面房，二楼为民住，建设面积3000余平方米，其中门面房45户，民住18户，2003年4月竣工，建设完工后，均售于个体商户，当年35户开店营业。同步建设农贸市场防风雨棚，雨棚建设面积750平方米，总投资35万元。按照"谁投资、谁管理、谁受益"的原则，团社区管委会委托建筑公司朱克新管理，并按照尉犁县物价局审批的收费标准，收取团库尔木依镇农贸市场摊位、卫生费。

2004年3月，三十三团投资新建农贸市场，与旧市场相隔，总投资110万元，建设面积880平方米，门面房22个，是年12月营业。

2005年，团有个体商户108户，从业人员162人，批零营业额2268万元。

2006年两团合并后，个体私营商业阵容扩大。团有个体商户198户，从业人员297人，年批零营业额4347万元。

2015年，团有个体商户358户，其中个体企业17个。当年全社会批发总额18135万元，批零营业额4036万元。

表14-1　三十三团个体商业一览表（1995—2015年）

年份	从业户数（户）	从业人员（人）	批零营业额（万元）
1995	53	104	112
1996	72	123	155
1997	93	148	214
1998	97	152	236
1999	84	126	1764
2000	95	142	2730
2001	110	165	2310
2002	112	168	3170
2003	107	161	2898
2004	104	156	2835
2005	108	162	2268
2006	198	297	4347
2007	221	338	4641
2008	252	430	5292
2009	260	451	5670
2010	267	460	5881
2011	272	473	5652
2012	289	498	5241
2013	294	516	4837
2014	321	572	4426
2015	358	630	4036

（二）三十二团

三十二团个体商业始于1980年。到1995年，团有个体商业经营户36家，从业人员55人，年批零营业额109万元，利润36.62万元。

2003年7月，团开工建设农贸市场，总建筑面积6500平方米，门面房8个，是年11月竣工，并开张营业。农贸市场小二楼由农二师天宇公司投资建设，2003年7月开工建设，2003年11月竣工，该建筑设计为一楼门面房，二楼民住，共22个门面房，当年均开店营业。

2004年，团招商引资560万元新建军垦路农贸市场，市场占地面积3325平方米，建筑面积7040平方米，两层砖混结构，呈"口"字形环绕四周，内设店铺75个，年底，老市场店铺迁入新市场。市场中心设塑瓦钢架棚廊，南北长40米，东西宽10米，内设摊位20个。当年，新市场开张营业40户，从业人员78人；开业摊点15个，从业人员28人。

2005年，团有个体私营商业84户，从业人员120人，批零营业额815万元。

表14-2 三十二团个体商业一览表（1995—2005年）

年份	从业户数（户）	从业人员（人）	批零营业额（万元）
1995	36	55	109
1996	42	63	550
1997	42	63	587
1998	45	67	620
1999	50	78	631
2000	57	86	642
2001	62	93	663
2002	73	110	685
2003	82	113	703
2004	88	132	720
2005	84	120	815

二、商业建设

（一）乌鲁克（库尔木依）商贸城

2015年，三十三团招商引资投资新建团乌鲁克商贸城，项目总投资7982.76万元。是年3月开工建设，2016年9月开张营业。本项目建设内容包括：商业金融服务区、商业步行街和市场交易区等主体工程。露天停车场（拥有389个停车位）总用地面积81218.7平方米，总建筑面积32047.57平方米全商业用房。综合商业街项目是推动三十三团第三产业跨越式发展的综合项目。该项目可接纳650户商户，预计产值5亿元，上缴税额3000万元，解决就业2000余人。综合商业街是塔里木垦区高规格、高质量、高效益的商业综合体，为团场三产发展，繁荣市场发挥作用。

（二）华蒙通物流（巴州）有限公司

三十三团通过招商引资新建的华蒙通物流（巴州）有限公司3万吨果蔬仓储建设项目，总投资11000万元，2015年3月6日至10月1日完成一期投资建设并投入使用。项目建设规划：建设10400平方米仓储库房，2000平方米分选车间，2000平方米办公区域，1428平方米的宿舍食堂，391.3平方米的服务中心，13000平方米道路硬化，5000平方米绿化及门房、围墙、厂院外管线等配套设施。该项目可拉动三十三团交通运输业快速增长和农副产品存储量。

三、巴扎

2014年3月，三十三团乌鲁克"大巴扎"开市，每周三为巴扎日，周边地域100余商户纷至沓来。服装、鞋帽、风味小吃、日杂百货、果蔬鱼肉等应有尽有，价廉物美，惠及团场职工群众。

第三节　农资购销

1958年后，团场沿用供销科在物资保证供应销售的基础上，及时掌握市场信息，收集市场资料，通过农二师信息窗口，及时反馈物资在流通过程中不同时期的价格。

1995年始，物资供销由计划逐步走向市场。生产、生活资料的购进供应及产品的销售都发生了变化，由完全服务型变为经营型，并成立经济实体，财务独立核算，下达任务指标，自负盈亏。主要生产资料、农副产品的购进销售由团统一定价，购销差价统一核销。

2000年后，团场经营体制不断完善，物资采购发生变化。物资采购部门经济实体全部解散，由团场负责，统一结算，减少中间环节，降低成本。

2001年后，团场按照兵团党委《关于深化兵团农牧团场改革意见》及相关政策，坚持实行主要农产品合同定购销售。承包职工家庭无论采取哪种承包形式，凡涉及大宗农产品种植和销售的，团场每年年初均与承包职工签订土地承包经营合同及农产品订单收购合同，收购价以市场为导向，如当年平均市场价超过或低于订单价格，其差额部分，团场与职工利险共担。

2004年始，物资采购统一由农二师物资供销部门采购，按市场价销售给团场，保证质量，价格比市场低，职工受益。

2011年后，物资采购由农二师铁门关市全权负责，团无权采购，延至2015年。

一、采购站

1975年，三十三团采购站组建，位于库尔勒市火车北站，天山西路南二巷1号，与三十一团驻库尔勒采购站相邻，背靠工二团驻库采购站。三十三团采购站由国家划拨用地，建三栋平房及围墙等设施，占地面积3330平方米。

1992年，采购站站长李彦增、会计丁勇兼司务长、出纳李莉，设警卫、招待员和食堂工作人员共7人，团供销科采购员4人，商场采购员1人。采购站主要承担团场的物资采购、供应、运输和对外销售农副产品、石棉等任务。同时，负责招待所和食堂经营，接待团场机关出差工作人员、职工和外来办事人员往返期间的吃、住等，涵盖采购员生活工作场所和物资存放等。供销科采购员负责团场的农资产品、农机及配件、油料、燃料、建筑材料等所需物资的采购及转运团场工作。团商场采购员负责商品采购及运输。采购站站长负责团场石棉及农副产品在库尔勒的对外销售。采购站、招待所、食堂经营实行独立核算，对外销售货款、采购资金由团财务科核算，会计每月回团报账。

1996年3月，原站长李彦增调往尉犁县地税局工作，采购站站长由三十三团库尔勒佳美冷饮厂厂长乔大权接任，负责采购站工作，监管采购员物资采购和运输任务。此期间，供销科4名采购员调离1人，其中1人负责建筑公司物资采购，2人负责供销科物资采购；商场采购员1人，负责商品采购运输。

2001年，通往塔里木垦区的218国道柏油路通车，交通运输便捷。是年，团供销科采购员退休，商场采购员撤回团场，采购站只剩建筑公司采购员负责建筑材料的采购，站长负责部分农资产品和农机配件的采购。采购站主营招待所和食堂。

2002年3月，站长乔大权调回三十三团加工厂担任厂长，采购站站长由丁勇担任（兼会计），采购站工作人员及建筑公司采购员共计5人。团供销科采购员均撤回团场，采购物资资金由团领导和团财务科安排，采购站负责物资的转运工作。

2006年，农二师民政局需在采购站位置建农二师老年公寓和农二师法院及部分住宅楼。是年8月，三十三团驻库采购站搬迁至农二师煤场附近（原购买的一块准备建设冷库的仓储用地），占地面积6660平方米。至此，采购站不再经营食堂，主营招待所业务，建筑公司采购员退休回团。

2007年后，采购站主营招待所，实行自负盈亏，缴纳养老金，办理机关财务科库尔勒开户银行存还贷收款业务，看管三十三团在库尔勒的土地资产。采购站因周边煤场、滑石粉厂较多，地理环境差、噪声大，加之站房破旧，硬件设施落后，致招待所亏损经营。

2013年底，采购站改制更名为新疆生产建设兵团第二师三十三团库尔勒采购站，主营仓储物流存放服务，勉强经营。因第二师天泰电力公司与三十三团党委协商购买三十三团采购站仓储库房地盘，三十三团采购站清理资产，所有仓储客户撤离，待天泰电力公司接管。

2015年9月，三十三团撤销团库尔勒采购站，注销采购站所有经营手续。

2016年3月，天泰电力公司完成过户土地使用证手续，接管三十三团采购站库房土地使用权。

二、管理机构

1995年后，团场物资采购、保管、供应和农副产品销售工作由团供销科负责。三十三团供销科设科长1人，科员、保管员10人；三十二团供销科设科长1人，科员、保管员8人。

2003年6月，团场根据《兵团行政机关、事业单位统一采购管理实施办法》要求，成立统一采购中心小组，负责团场统一采购的物资调拨工作。

2004年5月，塔里木垦区按照《农二师农业生产资料供应体制改革实施办法》，结合团场机构改革实际，撤销供销科建制，组建由农二师天润农业生产资料有限责任公司（简称天润公司）直接管理的农资供应站、销售中心，编制3人，农资供应站属驻团单位。

2006年3月，三十三团（中心团场）农产品销售工作由工商科主管，设专人负责棉花、香梨、鹿茸大宗农产品的对口定购销售业务。

2013年后，由团工商科、政研室、财务科统一安排和负责全团农产品定购销售合同的签订；

统一组织大宗农产品订单销售及货款回收工作。工商科编制3人，张伯奎任科长，延至2015年。

三、农资供销

（一）购销方式

1995年后，生产资料采购逐步市场化，不再由农二师购资处一家供应生产资料，而是根据生产需要由团采购，减少中间环节，生产资料成本下降，为团场和职工节省了费用开支。

2000年，农二师对各团生产资料采购进行规范管理，杜绝假冒伪劣生产资料流入团场，实行主要生产资料集中采供，统一从农二师购资处采购。团场生产资料下拨连队采用转账手续，各连队根据物资计划向供销科提取各种生产资料和生活物资。物资计划采取由下至上的办法，即生产连队根据团下达的生产任务，同时按照财务科下达的流动资金额，向供销科提供全年的物资申请计划。供销科根据连队计划汇总，提交生产科、林园科等部门审查，团审定后，根据审定的物资计划，及时采运回团，质量验收合格后，下发至各连队。

2002年后，肥料均交由连队保管，连队保管员根据职工承包地亩所需肥料量发给职工，减少团场库存量，种子和其他物资归团场库房保管。职工领取生产资料需填写统一领料单，由连队报账员保管，以便年终结算使用。是年，油料供应移交石油公司经营，团场不再投资对油库的基础设施建设。是年8月6日，农二师天润公司成立，随后在团场建立生产资料供应中心。

2003年，团成立农资销售部，由供销科统一从农二师供销部门进货，团农资销售部对外销售农资，价格比市场价低，连队凭生产部门证明到团农资销售部订购农资。

2004年后，生产资料由天润公司统一经营、统一配货、统一管理，延至2015年。

（二）农资供应

1996—1999年，塔里木垦区农业生产物资仍然沿袭由农二师和团场两级采供，除钢材、油料少部分物资由农二师物资部门供应，大部分农用物资均由团场从市场自行采供。

2000年，农二师购资处开始与团场供销科携手，实行主要生产资料集中采供。团场农药、化肥、地膜、油料，85%由农二师购资处主渠道配送，15%由职工自行采购。

2002年11月，兵团石油公司在团场国道路口新建的加油站投入运营，团供销科结束了采供柴、汽油和各种副油的历史。是年12月，塔里木垦区对农机实行全行业改制后，农机配件由农机户根据需要自行到农机市场购买，团场供销科不再经营。

2004年，团场实行主要农资"一票到户"的运行机制。团农资供应中心按照农二师要求，从主渠道进货，统一经营，统一管理，减少流通环节，降低流通成本，维护团场职工利益，及时保障供应，便民利民。团农资供应部门注重采集信息，随时了解市场动态，编制生产资料配送计划及时报送天润公司，合理配货，避免积压浪费。在销售环节上，团农资供应中心严格执行天润公司制定的统一价格，"一票到户"，优质优价，现款优价，公平合理。团按照农二师相关文件精神，大宗农资产品统一集中采购，实行招标制度，实现"一票到户"，由中标单位向需求单位直接供货，如化肥、农药、地膜、滴灌带等大宗产品直接由天润农资公司配送连队到户，减少中间环节，供货商的供应价与农户购买价保持一致。

2005年，团场对数额较大的建设工程项目，均实行招投标制度，中标施工单位对建设材料及施工全额承包，不再由团物资供应站经手，中标施工单位自行采购物资，到团计财科结账。

2006年以后，团场承包形式发生较大转变，职工交自己的钱种自己的地，生产资料由团垫付到全费自理，先交钱后拿生产资料。团内的大宗生产资料由团统一采购转变为师统一采购供应。团场仍实行主要生产资料"一票到户"的供应办法，延至2015年。

表14-3　三十三团购进主要物资一览表（1995—2015年）

年份	农用化肥（吨） 实用量	农用化肥（吨） 折纯量	农用塑料薄膜（吨）	农用柴油（吨）	农药（吨）
1995	3964	1887	181	582	6.59
1996	4255	1956	168	693	14.06
1997	3307	1626	180	756	20.7
1998	2384	1187	192	475	60.0
1999	2685	1222	173	531	59.1
2000	2714	1240	173	516	27.34
2001	2801	1245	185	485	8.16
2002	3091	1403	181	412	74.56
2003	3680	1643	236	640	18.36
2004	4820	2183	271	720	15.21
2005	4480	1940	240	510	14.5
2006	11420	4845	540	940	56.32
2007	13180	6016	590	1120	58.1
2008	12455	5950	724	976	69.21
2009	8628	4110	526	745	101.2
2010	6245	3091	366	484	65.13
2011	10279	4884	456	923	87.13
2012	14014	6656	577	1175	105.08
2013	15320	7330	630	1300	114.7
2014	18485	8951	761	1565	137.45
2015	16667	8060	685	1415	123.12

表14-4　三十三团物资供销一览表（1995—2015年）

年份	种植面积（公顷）	氮肥实物量（吨）	磷肥实物量（吨）	钾肥实物量（吨）	复合肥实物量（吨）	地膜（吨）	农药（吨）
1995	3300	2413	705	0	846	181	6.59
1996	3410	2420	48	91	1264	151	14.06
1997	3660	1926	685	65	658	174	20.7
1998	3570	1439	355	70	520	184	60.0
1999	3480	1626	700	113	176	167	59.1

续表

年份	种植面积（公顷）	氮肥实物量（吨）	磷肥实物量（吨）	钾肥实物量（吨）	复合肥实物量（吨）	地膜（吨）	农药（吨）
2000	3340	1507	734	263	34	173	43.21
2001	3570	1775	851	46	129	183	8.16
2002	3570	1354	780	39	918	179	7.46
2003	3570	2310	740	32	598	233	18.36
2004	3640	2711	0	387	1722	267	15.21
2005	3850	2520	160	350	1450	238	14.5
2006	7230	5100	1100	720	4500	524	56.32
2007	8120	6820	620	640	5100	562	58.1
2008	8406.33	6667	701	918	4169	701	69.21
2009	6650.67	5120	532	610	2420	511	101.2
2010	4775.33	3565	404	456	1820	355	65.13
2011	6032	5882	619	722	3056	452	87.13
2012	7722.73	8020	844	985	4165	575	105.08
2013	8650.27	8760	930	1080	4550	630	114.7
2014	10710.6	10526	1128	1325	5506	761	137.45
2015	9251.33	9435	1022	1195	5015	685	123.12

表14-5　三十二团购进主要物资一览表（1995—2005年）

年份	农用化肥（吨） 实用量	农用化肥（吨） 折纯量	农用塑料薄膜（吨）	农用柴油（吨）	农药（吨）
1995	2753	1225	137	560	13.03
1996	2469	1217	243	575	53.8
1997	2933	1366	174	667	50.08
1998	3000	1520	193	655	28.38
1999	2670	1227	176	636	22.4
2000	2832	1396	154	525	24.57
2001	3200	1512	161	416	27.51
2002	3162	1462	162	419	22.6
2003	3975	1991	194	389	29.35
2004	5608	2548	257	391	18.64
2005	5539	2614	234	371	21.38

表14-6　三十二团物资供销一览表（1995—2005年）

年份	种植面积（公顷）	氮肥实物量（吨）	磷肥实物量（吨）	钾肥实物量（吨）	复合肥实物量（吨）	地膜（吨）	农药（吨）
1995	2820	1784	725	0	244	139	13.03
1996	2650	1360	576	0	533	243	53.8
1997	3210	1951	723	26	269	173	50.08
1998	3350	1411	578	183	828	192	28.38
1999	3470	1212	600	145	713	175	22.4
2000	3120	1479	486	102	975	155	35.45
2001	3310	1643	534	116	907	159	27.51
2002	2950	1672	475	117	898	160	22.59
2003	2920	1743	474	147	1611	177	29.38
2004	3280	2474	634	258	2242	237	18.64
2005	3690	2478	474	336	2251	221	21.38

第十五章　经济管理

1995年后，团场计财、统计、审计、金融等部门构成团场经济发展的综合管理体系，为团场经济发展和社会进步发挥着部门职能作用和重要保障。根据国家统一部署，推动经济体制改革，使计划、财务、统计、审计、金融五项工作，在团场经济发展过程中起到积极的指导、监督和服务作用。

第一节　计划

党的十一届三中全会后，团场党委按照社会主义市场经济规律，探索政企职能与经济职能分离的有效途径，加快建立生产统分结合，经营放开搞活，宏观调控有力，社会服务保障体制健全的经济运行机制和现代企业管理体制。落实基本经营制度，以职工增收为出发点，实行团场、连队（厂、场）两级管理、一级预算的经营管理制度，各司其职，各负其责。团场的生产、财务（利费）计划、各项考核、目标管理、盈亏结算、奖赔兑现落实到单位，单位内部的生产经营管理和"三个文明"建设由单位负责。

按照国家的改革、开放、搞活政策，农二师对团场的计划管理由指令性向指导性转变，逐步建立起计划经济与市场经济相结合的计划管理体制。团场统计、审计部门独立设置机构，并随经济发展扩展业务，为团场建立规范的财务制度服务、为团领导决策提供参考和依据服务、为团场经营管理服务。金融体制改革使团场发生重大变化，农二师保险公司、农村信用合作社等金融机构先后在团场成立支公司，并不断推出金融服务新产品。团场职工群众办理金融业务更加便利，为团场经济发展和社会进步提供了充足的金融保证。

以计财、统计、审计、金融等部门构成团场经济发展的综合管理体系，为团场经济发展、社会进步提供保障。

1995年起，农二师对团场的计划管理由指令性向指导性转变后，企业自主权扩大。三十三团、三十二团根据农二师经济总体发展规划要求，制定团场五年和年度计划，团场经济发展实行计划管理。

1996年，团场推进和强化农业基础地位，深化体制改革，稳妥调整大农业结构。在稳定棉花面积的基础上，加大科技应用，团场形成以棉花、香梨、鹿茸、蛭石四大支柱产业的经济发展格局。进入21世纪后，团场在继续执行种植业结构调整、增强农业科技含量的同时，加快新型工业化发展步伐，调高第二产业比例，提升第三产业建设水平，经济建设和社会事业全面进步，综合实力增强。

一、长期计划编制和执行

（一）三十三团

1996—2011年，三十三团编制并讨论通过的中长期计划包括《三十三团国民经济建设、社会发展"九五"计划和2010年远景目标规划》《三十三团国民经济和社会发展第十个五年计划纲要》《三十三团国民经济和社会发展第十一个五年计划纲要》《三十三团国民经济和社会发展第十二个五年计划纲要》。

2014年8月12日，团讨论通过《三十三团国民经济与社会发展第十三个五年规划纲要》，提出国家"十三五"时期三十三团经济和社会发展思路、基本任务和奋斗目标。

1. 国家"九五"时期（1996—2000年）

计划：到2000年国民生产总值达到5624万元，产业结构持续优化，贫困职工基本实现脱贫目标，生活水平总体提高。

执行情况："九五"期间，团第一产业特色种植业和畜牧业、林果业改制发展较快，种植业全面推行"两费自理"（生活费、生产资料费），棉花和其他经济作物种植面积比例大幅调整；第二产业坚持有进有退，工业重组进展顺利；第三产业中传统服务业得到改造。国家"九五"时期，团累计固定资产投资额达5764万元，是国家"八五"时期的1.92倍；团场和连队道路基本实现硬质化；科技示范团和农机标准化通过农二师验收；医疗保险覆盖面100%；生活水平总体提高。2000年，团完成国内生产总值5908万元，较1995年增长9.23%，职工人均收入5100元，基本达到经济发展预期目标。

2. 国家"十五"时期（2001—2005年）

计划：加强基础设施建设，加快城镇化发展，发挥特色资源优势，推进产业化，实现资源优势向经济优势的转化。

执行情况："十五"期间，团累计固定资产投资1.65亿元，较国家"九五"时期同比增长186.54%。第一产业棉花经济优势凸显，畜牧、林果业平稳发展，退耕还林还草666.67公顷；第二产业所有制结构转换，经济略有下降；第三产业加速发展，多方融资、共同发展成为主流；团办工交建商业90%以上完成经营性质转换；财务管理体制进一步规范；团场合并，机构改革启动；精准农业等新技术广泛推广运用；五项保险覆盖率达到100%，退休人员养老金和低保基本生活保障金按时足额发放。2005年，团完成国内生产总值11863万元，比2000年增长100.8%，年均增长20.16%。职工人均收入1.39万元，经济结构调整达到国家"十五"时期计划预期目标。

3. 国家"十一五"时期（2006—2010年）

计划：在兵团和农二师党委提出的建设经济发展、生活富裕、场风文明、环境良好、管理民主新型团场要求基础上，团场加快产业结构的战略性调整，统筹经济、社会、资源、环境和人文的发展，深化改革扩大开放，努力构建和谐社会。

执行情况：国家"十一五"时期，团累计固定资产投资2.43亿元，较"十五"时期增长47.27%。五年累计完成农业基础设施投资6549万元，退耕还林还草工程林木植被覆盖率达30%，农业优良品种推广种植率100%，实现农作物高产高效历史性突破，投资1273万元购进大型机车、农机具，农业科技水平和农业机械化水平居全师前列。2010年，团场基本经营制度全面落实，完成国内生产总值28904万元，比2005年增长143.65%，年均增长28.73%，其中第一产业22808万元，第二产业1195万元，第三产业4600万元，职工人均收入2.19万元，基本达到计划预期目标。

4. 国家"十二五"时期（2011—2015年）

计划：在优势和特色上下功夫，以发展作为第一要务，依托优势资源持续招商引资，不断调整工业化和城镇化之间的平稳经济结构，转变经济增长方式，促进经济由粗放型向集约型转变，由数量外延型向质量效益型转变。完善社会保障体系各项制度，提高职工群众生活水平，推进物质基础、生态环境、社会事业、民主法治等多方面建设。

执行情况：2015年，团完成国内生产总值83769万元，其中第一产业45424万元，第二产业20685万元，第三产业17700万元，职工人均收入4.16万元。国家"十二五"时期，团累计完成固定资产投资131.54亿元，经济结构经过产业调整，经济效益凸显，基本达到计划预期目标。

表15-1　三十三团不同年份经济发展一览表（1995—2015年）

年份	播种面积（公顷）	粮食总产（吨）	棉花总产（吨）	蔬菜瓜果总产（吨）	其他作物总产（吨）	林园面积（公顷）	牲畜存栏量（万头/万只）	国内生产总值（万元）	农业生产总值（含农业服务）（万元）	工业生产总值（万元）	固定资产投资总额（万元）	职均收入（万元）
1995	3300	671	3838	1450	1080	341	0.84	5409	3739	604.5	1468	0.44
2000	3340	1934	4137	1875	585	860	0.96	5908	4235	237.2	1349	0.51
2005	3850	1400	8360	3470	500	1350	1.83	11863	10132	73.1	2000	1.39
2010	4775	1225	11118	4671	1138	4547	1.3	28904	22808	2811	2864	2.19
2015	9251	1605	17566	10656	3680	2697	2.96	83769	45424	77396.6	1222491	4.43

（二）三十二团

1995—2005年，团编制并讨论通过的中、长期计划包括《三十二团国民经济和社会发展国家"九五"时期团场计划及2010年远景目标》《三十二团国民经济和社会发展第十个五年计划纲要》。

1. 国家"九五"时期（1996—2000年）

计划：收复弃耕地扩大农业种植面积，调整种植结构，突出特色农业产业，促进农业经济稳步发展。

执行情况：2000年，团国内生产总值达5198万元，较1995年增长20.05%，年均增长4.01%。国家"九五"时期团固定资产投资总额7544万元，较国家"八五"时期增长172.21%，职工人均收入4500元，较1995年下降5.37%，基本达到经济发展预期目标。

2. 国家"十五"时期（2001—2005年）

计划：团场经济管理体制和运行机制初步完善，逐步走向成熟。加强第一产业农业基础地位，不断优化产业结构，突出特色发展第二产业、第三产业，成为国家"十五"时期团经济发展计划的首要目标。

执行情况：2005年，团实现国内生产总值8762万元，较2000年同比增长68.56%；完成农业总产值7592万元，较2000年增长156.57%；工业生产总值240万元，较2000年下降39.24%；职工人均收入1.22万元，较2000年同比增长169.94%；固定资产总投资12102万元，超额完成国家"十五"时期团场规划预期目标。

表15-2　三十二团不同年份经济发展一览表（1995—2005年）

年份	播种面积（公顷）	粮食总产（吨）	棉花总产（吨）	蔬菜瓜果总产（吨）	其他作物总产（吨）	林园面积（公顷）	牲畜存栏量（万头/万只）	国内生产总值（万元）	农业生产总值（含农业服务）（万元）	工业生产总值（万元）	固定资产投资总额（万元）	职均收入（万元）
1995	2820	962	3488	3000	690	716	1.01	4330	3274	553	1272	0.48
2000	3120	1762	4137	1866	1135	809	0.75	5198	2959	1057	1427	0.45
2005	3690	1844	7100	1371	2335	1859	1.26	8762	7592	858	1814	1.22

二、短期计划

团场根据农二师每年下发的财务预算计划编制团场年度财务计划和国民经济及社会发展主要指标计划。由团政研室或计财科编制，经团场党委会讨论通过并报师批准后执行。

国家"九五"时期后，农二师下达指令性指标和指导计划。指令性指标包括国内生产总值计划、在岗职工职均收入计划、农产品（棉花）上缴计划、中低产田改造计划、渠道防渗建设计划等项；指导计划包括农作物正播面积、棉花总产、人工防护林、果品产量、牲畜存栏、肉类产量等。

团场根据农二师下达的指标和计划，编制团年度财务计划。团场财务计划涉及种植业、畜牧业、林果业、行政事业单位核定费用、自营经济等行业。团场依据农业连队种植面积、土地等级确定上缴利费数额，根据各单位庭院经济发展形势和规模确定职均庭院经济收入指标。种植业生产财务计划包括指令性产品产量指标、种植计划上缴指标、种植业单位成本指标、利润指标；畜牧业生产财务计划有额定载畜量、年缴费金额、年末存栏数指标；林果业生产财务计划包括新植林、幼林、成林、苗圃、林木采伐、果园的面积及利润指标；行政事业单位核定费用计划包括收入和支出；自营经济计划涉及从业人员、纯收入、职均收入。

1998年后，团场工商业改制，团办工业由公有制主体格局转变为独立经营、自负盈亏、自我发展的民营经营体制。团不再对改制单位下达计划指令，实施租赁的工副业改制单位，每年按期上缴厂房及设备租金。

国家"十五"时期起，团场财务计划对基层连队只下达总播面积、棉花和利润指标以及种植业上缴利费、生产资料自理金指标。基层单位根据团财务计划制订生产计划，报团批准后执行。团场计划编制中财务预算遵循市场经济规律，每年根据市场变化和团场现状适当调整经济指标，财务支出在保证各项事业需求的基础上逐步向农业倾斜。团场年度财务预算经职工代表大会审议通过后执行，财务决算情况每年向职工代表大会报告。

2010年后，团场经济责任制规定，各单位须执行和完成上缴土地费用计划指标、大宗农作物种植计划面积指标、职均承包收入指标、生产费用自理金实现率、控制库存材料（资金）存量指标、控制职工承包亏损面六项指令性计划。

2015年，第二师下达三十三团年度国内生产总值计划指标为82000万元，实际完成国内生产总值83769万元，完成计划的102.16%。

三、阶段管理计划

1995—2000年（国家"九五"时期），团场主要以计划经济为主，阶段管理计划由生产部门制订，团场和连队共同实施，涉及农业生产全过程，包括备耕准备、农机作业、科技应用、田管质量、产品收获、培肥地力等。

2001—2015年（国家"十五"至"十二五"时期），团场以农业发展建设为主，阶段管理计划拓展到设施农业领域。团工会、农业科（生产科）制订计划并组织检查、评比，检查结果作为团对基层连队农业生产考核及表彰奖励依据。基层连队根据团场阶段管理计划制订连队各阶段农业生产计划，由连队工会牵头组织实施阶段目标管理的检查、评比和奖励，实现促田管夺丰收的工作目标。

第二节　财务管理

1995年后，团场财务管理根据国家会计制度、财务管理规定及农二师相关规定，制定团场财务管理制度。财务管理执行团长"一支笔"制度。重大项目投入，始终坚持集体研究、党委决定、纪委监督、政务公开的流程与原则。团场计财科按照财务管理办法和财经纪律，实行预算管理，根据团场资源和资产状况编制年度财务收支计划。团计财科负责执行和检查；负责非生产经营活动的核算及预算编制；负责团场内外部资金结算与管理；参与团场经营决策、资金调度，规范财务管理活动。团会计机构负责人由农二师委派，团场计财科在财务管理中除向团场负责人负责外，同时向农二师财务部门负责。

2008年，团场继续完善和规范以团场总预算管理、生产经营预算管理、非生产经营单位的部门预算管理为主的"一总两分"（"一总"指总预算，"两分"指两种预算管理和两种会计核算。其中两种预算管理是指团公共预算和团企业财务预算；两种会计核算中一种是团总预算和团行政事业单位会计预算，一种是团场企业财务会计核算）财务预算管理制度。各单位报账员由团委派，生产单位会计核算实行报账制，事业单位实行集中核算制。

至2015年，仍沿用此财务制度。

一、预算管理

2003年后，根据上级财务部门对团场年度预算编制要求，建立预算管理制度，加强财务预算管理。财务科（计财科）制定年度团场总预算和部门预算实施方案。预算编制根据经济和社会事业发展需要，根据团生产力发展水平、经营状况、职工收入水平制定，采用预算编制收支平衡相结合的方式，资金使用做到先预算后合理开支，故无预算结余。团场全部财务收支分为生产经营性和非生产经营性两个部分，分别开设账目核算、分设银行账户，并纳入团场企业财务收支计划和非生产经营预算。

团场财务预算收入来源主要是财政补贴收入、专项收入、用于公共支出的收入和国有资本经营收益。预算收入由实收资本金、资本公积金、盈余公积金和贷款组成。预算支出包括一般公共服务、国防支出、公共安全、教育、文化体育与传媒、社会保障和就业、医疗卫生、社区服务、农林水事务、上解支出、科学技术、环境保护和其他支出。团场对中央预算内以及各级下拨资金，实行专户管理，专人负责，单独建账核算，专款专用。

2005年，三十三团（中心团场）会计核算按农二师下发的会计核算办法进行会计电算初始化，实行团场公共支出预算管理制度，团生产、非生产性收支，预算内、预算外资金，经常性、发展性支出，以及工、交、建、流通企业单位全部纳入相应的预算管理，严控非生产性开支。三十二团机关、学校、医院、兽医站、电视广播站、幼儿园、林业站、水管站、卫生防疫站、社区、会计核算中心等11个单位，从2005年7月1日起纳入三十三团（中心团场）核算，三十二团与三十三团并账。三十三团（中心团场）建立总预算会计核算账目和行政事业单位会计核算账目，进入团场不再成为一级预算单位，其行政事业单位统一划归三十三团直接管理，其总预算和单位预算会计核算业务也由三十三团直接管理。

2008年后，团落实兵团党委《关于进一步深化团场财务体制改革，加强财务预算管理的意见》及相关配套办法，按照"一总两分"的办法，实行公共收支核算与团场企业经营收支分账核算和管理。

2009年9月，团场学校、医院作为独立法人单位实行财务独立核算，预算单独列报。其核算仍由团会计核算中心集中核算，年度预算由团审定、农二师财务局审批后执行。至2014年末，团实收资本金8137万元，资本公积金11948万元，盈余公积金247万元，贷款9500万元。

2015年，团场严格资金管理制度，对一般性支出及公用经费支出严格把控。招待费控制在69万元，比2014年70万元有所下降；公务用车运行费控制在86万元，与2014年持平。公用经费（扣除"三公"经费）2015年支出1343万元，较2014年支出的1421.8万元下降78.8万元。在连队经费预算管理上，实行"连财团管连用"的预算管理办法，对于连队通过增收节支等措施形成的连队集体经济，对这部分资金，实行连账团代管，将"连队管理经费"和"连管经费"纳入预算管理，高效推动团连公共运转，有效减轻公共负担，维稳戍边经费保障能力得以提高。是年，连队集体经济资金达410万元。

表15-3 三十三团主要资金来源一览表（1995—2015年）

单位：万元

年份	实收资本	资本公积	盈余公积	银行贷款
1995	2173	161	1523	0
1996	2325	39	2629	447
1997	2325	119	3115	570
1998	2325	119	3199	1290
1999	2325	119	2828	1040
2000	2595	118	3143	1024
2001	2595	119	3277	2992
2002	2675	170	3540	3420
2003	2675	170	4024	3710
2004	5274	170	4376	3710
2005	8137	1985	6051	4560
2006	8137	1985	6702	10410
2007	9058	10732	-2016	8000
2008	8137	10732	0	8900
2009	8137	10732	-3332	2000
2010	8137	10732	-4237	6500
2011	8137	10732	0	14000
2012	8137	10732	0	10000

续表

年份	实收资本	资本公积	盈余公积	银行贷款
2013	8137	11948	0	10000
2014	8137	11948	247	9500
2015	8137	13760	565	5000

表15-4　三十二团主要资金来源一览表（1995—2005年）

单位：万元

年份	实收资本	资本公积	盈余公积	银行贷款
1995	1313	120	833	40
1996	1289	15	1346	467
1997	1289	15	1333	468
1998	1344	15	1611	726
1999	1428	15	945	1690
2000	1565	15	865	1940
2001	1565	15	781	2315
2002	1565	15	872	1220
2003	1565	15	955	2290
2004	2863	15	1272	1050
2005	2863	15	1661	850

二、固定资产管理

团场统一管理固定资产的构建和处置，资产账目管理遵守财务制度，不经报批程序，不得擅自变更、毁坏财产账目、凭证或改变资产用途，不得以转移、转借、出售、私分、报废等形式处置资产公物。

1995年以前，团场固定资产投资主要依靠企业自我发展积累和自筹资金购置。经济发展迟缓，固定资产增幅缓慢，企业生产规模、技术装备和机械化程度受到制约。1999年后，在国家西部大开发战略政策影响和管理扶持下，团场固定资产投资力度加大，道路修建、医疗卫生、教育保障等相关建设持续稳步推进。

2005年，团场开展水利管理清产核资工作，建立水利资产经营管理体制，确保水利国有资产的保值和增值。

2006年，团进行为期3个月的清产核资工作，对国有固定资产保值效果实施有效管理与监督，确保国有资产保值增效、安全完整。是年，团出台财务管理办法新规，单价2000元以上和使用年限2年以上的设备，按固定资产核算，各单位不能直接处置集体固定资产。

2014年后，团固定资产核算利用计算机管理，实现固定资产管理电算化。较2006年相比，团固定资产增长率和更新率显著提高。

表15-5 三十三团固定资产变动一览表（1995—2015年）

年份	本期末固定资产原值（万元）	本期增加 企业自筹资金建造（万元）	本期增加 专项拨款建造（万元）	本期减少 出售（万元）	本期减少 报废（万元）	年末固定资产净值（万元）	固定资产增长率（%）	固定资产更新率（%）
1995—2000	8650	2773	—	503	26	8299	119.43	22.64
2001—2002	9809	1626	—	467	—	9504	101.97	6.48
2003—2005	16834	7440	100	389	45	16361	127.01	27.66
2006—2008	40681	9923	—	197	1	38926	127.31	14.22
2009—2010	39030	338	—	1989	—	36863	100.6	0.62
2011—2015	43024	4923	—	—	930	19547	100.07	1.31

表15-6 三十二团固定资产变动一览表（1995—2005年）

年份	本期末固定资产原值（万元）	本期增加 企业自筹资金建造（万元）	本期增加 专项拨款建造（万元）	本期减少 出售（万元）	本期减少 报废（万元）	年末固定资产净值（万元）	固定资产增长率（%）	固定资产更新率（%）
1995—2000	4654	3751	159	968	272	4359	106.03	18.84
2001—2002	6364	1797	—	72	15	6012	109.01	10.17
2003—2005	9741	2540	1298	451	10	9068	110.58	10.7

三、成本费用管理

1995年，团场在生产经营中，着重加强有效投入，提高产品产量、品质，增加经营利润，同时科学运作，减少非生产费用开支，杜绝成本浪费。成本管理涉及人事、物资、生产、安全、质量、财务等管理过程。

1998年起，团场开始试运行农业"两费自理"（生活费、生产资料费）承包责任制，为进一步加大团场经济改革力度，全面推行"两费自理"和租赁责任制，转换经营机制。团场农业全部实行"两费自理"，自理资金全部到位；林业生产按果园和林带的不同，分别制定不同的责任制度，结果果园实行"两费自理"承包经营。专业承包联产到人，承包土地长期固定不变，产量一定三年不变；畜牧业实行风险抵押和"一费自理"（生活费），家庭联产承包责任制，单独核算，自负盈亏的经营管理办法；农机行业继续巩固股份合作制经营办法；监狱实行自主经营，独立核算，自负盈亏的经营办法；工交建商实行费用包干，承包经营，减负增效。

2001年国家"十五"时期起，团场按照统一计划种植、统一财务管理、统一技术管理、统一产品管理、统一机耕灌溉的"五个统一"原则，严格实行团、连、承包户三级核算的生产管理体制。

2003—2015年，团实行农业连队集中报账制。主要产品的成本及相关费用，由团财务科根据所掌握的会计核算资料确定，核算到每个承包户的收入、成本，账目简洁明了，降低了集体管理成本，财务盈利逐年上升。管理费用、财务费用和销售费用执行预算管理，除固定工资外，所发生的费用须经团长审批，业务招待费定期向职代会报告。

四、资金管理

（一）资金使用

团场实行多元化体制筹集资金，建立筹资的预测及分析制度，根据生产经营的发展需要，计财科测定资金需要量，据以编制资金预算，确立合理的资金结构，资金由团财务科统一管理。团场严格按预算使用资金，保证资金使用效率和行政经费管理水平的提升。

1999年，团场出台《现金管理办法》，明确现金管理坚持日清月结制度，基层单位库存现金标准为50～200元限额，规范现金收缴、支付行为。

2000年后，团场深化"收支两条线"管理和预算集中支付、招标采购等改革，预算外资金全部纳入预算管理，实行收支脱钩和收缴分离制度。预算外资金包括团机关、事业单位、社会团体和团场委托的其他机构，依据国家法律、法规、规章取得和安排使用的未纳入财务预算管理的各种财政性资金。

2002年5月，《三十三团预算外资金管理实施办法》规定，预算外资金由团财务科设专户管理，实行"收支两条线"管理；各部门、单位收取的预算外资金，每日库存量不能超过200元，超出部分解缴计财科；执行对预算内资金的支付预付款或外单位借款，以及基建费用支出，实行团长、政委联签付款制。

2006年起，团建立健全资金安全有效使用的长效机制，明确资金使用范围，严格审批程序，管好用好国家及兵团强农惠农专项资金。

2010年9月，团财务、纪委、发展改革科等十个部门组成专项清查组，针对2007—2010年各级安排的"三农"专项资金的使用管理开展清理和检查。"三农"专项资金涉及财务、发展改革、农业、林业、水力、畜牧、农机、气象、扶贫、劳动和社会保障、卫生、民政、文化、教育、科技等部门，包括对团场职工的补贴资金、基础设施建设投入、社会事业投入、其他重点专项资金。

2015年，团按照基本建设会计制度的要求，按工程项目设立了32个账套，基本建设资金做到专户储存、专款专用。资金拨付做到不耽误工期，不违反规定。2015年，三十三团农发工作，被兵团评为优秀工程，得到第二师农发办的通报表彰。

（二）资金回收

1986年起，团场每年按农二师下达的包干上缴指标，解缴包干利润。

2000年，国家实施西部大开发战略，"中央专项"资金、农业开发财政资金投资力度增加。团场严格专项资金的管理和使用，按期归还到期的"中央专项"、农业开发有偿资金，落实追缴欠款，集中资金保生活、促生产、搞建设。

2001年，团场成立清欠工作领导小组，按照先易后难，先内后外，先干部后职工，谁批准谁负责，谁赊账谁催收的原则办理清欠工作。是年，三十三团清回欠款1396万元。

1995—2015年，三十三团累计解缴包干利润11577万元，累计上缴地方财政农牧业税金1822万元，国家投资总额569294万元；1995—2005年，三十二团累计解缴包干利润1061万元，累计上缴地方财政农牧业税金795万元，国家投资总额25591万元。

2015年，团组织行政事业单位资产清理工作，共清理出报废资产170余万元，做到了资产账实相符。

表15-7 三十三团历年投资效果一览表（1995—2015年）

单位：万元

年度	国家投资总额				国家回收总额			
	专项拨款	经费拨款	小计	累计	上缴利润	上缴税金	小计	累计
1995	3	154	157	157	156	128	284	284
1996	1	190	191	348	171	85	256	540
1997	2	235	237	585	158	88	246	786
1998	19	183	202	787	207	68	275	1061
1999	32	248	280	1067	207	103	310	1371
2000	12	94	106	1173	140	156	296	1667
2001	10	613	623	1796	140	124	264	1931
2002	9	308	317	2113	140	150	290	2221
2003	118	824	942	3055	140	116	256	2477
2004	454	366	820	3875	262	130	392	2869
2005	15	614	629	4504	436	20	456	3325
2006	1617	431	2048	6552	325	51	376	3701
2007	575	2131	2706	9258	309	3	312	4013
2008	485	14244	14729	23987	458	8	466	4479
2009	2191	4590	6781	30768	591	76	591	5070
2010	1037	5043	6080	36848	461	100	461	5531
2011	8059	3776	11835	48683	1010	137	1147	6678
2012	14162	3411	17573	66256	1272	81	1353	8031
2013	13713	3901	17614	83870	2350	29	2379	10410
2014	15108	3890	18998	102868	2644	107	2834	13244
2015	33435	4441	37876	140744	1725	62	1787	15031

表15-8 三十二团历年投资效果一览表（1995—2005年）

单位：万元

年度	国家投资总额				上缴利润与税金			
	基建投资	经费拨款	小计	累计	上缴利润	上缴税金	小计	累计
1995	1430	290	290	290	88	120	208	208
1996	285	391	391	681	101	149	250	458

续表

年度	国家投资总额				上缴利润与税金			
	基建投资	经费拨款	小计	累计	上缴利润	上缴税金	小计	累计
1997	91	418	418	1099	114	62	176	634
1998	34	159	193	1292	122	66	188	822
1999	52	225	277	1569	122	66	188	1010
2000	67	95	95	1664	84	64	148	1158
2001	770	488	1258	2922	84	48	132	1290
2002	68	398	466	3388	40	77	117	1407
2003	238	146	384	3772	66	68	134	1541
2004	345	228	573	4345	120	62	182	1723
2005	105	519	624	4969	120	13	133	1856

（三）"家电下乡"补贴资金管理

2009年，国家出台"家电下乡"及"摩托车下乡"补贴政策，团场职工凡购买国家指定品牌的家用电器或汽车，均享受补贴政策，团财务科负责管理和发放补贴资金。

2010年，团场累计发放家电下乡补贴资金100.45万元，摩托车补贴4500元。

五、利润管理

1995年以来，团场以目标利润为核心，层层分解落实目标责任制，严格按照国家规定的利润分配次序，弥补以前年度亏损，上缴利润，提取盈余公积金。

表15-9 三十三团经营盈亏一览表（1995—2015年）

单位：万元

年份	销售收入	销售成本	销售费用	销售税金	销售利润	其他经济利润	其他经济支出	利润总额
1995	8896	6559	63	128	2146	27	113	768
1996	7935	5273	99	85	2478	33	136	1277
1997	10193	7386	220	121	2466	10	118	709
1998	8490	6140	214	96	2040	36	104	291
1999	7971	5531	175	132	2133	6	138	3
2000	8417	6022	155	156	2084	20	1522	455
2001	8495	6419	230	125	1721	43	56	281
2002	7507	5954	102	150	1301	32	50	403
2003	10683	9386	102	116	1079	33	-72	626
2004	12788	11445	56	117	1170	9	146	614
2005	11761	10804	1	19	937	1	146	450
2006	33736	30322	-18	51	3381	5	337	1252
2007	36695	34982	400	2	2111	1144	1754	1511
2008	30219	29657	1928	7	-1373	2799	2799	-1373
2009	27822	26398	2178	76	-830	1992	2782	-1619
2010	28741	24925	1809	100	1907	2694	3236	1365
2011	30163	27989	802	110	1262	4649	4257	1654

续表

年份	销售收入	销售成本	销售费用	销售税金	销售利润	其他经济利润	其他经济支出	利润总额
2012	49652	43381	1	-1	6271	3960	4259	3351
2013	66094	59441	1356	12	5285	4465	5621	4129
2014	47030	42422	-206	7	4807	5386	5357	4835
2015	41034	36594	-337	-4	4781	6036	5781	5037

表 15-10　三十二团经营盈亏一览表（1995—2005 年）

单位：万元

年份	销售收入	销售成本	销售费用	销售税金	销售利润	其他经济利润	其他经营支出	利润总额
1995	6125	3931	204	120	1870	25	107	439
1996	7274	4750	351	98	2075	26	193	672
1997	8104	5771	376	62	1895	37	153	390
1998	6063	3929	273	40	1821	21	112	367
1999	4999	4298	181	66	454	51	81	744
2000	5548	4011	208	64	1265	6	106	4
2001	3962	2891	105	48	918	29	87	0
2002	6795	5903	53	77	762	11	123	131
2003	5187	4041	87	70	989	4	307	148
2004	10030	8226	61	67	1676	4	355	455
2005	9361	7983	-1	14	1365	13	43	730

六、管理制度

2000 年后，团场深化改革、完善财务管理制度，建立适应发展实际与管理要求的财务管理体制。统一制定全团的财务制度和规章，编制全团的预决算，实行统一管理、分类授权、自负盈亏、逐级考核的财务管理体制。建立健全激励约束机制，科学合理配置财务资源，财务管理贯穿团场各项业务活动的始终，力争国有资本价值最大化和公共支出效率最大化，促进团场经济持续、健康发展。

2003 年，团场财务管理制度改革，建立会计核算中心，基层连队实行报账制和集中核算制。核算中心隶属财务科（计财科），全面代理团场基层单位的财务审核、会计核算、资金结算等业务。团制定《集中核算报账制实施办法》《会计核算中心操作规程》《非生产经营预算管理实施办法》等制度文件。基层单位报账员、核算中心人员由团委派；撤销所有连队的会计账套，连队经济业务均纳入团核算中心，通过报账员填制报账单，由结算中心进行记账并核算。报账员按照经团财务科审核签字的报账单平行登记本单位的"制造费用"和承包户往来明细辅助账，负责按时公布与承包户有关账目。团场各基层单位的制造费由团统一核定收取，对连队实行定额包干使用；日常费用开支报销实行备用金制度；实行集中核算和报账制后，财务监督得到加强，资金使用的安全性、规范性、有效性提高。基层单位报账员由团组干科（政工办）会同财务科共同考核，实行轮岗制度。团根据财务管理需要，制定内部财务管理办法，接受上级审计机构的财务检查以及上级财务、审计和税务机关的监督。

2005年始，团场实行公共支出预算管理制度，严格控制团场各项非生产性开支，重大项目开支严格按规定程序研究决定。进一步完善会计委派、集中核算、基层连队报账、统一招标采购等财务管理制度。是年，三十二团完成与三十三团的财务并账工作，团核算中心与团属基层单位均实行到三十三团集中报账和集中核算，事业单位实行预算管理。实行财务集中管理、分户核算后，行政和事业单位的行政成本降低，农业职工负担减轻，企业资金使用效率提高。

2010年，团会议通过了改善连队职工群众生活条件的"一事一议"公益性建设项目，成立"清理核实团场生产连队公益性债务工作"领导小组（简称综改小组）。

2011年，根据《新疆生产建设兵团农牧团场生产连队公益事业"一事一议"财政奖补试点工作实施方案》，结合团场实际，制定出台《农二师三十三团生产连队公益事业"一事一议"财政奖补试点工作实施方案》。规范团场生产连队公益事业建设"一事一议"筹资筹劳的管理，加强职工负担监督，保护职工合法权益，促进连队基层民主政治建设和推进屯垦戍边新型团场建设，根据《新疆生产建设兵团农牧团场生产连队公益事业建设"一事一议"筹资筹劳管理办法（草案）》的规定，结合团场实际，出台《农二师三十三团生产连队公益事业建设"一事一议"筹资筹劳实施细则》。

2012年，根据农二师《团场生产连队经费管理暂行办法》，团制定《三十三团生产连队经费管理暂行办法》。科学规范团场预算管理程序，增强生产连队管理机构活力，发挥基层党支部战斗堡垒作用，对生产连队工作给予经费保障。结合财务科工作情况，制定《三十三团财务科职权范围》。是年，制定《三十三团行政事业单位会计人员考核管理制度》，强化行政事业单位会计人员管理，规范行政事业单位财务会计行为，财务制度健全。

2014年，团完善预算管理体制，实行团场"一总两分"财务管理制度，强化团党委对财经工作的管理，使团场经济及财务工作的决策更加科学、民主，管理更加严格、合理。团党委成立财经工作领导小组，明确团党委财经领导小组的工作职责，规范了三十三团党委财经领导小组议事规则，并制定《关于成立三十三团党委财经工作领导小组成员的通知》《三十三团党委财经工作领导小组议事规则》。是年，团成立农业保险工作协调领导小组，加大对农业政策性保险业务的规范操作和资金使用的监督。制定《三十三团供销管理细则》。为严格遵守国家政策法规、财经制度、财经纪律、税收法规以及团场的财务管理办法、会计核算办法，团财务科制定《财务科各岗位工作职责》。

2015年，根据《第二师铁门关市本级机关事业单位工作人员差旅费管理办法》，结合团场实际，团特对工作人员出差、培训及职工探亲标准进行调整，制定《三十三团工作人员差旅费管理办法》。

七、重点财政项目执行

2011—2015年，团共争取到国家"一事一议"连队公益事业及"美丽中心连队"财政奖补资金1402.3万元。此项目的实施改善了连队道路，在连部和居民点之间实行道路全面硬质化。植树造林、连内公共绿化，包括连内主街道两侧、公共绿地、公共闲散空地和连队周围绿化，改善连内公共环卫设施，包括连内垃圾堆放点、公共厕所、果皮箱等的购建，构建连队美丽环境。"一事一议"项目的开展对团场、连队基础设施建设起到促进作用，道路的硬化和连内环境卫生整治等众多项目的开展，使连队生产和生活条件得以逐渐改善，持续推动连队职工精神文化建设向上向好发展。

2011—2015年，三十三团共争取到国家农业综合开发资金3950万元，主要用于高标准农田及生态建设。通过对项目区采取水力、农业等综合治理措施，从而达到以下目标：提高土壤肥力，完成节水预期任务；逐步形成田成方、林成网、管相通、路相连新格局；改善作物生长环境，使作物产量大幅提高；农业生产环境得以改善，经济发展大步推进，为职工增产增收创造了条件，职工生活水平和生活质量得以提升；节约用水使土壤植被条件得到改善，生态环境得以恢复和发展。

八、机构

（一）三十三团

1995年，恢复计财科。

2003年，成立核算中心，从21名参考人员中择优录取委派19名核算员、报账员，其中核算中心3人，另有16人分别委派至机关、加工厂、水管站、农机总站、园艺总厂、养鹿总厂、社管会、工会、监狱及12个农业连队任报账员。

2005年3月，机关机构改革，计财科改称财务科，设科长1人，科员5人。

2010年，财务科在编7人，全团财会人员47人。

2015年，财务科在编7人，全团财会人员38人。

表15-11　三十三团财务科负责人名录（1995—2015年）

姓名	性别	民族	籍贯	文化程度	参加工作时间	职务	任职时间
谢宏志	男	汉族	重庆万州	大专	1976年9月	科长	1995年1月—2005年4月
苏明兰	女	汉族	湖北黄皮	大专	1981年10月	副科长、科长	2002年3月—2009年12月
阳新秀	女	汉族	湖南湘潭	大专	1981年10月	副科长	2006年8月—2012年2月
阳新秀	女	汉族	湖南湘潭	大专	1981年10月	核算中心主任	2012年3月—2015年
陈英	女	汉族	山东平邑	大专	1990年3月	副科长	2012年3月—2014年2月
陈英	女	汉族	山东平邑	大专	1990年3月	科长	2014年3月—2015年

(二) 三十二团

1995年后，沿用计财科。

2003年，成立会计核算中心，并通过考试委派25名核算员、报账员，其中核算中心3人，另有22人分别委派至学校、医院、加工连、塑料厂、电站、蛭石矿、水管站、林业站、生活服务站及13个农业连队任报账员。

2005年3月，团机关机构重组，财务工作隶属团经营办公室。

2006年3月，团财会人员27人，其中财务科5人。

表15-12　三十二团财务科负责人名录（1995—2005年）

姓名	性别	民族	籍贯	文化程度	参加工作时间	职务	任职时间
王锡炎	男	汉族	江苏苏州	大专	1983年12月	副科长、科长	1994年4月—2003年9月
胡志刚	男	汉族	湖北阴山	大专	1985年3月	副科长	2000年12月—2006年8月

第三节　统计

1995年后，团场按照国家规定，落实统计报表和社会调查工作，并形成报告制度。依据国家统一制定的统计方法、统计标准、统计制度、统计规范，按照国民经济行业分类，对全团农、林、牧、副、渔、水力、工业、建筑业、商业、交通运输、劳动工资、物资、固定资产投资、国民经济综合平衡、团场基本情况、教育、文化、卫生等各行业的情况进行统计。研究制定统计工作总体思路和实施原则，落实基础工作规范化建设制度，确保各项经济指标符合时序进度，客观反映经济运行情况。

2006年，团场不断完善并建立科学的统计评估制度。至2010年，统计工作形成以国内生产总值核算为龙头、专业联动的数据质量评估机制，统计工作为团领导的宏观经济决策和经济建设提供了决策依据。

一、机构

（一）三十三团

1958年建场以来，团场统计业务受农二师统计局管理，财务科（计财科）设专职统计1人，生产单位根据需要由团设置统计岗位。

1998年，团有24名统计员，其中1名专职，其余为兼职，隶属团计财科。

2003年后，团计财科设一名专职统计，基层统计工作由报账员兼任。

2005年3月，团机关科室合并重组，统计工作仍属财务科（经营管理科），设综合统计1人，全团兼职统计员28人，延续至2015年。

（二）三十二团

自建场后，统计业务受农二师统计局管理，团财务科（计财科）设专职统计1人，基层单位按需设置统计岗位。

1995年底，计财科设专职统计1人，基层单位统计员24人。

2003年后，基层单位统计工作由报账员兼任。

2005年，计财科专职统计1人，全团兼职统计员22人，至两团合并。

二、统计工作

（一）统计管理

1990年以后，随着社会主义市场经济体制的建立，统计数据受到利益主体多元化的干扰，针对这一问题，团场加强统计法制建设，组织统计执法大检查，制止在统计数据上弄虚作假，建立健全统计原始记录，制发统计台账，开展统计法制宣传。1996年5月，《中华人民共和国统计法》修订后，团场每年均举办统计人员培训学习，强化统计业务培训，提高统计人员业务素质。

2001年，团场成立统计执法检查工作领导小组，开展以检查统计数据为重点的自查互查工作，基层单位间相互交流，重点检查工业产值、年均职工人数、实发职工工资总额、固定资产投资、社会消费品零售总额、出生人口、国内生产总值等主要指标。

2006—2010年（国家"十一五"时期），团场建立科学的统计评估制度，以数据质量为中心，以国内生产总值核算为主线，规范并科学监控统计数据采集、传输、处理、审核和上报业务过程。

2011—2015年（国家"十二五"时期），团场按照《中华人民共和国国民经济和社会发展第十二个五年规划纲要》的要求，把提高统计能力、提高统计数据质量、提高政府统计公信力作为统计科学发展的中心任务。按照统筹规划、整体推进和规范统一的原则，以基本单位名录库为基础；以单位电子报表和调查员电子终端为依托；以统一的统计业务应用软件系统为平台；以联网直报系统为手段，创新统计调查流程（统计"四大工程"建设）；以最大限度发挥统计的功能和社会效益为目标，丰富统计服务内容，有效满足各类统计用户的多层次统计需求。至2015年末，基本实现综合核算与专业核算、大型普查与常规统计数据的衔接，客观反映团场经济社会发展水平、结构和动态变化。统计数据质量的提高为团场领导决策提供了可靠依据。

（二）统计报表

1995年后，团场坚持以提高统计数据质量为中心，研究制定统计工作思路和原则，明确年报和定期报表工作的组织方式、数据处理、质量控制及总结考核等工作要求，采取形式多样的年报审核方式，加强专业年报协调性和互补性。团按照上级统计部门的工作部署，准确、及时上报综合、农业、工业、建筑、交通、商业、能源、社会、固定资产投资、基本单位报表，及统计年报和定报工作。

2009年，团场执行《农二师生产总值核算方案》，改进主要指标审核评估和质量控制办法，规范科学监控数据的采集、传输、处理、审核、上报等业务操作全过程，把好全团主要统计数据质量关，为团场经济决策提供翔实可靠资料。

2010年，统计年报有国民经济核算专业统计年报、农业专业统计年报、工业专业统计年报、商业专业统计年报、交通运输专业统计年报、主要物资能源专业统计年报、基本单位专业统计年报、社会专业统计年报和固定资产投资专业统计年报等。

2012年，工业报表、批零商业报表实现"一套表"联网直报，确保各项经济指标符合时序进度，客观反映经济运行。

2014年，固定资产投资实行联网直报试点工作。

2015年，团场统计主要以报表反映经济运行和社会发展情况，报表按行业分为农业、工业、建筑业、交通运输业、商业、固定资产投资、社会、能源、国民经济综合报表九大类。

（三）社会调查

团场在完成国家统计任务的基础上，配合各级部门开展社会统计工作，收集资料数据，有效发挥统计信息主渠道和决策支持作用。

1995年始，团场完成了2000年第五次全国人口普查、2003年第二次全国第三产业普查、2006年第二次全国农业普查、2010年第六次全国人口普查。

2004年12月31日，是全国第一次经济普查标准登记时间。

2008年12月31日，是全国第二次经济普查标准登记时间。

2009年，团在开展兵团第二次全国经济普查工作任务的同时，完成了《农牧连队基本情况表》《开展团场农业统计调查基层基础工作》《农业主要农产品中间消耗基层调查表》《种植业作物成本收益调查表》《农产品价格基层表》《工业品出厂价格调查月报表》《原材料、燃料、动力购进价格调查月报表》的抽样调查工作。按照国家新标准，完成了基本单位名录库更新维护。是年12月，团开展第六次全国人口普查工作，选聘普查指导员31人，普查员153人，其中大学生138人，调查团场人口和住户的性别、年龄、民族、受教育程度、行业、职业、迁移流动、社会保障、婚姻生育、死亡、住房等基本情况。截至2010年12月，完成团场第六次人口普查暨人口统计调查工作。三十三团获新疆维吾尔自治区先进单位称号。

2011年，团场首次开展农产品产量调查工作。

2012年12月，团成立第三次全国经济普查工作领导小组，办公室设在财务科。

2013年，按要求召开入户摸底培训班，并完成经济普查任务。

至2015年，团场经济和社会事业发展速度因改革的深入推进而加快，新的经济活动增加，统计信息需求多元化，对信息的准确性、时效性、多样性要求更高。统计对象的数量和规模不断增大，构成复杂，且变动频繁等问题日益显现，统计调查的难度增加。有鉴于此，团场从人力资源、经费投入、技术装备等方面给予统计工作聚力支持。

（四）统计分析研究

1995年后，团场按照国家统计调查方法体系改革模式，以师统计局统计分析研究的重点，围绕团中心工作和经济生活中的热点、难点问题，以抽样调查、重点调查、科学推算和全面报表综合运用的统计调查方法，对国民经济、农业产业化、新型工业化、商业、劳动工资、固定资产投资、建筑业等进行专题调查和分析研究。有针对性地提出建议，调研资料为各级领导机构和团党委提供决策咨询服务。

2009年后，团统计人员撰写统计分析报告35篇。

至2015年，团通过各统计数据，开发统计新产品，拓宽服务领域，保证统计分析研究和服务更具时效性和针对性。

第四节　审计

一、机构

三十三团：1988年，组建审计科，成员包括科长1人、科员1人。2001年，审计工作纳入纪委监察科，设科长1人、科员2人。2004年，农二师审计中心成立后，团审计科撤销。

三十二团：1988年1月，成立审计科，编制2人。2001年，审计工作纳入纪委监察科，设科长、科员各1人。2004年，农二师审计中心成立后，团审计科撤销。

二、审计工作

团场审计科对团属企事业单位的财经纪律和财务收支情况严格检查监督。主要以上级审计机构授权的审计项目和团党委安排的审计项目开展审计工作。审计项目包括财务收支、财务决算、专项审计、承包离任、承包经营、经济责任及其他审计。其中承包经营主要审计资产、负债、损益的真实性、财务收支的合法合规性、国有资产的保值增值、承包经营的责任履行情况等，并对承包的经济责任行为作出客观公正的评价；财务决算主要审计职工兑现的真实性、合理性、成本费用的分摊是否合理合规、有无私设"小金库"等违规违纪行为、债权债务是否真实等。通过审计，审计科提出审计建议，出具审计报告，确保团场经济秩序平稳和各项事业发展。

1996年，团场就企业体制改革、结构调整等改革发展中的突出问题，对重点建设、城镇居民最低生活保障制度、募集捐赠、扶贫资金等项目进行重点和专项审计。根据师组织部《干部离任审计委托书》，农二师审计局对离任团行政领导任期内的经济责任进行审计，团审计科协助农二师审计局工作。团审计科对团属单位行政干部进行离任经济责任审计。

1990年起,团场在"一审二帮三促"的工作方针指引下,1998—2003年,三十三团对15个单位会计进行审计监督,审计总金额72628.86万元。查出各种违规违纪金额26.47万元,提出审计建议114条;三十二团对14个单位会计审计监督,审计总金额78436.9万元,查出各种违规违纪金额31.16万元,提出审计建议127条。

2004年,农二师成立审计中心,团场不再承担审计工作,由农二师审计机构对团场预查执行、财务收支、专项转移支付资金等进行审计,延至2015年。

第五节 金融

一、机构

三十三团:1993年,团营业所隶属中国农业银行巴州兵团支行。1996年,营业所综合楼建成使用。2007年8月,营业所改为中国农业银行巴州兵团三十三团支行。2009年,农业银行股改后,支行改称中国农业银行股份有限公司尉犁库尔木依镇(三十三团)支行。2015年,支行行长李云龙,支行员工有6人。

三十二团:1993年,团营业所隶属中国农业银行巴州兵团支行。2005年,营业所有5名员工,主任饶华。2007年,营业所改为中国农业银行巴州兵团三十二团支行。2009年,农业银行股改后,改称中国农业银行股份有限公司尉犁乌鲁克镇(三十二团)支行。

二、业务

营业所始终发挥支持团场经济的金融骨干和支柱作用,围绕团场改革发展加快自身业务经营转型,为团场经济加快发展提供良好的金融服务。营业所成立初期,业务范围主要以吸收存款、发放贷款、支付结算业务为主,随着团场职工群众对金融服务需求不断增长,团场农行支行新增了代理基金、保险、网上银行、第三方存管、本外币理财等金融业务。

2015年底,三十三团支行各项存款突破2.5亿元,农户贷款余额4000余万元,团场农户贷款市场份额占95%以上,为团场职工资金安全及生产经营提供了有力保障。是年,三十三团支行拥有ATM自动柜员机2台,超级柜台及自助终端各2台,网点业务由"纸质+人工"转型为"线上+智能",缩短了业务办理时间,使职工群众在农行办理业务的体验度得到提升,并且金融服务由原来的单一化转变为特色化、差异化、多元化、全方位化,服务团场职工群众能力增强,服务质量提升。三十三团支行持续发挥服务团场、服务三农、服务群众主力军的传统和优势,在兵团"三农"和实体经济发展等方面强化担当和主动作为,扎实履行服务"三农"各项职责,为团场经济社会发展作出了贡献。

第六节 保险

1987年4月，农二师中华联合财产保险公司代办点入驻团场并挂牌营业，办公场所设在团机关，与财务科（计财科）合署办公，后过渡为分公司。

2002年9月，两团保险公司更名为中华联合财产保险公司三十三团支公司和三十二团支公司。

2004年9月，公司更名为中华联合保险控股股份有限公司三十三团支公司和中华保险三十二团营销服务部。

一、机构

三十三团：1996—1999年，团中华联合财产保险分公司有业务员3人，潘好因任经理。2000—2005年，分公司（支公司）配备业务人员3人，谢宏志任经理。2006—2007年，三十三团支公司配备业务人员5人，曹新华任经理，办公场所在团库尔木依农贸市场斜对面门面房。2008—2015年，三十三团支公司人员编制5人，周黎明任经理。

三十二团：1995—1999年，团中华联合财产保险分公司配备从业人员2人，由陈维杰任保险公司负责人。2000—2002年，分公司（支公司）配备业务人员2人，孔庆平任负责人。2003年，三十二团支公司配备业务人员2人，王锡炎任负责人。2004年，支公司（营销服务部）配备业务人员2人，郑江明任负责人。2005年，营销服务部配备业务人员2人，曹新华任负责人。2006年两团合并后，中华保险三十二团营销服务部机构撤销。

二、保险业务

1996—2001年，中华联合财产保险分公司开展的寿险业务有：简易人身保险、少儿两全保险、重大疾病险、健康长寿还本险、住院补贴险、女性安康险等。

1996—2009年，政策性农业保险包括种植业险、养殖业险。2003年起，两团中华联合财产保险分公司开办"世纪安心团体医疗保险"和"世纪安康团体医疗保险"。凡一周岁以上，具有常住户口的家属和社会其他从业人员可投保"世纪安心团体医疗保险"；在职职工和退休职工可参加"世纪安康团体补助医疗保险"。2005年3月起，三十三团中心团场实行职工、家属、儿童住院医疗保险制度，团保险公司代理保险业务。"世纪安心团体医疗保险"金额1万元，"世纪安康补助团体保险"金额10万元。

2010—2013年，开展的业务有：马鹿保险、拖拉机保险、学生平安险、企业财产险、职工安康补助险、校园责任险、团体人身意外伤害保险、个人意外伤害保险、借款人意外保险。

2014—2015年，开展的业务有：政策性农业保险、马鹿保险、林果业保险、执业医师职业责任保险、校方责任保险、火灾公众责任保险、工伤补充医疗保险、机井泵房保险、学生平安保险、食品安全责任保险、企业财产保险。

表15-13 三十三团中华联合财产保险分公司保费一览表（1998—2015年）

单位：万元

年份	保费收入	理赔赔付
1998	95	66.5
1999	101	65.6
2000	120	75.6
2001	113	73.4
2002	126	81.9
2003	102	69.3
2004	115	86.3
2005	96	75
2006	160	97.9
2007	175	119
2008	180	118.8
2009	186	139.5
2010	172	120.4
2011	221	156.9
2012	209	114.9
2013	1855	1194
2014	2122	1070
2015	1881.4	1256

表15-14 三十二团中华联合财产保险分公司保费一览表（1998—2005年）

单位：万元

年份	保费收入	理赔赔付
1998	106	65.7
1999	125	82.5
2000	134	87.1
2001	127	88.9
2002	130	106.5
2003	110	85.6
2004	102	81.6
2005	95	80.7

第十六章　人力资源和社会保障

　　1995年后，团场以社会招工和引进大中专毕业生方式，职工人数逐渐增加。团场根据《中华人民共和国劳动法》和相关政策法规，结合团场每年《经济责任制实施办法》《场规场纪》制定劳动用工管理办法，规范工资、劳动力、职工退休、社会保险及安全生产和劳动保护工作，以适应社会主义市场经济体制下的劳动用工和工资分配改革步伐。实行全员劳动合同制，深化养老保险制度，社会保险工作取得突破性进展。随着经济体制改革深化，劳动与社会保障体系日益完善。1998年，团场先后建立失业、医疗、工伤、生育保险制度。至2015年，团场已建立起养老、失业、医疗、工伤、生育等方面的完整社会保险体系。

第一节　机构沿革

　　1958年，团场建场初期，劳动人事由场人事科管理。

　　1961年，劳动人事由会计室管理，随后会计室改为计财股，劳资科属计财股管理。

　　1967年，"文化大革命"时期劳动人事属军务组管理。

　　1978年，劳动人事归经营管理办公室管理。

　　1990年，撤销经营管理办公室，设劳资科负责劳动人事工作。

　　1996年，团场成立劳动工资科，负责职工调配、职工培训、工资管理、劳动安全等工作。

　　1998年，团场建立劳动用工年检工作制度。

　　1999年，团场成立团社会保险事业管理中心。

　　2003年，三十三团成立社会保险基金管理所。

　　2004年，三十三团成立以工会、劳资、司法、行政、职工代表为主体的劳动争议调解组织机构。

　　2005年，团场与职工全面确立劳动关系，只有具备用工主体资格的用人单位方能招用劳动者，并及时与劳动者（含农民工）签订劳动合同。是年，开始安排公益性岗位，聘用"40后""50后"人员。

2006年，团按照农二师相关部门发布的《关于成立劳动力管理工作站的通知》成立5人劳动力工作站。是年，机关机构重组，劳资科隶属社政管理科，其工作职能不变，设科长1人、副科长1人、科员2人。劳动工作逐渐扩大至人力资源管理、劳动争议调解、社会保险、困难职工帮扶、职工培训等工作。

至2015年，团场劳资科工作程序规范，机构健全，形成全方位管理的社会保险体系。

第二节　劳动力资源

一、职工来源

20世纪90年代后期，不愿上岗务农的待业青年增多并通过各种途径流向其他地方，团场老职工退休增多，部分老职工离开团场调回其他省市，加之工商企业改制下岗职工增多，团场农业综合开发，种植结构调整和生产规模扩大，农业一线劳动力缺乏和劳动力配置不平衡等问题凸显。团场采取内调整、外引进等办法，引导下岗、待业人员向农业一线转移、上岗和补招录用外来农民工。团场劳动力不足问题得以缓解，土地固定和"两费自理"（生活费、生产资料费）承包体制逐步落实。

1991年，根据兵团和农二师任务调配及河南省政府协议，团场每年从河南省招收计划劳务工，以劳动合同形式与新职工建立劳动关系。1991—2008年，三十三团累计接收安置河南劳务新职工279人，三十二团累计接收安置河南劳务新职工479人。

1995年起，团场开始引进高校大中专毕业生，充实科技队伍。

2002年后，团场根据兵团《关于鼓励大中专毕业生到新疆生产建设兵团工作的实施方案》，成立相应领导小组。团场每年为到团工作签订劳动合同的大中专毕业生缴纳社会保险和建立工作岗位档案，延至2015年。

二、劳动力市场建设

2007年，农二师投资100万元、团配套资金260余万元，建成四层楼的人力资源市场，建筑面积2564平方米，可为职工群众提供职业介绍、就业培训、五大保险缴费，关系转移、续接，相关待遇支付，政策咨询等服务。至2015年，人力资源市场有工作人员16人。

第十六章　人力资源和社会保障

表 16 – 1　三十三团职工行业分布一览表（1995—2015 年）

单位：人

年份	职工人数	第一产业 农业	第一产业 林业	第一产业 牧业	第二产业 工业	第二产业 建筑	第三产业 交通	第三产业 教育	第三产业 卫生	第三产业 商业	第三产业 其他
1995	2594	1260	286	71	198	109	10	103	73	34	450
1996	2691	1334	330	80	170	79	15	90	82	33	478
1997	2739	1017	383	107	448	88	15	81	93	27	480
1998	2946	1544	330	113	171	78	14	81	84	21	510
1999	2800	1467	364	106	137	80	13	72	86	15	460
2000	2849	1478	438	106	63	77	14	83	80	18	492
2001	2542	1198	459	108	63	68	11	81	76	20	458
2002	2542	1290	426	101	52	49	12	82	62	21	447
2003	2265	944	527	127	74	65	17	91	57	7	356
2004	2650	1345	400	267	80	50	18	90	48	3	349
2005	5595	3888	600	349	73	65	18	96	46	3	457
2006	4429	2998	589	209	72	65	18	99	45	3	331
2007	3315	1507	602	180	176	19	18	202	88	3	520
2008	3574	1580	788	149	193	44	18	205	85	3	509
2009	3569	1733	727	99	230	19	18	172	83	0	488
2010	3438	1065	1340	89	199	25	16	157	91	0	456
2011	3433	1290	1088	90	200	18	19	160	89	0	479
2012	3408	1472	858	74	237	19	12	149	97	0	490
2013	3549	1871	656	60	212	16	13	140	92	0	489
2014	3393	2074	223	100	213	31	12	165	94	0	481
2015	3381	2029	224	102	151	59	0	154	99	0	563

表 16 – 2　三十二团职工行业分布一览表（1995—2005 年）

单位：人

年份	职工人数	第一产业 农业	第一产业 林业	第一产业 牧业	第二产业 工业	第二产业 建筑	第三产业 交通	第三产业 教育	第三产业 卫生	第三产业 商业	第三产业 其他
1995	2856	1804	274	111	265	36	9	81	86	36	154
1996	2932	1830	333	117	287	53	4	91	86	26	105
1997	2575	1543	241	109	183	9	8	115	96	12	259
1998	2428	1365	225	106	182	9	8	124	101	20	288
1999	2320	1280	205	109	192	12	8	123	100	13	278
2000	2211	1195	222	114	176	16	8	133	97	11	239
2001	1922	963	215	113	174	0	8	130	92	7	220
2002	1761	863	173	77	142	12	8	126	94	5	261

续表

年份	职工人数	产业分布									
^	^	第一产业			第二产业		第三产业				
^	^	农业	林业	牧业	工业	建筑	交通	教育	卫生	商业	其他
2003	1912	1108	191	64	124	0	6	85	48	4	282
2004	2775	2048	141	58	115	0	5	100	48	4	256
2005	2452	1818	118	41	113	0	4	100	48	4	206

第三节 劳动力管理

一、固定工

1996年，三十三团推行劳动用工制度改革，所有新职工实施合同制。劳动力的招录、使用按上级要求统一计划。新职工上岗，男35岁以下，女30岁以下，由个人提出申请，用人单位审核，经农二师劳动局批复后纳入职工队伍管理，职工具备招收录手续、缴纳社会保险费、签订劳动合同后，方能确认其与用人单位建立劳动关系。

1996年，三十二团印发《关于团场职工停薪留职交费标准的通知》，规定各业普通工人、各业技术工人每人每年交停薪留职费。1996年2月29日以前自动停薪留职并返岗的人员，按1995年的标准，普通承包工人、技术工人补交停薪留职费，以后年度返岗人员按新标准执行。

2000年，三十三团、三十二团根据《中华人民共和国劳动法》及相关政策精神，不再办理停薪留职手续，两团与在册不在岗人员解除挂靠关系。团场按照兵团党委要求，严把职工队伍关口，提高准入"门槛"，新职工招收报农二师劳动局批准，严格履行报批手续。

2005年，两团着重做好企业职工稳定就业、高校毕业生就业、失业人员再就业、团场富余劳动力转移就业和复转军人安置就业工作。

1995—2005年，三十三团招工696人；三十二团招工500人。

2006年，三十二团并入三十三团（中心团场），职工总数为4327人。职工队伍结构逐渐向年轻化、知识性转变。

8月，团召开全员劳动合同签约大会，签约率达95%以上。

9月，团草拟《农二师三十三团劳动合同实施细则》及农二师三十三团劳动合同。

2008—2009年，因一线职工年龄偏大，团自行招工。

2010—2014年，团严格按照第二师劳动和社会保障局规定，报备、审批招工。

2012—2014年，团场大量招收大中专毕业生，充实到基层单位。

2006—2014年，团累计招工559人。

2015年，团招录职工156人。

二、季节工

20世纪90年代末，随着三十三团、三十二团棉花种植面积扩大，出现季节性拾花工。两团对拾花工的引进采取不同方式：三十二团以职工自发引进为主；三十三团主要靠团、连组织引进为主，拾花工来源地有甘肃、青海、宁夏、四川、河南等，顶峰时期两团一年引进拾花工人数达1.8万人。

（一）三十三团

1995年后，团每年按时印发相关拾花工作通知，加强拾花管理工作。

2000年，团下发《关于2000年度拾花工作的通知》，对拾花管理工作作了具体要求。

2003年，团在确保"非典"防治期间完成棉花摘采任务上作了具体安排布置，并对各单位领导提出相关要求，强化管理。

2004年，两团针对"三秋"各项工作，健全拾花劳动引进管理组织机构，层层递进、分工明确、落实到户、责任到人，领导牵头、主抓全局，确保拾花工有序引进。

2006年两团合并后，三十三团对加强季节性用工的管理工作，制定考核办法。各单位精心组织，统一部署，确保拾花工的引进接运、生产管理、生活福利、兑现返乡等工作有序进行。

2007年，团印发《关于开展拾花工安置工作专项检查的通知》。各连队相继成立拾花工安置工作专项检查领导小组，做好本单位拾花工安置工作的自查自纠。按检查规定内容，将专项检查自查自纠报告及总结送劳资科备案。团对各单位拾花工安置工作情况进行检查，检查结果列入当年季节性用工引进管理工作考核项目。

2008年，因5月12日四川汶川发生地震，为不影响其他省市拾花工的引进，团要求各单位早动手、早准备、早联系，健全机构，明确分工、责人到人，抓好工作。当年，引进拾花工13805人。

2009年，团以承包户个人接人为主，团场和连队引进为辅。健全组织，责任到人，做好拾花工的入住安置工作。

2010年，根据《关于农二师拾花工组织管理工作的紧急通知》精神，团针对各连队、承包户和劳务经纪人在今年拾花工招收认知上存在的不足和误区，对招收拾花工组织管理等工作作了新的安排部署。各连队调整招收工作措施，加大组织力度，团场"三秋"工作顺利完成。

2011年，团"三秋"工作，以安全生产为重点，强抓食品卫生防疫、签订拾花工劳务协议书及履约工作。

2012年后，随着农二师万源公司的成立，采棉机涌入团场，机采棉面积逐年扩大，引进拾花工数量随之减少。

2015年，团机采面积达4350公顷，本地劳动力基本可以满足团场棉花人工采摘市场需求。

（二）三十二团

1998年，根据农二师《关于外来劳动力管理工作考核奖励暂行办法的通知》精神，团场开始采用百分制考核连队外来劳动力管理工作。

1999年，根据农二师《关于对使用外地劳动力严格审批制度的通知》要求，用工单位用外地跨省农村劳动力，无论是长年包地用工或是季节性招收拾花工，需事先向师劳动局提交《外省劳动力申请使用报告书》，经农二师劳动局批准后，由农二师职业介绍服务中心签署《招收外省区（外地）劳动力许可证书》，方能到外省劳动就业服务机构办理招用手续，签订《劳务合作协议书》。

2003年，根据农二师《关于进一步加强季节性用工管理的通知》要求，团落实"有序管理，市场运作"模式，使每个劳务工有指定的拾花地点，在拾花周期中完成不少于2800千克籽棉的定额任务。

2004年，团下发《二〇〇四年拾花办法》，要求各单位扎实做好棉花采收阶段的各项工作，办理好每个外来拾花工的意外伤害保险（保险期限三个月）。

第四节　薪酬管理

一、工资制度

1995年起，三十三团正副团级领导开始实行年薪制。

1998年，因企业经济体制转轨，企业承包形式随之发生重大变化，三十三团由大包干逐渐转为"两费自理"承包形式。这种根本性的转变，也使劳动工资发生很大的变化，由职工档案工资转向产量工资和效益工资。劳资科根据团党委精神对团部分基层单位进行核岗定员，增人不增资、减员不减效。对"两费自理"承包的管理人员采用效益工资，由年底承包效益好坏决定工资收入，原有的档案工资制度成为历史。

2000年，按照兵团相关文件要求，将农牧团场经济体制改革向纵深推进，加强全员劳动合同制管理，改革用工制度，科学设置工作岗位，实行定岗定员，竞争上岗，打破干部身份界限，建立三级管理经济责任制。企业干部实行聘任制，根据岗位不同，制定事业工资、档案工资、基础工资等制度。以团场党委聘任文件为依据，作为干部基础工资标准。机关干部设置正团级、副团级、正科级、副科级、科员级（办事员）5个工资级别；各基层单位分别设置正职、副职、业务基础工资等级；学校、医院实行事业工资制，经考核按月发放工资。

2001年，三十三团机关管理人员实行岗位技能工资和岗位职责挂钩的分配制度，平时预发工资的60%为生活费。年终，按单位完成的职均生产总值、利润、职均收入进行考核，考核份额分别占30%、30%、40%。

2002年，单位管理人员平时预借生活费数额由团场制定。年终按单位完成的职均生产总值、利润、职均收入进行考核，考核份额分别占30%、45%、25%。

2003年后，团场离退休职工养老金实行社会化发放，由团场所属社区发放。

2005年，团场干部实行年薪工资，年薪工资由基本工资和绩效工资两部分组成，对不同级别干部实行不同的年薪工资待遇，年终由计财科根据考核情况兑现年薪工资。

2006年，随着兵团农牧团场基本经营制度进一步完善，团实行"五保三费"与"两费自理"分离，职工形式上保留等级工资，但实际获得的劳动报酬取决于经营成果。职工承包土地期内遭遇自然灾害等因素出现亏损，团给予困难补助或临时救济，以保证其基本生活；机关干部实行基本工资+绩效收入，连队管理人员实行基本年薪+绩效收入的分配制度。

2008年，团根据各连队的种植面积，正职领导收入按职均收入的2～3倍计算；副职按2～2.5倍计算；业务干部按1.3～1.8倍计算。

2009年，团农业单位按产品总产定收入，连队干部收入按贡献大小，仍采取比例分配原则，即正连、副连、业务干部收入比为3∶2.5∶1.5；保管员、治安员在物资供应站和综治办考核达标的情况下，收入不得低于原有的工资标准；定额上交、利润最多的单位，正职领导收入按本单位职均收入的3倍计算，副职按2.5倍计算，业务干部按1.8倍计算；利润最少的单位，正职领导年收入按本单位职均收入的2.5倍计算，副职按1.8倍计算，业务干部按1.3倍计算。

2010年，团农业单位正职年基薪3.3万元，副职取正职的90%，业务干部取正职的80%。定额上交、利润最多的单位，正职领导收入按本单位职均收入的3倍计算，副职按2.5倍计算，业务干部按1.8倍计算。利润最少的单位，正职领导年收入按本单位职均收入的2.5倍计算，副职按1.8倍计算，业务干部按1.3倍计算。

2011年，团机关管理人员和工作人员收入实行"岗位职务级别工资+绩效工资"制，其岗位级别工资参照国家公务员同等条件人员的工资水平确定。基层单位管理人员收入实行"年薪+绩效工资"制。学校、医院人员按师人事局及编委确定岗位编制定员，由农二师财务局全额拨款，财务实行独立核算（延至2015年）。

2013年，团建立职工收入分配考核办法，农业承包实现交钱种地与定额管理相结合，以农产品的产出量确定全年收入（延至2015年）。

2015年，团机关主要领导和副团职干部年薪收入按第二师有关规定执行，副团职领导干部的年薪收入按正团职领导年薪收入的80%确定；机关干部年薪由岗位职务工资+绩效工资+奖励组成；正科级领导岗位职务工资按副团职领导岗位职务工资80%为基数计发。正科级、副科级、科员、办事员分配系数分别为1、0.9、0.8、0.7；基层单位干部年薪收入实行岗位工资+绩效收入；正职领导干部的岗位职务工资按机关科室正职领导的基本工资确定，副职分配系数为0.8，团聘业务人员为0.7。

二、工资调整

1995—2010年两团为三类地区，2010年7月1日起，被调整划分为四类地区。

1995年起，三十三团、三十二团正团级年薪10000元、副团级年薪9000元。两团根据兵团和农二师政策并结合自身效益情况，1995年、1997年、1999年、2000年，团场分别四次对农业职工、基层单位干部、事业单位职工调资。1995年，对在岗职工人均调资75元。1999年，团对在岗职工人均调资120元。

1998年，两团各行业承包工人平均年基本收入三十三团5144元，三十二团4965元。1998年、1999年团场经济责任制对女满48周岁、男满58周岁的建筑、加工等企业工人，体弱多病，不能胜任现职工作，本人提出申请，由单位报劳资部门批准，退出工作岗位，保留职工身份，统一按年300元标准计算假休金。农业一线工人女满45周岁、男满55周岁，体弱多病，不能胜任现职工作，退出工作岗位，保留职工身份，每月发给生活费130元，满国家规定的退休年龄后再办理正式退休手续。干部发放档案工资。

2002年后，两团开始施行完全"两费自理"，农业连队不再执行计时工资，年终一次性结算报酬，实行营利多少发多少、自理金预留、亏损挂账；畜牧、果园实行租赁承包；工副业单位实行计时、计件工资；基层连队干部和机关干部实行年薪制；离退休干部、退休、病退的职工实行按月支付养老金。是年，团场根据农二师《关于新疆生产建设兵团2002年调整企业退休人员基本养老金的通知》精神，调整团场退休人员养老金待遇。

2004年，团场根据自治区人民生活水平逐步提高的实际，决定对离休干部和新中国成立前参加革命工作的老工人（按规定退休后符合照原工资待遇条件的老工人），其无离退休费遗孀，生活困难补助费标准予以适当调整。

调整生活困难补助范围及标准为1937年7月6日前参加革命工作的，其遗孀生活困难补助费由原来的每月400元调整为每月500元；1937年7月7日至1945年9月2日参加革命工作的，其遗孀生活困难补助费由原来的每月300元调整为每月400元；1945年9月3日至1949年9月30日参加革命工作的，其遗孀生活困难补助费由原来的每月200元调整为每月300元。

遗孀有离退休费的，其现行离退休费未达到上述标准的，按上述标准予以补齐。

2004年7月1日起，为保障20世纪60年代初期精简退职老职工的基本生活，对其生活补助标准予以调整，在原有基础上，将每人每月生活补助调整到180元，调整标准后所增加的经费仍按原渠道列支。

2005年开始，国家对退休人员进行工资调整。工资调整范围及标准为2004年12月31日以前的退休人员按照缴费年限不满20年、满20年不满30年、满30年以上的，在本人原有的基本养老金基础上每人每月分别增加45元、55元、65元。

2006 年，工资调整范围及标准为 2005 年 12 月 31 日以前的退休人员，按缴费年限不满 20 年、满 20 年不满 30 年、满 30 年以上的，在本人原有的基本养老基础上每人每月分别增加 80 元、90 元、100 元。1953 年参加工作的退休人员，每人每月增加 40 元。1992 年 12 月 31 日前已退休人员，每人每月增加 25 元。

2007 年，工资调整范围为 2006 年 1 月 31 日前经劳动保障行政部门批准办理正式手续的企业退休人员（含按国家规定办理退职的人员）。企业离休人员和新中国成立前参加革命工作的，退休后照发本人标准工资的老工人虽已经参加企业职工基本养老保险社会统筹，但仍按机关事业政策调整基本养老金的退休人员，不在调整范围内。对 1956 年底参加工作的原工商业者缴费年限满 30 年的，每人每月增发 45 元，缴费年限不满 30 年的，每人每月增发 35 元。

2009 年，工资调整标准分为普调和特调 2 种。

普调。凡符合 2009 年基本养老金调整范围的退休人员每人每月增加 95 元。

特调。退休前被聘为副高级以上专业技术职务的退休人员，每人每月再增加 80 元。截至 2008 年 12 月 31 日，退休人员年满 70~79 周岁的人员，每人每月再增加 20 元；年满 80 周岁及以上的，每人每月再增加 30 元。2009 年 1 月 1 日以后年满 70 周岁的退休人员，从年满 70 周岁之月起，每人每月改按 60 元的标准增加养老金，不再执行 40 元的标准。2009 年 1 月 1 日以后，年满 80 周岁的退休人员，从年满 80 周岁之月起，每人每月改按 95 元的标准增加养老金，不再执行 65 元的标准。对 1953 年底参加工作的退休人员缴费年限满 30 年的，每人每月再增加 75 元；缴费年限不满 30 年的，每人每月再增加 55 元。1956 年底以前参加工作的原工商业者，缴费年限满 30 年的，每人每月再增加 45 元，缴费年限不满 30 年的，每人每月再增加 35 元。退休人员中原军队转业干部基本养老金调整后，其养老金月水平达不到基本养老金平均水平的，可按平均水平计发。

2010 年，根据兵团相关文件精神，2010 年 7 月 1 日起调整部分艰苦边远地区津贴类别和标准，三十三团事业单位增资如下：团中学调资 175 人，月增资总额 57280 元，人均增资 327.31 元；离休干部调资 1 人，月增资总额 390 元；学校退休人员调资 75 人，月增资总额 21095.3 元，人均增资 281.27 元。医院调资 69 人，月增资总额 22180 元，人均增资 321.44 元；医院退休人员调资 40 人，月增资总额 11351.2 元，人均增资 283.78 元。卫生监督所调资 5 人，月增资总额 1760 元，人均增资 352 元；离休干部调资 2 人，月增资总额 780 元，人均增资 390 元。

2011 年，根据师文件精神调资 237 人，月增资额 7216 元，人均增资 30.44 元。

2012 年起，根据农二师相关文件规定，执行年薪制度的企业，根据集体社会经济发展情况调整档案工资，劳动报酬按年度发放。是年，根据农二师文件精神调资 225 人，月增资额 6608 元，人均增资 29.36 元。

2014 年，根据兵团、第二师相关文件精神调资 217 人，月增资额 6615 元，人均增资 30.48 元。

2015 年，根据新兵发相关文件精神调资 200 人，月增资额 13758 元，人均增资 68.79 元。在岗职工收入经过调整，至2015年末，职均收入4.4万元。

表16-3　三十三团职工收入情况一览表（1995—2015年）

年份	职工数（人）	在岗职工工资总额（万元）	职均工资（元）
1995	2599	1161	4467
1996	2669	1254	4698
1997	2609	1509	5784
1998	2828	1454.9	5144
1999	2668	1201.4	4503
2000	2650	1361.6	5138
2001	2777	1614	5812
2002	2707	1689.7	6242
2003	2573	3209.8	12475
2004	2575	3269.1	12696
2005	2489	3465.6	13924
2006	4327	7016.2	16215
2007	4184	7640	18260
2008	3939	7748.5	19671
2009	3186	6237.7	19578
2010	3025	6646	21970
2011	2899	7052.6	24328
2012	2730	8533.9	31260
2013	2562	9225	36007
2014	2289	9527	41619
2015	2298	102027	44398

表16-4　三十二团职工收入情况一览表（1995—2015年）

年份	职工数（人）	在岗职工工资总额（万元）	职均工资（元）
1995	2884	1386	4806
1996	2894	1691	5843
1997	2889	1893.2	6553
1998	2858	1418.9	4965
1999	2704	1318.5	4876
2000	2434	1107	4548
2001	2216	1120	5054
2002	1993	1106	5549
2003	1781	1785.3	10024
2004	2067	2257.4	10921
2005	2118	2600.2	12277

三、津贴补贴

边远艰苦地区津贴：每人每年风沙补贴3元。

保健津贴：对医院的X光室工作人员每月补助15~45元。

冬季采暖补贴：1995年后，团场职工每人每年按120元标准发放冬季采暖补贴。2012年起，每个职工享有冬季烤火费补贴180元（延至2015年）。

女职工休假补贴：2012年起，生产一线女职工每月给予两天的女工补贴，每天按30元标准（延至2015年）。

边疆工作年限补贴：每人每5年补贴3元。

浮动工资：工人25年浮动一级。

独生子女奖励：退休后享受5%的独生子女奖励。

奖金：在提高产品质量或者降低生产成本、节约资源等方面成绩突出者，有小发明创造、技术改进或提出合理化建议被推广采用、成效显著者，为改善团场经营管理提高经济效益、安全生产、产品交售等方面作出显著成绩、贡献较大者，企业对其通令嘉奖，授予先进生产（工作）者等荣誉称号，并给予物质和精神奖励。

第五节 劳动技能培训

一、三十三团

1991年始，团每年新招工人（含团内工人）在上岗前均需进行专业培训及鉴定考核，不及格者不准上岗，并重新培训，成绩合格后方可分配工作。

1995年后，团成立专项职工培训领导小组，办公室设在劳资科，负责全团职工技能培训工作。团有计划地开展全员职业技能培训工作，突出高技能人才培养。坚持实用技术和专业技术、短期培训和长期培训相结合，打造高素质、技能型职工队伍。

1996年，团进行职工劳动技能及各行业技术培训，培训32期，培训职工2800余人。

1997年，团对80%以上的一线职工进行职业技术素质培训，并发放职业资格证书，对新职工（包括招收的外来劳务工）进行就业岗前培训，取得职业资格证书后方可录用。培训采取因地、因人、因工作不同等灵活多样的方式，举办电视教学、专题讲座、科技示范户典型报告、技术比武等形式的各类培训。

1999年，科委牵头负责团场"科技之冬"培训工作。培训结束统一出题考试，试卷由科委备案。

2000年后，团场棉花种植面积逐年扩大，外地农民工大量涌入团场，参与各连队的农业承包，外地农民工在团场职工队伍的比重逐年增大。为提高农民工的生产技能和自身素质，团场每年投入人力、物力、财力，开展全员培训。

2002年，团举办农业、林果、畜牧、棉花加工、农机驾驶、水工监测、电工、电焊、司炉等29个工种职业技能培训班，考试合格者颁发全国通用职业资格技术等级证书［特种工种发特种作业操作（IC）］。是年，团业余技校开设2个班，培训人数100人。其中，初级50人，中级50人。

2003年，团"科技之冬"培训，统一使用兵团和农二师培训教材《兵团精准农业培训丛书》进行培训。做到统一考试命题、统一考试时间、统一阅卷、统一发证。

2004年，对150名初级工、100名中级工、50名高级工，共计300人进行专业技术培训。

2006年，"科技之冬"培训，做到统一计划、统一编班、统一教学、统一考试、统一教材。完成对初级工200人、中级工200人、高级工100人的培训工作。

2007年12月至2008年3月，团对农、林、牧等行业1900名职工进行全员培训，培训率达97%，考试及格率在95%以上。

2009年，团培训农、林、牧（初、中、高级）1425人，完成素质培训555人，完成师技能人才培养目标。团场职业培训中心为17个连队配置桌、椅846套和部分电视、VCD、音响等。是年，农二师职业鉴定中心考核参培技术工合格人员共计964人，其中农艺工技师94人；高级农艺工218人，中级农艺工211人，初级农艺工43人，合计472人；高级果树工167人，中级果树工90人，初级果树工43人，合计300人；畜牧饲养高级工40人，中级32人，初级26人，合计98人。

2010年，团实施农二师"95225"技能人才培养工程。团完成农艺初级工140人、中级工240人、高级工475人、技师30人、特色养殖300人，合计1185人的专业技术培训。

2011年，团对中、高级工及技师的全员培训比重加大，合格率达95%以上，实现持证上岗。取得证书的高级农艺工160人，技师42人；中级果树工94人，高级82人；初级棉花加工140人。

2012—2013年，团职工技能培训人数1128人。其中初级农艺工123人、技师30人，中级果树工675人，中级棉花加工140人，中级绿化工100人，中级养老护理工60人。

2014年，团根据农业结构调整、职工务工创业和转移就业要求，开展职业技能素质培训1289人。其中农艺工技师20人，高级果树工500人，高级棉花加工100人，高级绿化工65人，高级养老护理工50人，初级饲养工420人，初级中式烹调75人，初级创业工59人。

2015年，第一产业培训300人，其中初级100人、中级80人、高级100人、技师20人，完成比例100%；第二产业培训100人，其中初级35人、中级65人，完成比例100%；第三产业培训中级30人，完成比例100%；其他培训（转业、转岗、社区、素质等）140人，完成比例 100%。

二、三十二团

1999年，农二师举办棉花加工行业技术工人等级培训班。5月4日，各单位高级工到阿克苏农一师报到。6月，各单位初、中级工在库尔勒报到，培训班采取分期、分片集中授课。每期培训班十天，分初、中、高三个等级，培训结束后劳动部门负责鉴定，合格者颁发相应的《职业培训结业证书》。

2000年，根据农二师劳动和社会保障局《招用技术工种从业人员规定》，团劳资、教育、宣传、工会、团委、电视广播站等部门持上岗证书就业的22个工种（职业），由农二师劳动和社会保障局在2000年底前进行培训发证。

2001年，根据兵团《关于对技术工种从业人员持证上岗情况检查的通知》，为推进兵团就业培训工作，开发劳动者技能，提高劳动者素质，促进劳动力市场建设，开展就业准入制度。于5月25日至7月20日在全兵团范围内开展技术工种从业人员持证上岗情况检查。三十二团通过兵团检查验收。

2002年，团对从业人员持证上岗职工进行统计，共计708人，应持证人数708人，其中已持证人数250人，未持证人数458人；6号令（90个工种）职工人数95人，其中技术工人95人，应持证人数95人，已持证人数31人，未持证人数64人；兵团22个上岗工种共计613人，其中有技术工人613人，应持证人数613人，已持证人数219人，未持证人数394人。

2003年，根据兵团《关于做好今春职工培训鉴定工作的通知》，团对男45岁以下、女40岁以下具有一定文化程度的一线在职职工进行鉴定。共鉴定农艺工330人。

2004年，团农艺工参加培训鉴定人数初、中级225人，高级55人。

第六节 职称评聘

1992年后，团场对各类干部展开职称评定工作，并成立农业、农机、畜牧兽医、工程、工交、教育、卫生、经济、会计系统等9个初、中级职称评定委员会，对初、中级职称进行初评，逐级审批后报农二师终评。高级职称评定，报农二师初评，兵团终评。

1997年起，凡参加评职称人员，必须参加师、兵团举办的继续教育学习培训班，经考试合格后，方可参加职称评定。评初级职称不需发表论文，评中级职称须持2篇在地师级报刊上发表的论文，评高级职称须持2篇在省级报刊上发表的论文，无论文发表者均无参加职称评定资格。参加职称评定人员须持大中专毕业证，未获得大中专毕业证人员不可申报职称。

至2014年，团被兵团授予高级专业技术职务资格27人，第二师铁门关市授予中级专业技术职务资格204人、初级专业技术职务资格228人。

表16–5 三十三团取得高中级专业技术资格分类一览表（1997—2015年）

单位：人

农牧系列	人数	基建工交	人数	统计系列	人数	经济系列	人数	会计系列	人数	新闻系列	人数	政工系列	人数	教育系列	人数	卫生系列	人数
高级农艺师	2	高级工程师	1	统计师	1	经济师	1	高级会计师	1	新闻助理编辑	1	高级政工师	3	中学高级教师	6	副主任护师	1
高级兽医师	1	工程师	12	助理统计师	3	助理经济师	5	会计师	3	三级播音员	1	政工师	12	中学一级教师	16	主管技师	1
高级畜牧师	1	助理工程师	8			经济员	1	助理会计师	18			助理政工师	6	小学高级教师	17	主管护师	6
农艺师	24							会计员	3			政工员	8	中学二级教师	8	主管药师	2
兽医师	4													小学一级教师	13	主治医师	7
畜牧师	3													中学三级教师	2	医师	10
助理农艺师	20													小学二级教师	5	护师	2
助理畜牧师	1															医士	5
农业技术员	9															护士	2
兽医技术员	1																
合计	257																

表16–6 三十二团取得高中级专业技术资格分类一览表（1997—2015年）

单位：人

农牧系列	人数	基建工交	人数	统计系列	人数	经济系列	人数	会计系列	人数	新闻系列	人数	政工系列	人数	教育系列	人数	卫生系列	人数
高级农艺师	2	高级工程师	0	统计师	1	经济师	0	高级会计师	0	新闻助理编辑	1	高级政工师	3	中学高级教师	6	副主任护师	0
高级兽医师	0	工程师	10	助理统计师	3	助理经济师	5	会计师	3	三级播音员	0	政工师	10	中学一级教师	15	主管技师	1
高级畜牧师	0	助理工程师	5			经济员	0	助理会计师	11			助理政工师	5	小学高级教师	17	主管护师	6
农艺师	20							会计员	0			政工员	5	中学二级教师	7	主管药师	1
兽医师	2													小学一级教师	10	主治医师	7
畜牧师	2													中学三级教师	1	医师	9
助理农艺师	15													小学二级教师	4	护师	1
助理畜牧师	1															医士	4
农业技术员	5															护士	1
兽医技术员	3																
合计	202																

第七节 劳保福利

一、劳动保护

自团场建场起，依照相关规定对职工实施全面劳动保护。女工实行四期保护，凡属畜牧、植物保护和从事粉尘较多的工种均发放口罩、风镜、工作服、胶靴、手套等劳保用品。

2002年，团办工业实施改制。改制企业由经营者聘用一部分业务人员和工人，未聘用人员分流到农业连队承包土地。是年，三十三团出台《兵团农二师三十三团关于对工业建筑业改制后继续保留团场职工身份人员的暂行管理办法》，规定团场工业、建筑业企业经营者按月向计财科缴纳继续保留团场职工身份人员的职工福利费、社会保障费，团有90名改制企业职工转岗分流到连队生产一线；三十二团党委决定将已撤销的塑料厂503名工人和部分工商业改建单位富余人员转岗分流到农业连队参加土地承包。团制定转岗分流职工再就业优惠政策，工人两年内享受承包半个管理定额，每年有2100元以上的最低生活保障金的待遇。年龄较大的（男58岁以上，女48岁以上）职工，允许承包5~10亩地，自种自养。

2006年，三十三团（中心团场）成立劳动力管理工作站，录用两名劳动保障协管员，隶属团劳资科管理，是农二师劳动和社会保障局开展劳动就业服务的专门机构，业务管理考核接受农二师职业介绍服务中心指导，负责团就业登记、职业介绍、用工介绍等工作。

2006年后，团围绕新的经济增长点开发就业岗位，实施"阳光工程"落实农业劳动力转移培训534人，就业435人。重点解决团职工子女、大中专毕业生和复转军人就业。团场复员退伍军人，按照原单位安置的原则，优秀复转军人多数安置在团联防队、武器库等重要工作岗位。刑释解教人员由原工作单位或户籍所在单位，按劳动管理规定招收录用，安排工作。

2007年，团新建劳动力资源市场综合楼，劳资科和社保所集中在此办公。其中劳资科设劳动合同签订、劳动争议、劳务工管理、职业介绍、职工培训、社会保障服务、困难职工帮扶7个服务窗口；社保所设养老保险、失业保险、医疗保险、工伤保险、生育保险、待遇支出6个服务窗口。

2010年，团开发就业岗位134个，新增就业人数212人，开发公益性岗位45个，其中社区保绿保洁15个，社区安全保卫14个，社区公共设施维护16个。团劳资科设7名工作人员，劳动力管理站聘用5名协管员，共接待求职咨询人员2156人次，办理求职登记1856人次，推荐就业1527人次，为1235名求职人员促成就业岗位。是年，团在未就业人员中为农二师新建的三十八团招送新工42人，为新疆昆仑轮胎厂招送新工32人，完成富余劳动力转移425人，转移方向为一产内部调整、三产服务业和劳务输出。

2015年，全团新增就业960人，完成任务的128%，先后开展了就业援助月、春风行动、民营企业招聘周等活动，就业形势保持基本稳定。

二、职工福利

1995—2015年，团场严格执行国家对职工的病假、病退、病休有关政策和规定，制定女职工权益保护专项集体合同，女职工在经期、孕期、产期和哺乳期享受特殊利益保护。每年元旦、春节、妇女节、劳动节、中秋节等节假日，开展走访、慰问在岗职工和退休人员活动。如春节前夕慰问孤寡老人；对困难职工家庭给予一定的资金救助和发放粮油等物品；中秋节为在岗职工每人发放月饼等。开支累计达 100 余万元。

三、职工退休

（一）退休

1978 年起，团场职工均按照国家相关规定标准退休。

1990 年后，团场执行国家对南疆三地州艰苦地区退休年龄照顾政策，男职工满 55 周岁、女职工满 45 周岁、女干部满 50 岁，可办理退休手续。

1995 年，两团对职工退休时工龄满 30 年给予 100% 原工资，工龄 25 年以上者给予 95% 原工资。

1997 年开始，团场职工退休由农二师审批，女职工连续在企业工作 15 年（实际缴费年限满 15 年），50 岁退休；男职工（含干部）60 岁退休。女性灵活就业人员缴费在企业工作年限达不到 15 年（实际缴费年限达不到 15 年）的 55 岁退休。

1995—2005 年，三十三团退休职工 582 人；三十二团退休职工 702 人。

2006—2014 年，全团退休职工合计 796 人。

2015 年，经上级审批退休 143 人。

（二）丧葬补助与抚恤待遇

1993 年，按照国家和兵团有关规定，团场在职或已离退休的职工，因病因故死亡后，按规定标准发放丧葬补助费及直系亲属抚恤救济金，丧葬补助费为 1500 元标准。

2006 年，对个体身份缴费未达到退休年龄死亡人员的丧葬补助费和供养亲属抚恤救济金均从养老保险统筹基金中支付，支付标准与职工相同。

2010 年 7 月，按照《关于调整参加自治区城镇企业职工基本养老保险社会统筹人员死亡后抚恤待遇标准问题的通知》，团执行离退休职工一次性抚恤制度，即抚恤金按其死亡时该月养老金标准，一次性发放 20 个月的供养亲属抚恤金；未退休的在职参保人员，一次性抚恤金以其死亡前 12 个月的平均缴费工资基数为标准，按缴费每满一年支付 1 个月，最多一次性发给 20 个月的供养亲属抚恤金。丧葬费标准提高到 4292 元。

2013—2014 年，丧葬费标准调至 6940 元。

2015 年 7 月起，丧葬费标准提高到 7634 元。

四、工时和休假

团场执行国家法律法规、保障职工依法享有法定节日、探亲、婚丧、分娩、计划生育保护儿童等权利，根据自治区关于《国务院关于职工探亲待遇的规定》，团场职工享受探亲福利待遇，按计划生育标准享受独生子女保健费补贴。

2001年，团场重新修订职工探亲待遇，自1月4日起实施。已婚职工探望配偶的，每年给予一方探亲假一次，假期30天；已婚职工探望父母的，每三年一次假期30天，路程另加；未婚职工探望父母的，每二年一次假期45天，路程另加。父母原属本地的职工，无探亲假；凡达到国家法定退休年龄的退休职工，符合探望父母条件的，继续享受探望父母的探亲待遇，但仅限于退休后仍在巴州境内居住的；原不具备探亲条件的职工，可在退休的前后一年内享受一次探亲待遇，探亲对象仅限于兄弟、姐妹、子女，假期60天（含路程假）；由于本地区交通条件的改善，职工在巴州地区的可利用公休、假日与父母或配偶团聚，因此在巴州境内没有探亲假。退休职工探亲由团劳资科和组干科严格审查把关，探亲只报销路费。至2015年，一直执行此办法未变。

第八节　社会保障

1995年后，为顺应团场经济发展阶段、环境、条件的变化，团场着力构建社会保障的新发展格局，以社会保险、社会养老、商业保险为切入点，落实社会保障各项制度，确保团场居民生活得到根本保障。

团场社会保险基金管理所的主要业务是宣传、贯彻、执行社会保险工作的政策、方针、法规、条例，按照师劳动和社会保障工作会议部署，进一步落实社会保障各项制度，执行《社会保险费征缴条例》要求，认真履行工作职责，负责团场范围内养老保险、医疗保险、生育保险、工伤保险、失业保险的征缴和各项待遇支付，并承担社会保险基金管理工作。

1992年，根据国家养老统筹规定，团场按照单位缴费与个人缴费相结合的养老模式，建立养老保险制度。

1997—1998年，团场先后建立失业、医疗、工伤、女职工生育保险制度。

2010年起，团场开展"金保工程"业务平台建设，所有业务与农二师内联网办理。在办理社会保险的具体操作中，团社会保险缴费人数基数严格按照有关规定执行，凡与团场签订劳动合同的职工均纳入社会保险缴费范围，在缴费基数、人数上做到职工本人、单位领导、工会主席、劳动部门签字、公示、确认。在人员增减上做到均由劳资提供名单并签字盖

2013年，团社保部门开展社会保障宣传　　（宣传科供图）

章。每月和农二师社会保险基金管理中心核对基金账目。同时，按照会计法保管会计凭证，在台账管理上按照上级要求，分类建立各项社会保险业务台账，内部控制、社会保险业务管理进一步规范完善。职工按规定缴纳由个人缴纳的社会保险费至退休，享受社会保险待遇；居民缴纳医疗保险费，享受医疗保险待遇；其他从业人员均纳入社会保险统筹。团社保基金征缴、支付管理规范，应收应缴、专款专用，形成养老、失业、医疗、工伤、生育"五保合一"的社会保险体系。

表16-7 三十三团五项基金收缴一览表（2005—2015年）

年份	缴纳金额（万元）
2005	1646.50
2006	1816.60
2007	1645.50
2008	1694.80
2009	2162.50
2010	2005.20
2011	4348.20
2012	4678.50
2013	5127.80
2014	5305.60
2015	5578.70

一、养老保险

（一）职工养老保险

1986年10月，团场实行职工养老保险金的缴纳工作。

1992年，两团企业启动养老保险后。职工养老保险金由团场各基层单位代扣、团劳资科收缴和管理，建立职工养老保险手册。

1995年前，职工分固定工职工和合同制职工，养老保险缴费也不同。养老保险缴费分单位和个人部分，单位部分由企业缴纳，个人部分由职工自己缴纳。固定工职工按照本人档案工资2%缴纳养老保险，合同制职工按本人标准工资3%缴纳养老保险。

1996年1月1日起，团场根据兵团相关文件精神，统一按职工个人缴费工资的11%，建立职工基本养老保险个人账户。个人账户包括个人缴费的全部和社会保险基金经办机构从企业缴费中划转计入的两部分。

1997年，团场依照国家、兵团和农二师相关政策（《中华人民共和国劳动法》《关于深化企业职工养老保险制度改革的决定》《关于企业职工养老保险制度改革的通知》《关于建立统一的企业职工基本养老保险制度的决定》）调整为统一按照本人档案工资3%缴纳养老保险。

1998年起，团场养老保险的缴纳，每2年按照职工个人档案工资增加1%。

1999年，按照新疆维吾尔自治区社平工资60%~300%为缴费基数。根据《中华人民共和国劳动法》《社会保险费征缴暂行条例》《自治区城镇私营企业和工商户从业人员基本养老保险办法》及农二师相关规定，团场扩大养老保险覆盖面，团场下岗职工、个体商户、营业主、自由职业者均纳入基本养老保险范围。

2000年，团参加统筹的职工基金收缴率达100%。离退休干部、工人、"五七"家属工等人员养老金、补助金均实现社会发放。

2002年9月，根据兵团《关于规范职工个人缴纳社会保险费基数工作的通知》《关于加强社会保险费征缴工作的通知》文件精神，团场规范职工个人缴纳社会保险费基数，社会人员养老、医疗保险政策宣传等工作。职工缴纳社会保险费以实际收入为基数，社会保险机构在缴费年度结束后，进行职工个人账户结算，计入《职工养老保险手册》。

2003年，团场按照兵团规定，严格落实参保补费工作。团场原国有单位职工，后脱离原单位的人员，自己补缴养老保险费用后，可参加或接续养老保险关系。

2005年，职工个人缴费比例达到8%。是年，根据农二师《关于监狱企业工人参加企业职工基本养老保险有关问题的通知》，团首次将库尔木依监狱的职工纳入三十三团职工参保范围，1998年1月1日以前的连续工龄为视同缴费年限。

2014年10月，机关事业单位开始缴纳养老金和职业年金。

2015年，个人缴费比例按上年实得收入为基数8%缴纳基本养老费，团场缴纳部分比例达到20%。

表16-8　三十三团职工养老保险缴费一览表（1995—2015年）

年份	职工缴费人数（人）	月缴费基数（元）	年缴费总额（元）
1995	953	274594.21	649570.57
1996	849	33947.14	1499820.28
1997	811	35758.00	1901055.51
1998	954	47934.42	1967016.41
1999	2582	63391.05	4780355.6
2000	5572	66543.92	8195173.68
2001	4047	84493.75	7590105.93
2002	3485	149846.08	7304263.75
2003	3094	226596.7	6664405.39
2004	3398	82332.33	7334916.17
2005	4526	491602.00	10717399.01
2006	5171	261001.75	12569722.05
2007	3521	273976.14	10525156.12

续表

年份	职工缴费人数（人）	月缴费基数（元）	年缴费总额（元）
2008	2657	232666.42	9493278.29
2009	3356	52928.92	12911043.62
2010	1925	3540442.10	13011866.16
2011	3433	8034617.50	27149755.98
2012	3411	8589549.92	28836368.78
2013	3472	9589980.75	32206738.07
2014	3389	9963204.42	33314596.76
2015	3368	10592020.58	34603593.83

（二）离退休人员养老金发放

1995年前，离退休人员养老金由团筹资发放。

1996年后，离退休人员养老金统一由社会保险机构支付。

1996—1998年，离退休人员养老金由单位代发。

1999年后，团场实行社会化发放离退休人员养老金。

表16-9　三十三团离退休人员养老金发放一览表（1995—2015年）

年份	领取养老金人数（人）	年支出养老金总额（元）
1996	815	165921.04
1997	964	378933.82
1998	1027	393254.71
1999	1086	407942.66
2000	1150	513403.28
2001	1472	703098.63
2002	1238	684243.30
2003	1237	684243.30
2004	2182	1328565.34
2005	2226	1496902.73
2006	866	599307.00
2007	1211	1159908.31
2008	2461	2603698.27
2009	2373	2910042.08
2010	1364	2113221.12
2011	2731	5070029.91
2012	2726	5609406.88
2013	2805	6330158.05
2014	2806	7017379.06
2015	2847	40497033.19

二、医疗保险

（一）管理

1998年之前，团场实行全民医疗包干制度。1998年，团场启动职工医疗保障制度改革。

2000年，团场在职干部、工人医疗保险统筹工作开始起步，实现从公费医疗体制向医疗保险体制的转变。团调配一名专职工作人员，为职工建立医疗保险个人账户，以实现医疗保险的社会统筹，一改过往医疗经费完全由企业统筹承担的不合理局面。

2001年，团场建立职工基本医疗保险制度。即基本医疗保险基金，由团场和职工个人共同筹集，团按上年度职工工资总额的5.5%提取，职工以本人上年度工资的2%缴费。基本医疗保险基金分为团场集中使用的基本医疗保险基金和职工个人账户基本医疗保险基金两部分。职工基本医疗在6月30日前，根据《中华人民共和国劳动法》由团筹资解决，7月1日起，单位和个人缴纳职工基本医疗保险费。

2006年，团场实施职工家属、子女互助医疗保险工作。保险采用统一投保、个人缴费为主单位补助为辅的统筹方式。

2008年，团开展兵团城镇居民医疗保险工作，团家属、无业人员均纳入参保对象，覆盖率达98.3%。

2010年，团场落实自治区、兵团和农二师城镇未参保集体企业退休人员基本养老保障政策。全团594人符合条件人员纳入基本养老保险统筹，实行社会化管理，其中"五七"工443人、临时工95人、遗孀47人、一次性享受离职待遇人员9人。是年，根据国家、自治区和兵团规定，按照团场9%、职工2%的费率征缴医疗保险基金，覆盖率100%。全团参加城镇职工基本医疗保险和参加城镇居民基本医疗保险覆盖率达98.7%，因团场人口流动性大，人户分离情况较多，使医疗保险覆盖面受到影响。

2015年，全团参加医疗保险3368人，缴纳基本医疗保险基金1398.46万元，基本医疗费支出4571.96万元。

表16－10　三十三团职工基本医疗缴费和支出一览表（2001—2015年）

年份	参保人数（人）	月缴费基数（元）	年缴费总额（元）	大额医疗缴费总额（元）	年基本医疗支出（元）	慢性病大病支出（元）
2001	4047	293685.34	3524224.14	—	—	—
2002	3485	281542.85	1186160.61	53062.50	—	—
2003	3094	4065.06	2363940.19	214440.00	—	—
2004	3398	229403.45	3749451.75	211497.50	—	—
2005	4526	3264.97	4295856.11	208650.00	—	—
2006	5171	6280.65	4189042.94	211780.00	—	—

续表

年份	参保人数（人）	月缴费基数（元）	年缴费总额（元）	大额医疗缴费总额（元）	年基本医疗支出（元）	慢性病大病支出（元）
2007	3521	37296.82	4327626.46	379685.00	—	—
2008	2657	9019.73	5307618.90	675222.00	—	—
2009	3356	749159.65	6730048.89	664053.00	—	—
2010	1925	3559143.42	4674537.24	789560.00	18274974.41	305132.00
2011	3433	7969440.72	10432851.14	1505400.00	20315041.74	371342.59
2012	3411	8624433.80	11290654.64	1498080.00	26166139.31	323685.77
2013	3472	9590170.00	12646841.30	1544880.00	31305924.67	406675.47
2014	3389	9974797.00	13152262.27	1511760.00	30879586.59	498937.42
2015	3368	10606397.00	13984591.53	1517040.00	45719605.50	499143.62

（二）职工基本医疗制度

1994年，团场实施公费医疗改革，并制定公费医疗管理办法，新中国成立前工作的干部职工医疗费实行实报政策。职工按年龄、工龄档次收取门诊费，家属每人每年缴医疗费60元，享受若干医疗。公费医疗有了突破性改革，一定程度缓解了团场医疗经费紧张的状况。

1998年，团场成立医疗保险制度改革领导小组，统一领导团场公费医疗、劳保医疗、家属医疗等保障制度改革。

1999年，根据全国医疗保险制度经验以及中央和兵团党委改革发展决定的实施意见精神，团场制定《医疗经费管理办法》，规定在岗职工和退休职工每年缴60元医疗统筹金，享受公费医疗，家属每年缴60元医疗费，享受公费医疗，不缴费者医疗费自理。享受公费医疗人员，在上级医院住院全价收费，出院后报销，诊疗费、住院费分别报80%和85%。离休干部职工就医实报实销。

2000年，团职代会通过《三十三团职工医疗制度改革试行办法》，明确医疗保险基金由团场和个人筹集，分为团场集中使用和个人账户两部分，个人账户用于门诊医疗费，可转下年使用，团按照上年职工工资的5.5%提取保险金，职工按上年度工资的2%缴费，退休人员不缴纳医疗费。职工基本医疗保险费起付标准，在师级医院住院参保人员自付比例最低16%，最高20%；基本医疗保险支付比例最低80%，最高84%。在团级医院住院参保人员自付比例最低12%，最高16%；基本医疗保险支付比例最低84%，最高88%。离休人员和新中国成立前参加工作的老职工，建立持证和费用卡制度，按制度报医疗费用，超出兵团《基本医疗用药报销范围》的费用自理。

团场在实施职工基本医疗保险的同时，实行大病统筹，在职职工及退休职工每人每年缴纳30元大额医疗保险，享受限额为10万元以内的大病医疗费报销。参保职工在定点医疗机构就医报销医疗费用。按照兵团和农二师卫生局规定，两团医院执行医疗收入、药品收入分开结算。

2001年，农二师印发《农二师职工基本医疗保险制度改革试行办法》，并出台《农二师职工基本医疗保险特殊医疗管理办法》等七个配套办法。团结合实际制定《职工基本医疗制度改革实施细则》《建国前及离退休人员医疗制度改革实施细则》《职工家属，小孩若干医疗试行办法》，建立职工基本医疗保险制度。

2002年，根据《农二师职工基本医疗保险特殊慢性病门诊就医管理办法的通知》精神，两团落实参保职工、退休职工慢性病普查和鉴定工作。特殊慢性病职工门诊费补贴比例为80%，补助标准为2000~2500元/年。

2010年后，团根据兵团规定，按团9%、职工2%比例缴纳医疗保险，医疗保险费纳入农二师社保统筹。

（三）慢性病

2002年2月，师下发《农二师职工基本医疗保险特殊慢性病门诊就医补助管理办法》，制定十三种特殊慢性病统筹管理，团场参保职工（含退休职工）慢性病患者，经医疗机构确认，由师劳动和社会保障局审批通过鉴定的职工可享受门诊医疗费补助。参保人员支付满300元（含个人账户自付部分）后，超出部分由统筹基金按比例给予限额补助，补助比例为80%。慢性病患者70岁以上最高补助2500元，其他人员每人每年最高补助2000元。特殊慢性病门诊就医补助完善和健全了职工基本医疗保险制度，保障职工的基本医疗水平。

2014年，师下发《关于调整第二师基本医疗政策保险有关政策的通知》，将职工门诊大病统筹基金起付标准、三级医院大病门诊的报销比例、转院治疗条件、进行了调整。将职工门诊慢性病一个统筹年度内统筹基金起付标准由原来的300元调整为0元；将两个病种的最高支付限额调整到3000元、3个以上病种调整到4000元；取消居民慢性肾功能不全的慢性病病种；将职工基本医疗保险最高支付限额从5万元下调到3万元，职工医疗保险20万元的最高支付额保持不变。

（四）城镇居民医疗制度

2006年，按照兵团和农二师要求，团实行职工家属、互助医疗住院保险的同时，采取统一投保，个人缴纳为主、单位补助为辅的统筹方式，参保人员每年缴费120元，其中个人缴费70元，单位补助50元，互助医疗解决了团场职工家属看病难问题。

2008年后，团场落实城镇居民医疗保险工作，中小学生、无业人员、外来民工等群体纳入参保，并享受医疗保险。

（五）医疗经费

按照国家有关规定，团场从企业职工工资总额中提取医疗经费，提取比例从1997年的4.5%提高到1998年前的7%。1998年，团场医院成为系统独立核算、全额拨款、实行报账制的全民所有制单位。

1999年，医院按标准校定医疗经费，由医院使用，公费医疗若干费由医院收取，列入医疗经费，实行超支不补、结余留用的管理方法。

2001年后，团场加大对卫生事业的投入，加强经费管理，每年增加的事业经费用于卫生资格、疾病控制、妇幼保健和健康教育公共卫生项目，医院扩大床位使用率，减少浪费，减低成本，根据国家确定的基本公共卫生服务项目安排人员和业务经费。

三、失业保险

1998年7月，团场建立职工失业保险制度，实行失业保险社会统筹。开展职工失业的认定、登记、救济等工作，管理范围和对象是团场在职职工。

2004年，团场开启失业保险的缴纳工作。

2007年，按照兵团《关于进一步完善团场失业保险工作的意见》，团场深化失业保险制度改革。缴费年限满15年以上的人员，在不与团场解除劳动合同的情况下，女满48周岁，男满58周岁，因病或非因工伤残经鉴定部分丧失劳动能力的（含工伤残7～10级），不能继续履行合同和实现就业的人员，按规定标准享受失业救济金待遇至退休；生活困难、收入低于最低生活保障线的职工可申领失业救济金，最长不超过12个月。

2010年后，参加失业保险社会统筹职工，团按企业1%、职工1%的费率征缴失业保险基金。2010年，团场职工开始享受失业保险待遇。

表16-11 三十三团职工缴费和失业保险待遇支出一览表（2004—2015年）

年份	缴费人数	月缴费基数（元）	年缴费总额（元）	享受待遇人数（人）	支出总额（元）
2004	3763	123961.27	772514.28	0	0
2005	3688	14484.00	934051.61	0	0
2006	3959	44438.00	899012.56	0	0
2007	3385	33858.90	921764.35	0	0
2008	2616	21444.00	1113301.23	0	0
2009	3168	534814.00	951271.47	0	0
2010	1907	364724.00	847601.04	700	311640.00
2011	3444	7936308.00	2857048.78	347	1676010.00
2012	3412	8566317.00	3083887.67	2616	1462160.88
2013	3467	9573440.00	3446447.18	—	—
2014	3392	9957695.00	3584286.41	—	—
2015	3367	15087603.00	2752151.87	1944	1345248.00

注：2010年团场职工开始享受失业保险待遇，故2004—2009年享受待遇人数和支出总额为0。

四、工伤保险

1998年前，职工发生工伤事故，由团场依据《中华人民共和国劳动法》及《企业职工工伤保险条例》自行筹资给予解决。

1999年，团场实行工伤保险社会统筹。农二师根据行业风险类别和工伤事故发生比例实行差别费率，分档次确定统筹比例，依据上年度职工资总额的1%上缴工伤保险费。是年，工伤保险开始缴费，工伤保险费由团场缴纳，职工个人不缴费，享受工伤保险待遇，由社会保险机构从工伤保险费中支出。

2001年，农二师对职工工伤申请认定工作进行了规定，发布《关于〈印发农二师劳动能力鉴定管理暂行办法〉》，对职工因病、因工丧失劳动能力的鉴定范围和鉴定程序、申报材料等，作出明确要求和规范。团场职工在工作期间、工作地点，因工作原因受到伤害、暴力侵害，享受工伤保险待遇。伤残者由团场报农二师劳动能力鉴定委员会作出伤残等级鉴定，发放伤残登记证明。

2011年起，团场执行新的《工伤保险条例》。职工在受到事故伤害后，经师劳动和社会保障部门认定为工伤的，伤情稳定后经劳动能力鉴定，达到等级后，根据《工伤保险条例》，给予医疗费、伙食费、一次性伤残补助金。

表16-12　三十三团工伤保险费收缴和支出一览表（1999—2015年）

年份	缴费人数（人）	月缴费基数（元）	年缴费总额（元）	享受待遇人数（人）	支出总额（元）
1999	1228	3540	42481.15	—	—
2000	4523	7290.90	87491.59	—	—
2001	2633	5415.80	64990.28	—	—
2002	3137	6042.5	72510.22	—	—
2003	4753	5916.23	70995.88	—	—
2004	3333	10603.90	127246.80	—	—
2005	3666	12902.20	154826.86	—	—
2006	3958	12475.58	149707.01	—	—
2007	3167	17820.00	152951.47	—	—
2008	2617	21444.00	182223.13	—	—
2009	2850	24696.00	192860.60	—	—
2010	3257	42352.00	508228.75	14	233039.54
2011	3445	793603.00	1047710.01	17	308173.44
2012	3413	856717.00	1542285.31	12	100585.20
2013	3467	957344.00	861648.55	14	99303.00
2014	3392	895366.00	896142.33	13	721359.82
2015	3369	882960.00	2288633.01	8	30360.00

五、生育保险

1998年前，团场职工生育保险依照《中华人民共和国劳动法》《女职工劳动保护规定》《女职工生育待遇若干问题的通知》，由团场筹集资金负责解决。

1999年开始缴费，由团场按上年度团职工工资总额的0.5%提取缴纳职工生育保险费，职工个人不缴费，享受生育保险待遇，生育保险费用由社会保险经办机构从生育保险费中支出。

2010年，根据农二师职工生育保险有关事宜的通知，团场女职工计划内生育享受生育保险待遇。一级医院定额支付，顺产每人次1000元，剖宫产每人次1800元；二级医院据实报销；参保男职工的配偶未参加生育保险的，生育住院医疗费没有在居民和职工医疗保险基金中支付的，男职工可享受500元一次性生育补助金待遇，延至2015年。

表16-13 三十三团生育保险缴费和支出一览表（1999—2015年）

年份	缴费人数（人）	月缴费基数（元）	年缴费总额（元）	享受待遇人数（人）	支出总额（元）
1999	1227	49520.00	59424.47	—	—
2000	4522	9509.70	114116.91	—	—
2001	2633	9030.00	108362.91	—	—
2002	3140	7198.00	86378.16	—	—
2003	2979	7046.00	84554.55	—	—
2004	3333	32922.00	127255.08	—	—
2005	3860	14484.00	154826.86	—	—
2006	3959	15564.00	149707.01	—	—
2007	3145	17820.00	151765.11	—	—
2008	2617	21444.00	182223.13	—	—
2009	2850	24696.00	181963.44	—	—
2010	1906	35313.00	211915.34	80	152482.44
2011	3444	79360.00	476206.19	58	101720.13
2012	3413	55663.00	514143.95	16	54112.29
2013	3467	95734.00	574430.76	58	228758.54
2014	3393	99536.00	597620.90	44	325093.84
2015	3367	105876.00	635274.62	23	296204.60

六、社保机构

1995—1997年，三十三团社会保险业务由劳资科负责，张先伦任劳资科科长。

1996年，三十三团、三十二团劳动就业和社会保险由团社会保险管理中心和劳资科统一领导，一个机构两块牌子，合署办公。

1998—2002年，张琦军为三十三团劳资科科长。

2003年5月，团场社会保险管理中心更名为"三十三团、三十二团社会保险基金管理所"（以下简称社保所）与劳资科分离，独立办公，是团场和农二师社会保险基金管理中心双重管理的全额拨款副科级事业单位。

2009年6月，社保所提升为正科级事业单位，人员待遇参照公务员标准。

2003—2015年，张琦军为社保所所长、兼劳资科科长。

2015年，社保所工作人员增至4人，同时增加居民保险、高龄补贴等业务。

第十七章 中共三十三团工作

1995年后，团场党委对团场工作实行全面领导，忠实执行党在各个时期的路线方针政策，坚持加强党的组织建设，强化党员干部政治思想教育，与党中央在政治上、思想上、行动上保持高度一致，始终完善党内各项规章制度，促使党员领导干部政治思想素质和政治理论水平不断提高，为党的各级组织带领各族职工群众投身团场各项事业，促进团场经济社会发展，提供坚强的政治保证和组织保证。

第一节 组织机构

一、中共三十三团委员会（中心团场）

1958年5月，农二师塔里木第六农场成立后成立党组织。至1998年，中共三十三团委员会共召开八次党员代表大会。

2004年5月7日，农二师党委决定周敏燕任三十三团（中心团场）党委书记、政委；曹护林任党委副书记、团长；郭德祥任党委副书记、三十二团团长；周静任党委常委、副政委、纪委书记；丁龙奇、夏泽祥、邓军任党委常委、副团长。5月19日，农二师党委决定撤销中共农二师三十三团委员会，成立中共农二师三十三团（中心团场）委员会及进入中心团场的中共农二师三十二团委员会。中心团场党委与进入中心团场的三十二团党委是领导与被领导的关系，进入中心团场党委接受中心团场党委的领导。中心团场党委设立常务委员会，常委职数设置9人，其中党委书记1人、副书记1人；进入中心团场的三十二团，只设立党的委员会，不设立常务委员会，党委委员职数设置5人，党委书记由中心团场党委常委担任。中心团场党委提出坚持党委集体领导和个人分工负责的工作机制。

2005年5月，农二师党委决定，周敏燕任三十三团（中心团场）三十二团党委委员、党委书记、政委；郭德祥同志任三十三团（中心团场）三十二团党委副书记。

2006年3月，农二师党委决定，撤销进入三十三团（中心团场）的中共农二师三十二团委员会。是年6月，中共三十三团（中心团场）召开第九次党员代表大会，选举产生中共三十三团第九届委员会。

2011年9月，中共三十三团（中心团场）召开第十次党员代表大会，选举产生中共三十三团第十届委员会。

表17-1　中共三十三团委员会领导名录（1998—2015年）

届次	姓名	性别	族别	党内职务	籍贯	任职时间	备注
第八届	盛祖才	男	汉族	书记	上海	1998年7月—1998年12月	
	马庆华	男	汉族	副书记	重庆	1998年7月—2001年12月	
	刘立志	男	汉族	常委	陕西	1998年7月—2001年12月	
	杨伯银	男	汉族	常委	四川	1998年7月—2004年5月	
	吴良才	男	汉族	常委	浙江	1998年7月—2004年5月	
	茅百隶	男	汉族	常委	上海	1998年7月—2004年5月	
	高明全	男	汉族	常委	四川	1998年7月—2002年2月	
	付荣	男	汉族	书记	四川	1999年1月—2004年5月	
	曹护林	男	汉族	副书记	甘肃	2001年12月—2004年5月	
	周敏燕	男	汉族	书记	河北	2004年5月—2006年6月	
	夏泽祥	男	汉族	常委	重庆	2000年5月—2004年5月	
	周静	女	汉族	常委	河南	2002年2月—2004年5月	
	吴云建	男	汉族	常委	陕西	2002年2月—2004年5月	
	邓军	男	汉族	常委	广东	2004年5月—2006年5月	
第九届	曹护林	男	汉族	书记	甘肃	2006年6月—2011年9月	
	刘期国	男	汉族	副书记	四川	2006年6月—2011年9月	
	李清炎	男	汉族	常委	湖北	2006年6月—2009年3月	
	周静	女	汉族	常委	河南	2006年6月—2009年12月	
	夏泽祥	男	汉族	常委	重庆	2006年6月—2011年9月	
	丁龙奇	男	汉族	常委	江苏	2006年6月—2011年9月	
	田永明	男	汉族	常委	陕西	2006年6月—2007年1月	
	白杰	男	汉族	常委	辽宁	2007年3月—2011年9月	
	刘河新	男	回族	常委	河南	2009年1月—2011年9月	
	陈建华	男	汉族	常委	山东	2009年11月—2011年9月	
	桑爱民	男	满族	常委	河北	2010年11月—2011年9月	
第十届	刘期国	男	汉族	书记	四川	2011年9月—2015年	
	黄学东	男	汉族	副书记	河南	2011年9月—2014年1月	
	石剑华	男	汉族	常委	山东	2011年9月—2015年	
	刘河新	男	回族	常委	河南	2011年9月—2015年	

续表

届次	姓名	性别	族别	党内职务	籍贯	任职时间	备注
第十届	陈志杰	男	汉族	常委	河南	2011年9月—2013年4月	
	苏明兰	女	汉族	常委	四川	2011年9月—2015年	
	颜哲	男	汉族	常委	河南	2011年9月—2015年	
	王伯琪	男	汉族	常委	四川	2011年9月—2015年	
	桑爱民	男	满族	常委	河北	2011年9月—2014年1月	援疆
	孙泽斌	男	汉族	副书记	四川	2014年4月—2015年	
	刘民	男	汉族	常委	安徽	2013年12月—2015年	
	赵志勇	男	满族	常委	河北	2014年3月—2015年	援疆
	童永忠	男	汉族	常委	四川	2014年6月—2015年	

二、中共三十二团委员会

1999年6月，中共三十二团第八次党员代表大会召开，选举产生中共三十二团第八届委员会。

2004年5月，农二师党委决定，撤销中共农二师三十二团委员会，成立进入三十三团（中心团场）的中共农二师三十二团委员会，设立党的委员会，不设立常务委员会，党委委员设置5人。郭德祥任三十三团（中心团场）党委常委、三十二团党委副书记、团长；田永明为副政委；李清炎为副团长；张秀琴为总农艺师。

2005年5月，农二师党委决定，周敏燕同志兼任三十三团（中心团场）三十二团党委委员、党委书记、政委。

2006年3月，农二师党委决定，撤销进入三十三团（中心团场）的中共农二师三十二团委员会。

表17-2 中共三十二团委员会领导名录（1999—2005年）

届次	姓名	性别	族别	党内职务	籍贯	任职时间
第八届	周首芳	男	汉族	书记	山东	1999年7月—2001年3月
	饶仕乾	男	汉族	副书记	四川	1999年7月—2001年6月
	缑姚和	男	汉族	副书记	甘肃	2000年3月—2001年3月
	缑姚和	男	汉族	代书记	甘肃	2001年4月—2001年12月
	周敏燕	男	汉族	书记	河北	2001年12月—2004年5月
	郭德祥	男	汉族	副书记	河南	2001年12月—2004年5月
	郭德祥	男	汉族	书记	河南	2004年5月—2005年5月

续表

届次	姓名	性别	族别	党内职务	籍贯	任职时间
第八届	陈铺林	男	汉族	常委	浙江	1999年7月—2001年1月
	周和平	男	汉族	常委	四川	1999年7月—2000年3月
	李清炎	男	汉族	常委	湖北	1999年7月—2004年5月
	郦国兴	男	汉族	常委	上海	1999年7月—2002年1月
	姜新华	男	汉族	常委	江苏	1999年7月—2004年5月
	马汝斌	男	汉族	常委	江苏	1999年7月—2000年3月
	张应丹	男	汉族	常委	河南	1999年7月—2003年6月

三、党委工作机构

（一）三十三团

1975年，团场政治处下设组织干部部门，简称组干科，主管团场党务组织、干部管理等工作。

1995年，团党委系统部门设党委办公室、组干科、宣传科、群工科、纪（监）办、社会治安综合治理办公室，群团体系包括工会、团委。团组干科编制4人，团委、职改办与组干科合署办公，科长兼职改办主任1人、团委书记1人、干事2人。

1996年8月，团场调整机构，党委办公室与行政办公室合署办公，一个机构两块牌子；群工科更名统战科，挂民政科牌子；纪委办公室与监察科、审计科合署办公。党委系统工作部门有纪律检查委员会（监察科、审计科与其合署办公）、组干科（团委、编办与其合署办公，设科长1人、团委书记1人、科员2人）、宣传科、统战科（挂民政科牌子）、社会治安综合治理办公室、教育中心，人民团体工作部门为工会（妇联）。机构延至2005年3月。

2004年5月，三十二团开始合并到三十三团，成立三十三团（中心团场）。

2005年3月，三十二团与三十三团（中心团场）实行机关集中整合，中心团场党委撤销三十二团纪委办公室、党办行办室、组干科、宣传科、统战民政科、综治办、政研室、生产科、园林科、畜牧科、基建（机务）科、房管所、工商科、计财科、劳资科、科委办公室、审计科、供销科共18个机关机构设置，精简整合并分别设立为办公室、社政管理科、生产办公室、经营办公室4个科室和1个群众团体工会（妇联、团委与其合署办公）。同时撤销三十三团生产科、农机科、基建科、计财科、劳资科、行办、供销科、工商科、科委、畜牧科、林园科、人武部、卫生科、审计科、经办室、组干科、宣传科、教育中心、统战民政科、综合治理办公室、纪委监察科、计生办共22个机关机构设置，重新设置9个科室和2个群众团体，即办公室（党办、行办）、发展改革经营管理科、财务科、农业生产科、工交建商科、纪检委办公室、政工办公室（简称政工办，原组干科）、政法办公室、社政管理科、工会和团委。政工办，编制6人，其中主任1人、副主任 1 人、科员 4 人，组干、宣传工作隶属政工办。

2006 年 3 月，两团机关完成合并，农二师党委决定撤销进入三十三团（中心团场）的中共农二师三十二团委员会。

2010 年，团党委系统部门设纪检委（含监察科）、政工办公室（含宣传科、电视广播站）、政法办（含政法办、司法办、派出所）、社政科（含劳资科、计生办、教育中心），群众体系工会（含妇联、团委）。

2012—2015 年，政工办有工作人员 7 人，其中主任 1 人、副主任 1 人、享受正科待遇 1 人、享受副科待遇 1 人、科员 3 人。

表 17-3　三十三团政工办（组干科）领导名录（1995—2015 年）

姓名	性别	族别	籍贯	文化程度	参加工作时间	职务	任职时间
余厚之	男	汉族	四川	大专	1969 年 1 月	科长	1995 年 1 月—1996 年 1 月
祝聚宝	男	汉族	河南	高中	1969 年 6 月	副科长	1996 年 4 月—1998 年 4 月
						科长	1998 年 4 月—2004 年 4 月
张先信	男	汉族	山东	中专	1976 年 12 月	主任	2005 年 12 月—2010 年
李　英	女	汉族	山西	本科	1981 年 10 月	副科级组织员	2003 年 2 月—2006 年 9 月
钱水发	男	汉族	湖北	大专	1968 年 12 月	副主任（正科）	2005 年 12 月—2006 年 6 月
徐功良	男	汉族	河南	初中	1966 年 11 月	正科级	2005 年 12 月—2006 年 6 月
郭海军	男	汉族	山东	大专	1990 年 3 月	副主任	2005 年 12 月—2006 年 9 月
杨帮力	男	汉族	四川	本科	1992 年 1 月	副主任	2006 年 9 月—2012 年 2 月
陈尚毅	男	汉族	四川	本科	1994 年 3 月	副主任	2012 年 2 月—2015 年
袁明汉	男	汉族	重庆	大专	1978 年 2 月	副科长	2005 年 12 月—2006 年 9 月
韦泽军	男	汉族	安徽	大专	1976 年 7 月	享受正科待遇	2006 年 9 月—2012 年 2 月
向　钧	男	汉族	四川	大专	1981 年 1 月	主任	2011 年 9 月—2014 年 7 月
胡俊建	男	汉族	河南	大专	1978 年 10 月	享受副科待遇	2012 年 2 月—2015 年
李秋艳	女	汉族	山东	本科	1992 年 7 月	主任	2014 年 7 月—2015 年

（二）三十二团

1995 年，三十二团组干科编制 3 人，科长 1 人、科员 2 人。

1996 年，编办与组干科合署办公，科长 1 人、副主任 1 人、科员 1 人。团党委工作部门设纪律检查委员会办公室（含纠风办）、社会治安综合治理委员会办公室（含综合治理办公室、司法办、派出所）、组干科、宣传科、群工科、教育中心。是年 9 月，团党委办公室与行政办公室合署办公；团委、编委与组干科合署办公；群工科更名统战科，保留民政科牌子；纪（监）办公室更名为纪委监察科，审计科与其合署办公。

2005 年，团组干科设 2 名干部，科长 1 人、科员 1 人。是年 3 月，三十三团（中心团场）党委撤销三十二团 18 个机构，团机关整合为办公室、社政管理科、生产办公室、经营办公室 4 个科室。其中，办公室负责纪检监察、组织人事、机构编制、文化宣传、老干、机要、保密、档案、史志、体改、政研、信访、机关事务等工作，社政管理科负责统战、民政、劳动和社会保障、教育、卫生、人口和计划生育、综合治理、司法等工作，生产办公室负责生产管理、安全消防、农业机械等工作，经营办公室负责经济发展、工、交、建、商等工作。

2006 年 3 月，完成三十二团与三十三团（中心团场）的正式合并，农二师党委决定撤销已并入三十三团（中心团场）的中共农二师三十二团委员会。团设综合科，负责原三十二团区域的综合事务管理，隶属三十三团（中心团场）办公室。

表 17-4 三十二团组干科领导名录（1995—2006 年）

姓名	性别	族别	籍贯	文化程度	参加工作时间	职务	任职时间
郦国兴	男	汉族	上海	初中	1964 年 9 月	科长	1995 年 1 月—1996 年 1 月
白亚玲	女	汉族	四川	中专	1976 年 8 月	副科长	1995 年 2 月—1996 年 2 月
张留记	男	汉族	河南	初中	1956 年 7 月	科长	1996 年 2 月—2000 年 5 月
李振富	男	汉族	河南	本科	1975 年 8 月	副科长	1997 年 2 月—1999 年 7 月
郭海军	男	汉族	山东	大专	1990 年 8 月	副科长	2002 年 5 月—2006 年 9 月

第二节 党员代表大会

一、三十三团党员代表大会

自 1958 年 5 月建场至 1994 年，中共三十三团共召开过 7 次党员代表大会。1995—2015 年，召开过 3 次党员代表大会。

（一）中共三十三团委员会第八次党员代表大会

1998 年 7 月，中共三十三团委员会第八次代表大会在团文化宫召开，出席大会正式代表 139 人，其中妇女代表 17 人，大会列席代表 15 人。

大会听取审议盛祖才代表中共三十三团第七届委员会作题为《高举旗帜，解放思想，同心同德，开拓前进，为实现跨世纪宏伟目标而努力奋斗》工作报告；刘立志代表团纪律委员会作中共三十三团纪律委员会第七次代表大会以来的工作报告。大会选举中共三十三团第八届委员会委员 21 人。

中共三十三团第八届委员会第一次全委会选举常委 7 人，盛祖才任党委书记、马庆华任党委副书记；中共三十三团第八届纪律检查委员会第一次全委会选举纪律检查委员会委员 5 人，刘立志任纪委书记。

（二）中共三十三团第九次党员代表大会

2006年6月，中共三十三团第九次代表大会在团文化宫召开，出席大会正式代表150人，列席代表16人。代表中领导干部占55.5%，专业技术人员占24.7%，先进模范人物占15%，生产一线职工占9.3%，妇女代表占21%，大专以上文化程度的占68.6%以上，年龄50岁以下的占84.7%。

大会听取审议曹护林代表中共三十三团第八届委员会作题为《树立和落实科学发展观构建社会主义和谐社会努力开创建设屯垦戍边新型团场的新局面》工作报告；周静代表团纪律检查委员会作题为《立足教育，着眼防范，强化监督，推进三十三团党风廉政建设和反腐败工作深入开展》工作报告。大会选举中共三十三团第九届委员会委员21人。

中共三十三团第九届委员会第一次全委会选举常委8人，曹护林任党委书记、刘期国任党委副书记；中共三十三团第九届纪律检查委员会第一次全委会选举纪律检查委员会委员7人，周静任纪委书记、张伟敏任纪委副书记。中共三十三团第九届委员会成员中，大专以上文化程度的占82.61%；50岁以下的19人，平均年龄45岁；妇女委员4人，占17.39%。大会还选举出参加农二师第十三次党员代表大会代表16人。

（三）中共三十三团第十次党员代表大会

2011年9月，中共三十三团第十次党员代表大会在团文化宫召开。出席大会代表152人，列席人员4人。妇女代表38人，占24.6%；生产一线代表14人，占10.3%；大专以上文化程度的代表125人，占81.1%；45岁以下代表84人，占54.5%。

大会听取审议刘期国代表中共三十三团第九届委员会向大会作题为《弘扬兵团精神，坚持科学跨越，为建设更加幸福美好的三十三团而努力奋斗》工作报告；石剑华代表团纪律检查委员会作题为《改革创新狠抓落实努力推进党风廉政建设和反腐败斗争取得新成就》工作报告，并作出相应决议。

大会选举出中共三十三团第十届委员会委员25人。中共三十三团第十届委员会第一次全委会选举常委9人，刘期国任党委书记、黄学东任党委副书记。中共三十三团第十届纪律检查委员会第一次全委会选举出中共三十三团纪委第十届委员会委员15人，石剑华任纪委书记、张先信任纪委副书记。会议选举出参加农二师第十四次党代会代表15人。

二、三十二团党员代表大会

自1958年3月建场至1994年，中共三十二团委员会共召开过七次党员代表大会。1995—2005年，召开过1次党员代表大会。

1999年6月，中共三十二团第八次党员代表大会在团职工文化馆召开，出席大会正式代表108人，列席人员12人。

大会听取审议饶仕乾代表第七届党委向大会作题为《统一认识，坚定信念，抓住机遇，开拓进取，为实现我团跨世纪目标而奋斗》工作报告，并作出相应决议。

大会选举出中共三十二团第八届委员会委员 21 人，选举产生中共三十二团第八届纪律检查委员会委员 7 人。中共三十二团第八届委员会第一次全委会选举常委 7 人，周首芳任党委书记、饶仕乾任党委副书记。中共三十二团第八届纪律检查委员会第一次全委会选举郦国兴任纪委书记、黄博韬任纪委副书记。

2006 年 3 月，三十二团正式并入三十三团（中心团场），中共三十二团委员会撤销。

第三节　组织工作

一、组织建设

（一）三十三团

1995 年，中共三十三团委员会下设党支部 22 个。

1996 年，成立干休所党支部，刘文亮任书记。

1997 年，成立兽医站党支部，李锦国任书记。

1999 年，成立综合服务站党支部，王保德任书记；成立治沙站党支部，武兴发任书记；成立机关 3 个党支部（吴子璐、张先伦、李扣喜分别任书记）。

2000 年，成立社管会党支部，曾真华任书记；成立林园二连党支部，蔡根宝任书记；治沙站改编为林业工作站，党支部名称也随之调整。

2002 年，成立园艺总场党支部，杨燕青任书记；成立养鹿总场党支部，蒋晓明兼书记；成立农机总站党支部，冷新生任书记；民兵连党支部改编为二连党支部，李荣德任书记；农科站党支部改编为六连党支部，陈运刚任书记。撤销采矿连党支部、兽医站党支部。

2003 年，成立林三连党支部，程新华任书记。

2004 年，成立二连二区党支部，陈建文任书记；社管会党支部改编为社区党支部，李昌达任书记。

2005 年，成立三十三团（中心团场），撤销园林总场、农机总站党支部。

2006 年，原三十二团各党支部正式进入三十三团（中心团场）委员会编制：一连党支部，张启航任书记；二连党支部，于华任书记；三连党支部，李荣德任书记；四连党支部（原三十二团四连党支部），李宏斌任书记；五连党支部，冷新生任书记；六连党支部，杨燕青任书记；七连党支部（原三十二团七连党支部），杨秀峰任书记；八连党支部，汤保同任书记；九连党支部，陈斌任书记；十连党支部，刘庆堂任书记；十一连党支部，陈继胜任书记；二连二区党支部改编为十二连党支部，陈建文任书记；十五连党支部（原三十二团五连党支部），张广军任书记；十六连党支部（原三十二团一连党支部），孙加志任书记；十七连党支部（原三十二团十一连党支部），吴立平任书记；十八连党支部（原三十二团八连党支部），王建华任书记；十九连党支部（原三十二团九连党支部），向钧任书记；二十连党支部（原三十二团十连党支部），沈红艳任书记；林园一连党支部，陈庆福任书记；林园二连党支部，陈忠民任书记；林园三连党支部，刘开录任书记；三十三团加工厂党支部，李卫星任书记；建筑公司党支部，胡俊建任书记；养鹿总场党支部，简南宇任书记；林业工作站党支部，王梦辉任书记；机关一支部，姜志强任书记；机关二支部，张颖杰任书记；机关三支部，帅仕新任书记；三十三团社区党支部，苏俊任书记（兼乌鲁克社区党支部书记）；三十三团医院党支部，陈焕新任书记；三十三团中学党支部，向广绣任书记；水管站党支部，李春利任书记；三汇公司、佳美、驻库站党支部，张文浩任书记；干休所党支部，闫金保任书记；蛭石矿党支部，郜永建任书记；塑料厂党支部，祁登云任书记；原三十二团中学党支部，郭永前代书记；原三十二团水管站党支部，马军任书记；原三十二团畜牧总站党支部，杨翠峰任书记；原三十二团加工厂党支部，许双成任书记；原三十二团农试站党支部，马建萍任书记；原三十二团幼儿园党支部，张燕萍任书记。共设43个党支部。

2007年，乌鲁克油脂厂党支部进入三十三团（中心团场）委员会，孙晓强任书记；成立畜牧管理站党支部，陈建文任书记。撤销三十三团养鹿总场党支部、原三十二团畜牧总站党支部、园二连党支部、园三连党支部、干休所党支部。

2008年，撤销原三十二团水管站党支部。

2009年，成立加工总厂党支部，许双成任书记。撤销三十三团加工厂党支部、原三十二团加工厂党支部、塑料厂党支部。

2012年，撤销十连党支部、十二连党支部、十八连党支部。

2013年，乌鲁克油脂厂党支部改编为震企公司党支部。

至2015年，三十三团委员会下设党支部31个：一连、二连、三连、四连、五连、六连、七连、八连、九连、十一连、十五连、十六连、十七连、十九连、二十连、林园连、加工总厂、建筑公司、社区、医院、三十三团中学、原三十二团中学、水管站、三汇公司、蛭石矿、畜牧管理站、原三十二团幼儿园、震企公司、机关（一、二、三）党支部。

表17-5　三十三团党组织发展概况一览表（1995—2015年）

单位：个

年份	党委	总支	支部
1995	1	1	22
1996	1	1	23
1997	1	1	24

续表

年份	党委	总支	支部
1998	1	1	24
1999	1	1	29
2000	1	1	31
2001	1	1	31
2002	1	1	32
2003	1	1	33
2004	1	1	34
2005	1	1	32
2006	1	2	43
2007	1	2	40
2008	1	2	39
2009	1	2	37
2010	1	2	34
2011	1	2	34
2012	1	2	31
2013	1	2	31
2014	1	2	31
2015	1	2	31

(二) 三十二团

1995 年，中共三十二团委员会下设党支部 25 个。

1996 年，成立服务站党支部，陈伯琴任书记。撤销印刷厂党支部。

1997 年，成立机关一支部，仰国民任书记；成立机关二支部，杜春芳任书记。

1999 年，成立农试站党支部，马建萍任书记。撤销二连党支部、三连党支部。

2000 年，成立采购站党支部，孙加志任书记；成立机关三支部，方志茹任书记。

2001 年，成立林园二连党支部，向钧任书记。撤销六连党支部、十二连党支部、畜牧连党支部。

2002 年，成立畜牧总站党支部，杨翠峰任书记。撤销林园一连党支部。

2003 年，成立社区党支部，江家新任书记。

2004 年，撤销林园二连党支部。

至 2005 年，三十二团委员会下设党支部 21 个：一连、四连、五连、七连、八连、九连、十连、十一连、农试站、加工厂、塑料厂、水管站、畜牧总站、蛭石矿、社区、医院、中学、幼儿园、机关（一、二、三）党支部。

表 17-6　三十二团党组织发展概况一览表（1995—2015 年）

单位：个

年份	党委	总支	支部
1995	1	1	25
1996	1	1	25
1997	1	1	27
1998	1	1	27
1999	1	1	26
2000	1	1	28
2001	1	1	26
2002	1	1	26
2003	1	1	27
2004	1	1	26
2005	1	1	21

二、党员队伍建设

（一）三十三团

1995 年底，三十三团党委辖 22 个党支部。党员总数 542 人。

2006 年 3 月，三十二团党委撤销后，基层党组织纳入三十三团党委，辖 41 个基层党组织，党支部 40 个，党员总数 1061 人。

至 2015 年，团党委辖 33 个基层党组织，全团党员 1045 人，其中女性 235 人，在职 667 人，中专以上文化程度的党员占党员总数的 55.88%。

表 17-7　三十三团党员结构一览表（1995—2015 年）

单位：人

年份	党员结构				年龄					学历			
	总数	在岗职工	女性	少数民族	35岁及以下	36~45岁	46~54岁	55~59岁	60岁及以上	研究生	本科大专	中专高中	初中及以下
1995	542	412	64	2	126	85	179	57	95	0	39	97	406
1996	549	410	63	2	139	87	142	81	100	0	41	105	403
1997	570	416	64	2	150	99	111	141	69	0	46	108	416
1998	581	426	70	2	148	114	96	133	90	0	61	105	415
1999	601	395	84	2	140	135	103	112	111	0	63	139	399
2000	611	408	87	2	132	144	103	110	122	0	68	146	397
2001	604	422	88	2	138	144	103	93	128	0	69	153	382
2002	585	416	83	2	129	145	106	81	124	0	73	140	372
2003	601	419	89	2	109	172	92	97	131	0	125	122	354

续表

年份	党员结构				年龄					学历			
	总数	在岗职工	女性	少数民族	35岁及以下	36~45岁	46~54岁	55~59岁	60岁及以上	研究生	本科大专	中专高中	初中及以下
2004	589	359	89	3	89	183	74	46	197	0	157	120	312
2005	519	316	93	2	74	165	68	30	182	0	146	88	285
2006	1061	577	182	14	9	136	300	81	535	1	255	167	638
2007	1063	567	181	13	14	166	289	69	525	1	276	156	630
2008	1104	611	183	13	19	141	313	84	547	1	311	141	651
2009	1039	620	194	15	29	148	322	81	459	1	346	131	561
2010	1024	623	195	15	41	190	303	66	424	1	343	144	549
2011	1036	638	197	11	55	226	273	57	425	1	351	152	532
2012	1044	653	208	18	75	281	264	58	366	2	387	144	511
2013	1044	664	217	22	78	261	284	64	357	2	409	146	487
2014	1037	654	223	23	81	228	321	68	339	1	415	148	473
2015	1045	667	235	21	94	236	316	72	327	1	426	157	461

（二）三十二团

1995年，三十二团党员总数584人。

2005年，三十二团党员总数542人。

2006年3月，中共三十二团委员会撤销。

表17－8　三十二团党员结构一览表（1995—2005年）

单位：人

年份	党员结构				年龄					学历		
	总数	男	女	少数民族	35岁及以下	36~45岁	46~54岁	55~59岁	60岁及以上	大学大专	中专高中	初中及以下
1995	584	514	70	20	132	48	164	131	109	28	82	474
1996	598	522	76	20	125	59	151	149	114	39	95	464
1997	628	546	82	18	136	58	103	212	119	48	100	480
1998	651	550	101	20	237	106	97	134	77	66	120	465
1999	670	570	100	20	145	85	71	192	177	83	104	483
2000	675	573	102	20	143	86	73	199	174	93	102	480
2001	673	566	107	19	153	82	74	186	178	95	91	487
2002	664	559	105	19	155	86	72	182	169	98	96	470
2003	626	541	85	19	159	82	68	165	152	102	94	430
2004	571	518	53	19	149	75	66	142	139	96	89	386
2005	542	493	49	18	142	70	62	147	121	94	81	367

三、党建活动

1995年后，团场经济建设和党建工作实现同部署同检查，在党的组织建设上坚持民主集中制原则，坚持"三会一课"制度，坚持党内民主生活会制度。在坚持党员发展标准和程序的前提下，优先发展政治能力强、素质高的基层干部和一线知识青年、业务骨干，党员组织结构持续优化。

2002年5月，兵、师党委提出结合"三个代表"教育，在团场、连队开展团、连"两级党建联创"党建活动。团党委制定《团连"两级党建联创"工作实施办法》，印发《基层党建组织工作先进团场标准》《五好连队党支部标准》，对各党支部综合考核评议划类分级。团党委提出一类党支部争创"五好"党支部，二类党支部争取上台阶，三类党支部限期改变面貌。三十三团开展以创建先进党支部为内容的创建活动；三十二团开展实践"三个代表"好支部，实现"三者利益"好党员的"双实双好"创建活动。

2003年，三十三团建立25个基层单位电教基站，配置党员电教设备（包括电视机、VCD、功放、音箱等）。结合实际开展"两级党建联创"制度建设，制定《三十三团党委常委工作规则》《党支部工作实施办法》《中共三十三团两级联创工作年度目标和三年规划》及《基层党支部党员电化教育工作制度》。建立党委成员联系制度，每月到联系点指导工作1~2次，党政部门下基层开展调研活动，把握各支部建设情况。年终，三十三团有一类支部12个，二类支部19个，三类支部2个，党员合格率达95%以上。是年，三十三团党委被农二师评为先进基层党委、三十三团中学被评为农二师先进基层党支部、二连被授予师级"五好"党支部；三十二团四连、畜牧总场被评为农二师先进基层党支部，并被授予师级"五好"党支部。

2006年7月，团通过农二师"基层党组织建设先进团场"称号复验；3个连队党支部被授予师级"五好"党支部；3个连队支部通过师"五好"连队党支部复验。经基层党组织推选和申报，党委常委会审定，全团43个支部除2个二类支部外，其他均为一类党支部，17个"五好"党支部。

2007年，团场成立党建工作领导小组。党委书记任组长，副政委、纪委书记任副组长，政工办、党委办、纪委、社政科、工会、经营管理科、教育中心负责人为成员。领导小组下设办公室，办公室设在政工办，张先信任办公室主任。

2009年8月，经基层党组织推选和申报，党委常委会审定11个连队党支部申报师级"五好"党支部；团场通过农二师"基层党组织建设先进团场"称号复验；5个连队支部通过农二师"五好"连队党支部复验。年底，团建成远程教育终端接收站点20个，接受远程教育和科技信息网络服务。

2011—2012年，三十三团党员干部现代远程教育工作获师"双创双争"先进单位、示范终端站点、优秀站点管理员和学用标兵等荣誉称号。党员学习教育实现全国公共资源共享，示范终端站点为三十三团二连站点、十九连站点；优秀站点管理员为三十三团二连沈红艳、十九连陈庆福；学用标兵为三十三团十九连张兰花。

2013—2015年，团党建"联建联创"工作，围绕推进"五大效能提升"工作主线，开展"双培双带"活动，实现"把一线职工培养成骨干、把一线骨干培养成党员"的发展目标。同时，团以"唱响兵团精神""助推三化建设""创先争优"三项活动为载体，开展党的十八大精神"走基层"宣讲活动。举办三十三团学习宣传党的十八大精神理论骨干培训班，成立党的十八大精神宣讲组，分赴各基层单位，分专题对职工群众进行巡回宣讲38场（次）。党委理论学习中心组每年学习均在12次以上，连队干部学习不少于24次，党员干部参学率达98.8%。团各级党组织开展"两级党建联创"活动，坚持党员思想政治教育"三会一课"制度，以党课教育为基础，辅以集中学习、理论培训等形式。党员按照所属的党总支、党支部参加党员教育活动。

第四节　机要保密

1994年，团场设立传真室，开通明传通信。

1995年起，团场机要保密进入电子网络传真阶段，团购置1台传真机，上级下发的重要紧急密件均以传真方式下达，保密性强，传递速度快。

1996年后，团场机要通信、档案、文印收发由行政办公室管理，设工作人员1人。

1997年，农二师和团场之间的密码通信工作开通，团成立机要科，隶属团办公室管理，设副科长1人，专职机要员1人，其主要职责是：负责机要密码的使用和管理；及时、准确地传输、办理机要电报；负责师与团明码传真通信，为经济建设服务。

1998年，密码传真机开通，机要工作规范化管理，建立机要工作领导责任人制度，开展专职机要员专业技能培训，实现横向传递、服务经济建设。

2003年，开始登记全团计算机，进行计算机保密培训，机关上网微机实行专人管理，严防泄密。

2006年，团场机构改革，重新设置机关机构，行政办公室负责管理机要、保密、档案、史志、信访、机关事务等工作，并保留机要科的牌子，办公室负责管理日常工作，设主任1人、专职机要员1人、档案员1人。

2007年，团场增添密码设备，安装涉密计算机，加装加密设备，保证计算机网络安全，确保团场上情下达、下情上呈安全顺畅，机要保密工作进入高科技运行管理阶段。

2008年，团购置18台机要加密设备及物理隔离卡，添置保密室专用碎纸机1台。是年，机关全体人手一册《新疆生产建设兵团机关工作人员保密须知》，宣传保密知识10期，悬挂横幅

6条，开展5次培训学习，进行保密安全检查5次。

2009年后，机要工作按照两个"确保"、两个"绝对"要求进行管理。密码电报、机要密码业务文件、密码电报的清销、移交、归档工作管理规范。

2015年，团场按机要保密规定，完善保密机制，强化涉密人员保密培训，签订保密承诺书，确保机要保密工作安全。

第五节　重大政治活动

1995—2015年，团场针对全团党员干部职工，持续开展党的方针政策、党性党风等一系列重点政治教育活动。

一、重大决策

（一）三十三团

1998年，团第八届党委制定出"十五"时期发展战略，提出经济发展目标：到2000年实现"1251工程"（国内生产总值达到1亿元，实现利润2000万元，人均收入5000元，职均收入1万元）。

"八大工程"建设任务：党建先锋工程、公民道德工程、职工素质工程、企业文化工程、长治久安工程、民心工程、希望工程、科技兴团工程。

2006年，团第九届党委提出国家"十一五"时期团场经济发展的总体思路：以结构调整为主线，将改革开放和科技进步作为发展动力；抓住西部大开发机遇，以市场为导向提升团场综合实力；以职工增收为核心，加快现代农业建设步伐和团场经济结构调整进程；转变团场经济增长方式，逐步建立职工增收致富的长效机制；优化新环境，构建人与自然相协调的可持续发展体系；坚持存量与增量并举，加快推进发展工副业；深入贯彻"1+3"文件精神，进一步加大改革力度；加快小城镇建设步伐，大力发展城镇经济；发展公共事业，推进团场社会全面进步；加强党的执政能力建设，坚持科学执政、民主执政、依法执政。

2011年，团第十届党委把"十二五"时期发展放在西部大开发、大建设、大发展的大格局中，放在河北对口支援的总体部署中思考和谋划。确定农业稳团、工业活团、科技兴团、生态美团、人才树团、富民强团，走"三化"建设（城镇化、新型工业化、农业现代化）的发展思路。确定主要目标任务："三个明显"（经济总量明显提升、职工群众生活明显改善、维稳戍边能力明显提高）；大力转变发展方式，不断推进"三化"建设；积极深化团场改革，增强发展的活力与动力；加强改善民生建设，实现统筹和谐发展；全力抓好维稳戍边工作，确保社会大局和谐稳定；努力做好对口援建工作，力争取得实际成效；以改革创新精神加强和改进党的建设。

（二）三十二团

1999年，团第八届党委确定国家"十五"时期团场国民经济和社会发展总体思路：进一步巩固和扩大改革成果，逐步建立适应社会主义市场经济要求的管理体制和运行机制，做强扶壮第一产业，突出特色做优第二产业，搞活做大第三产业，不断壮大团场经济实力；进一步加强党的建设、精神文明建设和民主法治建设，推动团场经济建设和各项事业再上新台阶。提出今后五年团场经济发展目标：生产总值年均增长9%，进一步增强职工收入，到2003年，力争实现人均10亩田（0.67公顷）、4亩园（0.2公顷）、3头畜（标准畜）、职均收入达到8000元。确定三条主线：调整优化产业结构，做强扶壮第一产业，突出特色做优第二产业，搞活做大第三产业；加大科技兴团力度，开展科技示范和丰产攻关活动，强化农业实用技术开发应用，不断提高农业的科技含量和农业技术的推广应用，发挥农业增产高效作用。统筹规划，合理布局，多方筹措资金，加大团场基础设施建设；加快经济体制改革，深化团场改革，在继续推行"两费自理"的基础上，发展租赁经营、农业股份合作制，鼓励大户承包，规模经营。团办企业以市场经济规律进行改制，建立并完善有效激励机制，使企业成为自主经营、自负盈亏、自我发展、自我约束的法人实体和市场竞争主体。

二、三十三团（中心团场）党委成立

2004年2月，兵团党委下发《关于兵团农牧团场机构改革的指导意见》，启动中心团场改革。5月，农二师党委决定撤销中共农二师三十三团委员会，成立中共农二师"中心团场"三十三团委员会及进入"中心团场"的中共农二师三十二团委员会。5月22日，师党委在三十三团文化宫宣布成立三十三团（中心团场）。是月，团成立机构改革领导小组。

2005年3月，三十三团（中心团场）党委撤销三十三团18个、三十二团14个机关机构。三十三团机关精减为9个科室和2个群团组织；三十二团设立4个科室。完成两个团场机关人员定岗工作，三十三团机关工作人员42人（不含团领导）进入到9个科室和2个群团机关；三十二团34人进入到所在团场机关的4个科室。7月，兵团党委下发《关于加快推进中心团场建设工作的意见》，进一步明确中心团场实行一个团场党委、一套领导班子和一个团场机关的领导和管理体制。

2006年3月，农二师决定撤销进入三十三团（中心团场）的中共农二师三十二团委员会。三十二团机关人员合并到三十三团（中心团场）机关工作，团机关编制调整为64名，党政领导职数核定为9名。团党委设立综合科，承担原三十二团区域社政管理、劳动保障、综合治理、计划生育等方面的具体业务工作。"中心团场"统一管理辖区范围内的党群、社政、司法和社会治安综合治理、土地管理、生产经营等工作。撤销进入三十三团（中心团场）的中共农二师三十二团委员会。

2006年底,"中心团场"机构改革全部完成。三十三团(中心团场)以崭新面貌跨入新的历史阶段。

三、政治教育活动

团场党委根据农二师党委各阶段政治教育活动的总体部署,结合实际组织动员团场党员、干部开展各阶段政治教育活动。

(一)"三讲"教育

1999年3月,团场党委组织党员、干部开展"三讲、三学、树三观"(讲学习、讲政治、讲正气;学理论、学党章、学准则;世界观、人生观、价值观)的党性、党风、党纪"百日"教育活动。2001年1月起,团场党委领导班子和领导干部,集中开展以"三讲"为主要内容的党性党风教育。教育活动历时52天,分四个阶段进行,成立"三讲"教育领导小组,抽调7人组成"三讲"教育办公室,确定"三讲"教育基本思路,制定教育活动实施方案。党委成员通读《讲学习、讲政治、讲正气》读本和"三讲"教育辅导材料60余篇,写出数万字的读书笔记和心得体会。其间,团场领导干部驻连入户,召开座谈会17次,谈话190人次,征求群众对党委领导班子意见和建议2354条,经民主评议和测评党委班子成员满意率达98%。

(二)"三个代表"思想教育

2001—2002年,团场党委持续开展"三个代表"重要思想学习教育活动。学习活动分两批进行,按照学习培训、对照检查、整改提高三个阶段展开,采取集中学习与个人自学相结合的方法开展。以思想动员、学习辅导、座谈讨论、研讨交流、观看电教片等形式对党员干部进行系统学习教育。其间,团党委领导班子和主要领导干部的整改方案向群众通报,并发布学习简报,接受群众监督。

2003年6月,中共中央下发《关于在全党兴起学习贯彻"三个代表"重要思想新高潮的通知》。团场举办"三个代表"重要思想研讨班,集中学习党的十六大报告、《中国共产党章程》、胡锦涛同志关于学习贯彻"三个代表"重要思想的重要讲话、《"三个代表"重要思想学习纲要》等材料。8月13日,农二师党委宣传部在三十三团举办兵团、农二师两级"三个代表"重要思想宣讲团暨践行"三个代表"先进事迹报告会,三十二团及乌鲁克的公检法司等单位参加,达到预期学习教育效果。

(三)保持共产党员先进性教育

2004年11月,中共中央下发《关于在全党开展以实践"三个代表"重要思想为主要内容的保持共产党员先进性教育活动的意见》。

2005年1月,团场召开动员大会、成立活动领导小组,启动保持共产党员先进性教育活动。团场26个基层党支部的103名党员参加第二批保持共产党员先进性教育活动。

2006年6月,团场严格按照兵、师党委要求,分批按程序完成保持共产党员先进性教育活动。团党委班子成员开展以上党课、访民情、听意见、办简报等活动为载体,带头整改工作作风;机关干部参加扶贫帮困、科技服务、专项救济等挂钩活动。活动期间,向基层征求党委和部门意见、建议830余条,其中给党委的意见和建议6条。团党委根据群众提出的意见和建议,把教育活动作为打造"职工群众满意工程"来做。做到边学边改、边议边改、边整边改,形成理论学习、民主决策、干部管理、党的建设、保障困难群众利益等党委工作机制,团领导带领机关党员干部到联系点挂钩单位走访慰问职工群众、劳模、孤寡老人、弱势群体、贫困户、离退休人员、军属、节日值班人员及警卫等712人,发放慰问金101140元、清油3407壶(17.04吨)、面粉7吨。

(四)"八荣八耻"教育活动

2006年,团场组织职工开展"八荣八耻"为主要内容的教育活动,通过板报比赛,开设电视专题讲座,举办"八荣八耻"歌曲大家唱活动。26个单位2000余人参加大家唱活动,有9个单位获奖。

(五)"四抓四看"教育活动

2008年6月,团场召开实践科学发展观"四抓四看"(抓宗旨意识,看各项惠民政策和措施是否落到实处;抓能力建设,看各级领导干部促进发展和解决实际问题的能力是否提高;抓政治纪律,看各级党组织和领导干部是否做到政令畅通令行禁止;抓组织建设,看基层党组织战斗力、凝聚力是否加强)动员大会,成立由9大科室领导、16名成员组成的活动领导小组,办公室设在政工办,各基层党支部按要求成立活动领导小组。制定出台了活动系列文件,团党委与机关9大科室的3个支部和26个基层党支部签订活动责任书29份。各党支部用好"四本一册"(党员干部学习考勤登记本、党课记录本、活动记录本、民情日记本,党员花名册)。活动期间,各党支部做到了"三个到位一个建立"(宣传到位、责任到位、组织到位,建立"四抓四看"学习园地),接受群众监督。6月12日,三十三团党委组织各级领导干部50余人参加三十四团"四抓四看"宣讲报告会。6月26日、28日和7月1日党委中心组成员利用三个半天时间集中学习党的十七大报告、《中国共产党章程》、兵团六次党代会报告、《反腐倡廉2008—2012年工作规划》及《兵团三大基地实施意见》等原文原著。

(六)学习实践科学发展观活动

2009年,团场启动学习实践科学发展观活动。3月11日,成立领导小组,制定活动方案,召开动员大会。第一批学习实践活动从3月底开始到8月底结束,有15个党支部237名党员干部(包括团机关、工交建事业单位)参加;第二批学习实践活动从9月开始到2010年2月结束,有26个党支部540名党员(包括各农林连队、社区、学校)参加。是年年底,各单位党支部与团组织排查调研组,就支部决策、土地承包、安全稳定、矛盾纠纷及环境治理等问题,走家入户,排查调研,根据职工群众提出的意见和建议,制定整改落实方案。

2010年3月，团场召开学习活动总结大会。农二师指导检查组给予团场在学习活动中"解决突出问题、创新工作体制、加强组织建设、总结出好的经验和做法"的评价是：基本达到中央"党员干部受教育，科学发展上水平，职工群众得实惠"的总体要求。

（七）创先争优活动

2010年，团场党委以"创先进党支部、争优秀共产党员"为目标，把"联创共促"作为创先争优活动的新载体。通过"支部共建、党员共管、活动共办、资源共享"，在基层党支部中以"1+1"或"1+N"的形式广泛展开。活动期间，各基层党支部开展了"党员先锋岗""党员承诺接受监督""党建知识竞赛"等活动。团级党员领导干部建立联系点18个，划分党员岗位责任区112个，建立党员联系户627个，627名党员作出公开承诺，72名党员参与结对帮扶。活动中基层领导班子及干部民主测评满意度平均达90%以上，党组织战斗堡垒作用得到巩固和加强。

（八）党的群众路线教育实践活动

2014年2月，团场召开群众路线教育实践活动动员部署会议，按照"进度服从质量，时间服从效果"的要求，全面推进教育实践活动纵深开展。在31个基层党支部1037名共产党员中开展教育实践活动，基层党组织参加活动覆盖面和共产党员参与率均达到100%。

活动中，集中学习了《党的群众路线教育实践活动学习文件选编》等5本学习资料，组织观看《杨善洲》《焦裕禄》等5部专题影片。党委中心组集体学习63小时，班子成员每人撰写6000字以上读书笔记、3000字以上调研报告、5000字以上心得体会、5篇电影观后感、5篇读后感，并认真记载调研日记、民情日记和谈心谈话记录。开展"党员干部公开承诺""党员干部引领致富""党员干部率先垂范""党员干部服务群众""第一支部书记挂钩连队"等活动。第一书记上党课18次，党支部书记上党课26次。党委拿出6.9万元，表彰奖励5个先进党支部、6个"五好"党支部、10个党风廉政先进单位、6个党员承诺先进单位、9个党员先锋岗先进集体、53名优秀共产党员。当年，发展共产党员20人，预备党员转正26人。团场创新开展了社区党建"一书两评三考"工作和党员义工"四心五带六联"活动，共有820余名党员参与党员义工活动，党员集中兑现承诺327项，组建党员服务队45支，为群众办好事、实事1358件。在团党委的统筹安排和推进下，各基层党支部在8月20日前，全部按期召开专题组织

2014年4月28日，团在第二师群众路线教育实践活动知识竞赛中荣获一等奖
（宣传科供图）

生活会，民主评议党员771人，评议面达到97.6%，其中被评为"好"等次的633人，占82.1%，被评为"一般"等次的104人，占13.5%，被评为"差"等次的34人，占4.4%。11名团领导、18名党支部第一书记、2个驻连（村）工作组，均分别参加所在党支部的组织生活会。党委常委同时深入自己的联系点，高标准要求、硬措施推动，使联系点成为好样板、示范点。经过认真梳理归纳，共需要整改的事项有289项，其中已经完成整改177项、完成率61.2%，正在整改102项，10项正在研究整改；党组织班子成员需解决的突出问题676项，其中已解决423项，解决率62.6%，正在解决的253项；完成兵团专项治理和专项整治任务40项，修改完善制度96项，制定制度44项，新出台制度65项，废止制度9项。针对超职数、超规格、超编制配备干部情况，团党委以机关机构改革为契机，通过考核上岗、自然离岗、岗位分流等形式，在2015年全部消化"三超"情况。与尉犁县开展"兵地融合共发展"包联结对活动，组织50名科级以上干部与50户少数民族家庭结对帮扶，6个连队帮扶3个村，连队支部书记分别担任帮扶村的第一书记、第一主任，使民族团结真正落到实处。2014年8月，团党委举办首届"乌鲁克"杯广场文化艺术节，以"激情广场，幸福家园"为主题，各基层单位的300余名职工，上演52个展示团场发展建设、人文风貌的精彩节目，有3000余人现场观看演出。是月，团场党委动员全社会力量向鲁甸地震灾区捐款，1056名党员干部职工捐款2.65万元。

2014年，团场在第二师铁门关市党的群众路线教育实践活动知识竞赛中获一等奖和协作奖。

（九）"三严三实""四强"专题教育活动

2015年，在团处级干部"三严三实"专题教育活动中，团党委认真落实专题责任和党委书记第一责任人责任，坚持从严从实，主动发力开展"三严三实"专题教育。以团党委书记上党课形式启动专题教育，党委班子成员率先垂范，用好"六个学习载体"（党委中心组集中学、讨论交流学、专题辅导学、警示教育学、对照清单学、服务发展学）；以座谈会的形式启动团处级以下党员干部"四强"专题教育活动。团党委下派4个督导组、16名第一书记，聘请58名党建义务监督员，全程监督推动专题教育活动。31个党支部围绕四个专题学习内容，狠抓领导班子集体学、党员干部自己学，每个专题1次交流研讨，举办强法治专题讲座18场，在每个专题结束后，召开一次"四强"专题推进会。第二专题结束时，31个党支部班子共查摆问题218个，整改落实201件；140名党支部委员查摆问题623个，整改落实614件，其他党员查摆问题684个，整改落实658件，为职工群众办好事384件。

第六节 干部管理

一、干部管理制度

国家"九五"时期后，团场全面推进干部人事制度改革，建立完善干部管理制度，系统规范干部管理权限、选拔条件、待遇享受等具体内容，干部能上能下，能进能出，管理考核规范。对作风优良、政绩突出的党员干部表彰奖励，对因官僚主义、贪污、渎职、腐化堕落违法违纪的干部，依据《中国共产党纪律处分条例》规定，给予党纪、政纪和司法处理。选拔任用严格执行任前公示、任中监督、离任审计程序，建立科学规范的干部选拔任用管理制度。

2004年，团场建立机关工作组同连队相挂钩的工作制度，将机关干部20%的工资与所挂钩单位的效益相挂钩，同时建立党员干部扶贫帮困"联系户"制度。

2006年两团合并后，三十三团（中心团场）党委在干部管理制度的基础上，出台《规范干部管理有关问题的通知》《机关目标管理考核补充规定》和《领导干部外出相关问题的规定》，干部管理工作向科学化、规范化迈进。

2008年后，团场推行事业单位全员聘用、转换用人机制，建立和完善岗位管理制度，变身份管理为岗位管理。管理岗位实行任命制和聘任制，部分领导岗位实行竞争上岗；专业技术职务聘任制进一步完善，坚持择优聘任，实行聘评分开，竞争上岗。

二、干部选拔任用

1995年开始，团场党委严格选拔任用干部。副连级以上干部的任免权限属团场，经团场党委常委会研究决定业务干部的任免。公开选拔、竞聘上岗的干部，由团场党委决定选拔和使用。团场干部主要从职工和引进的大中专毕业生中选拔、吸收。团场管理人员定编职数由团党委统一确定，基层单位干部、业务人员一般设6~8人。

1996年起，团场为解决干部知识结构不合理等问题，采用招录大中专毕业生到团工作的方式，干部聘用方法逐步向多元化发展。

1997年，团场基层单位干部职数定编标准为农业单位正职2人、副职及业务7人，林管站正职2人、副职及业务8人，建筑公司正职2人、副职及业务12人，加工连及修造厂正职2人、副职及业务8人，水电站正职1人、副职及业务5人，农试站正职2人、副职及业务7人。

1998年，团场试行民主选举连队领导干部工作，连队指导员、连长、副连长岗位100%由职工群众民主选举产生，选举工作本着公开平等、竞争择优的原则。试点连队通过精心准备，分别召开干部和职工大会，大会选举结束后，现场公布选举结果。

1999—2002年，三十三团通过民主选举完成12个农牧单位的领导干部选拔任用工作，全团定编定岗分流财会人员35人；三十二团完成11个农牧单位的民主选举选拔基层领导干部工作，选举率100%。

2003年，三十三团公开选拔报账员19人，招聘社区工作人员6人，学校、医院以竞聘方式选拔中层干部7人。从2003年开始，团每年从全国各地高校招收引进人才15人以上。

2004年，三十三团采取竞聘考试，选拔录用政工员20人。

2005年，团招录高校毕业生35人，分配到团场各行业干部岗位。

2006年，团完成农业连队第二轮民主选举干部工作。

2008—2009年，三十三团完成第三轮民主选举连队干部工作，落实15个连队连长、副连长任职岗位。

2010年后，对任用的干部进行任前公示，在公示过程中，有群众举报者，经查情况属实者团不予提拔任用。每年引进各类大学生30余人，逐步达到高峰值。

2011—2015年，团党委以全委会的形式，对年度选拔的副连级以上干部开展"一报告两评议"制度。

三、干部考核

1995年后，团场党委每年以组织考察和民主评议的方式对基层领导班子和领导干部考察考核，考核结果与奖惩、任用相结合。按照职称考评工作办法和细则，团场每年对专业技术干部进行职称考评，结果作为聘任干部的重要依据。对干部考核测评优称率未达到60%的班子和个人，实行诫勉谈话。团领导干部考核，由农二师组织部结合团年度考核评议结果，经农二师党委研究审定，分优秀和称职等次。

团场干部考核按经济建设和精神文明建设进行，单项工作由上级部门进行单独考核，考核结果与奖惩挂钩。通过检查考核，年底评选出先进工作者、优秀党务工作者、优秀党员等。团场在表彰大会上颁发光荣证书（给予100～200元的物质奖励），并作为干部选拔任用的参考依据。团党委对违反党纪的干部本着"惩前毖后，治病救人"的方针，按其错误的性质，情节的轻重分别给予党纪、政纪处分。

2001年初，团场下发十三个意向性研究内容，并把完成调查报告规定任务，及在地区级以上刊物上发表的理论研究文章和论文作为干部考核依据。

2004年，团场改进干部考核测评方式，将上对下的单向考评改为上下共同参与的考核测评。把职工参与基层班子考评由繁杂的百分考评改进为考核测评。

2010年后，团场相继出台《三十三团干部管理若干规定》《三十三团机关管理规范》《三十三团基层单位管理规程》《三十三团党员干部八个不准》《三十三团党员干部作风建设制度》等文件。在加强监督和考核上，团半年进行一次检查，对违法乱纪个人进行诫勉谈话，建立领导干部述职述廉、个人重大事项报告、领导干部收入申报制度，建立干部廉政档案，执行干部年终测评考核制，延至2015年。

四、干部培训

20世纪90年代开始，团场以团、连两级领导干部培训为重点，团场在职干部均为教育培训对象。干部培训形式为机关各部门自主或联合组织开展培训；邀请专家、讲师授课培训，走出去到兄弟团场学习交流；选派党、政、工干部和专业技术人员参加兵团、师组织的继续教育学习和学历、学位教育培训，促进知识水平、业务技能和工作能力进步深造。培训内容涉及政策理论、业务技能、法律法规、计算机应用等诸多方面。

1996年以来，团场开办农广校，并通过兵师验收，团场干部通过农广校函授、自学、考试获得中专以上学历，加之组织选送培训等，为团场各行各业培养骨干力量。

2005年，三十三团与华山中学联手在团举办干部计算机培训班（网络知识、计算机操作、软件应用等），80余名机关、连队干部参加培训。

2006年，团党委邀请中央党校函授部在团场开办经济管理本科函授班、大专班。

2009年，团分三期选派农林连队的指导员、连长39人参加师农牧连队党支部书记、副书记培训班，选送2名干部参加师中青年干部培训班。

2011年开始，河北省承德市与三十三团对口援建，承德市先后来团援疆干部20人。其中，担任副团长职务2人，医疗人才5人，教育、农技专业人才13人。团到河北省承德市参加培训116人，其中干部人才交流26人，教育41人，医疗17人，农业32人。团党委针对人才流失，制定出台《加强大中专毕业生管理工作制度》，修建大学生公寓40套，生活用具齐全。

2014年，团场对新招录的25名大学生进行为期20天岗前培训。培训内容有军事素质、场规场纪、兵团精神、民族团结、社会主义核心价值观等24个科目。

2015年，团场通过多层次、多渠道、全方位的干部培训，推进企业干部和专业技术人员向新型复合型干部人才发展。

五、干部档案

（一）三十三团

1995—2001年，干部人事档案一直由组织部门管理。

2002年，为适应新时期干部管理的需要，团建立干部信息数据库，存录全团在职和离退休干部个人信息资料。

至2015年，团建立在职干部档案603卷，离退休档案669卷，闲散人员档案203卷，死亡档案923卷。

（二）三十二团

1995年后，干部人事档案由组干科保管。

2002年，团建立干部信息数据库。

2006年，干部档案纳入三十三团（中心团场）政工办统一管理。

第七节　纪检监察

一、机构

（一）三十三团

1995—2001年，团场成立纪检委，设立办公室，配备专职纪检干部，纪检委与监察科合署办公，刘立志任纪委书记、蔡桂山任纪委副书记。

2011年9月，中共三十三团第十次党代会选举出7人组成第十届纪检委员会，石剑华任纪委书记、张先信任纪委副书记，任期至2015年。

表17-9　三十三团纪委（监察科）领导名录（1995—2015年）

姓名	性别	族别	职务	任职时间
刘立志	男	汉族	书记	1995—2001年
蔡桂山	男	汉族	副书记	1995—1999年
周　静	女	汉族	书记	2002—2008年
张伟敏	女	汉族	副书记	2000—2010年
白　杰	男	汉族	书记	2009—2011年
石剑华	男	汉族	书记	2011—2015年
张先信	男	汉族	副书记	2011—2015年
庞树林	男	汉族	副书记	2013—2015年
韩兆虎	男	汉族	科长	1995—1998年
陈运智	男	汉族	科长	1998—2009年
庞树林	男	汉族	副科长	2006—2013年
许明书	女	汉族	科长	2012—2015年

（二）三十二团

团场纪委下设办公室和监察室，主要业务是党员干部的纪律检查、非党干部的行政监察，干部的廉政和纪律检查教育等工作，在基层单位党支部设有兼职纪检委员。

1992年，陈贵生任三十二团纪委书记。

1996年，马汝斌被任命为三十二团纪委书记，纪委副书记空缺。

1998年，郦国兴被任命为三十二团纪委书记，纪委副书记空缺。

2002年，韦泽军被任命为纪委副书记，许明书被任命为监察科长。

表 17–10　三十二团纪委（监察科）领导名录（1995—2006 年）

姓名	性别	族别	职务	任职时间
陈贵生	男	汉族	书记	1992 年 5 月—1995 年 12 月
马汝斌	男	汉族	书记	1996 年 1 月—1996 年 12 月
郦国兴	男	汉族	书记	1998 年 1 月—2002 年 1 月
韦泽军	男	汉族	副书记	2002 年 8 月—2006 年 9 月
黄博韬	男	汉族	科长	1996 年 9 月—2002 年 1 月
许明书	女	汉族	副科长	2000 年 3 月—2002 年 3 月
许明书	女	汉族	科长	2002 年 3 月—2006 年 9 月

二、党风廉政建设

20 世纪七八十年代，党风廉政建设工作由团场机关政治处负责，出台相应管理措施，配有专职纪检员负责此项工作。

1995—1997 年，团场党委每年初对党风廉政建设和反腐败工作进行研究部署的同时，并与每个基层单位签订党风廉政建设责任书，定期召开领导干部配偶座谈会，筑牢家庭廉政关。各基层党支部均建立民主评议党员和民主评议干部制度。每年底对团级领导干部党风和廉政建设表现情况进行民主评议，并将评议结果进行公示。团纪委坚持抓牢党员干部的党纪、政纪教育，举办形式多样的学习班，进行警示教育，形成党风廉政建设教育常态化。

1998 年，三十二团党员干部进行《中国共产党章程》《中国共产党党员领导干部廉洁从政若干准则（试行）》及党纪、政纪、条规相关教育。每月组织 1 次党风廉政学习，机关干部及各基层单位副连级以上干部进行党纪政纪考试。针对"两费自理"（生活费、生产资料费）及土地承包，制定"六公开三上墙"（土地等级公开、承包方案公开、上缴利费公开、生产成本公开、产品产量公开、分配收入公开；承包方案上墙、上缴费用上墙、年终兑现上墙）政务公开制度。提出干部"四个必须"（必须作到"五同"、必须做到"四不准"、必须做到"三上墙"、必须有 1 本收入费用明细账）。

1999 年 9 月，自治区开展第一个"党风廉政建设教育月"，根据农二师党委安排

2015 年 4 月 2 日，团召开党风廉政建设警示教育大会　　（团纪委供图）

部署，团场成立党风廉政教育月活动领导小组，组长由党委书记、政委担任，副组长由纪委书记担任。开展学习老一辈无产阶级革命家关于加强党风廉政建设的有关论述和精髓；结合实际，查找不足，总结经验教训；贯彻执行中纪委关于制止奢侈浪费的八项规定；学习贯彻《兵团关于实行党风廉政建设责任制的规定》；进行"讲学习、讲政治、讲正气"的党风党性教育和党纪政纪条规教育。

2000年，团场制定《关于实行党风廉政建设责任制考核办法》，明确党政一把手对本单位的党风廉政建设负总责；对同级领导班子成员和下一级正职领导干部及分管职能部门的党风廉政建设负直接领导责任。学习实践"三个代表"重要思想，深入开展党风廉政建设和反腐败斗争。在第二个"党风廉政建设教育月"活动中，开展警示教育。

2001年，三十三团签订《党风廉政建设责任书》，团主要领导与团主管领导签订，主管领导与分管的基层单位签订。改变过去主要领导全盘负责，自顾不暇、顾此失彼的责任悬空和主管领导有具体分工但没有具体责任的弊端。通过逐级签订责任书，增强领导干部廉洁自律意识，强化责任落实。

2003年，团场党委围绕经济建设中心，加强党员干部党风廉政建设教育。两团各召开2次警示教育大会，共组织2次廉洁从政知识学习、3次党纪条规学习和1次领导干部配偶、子女座谈会。团领导和各基层单位党支部均印发《领导干部廉洁从政行为规范（72个不准）》等党纪政纪条规考试复习题。团电视广播站播放《反贪大案要案纪实》《廉政启示录》《铁窗下的忏悔》3部专题教育片。各基层单位党风监督小组结合工会组织的职工"议政日"活动，对连队的重要事项和领导干部的从政行为进行监督；对连队领导干部收入、奖金分配、土地承包定产、"两用地"划分等群众关心的内容均及时上墙公示；对职工水费、机力费等收缴进行严格管理，避免"三乱"现象发生。

2004年，三十三团狠抓奢侈浪费和公款吃喝。团领导带队不定期逐个检查个体餐馆，发现违者，绝不姑息；中小学收费项目及标准严格执行自治区物价局和教委规定，公示于众，接受社会监督；加强团、连预算外资金管理，严格财务人员岗位责任，清理各单位"小金库"。在第六个"党风廉政建设教育月"活动中，团纪委举办"党内法规知识竞赛"，6个单位获奖。

2005年，三十三团（中心团场）完善党风廉政建设责任制考核办法，强化责任制落实"三个环节"（责任分解、责任考核、责任追究），将领导班子成员责任分解情况公示于群众。3月8日，团纪委会同工会、政工办组织连级以上领导干部家属120余人参加"庆三八、学先进、倡廉洁"联谊会。

2006年，团场制定《三十三团党委关于建立健全惩治和预防腐败体系实施细则》，签订《党风廉政建设责任书》386份。3月，举行"庆三八、倡三德、促廉洁"先进模范表彰大会。7月，举办"共唱廉政歌"比赛活动。在第八个"党风廉政建设教育月"期间，党委中心组学习21次，基层单位出专题板报72块，广播电视新闻报道82篇，撰写党风廉政建设理论文章2篇，党员、干部走访职工家庭2300余户。

2007年，团场党风廉政建设工作围绕"抓教育、强监督、促管理"，开展"进百家门、知百家事、系百家情、解百家难、暖百家心"和"我为党旗添光彩"主题实践活动；建立党员先锋岗，开展干部家属精品田、示范园评比活动；在第九个"党风廉政建设教育月"活动中，开展"十个一"活动。活动期间，撰写调研报告31篇，解决职工群众实际问题33件，制作廉洁从政专栏112块，新闻报道72篇，党员干部参加廉政教育知识测试387人，撰写学习心得1035篇，举办知识竞赛1次，制作党风廉政建设专题片1部，慰问贫困职工22户。

2008年，制定《三十三团党委领导班子党风廉政建设责任分解及考核办法》。签订团领导党风廉政建设责任书7份、领导干部廉政承诺书484份、领导干部家庭廉洁自律责任书382份、单位及部门党风廉政责任书47份、纠正行业不正之风目标责任书63份、领导干部"两还"工作责任书465份，廉政宣誓12人，廉政勉励谈话5人。是年，团场结合3月、7月的集中教育活动，推进廉政文化"八进"活动，刊出廉洁从政专版93期，播出广播稿件203篇，制作专题片1部，参加知识测试354人，为职工做好事办实事解难事752件。

2009年，团召开党风廉政建设和反腐败工作专题会议，安排部署反腐败工作。在3月的"家庭助廉教育月"、第二批深入学习实践科学发展观教育活动和第十一个"党风廉政建设教育月"活动中，团党委、纪委向全团党员干部发出廉洁自律倡议书582份，组织全团党员干部及干部配偶参加团开展的干部配偶家庭助廉警示教育会，观看警示教育电教片《思想的防线》、先进纪检干部电教片《王瑛同志先进事迹报告》和基层干部配偶"廉内助"典型事迹演讲等；开展党员干部"十个一"活动。

2010年，农二师第四届"廉政文化艺术节暨交通杯"文艺汇演活动在三十一团隆重举办，三十三团参赛的2个节目分别获得二等奖和三等奖。

2013年，为加强党风廉政建设，团党委与各单位签订纠正行业不正之风目标责任书，对新提拔干部签订廉政勉励书。

2015年，团纪委制定《三十三团党风廉政建设和反腐败工作计划》《三十三团党委领导班子成员党风廉政建设责任分解》《三十三团党风廉政建设责任追究暂行办法》《三十三团党委关于落实党风廉政建设党委主体责任和纪委监督责任实施细则》《三十三团"三重一大"决策制度监督检查暂行办法》《三十三团党政主要负责人"五个不直接分管"工作制度》《三十三团纪律监察机关对监督检查部门履职情况进行再监督再检查实施办法》等工作制度。做到"一同落实、一同检查、一同考核"，层层签订《党风廉政建设责任书》《惩防体系建设工作责任书》《领导干部及配偶家庭廉洁自律承诺书》。向全团干部家属发放《致全团干部家属家庭助廉倡议书》，建立领导干部住房、收入、礼品礼金登记制度和连级以上领导干部廉政档案。建立机关副科级以上干部和连队领导干部述责述廉机制。

三、纪律建设

1995年开始，团场纪律建设工作本着"纠建并举"的方针和"谁主管，谁负责"原则，签订《领导干部纠风目标责任书》《党风廉政建设责任书》《廉洁自律承诺书》。

1999年开始，团场纪律建设从抓好领导干部廉洁自律规定的落实入手，规范领导干部从政行为，不准利用职权弄虚作假、虚报浮夸，禁止以各种名义用公款互相宴请、大吃大喝，坚决反对和制止各种奢侈浪费行为，坚持领导干部个人重大事项向党委纪委报告制度，坚持收入申报、礼品登记等制度。

2002年，根据兵团和农二师关于减轻职工负担的文件要求，团场按规定规范团中小学收费项目、标准和程序，治理乱收费现象，接受社会监督。

2003年，团场严查私设"小金库"行为。机关干部收入的20%与挂钩单位挂钩，实行办公费、电话费包干制，办公用品由行政办公室统一采购，集中发放。是年，团出台《关于规范采购行为规章制度》，对一些不属于大额的物资采购工作作出了明确规定。针对基层连队领导干部"走读"现象下发文件，作出明确规定，对不遵守制度和不按规定执行的，在全团干部会上进行通报，实施纪委书记与下级党政主要领导谈话和诫勉谈话制度。

2004年，团场围绕"发展团场经济，致富职工群众"的工作目标，落实党风廉政建设责任制，开展党员干部思想道德和党纪法规教育。

2005年，三十三团（中心团场）建立完善《三十三团党委常委会议事规则》《三十三团团长办公会议事规则》《三十三团政委办公会议事规则》《三十三团基层党支部议事规则》等20项规章制度。

2006年，团落实《建立健全教育、制度、监督并重的惩治和预防腐败体系实施纲要》。围绕新型团场、新型连队建设，贯彻科学发展观，落实行政监察法。

2007年，团推进惩治和预防腐败体系建设，加强领导干部作风建设促进廉洁从政，倡导八个方面良好风气，坚持"八个带头"。按照"树立一个理念"（以经济建设为基础的科学发展观理念），坚持"两手抓两手硬"（一手抓党组织班子建设，一手抓党员干部队伍建设），确立"三联"工作方针（经济工作联抓、党建工作联创、稳定工作联防），开展"四带"活动（班子带支部、支部带干部、干部带党员、党员带群众的挂钩联系帮扶机制），争创"五好"党支部（领导班子好、党员队伍好、工作机制好、工作业绩好、群众反映好）。

2008年，按照党要管党、从严治党要求，保证廉洁从政目标，以决策和执行为重点环节，加强对人、财、物的监督管理，形成党风廉政建设责任对权力运行的监督。贯彻《党员领导干部"八不准"》，团组织召开党风廉政建设专题联席会议2次；提请团党委听取专题汇报研究党风廉政建设工作3次；组织开展集中廉政教育学习2次。

2009年，团场在落实建立健全教育、监督制度并重的同时，重申党员干部廉洁自律规定，严厉禁止各种奢侈浪费行为。强化节约意识，倡导建设资源节约型、环境友好型的社会新风尚。团纪委下发《三十三团清理规范评比达标表彰工作实施方案》《三十三团开展"扬正气、促和谐"全国优秀廉政公益广告展播活动实施方案》《三十三团"小金库"治理工作实施方案》《三十三团工程建设领域突出问题监督检查工作实施方案》《关于对水土资源开发情况进行清理的通知》等，建立健全领导小组及监督机制。

2010—2015年，根据团党委分工方案，进行领导成员分工及党风廉政建设责任分解，调整党风廉政建设工作领导小组，制定工作计划，确定工作制度和责任分解。落实"一岗双责"，把握监督与查办案件关系两个重点，落实"三重一大"制度，坚持改革创新，以新思路、新举措开创反腐败体制机制创新。完善干部责任制考核体系，加强激励约束和责任追究机制建设，明确各级职责，形成党委、部门、支部、党员干部四级工作责任制、制定责任目标、划分责任区、签订"五书"883份，加工厂、学校、医院签订纠正行业不正之风目标责任书67份。

1995—2015年，团纪委监察科连续7年被师纪委监察局授予"纪检监察先进集体"称号。团纪委书记周静连续6年被师纪委授予"先进纪委书记"荣誉称号。

四、监督检查工作

1996年起，团纪委与相关部门积极配合，加大监督检查力度，严格办事程序，公开办事结果，接受群众监督，密切干群关系。办事讲民主、讲公开，正确引导群众，及时化解矛盾，做到防患于前，防微杜渐，从源头上遏制腐败发生。

1996年，团根据农二师监察局、农业局要求，着重对实行"两费自理"和未实行"两费自理"职工的具体负担情况进行摸底调查，最终取消4项不合理负担。

1999年，三十三团减负让利金额达203万元，向农牧职工发放负担监督卡958份，并对农机站、林管站、计生办、教育中心等部门的行政性收费和罚没收入进行清理，清理金额12.3万元；清理"小金库"1个，金额为0.25万元。

2000年，三十三团对基层单位进行全面审计。通过审计发现违纪线索2个，收回"小金库"现金3万余元。通过查办党员干部违纪违法案件和对财务工作的监督检查及审计，为团场挽回经济损失3万余元。

2002—2004年，三十三团纪检监察七项工作。对重大基建工程招投标和竣工工程进行全过程监督检查；对土地承包利费张榜公开，实行单位职代会讨论通过后公开承包；对土管分局办理"两证"的登记、核对、发放进行监督；抓农资购入"准入制"的执行落实，坚持"一票到户"制；建立和完善工程验收监督等10项制度；加强干部教育，实行每周五学习制度，加大党风廉政建设的宣传教育力度，逢会必讲廉洁从政、反腐倡廉，加强道德修养；在干部人事方面，加强任前廉政教育。2004年，团纪委对涉及"三重一大"问题，全程参与监督。规范土地审批程序，禁止违规批地用地现象。坚持团、连政务公开制度，以政务公开栏为阵地，对重大事项和职工群众关注的热点、难点、焦点问题定期公开。

2006年，医院推行"住院费用一日清单制""药品价格公示制""药品集中招标采购制"。团纪委集中对两所中学的"两免一补"和连队承包职工的"两免一减"工作进行3次检查。清理的干部及家属入股经营大型农机具及超面积承包土地退出后未出现反弹。

2007年，纪委对团内重大工程项目监督检查采取"一定、三制、一验收、一公示"措施，由常委会审议确定，实行招标制、监理制、合同制，联合检查组统一验收后公示。

2009年，在干部承包土地问题上，团认真落实兵师党委关于禁止干部承包土地"还田于民"要求，团纪委深入农林单位逐个检查调研，在检查中采取"一听、二防、三谈、四看、五评"形式，把检查中好的做法和存在的问题向单位主要领导反馈，对存在问题提出限改处理意见，对群众来信反映的干部及家属承包土地问题进行认真调查，做好信访处理，确保团场稳定。

2011—2013年，团按时召开工作联席会议，检查分析具体工作中的矛盾和问题，及时整改和完善。

2014—2015年，对加工厂棉检工作职工反映的收"人情棉"、压级压价等问题，团纪委深入加工厂收花现场进行监督，维护职工合法利益。

五、纪检监察案件查处

（一）三十三团

1995年，受理群众信访、电话举报29件（含重信重访），其中涉及科级干部4人、正连级干部9人。初核18件，了结17件，全年退赔、教育处理8人，挽回经济损失3.74万元。

1996年，受理上级转办和群众举报8件，初核8件，了结7件。在了结信访举报中，通报批评2件5人，全年立案2件，党纪处分2人。

1997年，受理信访举报11件，了结11件，转立案1件，党纪和政纪处分2人。

1998年，受理群众来信来访10件，其中信访举报9件、申诉1件，了结10件，其中立案2件（含转师四建1件）、通报全团2件、一般处理4件、失实1件。

1999年，受理群众信访举报12件，初核12件，了结11件，其中转立案1件、通报批评1件。

2000年，受理群众来信来访9件，初核4件，其中立案1件、做一般信访处理2件。

2001年，受理群众来信来访10件（申诉案2件），其中师纪委转办2件、初核6件、转立案2件，受党纪处分2人、受政务处分1人、给予批评教育6人，收缴违纪违法款8.06万元，挽回经济损失12万元。

2002年，受理群众信访举报7件，其中转立案4件（有1件是农二师纪委立案，三十三团纪委处理）、作适当处理2件、复查申诉案子1件，受党纪处分3人、受政务处分4人，收缴违纪违法款2.32万元，挽回经济损失10万余元。

2003年，受理群众信访举报5件，其中转立案2件、作适当处理2件、复查申诉案1件，受党纪处分2人、受政务处分2人，收缴违纪违法款19.06万元，挽回经济损失27.96万元，查处金额41.66万元。

2004年，受理群众信访举报4件，其中转立案1件、作适当处理3件，受政务处分1人，收缴违纪违法款0.99万元，挽回经济损失1万元。

2005年，受理群众信访举报4件，其中转立案3件、作适当处理1件，受政务处分4人、受党纪处分1人。

2006年，受理群众信访举报5件，初核了结5件。

2007年，受理群众信访举报11件，初核了结9件、转立案2件，受党纪处分3人，收缴违纪违法款1.52万元。

2008年，受理群众信访举报11件，初核了结9件、转立案2件，受党政务处分5人。

2009年，受理群众信访举报5件，初核了结5件。

2010年，受理群众信访举报4件，初核了结4件。

2011年，受理群众信访举报11件，其中师纪委转办6件。了结11件。

2012年，受理农二师纪委转来群众信访1件，自办了结11件。

2013年，受理群众信访10件，其中第二师纪委转来群众信访件3件、自办7件。初核了结9件，其中转立案1件。受党纪处分1人、受政务处分1人。

2014年，受理信访举报9件，其中第二师纪委转办7件、自办2件。初核了结9件。

2015年，接信访举报8件，其中第二师纪委转办2件、自办6件。初核了结8件，其中转立案1件。

（二）三十二团

1996年，兵团和农二师机关开始逐级清理检查预算外资金和"小金库"工作。年底，团场开始清理各方面"小金库"。

1998年，在涉及推行"两费自理"承包土地等工作立案4起，追究刑事责任1人、开除党籍处分2人、受政务处分1人。

1999年，受理群众信访举报13件，初步核查6件，其中立案2件、结案2件，收缴违纪违法款2.82万元，挽回经济损失3.65万元。

2001年，团纪委受理群众来信来访、电话举报6件，其中初核5件（立案3件、结案2件）、销案 1 件。受党纪、政务处分各 1 人，挽回经济损失 4.58 万元。

2002 年，接收群众来信来访、电话举报 9 件，初核 1 件，转立案 1 件，结案 1 件。受党纪处分 1 人、政务处分 3 人、通报批评 1 人，挽回经济损失 0.57 万元；印发信访通知书 4 件，诫勉谈话 5 人；农二师督办信访案件 2 件，已报结果 2 件。

2004 年，收到群众来信来访 4 件，初核了结 4 件，通报批评 1 人、诫勉谈话 2 人。

第八节　老干部工作

20 世纪 80 年代开始，参加团场开发建设的首批军垦老战士陆续退休，老干部工作（离退休干部工作）纳入团场党委干部管理工作议事日程。20 世纪 90 年代开始，团场党委完善退休干部政治待遇十项制度，老干部工作纳入团场精神文明建设考核内容。

一、工作机构

（一）三十三团

20 世纪 80 年代初，团成立退委会，组织老干部参加团场两个文明建设活动。20 世纪 90 年代后，组干科设专人负责老干部工作。

2002 年 10 月，团成立老年活动中心，组织老年人开展文化体育活动。

2004 年，团成立社区离退休党支部，团部区域的离退休党员纳入该支部管理。

2005 年 6 月，团成立老干部工作领导小组，办公室设在政工办。设立 2 个老年活动中心。

2015 年初，团离退休干部总计 568 人，其中离休干部 40 人，80 岁以上的占离休老干部总数的 97.8%。

（二）三十二团

1984 年，成立团、连两级退委会。

1993 年，团成立首届老龄工作委员会。

2005 年底，团老干部总数 293 人，其中享受处级待遇 18 人、正副科待遇 19 人、其他待遇 256 人。

二、主要工作

20 世纪 90 年代后，两团场相继成立团、连（基层）两级退委会，连队（基层）退委会组织老同志参加本单位的治安联防等公益活动，为团场经济发展和社会事业进步发挥余热。

2000 年 4 月至 5 月，农二师塔里木垦区首届门球运动会在三十二团举办，团投资 2 万元修建门球场 1 个。是年，团投资 3 万元改修老医院门诊部为敬老院。

进入21世纪，团场老干部工作，以落实老干部的政治待遇和生活待遇为重点，积极组织，认真实施。两团相继成立离退休干部"两费"保障工作领导小组，按规定提取老干部公用经费，保障老干部的政治学习、文体活动、报纸杂志订阅、节日慰问、健康疗养及参观学习等活动正常开展，确保老干部退休金按月足额发放和医药费不跨年度报销。

2002年，三十三团修建镇区老干部中心活动室1个，建立11个基层单位老年活动室。为各基层单位退委会征订《金秋》《老年博览》《中国老年报》《绿原报》《老年康乐报》等报刊，供老干部学习阅读。

2004年，三十三团为37名离休干部办理方便就医卡；为团老年体协和基层单位老年活动室增添桌椅、棋牌；为37名离休干部免费做健康体检；组织老干部外出参观、学习、旅游。

2005年，三十二团团部建成老干部中心活动室1个，基层单位建立老年活动室10个。

2006年3月，两团合并，老干部工作实行统一管理，由政工办负责，设一名兼职人员。团社区（东、西片区）成立离退休党支部3个，负责组织开展各类活动。团每年均组织召开老干部座谈、茶话、通报会；每两年组织一次老干部体检和团内观摩活动；每年派送3~4名老干部去其他省市疗养；在每年重大节日期间，开展走访慰问老干部活动。

2012年，团按规定调整离休干部艰苦边远地区津贴标准，全团50名离休干部人均月增资130元。6月，团投资新建的养老院剪彩落成。

2014年，三十三团获兵团"老干部工作先进集体"荣誉称号。

2015年，团拨款2.7万余元为老干部征订报刊325份。三十三团连续5年获师"先进老干部之家"荣誉称号。

三、关心下一代工作委员会活动

（一）三十三团

2003年10月，团成立关心下一代工作委员会（简称关工委），主任周静，顾问刘立志、陈怀昌、梁远发，常务副主任祝聚宝、陈尚毅，委员10人，关工委办公室设在组干科。

2005年3月，成立三十三团（中心团场）关工委，主任周静、田永明，顾问刘立志、陈怀昌、梁远发，常务副主任张先信、郭海军、陈尚毅，委员10人，关工委办公室设在政工办。吸收团场在教育、卫生、法律、科技、文化、体育方面有特长的老同志加入其中，发挥老同志教育优势，开展青少年"传、帮、带"活动。

2007年，团调整关心下一代工作委员会成员，主任由副政委担任，常务副主任和副主任由陈怀昌、丁培玉、冷少元担任，成员由政工办、教育中心、团委、中学、社区和19名老干部组成。团党委从两个社区各划出一间15平方米房间，为关工委专用办公场所。团关工委制定出台《三十三团基层关心下一代工作委员会章程》，成立三十三团关爱工作团。各基层单位成立3~5人的关工委领导小组，并与家长签订"学生安全责任书"，明确双方责任和义务。组建学生假日活动小组124个，学生参加"假期读好书活动"达1963人次，写读后感、观后感935篇。团为1727名学生减免费用40余万元。

2012年，团关工委举办基层单位关工委主任业务工作培训班。

至2015年，团关工委多次荣获第二师"先进关工委""五好关工委""一星级五好关工委"等荣誉称号。

（二）三十二团

2003年，团成立关工委，连队（社区）建立基层关工委组织，主任由连队党支部书记担任，常务副主任由老同志担任，关心下一代工作纳入团党委和连队（社区）党支部议事日程。关工委以老同志为主体、以连队（社区）关工委领导小组为基础、以青少年为工作对象，按照"急党政所急，想青少年所需，尽关工委所能"的工作方针，发挥优势，承担起假期管理学生等工作。

第九节　宣传思想政治工作

1995年以来，团场宣传思想政治工作，以弘扬和维护社会主义核心价值观，用科学理论武装头脑，营造良好的舆论环境，为团场经济社会发展和稳定提供思想保证、舆论支持和精神动力。

一、宣传工作

（一）对内宣传

团场宣传工作，以把握正确的舆论为导向，弘扬主旋律；以新闻宣传通讯站、电视广播站为中心，宣传贯彻党中央、兵团和第二师党委的方针政策；以新闻报道、理论宣传等为形式，对外树立企业形象，对内凝聚企业精神。

1995年，三十三团电视广播站播报团内新闻533条；三十二团电视广播站播报团内新闻400余条，制作《乌鲁克女性风采》《"二五普法"纪要》《为子孙留下一片沃土》等8部专题片。

1997年，中国共产党第十五次全国代表大会召开后，两团以党员干部学习贯彻江泽民同志《高举邓小平理论伟大旗帜　把建设有中国特色的社会主义事业全面推向21世纪》报告和《中国共产党章程（修正案）》为宣传主旋律。各基层连队完成团内新闻报道700余篇。

1999年，两团宣传工作以开展"三讲"教育为主题的党性、党风学习教育为载体，各连队组织力量，结合单位学习实际，积极向电视广播站投稿800余篇。

2002年，两团围绕党员干部学习"三个代表"重要思想和《中共中央关于加强和改进党的作风建设的决定》等内容，开展宣传工作，收集学习讨论稿56篇，电视广播站播报各连队报送的团内新闻 730 篇。

2005 年，三十三团（中心团场）举办新闻写作骨干培训班 1 期，参培 30 人。各基层单位围绕"保持共产党员先进性教育"活动和学习党的十六届四中全会精神情况开展宣传报道工作，向团电视广播站报送新闻稿件 900 余篇。

2008 年，团宣传工作围绕学习实践科学发展观、"四抓四看"等活动内容进行宣传报道。全年各基层单位报送团内新闻稿件 1050 篇。

2010 年，宣传工作以"创先进党支部、争优秀党员"为目标，把"联创共促"作为宣传活动载体，宣传团场开展"支部共建、党员共管、活动共办、资源共享"等活动开展情况。是年，宣传科开设兵团新闻网三十三团频道、三十三团政务网频道专栏。当年刊稿 42 条，制作新闻简报 33 期，各单位报送新闻稿件 1060 篇。

2012 年，团宣传工作以"公民道德建设月""民族团结教育月""十星级诚信文明户评选""当雷锋传人，做守法公民""立足本职奉献团场"等内容开展宣传活动。全年电视广播站制作专题新闻 42 期，播报团内新闻 1100 余篇，各单位挂宣传横幅 123 条。

2013 年，团以宣传党的十八大精神为主线，组建宣讲团，组织优秀理论骨干，到各基层单位分专题巡回宣讲 38 场次。各单位向团电视广播站报送新闻稿件 1220 篇。

2014 年，团宣传工作以学习习近平总书记系列重要讲话，党的十八届三中、四中全会精神和第二次中央新疆工作座谈会精神和社会主义核心价值观为宣传内容。电视广播站制作专题新闻 49 期，播报团内新闻 1160 篇。

2015 年，以"三严三实""强党性、强法治、强责任、强基层"等专题教育活动开展宣传工作。团电视广播站制作专题新闻 40 期，播报团内新闻 1210 余篇，各单位出宣传板报 12 期，制作宣传栏 30 个。

（二）对外宣传

20 世纪 80 年代，两团对外宣传报道力度不够，外发稿件少，刊载量甚少。

1995 年后，两团加大对外宣传报道力度，举办团场和连队两级通讯报道组培训活动，激励通讯员向外投稿。

1997 年，三十三团宣传科举办新闻培训班，向基层通讯员传授新闻写作要领，提高通讯员写作水平。通过培训基层单位政工干部写作水平逐步提升。全年对外发表新闻稿件 76 篇。

2001 年，三十三团党委加强对新闻宣传工作的领导，确定宣传科承担新闻宣传的工作职责。选派宣传骨干参加兵团和农二师举办的新闻写作培训班。当年在国家、省、地师级报刊上发表新闻稿件 106 篇，其中国家级稿件 2 篇，省级稿件 19 篇。

2004 年，三十三团党委以公开形式招录 20 名政工员充实到各基层单位，并完善政工员目标考核办法，实行通讯报道领导首问制，外宣工作列入连队精神文明考核。

2006年，三十三团在地师级及以上新闻媒体刊稿353篇，其中国家级11篇、省级46篇、地师级296篇。

2008年，三十三团选派3名政工干部参加兵团和农二师新闻写作培训。全年在国家、自治区、兵团、农二师等新闻媒体发表新闻稿件831篇。

2010年，三十三团出台《新闻宣传奖励管理办法》，确定"驻足绿原、主攻省级、向中央级大报大刊进军"的思路。是年，在地师级以上报刊、广播、电视台等刊发稿件1279篇，其中《工人日报》、《农民日报》、《中国农垦经济》、《兵团日报》、《兵团建设》、《新疆日报》、"兵团电视广播站"等省级以上媒体刊稿200篇；在地师级报刊发稿490篇；在新华网、兵团新闻网、中国广播网等主流网络上刊发稿件达589篇。

2011年，三十三团派出4名新闻骨干先后参加兵团和农二师组织的各类新闻写作、网络培训班。全年在地师级以上报刊、广播、电视台等刊稿1224篇，其中在《亚洲中心时报》《农民日报》《中国绿色时报》《中国农垦经济》《兵团日报》《兵团建设》《新疆日报》《兵团工运》等国家级、省级媒体刊发稿件182篇；在"兵团电视广播站"播发稿件41条；在地师级报刊发稿429篇；在新华网、兵团新闻网、中国广播网等主流网络上刊发稿件572篇。

2012年，团在省级及以上报刊刊稿280篇；地师级报刊刊稿295篇。省级及以上网络媒体刊发稿件640篇；地师级网络媒体刊发稿件502篇。制作电视专题片25部；省级及以上电视台播发稿件60条，农二师电视台播发稿件140条。

2013年，团完成中央国家级报刊稿6篇，省级及以上报刊稿件269篇，地师级报刊稿335篇；完成省级文艺作品48篇，地师级文艺作品17篇；完成省级及以上网络媒体刊发稿件323篇，地师级网络媒体刊发稿件311篇。团电视广播站完成省级电视新闻72篇，地师级电视新闻136篇，制作专题片16部，其中专题片《连长故事》于8月、10月分别在国家党员远程教育网和兵团卫视展播。

2014年，团在国家级报刊发表文章9篇；省级报刊发表文章190篇，地师级报刊发表文章388篇；天山网、兵团新闻网发表文章305篇，兵团网、胡杨网发表文章1291篇；在省级电视新闻发布新闻稿45篇，地师级电视新闻发布新闻稿132篇；制作专题片22部。

2015年，三十三团电视广播站制作《丝路胡杨城 大美乌鲁克》专题片。在各级报刊、网络、电视台等媒体发表文章2327篇。

二、思想政治工作

1995年以来，两团思想政治工作，围绕重大体制改革，以农、林、牧、机、工业等企业内部改革，转变干部职工思想观念，开展思想教育和宣传活动。

1998年，三十三团在纪念党的十一届三中全会召开20周年活动中，各基层单位组织开展"讲团史、讲连史、忆英模、谈变化、谋发展"座谈会等活动。通过电视广播站宣传团场改革开放20年取得的成就。是年，团宣传科、工会、电视广播站联合举办建团40周年庆祝活动。

1999年，两团场在职工群众中开展反邪教教育活动，职工群众防范和抵制邪教意识增强。

2000年，两团开展学习全国劳动模范伍元秀先进事迹活动。两团机关、各基层单位结合学习先进事迹，开展"讲党性、讲党风""转作风、推文明"活动。

2003年，两团场在党员干部中开展学习赵机农、郑培民、曹发贵先进事迹活动。团电视广播站开设学习专栏，基层领导干部应邀走进电视节目，畅谈学习体会。

2005年，三十三团党委围绕职工群众关心的土地长期固定、"两费自理"、租赁承包、税费改革和退耕还林还草等热点问题，编写印发宣传提纲，激励职工发展自营经济、参加土地承包、参与税费改革。是年，举办学习党的第十六届四中全会精神培训班3期，参培干部210人，团党委班子成员、机关干部带头学，边学边改，撰写心得体会200余篇。

2006年，三十三团在贯彻落实"八荣八耻"等学习活动中，印发宣传资料3000余份。

2007年，团开展"发展壮大兵团，致富职工群众"主题宣传教育活动。重点宣传全国三八红旗手、党的十七大代表农二师二十二团五连职工鞠爱华和为救落水儿童英勇牺牲的亚泰北路社区居民庞天全等人的典型事迹。

2008年，团按照兵团和农二师党委《关于深入开展学习实践科学发展观认真开展"四抓四看"活动意见》要求，在党员干部中开展"干部到一线工作、领导上一线指挥、形象在一线树立、情况到一线了解、办法在一线产生、问题在一线解决、经验在一线总结、干部在一线考核、感情在一线融合"的"九个一"活动。

2011年，团在文化宫举办"六个为什么""兵团政策"和"兵团精神"竞赛活动，来自各基层单位的200余名干部职工参加竞赛。是年，团党委以科学发展观为指导，加强干部理论培训，集中学习12次，中心组成员撰写调研论文21篇。投入经费46.45万元，订购党建书籍报刊等学习资料38种。

2012年，团在开展职工思想政治工作调查研究活动中，收集调研信息84条，撰写调研论文56篇，上报师宣传部文稿12篇。是年，团第二届一次职代会审议通过《三十三团职工管理办法》，开展职工管理教育培训活动2期。

2013年，团党员干部理论学习以党支部集中学、个人自己学等方式，落实学习任务，参学率达98.8%。团宣传科收到基层单位职工思想教育调查信息48条、机关部门调研论文37篇、政研论文25篇（其中在省级报刊发表2篇）。

2014年，团党委理论学习中心组集中学习习近平总书记系列重要讲话精神等内容24次。举办理想信念、时政形势、社会主义核心价值观等教育宣讲活动31场，发放《团场职工教育学习读本》1350 册。

2015 年，团以贯彻落实党的十八大精神为主题，组织党员干部、职工、群众学习习近平总书记系列讲话和党的十八届五中全会精神。是年，在开展"三严三实"和"强党性、强法治、强责任、强基层"专题教育活动中，团宣传科分专题对党员干部和职工群众举办宣讲活动 28 场，团宣传科收到基层单位职工思想教育调查信息 56 条，机关部门调研论文 33 篇。

第十节　统战工作

一、机构

（一）三十三团

1997 年，群工科更名统战民政科，负责民政和统战工作。2004 年，徐功良任团统战民政科科长。统战工作领导小组办公室设在政工办，统战工作从民政科析出。2014 年，团调整统战工作领导小组，组长刘期国，副组长石剑华，小组成员 9 人。办公室设在政工办，李秋艳兼办公室主任。

2013 年，三十三团获第二师民族团结模范单位，党委书记、政委刘期国获第二师民族团结模范个人称号；2013—2014 年，团获第二师统战工作先进单位；2015 年，团获兵团第六次民族团结进步表彰模范集体；2015 年党委书记、政委刘期国获自治区第七次民族团结进步表彰模范个人。

（二）三十二团

1997 年，统战工作纳入群工科，设一名专职人员。1998 年，群工科更名统战民政科，负责民政和统战工作。2005 年，陈新珍任团统战民政科科长。

二、党外人士及非党指导工商联工作

（一）党外人士

1994 年，三十三团有各类专业职称的知识分子达 399 人。其中党员 186 人，占知识分子总数的 46.6%；非党知识分子 213 人，占知识分子总数的 53.4%。其中大专文化程度知识分子 75 人，占总数的 18.8%；中专或高中文化程度的知识分子 324 人，占总数的 81.2%；中小学教师 59 人，占总数的 14.8%；三十二团有非党知识分子 128 人，其中大专 59 人、中专 69 人。

2007 年，团有党外知识分子 312 人，知识分子主要分布在医院、学校及农业科研单位，基层单位人数不多。多年来，团党委非常重视党外知识分子工作，对引进的大中专院校学生均给予政策支持和提拔任用。

2007—2015年，团引进大学生151人，留在团的有98人。其中，兵团选派生3人，大学生"连官"14人。分配的大学生中被提拔为正连级3人、被提拔为副连级的9人。至2015年，团有党外知识分子224人。

（二）非党指导工商联工作

1998年，团场工商联成立后，三十三团工商联召开过3次代表大会；三十二团工商联召开过2次代表大会。1998—2015年，工商联围绕团场经济建设中心开展工作，促进非公有制经济快速、健康发展，团场非公有制经济由过去的"补充作用"转变为"重要组成部分"。

三、侨务工作

三十三团、三十二团侨务工作始于20世纪80年代。1995年后，团场侨务工作由团统战民政科科长兼任组长，另由一名科员负责办理侨务日常事务。2006年团场合并后，机关进行机构改革，团场劳资科机构编制撤销，成立三十三团（中心团场）社会保障劳动管理科（简称社政科）主管侨务工作（延至2015年）。

1995年，三十三团有侨属20人，三十二团有13人。

1996年后，团场侨联组织每年都要开展慰问团场侨眷侨属活动，了解他们的生产生活情况，帮助解决困难。

1999年，团场统战民政科协同相关部门联合举办"庆五四、迎澳门回归"活动。

2006年开始，依照师侨联工作部署，三十三团每年召开2次会议，宣传党的侨务政策。

2011年，团社政科开展"热爱伟大祖国，建设美好家园"等主题教育活动。

2013年，团社政科在中秋节、春节开展慰问侨属活动。

2015年，团社政科组织侨属学习贯彻党的十八届五中全会精神，围绕实现社会稳定和长治久安总目标，为全面建成小康社会和新型团场贡献力量。

四、民宗工作

团场党委按照党的宗教工作方针开展团场宗教管理工作。至2015年，团场没有非法宗教活动组织和场所。

1995年，三十二团组织开展宣传党的宗教政策活动。

2004年，三十三团与各基层单位签订《宗教管理责任书》。

2006年，团组织职工参加宗教政策法规基础知识考试。

2009年，通过调查，团场信奉基督教、天主教公民中，女性多于男性，离退休、无业人员多于在职人员，信教公民文化学历偏低，无高中以上文化学历者，无干部和在校师生。

2015年，团在依法管理宗教事务上没有太大变化。

第十一节　精神文明建设

20世纪90年代初，团场党委在抓好物质文明建设的同时，着力强化精神文明建设，凝心聚力，持续推动"两个文明"建设向更高目标迈进。1995—2005年，团场精神文明建设由团党委书记主抓，分管宣传工作的副政委协助抓，宣传部门具体负责。2006年3月团场机构改革后，精神文明建设由政工办负责。

一、组织机构

改革开放之初，团场成立精神文明建设委员会，下设精神文明办公室，与宣传科合署办公。精神文明建设委员会主任由党委书记、副书记担任，副主任由副政委、副团长担任，委员由宣传、组干、群工、安全、纪委、工会、武装等科室领导组成。

1995年开始，团场精神文明建设、由宣传部门具体负责，制订年度工作计划，组织相关部门对各基层单位的精神文明建设开展情况进行半年和年终政工检查考核。

1996年，团场出台精神文明建设"九五"规划，健全精神文明建设委员会。政委、团长任主任，副政委、工会主席任副主任，由宣传科具体负责，办公室设在宣传科，宣传科科长任办公室主任，其他各职能部门负责人任成员。

2006年，"中心团场"机构改革后，精神文明建设由政工办负责。精神文明建设委员会机构也随着各届党代会选举产生的新一届领导班子进行调整。

二、精神文明创建活动

1996年起，团场开展"十星级文明户"创建活动，并把这一活动作为创建文明单位、加强精神文明建设的一项基础工程来抓，每年进行半年、年终考核及评选和挂牌工作。中心团场成立后，把"十星级文明户""和谐小康家庭"评选活动作为创建的窗口；把评选出的"好媳妇、好婆婆"作为大家学习的榜样；把小康连队建设向创建小康团场延伸；把文明创建重点放在小区建设和城镇建设上来；把素质工程、民心工程、小康工程、科技工程作为团场精神文明创建工作的核心任务，推动经济社会全面进步。

2010年，团开展精神文明创建活动，推进和谐团场建设。五连、八连、十连确定为团场文明生态小康建设示范连队。林园连、十九连两个连队获师级"文明生态小康连队"称号，同时林园连被兵团确定为兵团级"文明生态小康连队"。丰富的群众文化活动让职工群众大饱"精神文化大餐"。团拿出近10万元开展以"迎新春、鼓干劲，促发展，构建繁荣富裕文明和谐社会"为主题的库尔木依文化月活动。

2011年，团以活动为载体，开展"第十个公民道德教育月"活动。400余名青年志愿者参加的服务活动达21项。

2012年，团党委召开全员创建动员大会，签订创建责任书32份。开展"文明单位""文明行业""十星级诚信文明户""文明生态小康示范连队""和谐小康家庭"等创建活动。680余名团员青年志愿者参加的服务活动达18项。举办了"当雷锋传人、做团场好人"巡回演讲会9场，受教育人数达20000余人。

2013年，团中学组织开展"学雷锋、做美德少年""网上祭英烈""放飞中国梦""优秀童谣征集"等活动。通过创作手抄黑板报、开展主题班会、观看英雄事迹故事片和举办"缅怀先烈，志存高远"签名、"雏鹰争章""道德讲堂'五进'"等活动，营造起一个安全的社会校园成长环境。3月，团启动第二届"道德模范"评选活动，并向第二师推优选树1名"孝老爱亲"道德模范，向兵团推荐2名"美德少年"模范志愿者。

2014年，团开展"善行义举"活动，制作"善行义举四德榜"25块，评选出个人品德、家庭美德、职业道德、社会公德等八大类别优秀典型266人。

2015年，团把创建活动作为"五个文明"建设的结合点，制作宣传荣誉牌27块，评选出优秀典型245人。吴子兰家庭被评为全国"最美家庭"提名奖和兵团"最美家庭"荣誉。至2015年，三十三团已形成精神文明建设新格局，并多次被兵、师评为文明团场和先进单位。

三、思想道德建设

进入20世纪90年代，团场党委在抓思想道德建设方面，坚持以"爱国主义、集体主义、社会主义"教育为主题，加强"社会公德、职业道德、家庭美德"建设，引导团场干部职工群众树立建设有中国特色社会主义的共同理想和正确的世界观、人生观、价值观。

1995年以来，团场党委长期不懈地对党员干部和职工群众进行党的基本路线、基本纲领、基本方针政策教育；进行"爱国主义、集体主义、社会主义、兵团精神"等传统教育。

1997年，团场组织开展第一个"三德教育月"活动，下发《关于开展"三德教育月"活动的通知》，编写"三德"教育提纲下发连队开展教育。并常年开展"三德、三观、三义"教育活动。

2004—2011年，三十三团每年均开展形式多样的精神文明建设活动，强化理论教育和职工思想状况调查。各单位每年撰写1~2篇政工论文，每季度上报职工思想状况调查报告，把握舆论导向，并向各大新闻报社完成投稿任务。各基层单位利用文化活动阵地组织党员干部职工开展"大学习、大讨论"，参加文艺汇演、知识竞赛、书画、板报展览等活动。利用团场史官和连队"四室一场"，组织职工、青少年学生进行社会主义思想主题教育。组织老军垦、劳动模范等先进人物组成的宣讲团进连队、进社区、进校园开展宣讲活动。对党员干部和职工群众进行"八荣八耻"和爱国主义教育。在强化"增进民族团结，维护社会稳定"思想政治宣传教育上，开展系列兵地文化共建活动，铸牢中华民族共同体意识。

2012年，团开展"三观""三义""四德""双思双知""社会主义荣辱观"和"社会主义核心价值观"教育。组织培训5次，发放宣传资料600余份，出宣传板报28期，张贴宣传标语300余条。

2013年，针对职工思想教育工作出现的新特点、新情况、新问题，三十三团创新形式、丰富载体，把职工教育做深、做细、做实。各基层单位以《三十三团职工管理办法》为基础，做到一月一考核，制定具体的行为规范、工作守则、公正评议、实效考核、争优奖罚等措施；在职工中"扬起不甘落后的志气、奋起直追的勇气、后来居上的豪气"，把企业文化转变成职工"争先创优"、勇当"五好职工"的热潮。全团涌现出76名"五好职工"；结合第12个"公民道德月"和"全国公民道德宣传日"活动，分别开展以"大力弘扬社会主义核心价值体系""热爱公益事业"和"道德讲堂"为主题的兵团志愿者便民服务送温暖等活动，团组织8个学雷锋服务队，为群众服务535人次；广泛开展"文化引领、书香兵团"全民阅读活动。建立农家书屋21个，发放图书1万余册，送书下基层0.28万册，撰写读书征文37篇。开展职工书法、美术、摄影展活动。举办3场棉花机采节职工文艺汇演，参与职工群众1万余人次。

2014年，三十三团利用老年大学活动阵地，发挥"三老"人员夕阳余晖，进行革命传统教育16场（次）。团投资32.5万余元，制作以社会主义核心价值观、"三严三实"为主要内容的公益宣传牌502面。与司法部门共同完成"六五"普法工作，获"全国六五普法中期先进县（市）"荣誉称号。三十三团与第二师党委宣传部、尉犁县委宣传部联合举办的"兵地一家亲，共圆中国梦"文艺演出获得高度评价。团演出队"送文艺下基层"演出5场，观看人数达2000余人次。

2015年，爱党、爱国、爱社会主义、爱兵团和民族团结等教育活动在团常态化开展。团举办"铭记历史、勿忘国耻、凝心聚力、圆梦中华"纪念抗日战争胜利70周年暨党风廉政教育歌咏比赛活动；举办"激情八月·名星闪耀"文化艺术节活动；与尉犁县古勒巴格乡联合举办文化宣传演出活动；建立关心未成年人长效机制，完善学校、家庭和社会"三位一体"的教育网络；组织宣讲团，分赴各单位分专题对职工群众巡回宣讲职工教育管理28场（次）。宣传科积极开展职工思想政治工作和调查研究，收到各单位职工教育状况调查信息56条、撰写调研论文33篇；开展"道德讲堂"活动52场。开展"五冬""六个十""六比""书香兵团"等评选活动。

四、十星级文明户评选

1996年，团场先是在个别连队进行试点，逐步推进"十星级文明户"评选工作。

1997年，团场"十星级文明户"评比活动全面展开，当年表彰"十星级文明户"46户。

1998年，团场精神文明建设以思想政治工作为重点，以文化宣传为动力，以创建"十星级文明户"和小康示范连为载体，以庆祝建团40周年为契机，开展一系列"创建"活动。结合实际举办各类文艺节目演出，开展"三德教育月""综合治理宣传月""民族团结教育月"活动。开展评选"好公婆""好媳妇""好妯娌""好邻居"等活动。是年，全团各单位90%以上家庭被评为诚信文明守法户。

2000年，团场"十星级文明户"达到1600户。是年，共摘星131户，增星483户。

2005年，三十三团"十星级文明户"评选工作由精神文明建设指导委员会办公室统一负责，连队党支部具体组织实施。是年，团"十星级文明户"工程由过去的评比讲评向讲诚信、促和谐、建设新型连队、新型团场建设过渡。对评选出的110户"最佳十星级诚信户"各奖励免费征订《绿原报》一份/年，为90户连续2年以上获得"最佳十星级诚信户"称号的家庭分别奖励100元，团场"十星级文明户"比重达到50.9%。

2015年，团申报"十星级文明户"2980户，"十星级文明户"达到2100户，占申报总户数的70.5%。

五、文明（先进）单位创建活动

（一）文明（先进）单位创建

三十三团：

1995年，被农二师评为"文明团场"。

1996年，被农二师评为"安全生产先进团场"。

1997年，被农二师评为"先进团场"，被自治区评为"全国基本单位普查先进团场"；团鹿场被国家农牧产业学会评为"国家标准化示范鹿场"。

1998年，被农二师评为"先进团场""安全生产先进团场"，被农二师授予"民族团结进步模范团"称号，被兵团评为"初级卫生保健合格团场"；团中学被兵团少工委授予"先进学校"称号、儿童文化园被授予"兵团蒲公英儿童文化园"称号。

1999年，被农二师评为"党风廉政建设先进单位"；获兵团"计划生育工作先进集体"称号。

2000年，被评为"兵团文明团场"；获农业部"基点调查先进团场"称号。

2005年，被农二师评为"经济建设先进单位""政治文明先进单位""精神文明先进单位""社会治安综合治理先进集体""人口和计划生育工作达标先进单位""职工自营经济工作先进单位"，被兵团评为"小城镇建设先进单位"。

2006—2011年，团连续六年获"中国县（市）级科技示范团场"称号。

2011年，获"全国粮棉油糖高产创建先进单位""兵团粮棉油糖高产创建先进单位""新疆维吾尔自治区第六次人口普查先进集体""兵团防火安全先进单位""兵团先进基层武装部""兵团信访工作先进单位"等称号。

2012年,团被国家评为"国家级生态乡镇"。

2013年,团被国家评为"全国生态旅游名镇"。

2014年,获"全国六五普法中期先进县(市)"称号。

2015年,获"兵团第六次民族团结进步模范集体""兵团卫生团场"称号。在2015年的"争先进位"活动中,三十三团位列兵团二类团场第二名。

三十二团:

1995年,获农二师"先进团场""民族团结进步模范单位"称号。

1996年,获农二师"文明团场"称号。

1998年,获农二师"文化建设先进单位"称号。

(二)小康连队创建

团场小康连队创建活动从1997年开始,团场首先选择基础条件较好的单位作试点:三十三团民兵连、建筑公司、林园一连;三十二团一连、十连、团部(小区)。以治理连队(小区)环境卫生脏、乱、差为突破口,坚持"高标准规划、多方位投入,有重点改造,多层次实施"的指导方针,开展小康连队创建活动。

1999年,三十三团民兵连、建筑公司、林园一连;三十二团一连、四连、十连进入兵团小康连队行列。

2000年后,三十三团每年召开小康连队建设现场会,以典型引路,相互学习、互相交流,取长补短,互促互进。以小康连队创建,推动社会文明进步,提高职工整体素质,改善职工群众生产生活水平,唱响"走小康路、当小康户、创小康连"主旋律,各基层单位相继制定长远规划和长远实施目标,与庭院经济建设相结合,把小康连队创建向小城镇建设扩展延伸。

2007—2008年,团党委以第六个、第七个公民道德教育月和第十一个、第十二个"三德"教育月活动为契机,开展以"知荣辱、讲正气、树新风、促和谐"为主题的道德实践活动。加强生态文明小康连队建设,完成林园连、十九连两个生态文明小康连队建设,在2007年上半年全师评比中获第一名。2008年,完成十连文明生态小康连队道路、危旧房改造、条田道路硬质化等建设。

2008—2015年,团场每季度自下而上,逐级推荐评选表彰团级"和谐小康家庭"示范户。

第十八章　政企事务

20世纪90年代，团场随着经济体制改革不断深入，行政职能作用得以强化，团场重大决策经党委研究决定后，行政按工作分工组织实施，明确分工，密切配合。1999年，国家实施西部大开发战略，为团场经济社会发展带来机遇。在时代发展浪潮中，团场推进行政机构改革，持续推进农业结构调整，通过招商引资等形式，推进工业、商业发展，强化安全管理，实施信息化建设。逐步完善文化、教育、医疗卫生、社会治安以及民政事务等政府管理职能，为团场经济社会发展发挥保障作用。

第一节　重要施政工作

一、"三化"建设

20世纪90年代开始，团场以"两化"（团部城镇化、连队园林化）建设为中心，开展城镇化建设。

2001年，根据兵团党委下发《加快兵团团场小城镇建设》相关文件精神，团场开始向城镇规划布局和建设投入。

2006年两团合并后，三十三团（中心团场）形成"一团两镇"格局。

2010年，中央新疆工作座谈会召开后，兵团着力推进"三化"建设（城镇化、新型工业化、农业现代化）。三十三团科学编制城镇体系规划，实施工业主导战略，快步实现现代农业建设。团场以城镇化为载体、新型工业化为支撑、农业现代化为基础，转变发展方式，调优第一产业，调强第二产业，调大第三产业，稳步推进"三化"建设。国家"十二五"时期，是团场实现经济结构战略性大调整、发展方式战略性大转变的重要战略机遇期，也是加快团场"三化"进程的关键时期。

2012年，团场制定"三化"建设目标考核奖励办法，"三化"建设快速发展。

至2015年，三十三团完成建、管、养、居相结合的小城镇建设；形成城镇"五化"功能（亮化、绿化、美化、净化、硬化）完善良好格局；实现工业"走出去，引进来"战略，四家团办工业产能大步提升；农业一系列新技术、新措施得以广泛推广运用，农业机械化能力大幅提高，棉花生产水平再创历史新高。

（一）城镇化建设

团场在20世纪90年代初开始"两化"建设。1994年后，先后建成办公楼、招待楼、教学楼、商场楼、医院、文化宫、农贸市场等团部城镇基础设施。并逐年进行城镇道路、供水、供电、供暖、绿化等基础设施建设。

2002年，职工自筹资金170万元，新建库尔木依农贸市场，建筑面积1617平方米。

2004年，三十三团被列为兵团南疆地区31个小城镇基础设施项目改造的农牧团场之一。6月，团场成立小城镇基础建设项目领导小组及办公室，按照"适度超前，统筹考虑，分批实施，有序发展"的原则，着手实施城镇建设规划。团场筹资3391万元，完成一批水、电、路、桥、通信、供热、环卫、绿化、住房等重点建设。

2007年，团与连、连与连的柏油路通行项目完成，改造团部公路6条，实现三纵三横布局。

2010年，通过对口援疆对接、招商引资和自筹资金等方式提供资金支持，加速推进特色鲜明、功能齐全的小城镇建设。

2012年，先后3家设计院编制完成团总体规划。2011—2013年，团新建保障性住房2600套，建成面积207101.47平方米，85%以上的职工家庭迁入新居。

2015年，团城镇建设项目22个，总投资16674.27万元，新型多功能城镇化建设成效显著。通过五年发展，城镇由原来的1.96平方千米，增加到7.8平方千米，城镇化率由不到40%提升到63.5%。城镇生活垃圾集中处理率达85%以上，污水集中处理率达95%以上，绿化覆盖率达41.8%。职工群众生活实现通信程控化、电视网络化、民居楼房化、饮水标准化、教学医疗现代化、文体活动场馆化的城镇化建设目标。

（二）新型工业化

20世纪90年代末，团场工商业开始探索改制和阵容重组路子，为重振工商业积累了经验。2002年底，团场多数工业企业完成改制，由公有制为主体转变为民营经营体制。2005年底，三十三团工业完成产值67万元，占团场总产值的0.56%，比2000年下降69.54%；三十二团工业完成产值240万元，占团场总产值的2.74%。

2006年三十三团（中心团场）成立后，中心团场加快新型工业化进程，团场工业经济优势开始显现。2010年，实现工业总产值1195万元。

国家"十二五"时期始，三十三团强化工业支撑，构建新型工业化格局。团党委把2012年确立为工业发展年，招商引资实现新型工业化零的突破。加速对棉花加工、红枣加工、油脂化工产业等支柱工业项目建设，并与中国非金属矿业公司合作，共同开发蛭石矿深加工等重大项目。同时，坚持团办工业与非团办工业相结合，提升招商引资力度，先后建成年产1.2万吨高端餐巾纸的巴州名星纸业有限公司、兴业光伏电站、巴州京宇建材等中小工业企业8家，工业支撑作用基本形成。

至2015年，团场实现工业总产值20684.98万元，较2014年增加4876万元，增速49.08%。其中，规模以上企业工业总产值18388.96万元，占88.9%；规模以下企业1934.04万元，占9.35%；个体工业361.98万元，占1.75%。

（三）农业现代化

团场调整种植结构，突出特色农业，农业经济稳步发展。2000年，三十三团国内生产总值5908万元，较1995年增长9.23%，职均收入0.51万元；三十二团国内生产总值5198万元，较1995年增长20.05%，职均收入0.45万元。

进入21世纪，团场强化农业基础地位，调整大农业结构。发展"两高一优"（高产、高效、优质）农业，发展设施农业，应用节水灌溉等技术，促进农业现代化发展。农业生产形成在稳定粮食面积和总产的基础上，扩大种植经济作物面积，成为"粮、经、草"三元结构的优质农业生产基地格局。2005年，三十三团实现国内生产总值11863万元，比2000年增长100.8%，职均收入1.39万元；三十二团实现国内生产总值8762万元，比2000年增长68.56%，职均收入1.22万元。国家"十五"时期，三十三团固定资产投资1.56亿元，较国家"九五"时期同比增长128.37%，第一产业经济优势凸显。

2006—2010年，团场完成固定资产投资2.43亿元，农业基础设施投资6549万元，累计完成皮棉总产7.78万吨、香梨总产13.36万吨。2010年，实现国内生产总值2.89亿元。第一产业生产总值2.28亿元，职均收入2.19万元。退耕还林还草工程林木植被覆盖率达30%。农业优良品种推广种植率100%。国家"十一五"时期，继续加大农业产业结构调整力度，按照"稳棉、进枣、增果"的总体发展思路，确立"基地"发展战略（优质商品棉基地、红枣深加工基地、香梨有机绿色产品基地），农业经济结构得以优化，五年实现农作物高产高效历史性突破。同时，团场投资1273万元购进大型机车、农机具，农机总动力达29430千瓦，其中大中型拖拉机308台，动力达到16720千瓦，占农机总动力的56.81%，机械化程度综合能力达85.60%。

2011年，团场皮棉总产1.64万吨，完成师计划的110.7%；全社会果品总产0.46万吨，完成师计划的10.3%。实现国内生产总值3.28亿元，完成师计划的101.5%，在岗职工职均收入2.43万元，同比增长13.1%。

2013年，团场产业结构持续优化。三次产业结构由2010年的79∶5∶16调整为2013年的63∶19∶18。

2015年，团实现国内生产总值8.37亿元，较"十一五"时期末同比增长1.9倍，年均增长37.96%；累计完成全社会固定资产投资23.42亿元，年均增长304.3%，实现利润5037万元。农业设施装备及现代化水平大幅提升，农业生产再创新高。

二、实施"科技兴农兴团"战略

1995—1998年，团场逐步引进节水灌溉技术，最先引进推广作物膜上软管小畦灌，生育期内不再开沟，全生育期灌溉6次，亩用水量为400立方米，比常规开沟灌溉每亩节水20~50立方米，灌溉质量有了一定提高。

2001年，团场提出把新世纪第一年确定为"科技年"，努力实现皮棉亩产128千克的奋斗目标，实施"科技兴农兴团"战略。是年，团场在实施"科技兴农兴团"战略中，扎实抓好四项植棉推广应用（加强农业基础设施建设，增强可持续发展后劲，通过争取国家投资、上级拨款和自筹资金等方式，完成631公顷棉花膜下滴灌任务；积极动员干部职工以投资入股方式，有计划地引进采棉机，逐步推广机采棉技术；大步推广超宽膜种植技术，提高光、温、水、肥的综合利用率，把超宽膜种植作为机采棉之外的一项主要增产节支辅助措施；实施高密度栽培技术措施，通过缩行增株，为丰产创造必要条件）。

2002年，团场应用机采棉种植模式2160公顷，推广应用带压灌、常压灌，节水灌溉面积1032公顷。5月，团农试站棉花地干播湿出试验取得成功，农二师水利局在团举办微灌系统运行操作培训班。8月，以色列莱特菲姆公司在团七连深埋滴灌种植试验获得成功。高新技术引进达到预期目标，为推广机采棉种植模式奠定了基础。

2003年，三十三团推广农业高新节水新技术，通过争取国债和兵师投资，推广深埋滴灌312公顷、加压地表滴灌675公顷、自压软管滴灌143公顷，团场95%以上的棉花播种面积实现高新节水灌溉。加快农业机械更新步伐，先后从农一师七团引进半精量播种机27台，新增联合整地机7台；加快棉花品种的引进和推广，引进高产优质新品种冀优851系、冀668系、K-9系、K-10系、1197系等，改变了团场棉花品种单一局面，棉花产量和品质大幅提高。

2004年，团场大步提升高新技术推广力度，三十三团投资40余万元新建泵房8个、首部8个；三十二团投资35万元新建泵房7个、首部8个。两团新增滴灌面积772公顷、加压滴灌面积2730公顷，棉花种植使用节水灌溉技术达到100%，亩均增产31千克，高新生态节水农业悄然崛起。

2008年，是"十一五"时期的关键年，团党委科学调整优化产业结构，有效推进现代化农业建设，"三大基地"（节水灌溉示范基地、农业机械化推广基地和现代农业示范基地）建设进程加快。按照"规模化生产、区域化布局、组织化经营"思路，特色农业逐步发挥出重要作用。依据市场行情，改变策略，有序退出低产棉田，种植枣树，扩大高产棉、杂交棉种植面积，积极运用科技，提高产品单产和品质，为团经济发展奠定好物质基础。是年，团场大步推进改土培肥、节水、精量播种、双膜覆盖等新技术的应用。棉田均实行全层施肥，对中低产田和盐斑地增施有机肥3.3万立方米，促使中低产田向高产田迈进。

2010—2015年，团场农业生产全方位推广应用高新节水膜下加压滴灌、双膜覆盖、精量播种、饲草"三贮一化"、农机具改造、测土平衡施肥、农业标准化示范区建设等高新技术措施。高新技术成为农业增产、团场增效、职工增收的重要力量支持。

三、生态环境综合治理

2000年，由国家投资的塔里木生态环境综合治理工程正式启动。是年4月，团场成立治沙站。7月，成立生态环境建设项目领导小组，团长、政委任组长。该工程在团场辖区内局部沙漠地带建设生态系统9个，面积403.6公顷，其中三十三团建设4个系统，建设面积173.3公顷；三十二团建设5个系统，建设面积230.3公顷。该工程从立项到实施得到兵团和农二师及有关部门大力支持，工程90%以上的建设资金是由国家投资，工程项目之大，国家投入资金之多，是建团以来所没有过的。项目采用先进的滴灌技术，在沙漠上种植胡杨、沙枣等植物，该工程实施当年，树木成活率达95%。

20世纪90年代开始，团场大步发展林果经济，持续实施退耕还林和植树造林项目，生态环境日益改善。森林覆盖率在2012年升至29.4%，有效保护20000公顷野生植被，农田林网化率达100%。生态林采用先进的节水滴灌技术，在团场周围的荒漠中形成长16千米、宽420米，面积达670余公顷的生态屏障。该工程的建设使沙漠地带生态相对稳定，风沙侵袭得到有效遏制。

四、农业综合开发

2003年，团场着手实施农业综合开发工作，团场通过国家、兵团给予国家农业综合开发优惠政策，将农业综合开发利用列入团场工作重要议程。成立验收领导小组，团长任组长，主管副团长任副组长，计财、基建、生产、土管、审计、宣传等部门领导任成员。下设国家农业综合开发办公室，对国家农业综合开发工作进行组织、协调、施工、管理、监督。严把组织、规划、施工、管理、竣工验收环节关。形成制度措施、设计施工、质量验收和表彰奖励等管理办法，项目实施顺利推进。

2003—2015年，三十三团国家农业综合开发项目完成实施棉花节水滴灌100%；改良土壤3133公顷；灌排渠系配套工程渠道防渗180.71千米；农田防护林建设72.31公顷；示范推广棉田水分检测系统工程52.3公顷；棉花双膜覆盖技术应用100%；中低产田土壤改良22117公顷；职工培训12320人次。

五、退棉进枣

2008年开始，塔里木河水资源严重匮乏，对塔里木垦区农业生产影响巨大，为切实解决生产用水问题、增加职工收入，农二师党委提出"农业产业结构调整，退棉进枣"。

2009年，团场退棉进枣330公顷，采用两种栽培模式，出苗率达到85%以上。因当年夏季塔里木河形成断流，旱情十分严重，团场职工积极开采地下水灌溉抗旱。因塔里木垦区地下水质差，冬季发生冻害，造成部分酸枣苗死亡。

2010年，团场调整产业化步伐，调动职工种植果园积极性，在一保团场生产、二保职工收入的前提下，加大对林果业扶持力度。按照"团场投资建园、职工承包管理、成本费用自理、产品定量上交、实行五个统一"的原则，团统一规划，任何单位和个人不得擅自调整土地用途，林业苗木资产产权归团所有。承包按照"公平、公正、公开和机会均等"原则，规范枣园承包定额和收益政策，确定承包定额面积，原则上每人1.3公顷。建园优惠政策：新建直播果园，团补贴当年直播树种费用，第二年，团补贴嫁接接穗及嫁接费用。新建果园前两年收费标准：团职工退棉进枣的新建枣园职工，前两年免收承包户"五保三费"由团场垫付。至2015年，团场红枣产业规模得到扩大。

六、减负工作

1999年，团场党委在减负工作上采取11项改革措施：将全团大小农机全部有偿转让；对石棉矿实行资产变卖；绿廊商场实行国有民营买断经营；完善团驻采购站责任制办法；畜牧养羊业实行租赁承包，独立核算、自主经营、自负盈亏；兼并撤销团直单位食堂，成立粮油服务中心站；兼并库房，减少库房积压；对加工厂、修造厂实行减员增效；对干部出差差旅费实行包干制；对全团公有摩托车和公装住宅电话全部拍卖给个人，并取消各种补贴；医疗费报销实行"谁主管、谁负责"和"院长审批一支笔"制度。

2007年，团场认真执行新的"1+3"文件中关于减负10%让利于民的政策规定，团场和连队成立减负工作领导小组，组织实施。当年，团场职工平均减负上缴承包费10%，平均每公顷减负额不低于300元，减负总额为337万元。

第二节 行政机构

一、团场行政机构

1982年4月，兵团建制恢复，三十三团、三十二团回归农二师建制序列。团场机关部门延续以司令部、政治处、后勤处的管理模式编制机关部门，基层以营、连、排、班的组织形式实施行政管理。

团场行政领导系统设团长、政委、副团长、副政委、总农艺师、总经济师、总会计师等职务。

团机关下设不同的行政科室，不同时期所设科室有所变化。基层连队设连长、指导员、副连长、副指导员。

2006年3月，三十二团从人事、财务、经济核算等方面全面并入三十三团，实行一套领导班子、一个团场机关管理体制，两团完成机关机构改革和连队重新编排。其后，三十二团在国家备案中还保留建制，但无独立行政职能。

表18-1　三十三团行政领导名录（1995—2015年）

姓名	性别	族别	出生年月	籍贯	文化程度	行政职务	任职时间
马胜利	男	汉族	1944年8月	河北	初中	政委	1990年1月—1996年12月
马庆华	男	汉族	1945年9月	重庆	初中	团长	1996年1月—2001年12月
盛祖才	男	汉族	1945年2月	上海	中专	政委	1997年1月—1998年12月
杨伯银	男	汉族	1946年1月	四川	高中	副政委	1998年7月—2004年5月
茅百琛	男	汉族	1946年5月	上海	高中	副团长	1998年7月—2004年5月
高明全	男	汉族	1957年2月	四川	大专	副团长	1998年7月—2002年2月
付　荣	男	汉族	1948年8月	四川	大专	政委	1999年1月—2004年5月
曹护林	男	汉族	1963年12月	甘肃	本科	副团长、团长、政委	2001年12月—2011年9月
周敏燕	男	汉族	1956年10月	河北	大专	政委	2004年5月—2006年6月
夏泽祥	男	汉族	1962年2月	重庆	大专	副团长	2000年5月—2011年9月
周　静	女	汉族	1956年1月	河南	大专	副政委	2002年2月—2009年12月
吴云建	男	汉族	1962年4月	陕西	大专	副团长	2002年2月—2004年5月
邓　军	男	汉族	1969年9月	广东	本科	副团长	2004年5月—2006年5月
刘期国	男	汉族	1967年5月	四川	研究生	团长	2006年6月—2011年9月
李清炎	男	汉族	1954年10月	湖北	本科	副团长	2006年6月—2009年3月
丁龙奇	男	汉族	1956年9月	江苏	本科	副团长	2006年6月—2011年9月
田永明	男	汉族	1959年4月	陕西	本科	副政委	2006年6月—2007年1月
白　杰	男	汉族	1956年12月	辽宁	大专	副政委	2007年3月—2011年9月
刘河新	男	回族	1970年8月	河南	本科	副团长	2009年1月—2011年9月
陈建华	男	汉族	1964年9月	山东	本科	副团长	2009年11月—2011年9月
桑爱民	男	满族	1970年2月	河北	本科	副团长（援建干部）	2011年9月—2014年1月
刘期国	男	汉族	1967年5月	四川	研究生	政委	2011年9月—2015年
黄学东	男	汉族	1964年10月	河南	本科	团长	2011年9月—2014年1月
石剑华	男	汉族	1957年8月	山东	大专	副政委	2011年9月—2015年
陈志杰	男	汉族	1978年2月	河南	本科	副团长	2011年9月—2013年4月
苏明兰	女	汉族	1964年8月	四川	大专	副政委	2011年9月—2015年
颜　哲	男	汉族	1964年5月	河南	大专	副团长	2011年9月—2015年
王伯琪	男	汉族	1965年3月	四川	大专	副团长	2011年9月—2015年

续表

姓名	性别	族别	出生年月	籍贯	文化程度	行政职务	任职时间
孙泽斌	男	汉族	1969年7月	四川	本科	团长	2014年4月—2015年
刘　民	男	汉族	1968年11月	安徽	本科	副团长、武装部长	2013年12月—2015年
赵志勇	男	满族	1976年7月	河北	本科	副团长（援建干部）	2014年3月—2015年
童永忠	男	汉族	1969年4月	四川	本科	副团长	2014年6月—2015年
鲁建英	女	汉族	1966年11月	河南	大专	总农艺师	2010年7月—2011年9月
冯利和	男	汉族	1973年11月	河南	本科	总农艺师	2012年5月—2015年

表18-2　三十二团行政领导名录（1999—2005年）

姓名	性别	族别	出生年月	籍贯	文化程度	行政职务	任职时间
周首芳	男	汉族	1947年7月	山东	大专	政委	1999年7月—2001年3月
饶仕乾	男	汉族	1941年6月	四川	初中	团长	1999年7月—2001年6月
缑姚和	男	汉族	1950年3月	甘肃	大专	团长	2000年3月—2001年3月
缑姚和	男	汉族	1950年3月	甘肃	大专	代书记、团长	2001年4月—2001年12月
周敏燕	男	汉族	1956年10月	河北	本科	政委	2001年12月—2004年5月
郭德祥	男	汉族	1963年8月	河南	本科	团长	2001年12月—2004年5月
郭德祥	男	汉族	1963年8月	河南	本科	政委	2004年5月—2005年5月
陈镛林	男	汉族	1946年10月	浙江	大专	副政委	1999年7月—2001年1月
周和平	男	汉族	1948年6月	四川	初中	副团长	1999年7月—2000年3月
李清炎	男	汉族	1954年2月	湖北	大专	副团长	1999年7月—2004年5月
姜新华	男	汉族	1957年8月	江苏	中专	副团长	1999年7月—2004年5月
马汝斌	男	汉族	1958年1月	江苏	大专	副团长	1999年7月—2000年3月
田永明	男	汉族	1959年4月	陕西	本科	副政委	2002年1月—2006年6月

二、机关科室

1976—1979年，团场机关行政部门改股为科，同时撤销司令部、后勤处，机关行政工作部门和党委工作部门统辖相应部门。农业、工业、基建、财务等经济部门归属行政工作部门，组织、宣传、文化、教育、群工等部门归属党委工作部门。

1995年，团场党委工作机构有纪委监察、组干科、宣传科、综合治理办公室、群工科、教育中心，群众团体有工会、团委。

1997年1月，团场科委、林园科并入生产科，团委并入组干科，政研室并入计财科，审计并入纪委办公室合署办公，工副业科改为工商科。4月，群工科改称统战民政科。

1998年，团场党委办公室与行政办公室合署办公，称"两办室"。

2003年，团场成立核算中心，隶属计财科。

2004年5月，三十三团（中心团场）成立，团党委工作机构设纪检监察科、政研室、组干科、宣传科、教育中心、民政科、综合治理办公室和2个群众团体工会（含妇联、团委）。机构延至 2005 年 3 月。

2005 年 3 月，三十三团（中心团场）党委撤销三十二团纪委办公室、党办行办室、组干科、宣传科、统战民政科、综治办、政研室、生产科、园林科、畜牧科、基建（机务）科、房管所、工商科、计财科、劳资科、科委办公室、审计科、供销科共 18 个机构；三十二团机关整合为办公室、社政管理科、生产办公室、经营办公室、工会（妇联、团委与其合署办公）5 个科室。

2006 年 3 月，农二师党委决定撤销进入三十三团中心团场的中共农二师三十二团委员会。三十二团机关人员合并到三十三团（中心团场）机关工作，团机关编制调整为 64 人。团党委设立综合科，承担原三十二团区域社政管理、劳动保障、综合治理、计划生育等方面的具体业务工作。"中心团场"统一管理辖区范围内的党群、社政、军事、司法和社会治安综合治理、土地管理、生产经营等工作。三十三团（中心团场）使用原团场番号，进入团场三十二团番号名称保留在"中心团场"。

2007 年 3 月，团成立农机技术推广站，隶属农业生产科；成立园林科。

2008 年 6 月，团成立交通科，隶属工交建商科。是年，成立安全生产监督管理科，办公室设在工交建商科。

2010 年底，团行政工作部门机构有：行办、农业生产科（含农机站、科委、开发办）、发展改革经营管理科（含统计科、政研室）、财务科（含核算中心）、工交建商科（含房管所、交通科、安全生产监督管理科），延至 2015 年。

表 18-3　三十三团机关科室领导名录（1995—2015 年）

姓名	性别	族别	出生年月	籍贯	文化程度	职务	任职时间
余厚之	男	汉族	1948 年 8 月	四川	大专	组干科科长	1995—1996 年
高明全	男	汉族	1955 年 3 月	四川	大专	生产科副科长	1995—1996 年
张先伦	男	汉族	1942 年 9 月	四川	初中	劳资科科长	1995—1997 年
何金州	男	汉族	1939 年 4 月	河南	初中	供销科科长	1995—1998 年
韦泽文	男	汉族	1959 年 6 月	安徽	大专	生产科科长、科委主任	1996—1998 年
张颖杰	男	汉族	1959 年 2 月	河南	大专	农机科副科长、科长，农业科副科长、发改科副科长	1995—2011 年
吴晓平	男	汉族	1965 年 9 月	四川	大专	基建科副科长、科长，工交建商科科长	1995—2018 年
赵宝根	男	汉族	1943 年 8 月	上海	初中	土管科副科长、科长	1995—2003 年
李扣喜	男	汉族	1951 年 1 月	上海	中专	行办副主任、主任，机要科科长，办公室主任	1995—2011 年
何本朝	男	汉族	1944 年 9 月	陕西	中专	教育科主任	1997—2004 年
沈永权	男	汉族	1947 年 7 月	上海	大专	审计科副科长、审计科科长	1995—2001 年
钱水发	男	汉族	1949 年 4 月	湖北	大专	宣传科科长	2005—2006 年

续表

姓名	性别	族别	出生年月	籍贯	文化程度	职务	任职时间
谢宏志	男	汉族	1956年1月	四川	大专	计财科科长，经管科（财务）科长	1996—2005年
张琦军	男	汉族	1965年4月	河南	大专	劳资科副科长、科长	1998—2009年
刘文辛	男	汉族	1941年2月	山东	小学	工商科科长	1995—1998年
金振涛	男	汉族	1946年2月	江苏	初中	供销科副科长、科长，物资供应站站长	1996—2001年
王战军	男	汉族	1955年11月	安徽	中专	社政科科长	2005—2007年
段春之	男	汉族	1940年11月	河北	初中	群工科科长，统战民政科科长	1995—2000年
喻树立	男	汉族	1965年12月	河南	大专	司法办副主任	1997—1998年
周杰民	男	汉族	1938年3月	河南	大专	林园科科长	1995—1996年
杨振铭	男	汉族	1963年2月	陕西	中专	林园科副科长、科长	1997—2001年
蒋晓明	男	汉族	1963年7月	浙江	中专	畜牧科科长	1996—2001年
夏泽祥	男	汉族	1961年9月	重庆	大专	计财科副科长，经办主任	1996—2001年
郭　红	女	汉族	1960年2月	河南	中专	计生办代理副主任	1997—2000年
吴运建	男	汉族	1966年2月	陕西	本科	生产科科长	2000—2001年
张秀琴	女	汉族	1965年3月	河南	本科	科委主任	2000—2006年
庞树林	男	汉族	1963年5月	河南	大专	审计科科长，办公室副主任	2002—2006年
叶元生	男	汉族	1951年7月	湖北	中专	工商科副科长	1995—2004年
张何平	女	汉族	1953年11月	山东	中专	机要科副科长	2000—2001年
杨朝焕	男	汉族	1949年10月	湖北	高中	供销科副科长	2000—2001年
石正中	女	汉族	1956年6月	江苏	初中	计生办副科长、副主任	2001—2006年
徐功良	男	汉族	1948年11月	河南	小学	民政科副科长、科长	2001—2006年
帅士新	男	汉族	1960年10月	四川	大专	生产科科长，办公室主任	2005—2015年
张先信	男	汉族	1957年8月	山东	高中	综治办主任，政工办主任	2001—2011年
姜志强	男	汉族	1955年11月	山东	大专	政法办主任	2004—2011年
苏明兰	女	汉族	1964年8月	四川	大专	计财科副科长、科长	2003—2012年
陈新珍	女	汉族	1958年11月	湖北	大专	社政管理科科长	2002—2014年
田桂英	女	汉族	1965年12月	四川	大专	基建科科长，工交建商科副科长、科长	1997—2015年
肖卫东	男	汉族	1966年1月	重庆	本科	办公室科长，工交建商科副科长	2005—2010年
张　丽	女	汉族	1971年7月	山东	大专	社政科副科长	2009—2015年
陈　俊	男	汉族	1963年8月	四川	本科	房管所副科长、主任，社政科主任	2001—2015年
鲁建英	女	汉族	1966年11月	河南	大专	园林科科长	2007—2010年
张建军	男	汉族	1969年4月	河南	中专	生产科科长	2007—2011年
向　钧	男	汉族	1964年12月	四川	大专	政工办主任，社政科主任	2011—2015年
李秋艳	女	汉族	1970年11月	山东	本科	科委主任，政工办主任	2007—2015年

续表

姓名	性别	族别	出生年月	籍贯	文化程度	职务	任职时间
郭海军	男	汉族	1968年7月	山东	大专	政法办主任	2007—2015年
李宏彬	男	汉族	1970年9月	四川	大专	园林科科长	2012—2015年
李富强	男	汉族	1969年2月	河南	大专	农业生产科	2011—2014年
汪维忠	男	汉族	1969年1月	陕西	大专	发改科（政研）副科长、科长	2010—2015年
张伟敏	女	汉族	1964年5月	河南	本科	政工办主任	2010—2011年
杨帮力	男	汉族	1973年2月	四川	本科	宣传科副科长，科委负责人	2006—2015年
陈尚毅	男	汉族	1970年6月	四川	本科	政工办（宣传）副主任	2012—2015年
张伯奎	男	汉族	1971年2月	湖北	大专	工商科科长	2011—2015年

三、营连级单位

（一）三十三团

1995年，团有营级单位3个：团中学、医院、教育中心。连级单位24个：一连、民兵连、三连、五连、农科站、七连、八连、九连、十连、十一连、林园一连、林园二连、加工厂、修造厂、水管站、建筑公司、商贸公司、冷饮厂、采购站、兽医站、采矿连、团幼儿园、农试站、招待所。

2002年，成立农机总站（营级），2004年撤销；成立园林总场（营级），2007年撤销。

2003年，建筑公司设为营级单位。

2005年，修造厂撤销。

是年，团有营级单位6个：团中学、医院、建筑公司、教育中心、园林总场、畜牧总场。连级单位19个：一连、二连、三连、五连、六连、八连、九连、十连、十一连、林园一连、林园二连、林园三连、加工厂、水管站、采购站（冷饮厂、三汇）、团幼儿园、社区、农试站、林业工作站。

2006年5月，经三十三团（中心团场）党委研究决定：对农、林、牧业单位建制进行重新命名。编序建制如下：一连、二连（二连一区）、三连、四连（原三十二团四连）、五连、六连、七连（原三十二团七连）、八连、九连、十连、十一连、十二连（原三十三团二连二区）、十五连（原三十二团五连）、十六连（原三十二团一连）、十七连（原三十二团十一连）、十八连（原三十二团八连）、十九连（原三十二团九连）、二十连（原三十二团十连）、园林总场（林业工作站、3个林园单位）、畜牧总场（4个鹿场）。

2006年底，团机构改革全部完成，党政领导职数核定为9人。全团占地面积862平方千米，总人口1.3万余人，职工3400人，党员1061人，党的基层委员会1个、支部43个。

2007年，团成立园林科（营级单位，管理林业工作站）。

2009年，团成立加工总厂（营级单位，管理2个分厂）。

2012年2月22日，经团第十届七次常委会会议研究决定：将全团18个基层农业连队整编为15个单位。

2015年，三十三团有营级单位10个：三十三团中学、乌鲁克中学、三十三团医院（疾控中心）、建筑公司、教育中心、加工总厂、畜牧管理站、园林科、震企公司、名星纸业。连级单位29个：一连、二连、三连、四连、五连、六连、七连、八连、九连、十一连、十五连、十六连、十七连、十九连、二十连、林园连、加工一厂、加工二厂、水管站、拥军社区、承德社区、山水社区、三汇公司、蛭石矿、敬老院、三十三团幼儿园、苗苗幼儿园（原三十二团幼儿园）、农试站、林业工作站。

（二）三十二团

1995年，团有营级单位3个：乌鲁克中学、医院、教育中心。连级单位25个：一连、二连、三连、四连、五连、六连、七连、八连、九连、十连、十一连、十二连、林园连、畜牧连、加工连、塑料厂、印刷厂、蛭石连、基建连、水管站、酱厂、商场、修理连、农试站、苗苗幼儿园。

1996年1月，团成立物资供应总站（营级），由原供销科从机关分离组建；成立农机服务总站（营级），由原农机科从机关分离组建；成立畜牧兽医总站（副营级），由原畜牧科从机关分离组建；成立生活服务总站（副营级），由原番茄酱罐头厂原地组建。

1997年1月，团成立一年的农机服务总站撤销，改为农机管理总站。原农机服务总站各农机服务分站仍旧归属各生产连队管理，修理站恢复修理连建制，1999年改为修造厂，2003年撤销编制。

1997年12月，畜牧兽医总站改为营级经济实体单位，2002年改为畜牧总站。

2005年，团有营级单位7个：乌鲁克中学、医院（防疫站）、教育中心、生活服务总站、农机管理总站、物资供应总站、畜牧总站。

连级单位：一连、四连、五连、七连、八连、九连、十连、十一连、塑料厂、蛭石矿、水管站、加工厂、农试站、苗苗幼儿园、社区。

第三节　信访工作

一、机构

（一）三十三团

1983年，团成立行政办公室，兼管信访工作。1997年，团成立信访领导小组，设信访办公室、配兼职信访接待员，基层单位成立3~5人的信访工作领导小组，信访工作由团政委、副政委或纪委书记分管。2003—2006年底，团综治办主任姜志强兼信访办主任。

2007年，中心团场成立信访工作办公室，在办公室挂牌（属副科级），办公室主任帅士新兼信访办主任，副主任由陈尚毅兼任。2013年底至2015年，信访办副主任由杨帮力兼任，配1名兼职信访接待员。

（二）三十二团

1983年11月，团成立行政办公室后，由行办室牵头，协同有关部门按相关政策处理解决好群众信访问题。1990年，团行办室设兼职信访接待员，相关部门和单位协助开展信访工作。1999年，团办公室吸收司法、综治部门人员及基层党支部书记为信息员，健全信访组织网络。2005年，办公室副主任肖卫东兼管信访办。

二、信访受理

2000年以前，团场信访办公室负责受理、交办、转送信访人的来信、来访事项，协调处理重要信访事件，开展信访工作调研，并向上级部门和领导及时反馈信访情况。

2000年以后，团场推行全方位改革，特别是工商业和土地承包改革，使经济与社会矛盾凸显，职工信访量增加。信访反映的主要问题有土地承包纠纷、农产品交售、退休职工工资、"五七班"家属工生活费待遇和涉及团场职工群众生活各方面的其他问题。针对这些复杂、处理难度较大的信访问题，团场党委采取强化信访工作领导，建立和完善领导责任制及检查考核管理制度，团领导亲自接待来访群众，专题研究部署信访工作，信访接待和办结能力得到提升。

2002年，团场针对信访工作出现的新情况、新问题，推进信访工作法治化、制度化管理。重大信访问题坚持信访工作首问制、领导包案和信访听证会制度。实行团领导包分管行业、科室领导包挂钩连队、连队干部包帮扶对象的信访工作制度。

2003年起，团场推行群众逐级上访分级受理制度，制定出台《信访工作逐级上访分级受理制度实施办法》《领导干部信访工作责任制办法》。

2005年，三十三团党委根据国务院信访条例和兵、师信访工作要求，制定印发《领导干部信访工作责任追究实施细则》《信访工作目标管理实施细则》，对信访工作"组织领导、机构设置、有序信访、信访业务、案件办理、越级上访、信息档案"七项工作实施目标管理考核。

2009年，三十三团畅通信访渠道，由接访为预访、上访为下访、等访为约访、群访为个访。排查出涉及职工生产、生活、医疗卫生、教育、文化生活等方面56条热点难点问题，逐一分解到各成员部门单位，限期解决，成效显著。

2015年，团信访办受理信访事项43件，接待群众来信来访97人次，结案率99.2%；向团党委决策依据提供"信访信息"6期，调查汇报14起。

第四节　电子政务

2001年，团场投资30万元组建会计电算化局域网，建成13个工作站点。

2003年，团场建立政务网，建机房一间，设备三套（农二师政务网一套，财务一卡通系统一套，电视远程教育一套）。政务网由电信和移动综合布线，农二师统一安排施工，农二师政务网由宣传科负责新闻内容，电视广播站负责网络安全、运行、网站建设、日常维护及日常检查工作。

2004年3月，团场启动信息化网络建设工程，总投资40万元，工程分两期。第一期工程，在团机关办公楼进行局域网布线。第二期工程，光缆牵入和设备安装、机房装修、辅助设施建设。

2005年，团场局域网开通，机关各部门上网查找资料和向上级部门传送材料更为便捷。

2007年，团机关信息化网络建设工程均已完成。信息化管理工作由办公室负责，配兼职人员进行管理，并增添笔记本电脑等办公设备。信息化工程建设完成后，实现上传文件、信息、材料等无纸化，保证了上报资料的及时性和准确性。

2008年，信息化网络建设工程进入到部分连队，团场信息化网络建设步伐加快，与外界联系更为紧密。

2009年，在中国新闻网兵团工作站支持下，团场新闻网建成，开通中国新闻网兵团工作站三十三团分站，具体业务由团宣传科负责。团场新闻频道网站开设有网站首页、图文专稿、图片新闻团场新闻、政策信息、领导简介、理论纵横、领导讲话、风情风光、团场概览、供求信息、科教文卫、文化长廊12个栏目。是年11月，团场党员干部现代远程教育网络开通运行。

2012年，团场所有连队信息化网络建设工程全面完成（使用延至2015年）。

第五节　驻团单位

一、三十三团

1995年，驻团单位有保险公司、司法所、法院、派出所、农行营业所、邮电支局共6家。

1996年，团土管科更名为农二师土地管理局分局（为驻团单位），1998年改为国土分局。

2003年7月，农二师社保局三十三团社保中心成立。

2004年5月，农二师天润农业生产资料有限责任公司在团组建农资供应中心。

2006年5月，农二师成立天泰电力公司，三十三团、三十二团电管站隶属天泰电力公司管理。

2007年8月，三十三团农行营业所改为中国农业银行巴州兵团支行。

2014年12月，尉犁县农村信用合作联社在团挂牌营业。

2015年，驻团单位有国土分局、保险公司、公安局、法院、检察院、司法局、司法所、向阳部队、监狱、派出所、农业支行、邮政支局、社保中心、天泰电力公司电管站、天润农资供应中心、食品卫生监督所、尉犁县农村信用合作社；原三十二团驻团（乌鲁克镇）派出机构有乌鲁克派出所、农业支行、邮政支局、尉犁县农村信用合作社、天泰电力公司电管站、第二师天润公司三十三团天润农资供应中心。

二、三十二团

1995年1月，驻团单位有公安局、法院、检察院、派出所、司法所、农行营业所、邮局和保险公司8家。

1996年12月，团土地管理科更名为农二师土地管理分局，隶属师土管局。1998年，团土管分局改为国土分局。

2003年7月，团成立社保中心，隶属农二师社保局。

2005年，驻团单位有公安局、法院、司法局、检察院、国土分局、保险公司、社保中心、乌鲁克派出所、司法所、农行营业所、邮政支局。

第六节　安全生产

一、团工作机构

1995年，团场设有安全生产委员会（以下简称安委会），团长、政委为安全生产第一责任人，担任安委会主任；分管安全生产的副职团领导担任常务副主任；安委会成员部门由团场机关科室组成，科室领导为科室安全生产第一责任人。安委会下设办公室（以下简称安办）。

1995—2009年，安办与工商科合并办公，工商科科长兼任安办主任。

2010年，团机关进行机构调整后，安办划归至发展改革科建制。

2011年，安办作为单独职能部门正式分列出来，名称为三十三团安全生产监督管理科，配备专职人员3人。延至2015年。

二、连队工作机构

1995—2015年，团场各基层单位均建立安全生产领导小组根据单位大小由5~7人组成，连长、书记为连队安全生产领导小组组长，副组长由分管安全的副职领导担任，业务人员为小组成员。除加工厂、蛭石矿等重点单位设有 1 名专职安全员外，其余单位设 1 名兼职安全员。

三、宣传教育

1996 年，团场先后印制各类宣传资料 3000 余份，分发至每个职工家庭。团电视广播站开办社区安全专题栏目，在黄金时段播报相关内容。各单位通过各种会议、广播、板报、横幅等形式宣传消防安全知识。是年，出黑板报 12 期 90 余块，挂横幅 50 余条，消防安全知识培训 2000 余人次。

1999 年，团场安办牵头组织安全生产宣传专版展评活动，各基层单位制作宣传专版 24 块，悬挂横幅 50 余条。

2003 年，团场通过电视、广播、黑板报、横幅等形式，宣传社区消防安全相关知识，各单位出黑板报 12 期，挂横幅 40 余条，受教育 3500 余人。

2006 年，三十三团（中心团场）开展"创建安全文明社区"活动，侧重点是社区消防安全。在创建活动中，以社区管理中心为中心，以各居委会为前沿，明确居民区安全管理负责人，先后印发各类宣传资料 4000 余份，挂横幅 20 余条，安全知识培训 2 场，参培 200 余人次。是年，团对各单位 3000 余名职工开展《中华人民共和国安全法》知识培训和考试。

2008 年，由团安办牵头，组织开展安全生产宣传专板展评活动，26 个单位参加展评，举办 3 期安全知识培训班。其间，团电视广播站根据活动要求开办专题栏目，播报专题节目；各单位在团网站刊登关于安全生产方面的文章 50 余篇，召开职工安全生产教育大会 26 场（次），受教育 3000 余人次。是年 8 月，团在加工厂举办为期 5 天的安全生产暨消防安全培训班，参培 150 人。9—11 月，安办根据农忙季节和节日期间"人流量多、车辆多、事情多、易麻痹大意、易引发火灾事故"等特点，采取以会代训形式，对干部进行安全生产教育；各单位以"上大课、传知识、设专栏、挂横幅、贴标语"等形式，对职工进行宣传贯彻安全生产法律法规知识。12 月，在"科技之冬"培训中开设消防安全和农机安全作业标准化专题讲座，授课 12 场，参学 2000 余人。

2009 年，团坚持以人为本，开展活动为载体，关爱生命，安全发展。以点带面，以月促年，推进安全生产宣传教育活动。

2010 年，团开展"安全警示教育日""安全生产月"系列活动。"11·9"消防宣传日，团中学组织学生进行应急逃生演练；社区、派出所、机关相关人员在农贸市场、物流园等人员密集区，发放消防宣传册、宣传单 800 余份，展示宣传挂图 16 套，在媒体刊载新闻 12 篇，信息 28 条。

2011 年，团安办专人备课，对干部职工进行安全知识培训和考试，每节课为 1 小时，全年培训 26 场，参培人数达 2500 余人次。

2012 年 6 月，在"安全生产月"活动中，团安委会根据农二师安监局的安排部署，制定印发

《三十三团安全生产月工作方案》，各单位在活动期间各悬挂1~2条宣传横幅，出1期板报，举办1期安全教育培训，组织1次安全事故应急救援演练，进行1次安全生产隐患检查。6月，团安办在农贸市场开展"安全生产宣传咨询日"活动，接待咨询职工群众500余人次，发放宣传单2100份。

2013年，团通过电视、广播、报纸、黑板报等形式，开展安全教育活动。电视广播站播报各单位投送的安全生产稿件160篇，播放专题片5部，连队通讯员向绿源报等地师级及以上报刊投稿52篇，出板报34块。

2014年，加强对重点单位和重点人员安全培训。团对加工厂、蛭石矿、建筑行业等重点单位，由本单位组织干部职工进行开工前的安全生产教育培训，培训时间为3~5天；食品经营等服务行业的重点人员，由团疾控中心组织为期1天的培训；危险化学品及烟花爆竹经营人员由师组织培训。

2015年，团场和连队两级举办安全知识培训52场（次），参培率达98%以上。团安办开展咨询服务活动3次，发放宣传单2000余份，电视广播站播放专题教育片7部。各基层单位向团电视广播站投稿100余篇，出板报26块，悬挂横幅30条，张贴挂图35幅。

四、安全管理

1995年起，团场逐步健全职责明确的安全生产监督管理机制，安全生产主体责任得以落实。团长、政委任安全生产暨防火委员会主任，为团场安全生产和消防安全第一责任人，对安全生产和消防安全负总责。多年来，团场秉持"安全第一、预防为主、综合治理"的工作理念，将安全生产检查监督贯穿到全年各阶段，使主体责任落实到各行业、各部门、各单位。团场及用人单位每年均投入大量专项资金，配备安全防护设施，并为特殊工种劳动者提供安全防护用品，落实劳动安全保护措施。

1998年，根据兵团《劳动安全奖罚办法》，团场相继成立安全生产委员会，建立团场和连队两级领导组织机构，制定安全生产规章制度。团安委会办公室设在劳资科，设专职安全员，专司劳动安全工作，落实安全措施和责任，并与基层单位签订年度安全生产暨消防安全目标管理责任书，进行安全教育和监督检查，对责任事故严查、严处。

2000年始，团场根据劳动工资管理办法规定，对发生事故的单位除按安全管理规定处理外，将根据职工伤亡等级程度对事故单位给予经济处罚。

2002年后，团场根据中央全国总工会《关于开展2002年"全国安全生产月"活动的通知》精神，在每年6月开展"安全生产月"主题活动，对宣传教育情况进行监督检查。

2005年，三十三团（中心团场）制定印发《三十三团安全生产委员会工作规则》，规范安委会工作制度和职责，将安全生产责任分解到个人，实行单位主要领导安全生产保证金制度。是年，团劳资科、农机科联合举办机务及特种作业人员持证上岗培训班，培训、持证率达100%。

2006年，团安全生产管理工作从劳资科析出，纳入工交建商科，设办公室，配有专职人员。

2008年，团成立安全生产监督管理科，办公室设在工交建商科，设专职安监员1人，建立安全生产预警机制，安全生产、消防安全目标管理考核体系得以完善。是年，团对辖区重点部位、重点人群和公共场所进行专项检查4次，投入专项资金20余万元，用于安全隐患治理工作，成效显著。

2010年，团制定印发《三十三团安全生产暨防火安全工作规则》《三十三团突发事故应急处置预案》《三十三团基层单位安全生产、消防安全工作制度》，建立健全劳动安全监督体系，确保团场社会稳定和经济发展的平稳运行。是年，团安委会组织相关部门进行安全生产专项检查40余次，投入安全生产及消防安全整改资金30余万元，9个基层单位被列为创建"安全生产示范单位"。

2011年后，团安委会每年初下发安全生产工作要点，每季组织1次专项检查，半年和年终进行综合检查，检查结果纳入精神文明建设考核内容。在日常工作中，团安办对交通（含农机交通）、建筑、危险化学品、烟花爆竹、棉花加工、人员密集场所、重点行业开展不定期巡查监管行动，对查出的隐患问题，下达整改通知书限时整改，对问题严重的单位和个人，给予问责和经济处罚。

2015年，以"安全生产年""安全大检查""七打七治""打非治违专项行动""安全生产月""防火墙"工程及"四个能力"建设为重点。团与各单位、各部门、各行业签订《安全生产目标责任书》《消防安全责任书》90余份。团安委会通过监督、检查、评比，对16个安全生产及防火工作先进单位和42名先进个人进行表彰奖励，发放奖金14400元；对查出的农业安全生产10起违章行为，下达整改通知书，并处罚金5000元；对建筑行业20处安全隐患，下达整改通知书，并处罚金3万元；对3起交通安全违章载人事件，处罚金5000元。

五、消防工作

（一）生产区消防

1995年后，团场设立防火委员会（以下简称防火委），团长、政委为防火第一责任人（任主任），分管防火工作的副职团领导担任常务副主任，防火委成员部门由团机关科室组成，科室领导为科室防火第一责任人。防火委下设办公室（以下简称防火办），与安全生产监督管理科合署办公，设专职3人。

1996年，团场在个别单位新建棉花场消防设施。

2000年，团场对专项整治及活动开展情况进行安全生产督导、检查13次，下达整改通知书17份。

2004年，两团对加工厂加工设备进行技改。按照"一用一备"防火要求，三十三团投入资金30余万元、三十二团投入资金20余万元购置消防器材及设备，配置到加工厂和各连队棉花场；两团各投入资金15万元检测、更换灭火器。

2005年，三十三团（中心团场）先后投入资金200余万元，将棉花加工厂厂房、籽棉堆放场地进行扩建，增配消防设施，修建各连队棉花场防火隔离带、防火池，并配置防火锹、防火桶、防火帐篷等消防器具。

2007年，团通过查台账、查记录、看现场、听汇报、谈问题、入户走访等方式，对各单位棉花场安全责任制的落实、专项整治及活动开展情况进行检查。团先后组织4次安全生产检查，3次督查，下达整改通知15项，对存在安全隐患问题的单位和责任人给予问责和处罚。

2008年，兵团为团配发消防车1辆，由库孜来克派出所管理，配备兼职消防人员3人，消防车年出警11次。

2009年，按照"一用一备"防火要求，团投入60余万元，为各连队棉花场增购消防泵、消防枪、防火篷布等消防器具。是年8月，团投入40余万元，对灭火器进行集中检测、换粉，更新警示牌、横幅、帐篷等。

2011年后，消防工作重点为春季防火，预防人员密集场所、棉花加工厂、连队棉花堆放场、危险化学品、加油站、加气站等场所发生火灾。团将消防安全工作纳入年度工作计划及年终考核，实行"一票否决"制度。

2015年，贯彻落实"谁主管、谁负责"的原则。团与各部门、各单位签订《消防安全责任书》90份，各单位均建立义务消防队（大单位15人，小单位10人），派出所消防队、森林消防车随时处于备战状态。是年，团场用于隐患整改、更换维修灭火器、标准化建设、安全教育培训、应急救援演练等安全生产性开支达480余万元。

（二）居民区消防

1995—1999年，各单位对营区住家户等用电场所的供电线路、控制保护装置、接地保护装置等进行抽查和督察，确保居民消防安全。

2003年，团场各单位开展烟花爆竹专项检查工作。安办组织社区、学校走进家庭、走进班级防火防爆安全宣传活动。社区、派出所、机关在农贸市场、物流园等人员密集区发放宣传册300余份。

2005年，三十三团（中心团场）结合新型团场、新型连队建设，开展创建"平安团场、平安连队、平安社区、平安家庭"等活动。根据连队营区柴草堆放杂乱，通道堵塞严重，存在火灾事故隐患实际，开展营区、道路整治活动。针对危旧住房安全隐患，通过解危解困住房改造工程，对辖区内危旧住房实施拆除，避免职工群众人身伤亡和财产损失。

2008年，团开展"平安连队、平安社区"创建活动。主要治理辖区脏、乱、差现象，消除安全隐患。

2009年后，各单位结合创建活动，投入人力、物力开展治理工作。职工群众生产生活环境改善，消防安全意识增强，工作有效推进。

2015年，团成立防火安全委员会，团长、政委分别担任安委会和防火委主任，分管安全生产消防工作的副职团领导担任常务副主任，机关相关部门负责人为成员，下设办公室，设专职安全员3人。各基层单位主要领导任组长，确定专人分管安全和防火工作。各连队居民点和社区居委会设有义务消防安全员（宣传员），负责居民区（点）的消防隐患排查和信息报告等工作。

六、特殊行业安全

随着深化改革"三化"建设快速推进，第二、第三产业蓬勃兴起，个体经营危险化学品农资店、个体焊接修理点及各连队农具场新型修理工具的逐年增多，对团场加强特殊行业的安全管理提出更高的要求。

1996年以来，团场安办等相关部门对团场所有易燃易爆、木材加工、各连队农具场、个体氧气焊接修理点、危化品经营场所和市场防火、防灾等进行常态化安检和集中整治。

2003年起，规定电工、焊接、切割、高空作业等设备操作人员均做到持证上岗。对建筑施工单位强化安全管理监督机制，秉持安全理念，对建筑安全事故单位追究主管领导和相关部门责任，延至2015年。

七、学校安全

1995年以来，团场安办每年均与学校签订《安全责任书》，强化学校安全管理监管工作。采取进校园、进课堂，进行交通法和安全常识教育，树立安全意识。学校每天中午、下午放学时，均有带班老师和执勤学生在校园路段及路口维持秩序。凡星期五住校生离校时，由生活老师和保安负责把学生送至家长手中，确保学生安全离校。

每年"11·9"消防宣传日，学校均向各年级发放宣传单，团安办例行组织师生开展应急逃生演练活动。

2015年，团场两所学校开展"创建平安校园"主题活动，以班会、手抄报等形式宣传安全知识，张贴消防安全画册。

第十九章 政法武装

自 1958 年建场起，政法和武装力量成为维护辖区治安、社会稳定、保卫经济社会发展的重要力量。1995 年后，团场政法部门对职工队伍开展普法教育，增强职工群众遵法守法意识。通过群防群治织密社会治安综合治理网络，打击各种违法犯罪活动，确保团场辖区社会和谐稳定，为团场改革发展，经济建设创造良好社会环境。

第一节 社会治安综合治理

1991 年，团场成立社会治安综合治理委员会（以下简称综治委），暂设综合治理办公室（以下简称综治办），负责委员会日常事务，司普法教育、社会治安综合治理等相关职责。三十二团同时成立相应的组织机构，三十二团社会治安综合治理委员会延续到 2006 年 3 月撤销，正式并入三十三团（中心团场）社会治安综合治理委员会。2011 年 9 月，根据党中央和兵团相关政策，更名为三十三团社会管理综合治理委员会。2014 年 10 月，根据政策恢复为中共三十三团社会治安综合治理委员会。

一、组织机构

（一）三十三团

1995 年，团场综治委正式下设综治办，成为党委机关部门，级别为正科级，配备 2 名工作人员。

1996 年，团场综治委组织机构重组。政委马胜利、团长马庆华任主任，副政委茅百垛任常务副主任，吴良才、李洋、刘立志任副主任，委员由机关科室领导组成，综治委成员 20 人，张先信任综治办主任，各基层单位成立 3~7 人的综治领导小组和治保会、调委会、治安员、联防队等群防群治队伍。至此，团场社会治安综合治理工作，在组织架构、人员制度、工作措施方面步入正轨。

1996年以后，团场综治委组织机构随团领导班子成员变动情况进行及时调整。

2004年，团场成立专职治安联防队，共有队员8人，由综治办负责日常管理，参与团场治安防范和农副产品的安全保卫工作。

2006年3月，两团机关正式合并，综治办更名为政法办，合并后有工作人员2人。8月，经过机关纳编考试，政法办定编为3人，设主任1人、科员2人。两团合并后基层单位增加至37个，全团有综治领导小组37个259人、治保会37个185人、调委会37个128人、帮教小组37个128人；专职治安员26人、专职治安联防队18人、专职警卫56人。乌鲁克派出所（三十二团）、司法所维持原状，归三十三团（中心团场）党委与乌鲁克垦区公安局、司法局双重领导。

2007年，团治安联防队划归派出所管理，保留职工身份，由团场核发工资待遇。

2012年7月，团政法办更名为综治办。

2015年末，团综治办设主任、副主任各1人，科员2人，各基层单位按要求配齐群防群治力量。

（二）三十二团

1995年7月，三十二团综治办成立，由副科级主任兼治安联防队队长，负责团场社会治安综合治理日常管理工作。

1998—2005年，团综治办设专职干事1人、专职治安联防队8人，负责全团治安防范和农产品保卫工作。

2006年3月，三十二团综治办并入三十三团（中心团场）政法办。

二、综合治理工作

1995年以前，团场社会治安综合治理工作处于探索和初步运行阶段，团场社会治安综合治理工作由派出所和团治保委员会、人民调解委员会负责管理。各基层单位均设有治保会和调委会，由单位指导员和治安员负责管理。

1995年后，团场党委把社会治安综合治理工作纳入党委重要议事日程，团主要领导亲自抓、主管领导重点抓、业务部门具体抓、职能部门配合抓、基层单位全面抓，形成上下联动、齐抓共管格局。

1996年，团场在落实《实行社会治安综合治理领导责任制的若干规定实施细则》的同时，与基层单位第一责任人（连长、书记）签订《社会治安综合治理领导责任书》24份；与机关部门签订责任书20份。各基层单位与治安员、警卫、班组长签订岗位责任书2041份。根据团制定的综合治理考核奖惩办法，年终对考核不满85分的单位，除经济处罚外，还将取消评选先进单位资格；团对考核在95分以上的单位进行表彰奖励。当年，24个基层单位90%的治保会、调委会，做到"四有"（有办公场所、有牌子、有图表、有台账），综治工作由虚转实，使综治工作"看得见、摸得着、实打实"。至年底，团场发生刑事案件13件，与上年持平，其中重大刑事案件2件，比上年下降33.3%。治安案件24件，略有上升。民事纠纷54件，调处成功率100%。全团9个单位实现"三无"（无刑事案件、无治安案件、无群体性事件）。1996年，是"二五"普法验收和"三五"普法开局之年，团场组织4300余名干部职工群众开展法制培训工作，并通过农二师普法组验收，被命名为"二五"普法合格单位，被兵团评为"二五"普法宣传教育先进单位。

1997年，团开展"严厉打击暴力犯罪集中整治"活动，团场分阶段、分步骤组织实施。成立"整治"工作领导小组，强抓团连两级基础建设，加大对流动人口管理和违禁物品清查收缴工作力度。为机关配备专职警卫，给11个科室安装安防设施，将团部划分为4个警务区，由派出所干警负责日常治安防范，并设一名专职流动警卫负责夜间防范巡逻。同时，团场启动"创建安全文明连队（小区）"（以下简称"创安"）活动，出台下发《关于创建安全文明连队（小区）活动实施办法》《安全文明小区创建实施细则》，在民兵连、农科站、十连、十一连试点，全团共划分176个治安责任联防区。6月，在民兵连召开"创安"工作现场会。是年，全团疏通较为规范的硬质道路88条、搬迁畜圈625个、移动不规则建筑物和院落615处、重新规划畜禽圈落48处、清除垃圾100余吨、修建固定垃圾池100个，"创安"效果凸显。

1998年，团场开展"防火、防盗、禁赌"为主题的"百日安全无案件、无事故"竞赛活动。团投入经费5万余元，425名干部职工参与巡逻值勤，基层单位人防、物防、技防能力提升。是年，有9个基层单位实现"五无"（无刑事案件、无治安案件、无治安灾害事故、无邪教和非法宗教活动、无群体性上访事件）目标，有效遏制"两闲"季节发案率。7月至10月，开展"严厉打击暴力犯罪"专项整治工作，确立以中小学生、季节性拾花工防侵害为主的整治内容。团场规定学校走读生须家长接送，假期校外辅导员监管，季节工由基层单位管理，确保弱势群体的人身财产安全。是年，团场为基层单位专职治安员统一配发了首套制式服装。1994—1998年，团累计投入经费229.86万元，新盖标准库房3个，安装防盗门279扇、防盗窗1029扇，配备保险柜44个、灭火器706具、报警器4套。1998年，三十三团重点部位达标工作通过农二师综治委检查验收，被命名为"基层单位重点部位达标单位"。

1999年，团场开展冬季"百日六无"（无重大刑事案件、无重大治安灾害事故、无非法宗教活动、无"黄赌毒"等社会丑恶现象、无集体上访闹访等群体性事件、无刑释解教人员重新犯罪）竞赛活动。对实现"百日六无"先进单位各奖励3000元，对未实现单位进行通报和经济处罚，并将活动开展情况纳入年度综合治理考核内容。是年，团场加强对劳动法、工会法、场规场纪、合同法、国有企业职工管理办法的宣传教育力度。基层单位在土地等级、上缴指标、物化成本实行"三公开、一上墙"制度,增加透明度,降低矛盾纠纷。团司法所开通"148"法律服务热线,受助群众162人次,接待来访87人次,调处各类矛盾纠纷140余起。7月,团场开展"五百"活动(走百家门、认百家人、了百家情、访百家苦、解百家忧),确保第一时间掌握和化解职工群众诉求和困难。团场社会治安综合治理工作健康发展。

2000年,在社会治安综合治理第10个宣传月活动中,团场开展以自治区流动人口管理办法、未成年人保护法、治安管理处罚条例等为内容的系列教育。通过出板报、挂横幅、上法制课、演讲会等形式,干部职工群众学法、知法、守法自觉性有效提高。1996—2000年,团场累计奖励先进集体34个,奖励先进个人184人,发放奖金2.43万元。对制度落实不力,导致重大案件、重大事故或其他群体性事件发生的单位实行一票否决,对主要责任人追责问责。

2001年,团场开展"严厉打击、集中整治突出治安问题"专项行动,明确集中整治区域和人员,将校园周边治安环境和流动人口纳入集中整治范围。其间,清查流动人口1110人,对参与工程建设、土地承包等符合用人条件的单位,严格落实流动人口"三证一担保"制度;对外来季节性拾花工,核清身份,在拾花前进行3~4天的法律法规、场规场纪学习教育,确保流动人口知法、守法。在集中整治学校周边治安环境上,团下发《关于禁止在学校周边摆摊设点的通知》,禁止在学校200米范围内摆设摊点,禁止在学校周边150米内开游戏厅、网吧等。

2002年,团场在大幅压缩非生产人员情况下,仍保留基层单位治安员建制。在收入分配上,打破档案工资,实行岗薪加奖金分配制度,增强治安员的工作积极性和责任心。加强民主法制化建设,坚持法治、德治相结合,开展精神文明、小康连队、十星级文明户创建活动;坚持"打防结合、预防为主"方针,按"三个突破"要求落实各项综治措施。"创安"活动取得新成效。

2002—2005年,团场综治工作,以落实责任为主线、"创安"活动为载体,深化治安防控体系建设,加大治安人员培训与管理力度,完善落实各项综治措施。几年时间内,团场未发生影响较大的刑事案件和治安案件,未发生信访越级或到京、兵、师上访事件,团场治安环境持续稳定,收效显著。

2006年初,三十三团(中心团场)党委表彰奖励2005年度团场综合治理工作中涌现出来的49个先进集体、82名先进个人,发放奖金2.47万元,对7个综治工作不达标的单位分别给予0.15万元的经济处罚。团主要领导与机关9大科室、37个基层单位党政领导签订2006年度《社会治安综合治理领导责任书》。对26名治安员、18名联防队员进行为期一周的体能与业务技能培训,考核合格后,重新聘任到相应工作岗位,统一配发制式服装。是年,根据农二师启动《关于在全师深入开展平安建设的实施意见》,团制定下发《三十三团平安建设活动总体规划的通知》《三十三团关于成立平安建设活动领导小组及办公室的通知》《三十三团印发平安建设活动领导小组成员责任分解的通知》等文件,全面安排部署团场"平安创建"工作,开展"平安团场""平安社区""平安连队(车间)""平安家庭"创建活动。力争用五年的时间,达到团场、连队"平安创建"标准，实现"政治稳定、治安良好、经济运行安全、文化活动健康、法制健全、群众满意"目标。

2007年，团场投入综合治理"平安建设"活动经费66万余元。与基层单位签订责任书44份，与各单位治安员、警卫、保管、出纳、商店等重点部位人员签订岗位责任书216份。

2008年，团表彰奖励2007年度综合治理先进单位10个、先进治保会10个、优秀调委会8个、先进个人64人，发放奖金2.03万元，一票否决单位1个。是年，在元旦、春节、全国两会、北京奥运会期间，团政法办、派出所、武装部组成联合巡逻队，对辖区重点部位昼夜值班巡逻。在"平安建设"活动和第17个综治宣传月活动中，团投入2.54万元活动经费，制作宣传牌59块、荣誉门牌5000块。为15个"平安建设"达标单位，授予"平安连队"铜牌；为1472户达标家庭颁发荣誉门牌。

2009年，团政法办、司法所、派出所联合举办以"争创平安团场"为主题的法律知识竞赛活动，团为获一、二、三等奖的单位颁发了奖品和奖金。

2007—2009年，通过"平安创建"活动的开展，团场社会治安状况变化明显。三年时间内，累计发生刑事案件86起，与创建活动前的2006年初相比，案件平均数下降32.6%；治安案件发生149起，略有增加，民间矛盾纠纷下降11.5%。团场治安秩序事态良好，经济建设大步前进。

2010年，在"平安创建"过程中，为提升创建质量、提高技防水平，团场先后投资60余万元，对团部重点部位、重点场所增设技防设施，有效避免和减少各类违法犯罪行为发生，职工安全感明显增强。是年8月，团"平安创建"活动通过兵团和农二师检查验收，并被农二师综治委授予"平安团场"称号。年底，有4592户被团命名为"平安家庭"，"创建"达标率96.2%；28个基层单位中有27个被团命名为"平安连队"称号，达标率96.4%。

2011年，团选派16名基层优秀治安员，参加农二师先后在三十三团和二二三团组织的保安骨干培训班，所有参培人员均以优异成绩取得了保安人员从业资格。是年9月，团综治委更名为"中共三十三团社会管理综合治理委员会"。

2011—2013年，三十三团综合治理工作围绕团场"三化"建设中心，强抓领导责任制落实、矛盾纠纷排查调处、出租房屋与流动人口管理等工作，加大社会治安综合治理宣传力度，实现辖区社会治安持续稳定。团场每年对辖区治安员进行1~2次业务技能培训，每月召开1次综治工作例会，采取以会带学、以会带培和集中培训等方式，提高治安员自身素质和整体素质，做到管理工作一月一考核。每逢元旦、春节、两会及特殊敏感期，团均将重点防范工作作为要务，建立健全领导干部24小时带班值班制度。团综治办、派出所、联防队对辖区重点部位进行不定期巡逻和查岗查哨，对机关、学校、医院、幼儿园、水厂、油（气）站等实行双人双岗，严查进出人员，严防案件事故发生。

第二节　公安

一、库孜来克派出所

（一）机构

1995年，派出所编制人数能基本满足工作需要。

1999年，派出所增配指导员。

2002年，乌鲁克垦区公安局"双聘"工作结束，派出所配备所长、教导员。

2013年11月，库孜来克派出所工作人员人员编制调整，增配副所长1人。

（二）治安管理

常住人口管理：

1995年以来，库孜来克派出所开展"走百家门、认百家门、了百家情、访百家苦、解百家忧"主题活动，将民警分片、分区实行责任管理机制，深入每个连队，每个家庭，做到户不漏人、人不漏项，全面熟悉辖区职工家庭成员，了解基本情况，掌握社会关系。同时，采取出板报、发通告、贴传单、上法制课、集中培训演练等多种宣传形式，辖区职工群众的法律意识和自我维权意识增强。

为预防青少年违法犯罪，库孜来克派出所积极投身到学校教育及学生家庭管理之中，担负起社会管理职能。在维护少年儿童合法权益的同时，严厉打击涉及侵害青少年的违法犯罪，密切掌控关注失足青少年动向，进行严格管理、耐心教育，尽最大努力扭转青少年违法犯罪上升势头，净化校园周边治安环境。

流动人口管理：

随着市场经济的不断发展，流动人口呈几何式增长态势，尤其是季节性农民工的进入，给辖区治安形势带来巨大压力，案发率也逐年升高。针对这种趋势，库孜来克派出所采取及时登记、法制宣传、发函调查等一系列措施，由派出所责任民警、基层连队治保会和治安员逐级管理，"谁用人谁负责、谁用工谁负责、谁留宿谁负责"，有效稳定了辖区治安，促进了团场经济发展。

（三）基础设施建设

1999—2000年，团场各连队棉田泵房的变压器被盗案频频发生，针对这一现象，库孜来克派出所在团场党委的支持下，争取资金对全团所有泵房安装了断电报警系统，连队泵房变压器被盗现象减少。

2007年，库孜来克派出所在团场4个片区设立连队警务室，推进派出所警力下沉和警务迁移，创建了警务工作新载体。

2010年以后，库孜来克派出所在团部及连队主要路口和218国道主要路段安装视频监控。利用监控视频查处侦破各类案件6件，帮助群众找回遗失物品案件7件。

（四）户籍管理

1996年，库孜来克派出所抽调专人，历经一年对辖区连队、街道、房屋进行实地核查，编排房屋顺序和村名，并上报地方地名委员会批准备案，投入6万元定制门牌号5000份、栋牌号2500份、村牌路牌150份，对团辖区内房屋、连队（自然村）编号。兵团公安局在三十三团召开兵团农村户口城市化管理工作推进会，此项工作的圆满完成，受到兵团和农二师公安部门的赞誉。是年，库孜来克派出所投入2万余元，将辖区常住人口信息录入电脑，实行人口计算机管理，实现无纸化户籍办公。

1998年，为改善以往陈旧的管理模式，在农牧团场推行农村人口城市化管理及人口信息微机管理为一体的先进管理方法。团场派出所开展对辖区内的所有常住人口，进行有组织、有计划、有步骤地户口核对工作，采取"四对照"（以居民户口簿与家庭实际人口相对照，以常住人口底册与居民户口簿实际人口及家庭相对照，以四项变动登记本与户口簿及家庭实际人口相对照，以居民身份证与户口簿相对照）办法，逐连、逐户、逐人、逐项核对，本着户口项目不重、不漏、不错的原则进行。通过核对户口，彻底解决和纠正连队户口管理工作中普遍存在的"出生不报，死亡、参军、失踪不销，嫁娶不迁户口"等现象。建立健全出生、死亡、迁入、常住、暂住、变更、更正7项户口登记制度；健全和完善农村户口管理制度，统一管理办法；建立"一本、一牌、一村、一册、一员、一图"户口管理制度（一户一本户口本、一户一个门牌号、一村一个村标、一村一本户口底册、一村一名户口协管员、一村一幅方位图），辖区农村人口管理工作达到城市化管理水平。

1998年，库孜来克派出所工作的重中之重是农户城管工作（农村人口城市化管理），派出所民警不分昼夜，走家串户核对户口，历时6个月，完成农户城管工作。是年9月，派出所农村人口城市化管理工作推向前台办公。

1999年，库孜来克派出所为辖区居民统一换发户口簿，并为团直单位居民住户装钉门牌。

2000年，库孜来克派出所圆满完成辖区常住居民户口普查、人口信息核对、居民身份证号码升位和3851张二代证件换发等工作。

2003年，库孜来克派出所及时准确完成辖区6926人常住户口的农转非工作、3000余户居民户口簿换发等工作。

2005年，库孜来克派出所历时40余天，按时保质完成辖区4335人农转非换发户口本工作。

2007年，库孜来克派出所设立连队警务室。是年4月，派出所为辖区居民统一换发新式身份证。

2008年，根据辖区治安管理工作的实际要求，库孜来克派出所通过近一年的分析调研，创造性地研发出库孜来克派出所辖区实有人口地理信息管理系统。通过操作、试用和完善，效率提高。次年，该系统受到兵团和农二师公安部门的高度重视，并召开观摩会、现场会，将该管理系统在全兵团基层公安派出所推广运用。

至2015年，辖区人口户籍管理工作趋于规范。

（五）案件侦破

库孜来克派出所秉持"有案必查、有案必立、有案必破"工作理念，通过各种预防手段将犯罪苗头遏制在萌芽状态，逐年降低治安案件和刑事案件发案数。并积极协助乌鲁克垦区公安局侦破发生在辖区的刑事案件，有力打击犯罪分子嚣张气焰，辖区社会治安稳定得到有效维护。

1996年至2015年，库孜来克派出所查处治安案件206件，侦破刑事案件72件。

二、乌鲁克派出所

（一）机构

1984年5月11日，中共农二师委员会师党批复在三十二团成立乌鲁克派出所，编制5人，隶属乌鲁克垦区公安局管辖。

（二）设施建设

1992年10月，乌鲁克派出所迁至医院门诊处，设办公室4间。

1993年后，三十二团每年投入一定资金为乌鲁克派出所购置办公用品，并配备相应住宿房屋。

1998年4月，团派出所新办公楼开工，于1999年10月竣工并交付使用。

2006年，三十二团并入三十三团（中心团场），之后乌鲁克派出所设施建设归"中心团场"负责管理。

2008年，在三十三团党委和乌鲁克垦区公安局党委统筹安排下，对乌鲁克派出所进行扩建，历经三个月改造完成餐厅、洗漱间、淋浴室、陈列室、档案室、新建户籍室等相应设备，并投入使用。

2011年，三十三团党委根据《中华人民共和国刑事诉讼法》修正案和执法功能区建设的重要性、必要性、紧迫性，以及警务建设上升为"政府工程"的相关政策，于2011年7月，执法功能区改造立项。是年12月，建设讯问室、询问室、信息采集室等，配置执法记录仪、录音录像设备、执法监控设施、审讯系统、办公座椅和防护门窗等，年内均投入使用。

2013年，乌鲁克派出所警务室建成启用。

2014年，乌鲁克派出所依靠上级支持和团场资金投入，办公场所安全防护设施设备得以加强。

（三）治安管理

1995年后，乌鲁克派出所以治安管理为工作重点，负责辖区安全防范、人口管理、治安管理、接处警、执法办案等工作。乌鲁克派出所协同团治安联防队常年全天候开展治安巡逻、查岗查哨、案件侦破、安全保卫等工作，并协助团场做好农产品和牧业监管工作。暂住人口管理工作本着"谁使用、谁负责"的原则，对辖区三个月以上的流动人员，派出所与用人单位签订责任书，履行治安管理职责。

2000年后，乌鲁克派出所加强对辖区重点人群、重点部位、重点场所、流动人员、出租房屋、枪支弹药和剧毒危险品管理工作。辖区治安和刑事案件查处、侦破率得以提升。

2006年，乌鲁克派出所在四连、十九连设立连队警务室，推进派出所警力下沉和警务前移。

2007年后，乌鲁克派出所利用综合信息系统，为辖区居民提供便民服务1000余人。

2010年，乌鲁克派出所通过办理一起殴打他人案件，抓获在逃多年的命案犯1人。

2013年后，乌鲁克派出所以"惠民生、促发展"为出发点和着力点，重点打击整治行业、领域、地区不法现象。使辖区群众合法权益和市场经济秩序的稳定得到有效维护。

（四）户籍管理

1997年，乌鲁克派出所制定"九项承诺制度"。在办理户口迁移工作中，推行"两公开一监督"的制约机制。

1999年，乌鲁克派出所为辖区居民统一换发户口簿，并为团直单位居民住户装钉门牌。

2000年，乌鲁克派出所实施统一标准档案达标工作，共整理业务卷近700份、户籍卷500份。10月，被兵团公安局评定为"档案目标管理一级单位"。

2005年，乌鲁克派出所完成三十二团农转非3031户、7100人，换发户口簿3031本。

2007年，乌鲁克派出所采集辖区18岁以上居民个人综合信息，集中完成换发第二代居民身份证4000余张。

2012年，乌鲁克派出所完成年满16周岁以上公民申领第二代居民身份证达95%以上。

2014年，乌鲁克派出所开始办理第二代居民身份证职工群众采集指纹。2月，乌鲁克派出所接上级公安机关下发的人像比对疑似双重户口数据任务后，认真核查，圆满完成核查注销工作，使户籍人口数据的准确性、唯一性、合法性得以提高。

（五）案件侦破

乌鲁克派出所在完成维护团场社会治安重大工作任务的同时，协同乌鲁克垦区公安局共同侦破发生在辖区的各类刑事案件，为维护辖区的社会稳定作出积极贡献。

1996—2015年，乌鲁克派出所侦破刑事案件53件，查处治安案件158件。

第三节　司法行政

1996年，两团司法工作在司法所、法律服务所、人民调解委员会规范化建设的基础上，开展普法教育、依法治理、法律服务和矛盾纠纷排查等业务工作。对促进团场社会稳定发展、行政执法、司法、法律监督、建章立制、依法管理和法律服务等方面发挥积极作用。干部职工群众法律意识逐步提高，营造了辖区良好的社会法治环境，为团场体制改革、经济发展和社会稳定保驾护航。

一、机构

（一）三十三团司法所

1992年4月，农二师三十三团司法办公室更名为农二师三十三团司法所。司法所、库孜来克法律服务所和普法依法治理办公室为一个机构。

2001年1月，团成立"司法调解中心"，喻树立任主任，办公室设在司法所，为常设综合性办事机构，专职执法人员代表党政依法行政。

2002年11月，团成立合同管理委员会，办公室设在司法所。负责研究制定合同管理制度，指导、管理和监督团场农、林、牧、工、矿、建、商、流动企业的承包（租赁）、集体购买、产品买卖、建筑、商品购销等合同。

2004年1月，由农二师司法局筹资20万元，团配套资金10万元新建的司法所办公楼正式启用。

2007年5月，团成立法律援助工作站。

2009年，团成立社区矫正办公室。

2010年后，司法机构为一套班子6块牌子，由司法所、普法办公室、法律服务所、法律援助工作站、安置帮教办公室和社区矫正办公室组成，司法所所长1人、司法助理员1人。

2015年，司法助理员增加1人，所内有3名工作人员。

1996年，农二师三十三团司法所提升为正科级事业单位，人员待遇参照公务员标准执行。

1995—1996年，刘庭碧任三十三团司法所所长。

1997—2010年，喻树立任三十三团司法所所长。

2010—2011年，刁新平任三十三团司法所所长。

2012—2013年，成江任三十三团司法所所长。

2014—2015年，蒯鹰任三十三团司法所所长。

（二）三十二团

1993年，农二师三十二团司法办更名为农二师三十二团司法所。2000年12月，成立"司法调解中心"，办事机构设在三十二团司法所，刁新平兼任办公室主任，陈新江任司法所司法助理员。2006年，成立三十三团（中心团场）后，三十三团司法所和原三十二团司法所各自分管指导原辖区司法行政工作。2010年，原三十二团司法所设2名工作人员（延续至2015年）。

1996年，农二师三十二团司法所提升为正科级事业单位，人员待遇参照公务员标准执行。

1996—2010年，刁新平任三十二团司法所副所长。

2010—2011年，成江任三十二团司法所所长。

2012—2013年，喻树立任三十二团司法所所长

2014—2015年，陈蒋勇任三十二团司法所副所长。

二、法治宣传教育

（一）"三五"普法

1996年始，团场开展以宪法为核心，以专业法为重点，以社会主义市场法规为突破口、依法治理为手段开启"三五"普法依法治理等工作。

三十三团：1996年，团建立健全各基层单位普法组织，层层签订责任书，全面落实责任制。团党委在大幅压缩开支的情况下，确保普法经费正常开支。"三五"普法期间，购买普法教材《法律法规规章汇编》等书籍4000本、《"三五"普法验收考试复习500题》1000本；举办普法骨干培训班11期，法律法规知识竞赛7场，参赛240余人次；组织普法宣讲团深入基层巡讲授课13场（次），受教育群众达3000余人次；开展交通安全法、预防未成年人犯罪法、义务教育法、未成年人保护法、国徽法及国旗法校园普法宣传教育12场。

2000年，三十三团619名干部参加"三五"普法验收考试，以参考率98.3%，平均分91分的优异成绩，通过农二师"三五"普法依法治理工作验收。是年，团表彰奖励"三五"普法先进单位（医院、建筑公司、学校、二连、八连、七连、九连）和15个先进个人。

三十二团：1996年，成立团、连两级"三五"普法领导小组，团普法办公室设专职人员2人、兼职人员12人、基层单位普法宣传员51人。制定《三十二团1996—2000年五年普法依法治理规划》，团、连、班、组层层签订普法责任书，以"八个一点"活动方式开展普法（每次会议学一点、每期板报登一点、每逢广播念一点、每回办事讲一点、每项活动融一点、每月个人记一点、每季集体读一点、每年组织考一点），进行年度考核。团电视广播站新增"社会广角""法律咨询""以案说法"等栏目，开展普法宣传和专题教育。"三五"普法期间，团购买法律书籍、影像、杂志、教材、活动等经费开支人均20元。

2000年，三十二团"三五"普法依法治理工作通过师"三五"普法领导小组的考核验收。是年11月，团党委表彰一批"三五"法制宣传教育先进集体和个人。医院、中学、六连被评为普法依法治理先进单位，各奖励200元；5人获普法依法治理法制宣传先进工作者称号，每人奖励100元。

（二）"四五"普法

三十三团：2001年，学校、医院、二连、六连、九连、建筑公司为普法试点单位，实施法制

宣传教育和依法治理责任制，实行目标管理。团属各单位按要求制订法制宣传教育及依法治理年度计划，建立健全普法组织机构，加强法制宣传教育阵地建设，开展普法工作。

"四五"普法期间，团建立健全党委中心组学法制度、干部学法讲座制度和各级干部法律知识定期培训制度。全团征订普法教材5831册、音像图片1套、期刊36册，投入金额达8535元。团举办干部普法培训班8期，邀请人民法院、人民检察院、司法局等政法干警授法制课5次。普法内容以《干部法律知识读本》《中华人民共和国合同法》《党政干部选拔任用工作条例》和《社会主义法治理论读本》为重点，由团组织机关各科室进行法律知识任职资格考试。

2005年两团合并，成立三十三团（中心团场）"四五"普法依法治理领导小组。三十二团"四五"普法工作纳入"中心团场"管理。

2006年1月，三十三团"四五"普法工作顺利通过农二师普法办考核验收，被评为兵团普法先进单位。三十三团在"四五"普法总结大会上，表彰奖励10个普法先进集体和29名先进个人。

三十二团：2001—2005年，三十二团把"四五"普法依法治理纳入政治文明、精神文明建设的重要内容，并按要求完成"四五"普法工作。

2002年，三十二团成立"四五"普法依法治理领导小组和办公室，启动"四五"普法工作。团场制定了"第四个五年法制宣传教育规划"，开展《中华人民共和国宪法》《中华人民共和国婚姻法》《中华人民共和国消防法》《中华人民共和国人口与计划生育法》《中华人民共和国农村土地承包法》的普法宣传教育。青少年重点学习《中华人民共和国预防未成年人犯罪法》《中华人民共和国治安管理处罚条例》。

（三）"五五"普法

2006年，是三十三团（中心团场）实施"五五"普法规划的第一年，团于年初制定《三十三团"五五"法制教育规划》，各基层单位按要求制订"五五"普法计划，开展普法"创建"活动。

2007年，团召开"五五"普法启动大会，与基层单位签订"五五"普法责任书。司法所与团妇联成立"巾帼志愿者维权服务队"，开展法律宣传、咨询活动，为妇女职工提供法律援助，引导有需要的妇女同志按照法律途径解决问题。

在"五五"普法的五年中，团以宪法为核心，以维护社会稳定、促进社会公平正义为目的，紧抓法制宣传教育，开展普法教育、法制宣传。以"法律六进"（进机关、进连队、进社区、进学校、进企业、进单位）为抓手，党委中心组将法律法规列入学习计划；基层单位将普法学习列入党支部"三会一课"内容，形成学习制度。五年中，团投入普法教育经费10余万元，完成干部、职工、青少年学生普法读本征订工作，编印各类法律、法规宣传资料10000余份，举办法制培训班32场次，举办法律知识竞赛10次，参加考试10000余人次。干部普法考试合格率达100%。

(四)"六五"普法

三十三团"六五"普法,分为三个阶段。宣传发动阶段:2011年上半年,制定五年普法规划,做好宣传、发动和组织工作;组织实施阶段:2011下半年至2015年,按照规划确定的目标任务和要求,结合制订的年度计划,认真组织实施,确保普法规划全面实施;检查总结阶段:2015年底,团普法办会同相关职能部门对各单位规划实施情况进行检查总结,召开先进集体和先进个人表彰大会。

"六五"普法期间,团推进法制宣传和依法治理。弘扬社会主义法治精神,为推进团场跨越式发展和长治久安营造良好法治环境提供有力的法治保障。"六五"普法全期,团投入普法教育经费12万元,举办法制培训30余场次、法律知识考试20次,干部考试合格率100%。

2015年底,团召开"六五"普法总结大会,表彰奖励普法先进集体12个、先进个人30人。

三、人民调解

1995年后,团场人民调解工作维护团场稳定,促进团场经济与社会发展,加强组织、健全机制,纳入单位思想政治工作目标管理考核项目。

2003年,团场所有基层单位,按照一类调委会健全组织,设立人民调解及普法办公室,规范调解文书。依法履行调解程序,规章制度上墙,台账资料规范,开展司法行政工作基础达标建设。

2004年,三十三团有15个调委会、三十二团有10个调委会达到一类调委会标准。

2006年,三十三团司法所报送的调解案卷获农二师司法局人民调解协议书评查一等奖。

2008年,团启动"民主法制示范连(社区)"创建活动。

2009年,团建筑公司、五连、十九连被团命名为首批"民主法制示范连(社区)"。

2006—2010年,团举办人民调解培训班10次,培训普法骨干、人民调解员225人次。培训内容涉及人民调解有关知识和法律法规、通过案例分析教授调处纠纷的方法和技巧,以及如何制作人民调解协议书等。各级调解组织调解民事纠纷750起,调解成功率达96%以上。

2010年,团在林园连首次通过职工代表大会遴选方式,选举产生人民调解委员会委员,全团有26个基层调委会组织、成员225人。在人民调解化解矛盾纠纷专项攻坚活动中,排查各类矛盾纠纷52件,调处化解50件。

2011—2015年,团辖区各基层调委会、举办人民调解培训班10期,培训普法骨干、人民调解员260人次,培训内容涉及人民调解法、反家庭暴力法、民事诉讼法,以及近年来的典型案例、调处纠纷的方法和技巧和如何制作人民调解协议书等。各级调解组织调解民事纠纷532起,调解成功率达97%以上。

表 19-1　三十三团民事调解情况一览表（1995—2015 年）

单位：起、%

年份	调解总数	司法调解	调委会调解	成功率	家庭纠纷	经济	邻里	其他
1995	105	30	75	94	66	16	10	13
1996	102	29	73	95	67	16	11	8
1997	103	27	76	95	66	18	14	5
1998	109	29	80	96	66	16	13	14
1999	106	21	85	97	61	14	15	16
2000	111	17	94	95	63	15	10	23
2001	104	29	75	94	64	12	8	20
2002	123	34	89	95	68	15	15	25
2003	118	36	82	96	60	14	14	30
2004	108	30	78	94	65	17	13	13
2005	113	33	80	96	67	14	15	17
2006	154	45	109	96	88	19	21	26
2007	165	56	109	95	79	24	27	35
2008	160	44	116	94	87	29	18	26
2009	155	38	117	97	85	18	27	25
2010	158	29	129	98	80	29	22	27
2011	120	41	79	96	21	35	42	22
2012	113	50	63	95	32	24	17	40
2013	97	37	60	94	19	45	7	26
2014	107	42	65	97	29	37	21	20
2015	95	30	65	98	14	41	22	18

表 19-2　三十二团片区民事调解情况一览表（1995—2015 年）

单位：起、%

年份	调解总数	司法调解	调委会调解	成功率	家庭纠纷	经济	邻里	其他
1995	153	29	124	94	118	15	9	11
1996	146	26	120	93	121	11	4	10
1997	155	25	130	92	110	14	8	23
1998	141	20	121	94	116	6	9	10
1999	144	19	125	91	114	12	7	11
2000	159	18	141	94	106	20	9	24
2001	180	25	155	97	112	23	18	27
2002	168	16	152	96	123	10	14	21
2003	153	22	131	95	118	13	9	13
2004	136	16	120	94	103	15	10	8

续表

年份	调解总数	司法调解	调委会调解	成功率	纠纷类别			
					家庭纠纷	经济	邻里	其他
2005	140	17	123	93	112	9	8	11
2006	120	25	95	92	103	9	5	3
2007	139	21	118	93	88	24	9	18
2008	140	19	121	91	106	8	6	20
2009	145	18	127	95	104	12	16	13
2010	148	21	127	92	105	22	11	10
2011	131	19	112	95	69	26	11	25
2012	133	16	117	96	74	19	17	23
2013	143	25	118	94	92	21	5	25
2014	126	26	100	96	84	20	5	17
2015	135	19	116	94	70	27	13	25

四、公共法律服务

1995年后，团场司法所积极参与团场经济合同的审定，为农业生产和其他行业承包提供产前、产中、产后服务，法律服务热线常年开通。团场聘请专业律师事务所的律师担任团场法律顾问。

2006年，三十三团司法所担任26个基层单位的法律顾问。

2007年，团司法所成立法律援助站，依托基层调解组织建立连队（社区）法律援助联系点26个。

2010年，团法律援助进连队、进田间宣传20余次，免费咨询130人次，发放法律援助公众知晓调查表100份。基层单位法律援助联系点工作人员走访职工60户，发放法律援助公众知晓调查表100份。

2014年，在团务工的20余名农民工因工程承包方拖欠工资请求法律援助。团法律援助站接案并依照法律援助程序与当事人双方协商，为务工者追回近27万元的工资款，成为团场法律援助典型范例。

表19-3 三十三团法律服务情况一览表（1995—2015年）

年份	法律服务单位（个）	协办公证（个）	见证（个）	代写法律文书（份）	提供法律咨询服务（人）	代理诉讼事务（起）	代理非诉讼事务（起）	挽回经济损失（万元）
1995	15	13	7	16	230	6	9	17
1996	15	13	6	11	220	2	5	16
1997	15	13	9	14	230	4	7	19
1998	15	13	8	13	230	5	10	21

续表

年份	法律服务单位（个）	协办公证（个）	见证（个）	代写法律文书（份）	提供法律咨询服务（人）	代理诉讼事务（起）	代理非诉讼事务（起）	挽回经济损失（万元）
1999	15	11	7	15	220	3	5	18
2000	15	12	6	10	230	2	8	16
2001	15	7	8	10	220	2	3	22
2002	15	8	9	10	215	5	7	17.5
2003	15	9		10	220	3	9	15
2004	15	13		10	210	5	5	16
2005	15	9		15	205	2	7	17
2006	15	14		12	230	2	5	15
2007	15	9		14	210	3	6	13.5
2008	15	9		15	230	2	4	14
2009	15	12		11	220	2	5	130
2010	15	10		10	215	2	6	17.5
2011	15	8		9	200	1	6	11
2012	15	7		13	194	2	4	12.5
2013	15	4		11	157	1	3	11.35
2014	15	7		11	184	4	4	13
2015	15	9		14	179	2	4	15.5

表19-4　三十二团法律服务情况一览表（1995—2015年）

年份	法律服务单位（个）	协办公证（个）	见证（个）	代写法律文书（份）	提供法律咨询服务（人）	代理诉讼事务（起）	代理非诉讼事务（起）	挽回经济损失（万元）
1995	13	9	11	12	190	9	6	14
1996	13	7	13	12	180	8	5	15
1997	13	8	11	10	190	7	7	19
1998	13	7	10	12	185	9	5	14
1999	13	9	12	7	195	7	3	16
2000	13	10	13	11	170	9	4	7
2001	12	8	9	8	185	8	5	15
2002	12	7	11	10	180	7	6	8
2003	12	7	13	11	170	7	6	16
2004	12	7	12	7	160	3	5	25
2005	12	8	9	9	155	6	5	14
2006	8	2	0	11	170	7	5	14
2007	8	1	0	12	160	7	7	10
2008	8	3	0	10	181	6	5	9
2009	8	2	0	8	185	5	3	10
2010	8	1	0	8	160	1	6	6
2011	8	1	0	7	146	2	5	16

续表

年份	法律服务单位（个）	协办公证（个）	见证（个）	代写法律文书（份）	提供法律咨询服务（人）	代理诉讼事务（起）	代理非诉讼事务（起）	挽回经济损失（万元）
2012	7	2	0	9	173	2	4	9
2013	7	2	0	12	181	1	5	11
2014	7	2	0	7	159	3	5	5
2015	7	1	0	8	167	0	3	0.7

五、安置帮教

1999年，团场组建各基层单位刑释解教人员帮教小组，负责规范管理辖区刑释解教人员的帮教工作。

2000年，团场党委把对刑释人员的安置帮教工作纳入单位社会治安综合治理目标考核。团司法所建立辖区刑释解教人员的档案信息资料，健全机制，规范帮教管理工作。基层单位帮教领导组织以思想教育、就业指导、技术培训作为帮扶重点，具体组织落实对刑释解教人员安置帮教工作责任，辖区内无发生重新犯罪案件。

2007年，团场司法所对全团3年内刑释解教人员摸底排查，建立刑释解教人员档案和登记制度，落实帮教责任。实行每季度回访，做到心中有数，逐步摸底、排查、落实。

2009年，团成立社区矫正领导小组，建立社区矫正工作机构。根据《中华人民共和国社区矫正法》规定，被判处管制、宣告缓刑、假释暂予监外执行的罪犯依法实行社区矫正。重点开展社区矫正对象的衔接、矫正执行、管理监督、考核奖惩、期满解除矫正等工作。至2010年，团有矫正对象10人。

2011—2015年，三十三团建立基层帮教小组26个。团场和连队两级帮教组织根据科学评估实施分类帮教，帮教率达100%，安置率100%。通过帮教，安置帮教人员走上自食其力、创业发展之路。至2015年末，团场辖区内无刑满释放人员重新违法犯罪情况出现。

第四节　人民武装

团场武装部在体制上始终保持着人民解放军的组织形式，寓兵于民，劳武结合，在建设边疆、保卫边疆、稳定社会秩序、增进民族团结中做了大量工作。

一、组织机构

（一）人民武装部

三十三团：1995年成立团武装部，设副部长和参谋各1人，部长由团长兼任。2000年，武装部升格为副团级，成立人民武装委员会和办公室，设专职部长 1 人，办公室设在武装部，专职部长兼办公室主任，第一部长仍由团长兼任。2006 年 3 月，两团正式合并，武装部主管民兵建设、民兵训练、征兵、退伍安置和人工影响天气等工作，延至 2015 年。

三十二团：1995 年，根据上级武装部门规定，团武装部部长由团长兼任，团设专职副部长 1 人，兼职武装参谋 1 人。2000 年，武装部升格为副团级，武装部第一部长仍由团长兼任，配备专职部长 1 人、参谋 1 人。2006 年 3 月，三十二团武装部机构撤销，人民武装工作纳入三十三团（中心团场）管理。

（二）国防动员委员会

2009 年，根据农二师国防动员委员会文件精神，三十三团成立国防动员委员会，主任由政委、团长担任，副主任由武装部部长担任，成员由机关各相关部门负责人组成，委员会机构延至 2015 年。

二、民兵工作

（一）组织建设

1995—2015 年，团场武装部重点抓民兵活动阵地建设，调整参训民兵报酬，落实民兵训练误工补助，帮助一线民兵解决生产困难。保证团场民兵组织健全、兵员清楚、册上有名、实际有兵、建制齐全。团场每年开展一次民兵整组，按照征集新兵政审条件，保证民兵政治合格。民兵队伍分基干民兵和普通民兵，民兵选拔年龄在 18~45 岁，年轻、素质好的编入基干民兵应急队伍。

随着兵团体制改革不断深入，团场民兵组织建设被纳入团党委议事日程，在不断加强民兵队伍标准化建设同时，注重民兵骨干力量的选拔使用。

2014 年，完成基干民兵、普通民兵年度整组任务，建立完善管理制度及各类资料。根据形势需要，组建应急维稳力量，以保证第二师铁门关市辖区应对突发事件的使用。

2015 年，团设民兵分队，在机关、团支单位、连队均设有民兵组织。

（二）政治教育

20 世纪 90 年代后，团场武装部根据农业生产特点，农忙时下单位分片组织学习，农闲时集中组织学习。团场民兵政治教育工作由各级主要领导亲自抓，开展国防政治教育，民兵政治教育纳入党支部年度工作计划，完善制度，突出效果，保证民兵政治合格率 100%。

2015 年，三十三团武装部、基层民兵组织为民兵授课 28 场次，受教育面 97% 以上，民兵思想政治素质显著提升。

（三）军事训练

1995 年以来，团场民兵军事训练以基干民兵为主，普通民兵为辅原则，每年军训达 2 期以上，时间为 1 期 15 天左右，多在冬春农闲时间。主要进行队列、军事技能和实弹射击。经过训练后，绝大多数民兵均能使用手中武器，对武器构造和性能基本熟练，做到会擦拭保养。团场 96% 的民兵完成实弹射击练习，懂知战术、投弹、防暴队形、警棍盾牌术、军体拳、木质棍术等基本知识和基本操作要领。民兵冬季军事训练有实弹射击、防暴演练等。

1995 年，团场民兵冬季主要承担团场重点部位的看护和出团路口的站岗放哨工作。军事训练只放在农闲进行，以军事训练为主。

1996 年后，随着国际和疆内形势的变化，团场民兵军事训练得到加强，除在团内开展军事训练外，还参加农二师基地化军事训练，时间在 15 天左右，进行野外拉练，路程在 30 千米。

2006 年两团合并后，团场民兵军事训练工作由"中心团场"统抓。

2007 年起，团开始职工全员军事训练，大多在每年冬季组织职工开展军事训练，由复员军人担任教官，个别单位由武装部派出教官协助训练。训练科目有队列、军体拳术、擒拿格斗等，时间为 10~15 天，训练结束后，进行队列、军体拳术、擒拿格斗等汇报表演，对训练好的单位和个人，进行表彰奖励。

2008 年，团成立民兵维稳处突应急防暴分队，举行维稳处突演练，以提高民兵处突的应变能力。同时，组织民兵担任辖区重要部位值勤工作。是年 12 月，结合团场"三冬"活动，武装部举办四期干部军训班，每期为时 7 天，由团武装部干部、骨干担任教官。科目有列队、军体拳、警棍盾牌术等。

2010 年，团成立民兵应急分队，展开维稳处突演练，达到更好地执行和完成辖区各种处突任务。

2013 年 3 月，各基层单位组织民兵进行为期 8 天的常规军事训练。

2014 年，团民兵参加第二师统一组织的第四期民兵军事训练。经考核，三十三团以实弹射击、队列会操、歌咏比赛、板报四项第一的成绩完成年度基地化训练任务。夏季，团武装部会同政工办、团委等部门历时 20 天完成首次大学生军事训练任务。暑假期间，武装部选派多名干部和骨干完成学校 300 余名学生军训任务。团根据师武装部安排，拟定出三个层次的"三十三团军训之冬实施方案"，完成机关科级领导及连队主要领导为期 10 天的集中训练任务。

2015 年，团基干民兵参加第二师基地化训练，有实弹射击、防护、救护、战术、队列会操、歌咏比赛等。同时，各基层单位干部职工参加团为期 7 天的常规军事训练。

（四）民兵活动

1997 年 11 月，塔里木河渠道垮塌，团场组织民兵投入抢险工作。

1998 年 3 月，团场组织民兵 4 次参加义务植树 11 万余株。

2004 年始，团场组织民兵参加各项重大政治活动，发挥民兵队伍召之即来，来之能战之本色。

2008年8月，在北京召开奥运会期间，团组织民兵应急分队24小时巡逻值勤，确保团场社会稳定。

2010年，团组织民兵执行团场治安巡逻任务，确保团场社会稳定。8月，组织民兵参加农二师维稳处突任务，和团场维稳处突演练活动。9月，组织民兵在团场各路口设立治安巡逻岗，检查进出团场所有车辆和人员，以防破坏分子进入团内。

至2015年，团连续8年组织民兵参加218国道、条田保护等生态建设活动，完成团场网格防风固沙总面积达26.66公顷，被誉为"塔河卫士"和"农田保护神"，并投入团场"三化"建设和社会公益等活动中，受到兵团和第二师领导赞誉。

三、征兵工作

团场依照国家兵役法和征兵工作条例开展兵役工作。实行国家义务兵役制度，执行每年冬季由团武装部征兵、部队接兵制度。

自1995年后，团场按照新修订兵役法规定，每年对18~22岁，具有本地常住户籍的男性公民进行兵役登记。

2002年后，兵役登记年龄为18~20岁，大专以上文化程度的可放宽到22岁。团连两级成立征兵工作领导小组，由团场征兵办负责组织实施征兵工作的宣传和管理工作。宣传征兵政策，规范兵役登记，严格政审、体检，确保兵源质量。

2004年，团场按照修改后的征兵工作条例，严格执行"谁政审、谁签字、谁负责"的政审工作制度。预征青年通过政治审查和体格检查，经过层层筛选后符合应征入伍条件的，由团场征兵办公室初定，报农二师征兵办公室批准后定为新兵。

2015年，团征兵工作，遵循初审、体检、政审、心理测试原则，筛选出政治、思想、文化、年龄、身体等综合素质过硬的优秀青年光荣入伍，确保兵源质量。

四、退伍与安置

20世纪80年代后，团场复员退伍军人回团后，由团统一安置，坚持优先录用上岗的原则。

1995年后，复员退伍军人安置以团场联防队、武器库及工、商、建、服等单位为主。就岗退伍军人在各行业工作岗位上，能遵纪守法，服从安排，保持发扬军人的优良作风，成为团场经济建设和民兵武装主力的生力军。

2010年后，复员退伍军人回团参加工作的趋势逐年增高，有10余人走上连级、科级领导岗位，成为团场经济社会发展的有生力量。至2015年，他们在急、难、险、重关键时刻拉得出、冲在前，为团场的经济发展和社会稳定发挥积极作用。

第二十章　群众团体

团场工会、共青团、妇女联合会、工商业联合会、残疾人联合会、少年先锋队、关心下一代工作委员会等群众团体组织，是团党委联系群众的桥梁和纽带。1995年后，团场党委注重发挥群众团体组织作用，加强对他们的领导，各群众团体组织自觉接受团场党委的领导，加强组织建设和思想建设，围绕团场各个时期的中心任务开展活动，增强凝聚力、向心力，为发展团场事业贡献力量。

第一节　工会

一、组织建设

1984年6月，团场相继恢复工会组织。

1995年，团场各级工会组织在团党委和基层单位支部的领导下，工会建设坚持以"党建带工建、工建促党建"的工作方针，发挥桥梁纽带作用。团场工会连续五年跨入农二师先进职工之家行列。1995年，三十三团组建基层委员会22个，团内先进职工之家达50%，会员3342人，入会率达100%；三十二团基层委员会21个，入会率达100%，工会会员达2786人。团场工会在年度目标管理制度、工作月制度和基层工会主席月例会制度上不断完善。

1996年，团工会通过对基层工会主席人选摸底，健全6个基层工会组织。22个基层单位建立健全职工（会员）代表大会机制，职工总数3764人，职工代表2634人，占总人数的70%。

2000年，团场"创一流"工会通过农二师工会验收。

2001年后，团场基层工会组织健全，专兼职工会主席到位，连队建立"职代会"报告审批制度，完善"职代会"四项报告制度。各基层工会组织开展争创"五好连队工会"和"模范职工之家"活动。宣传和弘扬团场先进人物、致富典型、道德模范精神。

2004年，团场工会以创建"模范职工小家"为目标，完善基层工会阵地建设，先后为连队工会配置电脑、桌椅等办公设施及用品，活动室、图书阅览室相继建立，职工文化活动日渐丰富。

2006年，三十二团工会并入三十三团（中心团场）工会。

2007年，兵团工会为团场连队配置DVD机及"兵团连队职工素质教育"系列光盘。

2008年，团实现基层工会会员全覆盖，职工入会率100%，有4800名季节农民工加入工会组织。

2009年，在团工会的指导下，各基层单位配齐配强工会班子，健全19个组织机构。在工会干部能力建设上坚持"四个一"工作法（每月一次例会制度，每月一次重点工作报告制度，每季度一次检查考核制度，每半年一次综合考评制度），做到工会工作无盲区，锻造一支"政治强、业务精、作风好、团结和谐、创新进取"的工会干部队伍。"三秋"期间，团连工会引导4700余名拾花农民工加入工会组织，覆盖率100%。团工会自办编印15期工作简报，有2篇稿件在《工人日报》刊登。

2011年起，团工会开展"双十佳"工会创建活动（十佳模范职工之家、十佳模范职工小家）。基层工会结合实际，制定活动方案，开展"五比五带"活动（比学习、比创新、比帮带、比贡献、比收入，带头跟党走、带头服务职工群众、带头维护和谐稳定、带头弘扬新风气），推动团场"十佳"工会创建活动。

2012年，工会宣传工作围绕工会工作重点，举办2期新闻通讯骨干培训班。编印工会简报12期，撰写工运论文43篇，工会工作影响力扩大。

2013年，为更好宣传先进典型，提高基层工会新闻骨干写作水平，团工会举办新闻通讯培训班，培训骨干31人。是年，在新闻媒体刊省级稿件189篇、地师级125篇，完成上级工作综合信息31条，编印工会简报8期。在团工会召开的工运理论研讨会上，评选出优秀论文37篇。

2015年，团有基层工会组织26个，专兼职工会工作人员182人，工会会员3352人。开拓性建立一个私营企业（新疆塔里木震企生物科技有限公司）新型工会组织和相关制度。

表20-1 三十三团工会领导名录（1995—2015年）

姓名	性别	族别	籍贯	文化程度	参加工作时间	职务	任职时间
李洋	男	汉族	河南	大专	1963年10月	主席	1995—1997年
习桂芳	女	汉族	湖北	本科	1976年8月	副主席	1995年10月—1997年1月
吴子璐	女	汉族	陕西	本科	1981年10月	主席	1997年12月—2002年9月
王战军	男	汉族	安徽	大专	1975年11月	工会办副主任、副主席	1993年3月—2005年6月
许明书	女	汉族	四川	大专	1982年9月	副主席	2006年9月—2012年3月
田永明	男	汉族	陕西	本科	1978年9月	主席	2006年6月—2007年1月
刘河新	男	汉族	河南	本科	1995年7月	主席	2010年3月—2011年3月
苏明兰	女	汉族	四川	大专	1981年10月	主席	2012年3月—2015年
张咏梅	女	汉族	河南	大专	1991年9月	副主席	2012年3月—2015年

表 20-2　三十二团工会领导名录（1995—2005 年）

姓名	性别	族别	籍贯	文化程度	参加工作时间	职务	任职时间
贾书选	男	汉族	河南	本科	1975 年 9 月	主席	1992 年 7 月—1996 年 12 月
方志如	男	汉族	天津	初中	1964 年 6 月	副主席	1984 年 7 月—1996 年 12 月
王锦泉	男	汉族	上海	初中	1965 年 7 月	副主席	1997 年 3 月—1998 年 1 月
张应丹	男	汉族	河南	大专	1975 年 10 月	主席	1998 年 1 月—2002 年 1 月
张　丽	女	汉族	山东	中专	1992 年 3 月	副主席	1998 年 12 月—2005 年 9 月
田永明	男	汉族	陕西	本科	1978 年 9 月	主席	2002 年 1 月—2006 年 6 月

二、工会组织选举制度

根据工会职工（会员）代表大会（以下简称职代会）条例、章程及相关法规，团场工会委员会的换届工作，按照自下而上、先基层后团场的程序进行。团场和连队职工会员代表在基层单位职工会员中选出；连队工会委员会从连队职工会员代表中选出；连队工会主席由支部推荐，单位工会委员会等额选举。团场职代会委员会、工会委员会和女工委员会在团职代会选举；工会委员会常委在工会委员会选举；工会主席、副主席在团常委会选举；女工主任在女工委员会选举。团场工会组织按照党委推荐，上级相关部门审批的程序选举。

三、工会职工（会员）代表大会

（一）三十三团

1995 年 3 月，团召开第五届一次职工（会员）代表大会，出席会议代表 146 人。大会听取审议了行政工作报告、1995 年经济责任制方案。表彰先进连队 12 个、标兵 6 人、先进工作者 139 人以及"五佳五最"先进集体和个人。

1996 年 2 月，团召开第五届二次职工（会员）代表大会，出席会议代表 139 人。大会听取审议了行政工作报告、工会工作报告、1996 年经济责任制方案。这次大会建立了各基层单位职代会申报制度。收集合理化建议、提案 120 条，归类成 28 条，有 9 条在职代会上进行回复，提案落实率达 95%。大会表彰先进连队 12 个、标兵 4 人、先进工作者 147 人以及"五佳五最"先进集体和个人。

1997 年 1 月，团召开第五届三次职工（会员）代表大会，出席会议代表 142 人。大会听取审议了行政工作报告、工会工作报告、经济责任制办法。表彰了先进集体 10 个、先进工作者和生产者 467 人、标兵 4 人。

1998 年 2 月，团召开第六届一次职工（会员）代表大会，出席会议代表 127 人。大会听取审议了行政工作报告、工会工作报告和经济责任制办法。大会进行了换届选举工作，产生了第六届工会委员会。

1999 年 1 月，团召开第六届二次职工（会员）代表大会，出席会议代表 132 人。大会听取审

2009年2月16日，团召开一届五次职代会　　（团工会供图）

议了行政工作报告、工会工作报告、经济责任制草案。表彰先进集体33个、先进个人450人。

2000年1月，团召开第六届三次职工（会员）代表大会，出席会议代表138人。大会听取审议了行政工作报告、工会工作报告、经济责任制修改意见、三十三团六届二次职代会提案执行情况汇报、三十三团关于职工福利基金使用方案的报告。表彰先进集体34个、先进个人135人。

2001年1月，团召开第六届四次职工（会员）代表大会，出席会议代表140人。大会听取审议了团长马庆华作的《发展壮大团场 致富职工群众 全面完成二〇〇一年各项任务》工作报告、工会作的《坚持平等协商、协调劳动关系 维护职工合法权益 发挥工会的纽带桥梁作用》工作报告。

2002年1月，团召开第七届一次职工（会员）代表大会，出席会议代表138人。大会听取审议了团长曹护林作的题为《努力实践"三个代表"重要思想开创我团改革发展新局面》工作报告、工会工作报告和《2002年经济责任制办法》。

2003年1月，团召开第七届二次职工（会员）代表大会，出席会议代表142人。大会听取审议了行政工作报告、工会工作报告和《2003年经济责任制办法》。

2004年2月，团召开第七届三次职工（会员）代表大会，出席会议代表144人。大会听取审议了行政工作报告、《2003年度三十三团安全生产工作情况》报告、《三十三团党风廉政建设情况》报告、《三十三团民主评议和民主选举领导干部情况》报告、《三十三团工会财务情况》报告、《2004年经济责任制办法》。

2005年3月，三十二团与三十三团合并成立三十三团（中心团场）后，职代会重新排序，召开三十三团（中心团场）第一届一次职工（会员）代表大会，出席会议代表208人。大会听取审议了行政工作报告、经济责任制办法、场规场纪。工会与行政方签订集体合同。

2006年3月，团召开第一届二次职工（会员）代表大会，出席会议代表210人。大会主要落实职代会六项权利：团场重大决策、年度责任制的制定、承包方案的制定、财务工作计划、奖金分配以及管理人员的年薪收入等。大会听取审议了10项报告和国家"十一五"时期团场经济社会工作目标。

2007年3月，团召开第一届三次职工（会员）代表大会，出席会议代表212人。大会听取审议了行政工作报告、经济责任制办法、工会工作报告和场规场纪。

2008年3月，团召开第一届四次职工（会员）代表大会，出席会议代表206人。大会听取审议了行政工作报告、经济责任制办法等10项工作报告。大会对全团14个农林单位领导干部进行了民主选举，有2名年轻干部走上领导岗位。

2009年2月，团召开第一届五次职工（会员）代表大会，出席会议代表212人。大会听取审议了团领导所作的10项工作报告，讨论修改了集体合同、经济责任制办法。工会代表职工方与行政方签订了新的集体合同、女职工专项集体合同。大会上团工会进一步规范了单位职代会程序，职代会严格做到"五个不开"，确保基层单位职代会10项报告、5项权利落到实处。

2010年2月，团召开第一届六次职工（会员）代表大会，出席会议代表209人。大会听取审议了行政工作报告、经济责任制办法等10项工作报告。

2011年2月，团召开第一届七次职工（会员）代表大会，出席会议代表210人。大会听取审议了行政工作报告、经济责任制办法和场规场纪。大会确定了团"十二五"时期经济社会建设工作目标。

2012年2月，团召开第二届一次职工（会员）代表大会，出席会议代表207人。大会听取审议了行政工作报告、工会工作报告。这次职代会换届选举产生了新一届工会委员会。工会与行政方签订了集体合同、女职工权益保护专项集体合同。大会要求各基层单位召开职工（会员）代表大会，进行换届选举，建立健全职工竞选、巡查、述职、罢免、培训和奖励制度。

2013年3月，团召开第二届二次职工（会员）代表大会，出席会议代表205人。大会听取审议了团行政工作报告、经济责任制办法和职工管理办法。

2014年3月，团召开第二届三次职工（会员）代表大会，出席会议代表212人。大会听取审议了团党委书记、政委刘期国所作题为《增强信心 迎难而上 深化改革 提质提效 为促进职工多元、持续增收和团场经济持续发展而努力奋斗》的工作报告、副团长颜哲作的《2014年经济责任制》报告、苏明兰作的《发挥桥梁纽带作用 努力构建和谐团场为实现"两个率先、两个力争"而努力奋斗》工会工作报告。

2015年2月，团召开第二届四次职工（会员）代表大会，出席会议代表214人。大会听取审议了行政工作报告、工会工作报告、经济责任制办法修改说明（讨论稿）、三十三团国民经济和社会发展第十三个五年规划纲要、民主评议民主选举领导干部工作情况报告、安全生产工作情况报告、自营经济工作报告、党风廉政建设工作情况的报告、职工福利费开支情况、公共预算情况的报告、"三公"经费情况说明、党风廉政承诺和女职工权益保护专项集体合同履约情况的报告。

(二) 三十二团

1995年12月，三十二团召开第四届五次职工（会员）代表大会，出席会议代表120人。大会听取审议了行政工作报告、1996年经济责任制方案。大会征集职工提案74条立案9条。民主评议副科级以上干部33人。

1996年12月，团召开第四届六次职工（会员）代表大会，出席会议代表122人。大会听取审议了行政工作报告、工会工作报告、1997年经济责任制办法。大会征集职工提案49件，立案4件。民主评议副科级以上干部41人。

1997年12月，团召开第五届一次职工（会员）代表大会，出席会议代表124人。大会听取审议了行政工作报告、1997年经济责任制方案、工会工作报告。大会征集职工提案52条立案6条。表彰了先进集体11个，先进工作者和生产者412人。

1998年12月，团召开第五届二次职工（会员）代表大会，出席会议代表114人。大会听取了团长行政工作报告、1999年度经济责任制调整方案。

1999年12月，团召开第五届三次职工（会员）代表大会，出席会议代表107人。大会听取审议了行政工作报告、2000年生产责任制办法。签订《集体合同》，大会对副科级以上领导干部进行民主评议，并对职工提案予以说明、解答。

2000年12月，团召开第五届四次职工（会员）代表大会，出席会议代表104人。大会听取了团长行政工作报告、2001年度经济责任制调整方案。

2001年1月，团召开第五届五次职工（会员）代表大会，出席会议代表112人。大会听取审议了行政工作报告和确定2001年经济责任制办法。

2002年2月，团召开第五届六次职工（会员）代表大会，出席会议代表109人。大会听取审议了行政工作报告、2002年生产责任制办法。签订了集体合同，并对职工提案进行了说明、解答。

2003年3月，团召开第五届七次职工（会员）代表大会，出席会议代表106人。大会听取审议了行政工作报告、2003年生产责任制办法。签订了集体合同，对职工提案进行了说明、解答。

2004年1月，团召开第五届八次职工（会员）代表大会，出席会议代表114人。大会听取审议了行政工作报告、《2003年度安全生产工作情况》报告、《党风廉政建设情况》报告、《民主评议和民主选举领导干部情况》报告、《2004年经济责任制办法》。

四、劳动竞赛

（一）三十三团

1995年，共青团组织青年300余人参加团"三秋"劳动竞赛，日拾花人均142千克。

1996年，是国家"九五"时期的开局年。三十三团工会组织开展多种形式的晚春播工作竞赛、棉花全苗竞赛、作物灌竞赛、"三秋"拾花竞赛、"百日安全无事故"竞赛。是年，团在职工农业知识竞赛活动中，获农二师塔里木垦区第一名。

1997年，团工会制定《三十三团粮、棉、果、茸丰产攻关竞赛办法》。团11个单位，参赛面达60%，其中9个农业连队538名职工参加丰产攻关活动，攻关面积2078.7公顷，团39名干部参与到指挥田、示范田、试验田的丰产攻关活动，面积达412.5公顷。

2009年，农二师库塔垦区"三秋"劳动竞赛暨农民工入会工作现场会在三十三团召开　　　　　　　　　　　　　　（团工会供图）

1998年，团工会组织开展各项劳动竞赛，有3000余人参加活动，兑现奖金7万余元。在合理化建议活动中，有76人提出64项生产改进建议，其中40项被采纳实施，为团创造经济价值6.61万元。是年，团场皮棉总产达到4329吨。

2001年，通过各阶段劳动竞赛的开展，团完成皮棉总产4750吨，鹿茸总产3012千克，果品总产4604吨。

2002年，团开展以"学先进、比贡献、争一流、增效益"为主题的群众性攻关活动，制定出台《阶段性劳动竞赛办法》《群众性丰产攻关单产达标办法》。落实"四田"（团领导指挥田、连领导示范田、技术员试验田、职工公关田）631.9公顷，参与高额丰产攻关田的职工达52人，攻关面积241公顷，团完成皮棉总产5012吨；园艺总场、养鹿总场针对本行业特点开展"攻单产、比质量、看效益"等竞赛活动，取得明显效果，鹿茸总产3429千克，果品总产5256吨。团实现国内生产总值7081万元、财务利润281万元、职均收入0.62万元。

2004年，团工会根据各阶段实际开展不同形式的劳动竞赛，尤其是"三秋"期间，开展"向国庆献礼赛""拾花能手擂台赛""巾帼拾花擂台赛"等竞赛活动，发放竞赛奖金1.6万元。是年，团完成皮棉总产6800吨，果品总产5500吨，鹿茸总产4102千克，年末牲畜存栏16316头（只）；实现国内生产总值1.12亿元、人均收入1.26万元、庭院经济人均775元、财务利润614万元。

2005年始，团开展"精品田园"创建活动，落实指挥田（园）110.13公顷、示范田（园）1200公顷、试验田（园）281.53公顷、职工攻关田（园）4820公顷。在丰产攻关上开展高产连队攻关竞赛，有1430名职工申报认格参与争当"棉花高产、香梨高产、鹿茸高产"能手的群众性竞赛活动。

2007年，团工会出台《群众性丰产攻关竞赛实施意见》，使产量型攻关与效益型攻关并举。开展"精品连队、高产状元、精品条田"竞赛活动，组织召开新技术运用等农业现场会45场（次），落实攻关田4160公顷，1310名职工自愿申报认格。

2008年，团工会以"工人先锋号"创建活动为平台，开展行业"争先创优"、农业"三园"（团领导指挥园、连领导示范园、技术员试验园）等系列创建竞赛活动。

2009年，团在农业单位开展"高产连队、高产个人"，非农单位开展"工人先锋号"竞赛活动。晚春播期间开展"工人先锋号、优胜机车、红旗连队"竞赛；田管期间开展棉花、果园"田管能手、精品条田创建、节水抗旱"竞赛活动。"三秋"期间农二师库塔垦区"三秋"劳动竞赛暨农民工入会工作现场会在三十三团举行。年底，有16个精品连队、100名田管能手、100个精品条田被团表彰奖励。

2010年，团工会以"精品田园""四田""三园"创建为主线，争当田管能手为抓手，召开3次酸枣直播建园等新技术现场观摩会，230余人参加，生产技术措施得到推进。非农单位以"安康杯"竞赛活动为载体，"工人先锋岗"创建为平台，开展技术革新、合理化建议和岗位练兵等"争先创优"竞赛活动。

2011年，团工会强抓以女职工"我为春播作贡献"为主题的竞赛活动。有38名女职工获荣誉称号，均奖励100元。

2013年，春季开展"先进播种机车""工人先锋号机车""我为春播做贡献""青年岗位能手""标准化红旗条田""晚春播优胜连队"六个方面的劳动竞赛；秋季开展"三秋展风采"女职工岗位竞赛。年底，团表彰奖励86名"拾花能手"、41名"采摘能手"、25名"优秀职工"和16名"优秀组织个人"。

2015年，团工会开展"'迎五一'争先进"系列竞赛活动；"三秋"开展"迎国庆"拾花劳动竞赛。团对各单位"三秋"劳动竞赛活动"优秀组织个人""优秀职工"女职工三秋展风采"拾花能手""采摘能手"的64个先进个人、8个先进集体表彰奖励，兑现奖金1.69万元。

（二）三十二团

1995年，团工会组织青年400余人参加团"三秋"劳动竞赛，日拾花人均133千克。

1996年，团在职工中开展农业知识竞赛活动，团3000余名职工和农民工参加劳动竞赛。

1998年，3600余人次参加团工会组织的各项劳动竞赛。年底，团发放竞赛奖金5万余元。

2000年，在"三秋"拾花竞赛活动中，女职工拾花达600万千克以上，占全团总拾花量的2/3。

2002年，团开展"学先进、比贡献、争一流、增效益"群众性攻关竞赛活动。

2004年，团工会开展"向国庆献礼赛""拾花能手擂台赛""巾帼拾花擂台赛"等13个单项竞赛活动。

五、扶贫帮困

1995年，三十三团工会发放困难户临时救济金72人次，补助金3.37万元；发放哺乳妇女误工补助0.8万元；发放职工丧葬费补助及抚恤金6.7万元；用于职工其他各项福利事业活动支出23.59万元。

1996年，三十二团发放困难职工救济金2.1万元。

1998年，三十三团开展"进百家门，知百家情、解百家难，暖百家心"送温暖活动，建立贫困户档案，改变了定期补助的开发性扶贫方式。节日期间走访慰问困难职工78人，发放困难补助金1.3万元。

2000年，三十二团工会在节日期间发放困难补助金1万元。

2004年，三十三团工会开展向拾花工捐衣捐物活动，团干部职工捐赠衣物2498件；三十二团干部职工捐赠衣物3236件。

2006年，三十三团（中心团场）开展工会系统干部与困难职工结对子活动，建立帮扶档案214户，帮扶带动156户。是年，带动结对子263对，116户职工家庭脱困，脱困率44%。

2007年，团工会干部与困难职工结对子207对，团挂牌成立困难职工帮扶工作站，有10名兼职工作人员，设接待室。帮扶工作制度化、规范化。

2009年，团场投入资金20万元，新建困难职工帮扶工作站基地。是年，结对子189对；建立困难职工档案146户；对222名困难职工实施帮扶；发放"金秋助学金"1.4万元，将39户特困职工家庭纳入低保救助。

2010年，团实施职工"菜篮子"工程建设，开办2个平价菜店，建设4公顷蔬菜基地，年累计为职工提供蔬菜75吨，价格低于市场价30%。是年，帮扶结对189户；建立困难职工档案546份；为37名困难职工学生发放"金秋助学金"3.62万元；春节慰问困难职工家庭146户，发放慰问金1.46万元。当年，团工会被农二师工会授予"困难职工帮扶工作先进单位"荣誉称号。

2011年，团工会建立困难职工档案170份，帮扶结对170户。"两节"期间团、连工会慰问困难职工家庭220户。

2012年，团工会为641户困难职工审定、建档。其中单亲户数31户，特困户数65户，低保48户，因病、因子女上学、因灾致贫356户，其他原因造成贫困的141户。团、连两级工会干部定点、定人、定目标，挂钩帮扶，建立联系卡105份。组成26个153人的工作组对困难职工进行走访慰问。累计投入帮扶资金12.3万元。

2013年，团工会审定、建档197户困难职工，其中极端困难4户、重大困难28户、特殊困难165户，工会系统与困难职工结对帮扶105户。是年，团工会举行"金秋助学金"集体发放仪式，发放助学金5.17万元，受助学生50人。"两节"慰问困难职工173户，发放慰问补助金9.47万元。

2014年，团工会建立困难职工档案201户，为44名患重大疾病的困难职工发放医疗救助金4.3万元；为7名极端困难职工家庭每月每户发放价值200元的粮、油；为47名困难职工家庭学生发放助学金8.3万元；"两节"为198户困难职工发放慰问金7万元。

2015年，团党委决定每年按当年实现利润的2%~3%计提扶贫帮困专款专用资金，为建立长效帮扶机制提供财力保障。是年，团工会审定、建档221户困难职工，其中极端困难13户、重大困难31户、特殊困难177户，使用团专项帮扶资金484人26.04万元，其中生活救助392人14.49万元；助学救助64人9.31万元；医疗救助28人2.24万元。使用师专项资金救助239人13.21万元，其中每年为13名极端困难职工入户发放粮、油等生活物资补助3.12万元；每两年为16名困难职工家庭享受助学育才大学生发放助学金4.8万元；为183名困难职工发放5361只免费鸡苗（价值3.75万元）。是年冬季，团工会开展"冬寒情暖心系困难职工"送煤到基层活动，为27户困难职工发放27吨"爱心煤炭"，价值1.54万元。

六、职工教育文化活动

从1995年起，三十三团工会与政治处共同举办了五届"库尔木依文化月"活动。开展全团性团拜、文艺汇演、篮球、乒乓球、拔河、象棋、书画、灯展、焰火等十余项文化娱乐活动，中学火炬艺术团下单位巡回演出13场。每周为职工群众举办一场舞会，为职工群众放映电影64场，常年开放图书阅览室，参加活动人数均在5000人次以上。

1996年，两团各投入20余万元，增添培训设施，开展全员"科技之冬"培训。培训采取"三结合"（机关培训与单位培训相结合、理论与实践相结合、形式与内容相结合），职工参训率达98%。

1997年，两团开展"党的十四届六中全会精神""精神文明建设""法律法规教育"培训活动。坚持"五个到位"（党政工领导对活动认识到位、对活动组织领导到位、对活动宣传教育到位、对活动的投入资金到位、授课人员的各项工作准备到位）。为职工提供3000余册的培训资料，累计授课210课时，参训率达97%。

1998年，三十三团工会开展各类培训达500课时，涉及民主管理、职业道德、遵纪守法、政治思想等内容，参加培训的职工、农民工达6500余人次。是年，开展"好婆婆、好媳妇、好子女"评选活动，15人被评为优秀典型。

2004年，三十二团工会开展"创建学习型工会 争做知识型职工"活动，实施职工素质工程，倡导干部职工树立终生学习理念。组建园艺、农业、农机、畜牧四支科技服务队进连入户，为148户职工群众修剪果树。

2005年，三十三团工会强抓农业新技术、科技推广服务和自营经济培训活动，举办林果（3天）、农机（4天）、马鹿饲养（2天）及棉花高产栽培技术（12期）等培训班。累计培训9850人次，发放科技书籍1830本。

2007年，团开展"建设新型连队""争做新型职工理念""农业新科技""职工职业技能等级鉴定""五五普法"等培训活动。

2008年，团工会开展"创建学习型组织，争做知识型职工""富而思源、富而思进、知恩图报、知足常乐"等教育培训活动。是年冬季，开展"生产技术""思想素质""法律知识"全员培训（为期100天），干部职工受教育3400余人次。其间，进行为期15天的民兵军事素质训练，职工参与率达98%。组建6支科技服务队，服务群众1700余人次。

2009年，团开展职工群众"三热爱、一加强"民族团结专题教育培训活动，牢固树立"加强民族团结、共建和谐家园"思想意识。是年，各基层工会开展"工作四有""阵地八有""模范职工之家"创建活动，有9个基层单位工会被评为先进集体。

2010年，按照"三三制"培训要求，团开展生产技术技能、思想道德素质培训，年培训不少于45天，职工参培率达到95%以上。各单位工会通过职工书屋、远程教育，开展特色培训教育活动，将实用技术、致富信息传送给职工。是年，团工会被农二师工会授予"职工素质工程建设先进单位"称号。

2013年，团工会在"三冬"和夏季举办职工技能培训班8次，参培1212人次，内容涵盖了"农作物种植""牲畜禽类饲养""果蔬栽培""刺绣""烹饪""家庭装修"等实用技术。

2014年，团工会制定《职工教育管理实施办法》《职工教育管理加减分考核细则》，发放职工教育管理读本（口袋书）2200本，举办4场职工教育管理成果巡回展，开展"六个十"评比活动。是年，累计培训182期，参培8528人次，培训覆盖率98%。

2015年，团工会将职工日常教育管理考核内容纳入劳动合同、土地承包合同管理范畴，唱响职工教育管理"十字歌""团歌"。团工会协同团电视广播站举办"劳模风采展播"专栏节目，各单位工会开展"中国梦·劳动美""学先进、当先进"系列活动，营造"比、学、赶、帮、超"良好氛围。

七、民主管理

1997年，团场工会建立召开"职代会"申报、审批、公开认报制度，规范"职代会"工作程序。出台《民主评议干部办法》，落实《基层民主管理实施细则》，推进民主管理。

1998年，团场工会建立议政日制度，实行行政领导、工会主席、职工代表议政日；坚持民主评议干部制度，对副连级以上干部年度必评；建立平等协商合同制度，规范劳动合同签订程序。

是年，基层单位成立劳动争议调解小组21个，调解劳动纠纷6起，调处率100%。

2003年，团工会建立基层单位"职代会"制度，形成以"职代会"为基本形式的民主管理。坚持基层"职代会"对连队工作报告、经济责任制、产量指标、奖金分配方案、财务工作计划、招待费使用情况的审议程序。

2004年，团工会扩大民主管理政治权利，落实"职代会"各项职能。把行政建设、领导决策、干部管理与民主管理有机结合；规范民主议事会制度和团、连两级政务公开制度；坚持"六公开"（土地等级、承包方案、上缴利费、生产成本、产品产量、分配收入公开）、"三上墙"（承包方案、上缴费用、年终兑现上墙）、"明白卡"（职工承包费用明细卡）制度；开展民主测评，公开民主选举干部结果；加强民主监督，完善连务公开制度。

2006年，"中心团场"工会强抓民主管理，连务公开。建立基层固定公开栏30个、临时公开栏30个、点答台32个。

2007年，针对新一轮土地承包，各基层单位通过民主议事会，确定身份地、经营地上缴指标，上墙公示，增强透明度。是年，团工会根据团场农业生产方式发生变化，对基层单位连务公开栏内容加以调整，合并为6项内容，便于职工查对、监督。

2010年，团工会召开民主管理委员会议2次，讨论通过《三十三团养鸡工作管理办法》《收复因缺水弃耕的666公顷棉花地》的决议。是年，团工会在二连召开"民主议事会"议事代表竞选试点会，之后各基层单位相继完成竞选工作。对职工关心的难点、热点、疑点问题，由单位"民主议事会"民主议事，化解单位疑难问题。当年，团"民主议事会"议事代表竞选工作获农二师工会"创新成果奖"荣誉。

2012年，团工会建立健全以"职代会"制度为基本形式的民主管理机制。召开团二届一次职工（会员）代表大会，换届选举产生新一届工会委员会，建立和完善职工竞选、巡查、述职、罢免、培训、奖励等机制。推进民主议事会、连务公开工作制度，即建立健全民主议事会、"四议两公开"制度（党支部会提议、"两委"会商议、党员大会审议、职工代表会议或职工会议决议，决议公开、实施结果公开），确保民主议事会有章可循；程序规范到位，即有议事内容、有报告，确保议事会正常进行；民主议事机构健全成员到位，即做到"一事一议、特事特议、有事随议"，确保民主议事会制度健全、程序规范、内容公开、职工满意。

2013年，各基层工会通过党政工联席会、民主议事会，使土地承包、产量调整、先进评选等工作得以较好落实。是年，团工会完善基层单位连务公开栏26个，职工关心的热点、难点、疑点问题实时公开。

2014年，团、连"职代会"召开率100%，会议优秀率达85%以上，职工切身利益等重大报告事项票决制100%，签订集体合同履约率、落实率100%，劳动争议调解组织建制率和劳动争议调解率100%。涉及职工利益的热点、难点、焦点问题经民主议事会均得到解决。

2015年，团各级工会通过党政工联席会、民主议事会，较好解决了团、连资金使用、人事变动、资格认定、土地承包、产量调整等职工关心的热点、难点、疑点问题，职工群众的知情权、参与权、监督权和选择权得以保障。

八、经费

（一）经费来源

团场工会经费来源是由企业按职工月工资总额的2%通过团经营管理科拨交团工会；基层单位会员人均20元/年收缴会费汇集拨交团工会；上级工会补助。经费实行单列账户，专款专用。2010年，工会会员会费收缴涨至人均24元/年。

2006—2011年，团工会经费收入总额324万元，其中团拨交经费收入240万元，占总收入的74%，上级补助收入83.8万元，占总收入的26%，其他收入0.4万元，占总收入的0.1%。

2015年，收入决算：团工会会费收入根据各单位职工人数包括长期包地民工，均自愿缴纳会费，会费标准按每人每月2元缴纳，共收缴8.31万元；团拨缴经费收入94.61万元，用于开展工会各项重点工作及业务支出；师拨上级补助收入16.87万元，其中回拨经费补助6万元、中央专项困难职工帮扶资金10.27万元、送温暖补助0.6万元；行政补助配套资金收入8.11万元；其他收入银行利息0.44万元。全年收入为128.35万元。

（二）经费支出

2006—2011年，团场职工活动支出81.2万元，占支出总额的34.8%；业务支出70.7万元，占支出总额的30.3%；维权支出76.8万元，占支出总额的32.9%；行政支出4.3万元，占支出总额的1.8%。6年来收支相抵期末滚存结余91万元。

2015年，团工会经费支出决算：职工活动费25.6万元，用于开展工会各项重点工作、职工教育、文化活动、职工培训、探望病人、劳动竞赛、多元化增收、宣传奖励等；维权支出经费80.15万元，用于困难帮扶费、送温暖、职工福利等其他维权开支；业务支出6.84万元，用于工会干部及本级工会履行工会职能的培训费、会议费等；行政支出0.85万元，用于办公费、接待用车等；资本性支出及其他支出1.61万元用于设备购置及银行专户账户维护费等杂支。全年支出总额115.05万元。

（三）经费管理

2006年始，根据上级工会财务管理要求，团工会严格按《中华人民共和国工会法》《工会财务管理暂行办法》办事，强化工会会费的收缴和经费的预算工作，年初有预算、年中有检查、年末有决算，做到有计划、有步骤、合理使用经费。抓好财务内部的控制制度建设，设置财务管理专业人员，财会人员建账，出纳管理资金，实行收支两条线，由团工会主席审批工会开支，经费审查委员会集体审查的财务管理体系，把握经费使用方向和重点，将工会经费用于职工群众服务

上，用于工会事业的发展上。（延至2015年）

九、"双先"表彰

1995年起，两团每年在团文化宫召开职工会员（代表）大会暨"双先"表彰大会。会上，团党委对年度先进集体和先进个人进行表彰活动。

1995—2015年，三十三团召开过20次"双先"表彰会。1995—2005年，三十二团召开过10次"双先"表彰会。

同时，团场党委对团场社会治安综合治理、抗灾自救、重大活动和见义勇为中涌现出的先进集体和先进个人给予表彰和奖励。营造弘扬正气、凝聚人心、崇尚先进、学习先进的社会环境，助推团场各项事业的进步和发展。

第二节 共青团

一、共青团组织

（一）三十三团

1995年，有共青团委员会（以下简称团委）1个、团总支1个、团支部23个、团员382人。

1996年，有团委1个、团总支1个、团支部23个、团员401人。

2000年，有团委1个、团总支1个、团支部25个、成立青年志愿者服务队19个、青年突击队32个、团员387人。

2001年，有团委1个、团总支1个、团支部25个、志愿者服务队19个、青年突击队32个、团员371人。

2006年，有团委1个、团总支2个、团支部33个、志愿者服务队23个、突击队28个、团员382人。

2015年，有团委1个、团总支2个、团支部33个、志愿者服务队21个、突击队26个、团员409人。

表20-3　三十三团团组织结构一览表（1995—2015年）

单位：个、人

年份	团委数	团总支数	团支部数	团员数
1995	1	1	23	382
1996	1	1	23	401
1997	1	1	23	384

续表

年份	团委数	团总支数	团支部数	团员数
1998	1	1	23	335
1999	1	1	26	362
2000	1	1	25	387
2001	1	1	25	371
2002	1	1	22	295
2003	1	1	22	282
2004	1	1	26	306
2005	1	1	26	288
2006	1	2	33	382
2007	1	2	33	365
2008	1	2	33	361
2009	1	2	33	366
2010	1	2	33	372
2011	1	2	33	389
2012	1	2	31	376
2013	1	2	31	383
2014	1	2	31	394
2015	1	2	33	409

表20-4　三十三团团委领导名录（1995—2015年）

姓名	性别	族别	文化程度	出生年月	职务	任职时间	届次	备注
吴子璐	女	汉族	中专	1963年2月	书记	1995—1998年	第十一届	
张伟敏	女	汉族	大专	1964年5月	副书记	1998—2000年	第十一届	
张咏梅	女	汉族	大专	1970年4月	副书记	2000—2006年	第十二届	
张　丽	女	汉族	大专	1971年7月	副书记	2006—2009年	第十二届	增补
赵小明	男	汉族	大专	1974年11月	副书记	2010—2012年	第十二届	增补
帅　涛	男	汉族	本科	1989年1月	副书记	2012—2015年	第十三届	
帅　涛	男	汉族	本科	1989年1月	书记	2015年至今	第十四届	

(二)三十二团

1995年，有团委1个、团总支1个、团支部17个、团员126人。

1996年，有团委1个、团总支1个、团支部19个、团员178人。

2000年，有团委1个、团总支1个、团支部18个、团员237人。

2005年，有团委1个、团总支1个、团支部18个、团员241人。

表20-5　三十二团团组织结构一览表（1995—2005年）

单位：个、人

年份	团委数	团总支数	团支部数	团员数
1995	1	1	17	126
1996	1	1	19	178
1997	1	1	17	173
1998	1	1	17	181
1999	1	1	19	195
2000	1	1	18	237
2001	1	1	18	208
2002	1	1	18	216
2003	1	1	18	229
2004	1	1	18	236
2005	1	1	18	241

表20-6　三十二团团委领导名录（1995—2005年）

姓名	性别	族别	文化程度	出生年月	职务	任职时间	届次
许明书	女	汉族	大专	1964年7月	团委副书记	1993—2000	第九届
张丽	女	汉族	大专	1971年7月	团委书记	2000—2005	第十届

二、代表大会

（一）三十三团

1995年8月，共青团三十三团委员会第十一次代表大会在团召开，参加大会正式代表92人、列席代表22人、23个团支部、382名团员、少先队员代表4人。吴子璐代表共青团三十三团第十届委员会作《肩负使命，展现青春风采　为三十三团经济振兴再创新的业绩》的工作报告。会议选举产生共青团三十三团第十一届委员会，吴子璐（女）当选团委副书记；张伟敏（女）、明瑛（女）、魏东、周伯仁当选团委常委。

2001年8月，共青团三十三团委员会第十二次代表大会在团召开，参加大会的正式代表60人、22个团支部，张咏梅代表共青团三十三团第十二届委员会作《面向新世纪　迎接新挑战　造就一支发展壮大团场，致富职工群众的生力军》的工作报告。会议选举产生共青团三十三团第十二届委员会，张咏梅（女）当选团委副书记。徐艳玲（女）、马长江、姜峰、王晓雁（女）、敬斌宇、陈晓鹰、梁松当选团委常委。

2012年8月，共青团三十三团委员会第十三次代表大会在团文化宫召开，参加大会正式代表74人、31个团支部。帅涛代表共青团三十三团第十三届委员会作《学习实践科学发展观　团结带领团员青年为实现可持续发展建功立业》的工作报告。会议选举产生共青团三十三团第十四届委员会，帅涛当选团委副书记。曹光庆、王飞、夏会平、李维莲（女）当选团委常委。

2015年5月，共青团三十三团委员会第十四次代表大会在团文化宫召开，参加大会正式代表85人、33个团支部、409名团员、少先队员代表6人。帅涛代表共青团三十三团第十四届委员会作《团结一致凝心聚力 为实现三十三团发展和谐稳定贡献青春和力量》的工作报告。会议选举产生共青团三十三团第十四届委员会，帅涛当选团委副书记。尹洁（女）、陈应坤、单发路、窦保乾当选团委常委。

（二）三十二团

2000年11月，共青团三十二团委员会第十次代表大会在团召开，参加大会正式代表49人、19个团支部、237名团员。张丽代表共青团三十二团第十届委员会作《抓住机遇 解放思想 明确任务 勇于实践 努力开创我团共青团工作新局面》的工作报告。会议选举产生共青团三十二团第十届委员会，张丽（女）当选团委书记；李志洋、王芳（女）、贾永庆、张秋燕（女）当选团委常委。

三、团员发展和"推优"工作

（一）三十三团

三十三团共青团组织坚持"结合党建抓团建，抓好团建促党建，党、团建设共发展"的原则加强团组织建设。各级团组织制定"推优"工作制度和措施，把政治素质高、工作成绩突出的优秀团员、青年向党组织推荐。

1995年，三十三团共青团组织推荐12名优秀青年加入中国共产党，发展共青团员104人。

1996年，三十三团共青团组织推荐入党积极分子28人，正式入党16人。当年，张俊平获农二师第七届"十佳青年"称号。

1997年，三十三团团委推优入党20人。

1998年，吕学峰荣获农二师第八届"十佳青年"称号；吴子璐荣获农二师"优秀专职团干部"称号；九连、中学团总支获"红旗团支部"称号；林园一连荣获"先进团支部"称号。三十三团发展青年党员数占全团发展总数的70%，推优青年36人、入党青年15人。

1995—2001年，三十三团团委由基层团支部推优入党53人，其中35岁以下33人，占全团发展党员总数的58.9%。

1995—2005年，三十三团发展团员623人，推荐95名优秀团员加入中国共产党。

2006—2015年，团委向党组织推荐优秀团员23人，有17人加入中国共产党。

（二）三十二团

三十二团团委强抓基层基础建设，提高团干部的整体素质。通过业余团校举办团支部书记、委员培训班，以会代训的形式强化理论学习，提高团干部的政治素质和业务工作能力。在推优工作上，团委制定《推荐优秀青年入党制度》。1995—2005年，团委向党组织推荐优秀团员青年62人加入中国共产党，推优率100%。

四、团建教育

（一）三十三团

1995—2015年，三十三团团委以团支部为龙头，青年俱乐部为依托，坚持爱国主义教育主旋律，建立理论学习培训和团干部工作交流制度。活动形式趋于多样化、经常化，新风、新貌层出不穷，文化活动更加丰富。每逢节日，团委均组织体育比赛、文艺汇演、军民共建、民族团结等联谊活动（一连与武警官兵建立军民共建机制；十一连与辖区少数民族群众开展经常性的民族团结共建活动）。多年来，团委以知识竞赛、理论培训和工作交流等形式把团员青年的思想教育融入活动之中。在团部建立青年科技书屋1个，为基层团支部征订报纸、杂志和书籍，团员青年的学习活动条件得以改善，各项工作大步迈进。

（二）三十二团

三十二团团委坚持正面教育与理论学习相结合，抓好团员青年教育鼓动工作，把团员青年凝聚到推进团场现代化建设上。团委在抓团员青年正面教育和理论学习同时，更注重强化团干部业务能力培训工作。

1995年后，团委共举办团干部培训班5期，受培训100余人次。组织团员青年深入学习贯彻党的路线、方针、政策，树立正确的人生观、价值观。团委依托学校，组建业余团校，对团干部、团员以及入团积极分子进行理论培训。至2005年，经业余团校培训的团干部达95%、团员80%、入团积极分子85%。

五、跨世纪青年文明工程

（一）三十三团

"九五"时期，三十三团共青团委围绕团场经济建设，探索服务大局、服务社会、服务青年的有效途径，实施"跨世纪青年文明工程""新世纪青年科技培训工程""青年人才工程""服务青年科技致富奔小康行动"。进入21世纪，团委开展"青年文明工程"活动，从青年的需求和特点出发，把握青年文化需求主流，把文化活动作为青年与社会交往和提高文明素质的舞台，形成冬春以青年为主，秋夏以儿童为主的文化活动格局。

1997年，九连、十一连和农试站团支部针对离退休人员孤寡老人居多现状，启动"爱心奉献他人"送温暖活动，其他单位团支部积极跟进，为孤寡老人打伙墙、翻菜地、打扫室内外卫生、装卸煤炭等，参与人数达900余人次。在"讲文明树新风活动"中，九连一位宫外孕妇女急需输血，有20余名团员青年报名，3人为其献血。全团1014名团员青年参加"学雷锋青年志愿者奉献日"活动，开展服务项目43个，清运垃圾34吨，为老人洗被褥106件，捡拾路边、林带残膜183.5千克。

2010年，团委组织"诚实守信教育"主题演讲会和先进事迹报告会，表彰奖励22个基层单位志愿者服务队和一批先进个人。各单位组织团员青年开展"和谐小康家庭"创建活动21次。

2011—2015年，团委组织团员青年5000余人次植树造林300余公顷。为困难群众、学生捐物3200件，捐款0.7万元。实施跨世纪青年文明工程，5年共评选表彰十佳青年26人、优秀团干部30人、优秀团员42人、青年致富能手37人。

（二）三十二团

针对青年活泼好学、精力充沛、可塑性强的特点，三十二团团委全方位做好团员青年的思想教育工作。

1996年，团委举办庆祝建党75周年文艺晚会。

1997年，团委举办"迎香港回归知识竞赛"、"书法绘画诗歌展"和"青年联谊会"等活动。为倡导移风易俗，树立良好社会风尚，五四青年节期间，团委首次举办集体婚礼。

1998年，团委在五四青年节举办"讲文明、树新风"签名仪式，200余名团员青年签名，以说文明话、办文明事、做文明人带动团场社会文明。同时，邀请团场老军垦战士为团员青年讲述团史和老一辈军垦战士维稳戍边、艰苦奋斗的创业经历。

1999年，团委会同组干科、工会联合举办庆"七一"歌咏比赛。

2000年，团委举办首届由基层各团支部承办的青年联谊会大型活动和新团员入团宣誓仪式。

2005年，团委在电视广播站开设"青年风采"栏目，宣传团场青年典型人物和先进事迹，团员青年自豪感、荣誉感得以增强。

六、跨世纪青年人才工程

（一）三十三团

1995年起，团委为推进跨世纪人才工程，各级团组织以劳动竞赛和科技服务为载体，开展青年科技示范田、精品田、青年突击队等活动，培养、扶持和发现青年人才，提高青年人才队伍整体素质。

2001年，团委在农业连队建立4个科技示范点，以科技示范田为基地，开展青年争当科技能手活动，涌现出一批青年科技致富能手；农机行业开展青年文明机车活动；工副业单位开展争当青年岗位能手活动。

2003年起，团委继续推进跨世纪青年人才工程。组织"科技服务队"开展青年职工实用技术培训和服务活动；基层连队团组织以"青年突击队"为骨干力量，开展"突击队竞赛""田管劳动竞赛""丰产攻关劳动竞赛"活动，挖掘青年智能潜方，实现农业创高产、获高效目标；工业企业开展导师带徒、文明示范岗、小发明小创造、岗位练兵和技术比武活动，培养一批适应企业改革发展的青年职工；学校团组织开展爱国主义实践、公益劳动、"讲文明、树新风""手拉手"互助活动，培养跨世纪合格接班人。

2005年，团委成立青年科技服务队，通过科技服务帮助青年发展致富。

2006—2015年，林园连的16名专业园艺技术人员组织成立青年志愿科技服务队，为各单位提供无偿科技服务。通过跨世纪青年人才工程培养和挖掘青年人才，团委向兵团和农二师推荐一批青年人才典型先进人物。

（二）三十二团

三十二团团委服从和服务于经济建设中心。几年来，紧紧围绕团场各阶段工作重点，开展劳动竞赛、丰产攻关等活动。

1996年，团委组织280余名团员青年参加十连植树造林12000余株。"三秋"拾花期间，组织团直附近单位团员青年近百人，到四连进行拾花劳动竞赛，每天拾花4028千克。林园连、畜牧总站、加工连团支部举办采摘香梨打包技术竞赛。

1998年，组织团员青年到三连开展为期2天的拾花劳动竞赛，同时举办棉花打包技术竞赛活动。

2000—2005年，各单位团支部组织团员青年帮助连队捉虫除草，开展丰产公关劳动竞赛。加工连团支部每年在扎花期间，发挥青年突击队作用，多扎花、扎好花，为团场经济建设作出重要贡献。

第三节　少先队

一、组织建设

（一）三十三团

1997年，团有少先大队3个、中队22个、少先队员627人、辅导员25人。

2000年，团有少先大队4个、中队22个、少先队员816人。

2001年，团有少先大队4个、中队18个、少先队员792人。

2012—2015年，团有少先队大队4个、中队18个、少先队员832人、大队辅导员2人、中队辅导员22人。

（二）三十二团

1995—1998年8月，少先队大队1个、中队24个、大队辅导员1人、中队辅导员24人、少先队员800余人。

1998年9月—2007年8月，少先队大队1个、中队24个、大队辅导员1人、中队辅导员24人、少先队员900余人。

2007年9月—2009年8月，少先队大队1个、中队24个、大队辅导员1人、中队辅导员24人、少先队员600余人。

2009年9月—2015年8月，少先队大队1个、中队12个、大队辅导员1人、中队辅导员12人、少先队员400余人。

二、少先队活动

少先队组织始终把团场青少年德育工作放在首位。

1996年后，团场中学少先队实施"跨世纪中国少年雏鹰行动""手拉手"互助活动，开展思想教育和劳动实践活动相结合，推进勤工助学活动和假期社会实践活动，提高少先队员的自身素质。

1998年，三十三团教师王晓雁获第八届农二师"十佳青年"称号；三十三团学生张慧伟获农二师"优秀少先队员"称号；三十三团教师周维斌获"十佳少先队辅导员"称号。

2004年，三十二团中学大队辅导员徐维红荣获兵团"十佳优秀辅导员"称号。

2011年后，学校以"雏鹰活动"为载体，开展以"一切为了孩子，为了孩子一切，为了一切孩子，全社会都来关心下一代"为主题的"预防未成年人犯罪"主题讲座活动，邀请检察院检察官任校外辅导员，每年为学生上法律宣传课4次。是年，原三十二团中学获兵团"优秀红领巾小社团"荣誉称号。

2014年，原三十二团中学获兵团"优秀少先队大队"荣誉称号。

第四节　妇女联合会

一、组织机构

1995—2003年，团场女职工委员会工作和妇女工作一直由团工会代管。

1995年，三十三团有基层女工委员会19个、女工委员57人；三十二团有基层女工委员会23个、女工委员69人。

2004年12月，三十二团召开第一届妇女代表大会，成立妇联组织。选举产生妇联主席1人、副主席1人。

2004年12月，三十三团召开首届妇女代表大会，成立妇联组织。选举产生妇联主席1人、副主席2人。妇联、工会合署办公。

2011年7月，三十三团召开第二届妇女代表大会，选举产生妇联主席1人、副主席1人。

二、妇女工作

1995年，三十三团有女职工1220人；三十二团有女职工1197人。团场妇女（以下简称女工）工作均纳入单位百分考核，做到年初有计划，平时有检查考核，年终有评比表彰。

1996年，团场女工工作以开展"巾帼建功立业"系列活动为主线，发挥女工工作组织的主观能动作用，维护女职工的合法权益，加强女工组织建设，提高女职工战斗力。三十三团有基层女职工委员会23个、女工小组88个、女职工1301人。三十二团有女职工1156人，均建立健全考核评议制度，确保女职工活动正常开展；开展"四有""四自""巾帼建功立业"系列活动；对女工委员和女职工代表举办2期知识培训班；"三秋"开展"巾帼拾花能手"劳动竞赛；举办第六届手工艺品展，有260余件工艺品展出（编织、剪贴、刺绣等）；维护女职工权益，落实保护措施，为52名困难女职工发放困难补助金1.29万元；托幼工作，由团女工委兼管，按照群众监督、女工委考核、家长评议三结合，考核结果与年终奖金挂钩。

2004年，女工组织开展"巾帼"科技致富活动，建设"巾帼"科技示范园区，共建立5个"巾帼"科技示范园区和42个科技示范户。以"女性自我素质达标"活动为依托，培养女职工树立"自尊、自信、自立、自强"精神；以"巾帼"扶贫帮困工作为载体，维护女职工权益；健全贫困女职工档案，工会系统干部与困难女职工结对子41户，实施资金和科技支持，帮助困难女职工家庭脱贫致富。

2006年，三十三团（中心团场）女工工作以"巾帼建功"活动为主题，建立健全34个基层妇联（女工）组织机构，覆盖面100%。在服务行业开展的创争"巾帼示范岗"活动中，涌现出7个"巾帼示范岗"达标单位，其中师级4个、团级3个；在农林单位开展的"巾帼示范行动"活动中，有100名女职工承包的439.44公顷棉田被授予"巾帼示范田"称号，有18名女职工承包的22.19公顷果园被授予"巾帼示范园"称号。结合社会主义荣辱观教育，评选出"和谐家庭"50户、"好婆婆"30人、"好媳妇"30人、"好丈夫"30人。

2007年，女工委开展"妇女节"维权周活动，举办专题板报比赛、法律知识竞赛、"巾帼"女性事迹演讲会和专题知识讲座。是年，团投入28万元，开展妇女病普查普治工作，惠及3750名妇女。

2008年，女职工工作坚持基层女工主任月例会制度，开展"当好半边天、建功'十一五'、争做时代新女性"和"巾帼建功"系列活动。组建巾帼志愿者科技服务队20支，科技示范田（园）74个，示范户264个；签订《女职工专项集体合同》，开展"妇女节"维权周活动，发放宣传单1000余份。进行反腐倡廉警示教育2次，举办"妇女权益保障法"专题板报比赛1场，开办实用技术培训50期，女职工保健知识讲座28期，年培训女职工5000余人次，参培率98%。

2009年4月，团开展"妇女权益保护专题"宣传活动。5月举办女职工手工艺品展示会，推进"巾帼建功立业"工程。为2825名妇女进行妇科病普查。

2010年，团女工工作开展以"建功创业""低碳家庭、时尚生活"为主题实践活动，激发女职工创造力。是年，女职工养殖果园土鸡3.4万只，49名女职工成为自营经济示范户，开展"姐妹献爱心"互助结对子120组，有7个女工工作先进集体和46名先进个人受到团表彰奖励。当年，团"女工委"被农二师工会授予"先进女职工委员会"荣誉称号。

2011年，是国家"十二五"时期开局年，团召开一届七次职工（会员）代表大会，女职工代表61人，占"职代会"总人数的23%，大会期间，团"女工委"与行政方签订"女职工集体专项合同"；妇女节期间，团工会表彰奖励了8个女工工作先进集体、51名先进个人，发放奖金0.8万元。在开展的"妇女维权周"系列活动中，女职工参与面达97%；各女工组织结合实际在女职工中开展"我为春播作贡献""田间管理能手"竞赛活动。"三秋"期间开展以"女职工建功创业"为主题的"迎国庆"拾花等劳动竞赛；全团建立科技示范户31个、示范田园318.6公顷。女职工参与果园土鸡养殖5万余只，建立"珍珠鸡、青雁"等养殖项目，开辟致富新途径、新作为；扶贫帮困活动中，女工干部与困难女职工结对子126个，为6名困难女职工家庭发放困难补助金1.05万元；举办"唱响兵团精神、当好贤内助、建功十二五"联谊活动。实施两年一度的妇科病检查，福泽1498名妇女，受惠率100%。

2012年，团召开二届一次职代会，女职工代表49人，占职工代表总人数的25%。妇女节期间表彰奖励7个女工先进集体和51名先进个人，发放奖金1.56万元。举办女职工手工艺品展览活动，展出精美佳作360余件。团投入6.34万元为1268名女职工办理女性安康保险。建立学校、医院示范岗21个、女职工示范田147个、示范园81个，示范田、园面积711.93公顷。各基层单位成立女职工"志愿者"服务队20个，献爱心结对子77个，饲养果园土鸡1.4万只。在"女职工建功创业"活动中评选出16名团级先进女职工和6名师级先进女职工。

2013年，团女工委开展女职工"凝心聚力跟党走，建功立业绘蓝图"主题教育活动。举办女职工手工艺品培训班1期，组织50名女职工代表参加乌鲁克法院与团女工委联合举办的女职工维权座谈会。团工会投入6.5万元为1291名35~55岁年龄段符合条件的女职工办理女性安康保险。5—6月组织1510名女职工开展《女职工劳动保护特别规定》知识竞赛活动，收回有效答题卡1338份，参赛率88.6%。8月，举办"我爱我家"女职工手工艺品展活动，有26个基层单位的460余件作品参展，观赏职工群众达1500余人。12月，成立三十三团尉犁县巧梦苑针织手工艺品专业合作社。"两节"期间为76户贫困女职家庭发放慰问金3.8万元，其中为3名两癌妇女发放慰问金1.5万元。

2014年3月，团女工委与乌鲁克垦区法院、司法所联合举办女职工维权知识讲座，参加代表75人。4月，基层单位40余名女工主任参加《贯彻兵团工会第四届女职工委员会第七次全委（扩大）会议精神暨工会女职工委员会工作条例》培训班。是年，女工干部与困难女职工结对子69个，成立女职工志愿者服务队24个、队员221人。建立困难女职工健康档案71户，支出

13.05万元，为1305名女职工购买女性安康保险；1—6月，支出4.85万元，慰问困难女职工125人，其中团帮扶资金0.86万元、团医疗救助金0.45万元、第二师助学育才救助0.80万元；"两节"期间对76个贫困女职工家庭走访慰问，发放慰问金2.86万元。劳动节期间慰问单亲女职工家庭8户，发放慰问金800元；7—8月，团开展第二届书香妇女节暨"阳光女性 幸福中国"读书征文活动，收到征文8篇，报第二师铁门关市3篇，其中团中学支教老师王春燕题为《坚守理想与信念 追求幸福人生》的作品获第二师铁门关市三等奖。基层单位有8个女工工作先进集体被团表彰奖励，发放奖励金0.64万元。

2015年，"两节"期间，团女工委走访慰问45户贫困女职家庭，发放慰问金1.56万元。妇女节期间举办2期女职工维权法律知识讲座，对基层单位432名女工主任及职工代表进行"六五"普法知识测试。女工干部与困难女职工结帮对101个，建立困难女职工档案104户。劳动节慰问单亲女职工家庭16户，发放慰问金0.32万元。建立104个女职工示范田374.8公顷，60个女职工示范园106.13公顷；学校、医院建立示范岗16个。开展第三届书香妇女节"健康女性·幸福中国"读书征文活动，收到征文20篇，向第二师铁门关市推荐3篇。是年8月，为30～55岁年龄阶段符合条件的1312名女职工购买13.12万元女性安康保险。

表20-7 三十三团妇联（女工委）领导名录（1995—2015年）

姓名	性别	族别	籍贯	文化程度	参加工作时间	职务	任职时间
吴子璐	女	汉族	陕西	大专	1976年8月	女工主任	1995—1998年
苏明兰	女	汉族	四川	大专	1981年10月	妇联主席	2011—2015年
张咏梅	女	汉族	河南	大专	1991年2月	妇联主席、女工主任	2001—2011年
奚启鸿	女	汉族	河南	大专	1989年3月	女工副主任	2012—2015年
张丽	女	汉族	山东	大专	1992年4月	女工副主任	2006—2009年
高艳荣	女	汉族	甘肃	大专	1992年7月	女工主任	2005—2011年
赵小明	男	汉族	四川	大专	1992年12月	女工副主任	2010—2011年

表20-8 三十二团妇联（女工委）领导名录（1995—2005年）

姓名	性别	族别	籍贯	文化程度	参加工作时间	职务	任职时间
许明书	女	汉族	四川	大专	1982年9月	妇联副主席	2002—2005年
张丽	女	汉族	山东	大专	1992年4月	女工主任	1995—2005年

第五节 工商业联合会

一、代表大会

1998年团场工商业联合会成立后，三十三团工商联召开过3次代表大会；三十二团工商联召开过2次代表大会。

（一）三十三团

1998年9月，第一次工商业联合会代表大会在团文化宫召开，参会代表47人。徐功良作大会工作报告。大会要求，工商业联合会工作应加强团结协作，以经济建设为中心，突出服务功能。大会通过《三十三团工商业联合会（商会）主要工作职责》《三十三团工商业联合会（商会）一届会长会议制度》，并选举出13人组成第一届工商业联合会执委会。其中，名誉会长1人、常务会长1人、常务副会长2人、副会长4人。27户个体户私营经营者加入组织，7人被推荐到工商业联合会组织工作。

2003年4月，团召开第二次工商业联合会（商会）代表大会，参会代表58人。会上，由徐功良作工商业联合会工作报告，大会提出了进一步解放思想，抓住机遇，深化改革，努力探索发展非公有制经济的道路指导思想。大会选举出13人组成第二届工商业联合会执委会。其中，会长1人、常务副会长1人、秘书长1人。

2011年12月，团召开第三届工商业联合会（商会）代表大会。大会选举产生了第三届工商业联合会执委会、工商业联合会主席、副主席、秘书长等人选。执委会由13人组成，副团长刘河新当选第三届工商业联合会主席，团政工办主任向钧、个体户朱仙云、民营企业家王艳（女）当选副主席，团政工办科员韦泽军当选大会秘书长。

（二）三十二团

1998年11月，团成立工商业联合会。首届工商业联合会执委会由9人组成，其中名誉会长1人、常务会长1人、常务副会长2人、副会长4人。27户个体户私营经营者加入组织，7人被推荐到工商业联合会组织工作。

2004年5月，团召开第二次工商业联合会（商会）代表大会，选举出13人组成第二届工商业联合会执委会，其中会长1人、常务副会长1人、秘书长1人、副会长5人、执委5人。

二、商业状况

1998—2015年，两团相继成立工商业联合会组织，其工作主要围绕团场经济建设中心工作来开展活动，广泛团结非公有制经济人士，突出服务功能，从政策、法律、中介、信息等方面全方位服务，促进非公有制经济快速、健康发展。

2006年3月两团合并后，个体私营商业阵容扩大，至年末，全团有个体私营商业198户，从业人员297人，年批零营业额4347万元。其中东片区114户，从业人员171人，年批零营业额2583万元；西片区84户，从业人员126人，年批零营业额1764万元。

到2015年，全团有个体户375户，其中个体企业17个。是年全社会批发零售总额18135万元，个体批发零售总额13096万元。个体商户358户，零售总额5038万元。其中住宿餐饮个体户66户，营业总额4036.1万元。

第六节 残疾人联合会

一、代表大会

（一）三十三团

2007年8月，三十三团召开第四次残疾人代表大会，参会代表67人。大会选举陈新珍为残联理事长，白杰、苏明兰、赖永波、张琦军、许明书、杨帮力、姜福新、苏俊、张启航、刘建华、戚磊、赵行德为理事。

2012年12月，三十三团召开第五次残疾人代表大会，参会代表88人。大会选举陈俊为执行理事会理事长，向钧为副理事长；执行理事会理事为帅士新、陈尚毅、赖永波、田桂英、向光秀。

（二）三十二团

1999年8月，三十二团召开第一次残疾人代表大会，参会代表72人。大会选举郑先福为残联名誉主席，丁洪英为理事长的残疾人联合会组织机构。

2003年5月，三十二团召开第二次残疾人代表大会，参会代表80人。大会听取审议了团残联主席团工作报告。提出团残疾人事业的任务：开展残疾"保障法"宣传和教育；开拓多层次、多渠道、多种形式就业门路，提高残疾人的就业率；开展残疾人的预防和康复工作。

二、残联工作

两团是在改革开放深入发展的新形势下创建残疾人事业的。残联组织紧紧围绕"人人享有康复服务"的工作目标，以医疗康复为依托，社区康复为重点，家庭康复为基础，大力加强残疾人康复工作。

1997年，团场残疾人通过重新评定办理了中华人民共和国残疾证。

2002年，团场残疾人代表队3人参加农二师残疾人运动会。

2003年，团场为22户符合政策的残疾人家庭办理低保；社区为7个残疾人联系就业岗位。

2006年，三十三团（中心团场）成立残疾人工作协调委员会，社区成立残疾人协会。

2007年，团场为残疾人更换残疾证，基层单位做到残疾人工作台账健全规范，信息登记翔实，活动开展广泛，各项工作有序开展。

2008年，团残疾人工作协调委员会更名为残疾人工作委员会。

2009—2015年，团累计预算残疾人事业经费30万元，用于残疾人康复、技能培训、医疗救助、临时救助、扶贫帮困和文化活动。培训残疾人300余人次。

第二十一章　科学技术

建场之初，团场根据塔里木垦区的地形地貌，结合农田水力开发及产业发展，逐项开展盐碱地改良、良种繁育等各项科研工作。1993年，团成立科学技术委员会。1998年，科技示范团工作通过农二师验收。2000年，团农业标准化示范团工作通过兵团验收。2002年、2005年、2007—2010年，多年被农二师评为"科技之冬"活动先进单位。2003—2015年，团获五次科学技术部"全国（县市）科学技术进步考核先进优胜单位"称号、获师级部门颁发的"科技管理先进团场"称号。截止到2015年底，团场各类专业技术人才达589人。

第一节　课题研究

一、三十三团

1995年后，三十三团科技兴农成效显著，农业科技成果转化率达70%。先后申报科技富民强县专项、农业成果转化资金项目和申报主持国家星火计划项目等6个国家级科研项目。团先后有4个科研项目获兵团"科学技术进步奖"、23个科研项目获农二师"科学技术进步奖"。2007年获"全国科普惠农兴村先进单位"；2010年获中技协"科技服务三农金桥奖"；2011年获"全国粮棉油糖高产创建先进单位"荣誉称号。科技发展成果喜人。

国家"十五"时期以来，团以科技创新为动力，以科技成果转化为驱动，加快农、林、牧、机建设的推广应用步伐，不断完善教育、医疗基础设施，科、教、文、卫事业纵深发展。科技进步成为加快团场结构调整和促进经济增长的主要驱动力。

2004年，团列入科研项目计划的项目有23项，列入国家星火计划项目1项、国家农业科技成果转化资金项目1项、兵团重大课题推广项目1项、师级12项、团自立8项。

2003—2005年，国家农业科技成果转化资金项目"塔里木马鹿现代繁育保种技术开发与示

2011年7月5日，团召开第六届科技大会　　　　（科委供图）

范"，该项目申请中式转化的主要内容是采用人工授精技术、胚胎移植和同期发情等生物技术进行马鹿优良种群的繁育和保种通过成果转化，使塔里木马鹿人工授精技术率从60%提高到65%，同期发情率由50%提高到60%，胚胎移植受胎率由45%提高到50%，马鹿鹿茸平均单产提高20%；国家星火计划项目"塔里木马鹿生产性能配套技术研究"，该项目运用现代遗传学、育种学、繁殖学原理，结合现代繁殖手段选育高产、优质、制作和推广单产在15千克以上种公鹿的冻精进行马鹿人工授精，应用塔里木马鹿和阿尔泰马鹿之间的二元、三元经济杂交模式，选出生产性能优良的塔里木马鹿后裔和杂交优势，提高鹿茸单产和品质。

2007年，科技项目计划21项，列入科技部科技富民强县专项行动计划项目1项、国家及农业标准化示范区项目1项、师级7项、团自立12项。

2006—2008年，科技部科技富民强县专项"塔里木垦区高效生态农业优化模式与关键技术应用"，该项目通过引进成熟的先进适用技术成果，带动团场已有科技成果快速转化。培育科技型特色支柱产业，建成棉花节水、高效、病虫害无公害生物防治模式示范项目区1300余公顷。引进、推广应用成熟关键适用技术，建成塔里木马鹿高效养殖示范区1万头，建成高效林果业示范园600公顷。

2008—2010年，星火计划项目"棉花抗旱保水剂的应用与示范"，该项目选取一种棉花抗旱保水剂，对棉花纤维品质没有影响，枯水年份，在供水量相同情况下，处理区较对照区棉花增产5%～10%或在棉花生育期亩节水100～150立方米。

2010—2015年，国家星火计划项目"塔里木垦区农业病虫害及气象预测预报信息化技术应用"，课题起止时间2011—2012年，项目负责人：刘期国，国拨经费贴息贷款5万元；师级项目"基于红枣枣吊木质化技术的氮素增效剂的试验示范"，课题起止时间2012—2014年，项目负责人：黄学东；国家星火计划"塔里木河下游经济型生态屏障建设技术集成与示范"，课题起止时间2015—2016年，项目负责人：刘期国；兵团项目"动物粪便无害化处理及特色果品有机生产技术集成与示范"，项目课题起止时间2014—2015年，项目负责人：刘期国，项目获兵团拨款20万元；师级项目"塔里木垦区肉羊优质、高效、规模化生产模式的研究与示范"，项目起止时间2014—2016年，项目负责人：孙志强，项目获师拨款7万元；"灵芝日光温室栽培技术研究与示范"，项目起止时间2015—2016年，项目负责人：孙泽斌，项目拨款10万元；"塔里木马鹿种质资源保护与利用"，项目起止时间2015—2017年，项目负责人：孙泽斌，项目拨款10万元。

至2015年，团农试站具备土壤化验仪器设备1台、万分之一电子天平2台、离心沉淀器1台、不锈钢电热蒸馏水器1台、四联可调电热器1台、单联可调电热器1台、火焰光度计1台、电热恒温培养箱1个、干燥箱1个、酸度计5个、可见光光度计5个、回旋式震荡机1台、不锈钢电热蒸馏水器1台、土筛1套、环刀2个、铝盒30个、洗耳球5个、不锈钢勺子5个、PH复合电机2个、铂黑电机2个、镊子5个、注射器3个。

二、三十二团

三十二团具有较强的科研开发和成果转化能力，科技贡献率达64.2%，农业科技成果转化率达70%。师、团、连三级农业科技推广、培训体系健全。

1995—2005年，农试站承担的主要科研课题："陆地棉优良品种（系）比较试验""不用剂量缩节胺对棉花株型调控的试验""降解膜在棉花上的试验""叶面肥速乐硼对棉花产量肥效的试验""不同株距对棉花产量的影响试验""不同密度对棉花产量的影响试验""不同施肥量对棉花产量的影响试验""棉花种衣剂对出苗率的影响试验"。在2003年，团为农试站筹资几十万元，增购物理化学检验仪器、气象、田间土壤水运动、植物生长等远程监测仪器设备和种子检验仪器。

第二节　科研和专利成果

一、科研成果

三十三团科技人员通过开展项目课题研究取得科研成果，并转化为理论，撰写的论文在各级刊物发表，部分作品收录论文集。

2000—2003年，各单位在科委备案已发表的论文108篇，国家级8篇、省级56篇、地区级44篇。

2004—2010年，各单位在科委备案登记发表的论文344篇。其中国家级40篇，省级96篇，地区级208篇。

2011—2014年，各单位在科委备案登记发表的论文236篇。

2015年，科委完成团内稿件210篇，外发稿件56篇。

表 21-1　三十三团科技论文一览表（1995—2015 年）

序号	论文题目	刊稿时间	作者	登载刊物
1	原发性血小板减少性紫癜病研究	1995	陶兰凤	《中国现代实用医学》
2	谈食品卫生联检对基层食品卫生工作质量的影响	1996	李星华	《中国医疗卫生荟萃》
3	医药市场管理人员具备广泛知识的重要性	1996	李星华	《临床疾病分析与检测应用》
4	一起木耳掺化肥报告	1996	李星华	《临床疾病分析与检测应用》
5	当归注射及学位注射效果观察	1997	李星华	《中国现代实用医学》
6	三十三团838例在校学生血红蛋白分析	1997	姜文华	《中国中西药荟萃》
7	HBV 的宫内阻断	1997	闫少玲	《中国公共卫生学报》
8	以心前区疼痛为首发症状的脑出血1例研究	1998	李连江	《临床荟萃》
9	HBIgG 联用乙肝血源疫苗阻断 HBV 母婴垂直传播效果观察	1998	闫少玲	《中华流行病学杂志》
10	胃窦癌误诊急性胆脑炎并肠梗阻1例分析	1997	赖永波	《中外医用放射技术》
11	胡杨考察参考资料	2004	蒋爱国	《〈综合实践活动〉教师用书》
12	棉田三棱草的生长特点与防治措施	2004	廖英	《中国棉花》
13	棉花大面积均衡高产的实践	2005	阳军	《中国棉花》
14	地膜打瓜的丰产措施	2005	马建平	《新疆农垦科技》
15	同期发情技术在塔里木马鹿人工授精中的应用	2005	刘河新	《兵团畜牧业》
16	加快改良步伐，实现养鹿业高产、优质、高效	2005	李秋艳	《中国食草动物》
17	杠杆变形记	2005	张杰林	《数理天地》
18	新疆塔里木垦区棉田自然灾害的种类及防治措施	2006	曹护林	《中国棉花》
19	用杠杆平衡解几何题	2006	闫东	《数理天地》
20	巧设情境点燃阅读火花	2007	余志红	《现代教育研究》
21	用橡皮筋治疗鹿眼睑动静脉瘤	2008	杨艳	《特种经济动植物》
22	新陆中35号在新疆巴州的高产栽培技术	2008	王晓维	《中国棉花》
23	浅谈语文教学中兴趣的培养	2008	白露	《中国教育与创新》
24	库尔勒香梨病虫害发生及防治	2009	余金红	《果树实用技术与信息》
25	护理观念"优质护理示范工程活动"中的作用分析	2011	王凤鸣	《中国健康月刊》
26	中药方剂治疗奶牛顽固性胎衣不下	2011	何明友	《当代畜牧》
27	对塔河马鹿应用不同电刺激采精方法效果比较	2011	杨艳	《当代畜牧》
28	三十三团一鹿场培育高产鹿群的综合技术经验分析	2011	袁利波	《特种经济动植物》
29	塔河马鹿半麻站立式电刺激采精试验研究	2011	袁利波	《农村科技》
30	健康教育干预在住院病人中的作用分析	2012	王凤鸣	《中国健康月刊》
31	妊娠合并缺铁性贫血的干预及体会	2012	陈素华	《健康必读》
32	心理护理在产科孕期中的运用体会	2012	董琴	《健康必读》
33	塔里木垦区杂交棉制种管理及栽培技术	2013	蒋俊武	《新疆农垦科技》
34	微量元素对棉花产量的影响	2013	付顺轩	《新疆农垦科技》
35	液体土壤改良剂使用效果分析	2013	张玉梅	《新疆农垦科技》
36	不同节水措施对棉花生长发育及产量的影响	2013	曹光庆	《农村科技》
37	塔里木垦区中棉49号超高产栽培技术研究	2013	张宝娟	《农村科技》
38	塔里木马鹿公鹿半麻站立式采精技术研究	2013	李秋艳	《畜牧与兽医》

续表

序号	论文题目	刊稿时间	作者	登载刊物
39	新疆马鹿群体遗传多样性及起源进化研究	2013	李秋艳	《中国草食动物科学》
40	规模化鹿场人工授精室的建立及人工授精操作	2013	李秋艳	《黑龙江畜牧兽医》
41	氯化琥珀胆碱在塔里木马鹿锯茸保定方面的应用	2013	袁立波	《中国畜牧业》
42	塔里木马鹿分娩难产原因分析及助产技术	2013	袁利波	《黑龙江畜牧兽医》
43	塔里木马鹿坏死杆菌病的防治	2013	袁利波	《黑龙江畜牧兽医》
44	塔里木垦区园林鸡健康养殖关键技术	2013	袁利波	《中国畜牧兽医文摘》
45	枣头及枣吊摘心对红枣结实性状的影响	2014	刘期国	《北方园艺》
46	不同处理对土壤水分的影响	2014	刘期国	《北方果树》
47	不同葡萄品种抗寒性比较研究	2014	刘期国	《安徽农业科学》
48	提高塔里木马鹿仔鹿成活率的技术措施	2014	李秋艳	《黑龙江畜牧兽医》
49	浅谈妇产科综合护理与研究	2014	毕春红	《健康之路》
50	新疆农二师三十三团畜牧业现代化实施情况	2014	孙志强	《中国畜医文摘》
51	不同灌溉方式对枣树的影响	2014	蒋 杰	《北方果树》
52	"骏枣"枣头摘心试验研究	2014	杨文娟	《北方果树》
53	让初中思想品德课堂教学充满阳光	2014	张明富	《教育探索与实践》
54	"盲孩子和他的影子"教学案例	2014	宋卫萍	《教育探索与实践》
55	浅谈"少教多学"与"精加略"模式下的高效课堂	2014	宋卫萍	《教育探索与实践》
56	让思品课堂溢满"花开的声音"	2014	郑 燕	《教育探索与实践》
57	浅谈"师友互助"英语课堂的魅力	2014	何 菊	《教育探索与实践》
58	学习着 收获着 快乐着	2014	何 菊	《教育探索与实践》
59	我的教育小故事	2014	贺慧宁	《教育探索与实践》
60	承德学习心得体会	2014	贺慧宁	《教育探索与实践》
61	新课标下小学生英语自主朗读能力的探究	2014	雷明霞	《教育学文摘》
62	问题讨论的合作学习模式在英语课堂的应用研究	2014	雷明霞	《素质教育》
63	提升学生艺术审美愉悦的感受	2014	杜 辉	《教育探索与实践》
64	美术课堂也需要创新教育	2014	杜 辉	《教育探索与实践》
65	企业加强内部会计控制研究	2014	陈 英	《行政事业资产与财务》
66	营改增后的企业加强纳税筹划研究	2014	陈 英	《中国乡镇企业会计》

表21-2　三十三团科研项目成果一览表（1999—2015年）

年份	获奖项目	获奖情况	主要完成者
1998	塔里木马鹿的选育	兵团科技进步二等奖	团畜牧站
1998	塔里木马鹿的选育	黑龙江省农垦局科技进步二等奖	团畜牧站
1998	提高塔里木马鹿繁殖率	兵团科技进步二等奖	团畜牧站
1998	提高塔里木马鹿繁殖率	黑龙江省农垦局科技进步二等奖	团畜牧站
1998	农二师马鹿鹿茸大面积增产计划	兵团科技进步二等奖	团畜牧站
1998	农二师马鹿鹿茸大面积增产计划	黑龙江省农垦局科技进步二等奖	团畜牧站
1998	仔鹿毛球病的防治措施	农二师科学技术进步二等奖	蒋洁　高荣根　刘新河

续表

年份	获奖项目	获奖情况	主要完成者
1999	塔里木人工授精技术研究	农二师科学技术进步一等奖	团畜牧站
1999	三十三团农业标准化达标项目	农二师科学技术进步二等奖	农林牧各行业
1999	春小麦新品种"巴春"七号选育	农二师科学技术进步三等奖	团生产科
1999	宽膜棉田小畦灌溉技术示范推广	农二师科学技术进步三等奖	团生产科
1999	标准化示范鹿场	中国农学会特产学会	蒋晓明　李秋艳
2001	沙生植物引种试验示范	农二师科学技术进步二等奖	杨振明　奚荷钧
2001	提高塔里木马鹿产茸性能配套技术研究	农二师科学技术进步二等奖	蒋晓明　李秋艳
2003	塔里木马鹿胚胎移植技术研究	农二师科学技术进步一等奖	蒋晓明　李秋艳
2003	塔里木马鹿胚胎移植技术研究	兵团科学技术进步三等奖	蒋晓明　李秋艳
2003	塔里木马鹿种鹿场	兵团种畜禽委员会	蒋晓明　李秋艳　林敏
2003	塔里木马鹿胚胎移植技术研究	兵团科学技术进步三等奖	蒋晓明　李秋艳　林敏
2003	塔里木马鹿选育提高	农二师科学技术进步一等奖	蒋晓明　李秋艳
2003	陆地棉高产先导示范（210公斤皮棉单产）	农二师科学技术进步二等奖	团生产科
2006	塔里木马鹿人工授精技术及胚胎移植技术推广	兵团科学技术进步三等奖	团畜牧站
2006	塔里木垦区盐碱地棉花（滴管）大面积高产栽培技术	农二师科学技术进步三等奖	团生产科
2006	库尔勒香梨树形（开心形）改造技术示范与应用	农二师科学技术进步三等奖	团林业工作站
2006	塔里木马鹿科技示范基地	农二师科学技术进步三等奖	团畜牧站
2006	棉花大面积高产先导示范	农二师科学技术进步二等奖	团生产科
2007	塔里木马鹿精液稀释的研制	农二师科学技术进步一等奖	团畜牧站
2007	棉花大面积高产关键技术研究与示范	兵团科学技术进步三等奖	团生产科
2012	塔里木垦区棉花虫害预测预报技术推广应用	第二师科学技术进步三等奖	团农业技术推广站

二、专利成果

团场制定相关政策，鼓励支持科学研究和科技创新活动。团属科研单位和基层专业科技队伍以项目课题研究为主，是团科研工作的主力军。政策鼓舞，主力引领，激发职工群众参与科技创新热情，他们靠自己的聪明才智，发明创造并多次获得国家知识产权局颁发的专利证书。这些创新发明和设计在提高团场经济效益上发挥出积极作用。

表21-3　三十三团专利成果一览表（1998—2014年）

授权年度	专利名称	专利类别	专利号	专利权人
1998	病房呼唤器	实用新型专利	ZL98213079.1	林四新
2004	新型活接	实用新型专利	ZL2004200020539	高国斌
2006	差旅便携式牙具	实用新型专利	ZL200620005781.4	张玉海
2009	一种油脂分级沉淀箱	实用新型专利	CN200920273932.8	王道举
2009	一种拌和喂料箱	实用新型专利	CN200920273931.3	王道举
2009	吊顶式空气过滤器	实用新型专利	ZL200920139886.2	刘伟民
2009	快速驳线盒	实用新型专利	ZL200920139884.3	刘伟民

续表

授权年度	专利名称	专利类别	专利号	专利权人
2009	棉籽蛋白生产线中的加湿装置	实用新型专利	CN200920273933.2	王道举
2010	主动式限位节能电梯	实用新型专利	ZL201020178251.6	刘伟民
2011	可移动能量储存基站	实用新型专利	ZL2010029013.5	刘伟民
2011	高密度智能立体停车场	实用新型专利	ZL201020510632.X	刘伟民
2011	线性往返式能量收集装置	实用新型专利	ZL201020287943.4	刘伟民
2012	增热性无聊烘干机	实用新型专利	ZL20122013817.7	王海涛
2012	棉蛋白生产工艺脱酚废液处理装置	实用新型专利	ZL201220130803.5	王海涛
2012	料层高度可调的拖链式浸出器	实用新型专利	ZL201220130794.X	王西海
2015	快捷起钉器	实用新型专利	ZL201520138895.5	高建强
2014	组合式螺旋搅龙筛	实用新型专利	ZL201420333898.X	王海涛
2014	带物料刮板的浸出器	实用新型专利	ZL201420333924.9	王海涛
2014	萃取法生产棉籽蛋白循环脱酚装置	实用新型专利	ZL201420359987.1	卢作文

第三节　科学技术推广应用

国家"九五"时期开始，团场重视新科技的推广应用，科学技术推广应用活动的广泛开展，干部职工科技意识增强，团场各项事业快速发展。至2001年，团、连、户三级科技示范推广网络形成覆盖。

2002年后，高新节水膜下加压滴灌节水技术、双膜覆盖、精量播种、饲草"三贮一化"技术、农机具改造、测土平衡施肥技术、农业标准化示范区建设、高新技术措施，在团场农业生产中砥砺奋进。新技术的推广应用成为农业增产、团场增效、职工增收的重要保障。

一、种植业

1995—2015年，在新技术应用方面，大致可划分为三个阶段。1995—2000年，这个阶段应用的新技术，在对作物产量提升上。没有根本性的突破作用。引进的新技术有：棉花新品种引进与示范推广、宽膜小畦膜上灌溉节水技术、尿素增效剂包膜缓释氮素技术、性诱剂诱蛾技术、种衣剂包衣技术、应用多元素复合肥撒特利等。2001—2005年，是新技术引进、应用、组装优化研究阶段，也是棉花高产栽培配套技术体系基本成型阶段，为棉花产量进一步提升提供物资装备基础和技术保证。引进的新技术有：膜下加压滴灌节水技术、小双膜覆盖技术、精量播种、杂交棉、深耕、随水施肥技术及机采棉相关技术。2006—2015年，是新技术组装优化成型配套全面到位阶段，为大面积高产奠定了物资和节水基础。

品种：棉花生产是塔里木垦区团场的支柱产业，备受团场上下重视，引种新品种成为关注的焦点，引用的品种较多，其中表现较突出的品种有：常规种冀优851系、康地种业（K9系、K8

系、K6 系）和中棉所 43 号，均有超过 500 千克/亩的高产纪录；杂交棉品种有：中棉所 48 号、鲁棉研 25，都有创超高产纪录；抗病品种有：中棉所 49 号、新陆中 26 号在病田中，表现出较好的抗病性，为病田增产发挥出重要作用。

种衣剂：1995 年以前，为了减轻棉花烂种和苗期病害，采用的是"'3911'＋敌克松"拌种，这种拌种方法，从理论上解决了防止烂种和苗期病害、虫害问题，实际上效果并不理想，烂种、根腐病还是普遍发生，并且存在严重的安全隐患。1995 年，开始"引进＋筛选"种衣剂品种。1996 年，大面积应用苗康一号种衣剂，效果良好。1997 年，使用的含呋喃丹种衣剂，造成大面积烂种。1998 年，团生产科引进多个种衣剂品种，开展多批次品种对比试验，最终筛选出农垦科学院生产的 P4-Ⅱ种衣剂，使用了 6 年。2003 年，再次对种衣剂进行筛选试验，锦华牌 26％多福甲枯种衣剂入选，防止烂种效果显著，沿用至 2015 年。

节水：节水一直是塔里木垦区作物栽培研究的课题，自滴灌节水技术广泛应用后，水的利用率显著提升，但实际节水效果并不明显，遂又对新的节水途径展开探索。从冬灌 240 立方米＋春灌 120 立方米改为冬灌 180～200 立方米，春不复水，实施先铺膜后点种，在水资源紧缺的年份，探索铺膜滴水春灌（亩用水量 60 立方米），对适度扩大种植面积具有十分重要的意义。宽膜小畦膜上灌节水技术于 1994 年开始小面积试验，1997 年宽膜小畦膜上灌面积达 2113.3 公顷。这种灌溉方式较传统沟灌节水 20～50 立方米/亩。膜下常压滴灌与膜下加压滴灌技术经使用，该灌溉方式比以往沟灌、膜上小畦灌节水 5％～10％，同时，有利于棉花花铃期增施肥料，对提高棉花产量具有很大作用。其特点是，建设成本低，操作相对简单。在经济效益方面，据测算，膜下滴灌与大水漫灌相比，亩增产 50％以上，节水 20％左右，化肥利用率提高 20％，节约生产成本（节肥、节药、节劳）50 元/亩，土地利用率提高 8％左右。

脱叶剂：2001—2003 年，开始对脱叶剂进行筛选试验，参试脱叶剂品种有 20 余个品种。其中德国拜耳公司的脱落宝，四川国光的真功夫、脱必施，美国孟山都公司的哈威达表现有较高的脱叶效果。

机采棉：机采和手采对比，机采较手采棉产量损失 30 千克/亩，手采棉产值较机采棉高 225 元/亩，机采物化成本比手采棉高 0.48 元/亩，而手采棉的采收费比机采棉高 286.6 元/亩，最终亩效益较手采棉高 61.29 元，机采棉更具发展潜力。

精量播种：通过2005年、2006年两年的试验与示范，棉花精量播种技术已普遍被农户所接受。

地膜：宽膜植棉相对以往窄膜植棉具有更好的采光增温效果。双膜覆盖能够起到比单膜增温、保墒、抑盐、出苗率、防雨灾效果更好，对培育壮苗早发具有很大促进作用。此项技术在2005年和2006年的运用过程中，保苗率提高7%~18%。天气、气温、土地墒度等情况，掌握不好都会造成不良影响，固因地制宜应用好此项技术，可以达到保苗、增效两相宜之目的。

卫星定位：2014年，团场应用北斗卫星定位导航自动驾驶拖拉机播种技术推广获得成功，引进该系统卫星定位导航自动驾驶播种技术，棉花从播种、中耕、化调、喷施打顶剂、脱叶剂到机采棉等均可应用该项技术，拖拉机安装导航自动驾驶系统后，1千米播行垂直误差不超过2厘米，接幅准确率在2.5厘米，彻底解决了农机自动化播种作业中出现的"播行不直、接幅不准"等难题，为精准农业的发展提供了坚实的技术基础。2014年4月，团引进该系统20套，配置到各连队机车上，当年使用该技术实施播种面积1926.66公顷，为后续的各项作业提供了便利。到2015年，全团有41台机车安装了卫星定位自动导航系统，播种质量和土地利用率大幅提高。

2015年，围绕结构调整，推进农业产业化和农业现代化发展步伐，团场加强对新技术的引进、试验、示范与推广工作。以创建国家高新现代节水棉花市场基地为抓手，重点开展农田高效节水灌溉技术研究，农田作物的水、肥、盐等资源之间的关系和应用等新课题、新技术的研究运用。2015年，引进新品种30个，推广新技术24项，转化推广应用新技术8项，全团共建立10个科技示范连、196个科技示范户，推广示范新技术累计达6600余公顷，覆盖率达100%，农业综合机械化水平达91%，节水灌溉率达100%。团场6600余公顷棉田均实现精量播种、双模覆盖、干播湿出等技术，卫星定位导航播种率达到56%、顶凌铺膜率达25%。

二、林果业

2001年，团场林果业抓住香梨这个拳头产品，立足丰产树型修剪技术，加强水肥和土壤管理，坚持病虫害综合防治，开展幼树早期丰产技术研究和中心产园综合管理及改造技术研究。强抓治沙造林和农田防护林体系建设，保护场区内野生植被资源和人工林资源，引种沙生植物红柳、梭梭和沙拐枣，实施沙漠生态工程建设，使团场内部流动沙丘得到控制。

2004年，林果业积极引进新农药，尝试香梨开心树改造，引进沙生植物，采收和试种罗布麻等。

2006年，团推广"4+6"（"4"是指矮、密、早、丰；"6"是指落、缓、控、促、断、齐）果园管理新技术的栽培应用和人工授粉技术，使香梨大面积达到优质、高产、高效。团场利用科技，全力打造绿色有机果品，积极推广先进适用技术。引进使用行标、国标，以标准指导生产，加强果农科技培训，提高果园科技应用能力。

2009年，通过国家认证团1242.6公顷果园成为绿色食品（香梨）生产基地。2010年，通过国家有机果园认证200公顷（香梨）。2012年，团333.3公顷果园、800公顷枣园被认证为有机食品生产基地，出口注册果园面积400公顷。同时，参加中国绿化博览会，三十三团果品深受客商好评。

2015年，团实施"库尔勒香梨密植化栽培新技术的有机应用与示范""梨树腐烂病综合防治""动物粪便无害化处理及特色果品有机生产技术研究与示范""库尔勒香梨大树移栽快速建设技术研究"等新课题、新技术。引进新梨7号、9号、10号等新品种，推广新梨省力栽培技术，栽培面积413.3公顷，建香梨精品园533.3公顷，认证绿色有机香梨1133.33公顷。红枣实施省力栽培、节水灌溉、矮化密植、人工辅助授粉等新技术。同时采用现代化农业节水、微咸水灌溉、水肥一体化多项技术，对生态防护林实施改造。把抗逆性强、经济效益高的木本粮油树种文冠果、沙生经济型灌木黑枸杞、沙地高档寄生药用植物肉苁蓉寄主作为生态经济型经营发展，形成沙区特色产业示范区。2015年，团场建设良种苗木繁育基地10公顷、特色沙业示范区66.6公顷，安装滴管首部1套，铺设滴灌设施66.6公顷。

三、畜牧业

2004年，三十三团畜牧业深入马鹿人工授精、胚胎移植研究，组建植物化验室，马鹿繁育率达到71%，马鹿全社会存栏5920头。集中优势主抓马鹿繁育技术、推棚控光增茸技术、饲料配方技术、鹿病综防技术、标准化饲养技术、马鹿人工台驯化技术和鹿产品开发利用研究，马鹿产业综合能力大幅提高。是年，三十二团马鹿存栏头数达3809头，母鹿繁育率稳定在75%，仔鹿成活率达到98%以上，鹿茸单产2.32千克，总产达到2662千克，创历史新高。

一是塔里木马鹿人工授精技术。1999年，三十三团获农二师科技进步一等奖，兵团塔里木马鹿种鹿场亦在三十三团，推广项目由三十三团牵头。以兵团种鹿场为基础，利用现有马鹿冻精储备资源和优良种公鹿资源，引进优良高质精液，严格按照人工授精技术要求，完善操作规程，强化母鹿饲养管理，注重人员培训，积极组织协调，确定计划、目标。同时，在农二师三个主要养鹿团场实施马鹿人工受精技术推广，人工授精母鹿受胎率达到85%，人工授精后代产茸性能提高15%~20%。

二是同期发情技术。采用"CIDR + PMSG"处理母鹿，同期发情率达到95%以上。

三是人工采精技术。对塔里木马鹿种公鹿实行全麻侧卧式及半麻站立式采精技术研究，增加采精量，提高鲜精质量，制作细管冻精，高保优良种公鹿冷冻精液。

四是胚胎移植技术。塔里木马鹿胚胎移植技术研究（2000年7月—2002年），供体母鹿的处理以"CIDR-FSH（8mg）+ PMSG（400IU）"的组合效果最经济最理想，平均每头8.6枚。同期发情处理的"SgLlcro-mate-B + PMSG（400IU）"的组合为最理想，在预定期同期发情率100%，受胎率70%。其次，"CIDR + PMSG（400~500IU）"的组合为经济理想，在预定期同期发情率75.74%，受胎率66.17%。2002年11月，该技术通过兵团科委组织专家的成果鉴定，2002年获新疆兵团农二师科学技术进步一等奖；2003年获兵团科学技术进步奖三等奖；三十三团种鹿场经过绩效考核，2009年再获"兵团塔里木马鹿种鹿场"牌匾。

2015年，在养羊养殖上重点开发"规模化肉羊养殖技术""肉羊疫病综合防控技术研究""良种肉羊繁育与杂交配套技术研究、示范"等十几项新课题、新技术，形成整套养殖技术规程。是年，新建2个大型养羊合作社存栏1000头（只），全社会养羊存栏总数2.44万头（只）。

第四节　科技活动

一、青少年科技大赛

2004—2010年，三十三团青少年创新大赛获发明创造奖等奖项62项，包括小发明、小创造、小论文、科幻画、优秀实践活动等。

2009年，在第六届农二师青少年科技创新大赛期间，团科委组织全体师生参赛。三十三团获小发明制作一等奖1个，获科技实践活动三等奖3个，科幻画二等奖1个、三等奖2个；优秀科技教师方案1个、优秀组织奖1个，2名教师被评为优秀科技辅导员。

2010年，团科委组织2000余名师生参加第七届农二师青少年科技创新大赛。三十三团获青少年科技创新大赛小论文一等奖3个、二等奖2个、三等奖1个；获优秀科技实践活动2个；科幻画一等奖4个、二等奖4个、三等奖5个；优秀科技教师方案2个、优秀组织奖1个、3名老师被评为优秀科技辅导员。

2011—2015年，青少年科技创新大赛获奖65项，包括小发明、小创造、小论文、科幻画、优秀实践活动等。

二、科普

20世纪80年代末，三十三团和三十二团相继成立农广校，开办中等专业培训班，职工队伍中知识分子比重不断增加，职工队伍素质进一步提升。

20世纪90年代末，团场农业广播电视学校为提高教育层次，开办中专后继续教育大专班。团场每年12月底至来年初举办"科技之冬"培训，科普工作取得显著成效。

进入21世纪，团场科学技术委员会和基层科技工作领导小组具体指导开展团场和连队的科普活动。在着力建设科普网络同时，持续开展科普宣传活动。科普活动采取集中与分散相结合的方法，冬闲集中实施全员科技培训，夏季适时开展"科技扶贫培训班""科技周"等活动。按照"实际、实用、实效"原则，突出新技术、新知识、新方法。农业包括各类作物新技术的推广应用和精准农业等；园林业包括香梨、红枣有机绿色生产技术规程等；畜牧业包括马鹿高效养殖生产技术等；农机包括标准化作业、维修技术等；工业包括生产操作规程、棉花加工技术、安全生产等；医疗卫生包括健康保健、疾病预防知识等；其他重点为劳动技能、政策法规等。各生产连队结合实际开展科技示范户、示范田（园）及评选活动，学校有针对性地开展青少年科技创新、小发明等活动，团场全民科技意识、文化素质进一步增强。

2000—2004年，团场棉花种植以高密度栽培技术，园林业以香梨、红枣栽培修剪及病虫害防治技术，畜牧业以养殖技术及常见病预防知识，庭院经济以种植常识等为科普培训重点。累计组织电视专题讲座120期、广播专题讲座60期，举办培训班36期，连队组织培训32次，参培人数达1.6万余人次，职工科技培训面达98.2%。

2005—2006年，团场医院科普工作重点是传染病的宣传与培训，强化对地方病工作的管理、调查、防治、健康教育、妇幼卫生与保健等宣传工作。累计发放宣传单12133份；加强医疗科技（普）培训和"三基"训练，采取院内各专业技术骨干内部授课同外出培训和网络医学教育培训相结合，重点传染性疾病防治知识和医疗专业培训达101人次。

2006年，团场两所学校开展航模比赛、观看科普录像、航模、科幻绘画、计算机科普活动、电脑动画制作等科普活动。共开办讲座10次、科技（普）展览5次、"科学知识"系列读书活动11场。在当年兵团举办的新能源创新设计大赛中，乌鲁克中学初三学生沈佳伟设计的"太阳能手机充电器"获兵团二等奖；三十三团中学"多功能弹簧秤、多用磁性黑板擦、跳远激光测距尺"分别获兵团小发明一等奖、三等奖；"白色污染与环境"等多项综合实践活动创新成果获兵团大赛一等奖、三等奖。

2002—2010年，团科委对全团干部职工的科普培训采取集中和分散相结合的方式，在26个基层单位采取拉网式培训。就"棉花高产栽培技术""棉花双膜覆盖技术""棉花精量播种技术""棉花育苗移栽技术""加强农机安全监理，保障生命安全""农村卫生与健康""劳动合同法"以及社会治安综合治理、法律法规等内容进行全面培训，累计培训1.8万余人次。各单位在自行培训中，组织专人备课，为职工传授实用技术知识，年均参培率达98%。几年来，举办专题讲座和培训达200余次，参培人数达3.8万余人次，电视广播站播放科普知识短片958期，职工培训面达98%。2005年、2007年、2010年，团获师级"科技之冬"先进集体称号；2007年香梨种植协会获"全国科普惠农兴村先进单位"称号。2011年中国科技馆为三十三团赠送依维柯Ⅳ型科普大篷车1辆，附车载小型科普展品24件，科普展板40块及笔记本电脑、背投式投影和银幕、DVD影碟机、音响系统、发电机、卫星天线、车顶照明系统等设备，为团场职工群众传送科学知识发挥重要作用。

2014年，团养鹿协会获"兵团科普惠农兴村计划先进单位称号"；拥军社区获"第二师科普示范社区"称号。

2001—2015年，团连续开展科技周活动14年，每项活动均围绕主题和内容开展。如：2010年，科技活动周以"携手建设创新型国家"为主题，以"节约能源资源、保护生态环境、保障安全健康"为内容；2011年，以"携手建设创新型国家"为主题，以"节约能源资源、保护生态环境、保障安全健康、促进创新创造"为内容；2012年，以"携手建设创新型团场"为主题，以"科技与文化融合、科技与生活同行"为内容等。

二十余年来，科委精心组织，各基层单位开展内容丰富、形式多样的科普活动，包括连队科技周板报赛、中小学生科幻画赛、果树修剪夫妻擂台赛、科技周演讲赛、科技手抄报赛，以及科普展览、科普电视展播、有奖征文和科技示范户、精品田（园）评比等活动，团场科普事业蓬勃发展。

第五节　机构队伍

一、管理机构

（一）三十三团

1992年，成立科学技术委员会（以下简称：科委），科委下设办公室和专职人员1人。

2006年3月，三十三团和三十二团正式合并，成立三十三团（中心团场）科学技术委员会，设7个职能科（室），即科委办公室、农业生产科、畜牧科、林园科、农机科、计财科、政工办，每个科室的科长任科委成员。

2007年，团设科学技术委员会及办公室和基层科技工作领导小组两级机构。团科委由团领导、机关部门和行业学术带头人组成，团长任主任；基层科技领导小组组长由单位行政领导担任。科委办公室设编2人（延至2015年）。

（二）三十二团

1958—1983年，科学技术工作无专门领导和管理机构，科技和研究工作分散到各生产行政管理科室进行。1984年，团成立科学技术委员会，主持全团科研课题的立项审批、成果评定及新技术的推广应用和科技人员培训等工作。科委下设科委办公室，与生产科合署办公，未设专职工作人员。同年，团成立职工科学技术协会（以下简称科协）。1995年3月，团专设科委办公室并与团科协合署办公，编制1人，蒋洁任办公室副主任。同年5月，团改组科学技术委员会，谭敦任名誉主任，饶仕乾任主任。1996年1月，科委办公室增配1名工作人员。

2006年，三十三团和三十二团合并后，三十二团科研机构并入中心团场。

二、科研机构

至2015年，三十三团有农试站（塔里木垦区水土中心化验室、塔里木垦区病虫中心测报站、塔里木垦区气象卫星测报中心及农科班）、兽医站、林业工作站、新疆农垦马鹿产品综合开发研究所等科技服务机构。

（一）农试站

团场从 1975 年开始组建农业科学实验站，行政上直属团生产室（科）领导。三十三团农科站（农试站）是由 20 世纪 70 年代的"五七"大学，经农试站与原六连、营建连、渠管站合并而来的。2003 年，三十三团申报事业单位建制，通过农二师事业单位管理局的审批。农科站下设塔里木垦区水土中心化验室、塔里木垦区病虫中心测报站、塔里木垦区气象卫星测报中心及农科班 4 个专职部门；有工作人员 16 人，其中站领导 1 人、专业技术人员 10 人、试验员 1 人、技术工人 4 人；试验土地面积 10.6 公顷。站内办公场所有办公室 7 间、阅览室 1 间、库房 1 间，建筑面积 380 平方米。办公设备有微机 5 台、传真机 2 部及试验仪器 1 台。每年科研经费 10 万元左右。

（二）兽医站

三十三团兽医站建于 1963 年，2005 年归属畜牧管理站管理。至 2015 年，畜牧管理站有干部 26 人，其中领导 2 人、业务 24 人。畜牧、兽医专业技术人员 24 人，其中本科学历 10 人、大专学历 14 人。

兽医站担负着全团的畜禽养殖、畜禽管理、畜禽防检、牲畜疫病诊断治疗和全团牲畜的兽药供应等工作。

兽医站有畜牧生产、畜牧兽医科研单位。多年来在养鹿生产、饲养管理上有突破性进展，在新技术开发应用上取得新成效，试制的马鹿麻醉锯茸远距离投药器（吹管枪）得以推广应用。

1998 年，团场投资 15 万元，建成建筑面积 135 平方米的营养分析室，其他化验设备、仪器总投资 10 余万元。

（三）林业工作站

林业工作站是团场林业基层监督管理单位，在深化团场林业改革和保护森林资源建设及管理方面发挥着十分重要的作用。

1992 年，根据兵团、农二师林业部门的要求，团场组建林业工作站（以下简称林业站），由团园林科双方管理，一套班子、二块牌子，负责全团园林业生产、组织管理野生资源保护及园林业科技推广等工作。当时林业站配备干部 14 人，其中站长 1 人、副站长 2 人、技术人员 11 人。2002 年，团成立园林总场（下设 3 个园林单位），总场场长兼林业站站长（延至 2007 年初撤销园林总场编制）。

（四）新疆农垦马鹿产品综合开发研究所

新疆农垦马鹿产品综合开发研究所于 1992 年 6 月成立（1997 年并入兽医站），聘请兵团医院副主任药师金龙万为总工程师，有正副所长、技术员 8 人，从事马鹿产品研究及开发利用。

研究所自成立以来，重点研究的课题是"马鹿产品的综合开发利用"，研制出的成果有"活性鹿茸加工""鹿血系列营养保健品"等十几个不同系列的鹿产品。1997 年 7 月，"茸血大补酒"和"鹿胎八珍晶"两项产品获 1997 中国鹿业研讨会暨鹿产品博览会金奖。

第二十二章 教育

团场中学是九年一贯制学校，位于新疆塔里木盆地北部，塔克拉玛干沙漠和库姆塔格沙漠之间，距离库尔勒市 160 千米，是团场的教育中心。

团场"两基教育"（国家基本实施九年义务教育和基本扫除青壮年文盲的简称）验收工作始于 1995 年。"两基教育"工作达到国家标准，教育事业进入快速发展时期。

第一节 幼儿园教育

幼儿园教育是基础教育的重要组成部分，是学校教育制度的基础阶段。团场幼儿园以《幼儿园工作规程》《幼儿园教育指导纲要》为基准，强化内部管理，提高教师队伍整体素质。

一、概况

（一）三十三团

1958 年 8 月，农场成立托儿所，有保育员 3 人，幼儿 10 余人。当时招收一分场和场直单位幼儿入托，分大、中、小三个班。离场部近些的单位半托，远些的全托，每周接送一次。1961 年后，各分场和生产连队也先后建立托儿所，对幼儿进行启蒙教育。团逐年投资，为中心托幼园和连队托儿所购置睡床、课桌、板凳、图书、玩教具，举办保育员培训班及选派保育员外出学习，提高幼儿的教育质量。

1996 年，团中心幼儿园建成，由 1979 年建设的电影院放映室改建而成，建筑面积 668 平方米。有活动场地 1500 平方米，园内设有秋千、摇篮、转椅、滑梯等设施，配有篮球、皮球、塑料和布料玩具等，每个班配有脚踏风琴和收录音机。

因体制变革，团场幼儿园逐渐由原来的公办演变为公办个人承包，不属于事业单位编制，没有经费来源。团无偿为幼儿园提供房屋和土地，配备基本的活动设施和安全设施，同时承担幼儿园每年的水、电、暖费用。幼儿园教职员工除正式职工外，还招聘临时工，工作人员的工资从幼儿园收取的幼儿管理费（按照巴州物价局核定的标准）中支出，其他费用由承包人自收自支。

2000年，随着社会发展需要，团中心托幼园的幼教工作也逐步走向规范化、系统化、科学化、艺术化的轨道。幼儿园按照幼儿教育大纲要求设常识、体育、美术、音乐、语言、计算等课程，开展课间操、户外游戏等。园内订有《幼儿教育》《小朋友》《幼儿画报》杂志、识字卡等，供幼儿学习。团多次选派幼儿教师外出参观学习，并组织所有托幼工作人员学习《幼儿园管理条例》《幼儿园工作规程》，各托幼单位制定相关制度并贯穿于整个托幼工作，将托幼工作推向新阶段。

2002年，随着市场变革，幼儿园的经营形式发生变革，全员实行竞聘上岗，实行承包制经营模式，每人每月团补助人工工资200元，剩余工资靠收幼儿入托费提成，自收自支。由于幼儿逐年减少，为增加员工收入，遂开办寄宿制，招收3.5~6岁的连队幼儿。同时，为减员增效，实行幼儿老师轮流值夜班。

2004年，连队幼儿园相继被取消，全团幼儿均进入团中心幼儿园。

2008年，中心幼儿园是老电影院改建而成的，房屋狭小凸显，采光通风不良，各学班没有配套的卫生间、活动室和寝室。室内外地表地面碱化现象比较严重，园内围墙开裂，部分地段倾斜现象严重，室外运动和活动场地简陋，尘土飞扬、凹凸不平，安全性能降低。教学区和生活区设施简陋陈旧，没有现代化的教学设备，没有户外大型幼儿游乐设施，幼儿的常规保育教育设施落后。全团2~6岁的幼儿全部集中在这所幼儿园，导致幼儿人数激增，教学班班额大、人数多，五六十个幼儿挤在一间房间里上课、吃饭、活动。团场农忙时节，孩子小，无法全托，即使勉强入全托的孩子，也只能在拥挤不堪的房间里睡觉，幼儿园幼儿保育功能弱化。陈旧落后的幼儿园环境安全隐患颇大，给幼儿的学习和生活带来诸多不便，学前教育发展受阻。

2009年6月19日，经组织专家评审，一致通过三十三团提交的《关于农二师三十三团双语幼儿园建设项目可行性研究报告的请示》。总投资115.38万元，其中，申请国家资金100万元，自筹资金15.38万元，建设建筑面积2032.85平方米的双语幼儿园。其中，教室340平方米，寝室250平方米，衣帽间45平方米，卫生间75平方米，食堂、餐厅75平方米，服务用房18平方米，其他用房229.85平方米。

2011年，农二师下发《关于三十三团双语幼儿园建设项目用地的批复》，该项目为2009—2010年中央预算内投资计划的"农二师三十三团双语幼儿园项目"，项目投资148.6万元。2010年底，完成建设并投入使用，幼儿园综合环境改善。

2012年，幼儿园的各项工作按照国家制定的教育纲要逐步规范。为提高幼儿园教师队伍的整体素质和能力，安排教师参加远程网络培训，选派教师骨干到西北师范大学参加短期集中培训项目。

2013年，幼儿教育选用根据教育部最新颁布的《3～6岁儿童学习与发展指南》编写的创造性快乐发展资源包教材，它体现了新的教育观、儿童观和发展观，幼儿体、智、德、美全面发展，教师教学理念和教学方法快速提升。

2014年，团投资为幼儿园新增多种儿童大中型区域和桌面等玩具，颇受幼儿喜欢；班内配有钢琴、触控一体机等现代教育设备齐全；创设的心理室、儿童阅览室、多功能厅为孩子营造出积极开放、充满探索欲望的空间。7月，经团公开招聘，聘任钟雪梅为幼儿园园长、杨川为幼儿园保教主任、王燕为幼儿园顾问，新招录大、中专教师14人；配备保健医生1人、警卫2人、食堂工作人员3人，全园教职工20人。

2015年，三十三团幼儿园设4个班，教职工19人、专任教师2人；在园幼儿115人，其中当年新增入园42人。

（二）三十二团

1958年3月，农场在临时场部老乌鲁克村启办幼儿园，收托全场幼儿入园。10月，农场培训幼儿保育员12人，年底在基层单位建起14个托儿组，入托幼儿90余人。是年底，场部迁至乌鲁克镇，同时建成180平方米中心幼儿园，设有幼儿食堂，配保育员8人、卫生员1人、所长1人，收托幼儿80人。

至1985年，团有中心幼儿园1个，幼儿教师3人、保育员34人，基层托儿所14个，入托幼儿260人，入托率88%。

1992年11月，团建立苗苗中心幼儿园，为全日制寄宿幼儿园，位于尉犁县乌鲁克镇三十二团团部。幼儿园占地面积3161平方米，其中建筑面积1561平方米、幼儿活动场地1600平方米。因教室不足，次年增建2间教室，建筑面积124平方米。苗苗中心幼儿园设有滑梯、小天使乐园、蹦蹦床、游泳池等设施，每班配有录音机、电视机、手风琴、脚踏琴、洗衣机；幼儿园开设大班、中班、小班、小小班、婴儿班，对辖区3岁半以上幼儿实行全托管理。逢周末下午，团班车将连队幼儿送回各家，周一早晨接回。当时幼儿园体制是按教职工档案工资每月按时发放，年底团根据当年经济效益，为教职工发放奖金，老师和职工的奖金额不等。是年，中心幼儿园有教职员工22人，其中教师7人、保育员15人，幼儿高级职称2人。

1996年后，团实行双休日，在周五下午将幼儿送回家。农忙阶段连队幼儿在幼儿园全期托管。中心幼儿园有专职幼儿教师8人、保育人员24人、入托幼儿306人。其中大班2个102人、中班2个90人、小班2个79人、小小班1个22人、婴儿班1个13人。向光秀任园长，刘娟信任指导员。

2004年9月，为适应改革发展的需要，"中心团场"党委出台《关于对幼儿园管理的暂行规定办法》，规定幼儿园实行个人承包制，独立核算，面向社会服务的经济体制，保教人员享受职工待遇。是年始，采取每月按幼儿入托人数全年累计总人数补贴，每年按一个孩子15元、20元、25元、30元、50元、80元不等的全额补贴，累计补贴33.3万元。

2012年，为保证幼儿园安全，团投资10余万元，为苗苗幼儿园增设防盗门窗等安全设施。6月，增派一名夜班警卫，并申报双语幼儿园建设项目。

2013年，团投资250万元新建苗苗幼儿园，占地面积1125.48平方米，建筑面积660平方米，绿化面积155平方米，2015年9月投入使用。

至2015年，苗苗幼儿园有教职工16人，在园幼儿105人，其中当年新增入园37人。有20余名幼儿教师获先进工作者称号，30余名教师参加国家学前教育培训，有资格证及大专学历的占100%。

二、教学管理

20世纪90年代后，团场幼儿园的学前儿童教学管理与学校九年义务教育逐步衔接。进入21世纪后，幼儿教育工作者通过学习进修，改革教学方法，从过去只注重文体和德育教育办学方法逐步转向幼儿智力开发上来，学前教育达到规范化和专业化。幼儿园实行三年学制，两岁半以上幼童接收入园，以保育为主。进入中班后，开设课程，幼儿按年龄分小班、中班、大班和学前班，每班配2名教师，根据不同年龄幼儿特点，分科备课、授课，大、中班和学前班每周开14节课程，每节课程30分钟。幼儿入园分全托（每周接送1次）、日托（每日接送1次）、半托（每日接送2次）三种方式。

1995年后，团场以"争创一流的环境、一流的师资、一流的服务，促进幼儿和谐发展"为目标办园。团场幼儿园管理实行园长负责制，幼儿学前教育实行建管分离。

2003年，团场成立社区机构后，幼儿园行政管理属社区中心。团教育中心负责幼儿园的教育指导工作，组织教师考核和资格认定，办好示范幼儿园。是年起，按照《幼儿园教育指导纲要》，团场的中心幼儿园重设教学课程，重点在健康、语言、社会、科学、艺术五大领域对幼儿进行多方面能力的培养和锻炼，使幼儿教育与九年义务教育衔接。针对3岁以上儿童培养自身的兴趣、需要、独特的学习方式；培养幼儿在游戏中探索发现、想象和创造能力。通过活动来认知周围世界，感受生活，享受快乐。

2011年，团两所幼儿园调整教学方法，由以往老师教和幼儿被动学转变为教师引导和幼儿通过观察、发现、提问、思考的方式主动学习，小学化教育转变为以游戏为主渗透到各科的教育方法。

至2015年，团场两所幼儿园教育、教学设备齐全，各班教学活动室配有钢琴、手风琴、活动磁性黑板和水果、蔬菜仿真教具，幼儿教育管理达到专业规范标准。

表22-1　三十三团幼儿园师生人数一览表（1995—2015年）

单位：人

年份	教师及保育员人数	幼儿人数	离园人数	在园（班）人数			
				托班	小班	中班	大班
1995	18	156	63	8	34	50	64
1996	18	148	42	10	42	54	42
1997	18	150	45	7	46	52	45
1998	18	159	47	12	44	56	47
1999	18	142	46	6	43	46	47
2000	18	140	50	0	47	43	50
2001	18	142	53	0	44	45	53
2002	11	149	60	0	41	48	60
2003	11	136	55	0	36	45	55
2004	10	138	54	0	33	48	57
2005	9	138	59	0	35	43	60
2006	9	137	55	0	31	49	57
2007	7	135	53	0	34	46	55
2008	11	158	63	0	40	51	67
2009	11	142	54	0	35	53	54
2010	12	147	60	0	40	44	63
2011	11	143	57	0	38	46	59
2012	12	143	55	0	36	51	56
2013	9	150	53	0	41	56	53
2014	20	160	54	0	45	58	57
2015	19	115	45	0	30	32	53

第二节　中小学教育

1995年，团场以81.28分的成绩通过兵团"两基"教育验收。1996年，被兵团教育局评为普及实验教学团场"合格单位"。1997年，团学校被兵团评为普九验收达标先进学校。2000年，团以85.89分通过兵团"两基"教育复验。2005年10月，团以80.89分排全师第二名，被授予农二师"两基"验收工作先进集体荣誉称号，团场被农二师推荐为兵团验收先进单位。

一、发展概况

(一) 三十三团

1958年9月1日,塔六场(三十三团前身)成立子女学校,设1~2年级1个班、3~4年级1个班,在校学生28人、教师3人,开设语文、算术、体育、图画、音乐等课程,进行复式授课。校舍设在场部南面,大自然沟边的地窝子里。

1963年后,各生产连队相继创办11所简校,在校学生475人,教师27人。

1985年春,学校进行教育体制改革,实行教师聘任制,学校改为教育中心。

1986年,团教学业务由团教育中心统管,分3个学区(团部、六连、十连),各设主任1人,负责学区教学工作。团设教育干事1人,在宣教科领导下管理教育行政和社会教育。

20世纪90年代,团场学校规模逐步扩大,学生人数逐年增多,校舍逐渐陈旧,安全性能降低,1999年9月,团场撤销十连教学点。

2004年8月,根据学校布局结构调整要求、体现办学优势,团撤销农科站(六连)学校,所有学生并入团部中学,边远连队学生实行住校管理。至此,彻底完成一团一校格局。

至2015年,三十三团中学服务半径17千米,学校占地面积67168平方米,建筑用地面积4539平方米,校舍建筑面积13292平方米,运动场地面积2700平方米。学校有单体建筑物7栋:小学教学楼、综合教学楼、学生宿舍、水冲式厕所、其他用房(警卫室)、小学食堂(旧)、初中食堂。学校共有在职教职员工75人,其中教师62人、工勤人员13人。中小学在校学生491人(初中190人,小学301人),共18个教学班。当年招生67人,毕业57人。

表22-2 三十三团中小学校领导名录(1995—2015年)

年份	六连简校	十连简校	团中学	
	负责人	负责人	校长	书记
1995—1997	李玲	孙翠娥	何本朝	陈怀昌
1998—2001	宋黎		张功勋	陈怀昌
2002—2004	宋黎		姜福新	李丽
2005—2013			姜福新	向光秀
2014—2015			郑立民	向光秀

注:十连简校1998年撤销编制,六连简校2004年撤销编制。

表22-3 三十三团中学历年师生结构一览表(1995—2015年)

单位:所、个、人、%

年份	学校数	班级数	学生数	教师数	适龄儿童入学率	小学毕业班升学率	高中入学率
1995	3	48	1331	81	100	100	56.00
1996	3	48	1200	81	100	100	59.00

续表

年份	学校数	班级数	学生数	教师数	适龄儿童入学率	小学毕业班升学率	高中入学率
1997	2	42	1186	85	100	100	61.00
1998	1	42	1180	88	100	100	61.20
1999	1	40	1182	88	100	100	63.00
2000	1	38	1175	88	100	100	65.00
2001	1	37	1172	87	100	100	68.00
2002	1	34	1164	88	100	100	69.00
2003	1	34	1165	89	100	100	70.70
2004	1	31	1156	89	100	100	72.10
2005	1	31	1150	89	100	100	76.70
2006	1	29	1148	89	100	100	77.00
2007	1	28	1145	89	100	100	78.50
2008	1	27	1045	88	100	100	79.00
2009	1	26	955	86	100	100	76.80
2010	1	24	778	88	100	100	76.20
2011	1	23	652	78	100	100	85.90
2012	1	20	583	74	100	100	80.30
2013	1	18	550	71	100	100	81.00
2014	1	18	513	61	100	100	61.60
2015	1	18	491	62	100	100	85.07

（二）三十二团

1985年后，三十二团连队简易小学逐步撤并，团小学有中学附设完小1所、连队简易校10所，在校学生1367人，小学教师51人，适龄儿童入学率99.8%，初中一个年级设8个班，高中一个年级设4~6个班。初三升学率99%，小学升学率100%。

1986—1989年，团在中学校区建校舍1800平方米。

1991年9月，连队简易校全部撤销，实行集中办学。边远连队学生一律住校，团对住校生每人每月补助7~10元，学校食堂再增加补助3元。小学住校生实行全托式管理，单独起伙，由生活老师照顾起居，管理生活和学习，每逢休息日由团派班车接送。是月，农二师对全师高中实行集中办学，三十二团中学不再开办普通高中，改办职业高中（1996年职业高中停办）。

1996年，全团有小学生802人，小学教师37人；小学住校生102人，生活老师3人。适龄儿童入学率100%，在校学生巩固率100%，毕业班升学率100%，在校学生合格率94.5%。中学有中学生212人，其中初中6个班，初中生196人；高中1个班，高中生16人。中学教师19人。

2003年，团撤销连队所有剩余学校，学生并入团中学，远单位学生均住校，近单位学生走读，实现一团一校格局。

至2005年，中学有教室28间，总建筑面积5033平方米，总投资607.2万元。新校区在原中学校址西侧，占地3.33公顷，北侧楼为小学部，南侧楼为中学部，南部与工人文化馆和广场相接。

至2015年，三十二团中学教职工86人，其中教师73人，占84.9%；行政人员4人、辅导员3人、工勤人员6人。中学在校学生219人，当年招生70人，毕业103人。

二、硬件设施

（一）三十三团

自建团以来，团历届党委均把培育职工后代作为"科技兴团"头等大事，从优化育人环境入手，加大投资力度。

1995年，团党委自筹资金575万元，修建建筑面积5161平方米砖混结构教学楼（四层）。大部分学生进入新教室，教学楼只能基本维持教学所用，仍有部分学生在平房教室上课。2000年，经农二师建设局组织专家鉴定，平房教室属于D级危房，被要求拆除，这部分学生被安置在团文化宫临时就读。

1999年后，为体现集中办学优势，团场相继撤销十连（1999年撤销）、农科站（六连2004年撤销）办学点，所有学生均并入团直中学，完成一团一校布局调整。因1～3年级小学生不能骑车上学，距学校8千米左右的边远连队学生被安排住校，初中学生只能跑校就读，校外就餐，给学校安全管理和学生的身体健康带来隐患。而学校原有食堂和宿舍均为20世纪七八十年代建设的土木结构房屋，属于D级危房，被要求拆除。因此，学校办学条件已不能满足教学发展要求。

2003年，学校学生食堂、学生公寓被列为"中小学危改项目工程"（于2004年4月开工建设，当年9月竣工）。学生食堂建筑面积889平方米，项目总投资112万元，其中中央投资30万元，团场配套资金82万元；学生公寓建筑面积2672平方米，项目总投资263万元，其中中央投资130万元，团场配套资金133万元。学校学生住宿、就餐条件得以改善，

2007年8月，团中学多功能综合教学楼竣工　　　（胡俊建　摄）

布局合理，但学校教学及教学辅助用房不足现状依旧存在。

2004年，根据校舍不足现状，团争取项目资金，在上级部门关心支持下，团中学综合楼被列为"农二师布局调整"项目。该项目建筑面积4305.6平方米，砖混结构，四层，于2006年8月开工建设，2007年8月竣工，总投资349.8万元，其中中央投资100万元，地方投资249.8万元。集初中所有学科功能齐全的综合教学楼，内部设计合理，美观大方。综合教学楼的启用结束了学生校外临时就读局面，教学环境随之改观。是年，总投资约29万元，其中上级拨款8万元，团自筹资金约21万元，新建砖混结构建筑面积240平方米水冲式厕所。

2007年，团申请"初中校舍改造工程"项目，改善学生食宿条件，解决初中跑校生在外就餐状况（于2009年3月开工建设，同年8月竣工）。总投资120万元，改造建筑面积773平方米砖混结构，集食堂、餐厅、准备间、储藏室于一体，抗震烈度为7度，抗震设防类型为丙型，能有效抵抗本地区各类灾害天气。是年，团投入28万元为学校新建一个标准化学实验室和一个标准物理实验室，每个实验室可容纳56名学生，均达国家办学标准。

2009年10月，团中学完成农村中小学现代远程教育设备安装并投入使用。中小学各开设机房1个，其中中学机房有计算机48台，小学机房有计算机46台。同时开设教师电子备课室1间，有10台计算机供教师备课所用。

2013年，团中学与第二师华山中学实施联合办学。团投入800余万元完善团场两校绿化、道路硬化、校园美化亮化等基础设施建设。其中，340万元用于两所学校校舍抗震加固工作；310万元用于实施"三通两平台"建设（远程互动录播课堂、装备班班通触控一体机和配备教师笔记本电脑等），完成数字教育资源全覆盖；20万元用于两校添置图书；30万元用于两校一次性更换中小学生班级桌椅。

2014年，团投入近100万元为中学各实验室添置教学仪器设备，学校义务教育初步均衡发展工作通过国家验收。

截至2015年底，学校占地面积67168平方米，建筑面积14065平方米，附设一个幼儿园。有17个教学班，在校生514人，教职工74人。有高级教师5人，中级教师35人；本科学历47人，大专学历11人，中小学教师学历达标率100%。

（二）三十二团

1995年，团投资40万元，建成自然、化学、物理、生物实验、音乐、美术等教室。

1996年，团中学生物、化学、物理、微机等教学仪器，设备齐全。

2004年，学校建设中学机房，购进电脑30台。

2005年，国务院实施"农村中小学现代远程教育"工程，团投资30余万元，建成校园多媒体网络教室和远程教育网。

2006年，"中心团场"投资20万元，配置中小学教学仪器、图书资料、信息技术、班级桌椅、仪器橱架等设备。小学教室均配有电视机、数字视频光盘播放机，网络通至各办公室。

2007年，中央代表团"赠送新疆电教设备项目"工程，为团赠送电脑50台，多媒体电教和远教接收设备1套。团配套资金用以项目设备安装工程，并完成项目软硬件设备应用管理人员的培训。

2008年，中学开通农二师教育城域网宽带，学校与农二师教育局信息畅通，教育、教学资源和政务信息实现共享。

2010年，中学体育、音乐、美术器材和理科实验仪器配备均达标。中学有计算机50台，仪器设备总值40余万元。

2011年，团完成乌鲁克中学1988平方米实验楼工程。

至2015年，学校教学用房面积7110平方米，教室面积4068平方米，行政办公用房909平方米，生活用房4311平方米。建起中心机房和学校网络，利用三种模式设备，实现信息建设"班班通"。

三、学制及课程设置

（一）学制

1967年，团场学校实行9年制（小学5年、初中2年、高中2年），由秋季招生改为春季招生。

1973年，学制为10年制。

1976年，学制为11年制。

1985年，学制为12年制。

1996年后，团场小学部实行6年制小学义务教育，初中部实行3年义务教育。

（二）课程设置

团场优先发展教育，不断改善办学条件，积极推动团场教育发展。从2005年始，根据《学生体质健康标准》要求，团场学校每年对中小学生进行一次免费体检，做好学生体育健康测试统计工作，将结果记入学生体育达标登记卡存档。学校改变以往作息安排，根据不同学段、年级、走读生和寄宿生实际需要，对中小学生休息、在校学习（包括晚自习）、体育锻炼时间和在校活动内容及家庭作业等方面均作出严格规定。

1997年后，学校初中教师周课时工作量：数学、语文10~12节；外语、物理、化学、生物、政治12~14节；历史、地理、信息技术、体育14~16节；音乐、美术16~18节。

根据新课要求，按时按量开设体育课，学校7~9年级每周开设3节体育课。

管理层人员工作量：校领导2~4节，或每学期作专业性、学术性辅导报告2次以上。每学期听课25~34节；处室领导6~8节，每学期听课50节。

2003年秋季学期始，中小学实行新课改革，新增实践活动。"新课改"规定，综合实践活动为国家规定的必修课程，内容主要包括信息技术教育、研究性学习、社区服务、社会实践以及劳动与技术教育。其中，初中每周必须保证信息技术教育课1课时。计划规定每学年上课时间为35周。学校机动时间为2周（学校传统活动、文化节、运动会、远足等）；复习考试时间为2周，初中最后一年的第二学期毕业复习考试增加2周。学校严格按课程计划开课，做到不提前或超课时开课。

2010年1月，农二师教育局下发《农二师中小学教师周课时工作量规定》（讨论稿），根据规定要求，初中教师周课时工作量：语文、数学10～12节；外语、物理、化学、生物、政治12～14节；历史、地理、信息技术、体育14～16节；音乐、美术16～18节；劳技18节以上。

在学校领导职数足额配备的前提下，中小学校长、书记深入教学，任课不少于2节，或作专业性、学术性辅导2次以上；中层干部（含团队干部）不少于4节。校长、书记听课每学期不少于25节，处室领导每学期不少于34节。

表22－4　小学课程设置及课时安排一览表（2005—2015年）

单位：节

课程门类	星期一	星期二	星期三	星期四	星期五
语文	7	7	7	7	7
数学	5	5	5	5	5
英语	2	2	3	3	3
品德与生活	3	3	3	3	3
科学			2	2	2
体育	4	4	3	3	3
音乐	2	2	2	2	2
美术	2	2	2	2	2
信息技术			2	2	2
综合实践	1	1	1	1	1
班（队）会	1	1	1	1	1
周课时	27	27	31	31	31

说明：

1. 综合实践主要包括心理健康、科技、综合实践活动。

（1）综合实践活动课程课时可分散到每周安排，也可集中使用。

（2）除以上指定领域外，综合实践活动还包括大量非指定领域：班队会、校园传统活动（科技节、体育节、艺术节）、学生同伴间的交往活动、学生个人或群体的心理健康活动等。这些活动在开展过程中可与综合实践活动的指定领域相结合，也可以单独开设，但课程目标的指向是一致的。

2. 除国家规定课程外，学校可结合实际安排校本课程。如：法制教育、文明礼貌教育、安全教育、民族知识教育、心理健康教育、环境教育、禁毒教育、预防艾滋病教育等课程，由学校根据实际要求合理分散或集中安排。

3. 每天安排阳光体育活动40分钟。

4. 初中课程设置及课时安排。

四、学科竞赛

国家"十五"期间，团场从小学三年级开始开设信息技术、科技、心理健康、自然、综合实践、科学等活动小组，涉及网络、机器人、科幻画、小发明、小制作、动植物、社会调查等多项青少年"科技创新"活动。

2014年，团中学组织学生开展体验科学活动 （团中学供图）

1999年，三十三团中学在农二师教研室组织的语文、数学、英语竞赛中，有3人分获一等奖和三等奖。

2000—2015年，团场两所中学在兵团和第二师举办的备课、讲课、优质课比赛活动中，有204人次分别获一、二、三等奖；指导学生参加语文、数学、英语、物理、化学、生物等学科竞赛的有229人次获奖；科技创新大赛教师指导学生科幻画作品有48人次在国家、兵团和第二师大赛中获奖；小发明有15人次在兵团和第二师大赛中获奖；综合实践活动有9人次在兵团和第二师大赛中获奖；小论文有29人次在兵团和第二师大赛中获奖；电脑动画制作有1人获兵团二等奖；科学DV拍摄微电影有2人获国家三等奖。

五、德育工作

团场中学十分重视学生德育工作，学校根据《爱国主义教育实施纲要》采取读爱国书、看爱国影片、唱爱国歌曲、参观爱国主义教育基地等形式，激发学生爱国热情。依据《小学生礼仪常规》《小学生日常行为规范》《小学生守则》，开展"好习惯伴我健康成长"等活动，对学生有目标、有系统地进行思想品德教育和良好行为习惯的养成教育。开展科普、安全、法制、环保、卫生健康、禁毒等系列主题教育活动，教育学生做一个遵纪守法的小公民。

1995年始，学校提出"优化育人环境，以艺体教育为突破口，办艺体特色学校，全面发展育人、推进素质教育、提高教学教育质量"的办学思路。根据学生年龄特点、特长和爱好，开设计算机、器乐、绘画、书法、球类等特长班，同时成立鼓号、彩旗、秧歌等艺体团队，添置各种团队所需服装和器材。

在1997年香港回归祖国和2000年澳门回归祖国的喜庆之日，两团学校均举行庆祝活动，师生爱国热情增强。

2008年，学校"迎奥运"游园活动在师生齐唱《喜迎奥运　放飞梦想》中拉开帷幕，在编织中国结和奥运知识大赛中落下帷幕，奥运精神深入学生心中。

2009年，学校以建设"和谐校园""绿色校园"为衬底，以"两个习惯"（学习习惯、行为习惯）培养为核心，以体育竞赛为突破口，全面实施素质教育工程。

2013年，学校立足发挥学生的自主管理模式，以年级组、学段组为单位，强化学生自主管理。在教学、宿舍楼和餐厅，均有学生执勤，井然有序。

2014年，学校把立德树人作为校园文化建设的主线，从培养学生良好的生活行为习惯入手，把习惯养成落实到具体的活动过程管理之中。大到学生的为人处世，小到坐姿、用餐、走路等文明礼仪，点滴到位，以小见大；以活动为载体，向品质内化上努力。通过开展国旗下讲话、大课间、阳光体育、春节晚会、书香节、青年节、体育节、艺术节、科技节、"一二·九"冬季长跑、"舞动青春"健美操比赛和"三节三爱"等20余类校园文化活动，促进学生内在品质的形成与发展。学校注重学生特长发展，有效整合学科资源，开发阅读、写作、绘画、书法、演讲、剪纸、诵读、校本剧、球类运动等各类校本课程。同时，开设"科技超市"，作为学生综合活动实践的基地。"科技超市"由八年级学生自主管理，学生们自己做市场调研、自主采购商品，自己做推销、导购、销售，自主监督、管理，最终的核算也由孩子们独立完成。这种多元课程模型促进了学生综合能力的发展。

2015年，在学生学业成绩评价上，两所中学打破以往的分数评价模式，取消小学期中考试，学生期末考试不论分数、不排名次和座次，只以"等级"评价为基准，对学生实施多点、多面、多元评价，为学生的终身发展夯实基础。为提高学生综合素质能力，学校成立演播室、小记者站，自行录制学校每一天开展的各种活动，天天播报由学生撰写的校内新闻，锻炼学生的社会实践能力，为营造健康向上的学风创造了条件。

第三节　成人教育

1995年后，团场历届党委视成人教育为工作重点，在资金、师资力量上给予全力支持，成人教育事业快速发展。是年，团场成立职工文化技术学校，推广"跨世纪青年职工科技培训工程"，开展推广农业实用新技术，做好面向新兴产业和现代化服务业等职工培训；鼓励支持职工参加成人教育学习，接受中专、大专的继续教育学习。

一、农业广播电视学校

1995年9月，三十三团、三十二团分别被认定为兵团农业广播电视学校农二师分校团工作站。兵团农业广播电视学校于1996年开始在兵团范围内招收中专后继续教育农业推广专业学生。

1996年9月—2007年3月，三十三团、三十二团分别招收兵团农业广播电视学校（中专）企业管理、会统审专业135人和27人；中央农广校中专后继续教育（大专）农业推广、农经管专业 100 人和 32 人。2007 年，兵团广播电视大学农二师分校开始招收中央电大"开放教育"和"一村一名大学生计划"的各个专业班。"一村一名大学生计划"专业教学点设在各团场，开设的专业有园林技术、农业经济管理、畜牧兽医、设施农业技术等。截至 2014 年底已毕业的有：三十三团在职研究生 1 人、大专 226 人、本科 72 人、中专 140 人；三十二团大专 126 人、本科 48 人、中专 23 人。1998—2006 年，三十三团有 60 人参加成人自学考试，多数人毕业后留在团场，成为各行业的骨干力量。

2005 年，三十三团开办一年半制东北马鹿大专班，来自塔里木垦区各团场的 132 名技术人员参加学习。其中三十二团 8 人、三十三团 34 人，为团场储备了一批后备技术力量。

1997—2003 年，兵团农广校农二师分校三十三团、三十二团工作站获招生工作先进集体、先进个人等荣誉称号。1997 年三十三团工作站获先进集体二等奖，董少平获先进个人称号；1999 年三十三团、三十二团工作站获先进集体二等奖，董少平、褚学谦获先进个人称号；2000 年三十三团、三十二团工作站获先进集体三等奖；2002 年、2003 年连续两年三十三团工作站获先进集体鼓励奖，李玲获先进个人称号。

二、职工文化技术学校

（一）职工文化技术培训

教育中心是团场职工教育领导机构，由科委等部门协助成人教育。1995 年，教育中心有专兼职成人教育管理人员 2 人，职工文化技术学校兼职教员由各科室相关人员担任，各基层连队兼职教员由单位书记、连长、技术员、政工员担任，负责职工文化技术培训教育。

三十三团、三十二团分别设一所职工文化技术学校，设教室两间，配备可供 100 人上课的桌椅，有电视、收录机、放像机、VCD 等电教设备，有可供 500 人学习的文化宫，达到一团一校要求。每个基层单位均有文化技术学校，配有教室桌凳，根据农时组织科技培训，利用冬季农闲时间组织职工学习政治、文化和科学技术，办学面达到 100%。

2004 年后，团场围绕创建和谐小康连队，每年选派一批技术骨干外出参加培训。团场先对连队的技术骨干进行专业技术课培训（公共课由团组建的培训团到基层单位进行巡回培训），各基层单位技术骨干再对本单位职工进行全员培训。培训内容分为"公共课程"与"专业课程"培训。

"公共课程"培训：教师分别由团农业科、宣传科、农机科、劳资科、基建科、安办、工会、计生办、卫生科、林业科、检察院、司法局、派出所等部门人员组成，对基层单位一线职工巡回培训。

"专业课程"培训方式及对象：由各单位组织职工进行文化技术培训或由团各对口部门组织进行巡回培训；以各农业单位在职干部、职工及包地民工为培训对象。

培训内容：农业以棉花高产栽培技术、棉花杂交制种技术、棉花节水灌溉技术、病虫害的综合防治技术为主要内容；园林业以"3+1"果树整形修剪、果树栽培及病虫害综合防治技术、库尔勒香梨栽培技术、红枣栽培技术、枣树幼、盛果期整形修剪技术为主；畜牧业以马鹿、猪、羊、牛、鸡等的饲养管理技术为主；其他各行业根据本行业的具体特点进行培训。

至2015年，团场职工文化技术学校通过各类技术培训，使干部职工爱科技、学科技的文化氛围和科技能力大幅提高。

表22-5　三十三团职工文化培训一览表（1995—2015年）

年份	参学人数（人）	青壮年劳力数（人）	培训率（%）
1995	2063	2183	94.5
1996	2081	2201	94.5
1997	2146	2266	94.7
1998	2227	2347	94.8
1999	2234	2354	94.9
2000	2213	2373	93.2
2002	1553	1842	84.3
2003	1338	1693	79.0
2004	1379	1610	85.6
2005	1538	1617	95.1
2006	1491	1510	98.7
2007	1557	1587	98.1
2008	1426	1460	97.6
2009	1223	1234	99.1
2010	998	1027	97.1
2011	1387	1397	99.2
2012	1410	1514	93.1
2013	1191	1202	99.0
2014	1215	1240	97.9
2015	1275	1299	98.1

表22-6　三十二团职工文化培训一览表（1995—2015年）

年份	参学人数（人）	青壮年劳力数（人）	培训率（%）
1995	1616	1730	93.4
1996	2050	2204	93.0
1997	1931	2117	91.2
1998	1931	2266	85.2
1999	1865	2031	91.8
2000	1770	2010	88.0
2002	1431	1570	91.1

续表

年份	参学人数（人）	青壮年劳力数（人）	培训率（%）
2003	1047	1154	90.7
2004	1365	1457	93.6
2005	1433	1513	94.7
2006	1323	1415	93.4
2007	1499	1541	97.2
2008	1206	1251	96.4
2009	1206	1251	96.4
2010	1206	1251	96.4
2011	1206	1251	96.4
2012	1206	1251	96.4
2013	1323	1415	93.4
2014	1497	1541	97.1
2015	1506	1571	95.8

(二) 扫盲工作

职工文化技术培训和扫除文盲工作是教育事业不可分割的一部分。从1995年起，团场开始实施青壮年扫盲工作，历届党委均成立"两基"教育工作领导小组，把"两基"攻坚作为各项工作的重中之重。出台《关于推进团场教育改革和发展的决定》，按照教育适度超前发展原则，确保教育经费投入，为教育事业的发展和实现"两基"目标奠定基础。

1995年，团场党委与各基层单位领导签订扫盲责任书，把扫盲工作纳入精神文明考核内容。采取"一堵、二扫、三提高"的扫盲方略，严把职工队伍文化关口，阻止少年儿童中途辍学，加强文盲人员文化学习，强化脱盲人员再培训。聚力扫除残余文盲，杜绝复盲产生。为全面落实扫盲工作，团场从各方面提供便利，凡参加职工培训、扫盲学习等的，吃、住费用全免，对于期间产生的误工费给予报销，扫盲所用文具、教材费亦由团核销，扫盲工作有序推进。

1996年，三十三团、三十二团各投入2万余元作为扫盲经费，团扫盲办公室自编脱盲试卷15套，定期组织脱盲人员集中考试，重点抓脱盲巩固率。

团场"两基"教育工作1996年通过国家验收，2000年通过国家复验。至2015年，全团非文盲率达99%，无新增文盲，复盲率为零。

第四节 教师队伍

一、教师来源

团场因长期以来自然环境恶劣、经济发展不平衡，导致学校师资力量严重匮乏，教师队伍建设面临诸多困难。

1997年后，在农二师教育局的统一调配下，团场开始实行"自主招聘"，招录团场大中专毕业生回团任教，由团组干科、纪委、教育中心共同组织和参与。

2001年，团场根据《兵团全日制普通中小学教职工编制管理办法的通知》文件精神，规定各团场学校编制均由农二师编委统一核定。根据学生人数的变化情况，每两年调整一次。

2002年，根据农二师事业单位人事制度，新增人员"凡进必考"原则，学校新增人员实行公开招聘和考试。考核情况综合评价后由农二师人事部门与行业主管部门或用人单位共同提出招聘意见，并按有关规定和程序办理招聘手续，结果向社会公开。用人单位向农二师人事部门履行报批手续，由农二师人事部门统一组织，提供单位空编证明、空岗证明，择优补充空编空岗所缺人员。学校编制外聘用人员及临时工，须经农二师人事局批准同意后才可聘用和使用。

2003年，团场按照中小学人事制度改革的总体要求，加强事业单位人事管理工作，严格控制学校人数总量，严把教师队伍"入口关"，在农二师核定编制限额内，优化人员结构，合理调整现有人员和新增人员比例及结构，提高教师队伍的整体素质。

2006年起，兵团开始启动实施"团场义务教育阶段学校教师特设岗位计划"，吸引更多的优秀人才到团场任教（2008年，三十三团招聘特岗教师1人；2009年招聘2人；2010年招聘3人；2013年招聘1人；2014年招聘1人，几年间共招聘特岗教师8人）。学校为特岗教师免费提供周转宿舍及其他生活必需品，并认真落实"特岗计划"各项优惠政策和工资福利待遇。特岗教师三年合同期内的工作、学习、生活、工资、福利等待遇，按在编在岗的教师同等条件、同类人员现行标准执行，纳入统一管理。确保特岗教师在工作、学习、生活、工资待遇、职称评聘、评优评先、年度考核等方面与农二师统一分配的大中专毕业生同等对待。同时，按相应待遇、标准、规定按时足额发放他们的工资。为了保证三年后特岗教师能够通过考试顺利进编，在招录和申报特岗教师时，先将学校内退教师人数上报予农二师编办、人事局、教育局，根据空缺编制进行招录。

1997—2007年，三十三团中学新增教师43人，大多是全国大专院校应届毕业生，由农二师人事局公开招录及正常的人事调入。其中有18名师范或非师范类毕业学生在校期间已取得教师资格证，有15人经过考试相继通过农二师教师资格认定。大中专院校统分生由农二师人事局统一备案统一分配带编进入事业单位。调入人员均依照正常手续，经农二师相关部门批准备案，进入事业单位编制。虽然上级部门制定各种优惠政策、实施"特岗计划""城乡支教服务"等有效措施，吸引优秀本专科人才到团场任教，但因塔里木垦区地理位置偏远、工作环境恶劣等因素，两所学校的专业技术人才流失仍然突出。

2008年，团场推行中小学校人事制度改革，学校全员签订聘用合同，实行按岗聘用。

2009年，学校提出奖励性绩效工资的初步分配方案。实施范围是中小学（含教育中心）在编在岗人员，包括特岗教师和支教教师。中小学人事制度改革彻底打破了制约基础教育发展的瓶颈，给中小学教育带来纵深变革。但学校并没有获得真正意义上自主的用人权和财权。

2010年，因学生人数逐年下降，学校编制随之减少，学校超编现象凸显。为解决优秀教师职称聘用以及结构性缺编需要进人等问题，学校开始实行男年满55岁、女年满50岁，工龄满30年，由本人提出申请，即可享受提前退休待遇政策。2011年三十三团中学有3名教师退休，2012—2013年此项政策没有延续，2014年又有8名教师享受此项退休待遇政策。

近几年，受考公务员、正常调动、辞职等因素影响，学校专业技术人员亦有流失现象，但两所学校教师队伍还是保持了相对稳定。截至2014年12月，第二师为三十三团中学核定总编制为80个，其中可使用编制75个。学校现有教职工76人、在编人数57人、特岗3人、不在编16人。

2015年，三十三团中学教职工75人，其中教师54人，占72%；行政人员2人，辅导员6人，工勤人员13人。原三十二团中学教职工86人，其中教师73人，约占84.9%；行政人员4人，辅导员3人，工勤人员6人。

表22-7　三十三团中小学教师学历、职称一览表（1995—2015年）

单位：人

年份	学历		职称		
	大专	本科	初级	中级	高级
1995	8		71	12	
1996	11		78	10	
1997	14		82	9	
1998	16		88	9	
1999	28		83	14	1
2000	32		52	17	2
2001	40		64	22	3
2002	49		51	26	5
2003	57	2	59	28	6
2004	60	4	57	28	7
2005	65	5	50	26	8
2006	74	6	47	32	7
2007	80	8	49	32	7
2008	80	8	46	34	8
2009	53	34	47	32	8

续表

年份	学历		职称		
	大专	本科	初级	中级	高级
2010	51	36	40	38	9
2011	51	34	37	40	8
2012	46	32	30	41	7
2013	46	28	28	39	7
2014	43	27	21	43	6
2015	42	33	24	45	6

二、教师培训

进入20世纪90年代后，团场加大对教育事业建设投入，重视人才培养，采取"请进来、走出去"，对教师不断"充电"。

到1996年，三十二团中学先后有34名教师通过培训和自学获得大中专文凭。

自2003年全国新课标准公布以来，两团中学加大教师培训，新课教研培训218人次，课题培训452人次；1999年至2015年，进行3轮共206人次继续教育、36名优秀骨干教师出疆培训、103人次参加兵团德育培训、93人次参加兵团和第二师科技辅导员培训、54人次参加第二师教育技术远程培训、403人次参加中西部农村中小学教师远程培训。两所中学教育教学水平大幅提升。

2008年始，未满45周岁的教师均须参加进修学校计算机初级培训和信息技术培训，两校教师培训率达100%。

2011年，根据《河北教育援助三十三团教育实施方案》要求，三十三团党委与承德市商定长期教育支援对接协议。从2012年开始，两所学校每年分别派出4批（每批6人左右）教师到河北承德市教育培训基地观摩、培训。至2015年，三十三团中学派出28名教师进修学习。

2013—2015年，华山中学与三十三团两所中学实行联合办校，多次邀请华山中学语、数、英及其他学科教师来校作专题讲座和课改培训。借助新建的互动

2015年，团子凤幼儿园建成 （宣传科供图）

视频会议系统，与华山中学零距离开展观摩、展示汇报课程，进行讨论、互评。教师互动：双方互派对等数量的教师，脱岗到对方学校承担一周以上的班级管理、教育教学任务。活动互动：双方统一开展教研、教学等工作，两校教务处、教研室、教研组均结对子，定期交流；在教师培训、教学进度、考试考核等方面制定统一标准，实施统一管理。管理互动：在抓校风、校规方面统一管理措施，对比管理效果。

第五节　经费管理

一、教育经费

团场中学教育经费主要是由上级拨款和团适量自筹资金构成，用于教职工工资发放和其他设备购置、维修、福利事业等基础性开支。

1995年后，团场每年为教师发放13个月的工资。

从2009年1月1日起，团在两所学校实施教师绩效工资，两所学校绩效工资总额人均按1.7万元发放，学校绩效工资总量的70%作为基础性工资部分，一般按月发放。绩效工资总量的30%作为奖励性绩效工资，由学校按照规范的程序和办法自主分配，主要体现工作量和实际贡献等，在绩效考核基础上，合理确定奖励性绩效工资的分配，一般按学年发放。

2010年，团场学校绩效工资总额为1.8万元；2011年绩效工资总额为2.1万元；2012—2014年，绩效工资总额为每年2.3万元。

表22-8　三十三团学校教育经费收支一览表（1995—2014年）

单位：元

年份	上级拨入数	团场自筹数	总投入	年度支出数
1995	760000	844.4	760844.4	706726.41
1996	1010000	69468.42	1079468.42	1234129.62
1997	1080000	—	1080000	1164433.07
1998	1164000	156356.71	1320356.71	1320356.71
1999	1200000	134608.68	1334608.68	1240621.31
2000	1300000	144190.23	1444190.23	1444190.23
2001	1480000	205071.26	1685071.26	1544379.77
2002	1350000	162818.17	1512818.17	1936894.62
2003	1650000	450954.08	2100954.08	1886408.07
2004	2404395.29	162447.5	2566842.79	2566842.79
2005	133000	3511701.89	3644701.89	3644701.89

续表

年份	上级拨入数	团场自筹数	总投入	年度支出数
2006	2286028.74	2142519.01	4428547.75	4428547.75
2007	3925370.36	4797877.63	8723247.99	8723247.99
2008	4903717.05	1290333.04	6194050.09	6194050.09
2009	6544361	469516.6	7013877.6	7013877.6
2010	5928120	1203072.69	7131192.69	7131192.69
2011	8867859	163112.1	9030971.1	9030971.1
2012	7290986	18242.32	7309228.32	7309228.32
2013	7669861.2	1886419.54	9556280.74	9556280.74
2014	6958458	2908012.53	9866470.53	9866470.53

二、"两免一补"

团场中学自2004年秋开始贯彻执行国家"两免一补"（免书本费、免学杂费、补助寄宿生生活费）政策，根据《关于加快国家扶贫开发工作重点县"两免一补"实施步伐有关工作意见》文件要求，两团农村义务教育阶段学校免收学杂费和补助公用经费所需资金，均由中央财政和兵团本级财政按8∶2比例分担。学生就餐费按学期一次性缴齐包伙费，并按年级制定出不同伙食标准，分别是1~3年级130元/月、4~6年级140元/月、7~8年级150元/月、9年级160元/月，平均每月缴140元的伙食费，每天约合5.6元。享受免除学杂费政策的对象范围是三十三团（中心团场）中学义务教育阶段（1~9年级）且在该学区就读的学生。根据《关于拨付团场寄宿贫困学生生活补助费的通知》文件精神要求，对寄宿贫困学生进行生活补助。到2007年春季，有1084人次的学生享受此政策，补助金额达14.634万元，受益学生占寄宿生的80.6%。为减轻学生家庭的经济负担，提高住校生的伙食标准，学校坚持食堂零盈利。此后，住校生伙食标准调整为1~3年级180元/月、4~6年级210元/月、7~8年级240元/月、9年级270元/月。截至2015年，有10400人次的学生享受"两免一补"优惠政策，福泽每个贫困家庭。

第六节　教研

20世纪90年代末，党和政府把教育事业放在优先发展的地位，提出科教兴国战略，基本实现普及九年义务教育政策。

2000年，全国开始实施教育改革，作为一种新型的教学手段，目标教学法成为日常教学的核心和主线。围绕这一教学方法，团场中学开展系列教改活动，为学生提供广阔空间，发挥学生想象力和创新力，激发学习兴趣，完成教学目标规定的学习任务。

2003年，学校推进素质教育，培养学生创新精神和实践能力。学校根据教育部颁布的《基础教育课程改革纲要（试行）》文件要求，对课程管理、教材建设、课程设置等方面作出原则规定，提出明确要求，实行国家、地方、学校三级课程管理体系，新一轮的课改全面推进。两所学校采取多元培训，通过"走出去请进来"方式，教师对新课改理念加深。根据国家课程标准相关要求，学校对教学常规进行修改，备课时着力制定三维目标，以及过程与方法的具体实施。更新校本教研形式，建立校内研究共同体，集体备课改变了只针对单元进行的"三定"模式，从而形成以一节课的研究为出发点，向单元拓展，通过备课、上课、评课、拓展四个环节理清教材，增强校本教研实效，提升老师对教材的解读和课堂驾驭能力。

2008年，三十三团两所学校开始杜绝"满堂灌"，提倡采用启发式教学和目标教学，取得了一定的成果。但启发式教学和目标教学不能适应新课改革的需要，在此期间，团党委为学校投入20余万元，建设精品课堂听评课自动录播教室，使用后效果甚佳。

2010年，三十三团两所学校依据当前课堂教学中存在的种种弊端，提出课堂教学"三废除"（废除课堂教学无效环节、废除与教学无关内容、废除"满堂灌"），并将教学时间由45分钟压缩为40分钟，调整上课次序，在午休后加20分钟的纠错、阅读，安排教师督促学生做作业或进行预习，避免学生因疲乏而浪费时间，课堂教学效率低下状况得到改善。

2011年后，农二师教研室针对小学数学、中学数学、中学物理三门学科采用"先学后教当堂训练"，及小学语文"211""精加略"的教学模式，均为"同课异构"研讨课。这两种模式符合"循序渐进，因材施教，学生为主体，教师为主导"的教学原则，有助于面向全体学生，培优补差，将新课改革"自主、合作、探究性学习"方式落在实处。在老师指导下，各类课程受到学生普遍喜爱，学习氛围更加浓厚。随堂小测和作业均在当天课堂完成，教学任务圆满完成，为全面提高教学质量奠定坚实基础。

至2015年，两所学校教师有109人次在国家、兵团和第二师等刊物发表的论文、教学设计、教学反思等内容获得一等奖。

第二十三章　医疗和卫生

1995年，地处塔里木垦区的三十三团、三十二团医院经过半个多世纪的发展，已成为结构新颖、布局合理、设施先进、功能完备、人才济济、环境优雅、温馨舒适和程序化、信息化、网络化全覆盖的国家级"一级甲等"医院，有实力为全团干部职工群众提供多项目、全方位、安全有效、方便快捷、预防保健、康复护理、医疗等服务。至2015年，三十三团医院有41张床位、65名医疗技术人员（原三十二团所在山水社区设有1个卫生服务站）。

第一节　机构队伍

一、管理机构

卫生科是团场的医药监管部门。1996年后，团场卫生科单设科长1人；1997年，卫生科科长兼防疫站站长；2000年至2001年底，由卫生科科长兼医院院长；2002年至2005年，设院长1人，卫生科单设科长1人。2006年，三十二团医院合并至三十三团中心医院。是年至2009年，卫生科设科长1人并兼医院党支部书记。2010年，卫生科科长兼医院院长并代党支部书记，延至2015年。

二、医疗卫生服务机构

（一）医院

团场医院经历了半个多世纪，特别是改革开放以来的发展，从一个只有1名医师、1名护士的卫生队修养所发展到被誉为"沙漠明珠"的国家级"一级甲等"医院和国家级"爱婴医院"。建成设施先进、功能齐全、服务优良，现代化程度很高的医疗卫生体系。

1. 三十三团

1993年后，团投资350万元新建一座三层医院综合楼，使用面积3350平方米，医院设门诊部、住院部、后勤部，共有28个科室、60张病床，医疗条件逐年提升。

1995年，医院设有门诊部、住院部。门诊部提供门诊、药房、X光、治疗、化验、生化、挂号等服务。住院部设有内科、外科、儿科、妇产科、产房、骨科、传染科、医护办公室等，有床位85张。医院各项医疗规章制度健全，形成了较为完备的医疗机构体系。是年，医院开展"以人为本，科技兴院""确保职工群众身心健康"的规范化、程序化、制度化管理。

1996年，上级医疗卫生系统提出"甲级卫生室"概念。团场防疫站以加工厂为试点，用时半月建成建筑面积45平方米的"甲级卫生室"，配置诊断床、药柜、桌椅等设施。后相继在团部、民兵连、建筑公司、干休所推进"甲级卫生室"建设。是年，医院被评为国家级"一级甲等"医院。

1998年，医院被评为国家级"爱婴医院"。

2006年，三十三团和三十二团两团医院合并为三十三团中心医院，并完成医疗资源优化整合。

2008年，国家投入200万元、团配套资金66万元，新建1300平方米中心医院，完成5477.36平方米的综合楼改建。是年6月，团党委争取资金40万元，装修原三十二团面积1605平方米医院楼，10月竣工投入使用。

2011年，第三食品药品卫生监督所并入三十三团中心医院卫生体系。团中心医院成为集医疗、护理、保健、预防、康复于一体的"一级甲等"综合医院。

2012年，医院实现制度管院、制度管人，医院和连队卫生室进入制度化管理轨道。按照《中华人民共和国执业医师法》进行医疗卫生人员配置，食品卫生监督所与医院卫生系统进行融合，形成医疗卫生、食品卫生一体化管理体系。

2013年，医院改建后设护士站、输液厅、门诊部（设有内科、外科、妇科、眼科、门诊、药剂、挂号、检验、B超、心电、影像），医院设有5个医技科室、1个院内急救中心、31个"甲级卫生室"和14个医疗点，形成了三级医疗的卫生体系网络。

2. 三十二团

20世纪90年代后，团形成了集医院、疾控中心、连队卫生室于一体的医疗卫生网络格局，建立起基础设施齐全，人员素质较高、卫生服务和大病统筹为主的医疗救助体系。

1995年，根据兵团农牧团场医院按国际等级医院标准建设要求，医院成立创"一等甲级"医院领导小组，院长任组长，下设创"一甲"办公室，开展"创建"业务工作。

1996年7月，经师"一甲"医院评审团初评，软、硬件建设均达到"一甲"医院标准，以948.62分通过验收。

1997年9月，农二师复审及兵团在各团场抽查评审中，三十二团医院成为农二师首批进入"一等甲级"医院行列的农牧团场医院。

1998年，团开始实施初级卫生保健达标。

1999年，团医院通过"爱婴医院"验收。

2002年，医院在乌鲁克商场开设社区门诊。

2006年，团投资158万元在医院内建设1605平方米的3层砖混结构门诊楼。医院建筑总面积为3624平方米，固定资产349万元，各临床科及功能检查齐全，成为集医疗、护理、保健于一体的农二师"一级甲等"医院。是年9月，三十二团医院归属三十三团医院管理。

表23-1　三十二团医院领导名录（1995—2015年）

姓名	性别	族别	籍贯	文化程度	参加工作时间	职务	任职时间
摆国栋	男	汉族	河南周口	大专	1968年7月	院长	1991年4月—2000年1月
						教导员	2000年12月—2004年12月
陈朝高	男	汉族	四川丰都	大专	1965年7月	政治指导员	1989年9月—1999年12月
贺永宏	男	汉族	四川射洪	本科	1987年8月	院长	2000年3月—2003年4月
王淑英	女	汉族	河南郾城	大专	1988年8月	院长	2003年4月—2004年12月
陈素华	女	汉族	四川遂宁	大专	1982年8月	副院长	2005年1月—2014年12月

（二）卫生防疫站

1. 三十三团

团医院、防疫站均属农二师卫生局管辖，负责全团的医疗卫生防疫工作。

1987年后，防疫站站长均由院长兼任，防疫站为团医院下设机构，隶属卫生科管理，工作隶属医院管理。

1996年，团卫生科科长兼卫生防疫站站长，设1名副站长。

2006年，团防疫站的卫生监督工作由师卫生监督所负责。团防疫站设食品卫生执法人员2人、化验员1人、计划免疫1人、妇幼保健1人、传染病防治1人，共6人，主要负责其他初级卫生保健和疾病预防控制工作。防疫站和医院合署办公。

2007年3月，按上级文件精神，团防疫站改称为农二师三十三团疾病控制中心。

2009年，卫生科科长负责疾病控制中心相关工作。

2010年后，卫生科科长兼医院院长，负责疾病控制中心相关工作，延至2015年。

2. 三十二团

1991年起，团防疫站增设1名副站长。防疫站主要开展全团初级卫生保健和疾病预防控制工作。防疫站设在团医院。

1995年后，医疗、卫生、防疫"三位一体"，卫生科科长、防疫站站长由医院院长兼任。

2002年至2005年，防疫站核定编制4人，公共卫生、计划免疫、儿童保健、妇女保健各1人。2004年，因"非典"防控由国家投资84万元，团投资16万元，在院内西北角卫生防疫站旧址，新建579平方米的平顶砖混结构的农二师塔里木垦区传染病救治中心。

2006年9月,三十二团医院机构撤并到三十三团(中心团场)医院。

表23-2　三十二团卫生科领导名录(1995—2006年)

姓名	性别	族别	籍贯	文化程度	参加工作时间	职务	任职时间
摆国栋	男	汉	河南周口	大专	1968年7月	科长、院长	1990年1月—2000年3月
贺永宏	男	汉	四川射洪	本科	1987年8月	科长、院长	2000年3月—2003年4月
王淑英	女	汉	河南鄢城	大专	1988年8月	科长、院长	2003年4月—2004年12月

表23-3　三十二团防疫站领导名录(1995—2006年)

姓名	性别	族别	籍贯	文化程度	参加工作时间	职务	任职时间
摆国栋	男	汉	河南周口	大专	1968年7月	站长	1991年4月—2000年3月
贺永宏	男	汉	四川射洪	本科	1987年8月	站长	2000年3月—2003年4月
王淑英	女	汉	河南鄢城	大专	1988年8月	站长	2003年4月—2004年12月
梅国华	男	汉	湖北黄梅	大专	1977年7月	副站长	1991年4月—2006年9月

(三)连队卫生室

1. 三十三团

1985年,成立团防疫站时,连队卫生室有19个,卫生员配置按单位大小配备1~3人。具体如下:一连2人、团部3人、三连2人、六连2人、十连2人、学校2人,其他单位均配1人。

1996年起,各单位卫生室建设得到加强,大多单位卫生室在50平方米左右。

2002年7月,团医疗卫生体制改革,为减员增效,将团直单位的加工厂、修造厂、民兵连、干修所、兽医站等卫生室撤销。

2004年,团撤销7连卫生室,增加12连卫生室,全团剩有11个卫生室。

2006年,三十三团和三十二团医疗卫生室正式合并。是年至2007年,团投资155万元对基层单位31个卫生室进行扩建,每个卫生室建筑面积80平方米以上(砖混结构),设诊断室、治疗室、消毒室、药房和观察室,更新医疗设备,实现"甲级卫生室"全覆盖。

2008年4月,团计生办为全团28个基层卫生室、计生"一站式"服务站配备30台电脑,并开发计生服务网络系统。是年8月,团卫生科为基层单位配置健康档案专用电脑30台。

2012年,计生服务网络系统升级为人口地理信息系统。

2013年,团计生办对健康网络系统进行升级,整个医疗卫生系统实现信息网络系统全覆盖。是年5月,计生办为连队卫生室配备诊断、治疗床各1张,新式药柜2个,测血糖仪1个,连队卫生室向现代化、程序化、信息化、网络化程度大幅提升。当年,团卫生室编制经师卫生局"甲级卫生室"评审,31个连队卫生室均达标挂牌。

2014年,一连、五连、九连、二连(原十二连片区)卫生员退休。一连、五连、二连(原十二连片区)不再设卫生室。九连配备2名卫生员(其中包括原十连片区卫生员1人)。

2015年,团连队卫生员15人(其中包括原三十二团卫生员7人),均归属卫生科、医院、疾控中心、计生办、连队管理。连队医疗工作和初级卫生保健工作进入新的发展时期。

2. 三十二团

20世纪90年代初，团筹资加强基层卫生室建设，为基层卫生室配备办公设施和治疗、消毒器械，医疗环境得到改善，医疗条件和服务水平逐年提升。

1997年，有基层卫生室19个、卫生员22人。基层单位均建成"四位一体"卫生室（诊断室、注射室、药房、处置室）。

2005年底，团有基层卫生室12个、从业卫生员12人。

2006年9月，三十三团和三十二团医疗卫生室合并。

三、医疗队伍

（一）三十三团

1993年，医院有医务人员26人，其中主治医师7人、主管检验师1人、药剂师3人、护士13人、初级护理员2人。

1996年起，医学大中专生由上级部门分配至医院，医疗队伍得到充实。

2013年，医院编制93人，实有88人，在编79人，未进编5人。其中副主任医师1人、副主任主管护师1人；有技术职称的中级40人、初级43人，临时工5人。年龄结构：50岁以上13人、40~50岁49人、30~40岁7人、30岁以下19人。文化结构：本科5人、大专71人、高中以上11人、初中1人。

至2015年，医院职员73人、卫技人员65人、执业医师12人、助理医师9人、注册护士18人、卫生防疫5人。

（二）三十二团

1996年，全团有专业医护人员93人，其中团医院50人，团卫生防疫站7人，19个连队卫生室22人、主治医师13人、中级护理师1人。在79名医护人员中有技术职称的66人，约占83.5%；本科学历1人、大专学历17人、中专学历32人、高中学历6人、初中学历20人、小学学历3人。

2001年，医院卫技人员32人，防疫站8人，计生办1人，财务、社保、病案合计3人，卫生员20人。

2002年7月，"医改"后实行进编定岗，团卫技人员进编总数51人。其中医院34人、防疫站4人、计生办1人、连队卫生员12人。未进编16人，一直从事医疗行业工作。

2003年起，由于各种原因，医院人才大量流失。

2005年，全团专业医护人员41人，其中团医院24人、计生办1人、防疫站4人、连队卫生员12人。

2006年9月，三十二团医疗队伍并入三十三团（中心团场）医院。

第二节 医疗

一、医疗设施及设备

（一）三十三团

20世纪90年代以后，团场随着国家大西北开发战略调整，在国家项目资金扶持下，医疗条件逐渐好转。

1995年，团医院医疗设施快速发展，形成了较为完备的医疗卫生体系。医院使用面积3350平方米，设有住院部和门诊部等。住院部有内科、儿科、妇科、传染科。妇科有手术室、手术床，兼外科各类器械；门诊部有门诊、注射、针灸推拿、药剂制剂、药电压电机、超声波、心电设备；急诊科有输氧设备、手工肠胃减压器及各类急诊药品和相应器械、消毒设备；化验室有三大常规化验（尿、粪、血）、生化检测、X光机透视、拍电机和其他各种消毒等设施；连队卫生室配置有高压消毒锅、体温计、血压计、呼吸器等诊断设施。医疗设施配备逐渐完善。

1996年，新医院综合大楼建设运营使用后，医院大量医疗设施更新换代，步入规范先进行列，被评为国家级"一级甲等"医院。

2000年，国家农村医疗数字化扶贫项目366万元，团配套资金72万元，为医院购进X光机1台，全程为数码电脑操控；国家慈善总会扶持工程资金150万元，团配套资金18万元，购置彩色"B超"机1台。

2003年，团投资购置彩超、全自动化分析仪、三氧疼痛治疗仪、嵌入式数字硬盘成像机各1台，低照度彩色半球摄像机4台、19寸液晶电脑显示器床边临护仪5台、DGD-300B高频电刀1台。为医办、财务室、院事办、住院部、护理部、门诊部、X光室、心电室、B超室、挂号室、化验室、疾控中心、内外妇儿急诊科购置了电脑。

2004年，国家分配给医院1辆巡逻车作为急救车使用，方便了危重病人的转送。是年，团建立医院、疾控中心、医院社保、计划生育等网络系统。医疗、卫生、保健、计生、计免、护理、康复、健康档案更加规范，实现基本公共卫生服务项目等信息网络系统一体化服务全覆盖。河北省承德市援建的可摇可升降病床被配置到每间病房，并为医院信息平台购置医院管理系统和电子病历系统，医院现代化管理服务模式进程增速。

2006年，根据农二师卫生局关于建设"甲级卫生室"文件精神，按照统一规划、统一标准、统一布局原则，团有序推进"甲级卫生室"建设。是年10月，团建设的基层单位"甲级卫生室"投入使用，面积80平方米，分别有药房、治疗室、诊断室、处置室，座椅式输液架、红外线治疗仪、手术激光仪、暖风机、紫外线消毒灯、消毒筒、污物桶、医疗废弃物桶等设施。

2012年，团投资144万元为医院购置全自动生化分析仪、尿十项分析仪、血球分析仪、自动呼吸机、自动麻醉呼吸机、自动洗胃机、红外线乳腺诊断仪、CO_2机光治疗仪、多功能除颤仪等医疗设备。

2013年后，团场医疗卫生设施投入逐年加大，陆续购进一批高科技含量的医疗检测仪器设备，疾病诊断准确率大幅提升。

至2015年，医院实现设备先进、功能齐全、服务优良、环境优美、技术力量雄厚的良好格局。

（二）三十二团

1996年，团投资36.3万元，为医院添置了1台500MA双床双球管X光机及其他医疗设备和救护车1辆，固定资产349万元。医院各临床科功能检查设备齐全，成为集医疗、护理、保健于一体的农二师"一级甲等"医院。医院护理部设有放射、检验、理疗、生化、注射、胃镜、B超、心电图、牙科等；住院部设有床位50张，其中内科18张、外科10张、儿科8张、妇产科5张、传染科9张。医院承担着全团8000余人及辖区内公检法司、油脂化工厂和卡拉水管处（三连）的医疗卫生服务保障工作。

1997—2012年，医院相继添置尿十一项分析仪和半自动生化仪、全自动生化分析仪、三联自动分析心电图机、全自动12导联心电图机、飞利浦彩色超声诊断仪并设置超声工作站。2003年，医改后住院病人减少，床位缩减至35张。

2006年9月，三十二团医院归属三十三团医院管理。

二、技术培训

（一）三十三团

团在建所、建院以来始终围绕医疗卫生服务和各科室的实际需求，定期选派医务人员到上级医院进行技术培训，加强和提升医院的医技水平。

1994年至1996年10月，医院安排13人分别到山东医学院、石河子医科大学和农二师卫校进行为期三年的系统中高等医学理论学习，分别取得了大中专学历。至此，医院有大专学历11人、中专学历3人、本科学历1人，医务人员的文化程度和学历开始发生变化。

1996年后，医院医务人员由学历教育向专业技术培训转化，坚持每年选派医生到师医院或其他省区医院学习培训，推进医务人员专业技术水平的提高。

2002年，国家实施《执业医师法》《执业护士法》，所有在编医技人员参加了国家统一的医学专业知识考试，均取得专业执业资格和专业任职资格。

2006年，三十三团（中心团场）成立后，医院年均选派3~5人到国内各大医院进行各项医疗技术短期培训，培训率100%。是年，团疾控中心成立后，针对医院、疾控中心、连队的医务人员业务特点开展技能培训工作。

2008年4月，各连队卫生室开通网络信息化业务工作，医疗技术和业务培训更加规范化。

2011年，医院按师卫生局文件要求制定《三十三团医院职工经过继续教育实施方案》，医疗机构在编人员年均完成继续教育25个学分，采取网络学习培训形式，以《传染病防治知识》《内外科急救知识讲座》《医学人员知识讲座》《基层急救院前黄金30分》《心肺复苏知识讲座》《全科医师技能》《医疗机构从业人员行为规范》《医疗纠纷处理法律法规》《中医理论基础》《新技术应用》等为主要内容。医院年投入教育经费每人在500元左右，每月开展对卫技人员业务和技能培训活动，模拟专业考试。医院以实用性、常规性、系统性的业务培训为主，由各科室主管或业务骨干、技术带头人轮流讲课，制作电脑课件，相互交流学习体会和临床经验。是年，医院选派3名医技人员到河北省承德市医院进修培训半年（内科医师魏江进修心内科、魏东进修影像科、丁剑莉进修心电图B超）。

2012年，团实行"请进来、走出去"的技术培训方式。医院选派儿科主治医师闫清峰到河北省承德市医院进修儿科半年。河北省承德市医院选派妇产科主治医师宣艳红到三十三团医院进行为期一年的妇产科医生技术指导培训工作。河北省承德市医院骨科主治医师崔万勇、王国祥，内科专家赵国祥，麻醉专家贾瑞林4人到团医院技术指导半年。河北承德援建医生到团医院举办技术讲座班12场，培训900余人次。医院坚持每周一次院长大查房，指导医生工作，阅审每份病历，指导和评估临床合理用药，开展病案讨论交流。在护理岗位开展"争创巾帼文明示范岗"活动，规范无菌操作技术，预防院内感染，达到0褥疮。

2014年，医院全体医技人员完成《中医基础理论》系统学习，均撰写3000字以上的学习心得体会，向全科医生过渡。通过医技培训后，医院拓展的新项目有：普及无痛人流；各项骨折切开内固定术；鲁状息肉切除术（眼科）；中医针灸、理疗。医院在科研、新技术应用方面取得骄人成果，一批科研论文在国家级刊物刊载。

2015年5月，医院开展《中医适宜技术》等岗位练兵培训活动。

（二）三十二团

1995年后，团医院选派大中专院校深造的医务人员陆续归院，充实到医疗卫生各专业一线。十余年间共选送30余人次到国内高等医院进行进修培训。团医院每年请上级医院专家做专业知识讲座2~3次、远程网络继续教育3~5次。

表23-4　三十三团医院科研论文一览表（1995—2015年）

时间	论文名称	作者	报刊	评级
1996年3月	《近红外光乳腺扫描在妇女病普查中的应用》	闫少玲、李星华	《中国医疗卫生荟萃》	国家级
1996年3月	《CO_2激光技术治疗宫颈糜烂的效果分析》	闫少玲、李星华	《中国医疗卫生荟萃》	国家级
1997年8月	《CO_2激光治疗血管瘤2例报道》	闫少玲、李星华	《中国现代应用医学》	国家级

续表

时间	论文名称	作者	报刊	评级
1998年9月	《HBV宫内阻断》	闫少玲	《中华流行病医学》	国家级
2011年11月	《护理理念在"优质护理示范工程"活动中的分析》	王凤鸣	《中国健康月刊》3卷2期	国家级
2012年2月	《健康教育在住院病人中的作用分解》	王凤鸣	《中国健康月刊》3卷2期	国家级
2012年11月	《心理护理在产科、分娩产期中的应用体会》	董琴	《健康必读》	国家论文一等奖
2012年12月	《妊娠糖尿病母亲血糖控制与新生儿相关性分析》	董琴	《按摩与康复医学》36期	国家优秀论文奖
2014年5月	《浅谈基层单结合（TB）控制工作管理》	闫少玲	《健康导报》5期19卷	国家级

三、医疗技术

20世纪90年代后，三十三团医院为适应医疗卫生事业发展，根据各科室的技术需要，每年平均有2~3名医生到上级医院进修，有临床科、妇外科、内科、产科、儿科、传染科、牙科、骨科等技术项目，共计20人次。引进高中以上文化护理员12人、中专学历的3人。1993年，7名石河子大学医学院毕业生回归团场，成为团医院的技术骨干力量，医院综合医疗技术明显提高。1996年，医院被评为"一级甲等"医院后，医疗技术得到全面快速发展。至2015年，医院各科可独立准确为患者开展疾病治疗，如导尿术、胸膜腔穿刺术、腹膜腔穿刺术、脑脊液穿刺术、心电监护、有机磷各种农药中毒抢救和骨科、眼科、牙科的常规病、多发病等危重患者的抢救，实现"小病不出连，大病不出团"。

1995年后，三十二团在发展医院卫生事业上重抓医疗技术，采取"请进来、送出去"的办法：请进原三医院及焉耆县内科、外科、妇科、护理等专家来院技术支持两年；招纳引进医科院校的中青年医技人员；各科选送两名以上医生到上级医院进修学习培训；培养一批内科、外科、妇产科、儿科、传染科、牙科等优秀技术骨干和护理骨干；培训医技部门，如放射、B超、心电图、检验（器械维修）等技术人员。十年间，医院培训各类专业人才30余人，通过医疗业务技能技术练兵，医技人员业务水平提高，医疗技术综合技能增强，自身素质提升，医院医疗技术水平一度名列塔里木垦区5个团场之首，并被评为"一级甲等"医院。至2005年，医院医疗技术在精密仪器协助下，可独立准确为患者诊断和治疗疾病。2006年9月，三十二团医院并入三十三团医院。

（一）诊疗

1. 三十三团

外科可对阑尾炎、肠梗阻、胆囊炎、胆结石、各类骨折、牙科及普外科外伤性疾病进行诊断。妇产科可对子宫肌瘤、宫外孕、附件炎、妊娠高血压疾病等各类常见病进行诊断。儿科可对各种腹泻、支气管炎、菌痢、麻疹、水痘、急性扁桃体炎进行诊断。内科可对呼吸系统、心脑血管系统、消化系统、血液系统、内分泌系统、新陈代谢系统、结缔组织系统、神经系统、理化生物因素所致的疾病作诊断。

1994年，六连患者任泽民因胸骨后实发剧烈性疼痛休克。经心电图检查为典型病理性Q波，心肌酶谱升高；经WBC2×(10)^{9}诊断为急性心肌梗死。后经过止痛吸氧、扩管强化、控制休克、溶栓消炎、促进心肌代谢功能等治疗，半个月时间即痊愈出院。这是团医院首次成功救治心肌梗死患者，开创了救治急性心肌梗死的先例，标志着内科疾病治疗技术水平有了新的提高，诊断准确率和治愈率大幅提升。

1995—2015年，医院平均每年门诊就诊人数1万人次左右，平均出入院病人有700人次左右，治愈率88.33%。2002年以后，因部分技术人才流失，门诊就诊、住院人数明显下降，到2007年逐步恢复。2015年，医院机构增加，床位相应增多。

表23-5　三十三团医院业务情况一览表（1995—2015年）

单位：人

年份	门诊就诊人次	住院人数	出院人数
1995	11321	796	781
1996	10934	736	712
1997	11062	756	714
1998	10763	762	740
1999	10927	783	766
2000	11038	801	782
2001	10365	732	708
2002	10421	745	733
2003	9723	538	521
2004	9431	506	492
2005	8374	484	467
2006	9025	572	564
2007	11230	726	710
2008	10741	555	548
2009	19146	532	522
2010	17690	612	601
2012	14465	1108	1093
2013	10493	1450	1432
2014	11334	1051	1042
2015	11033	1165	1147

2. 三十二团

外科系统可准确诊断阑尾炎、肠梗阻、胆囊炎、胆结石及泌尿系统疾病；妇产科可诊断子宫肌瘤、宫外孕、附件炎、妊高症等；儿科可治疗腹泻、支气管炎、肺炎、细菌性痢疾、麻疹、风疹、水痘、急性扁桃体炎等；五官科可医治结膜炎、白内障、青光眼、中耳炎、鼻炎、鼻窦炎等；内科系统可对呼吸系统、心血管系统、消化系统、造血系统、内分泌系统、新陈代谢系统、结缔组织疾病、神经系统精神疾病以及理化生物因素所致疾病进行诊断。医院对以上疾病诊断的准确率和入院患者疾病的治愈率大幅提高。

1995—2005年，团医院平均每年门诊就诊1.5万人次左右，平均出入院病人有700人次左右，治愈率89.62%。2003年"医改"后，病人住院数量呈下降趋势。2006年后，三十二团医院并入三十三团中心医院，在所在的山水社区设有1个卫生服务站。

表23-6 三十二团医院业务情况一览表（1995—2005年）

单位：人

年份	门诊就诊人次	住院人次	出院人次
1995	12694	883	874
1996	11820	892	879
1997	12539	756	751
1998	14210	727	713
1999	13572	732	729
2000	12563	825	814
2001	14018	772	767
2002	15561	638	625
2003	16638	596	591
2004	17624	479	476
2005	19850	333	326

（二）手术

1. 三十三团

20世纪90年代后，医院开设的外科手术项目和常规普外科手术项目有：阑尾炎切除、病危手术，肠粘连肠梗阻松解术，肠套叠复位术，胃大部切除术，胆囊切除术，前列腺切除术，内外痔切除术，大隐静脉切除术，乳腺肿物切除术，剖宫产术，宫外孕术，子宫肌瘤切除术，子宫全切术，计划生育四项手术，各项骨折固定术，微波治疗皮下组织赘生物、宫颈息肉、尿道息肉等手术。

2002年，团实行"医改"后，医院开始减员增效，致使外科人才流失，大部分外科手术终止，尤其是妇产科主要手术基本终止。到2007年，医院通过引进外科人才，外科开始逐步恢复。至2015年，医院用红外线治疗仪治疗外科创口300余例，成效显著，但妇产科恢复缓慢。

1991—2015年，团医院外科及妇产科手术3615例。产妇、新生儿死亡率和破伤风率为零。

2. 三十二团

1990—2005年，团医院掌握并熟练应用的手术项目有：阑尾切除术、疝气修补术、肠粘连肠梗阻松解术、肠套叠复位术、胃大部切除术、胆囊切除术、胆总管探查术、甲状腺次全切术、前列腺切除术、乳腺癌根治术（乳房切除）、乳腺包块切除术、四肢骨折钢板内固定术和肝脾破裂修补术。妇科除计划生育四项手术外，还进行妊娠引产、剖宫产术、子宫切除术、宫外孕、微波治疗皮下组织赘生物、宫颈息肉、尿道息肉等手术。2006年，因技术人才的流失，医院不再开展手术。是年9月并入三十三团中心医院。

（三）检验及功能科

1. 三十三团

1995—2015年，医院检验及功能科的医疗设备全面更新换代，现代化先进精密仪器投入使用，实现检测精细快捷，已完全满足医院医疗卫生、保健、康复的检验及功能需求。主要能完成的项目有：检验全血细胞计数、尿十项分解、菱替血试验、尿淋石试验、胸/腹水常规、脑脊液常规、精液常规、前列腺常规、结核杆菌涂片检查、淋球菌涂片检查、脱落细胞检查、红细胞沉降率、红斑狼疮细胞检查、骨髓细胞检查、"O"型红细胞冷凝试验；电解质查：钾、钠、钙、离子钙、氯、肥大氏、布式凝集价、抗"O"类风湿因子、总胆固醇甘油、电糖、乙肝病毒两对半、淀粉酶、艾滋病病毒抗体、梅毒、计划生育优生检查、生化、肝功、心肌酶谱、血脂、风湿三项、全套肾功能检查等。年均检查5730人次（三大常规39764人次、生化16714人次），65岁以上老人体检842人次，慢性病体检420人次，先进工作者体检300人次，新工人体检120人次，居民35岁以上体检6100人次；功能科：心电图、B超3522人次。

2. 三十二团

2000年前，医院化验设备陈旧、检验项目有限，以血、尿、粪三大常规化验为主，放射科以胸片胸透为主。2000年以后，各类设备快速更新，大量先进精密仪器相继投入使用。至2005年，三十二团医院可开展的检验项目有全血细胞计数、尿十项分析、爱迪氏计数、粪潜血试验、尿三杯试验、胸腹水常规、脑积液常规、精液常规、前列腺液常规、结核杆菌涂片检查、淋球菌涂片检查、脱落细胞检查、红细胞沉降率、血液查微丝蚴、红斑狼疮细胞检查、骨髓细胞学检查。电解质查：钾、钠、钙、离子钙、氯、肥大氏、布氏凝集价、抗"O"类分湿因子、总胆固甘油、血糖、白蛋白、乙肝病毒两对半检测、淀粉酶等；可实施心电动态检测、心律失常、传导障碍、房室肥大、心肌炎、心肌瘤、心包炎、冠脉供血不足、药物及电解质紊乱对心肌作用、心肌梗死等诊断检查；放射科除胸透、X线拍片外，新增上消化道气钡造影等检验项目。在先进医疗设备的支持下，疾病诊断精准度、治愈率同步提高。

四、巡回医疗

自团场医院组建后，医院义诊、巡诊活动从未间断，医疗机构在保障团场职工群众义务诊疗的基础上，面向社会开展医事活动。服务点为塔里木河沿岸一、二大队民族居住区域（距团场30~50千米）。每年七月团场统战部门和医院上门服务，义诊重点对象是老、弱、病、残群体。半个多世纪来，团场为少数民族义诊投入达40万元以上，年均投入7000元。随着初级卫生保健项目实施，为少数民族义诊由单纯的送医送药向送健康保健、预防计免接种转变。每年举行一次集中性的保健知识宣传，发放各种健康防病知识宣传资料。

2000年，随着医疗卫生不断改革，居民就医全额公费的医疗卫生体系退出了历史舞台，取而代之的是居民医疗保险体制。为在新的医疗体制下全面提高医疗卫生服务水平，医院制定《义诊巡回医疗实施方案》，每年3月10日全国学雷锋活动到4月25日计免接种日开展全团性的义诊宣传活动，并在"三秋"季节下连队开展义诊、巡诊活动。

2002年起，每年3月5日和4月25日在团部挂牌举行2场大型义诊活动，年均义诊400余人次。2002—2004年，每年"三秋"为外来拾棉花工免费提供的用于普通感冒、消炎止咳、止痛等药品价值在18万元以上，3年共投资54万元，各连队卫生员为外来拾棉花工义诊4.3万人次。

2007年后，由疾控中心、医院、计生办共同组织聘请妇产科专家到团举办各种妇产疾病的预防治疗、生殖保健知识讲座，受惠4538人次。

至2015年，医院为地方群众巡回医疗服务5600余人次，发放各项宣传资料5000余份，投入资金39.2万元。

第三节　卫生防疫

一、免疫工作

（一）计划免疫

1990年后，团场儿童预防接种均在卫生防疫站进行。

1995年，为方便儿童预防接种，三十三团和三十二团各在两个连队设接种点。每月17日由防疫医师到连队预防接种点统一为连队儿童预防接种。计划免疫系统工程全面普及，规范实施。

1996年后，团场防疫站按计划免疫程序对0~7岁儿童（新生儿出生2小时内）发放儿童预防接种证及儿童预防接种预约单。每月16日，团直单位在团防疫站接种，每月17日，防疫医师到连队接种点为连队儿童预防接种。防疫站设有计划免疫科，有完备的冷镇设施，有专业防疫医师从事计划免疫工作。

三十三团和三十二团防疫站根据农二师卫生局和农二师防疫站文件要求，在1997—1998年聚力开展人群普种乙肝疫苗，每人分三针（0~6岁）。三十三团接种疫苗3000余剂；三十二团接种疫苗3200余剂。

2000年，团场防疫站按照国家初级卫生保健十年规划，规定人人享有初级卫生保健。计划免疫分为免费和自费两类。免费疫苗包括卡介苗、脊髓灰质炎糖丸疫苗、百白破三联疫苗、麻疹疫苗、乙肝疫苗、A群流脑疫苗、A+C流脑疫苗；自费疫苗有甲肝疫苗、狂犬疫苗、水痘疫苗、流感疫苗、腮腺炎疫苗。

2005年起,团场扩大计划免疫接种范围,由计划免疫预防接种的"五苗"扩展到"十二苗"。

1987—2015年,三十三团0~7岁儿童计划免疫建卡率和预防接种率均为100%;1995—2005年,三十二团0~7岁儿童计划免疫建卡率和预防接种率为100%。

表23-7 三十三团各类疫苗接种人数一览表(1995—2015年)

单位:人

年份	卡介苗	乙肝疫苗	脊髓灰质炎糖丸疫苗	百白破三联疫苗	麻疹疫苗
1995	83	208	251	159	262
1996	60	180	160	196	146
1997	30	90	140	145	129
1998	44	132	197	197	121
1999	99	297	310	273	242
2000	88	264	309	280	212
2001	94	284	217	247	248
2002	88	264	289	265	229
2003	83	259	209	217	159
2004	47	201	203	216	151
2005	79	240	312	319	159
2006	72	214	283	217	143
2007	101	314	410	327	158
2008	112	337	340	454	187
2009	87	260	329	352	171
2010	52	157	115	208	98
2011	82	262	289	340	187
2012	78	172	241	244	74
2013	62	191	194	202	0
2014	65	166	166	145	0
2015	62	158	151	153	0

表23-8 三十二团各类疫苗接种人数一览表(1995—2005年)

单位:人

年份	卡介苗	乙肝疫苗	脊髓灰质炎糖丸疫苗	百白破三联疫苗	麻疹疫苗
1995	92	253	268	172	278
1996	75	192	183	213	165
1997	47	96	154	157	137
1998	49	124	208	196	134
1999	96	192	335	264	248
2000	86	254	320	286	232
2001	93	292	224	253	255
2002	91	275	291	269	241

续表

年份	卡介苗	乙肝疫苗	脊髓灰质炎糖丸疫苗	百白破三联疫苗	麻疹疫苗
2003	87	269	219	210	156
2004	55	223	176	196	142
2005	56	190	289	243	132

表23-9　三十三团扩展各类疫苗接种人数一览表（2005—2013年）

单位：人

年份	麻腮疫苗	麻脑疫苗	A群流脑疫苗	麻风疫苗	腮腺炎疫苗	A+C流脑疫苗	甲肝疫苗
2005	0	71	0	80	79	70	107
2006	0	47	0	63	48	117	94
2007	0	63	43	80	79	190	106
2008	84	0	126	31	1	165	104
2009	92	0	181	0	1	79	82
2010	46	0	101	0	1	1	20
2011	60	0	139	0	1	78	88
2012	0	0	121	0	0	2	53
2013	0	0	34	0	0	0	0

（二）强化免疫

2001年起，团场开展0～4岁儿童口服脊髓灰质炎糖丸疫苗，实施每年两轮的消灭脊髓灰质炎强化免疫措施。至2015年，团场对0～4岁儿童统一服苗13年（2007年除外）。每年3—4月进行0～4岁服苗强化免疫，年均服苗537人次，总计6981人次，服苗率100%。至2011年9月，0～39岁人群进行第35轮口服脊髓灰质炎糖丸疫苗，总计服苗31468人次。2012年，对1128名8个月至13岁以下儿童进行麻疹疫苗强化接种，平时以多种疫苗对易感人群进行免疫接种。

（三）计划免疫管理

一方面，计划免疫制度。针对新生儿出生24小时内启动计划免疫程序，在24小时内注射卡介苗、乙肝疫苗及建卡、登记。各时段预防接种预约单交给家长，从新生儿出生到全程计划免疫预防接种均制定了严格的硬性指标规则，计划免疫工作更加程序化、规范化、制度化、准确化。1997年，按农二师防疫站文件规定，制定《三十三团计划免疫工作细则》，分6章67条。2008年，医院、疾控中心、连队卫生室实现网络化覆盖，计划免疫实现信息化、系统化、网络化操作管理，计划免疫优质服务更加高效、安全。

另一方面，检查考核。团防疫站每季度逐项检查、考核计免科和连队计免工作（台账记录、数据统计），并接受农二师防疫站的随机抽样考核。

（四）计免工作效果

基本指标的完成。新生儿24小时内建卡，建卡率100%；接种卡介苗，第一针乙肝疫苗注射率100%；"五苗"（卡介苗、脊髓灰质炎糖丸疫苗、百白破疫苗、麻疹疫苗、乙肝疫苗）基础接种和复种率均100%；及时接种率99.2%；流动儿童"五苗"接种率97.4%。

计划免疫和预防。接种工作近三十年，辖区未见发病报道，基本消除相应传染。"五苗"防治内疾病（结核病、乙肝、脊髓灰质炎、百日咳、白喉、破伤风、麻疹等）：脊髓灰质炎、百日咳、白喉、破伤风基本上得到消除。儿童结核病：凡接种卡介苗的儿童未见发病报道。麻疹：基本消除，未见确切病案报告。乙肝：根本上得到有效遏制（甲肝无病历报告）。

二、传染病防治

团场区域内主要传染病有肝炎（黄疸型肝炎）、伤寒、麻疹、流脑、脊髓灰质炎、百白破、白喉、破伤风（较罕见）、细菌性疾病、水痘、腮腺炎、结核病（以肺结核为主）、布鲁氏杆菌病等20种。1987年，团场卫生防疫站成立后，初级卫生保健计划免疫工作逐步健全，强化免疫得到推进。团严格执行《传染病防治法》，相应的传染病得到根本控制，计划免疫预防接种内的传染病未发生一例，小儿结核、脊髓灰质炎、百白破、白喉、破伤风、小儿乙肝、麻疹、小儿甲肝、流脑等都基本或根本消灭，特别是小儿脊髓灰质炎已彻底灭绝，伤寒、甲肝多年来未有病例报道；20世纪70年代前，夏季多发的菌痢也极少发病，或症状很轻或不典型，中毒性痢疾也已多年未发；成人乙肝、结核、水痘、腮腺炎等病得到有效控制。

2000年，卫生科、防疫站对传染病综合防控采取标本兼治措施。对团场重大传染病和突发公共卫生事件，如地方病、结核病、艾滋病实行疾病严控。团场通过世界卫生组织贷款，聚力对结核病（肺结核）进行免费检测和治疗。

2003年，暴发"非典"，传染性很强，根据国家共抗"非典"总要求和农二师卫生局文件精神，团场为进行全民抗"非典"总动员，成立了由团党委直接领导的抗击"非典"领导小组，卫生科、防疫站、医院具体负责抗击"非典"指导工作，统一指挥，统一行动。医院设发热门诊，连队卫生室设发热专项检查办公室，对看病就医患者均测体温，发热者实施隔离监控，实行24小时内零上报制度，抗"非典"各项任务指标圆满完成。

2005年，三十三团疾控中心实施传染病网络上报。

2008年，团实现连队疫情网络上报，传染病疫情上报得以提速。

2011年，针对甲型H1N1流感，团成立防控领导小组和总处理专业组。团举办5期卫技人员培训班，培训345人次；举办由45名卫技人员参加的甲型H1N1防控演练。

至2015年，团共完成18例肺结核患者的免费全程治疗。方案是：被确诊为肺结核后，分初治和复治两类，初治疗程为6个月，复治疗程为8个月，用药以早期、足量、全程、规律为治疗原则。用药处方：异烟肼（H）、对氨水杨酸（P）、利福平（R）、乙胺丁醇（E）即初治ZHPRE/6和复治ZHPRE/8，双日顿服。由团防疫站传染病科将抗肺结核药发给卫生员，再由卫生员将抗肺结核药发给患者并全程督导口服。此外，在夏秋季节以肠道传染病防治为重点，团场疾控中心设健康教育工作室，组织健康教育学习培训。开展健康教育亿万农民健康促进行动，设置传染病防治宣传专栏，实行传染疫情报告制度，普及传染病防治知识。在中小学开设健康教育课，对学生进行卫生保健、传染病预防教育。团场每年在3月24日—4月25日和12月1日开展大型宣传教育活动，普及结核防治、计划免疫、艾滋病防治等防治知识，全民健康教育知识普及率达90%以上，居民卫生和防疫意识明显增强。团场依据《传染病防治法》，凡是上幼儿园和学校的学生在开学前均进行健康体检（由医院出具健康体检证明），在校学生须持儿童计划免疫接种证入学。凡从事餐饮业的工作人员，均要办理健康证，持证上岗，实行年审。

表23-10 三十三团主要传染病情况一览表（2000—2015年）

单位：人、起

年份	人口	痢疾	伤寒	肺结核	麻疹	乙肝	腮腺炎	布病
2000	7705	25	0	0	8	0	0	0
2001	7812	16	0	0	0	3	0	0
2002	7876	7	0	0	1	0	0	0
2003	7931	1	0	1	0	0	0	0
2004	7941	2	0	6	0	1	0	0
2005	7963	3	0	4	0	4	0	0
2006	13601	8	0	16	1	9	0	0
2007	16104	14	0	8	0	7	0	0
2008	15900	7	0	8	1	21	0	1
2009	15469	8	0	14	1	15	0	0
2010	15278	7	0	12	0	14	0	0
2011	13923	8	1	11	4	6	0	1
2012	13128	7	0	16	2	22	0	0
2013	13765	1	1	11	1	24	0	0
2014	11927	6	0	11	1	24	0	0
2015	12115	5	0	6	0	2	0	0

表23-11 三十二团主要传染病情况一览表（2000—2005年）

单位：人、起

年份	人口	痢疾	伤寒	肺结核	麻疹	乙肝	腮腺炎	布病
2000	7060	20	0	0	1	0	0	0
2001	7009	19	0	0	0	4	0	0
2002	6980	8	0	0	0	0	0	0
2003	8076	2	0	1	0	1	0	0
2004	8052	1	0	4	0	2	0	0
2005	8023	4	0	1	0	0	0	0

第四节　医政管理

一、医疗制度

（一）门诊制度

1996—2000年，团场医院门诊制度仍执行1996年以前的办法，即收取职工（含承包土地民工）、退休职工及其家属20%的费用。

2001年始，医院实行兵团职工基本医疗保险制度，医院实行门诊首诊负责制度，并制定出新的急诊室和门诊工作制度。

（二）住院部制度

1996—2015年，团场医院住院部制度不断完善，实施七大核心制度：首诊负责制度、三级查房制度、疑难危重病例讨论制度、术前讨论制度、死亡病例讨论制度、"三查十对"制度、病历书写制度。其中，2009年，医院制定了新的临床住院医师工作规范制度、医疗差错及事故登记处理报告制度、危重患者管理制度、抗菌药物管理与应用规范护理质量管理制度和护理执业人员准入制度，规范管理。

二、医务管理

1998年，经农二师卫生局审批，团场连队卫生室核发医疗机构执业许可证，实行职业许可证挂牌行医制度。

2000年，团场把基层连队卫生室医务人员推向市场，打破档案工资制。连队医务人员停发工资，自主经营，自负盈亏，统一以现金形式购买医疗器械，将原卫生室医疗器械、设备均以现金形式买断，由统一在医院购药改为公立行政医疗体制管理模式。是年，三十三团对3名不具备职业资格医务人员调整工作岗位，同时关闭加工厂、民兵连、干休所、兽医站、建筑公司卫生室。

2002年6月，根据农二师医疗系统机构定员、定编、定岗总规定，团场决定将医疗卫生单位、医疗机构人员纳入事业单位编制，启动统一业务技能书面考试的岗位聘用制度；医院后勤、连队卫生员均停发工资，卫生员实行"自行经营，自负盈亏，统一购药，医疗器械现金买断"的模式，医院按规定完成改革增效项目。团场按总人口的5%设岗位，标准为1∶1.9∶1.1，团医疗卫生系统录用45人，有26名医务人员下岗自谋出路或分流，医院部分技术骨干随之流失，医疗卫生系统工作（外科、妇科尤为突出）受到影响。

2003年，团场进一步深化卫生体制改革，连队卫生员行政上由团卫生科、防疫站、医院、计生办和所在单位管理，实现由单一管理模式向双向管理模式的转变。

2006年9月，三十三团和三十二团医院合并，总编人员为78人。三十三团中心医院成立后制定《行政管理办法》《岗位责任制》《卫技人员岗位聘用办法》《专业技术岗位考核细则》等管理办法，采取以病人为中心的高医疗服务质量的医疗管理模式，提高医疗水平，保证医疗安全。

2007年，基层单位卫生员发放70%的工资。2009年，医院与基层单位一样计发工资。

2012—2015年，医院深化医疗体制改革，实施绩效考核，取得经济、社会双重效益。至2015年，医院、疾控中心、计生办和连队卫生室均实现微机化办公和信息系统网络化管理。医疗机构实行事业单位法人制管理，事业单位人员实行合同制，执业执照每两年考核一次，实行挂牌营业和绩效考核管理办法。

三、医药管理

（一）药品管理

20世纪90年代后，团场医疗药品、器械的供应渠道一部分是农二师药器供应站和焉耆药材公司，另一部分是巴州药材公司。三十三团和三十二团医疗机构严格执行国家《医疗器械监督管理条例》《药品管理办法》等法律法规和行业规定，统一采购药品、器械和耗材，规范储存，安全使用。医院对毒、麻、精神类药品实行专人负责、专用账目、专柜加锁、专用处方和专册登记，贵重医疗器械采取登记造册和专人管理。

1997年，根据《兵团医疗卫生药品采购规定》，医院成立药事管理委员会，加强对药品采购的监督检查。医院主要从国营医药公司采购药品，药品采购计划由药事委员会讨论通过后实施。

2000年，团场制定下发《连队卫生室药品管理制度》。

2006年，三十三团中心医院以集中招标形式，与14家公司、厂家签约采购药品239个品种、456个规格，一次性耗材42个品种、46个规格。

2007年，卫生中心清查医院、卫生所、疾控中心药房及库房所有药品，并造册登记。

2008年后，医疗机构所需药品按"三统一"（统一采购、统一配送、统一价格）规定执行。医院制定《三十三团卫生室建立合格药房十二项规定》，规定基层卫生室所需药品、卫生材料、医疗器械必须统一在团医院采购，是考核连队卫生室的硬性指标。

2009年，医院以189分的成绩通过兵团"医院规范药房、连队合格药房"验收。

至2015年，医院药品管理制度更加完善规范。

（二）中医药管理

20世纪70年代初，团场开设理疗室，从事针灸、穴位封闭、电疗等中医诊疗工作。80年代末，中医门诊停诊。

1996年，医院重新组建中医门诊。

2002年，医院聘请院外一名中医从事中医门诊相关工作。

2008年，医院停止中医中药诊疗。

2013年，医院再次成立较为完善规范的中医门诊，招聘中医本科毕业生从事中医门诊工作，采用望、闻、问、切的传统中医诊疗方法诊断疾病，配制中药，将中药制成成品，方便患者服用。

至2015年，医院聘请上级中医专家来院6次，受训300余人次。中医门诊除以中药方法治疗外，还开设了针灸、推拿、刮痧、拔火罐、艾灸和电疗等方法为患者康复治疗，并纳入卫生监督管理范畴。

第五节　健康管理

团场居民健康普查从2001年启动，主要分为妇科病普查、慢性病普查、常见病普查、地方病普查及其他病普查。

一、健康普查

（一）三十三团

1. 妇科病普查

2001年后，医院开展了2次妇科病免费体检，参检妇女3673人次，普查率达95%以上。妇科病普查结果统计显示，已婚育龄妇女妇科病发病率高达53.7%，以附件炎为主，其次是宫颈炎。妇科病的患者通过住院及单位卫生室治疗，大多治愈或好转。

2004年后，团工会、计生办、医院对全团已婚育龄妇女进行16次妇科病普查体检，参检人数达12283人次，检查发现乳腺增生有上升趋势。

2008年，团制定出台《三十三团女职工权益保护专项集体合同》，规定每2年对辖区妇女进行1次免费妇科病普查。

2013年，团开展35岁以上妇女"两癌"（乳腺癌、宫颈癌）筛查4427人，筛查出乳腺癌、宫颈癌各1例。经普查、普治，大多患者治愈或好转。

2. 慢性病普查

近年来，团场人口老龄化愈加突出，90岁以上老人达到29人，80岁以上的也比较普遍，慢性病的发病率逐年上升。

2002年，按农二师《关于对参保单位内部患特殊慢性病的人员进行普查鉴定的通知》，团场开始实施对参保职工、离退休人员进行慢性病普查和鉴定工作，团慢性病的防控主要针对高血压、糖尿病、慢阻肺等13种疾病进行普查。

2012年，团开通居民健康档案信息网络系统，实现慢性病信息网络全程管理，每季度对慢性病患者进行家庭随访、谈话，通过网络系统随时监测掌握患者的疾病信息，及时调整治疗方案。

2013—2014 年，慢性病普查 947 人，鉴定为慢性病的有 314 人。至 2015 年，全团普查鉴定为慢性病患者的有 474 人，全部建档。

3. 常见病普查

团场每两年进行一次妇科病普查，自 2011 年开始，增加了男科病检查。男性检查的对象是团场男职工及男计生协会会员；女性检查的对象是 49 岁之内的已婚育龄妇女。检查率 100%。

女性基本检查项目：妇科彩色 B 超、乳腺彩色 B 超、妇科常规检查、阴道脱落细胞检查、阴道分泌物检查。

男性基本检查项目：肝、胆、脾、胰、双肾、输尿管、膀胱、前列腺彩色 B 超。

2015 年，团为计生协会会员免费做骨密度测定。

4. 地方病普查

团场地方病主要为布病（患病人员主要为从事养殖业人员）和新疆出血热病（又称塔里木出血热）。

医院在 1981 年报道过新疆出血热病，新疆出血热病是由新疆出血热病毒感染而发病，传播媒介为亚洲璃眼蜱。发现过程如下：1981 年 6 月中旬，团一名职工因发热住院，在做血常规检查时注射部位广泛性出血不止，依据由兵团医院印发的《新疆出血热病的诊断标准和治疗预防方案》，临床诊断为新疆出血热病，通过抗病毒对症支持治疗，24 天后痊愈出院。从此，医院开展群众性地方病防治知识普及和预防普查工作。

20 世纪 90 年代初，团场牧业工人中约有 53% 感染布病。2004 年，防疫站普查全团畜群点 97 个，并为牲畜接种了疫苗。2006 年，团疾控中心深入牧区开展布病普查和宣传工作，为 180 名牧民接种布病疫苗，并指导他们掌握一定的防控知识。至 2015 年，团场布病人数降至个例，包虫病为零例。

5. 其他普查

自团场防疫站成立后，每年主要针对经商和餐饮业等人群进行健康普查。凡上述从业人员必有团防疫站出具的健康证方可从业上岗，确保公共卫生安全和人民群众的身体健康。

进入 21 世纪，患心脏病、高血压、糖尿病人群呈明显上升趋势，患痛风病和各种结石疾病的人也明显增多。

2000 年，防疫站、卫生科、医院启动《亿万农民健康促进行动》项目。

2006 年，疾控中心居民健康普查范围开始向干部、职工、离退休人员和居住半年以上常住、暂住人群及重要岗位人员扩展。

2007 年，团组织 83 名科级以上干部在团医院参加免费体检，并建立健康档案。

2011 年 5—8 月，医院对全团 10943 人进行免费体检。

2014年，医院为184名离休干部工人免费体检。5—9月，为842名65岁以上老人免费体检。

2004—2014年，团疾控中心为全校学生体检，达17932人次，其中，住校生肝功检查1200人次，体检结果进行电脑评估存档。体检项目有口腔、视力、身高、体重、腰围、胸围、臀围、肺活量、血常规等18项内容。

表23-12 三十三团部分行业人员健康普查一览表（2004—2014年）

单位：人

年份	干部	学生	餐饮服务人员
2004	328	1296	615
2005	324	1296	630
2006	618	2239	647
2007	623	2146	653
2008	613	2150	648
2009	616	2013	645
2010	624	1677	654
2011	617	1465	647
2012	625	1282	655
2013	621	1181	651
2014	615	1187	647

（二）三十二团

1. 健康检查

一是特殊行业体检。2000年后，卫生防疫站对辖区内从事食品加工、零售工作的人员以及保育人员、炊事人员每年定期进行一次健康检查，有传染病者不得从事此类工作。招收录用新工作、征兵、结婚均要进行健康检查。对其他人员不定期进行健康检查。2005年，医院免费为100余名中学教师做健康体检。

二是干部体检。2005年5月，医院为副连级以上干部127人进行健康检查。通过检查发现，男性疾病以高血脂、高胆固醇、脂肪肝为主，占32%；两对半阳性率相对较高，占23%；肝肾结石7人，占5%。在体检中约有1/3的男性有嗜烟、嗜酒史。

2. 妇科病普查

1995年后，开始对已婚育龄妇女进行生殖健康普查、普治活动，团育龄妇女生殖健康普查工作逐步规范。

2002年、2005年，团开展过2次妇女免费身体检查，参检妇女1821人次，普查率82%。二次妇女普查显示，团场大多数育龄妇女患有炎症，附件炎居妇科疾病之首，其次为宫颈炎（以宫颈糜烂为主）。此外，二次普查发现子宫肌瘤数例，均采取手术切除治疗。大部分患炎症妇女通过住院及单位卫生室治疗得以治愈或好转。

2005年8月，团出资60880元，由医院对993名妇女进行妇科病普查免费体检。通过妇科病普查发现，以生殖道疾病居多，如宫颈肥大、子宫肌瘤、子宫肥大、子宫肌腺症、宫颈糜烂、阴道炎等。在妇检的同时，医院安排妇科医生对患有妇科病的妇女及时进行手术治疗、药物疗法、物理疗法等，效果良好。自2006年，三十三团和三十二团医院合并后，每两年组织一次免费妇科病检查。

二、妇幼保健

20世纪90年代初，团场开始推广孕产妇、婴幼儿两系统管理。

1996年，防疫站设妇幼保健室，完善了孕产妇婚前、婚后、孕期、产前、产后保健工作内容，服务质量随之提高。

1998年，医院通过国家级"爱婴医院"评审后，认真执行国家计划生育政策，落实妇女安全优质手术免费服务。设置产妇母婴观察室、开设计划免疫门诊和计划生育服务站。保健项目：妇科检查，孕妇在孕期12周建立保健卡，按孕期各时间段进行规范性体检，产前共进行7次常规体检；产后一周内共计9次到家里访视，登记备案并上报妇幼保健站；产后42天再次访视，新生儿到31周时完成16次体检，对结果进行电脑评估。

1996—2014年，团场妇幼保健服务覆盖率100%，无孕产妇死亡，早孕建卡率100%，住院分娩率100%，新生儿建卡率100%，无婴儿死亡。

表23-13　三十三团孕产妇、婴儿体检情况一览表（1996—2014年）

年份	孕产妇（人）	孕产保健建卡（张）	活产数（人）	婴儿保健数（人）	保健覆盖率（%）
1996	60	60	60	60	100
1997	30	30	30	30	100
1998	44	44	44	44	100
1999	99	99	99	99	100
2000	88	88	88	88	100
2001	93	93	93	93	100
2002	88	88	88	88	100
2003	87	87	87	87	100
2004	67	67	67	67	100
2005	79	79	79	79	100
2006	72	72	72	72	100
2007	101	101	101	101	100
2008	112	112	112	112	100
2009	87	87	87	87	100
2010	82	82	82	82	100
2011	52	52	52	52	100

续表

年份	孕产妇（人）	孕产保健建卡（张）	活产数（人）	婴儿保健数（人）	保健覆盖率（%）
2012	78	78	78	78	100
2013	62	62	62	62	100
2014	65	65	65	65	100

注：1999年以后原三十二团产妇在三十三团医院分娩。

三、居民健康档案

20世纪90年代后，团场初级卫生健康档案项目实现人人享有初级卫生保健目标，实施规范化管理。这一时期为初级卫生保健事业发展的高峰时期，成为医疗卫生保健的主要内容。

1997年，团场卫生科、防疫站、医院开始建立居民健康档案和疾病筛查工作。在全团人口建档同时对妇科病、老年性疾病的病种进行筛查建档，对慢性病如糖尿病、高血压、心脏病等筛查建档后实行控制管理。三十三团建立健康档案8743人，三十二团建立健康档案3233人，因历史原因以后终止。

2008年9月起，按照国家规定，团在三年内完成全国人口健康档案建档工作项目启动，此次建立居民健康档案要求严格、项目规范、数据准确、信息更加翔实，此次以入户调查摸底的形式收集全团居民基本信息和健康信息并实施体检。是年12月底，完成全团15963人的建档工作，建档率100%。

2012年8月，团建立居民健康档案网络信息系统，包括基本信息以及慢性病管理、65岁以上老人管理、健康教育、新婚、新生儿出生及学生体检等信息的录入，信息化、网络化全面覆盖。是年12月，完成全团12604人（份）的电子建档录入工作。

至2015年，团建立电子健康档案11项，为统计居民健康状况，制定新时期医疗、卫生、预防、保健、计生及科研发展规划提供了丰富全面的信息资源。

第六节 食品卫生管理

2009年《中华人民共和国食品安全法》颁布实施，团卫生监督所的职责重新划分，零售业由工商部门，质量技术监督部门管理监督职能位置转变。根据兵团编办编发《关于成立师卫生局驻团卫生监督机构的通知》精神，2009年11月，农二师卫生局驻团场第三卫生监督所成立，后改为第二师食品药品监督管理局驻团场第三食品药品监督所，所址设在医院内，有专门办公场所。卫生监督所为全额拨款事业单位，编制5人，实际有5名监督员（包括所长），陆军任第一任所长，陈焕新任第二任所长，张波任第三任所长，李秀芳、闫少玲、尚红全、刘洪斌任监督员。卫生监督所设有专门的办公室、卫生监督所长室，设有卫生监督稽科（兼办公室）、综合监督科、卫生许可证管理科和公共卫生科。

一、卫生监督

2008年始，农二师推行团场卫生监督协管制度，并在各团场疾控中心聘任卫生监督协管员，赋予其卫生监督工作的协助管理、联络、报告和巡查职责。卫生监督延伸到最基层，提升了卫生监督覆盖率，综合执法及工作效率、服务能力、卫生保障能力得以全面提升。

2012年，农二师食品药品监督管理局驻团场第三食品药品监督所在三十三团正式挂牌，在兵团和农二师授权下其被赋予双重责任和任务。第三食品药品监督所的主要任务是完善、监督和管理塔里木垦区和三十三团、三十八团的餐饮服务、公共场所、医疗机构、学校卫生、职业卫生、疾病防控、生活饮用水等卫生工作。食品药品监督所负责健康体检、从业培训、发放健康许可证和食品安全等工作，管辖各类饮食服务经营单位和摊点130个、公共场所经营者80户、各类医疗机构129个（医院和疾控中心各5所、连队卫生室98个、社区卫生服务站7个、个体药店诊所14个）、生活饮用水井80口。卫生监督所有执法车1辆。

至2015年，第三卫生监督机构的办公条件、监督水平、队伍建设、应急能力等都有了较大的改善和提高。卫生监督网络建立和完善后，卫生监督机构的执法职能、食品抽查、打击非法行医和卫生保障工作力度增强。卫生监督技术支持和应急突发公共卫生事件的防控能力，食品、药品及公共场所卫生监督分级管理水平全面提升。

二、卫生管理

从建场起，团场医疗卫生系统的所有管理工作都是在团党委的领导下开展，由医院院长、书记负责，卫生管理具体工作由医院书记抓。

1999年，团医院开始行使医疗预防、爱国卫生管理行政职能。

2000年，团场贯彻兵团党委提出的合理规划、调整结构、控制规模、增强素质的医疗卫生改革思路，调整医疗结构，优化资源配置，团场医疗机构由整数型向结构优化型转变。

2006年，三十三团卫生中心成立，三十二团医院并入三十三团医院，总称为三十三团中心医院。

至2015年，团疾病控制中心行使医疗保健、爱国卫生、地方病、传染病防治、健康教育及基本公共卫生等11项目服务工作的行政管理职能。医疗机构医务人员的医德考评、设备、药品、购量及干部职工在团内的医疗费核报等工作同属卫生中心行政管理范畴。

三、食品安全管理

2009年11月，农二师第三卫生监督所成立后，按照国家《食品卫生法》等法律规定，加强对辖区学生食堂、幼儿园食堂的食品卫生安全监督管理力度，至2015年全团未发生一起食物中毒事件。在完成辖区内食品、药品和卫生安全保障的同时，其还对塔里木垦区各团场各类重大庆典活动期间的卫生安全进行监督检查。

2009—2015年，该所每年均在辖区内举行"3·15"消费者权益日、"12·4"普法日等活动，宣传《食品卫生法》《药品法》等法律法规，年均发放各种宣传资料2000余份，受教育人数达2万余人。2009—2012年，第三卫生监督所参加农二师第三届天格尔杯龙舟赛大型活动，向群众展示了第三卫生监督所的精神面貌。2012年，第三卫生监督所对辖区所有餐饮卫生服务单位实行"三统一"（统一制定卫生监督管理制度及信誉等级公示制度、统一发放从业人员卫生管理档案、统一制食品原材料采购登记和消毒登记本）。2015年，第三卫生监督所对辖区129个餐饮营业户的食品原材料进行抽样检查，其中有餐馆42个、小吃店72个、学校食堂6个、中心托儿所6个、招待所食堂2个、敬老院食堂1个，完成两批食品样品的采集与送检工作。

四、生活饮用水管理

2009年11月始，第三卫生监督所辖区团场生活饮用水管理由各团场疾控中心代管。每年在丰水期和枯水期必须对每处水源水、末梢水进行水质检查。管水人员须持健康合格证上岗，监督所按上级生活饮用水卫生监督数据，掌握辖区饮用水状况，制定相应检测措施，辖区居民饮用水更加安全卫生。2009—2015年，辖区水质通过检查达到国家一级饮用水标准。

五、执法检查

2009—2015年，第三卫生监督所为履行保护辖区各族群众生命安全和健康职责，加大对食品、药品安全监督执法力度。监督所本着严格执法、公平、公正、公开透明的工作准则，查处和销毁不合格食品、药品，消费者的健康和安全得到有效保障。

六、档案管理

2009年11月，第三卫生监督所成立后，在原来的餐饮卫生和公共场所卫生档案资料的基础上，完善了餐饮业、公共场所、医疗机构、放射卫生和学校卫生等档案建设。同时，监督所对档案进行规范管理。至2015年，卫生监督所新增铁皮档案柜10组、档案盒400个、档案袋1000个、电脑打印机6套，各类档案实现系统化、信息化、规范化、程序化管理。

七、卫生安全教育

第三卫生监督所组建以来，常年对从业人员进行学习培训。2010—2012年，第三卫生监督所先后举办餐饮业服务、公共场所卫生监督量化分级管理、第三卫生监督所辖区餐饮业法律法规知识、餐饮业食品安全知识、医疗机构药品、卫生知识培训班、生活饮用水安全管理知识培训班、辖区内院长、疾控中心主任、护士长及个体医疗机构医生护士等培训班。

至2015年，监督所成员参加各类培训学习46次，参加人数达64人次；举办辖区行业从业人员培训班11期，参培人数达648人次，在各节假日发放传单资料3000余份，卫生监督执法工作深入推进。

第七节　爱国卫生运动

20世纪80年代后，团场成立爱国卫生委员会（以下简称：爱委会），爱国卫生活动被纳入团场两个文明建设。团场每年均组织不同形式的群众性爱国卫生活动，这项工作实现了制度化，团场的环境保护社会效益显著增强。

一、环境治理

通过多年努力，团场环境保护工作逐年加强，但由于生态发展不平衡因素，居民居住环境脏、乱、差现象仍然存在。2001年，团场印发《社区卫生侵占实行办法》，团部社区分为三个片区，招聘3名环卫员，实行卫生垃圾承包清除制。团场爱委会制定下发《居民卫生合约》，倡议社区居民积极参与环境保护活动，自觉维护社区环卫，同时制定《环境卫生考核评分标准》，按标准考核各单位的环境治理工作。

2002年4月，团场发出开展"爱国卫生活动月"的号召，每年必在规定时间组织职工群众开展营区环境治理活动。此活动被纳入单位年终精神文明建设考核项目，由团工会、卫生科、防疫站联合检查、考核、评比。

2005年，三十三团下发《关于开展环境卫生综合治理工作的通知》，动员全社会参与环境综合治理，并将其纳入团场环境保护目标责任考核。

2006年，团职代会联席会议通过《三十三团爱国卫生实施办法》《三十三团爱国卫生实施细则》，规定"爱国卫生运动"工作实行党委组织负责、部门协调、科室管理、社会监督、分类指导原则，并把此项工作纳入团场精神文明建设的总体规划和统筹安排。

国家"十一五"时期，团部建起垃圾箱和生活用水处理设施，生活垃圾和污水实现集中处理。医疗机构采用二级生化一体化处理，医疗废水集中处理、医疗废弃物集中销毁，防止医疗废弃物二次污染，团部辖区卫生环境明显改善。

2007年1月，团成立爱国卫生运动委员会，团长、政委为主任，主管副政委为副主任，把每年4月定为团"爱国卫生活动月"，全面治理环境卫生，消灭卫生死角，环境卫生整治成效明显。

2009年始，医院按规定落实医疗废弃物的收集、运送、贮存和监督管理工作。连队卫生室设有处置室，医疗废弃物贴有专用醒目标识；建立医疗废弃物分类、毁形、消毒台账；实行医疗机构一次性医疗废弃物统一管理（一次性医疗废弃物处理后统一送往师卫生环保局处理）。

2010年，团调整爱国卫生运动委员会组织机构，办公室设在团卫生中心，主管副政委为主任，卫生科科长为副主任。团组建38人的社区环卫队，月掩埋处理垃圾705吨，团部和各连队设自助式垃圾池120个、果皮箱30个，社区实现垃圾日产日销。

2012年后，三十三团各小区设有垃圾收集房和垃圾分类箱，专人专车收集垃圾，环卫人员实时清理街道、楼区、楼道等公共场所卫生垃圾。

2015年，团场多数居民迁至团部居民楼，团投入资金500余万元，拆除清理原居住地的危旧平房垃圾6000余吨。

二、改水改厕

（一）改水

进入20世纪90年代后，团场居民家中通上了自来水，30多年饮用捞坝水的生活成为历史。

1998年，团启动苏盖特北山引水工程，投资280万元，11月竣工并投入使用。

2003年，团场建储水池2个，日受水300余立方米，有专人向池内按量定期投放消毒灭菌药，经水质监测基本达到国家饮用标准。

2004年，团场对60余千米自来水管道进行更换，每户新安装了水表，自来水的饮用向自动化、智能化方向发展。

2005年，三十三团（中心团场）投资8000余万元，启动北山引水工程。2007年，北山引水工程竣工并交付使用。

2008年，团投资1200万元，建饮用水处理厂1座，日处理自来水3000余立方米。经定期水质监测统计分析，团居民饮水完全达到国家标准。

2009年，团投资3000万元进行挖山引水工程的升级改建和新建生活污水处理厂，日处理生活用水2000立方米。实行水费自付制度，家庭饮用水全部实现了自动化、智能化。

2010年，团投资452万元，完成了连队30千米的自来水管道更新改造（使用至2015年）。

（二）改厕

2006年三十三团中心团场成立后，团加大改厕力度，投资500万元用于改厕。到2008年，团新建连队水冲式厕所10座。2010—2014年，团基本实现楼房抽水马桶和水冲式家庭厕所。至2015年，团建设公共场所公厕10座。

第二十四章　文化体育和广播影视

1995年后，随着团场经济社会建设发展壮大，文化设施条件得到改善，文化、体育、广播、影视事业快速发展。团场把文化事业活动经费纳入年度财政预算，加大投入力度。各基层单位相继建成设施齐全的职工文化活动室，为职工群众提供良好的业余文化活动场所。文化事业的蓬勃发展，成为团场精神文明建设的重要组成部分。

第一节　文艺演出

1990年，团场开始举办"文化月"系列活动（春晚、社火、游园、趣味、卡拉OK、文体比赛、元宵花灯等）。至2015年三十三团举办"库尔木依文化月"系列活动25届，三十二团举办"乌鲁克文化月"系列活动14届。

1995年后，文艺演出等文化活动日渐丰富，团场文化事业发展成果得以展示。

1998年，三十三团和三十二团儿童文化园成立。每逢节假日儿童文化园均为团场职工奉献精彩节目。

1999年，三十三团组建胡杨文艺演出队。3月，在农二师宣传思想工作会议召开期间，团胡杨文艺演出队应邀到库尔勒市为会议献上精彩节目，受到农二师领导的好评和赞誉。是年，庆祝"新中国成立50周年"和喜迎"澳门回归"上演精彩节目。

2000年后，胡杨文艺演出队每年均为团场春晚奉献一台精彩节目。

2006年4月，三十三团文化园学员董圆华参加由文化部（现为文化和旅游部）艺术服务中心、新疆维吾尔自治区文学艺术界联合会、都市消费晨报、首都艺术家协会主办的2006年第六届"全国电视希望之星"大型系列活动。董圆华的配乐诗朗诵《胡杨颂》获全国少年朗诵组总决赛十佳选手称号。

2007年，团胡杨文艺演出队排练6个节目参加由农二师纪委、交通局共同举办的首届交通杯

"党风廉政文化月"演出活动。是年起,每年一届,团均由胡杨文艺演出队精心排练参加演出。

2008年,团幼儿园组队参加"冠农杯"与奥运同行农二师迎奥运职工健身操比赛。5月,幼儿园的4个节目参加"农二师塔里木垦区文明生态小康连队建设联谊会"文艺演出;胡杨文艺演出队11个节目参加了塔里木乡第二十六届民族教育月"兵地共建"文艺演出。7月,团老年体协歌舞队参加由农二师老干局、老年体协举办的"庆建军节 迎奥运"文艺汇演。9月,团胡杨文艺演出队有4个节目参加农二师举办的"和谐交通"文艺汇演。

2014年1月,团举行团拜汇演　　(杨帮力 摄)

2009年,三十三团文明办、工会、团委、纪委监察等部门联合举办庆祝新中国成立60周年、建党88周年、兵团成立55周年爱国歌曲大家唱活动,26个单位参加演出。

2010年,三十三团胡杨文艺演出队2个节目参加三十一团承办的师塔里木垦区第四届"交通杯"党风廉政文化月活动,获二、三等奖。

2011年,团在文化广场举行庆祝中国共产党成立90周年"唱响主旋律、颂歌献给党"红歌演唱会庆祝活动,18个单位参加演出。

2012年,三十三团百人合唱团参加农二师"七月放歌"庆祝建党91周年团歌比赛。8月,由团工会、文明办、团委、妇联联合举办首届"棉花机采节"职工文艺汇演。9月,团承办农二师工会在塔里木垦区举办的广场舞预赛和"喜迎十八大、激情塔里木"职工文艺汇演。

2014年,团举办首届"乌鲁克杯"文化艺术节和"群众路线心连心、文化活动下基层"巡演活动。团在参加第二师工会组织的"中国梦 劳动美"为主题的广场舞比赛中获第一、第二名。是年,团承办兵团工会、电视台主办的"快乐一线 走进三十三团"慰问演出活动;团举办首届"乌鲁克杯"激情广场、幸福家园广场文化艺术节文艺汇演;团选送的"兵地一家亲 共圆中国梦"表演节目,受到国家、兵团和第二师领导高度赞扬。

2015年,团工会、文明办在纪念抗战胜利70周年活动期间,联合举办以"铭记历史、勿忘国耻、凝心聚力、圆梦中华"为主题的歌咏比赛。是年,团工会、团委、妇联、文明办等部门联合举办"激情八月 名星闪耀"为主题的第二届"乌鲁克杯"百日广场文化艺术节。这些精彩节目,都为基层一线职工自编、自导、自演。

至2015年,团场有秧歌队、腰鼓队、舞龙队、舞狮队、太极拳队、门球队、健身操队、广场舞队、文艺演出队和业余文体团队等13支；有书画、摄影、音乐、舞蹈、体育等文体协会11个；有文艺骨干1592人，文化事业蓬勃发展。

表24-1　三十三团获师级以上奖励节目一览表（1995—2015年）

获得奖项	获奖年份
农二师组织职工文艺调演优秀奖（师级）	1997
农二师企业歌咏比赛三等奖（师级）	1997
全国优秀青年文艺节（国家级）	2003
共青团中央表彰乡村青年文化活动项目"库尔木依文化节"（国家级）	2004
全国乡村青年文化活动先进集体（国家级）	2004
全国民间艺术之乡（国家级）	2007
农二师青年歌手大奖赛第三名（师级）	2012

第二节　群众文娱活动

至1995年，团场文化娱乐事业就已具有广泛的群众基础。每年春节、儿童节、建党节、国庆节等重大庆祝节日，团场均组织业余文艺演出队，进行编排演出。尤其是一年一度的春节文化月活动，让团场干部职工群众尽情享受胡杨文化、民间艺术、戏曲专场、书法、美术、摄影、歌咏比赛、文艺汇演、手工艺品展、元宵节灯展、游园等活动的极大乐趣。

1996年起，群众文化娱乐活动由团场工会负责。各基层连队每逢节假日，均组织职工参加舞蹈表演、卡拉OK、家庭趣味等活动。职工群众在田间、车间、地头、家庭的身影逐步转变为电视、报纸、讲台、展板、挂历上的封面人物。职工群众的精神风貌和军垦人的时代风采得以展示。

2004年，团库尔木依文化月活动被共青团中央授予"青年文化月"优秀项目。文化月活动成为团场职工群众每年春节不可缺少的文化生活精神食粮，为团场增添了一道浓墨重彩的风景线。

2007年后，随着团场经济快速发展，在新型团场、新型连队建设推动下，团场逐年加大文化领域投入，新建的团场史馆、运动场、门球场等各类健身运动场地配置齐全，既为职工群众健身锻炼提供了场所，又为职工群众开展革命传统教育活动提供了良好平台。团场电视差转台、卫星接收站改建成覆盖全团有线电视网，使团场文化领域发展升级。

2008年，各基层单位相继新建职工之家、文娱活动室、老年活动室、阅览室、运动场等活动场所，设备设施更加完善。

2012年，由团工会、文明办、团委、妇联联合组织开展的"唱响兵团精神、舞动和谐生活"职工广场健身舞比赛活动在文化广场举行，26个基层单位参加赛事。

2015年5月，团工会举办第三届职工广场健身舞比赛，各基层及驻团单位27支代表队参加比赛。6月，工会、民政科、社区联合举办"我爱我家"花卉展，有800余户的1300盆花卉被展出，为团场爱花养花的居民搭建了相互交流平台。

至2015年，团场拥有金色胡杨艺术团、少年火炬艺术团、幼儿苗苗艺术团、老年艺术团、夕阳红健身操艺术团、职工业余文艺表演队等多支文艺团队，为团场重大节庆活动的演出汇演提供保障。

第三节　文艺创作

1995年后，团场开始将文艺创作活动作为引领职工、教育职工、凝聚职工、感召职工的重要举措。

1996—2015年，团场常年举办系列群众性文艺活动。举办"春到景更新"职工书法、美术、摄影展等活动，每年分别展出书法作品60余幅、美术作品30余幅、摄影作品70余幅；举办元宵节灯展活动，每年参展的各式各样的花灯有160余盏；举办胡杨艺术节活动，每场展出的摄影作品多达200余幅。

一、文学创作

20世纪70—80年代，团场文艺创作较为落后，创作人才很少，在省级报刊上发表的作品甚少。除上海支边青年刘伯在《新疆文艺》《新疆日报》上发表过《翠青》《在合作医疗站里》《乌鲁克人》等小说、散文外，无人涉猎文学创作。

1997年，三十三团机关宣传干事陈尚毅作词、工会副主席王战军作曲共同创作的三十三团团歌《跨越明天》在《绿原报》上刊载发表。

2001年，三十二团机关干部袁明汉采写的《大漠深处的红柳》一文获《绿原报》"金秋风采"杯一等奖。

多年来，三十三团儿童文化园李玲老师放弃自己的休息时间，义务为团场职工子女培育出大量文艺骨干，并创作出一批高格调、高品位的少儿文艺节目，为发展团场职工群众文化事业，培养"四有"新人，提高企业文化素质，增强团场文化凝聚力作出了积极贡献。2006年4月，儿童文化园学员董圆华获全国"少年朗诵"组总决赛"十佳"选手称号。是年，文化园学员赵雪薇、宁娜娜、唐培蓓考上艺术院校。儿童文化园这块苗圃，以其强大的生命力，植根于团场沃土，为团场和兵团培育出400余名各类文艺才子。

2010年，团编排的"交通情"舞蹈获农二师第四届廉政文化文艺汇演二等奖、"为祖国干杯"舞蹈获优秀奖。是年，团文联文协积极在学生中开展"我是小作家"文学创作活动，涌现出颇多小作家、小诗人。作品先后在《巴州日报》《绿原报》《新疆少年报》等多家报刊上发表。

2014年，团对基层单位书记、文学艺术创作会员、业余文艺爱好者举办7次新闻写作和文艺理论培训班。以"我的中国梦"为主题，政工办（宣传科）袁明汉执笔创作的歌词《我们的根是兵》入选兵团成立60周年《兵团之歌》歌集。是年，在《铁门关文艺》上发表了中篇小说《逃学》、电影剧本《鹿鸣呦呦》和《团场的一天》、纪实报告《塔河岸边好风景》、朗诵诗《腾飞吧，兵团》等27篇文艺作品。分别在省、地级刊稿的文艺作品97篇。是年，团选送3名优秀学员（含南疆片区1人）参加兵团基层文艺骨干舞蹈编导高级培训班。

二、美术书法

20世纪90年代后，三十二团工会主席、离休老干部王锐潜心书画创作，颇有造诣。1994年8月，他的国画作品《花鸟图》获"黄河杯中国书画大赛"铜奖，并被选派到新加坡、日本、韩国参加画展；1995年4月，一幅书法作品获中国工会成立70周年全国书画大赛一等奖，并入选精品集；1995年6月，一幅书法作品获庆祝中华人民共和国建国45周年海内外书画大赛银奖并入选《当代书画作品精选》（辞书）。他成为中国江都书画院高级书画师。

2001年10月，三十二团中学教师刘德荣的绘画作品获农二师迎国庆书画展三等奖；离休干部王锐的书法作品获师迎国庆书法展三等奖。

2010年2月10—12日，三十三团大型迎新春职工大型书法、绘画展在机关拉开序幕，参展作品达200件，有16件作品获奖。

2011年9月17日，在团举办的第十次党代会书法、绘画展中，参赛作品80余件，有15件作品获奖。

2012年，在团举办的"龙腾虎跃贺新春、喜迎党的十八大"职工书法、美术、摄影展活动中，分别展出书法作品129幅、美术作品37幅、摄影作品86幅。

2014年6月13日，团举办为期2天的书法、绘画培训班，爱好者们切磋交流，展示作品，收益颇丰。是年，首届"巧梦苑"职工手工艺品展在团举办，展出160件精美作品。

2015年，团举办"红柳杯三羊开泰贺新春"职工书法、美术、摄影展活动，展出佳作143幅。

三、摄影创作

20世纪90年代以前，团场摄影设备和摄影技术比较落后，参与摄影活动人员甚少。

2006年以后，随着数码相机的普及，团工会相继为各单位配备相机设备，先后组织各单位参加农二师文联举办的"关爱女孩行动"和"交通杯"摄影赛活动。

2010年10月，团文联依托塔里木现有金胡杨特色资源，邀请32名摄影爱好者集体采风，部分作品被《兵团工运杂志》、《兵团日报》、《绿原报》、《西部建设报》、新华网、中国广播网、兵团网、天山网等国内外新闻报刊、互联网刊用。

2011年9月17日，举办三十三团第十次党代会摄影展，有72件作品参赛，其中9件作品获奖。

2014年，在第二师文联主办"兵团成立60周年书法绘画摄影展"上，三十三团选送的6幅作品均获奖。

第四节 文化设施

一、三十三团

1994年，三十三团新建露天篮球场和文化广场，总面积5万平方米。是年，团建起两层楼职工文化宫，总面积2800平方米，有舞厅、图书室、活动室、培训室、办公室、团史展览馆等，常年开放。文化培训中心有工作人员2人，属团工会管理，团大型会议、文艺演出、重要活动均在此举办。

1995年后，团场相继建起兵团级儿童文化园、基层连队文娱活动室、老年活动室、阅览室、运动场、门球场及"职工之家"等文化活动场所。

1996年，团场投资400余万元，为各基层单位恢复和新建连队职工文化广场。

1997—2001年，随着团场经济快速发展，团先后投资1600余万元，为一连、五连、六连、八连、九连、十连、十一连新建造形各异的多功能职工俱乐部；为二连、林园连建设两层楼职工俱乐部（配套沙漠公园建设），添置健身器材各1套。其他十一个连队因地制宜，对土木结构职工俱乐部进行装修。2001年后，各基层单位均建起图书室、农家书屋，设书柜、桌椅、报刊架、阅报栏、消防器材等设施。图书室管理制度健全，由专人管理，配有电视机、投影仪等多媒体教学用具。至2002年，全团职工俱乐部总面积达32000平方米。

1998—2006年，三十三团共投资3000余万元，陆续为一连、二连、五连、六连、八连、九连、十连、十一连、林园连、水管站、加工厂、建筑公司、农机总站、医院修建砖混结构职工活动室；装修三连、七连原有活动室。

2007年，团场投资700余万元，在林园连修建集文化长廊、仿古凉亭、休闲娱乐设施于一体的文化广场，总面积3万平方米。文化广场由西向东依次为沙漠公园、休闲娱乐区、篮球运动场、文化长廊、健身区、文化活动区，是团场连队中最具代表性的文化阵地。

2010年，团投资32万元高标准建设八连、蛭石连综合活动室。之后，为9个连队改建、扩建、装修综合文化活动室总投资140余万元，改造面积5000余平方米。

2013年，全团建农家书屋21个，发放"东风工程"图书1万余册，送书下基层0.28万册。

至2015年，三十三团团部（库尔木依镇）先后建起承德文化广场、3个公园和新文化中心等休闲娱乐活动场所。团职工俱乐部、文化硬件设施建设在第二师名列前茅。全团农家书屋有藏书14000册、各类报纸12种、杂志11类。阅览室常年开放，年均阅览人数达1500人次。

二、三十二团

1995年，三十二团在弘扬"艰苦创业、求真务实、团结拼搏、只争第一"的企业精神活动中，推动文化建设再上新台阶。

1996年底，团设工会图书室，藏书8000余册，以文艺类居多。乌鲁克中学有藏书10500册，以教学参考书籍和文艺类书籍为主，借阅对象包括学生和教职员工。

2002年，团投资300余万元新建文化宫，配有舞台灯光音响等设备。内设舞厅、剧场、会场，西侧厅置有老年活动室、职工图书室和阅览室，配有1名管理人员。团基层单位有职工俱乐部16个。至2015年，原三十二团文化宫设施设备正常使用。

第五节 文化市场管理

一、管理机构

（一）团管理机构

1995—2003年，团场文化事业管理由宣传科负责；2004—2015年，由政工办负责。每年对公共娱乐场所和各单位图书室及销售文化物品的商店进行不定期检查，定期对全团小型卫星地面接收系统进行认真清理和整顿，团场180面小型地面卫星接收系统管理到位，团场文化市场健康发展。

（二）基层管理机构

1995年后，团场各基层单位均有文化管理组织，负责本单位职工的文化娱乐活动，由各单位指导员（书记）、政工员、工会主席、女工委员组成，负责单位的文化活动管理工作。

二、文化娱乐市场

（一）棋牌室

2003年，随着团场文化市场的兴起，经农二师批准，三十三团私人建棋牌室2家；三十二团2家棋牌室均在团部。2005年后逐步取缔，但仍存在无证经营现象。

（二）网吧

2003年，团场经农二师批准，团部个人建立网吧2家，从事经营活动。2010年后，随着电脑宽带和智能手机的普及，网吧客流量逐年锐减，经营状况不佳，遂自动停业。

（三）歌舞厅

随着团场文化产业的发展，两团职工群众的娱乐生活也丰富起来。1988年始，团场只有两三个单位每周举办一场舞会，当时的活动场所比较简陋。1990年，团部每周在露天小广场举办一场舞会。1992年后，团场各单位陆续新建的办公场所包含职工文化活动中心（当时叫职工俱乐部），举办舞会的单位逐渐增多。1996年，团场有4家私人开设的卡拉OK音乐茶座，因消费人群少，两年后自动停业。2002年后，团场文化宫相继建成，由团工会管理，设歌舞厅，每周为职工群众举办一场舞会，全年举办50场左右，参加人数5100余人次。2004年，歌舞厅由私人承包尝试营业性经营，延至2015年。

三、管理措施

1995年后，团场宣传科代表农二师文化局行使管理职能，依法对团场文化市场、广播电视进行监管和开展校园周边环境治理工作。

1998年后，团每年开展2~3次"扫黄打非"净化社会文化环境集中整治行动。

2004年后，团实行文化经营许可证制度，每年由农二师文化局核验换证。凡在团内开办文化娱乐、美术品、音像、演出、业余文化艺术培训等文化经营活动的商家，在申请工商登记注册前，须由团宣传科初审，经农二师文化局批准，领取文化经营许可证。严禁接纳未成年人进入网吧、歌舞厅等违规行为。

2006年后，团场对辖区文化市场的管理由宣传科、综治办、派出所联合执法，采取集中整治，使之法治化、规范化。严厉打击"黄赌毒"违法行为，确保团场文化产品、文化活动内容健康安全。该管理措施延至2015年。

第六节　史志

一、机构

（一）三十三团

1985年6月，农二师召开首次史志工作会议，对团志编纂工作统一安排部署，下达团志编纂任务。三十三团从1985年7月1日成立团志编纂委员会，下设办公室，配备3名工作人员，属政治处领导。1988年3月，团重新调整以政委雍朝万为主任的史志编纂委员会，下设办公室，配备4名工作人员，仍属政治处领导。1991年机构未变，但因人员调离和退休等原因，办公室只保留1人，属工会领导。1994年4月，由政委马胜利任编委会主任，杨德胜任主编，张志平任副主编，成员胡正国。1995年办公室增至4人。1996年减为2人，由正副主编组成，同时吸收打印、档案室、工会各1人，协助办公室工作，属行政办公室领导。2006年，党委书记（政委）曹护林、党委副书记（团长）刘期国任编委会主任，副团长夏泽祥任副主任，杨德胜任主编，李世荣任副主编，成员胡云波。

2014年3月，团党委召开专题会议，调整团志编纂委员会，由团党委书记（政委）刘期国、团党委副书记（团长）孙泽斌任编委会主任，副主任由团党委常委（副政委、纪委书记）康学贵和总农艺师冯利和兼任，王晓鹏任主编，陈兵任副主编，成员李世荣。三十三团第二轮编修团志工作开始。

（二）三十二团

1987年2月，三十二团成立团志编纂委员会，政委谭敦任主任，行政办公室主任陆远踢任副主任，史志办公室未配备专职工作人员，业务由行政办公室兼管。1996年，团长饶士乾任编委会主任，政研室副主任刘伯璋任主编，编写组3人。2000年，团长郭德祥、政委周敏燕任史志编纂委员会主任，刘伯璋任主编，唐克英任副主编，机构延至2005年。

二、团志编修

（一）三十三团

《三十三团志》的编修工作，始于1985年7月。团党委根据兵团和农二师党委有关文件精神，成立由9人组成的史志编纂委员会，同时下设办公室，具体负责史志编纂事宜。

1988年之前，团史志办公室主要是组织编纂人员学习专业知识，查阅案卷，收集资料，为撰写团志作准备工作。1987年8月，团机关大多科室撰写完成团志初稿，为团志的总纂奠定基础。1988年后，因史志办工作人员陆续退休，团志编纂工作受到较大影响。1989年3月，团政委雍朝万（编纂委员会主任）召开专题工作会议，明确编史修志任务，调配史志工作人员，团志编修工作恢复正常。在史志工作人员艰辛努力下，1991年11月完成《三十三团志》1958—1985年征求意见打印稿，下发征集。1995年4月，接农二师史志办通知《三十三团志》需下限至1994年，团史志编纂委员会决定返聘原史志办离退休的3名老同志回办参与1986—1994年9年资料的补充任务，于1996年11月完成《三十三团志》终审稿。1997年6月，经农二师史志编纂委员会审定，报送兵团终审。1997年12月交付新疆地矿彩印厂印刷出版，全书29章71万字。

2021年4月24日，团召开团志初审评审会　　（谢奎斌　摄）

2014年，按照兵团和第二师二轮修志要求，三十二团作为进入三十三团（中心团场）的单位，不单独修志。2015年4月，三十三团续志篇目大纲报请师史志办审核。初稿编写工作于2015年11月底基本完成，取得二轮修志工作的阶段性成果。《三十三团志（1995—2015）》中三十二团上限从1995年起，下限至2005年；三十三团上限从1995年起，下限至2015年。全书共有26章165节，总字数110余万字。

（二）三十二团

1984年4月，三十二团开始首轮《三十二团志（1958—1985）》编修工作。1989年12月，团志初稿完成。在近3年的编写过程中，团史志编纂委员会先后5次召开会议，研究编写方案、修改篇目和审定初稿。农二师史志办公室先后4次派人到团场作具体指导。初稿完成后，团志编修工作出现了较长时间的停滞。按农二师史志办公室审稿意见，对初稿先后作了3次重大调整和修改，1995年底改定完成送审稿20余万字。三十二团志记事上迄1958年、下至1985年，共计27年。

1996年9月，按照农二师在二十一团召开的史志工作会议精神，团决定重新组建团志编纂委员会，由团长饶士乾任编委会主任，政研室副主任刘伯璋任主编，重新编修团志。1996年12月，重编工作开始，编写组由3人组成，主编刘伯璋负责全书文字总撰，档案员唐克英和退休干部陈德裕负责资料收集和编写工作。在原团志送审稿基础上，重新架构篇章，文字数据全部重写和整理，记事时间由原来的上迄1958年建场、下至1985年改为上迄1958年建场、下限至1996年，共计38年。

1997年11月，团完成《三十二团志》创修任务。团志初稿通过农二师史志编纂委员会评审和兵团终审。1998年9月《三十二团志（1958—1996）》交付新疆教育学院印厂印刷出版，全书29章75万字。

三、简史编纂

（一）三十三团

2005年5月，团启动第一轮简史编纂工作，主编杨德胜，副主编李世荣，成员胡云波。2009年9月成稿。2009年底《三十三团简史》征求意见稿送交团史志编撰委员会审阅。2010年6月农二师史志办对《三十三团简史》组织评审。是年底《三十三团简史》通过兵团终审。2011年4月，《三十三团简史》由新疆生产建设兵团出版社出版，全书7章40节16万字。

（二）三十二团

团简史编修工作始于2004年9月，前后经历7载，其间由于该书主编王泽志不幸于2010年10月18日去世，余部由杨德胜、胡云波承担撰写任务。2011年8月，《三十二团简史》由新疆生产建设兵团出版社出版，全书7章26节21万字。

第七节　档案

团场档案室工作始于建团初期。当时只是一个简单的部门，主要负责收集保管一些资料。1960年4月，团场正式成立档案室，属组织股管理，负责保管和借阅工作。

自1995年以来，由于团领导调动频繁，档案领导小组成员随之变动。随着团场经济的发展，党委对档案工作尤为重视，多为分管机关的团领导任档案小组组长，办公室主任任副组长，配备的档案管理员主抓档案工作。为强化档案室的管理工作，团逐年对档案室设备进行更新。

2005年三十三团和三十二团两团合并后，档案室的资料随之增多，团为档案室新调配1间40平方米房屋。2012年，新机关办公楼竣工投入使用后，在一楼分配1间100平方米的房屋用作档案室。2013年，团投资15万元为档案室安装密集柜，档案资料存放空间提升。同时，安装防盗门窗，配置灭火器及报警设备，不定期安全检查，安全隐患控制在零。

一、档案管理

团场档案管理员负责电子文件归档的统一编目、保管和开发利用，做到外观完好、整洁无损，确保记录的字节数、检索条目等著录项目与登记的一致，确保电子档案和纸质档案百分之百的准确率。

完善档案设备，使档案管理更加规范化。2008年，团组织人员对1958年建团以来的文书档案永久卷全部进行扫描录入，完成了对1958年以来的文件全部记读目录的输入工作，档案进入信息化、电子化管理阶段。2009年，根据农二师铁门关市办发《转发兵团档案局关于印发〈兵团农牧团场连队建档案暂行办法〉》通知精神，开始在各基层单位建立档案工作，成立连队建档领导小组，书记任组长，连队政工员兼任档案员。设立档案室，配备保护设备（防盗门、灭火器、驱虫剂、温湿度计），配置专用办公设备（电脑、打印机、打孔机、档案柜架、档案盒、档案封皮）。

为使档案管理更加规范化，团制定了严格的档案管理规章制度。至2015年，团有文书档案700卷；科技档案主要存放在科委；会计档案的会计凭证5800卷、账簿150卷、工资册700余册；基建档案的基建图纸600余张、工程资料650卷；其他档案100余卷。

二、档案利用

团场档案室存有1958—2015年各种档案资料达8600余卷。团内机关各部门、基层单位要查找相关档案资料时，须到档案室填写借阅档案的时间和用途；交还时，再填写交还时间和查阅资料的效果。团外单位到档案室查找资料时，须出具单位证明或介绍信，否则档案室不予办理查阅档案资料工作，对查阅的档案资料不许复印、拍照和带走，只能在档案室内查阅。每年到档案室借阅或查找档案资料人数多达 200 余人次，查阅档案资料达 100 万字左右。

第八节 体育

一、职工体育

20 世纪 80 年代后，团场组织在职和退休职工体育活动以自编自排的耍狮子、扭秧歌、踩高跷、划旱船等传统文体活动为主，节目主要集中在每年大年初一团拜演出，成为团场文体活动一道亮丽的风景线。20 世纪 90 年代后，团场兴起老年健身活动，老年文体骨干组织开展，体育活动项目有太极拳、太极功夫扇、健身舞、打腰鼓、门球等；职工体育内容有象棋、长跑、拔河、篮球、台球、趣味运动、乒乓球等赛事活动。

（一）三十三团

1994 年，团在文化宫西侧修建露天篮球场，在老机关楼后侧修建总面积 5 万平方米的文化广场。

1995 年起，团场投入 80 万元，在团部新建水泥地面标准篮球场 2 个、封闭式门球场 2 个、健身房 2 个；在文化广场安装健身器材 18 件、职工健身公园 1 个；为 11 个农林单位建标准篮球场；为团中学建简易乒乓球桌 20 个和 4 个标准篮球场，土质田径跑道改建成石灰、水泥混合跑道。

1996 年，团为老年体协添置"春节"社火表演服装、道具，为林园连配置健身器材 1 套，职工群众文化体育活动条件得到改善。是年，团参赛代表团获农二师老年门球赛第二名。

1997 年 8 月 18—22 日，团运动员参加农二师在三十五团举办的第二届塔里木职工运动会，代表队获团体前四名。

1998 年 7 月 3—16 日，庆祝三十三团成立四十周年，团组织开展"银花杯"职工篮球赛系列活动。有 15 个单位（代表队）参赛，十连获冠军、加工厂获亚军、学校获季军。

2000 年后，团组建老年太极拳（剑）队，发展会员 80 余人。职工体育活动项目逐渐丰富，增加了武术、台球、门球、体育游戏、健身操、广场舞等项目，参与人群更加大众化。青年职工喜欢打篮球、跳舞，中老年人热爱下象棋、打太极拳，逢年过节团均举办职工体育比赛（篮

2015 年 12 月，团举办冬季全民健身运动会　　（胡俊建 摄）

球、乒乓球、拔河、自行车慢骑、长跑、扑克、象棋）。团每年均投入经费改善活动环境，以往职工活动难、项目少、情趣低、环境差的状况得以改善。

2002年，成立老年人体育协会，会长王新礼，副会长冷绍元，协会下设太极、门球、象棋、曲艺、舞蹈、书画、秧歌队、夕阳红艺术团8个项目协会，会员216人，办公室设在文化宫二楼。老年人体育协会成立后，实时参加师举办的各类培训和体育赛事。老年人体育协会带动会员开展形式多样的健身运动，坚持"就近就便、因人而异、天天坚持、常年不断"的原则，倡导"文明健康、科学向上"的文体活动，老年体协事业健康推进。

2005年，成立三十三团（中心团场）老年人体育协会，下设门球、太极拳（剑）、棋牌、健身、歌舞、戏曲等分会，有会员120余人。

2006年，团各基层单位相继成立老年健身群众组织，接受团老年体协领导，自行开展太极拳、健身气功、健步走、健身操等活动。每年重大节假日，均组织基层单位职工群众开展拔河、长跑、篮球、乒乓球、扭秧歌、踩高跷、划旱船等体育赛事。是年，团承办由师老年体协主办的塔里木垦区老年太极拳（剑）观摩表演赛，塔里木垦区6个代表队200余人参赛。

2007年，团老年体协46名队员参加农二师第四届老年健身运动会门球、象棋、太极拳（剑）、健身球、健身气功等比赛项目，团代表队取得象棋团体第三名、2个第二名、1个第三名、2个优秀奖的好成绩。

2008年8月，团1000余人参加团党委组织的"喜迎北京奥运会老少同乐健步走"活动。

2009年8月8日，第一个"全民健身日"，经团组织逾千人参加健身活动。之后，团场全民健身体育活动蓬勃兴起，三连职工杨斌连续两年获得5千米长跑第一名，社区干部徐丽花在乒乓球项目中夺取数届冠军。

2010年后，团每年春节前夕均按时举办篮球、乒乓球、象棋、长跑、拔河等11个项目的职工冬季体育赛事。

2015年，团各基层单位相继成立秧歌队、腰鼓队、舞龙队、舞狮队、门球队、太极拳队、健身操队、广场舞队、文艺演出队和业余文体比赛团队，各项群体活动蓬勃向上，职工体育发展砥砺奋进。

（二）三十二团

1995年7月8—10日，三十二团承办农二师职工象棋邀请赛塔里木赛区比赛活动，获团体第三名。

1995年8月4—14日，为纪念首届塔里木垦区职工运动会召开五周年，三十二团举办首届"金鹿杯"职工篮球赛。14支球队、160名运动员参加比赛。

1997年6月28日，团举办"迎香港回归 庆党的生日"长跑活动，1000余人参加。是月30日，农二师在三十六团举办塔里木垦区"铁牛杯"篮球友谊赛，三十二团篮球代表队获冠军。8

月 18—22 日，团运动员参加农二师在三十五团举办的第二届塔里木职工运动会，代表队获团体第一名。

2000 年，团组建老年太极拳（剑）队，发展会员 40 余人。

2003 年，团成立老年体协，下设太极、门球、象棋、曲艺、舞蹈、书画、秧歌队 7 个健身协会，会员 60 余人。老年体协常年组织会员开展形式多样的健身运动，老年体协事业健康发展，延至 2005 年。

二、学校体育

团场中学办学以来，一直坚持开展学生体育活动。青少年课外活动丰富，常见的有踢毽子、跳皮筋、跳绳、打沙包、老鹰捉小鸡、斗鸡、抓骨子等。寒暑假期，孩子们喜欢到农田或水渠中滑冰和游泳。1982 年，根据《国家体育锻炼标准》，学校开始规范体育课，球类、田径、广播体操、武术等体育项目纳入学生体育达标内容。在抓好教育教学管理的同时，学校体育锻炼活动有声有色，三十三团中学和三十二团中学两所学校每年均定期举办一届中小学生运动会。

（一）三十三团中学

1995—2008 年，三十三团中学体育活动场地主要是学校教学楼后面的简易土质跑道。跑道为南北走向，除 400 米标准跑道外，还设有跳远和跳高场地，铅球和标枪场地设在跑道中间空地，供全校学生上体育课或课外活动使用。但因跑道建设标准低，每当学生上体育课时，尘土飞扬，严重影响了正常的体育训练活动。2008 年，团新建一个东西走向、场地标准的三合混凝土 400 米环形跑道，基本满足体育教学要求。

1995—1997 年，1~9 年级体育教学课时均为每周 2 课时。1998—2002 年，1~6 年级改为每周 3 课时。开设的体育活动项目主要有篮球、排球、足球、体操、田径等。2003—2008 年，1~9 年级体育教学课时均改为每周 3 课时。学校开设的体育项目主要有跑（50 米、100 米、400 米、800 米、1500 米、3000 米、5000 米）、跳（立定跳远、跳远、跳高）、掷（实心球、垒球、铅球、铁饼）、球（篮球、排球、足球、乒乓球、羽毛球）等。学校将体育健康列入学校工作的重要内容，要求体育教师须按体育课教学，抓好学生体育常规教育，让学生掌握基本运动技能，坚决杜绝无教案上课和"放羊式"教学，并把学生参加体育锻炼及自身健康素质作为评价学业的重要指标。

2005 年始，根据《学生体质健康标准》要求，学校每年均组织一次中小学生免费体检，做好学生体育健康测试统计工作，将结果记入学生体育达标登记卡并存档。学校以阳光体育运动为载体，开展中小学生足球、篮球、乒乓球、跳绳和教师健身操、呼啦圈等活动，提升师生体质健康水平。

2003—2008 年，学校每年均举办校际运动会。2003 年 1 月，团中学组队参加农二师首届中学生乒乓球运动会，此次比赛获女子团体第二名、男子团体第三名。2005 年，学校举办塔里木垦区足球联赛运动会。2008年，学校组建的小学生足球队参加了农二师教育局、体育局联合举办的5人制足球比赛，学生谭欢获"金靴奖"。此外，学校申请项目资金，规划投入约1200万元，建设一个较为完善的体育活动设施：一个400米塑胶跑道、8个塑胶篮球场、4个塑胶排球场、单双杠和跳高、跳远、投掷等田赛项目等场地；新建一个能包含会议、节目表演、室内篮球等活动的综合性体育场馆和一个室内体育游泳馆。

2009—2015年，除建设一个标准的三合混凝土400米环形跑道外，学校新建一间面积较大的体育器材室，一个约600平方米的室内综合体育活动室和利用闲置教室改造而成的5间室内乒乓球室。同时，新建3个标准篮球场，设有符合标准的单杠、双杠、肋木、平梯场地，跑道内设有沙坑、铅球、足球等体育活动场地，场地和设施安装规范。这些场地为中小学生合用，符合国家标准，但缺少规范化的中小学生足球场。虽然学校体育器材配备率达不到100%，但基本能满足教学需求。

2009—2015年，小学1~3年级每周4节体育课，4~9年级每周3节体育课。学校开设的体育项目主要有跑（50米、100米、400米、800米、1500米、3000米、5000米）、跳（立定跳远、跳远、跳高）、掷（实心球、垒球、铝球、铁饼）、球（篮球、排球、足球、乒乓球、羽毛球）。实施联合办学以来，学校强化"体育、艺术2+1项目"工程，开展"每天锻炼一小时，健康生活50年"健身活动，将每天第八节课作为学校阳光体育时间。2013年12月，学校开展全校性"一二·九"师生冬季长跑活动；2014年4月，举办三十三团中学校级体育节暨第十八届学生运动会。学校以创新体育艺术课程为依托，向特色体艺工作方向发展，学校青少年足球活动形成规模。

2009—2015年，学校体育运动蓬勃开展，体育成绩显著提高。2011年5月，学校组队参加农二师小学生五人制女子足球赛，获塔里木赛区亚军。2012年4月，学校组队参加农二师小学生五人制、七人制男子足球赛，分别获塔里木赛区季军、塔里木赛区冠军。2014年11月，学校组队参加中学生女子、男子篮球赛，分别获女子组季军、男子组第六名。2015年5月，在第二师第十三届中小学生田径运动会上，学校获男子乙组第二名、男子丙组第三名、女子丙组第六名、儿童组团体总分第六名、乙组团体总分第六名、丙组团体总分第六名的优异成绩。

（二）三十二团中学

三十二团中学运动场建于1995年7月，场地实用面积10416.8平方米，为砂石操场。是年9月，开始体育教学，课时1~3年级学生每班每周不少于3课时，4~9年级一周不少于2课时。学生锻炼以田径、足球、篮球、乒乓球运动为主。

1995年起，学校参加农二师教委组织的初中毕业升学体育测试，满分30分，纳入中考总分。测试项目有男生1000米、女生800米（10分），立定跳远（10分）、坐立体前屈或实心球（10分）。是年5月17—20日，团承办农二师塔里木垦区初中学生篮球赛，男队获冠军，女队获亚军。

1997年4月17—19日，团中学承办农二师塔里木垦区第三届中学生"金鹿杯"篮球赛。

2000年，团为学校建设标准篮球场1个，实用面积是450平方米。

2011年，学校体育实行"4+1"考试，从考试项目（男1000米、女800米，男女立定跳，男女跳绳，女生仰卧起坐，男生引体向上）中选测一项（篮球、排球、足球），考试权重50分。

2012年，实行1~3年级每周不少于4课时的体育课，4~9年级每周不少于3课时的体育课。

第九节　广播影视

一、广播

1. 三十三团

1992年后，团场陆续建成电视差转台和高频广播站，覆盖全团，广播设施逐年增加。

1995年5月，团投资6万元购买无线调频广播设备TF7050-B型调频发射机功率50W，覆盖半径30千米和TZ-5型立体声调制器、GK89-2型广播中制桌等配套的广播设备，广播实用效果大幅提高。团广播站每天早、中、晚3次播音，每次半小时至1小时不等。除转播中央人民广播电台新闻联播节目和新疆人民广播电台早新闻节目外，还结合实际开办团内新闻节目。

2001年1月，团调频广播采用电视调制器传输广播信号，信号质量和功能更加强大。团电视广播站属宣传科管理，有专职播音员1人、兼职机修人员1人。

2010年，团投资10万元为电视广播站购买摄、录、编设备，采编能力大幅提升。是年，塔里木垦区的3000W无线发射台通过验收并投入使用，无线调频发射塔建设完毕。

至2015年，团年均播出团内新闻1000条以上，年均安全播出节目在8000小时左右，自办节目内容健康。

2. 三十二团

随着工农业生产深入发展，三十二团广播站每天早、中、晚3次播音，每次半小时，以转播中央人民广播电台新闻联播节目、新疆人民广播电台早新闻节目为主，结合团场形势开办一些团内专题节目，为团场的各项经济建设服务。

二、电视

1. 三十三团

1994年12月，三十三团建立电视差转台以来，电视收视率达1万人次，覆盖率达100%。电视广播站设在机关办公楼三楼东侧，有工作人员4人，负责编辑团场重大新闻、重要会议等内容，职工群众的业余文化生活逐步丰富。

1995年3月，团部800户闭路电视系统建成，设置12个频道。

1996年9月，团将一连、三连纳入团闭路电视系统。

1998年，兵团广播电视局为团配发8个解码器，职工群众可收看中央电视台4套加密电视节目。

2001年1月，团投入800余万元，完成18个单位电视光缆联网，可传输26个频道节目。

2003年8月，农二师有线电视节目与塔里木垦区电视联网，向用户传送40套电视节目。

2007年5月，农二师通过光缆向三十三团传输电视节目，并开通党员远程教育系统，办公场所设在电视广播站，设专人负责设备维修。

2009年，团建成远程教育终端接收站点20个，接受远程教育和科技信息网络服务，实现社会公共资源共享。

2011年，团投资3万余元，购置索尼Z5C摄像机一台，电视广播站采编能力提升，年播报团内新闻1200余条、安全播报节目9000余小时。

2011—2012年，团党员干部现代远程教育工作"双创双争"先进单位和先进个人，包括示范终端站点：二连站点、十九连站点；优秀站点管理员：二连沈红艳、十九连陈庆福；学用标兵：十九连张兰花。

至2015年，团电信、移动、联通通信随着网络电视的跟进走入万家，很多家庭均已安装网络电视，使用团闭路电视的用户逐年减少。

2. 三十二团

1995年后，三十二团乌鲁克电视录像差转台输出功率3000W，建筑面积224平方米，电视转播覆盖半径40千米。建立卫星地面接收站，直接转播中央电视台一套卫星节目，设计6个频道。至2005年，向用户传送40套电视节目。

三、电影

1. 三十三团

塔六场（三十三团前身）电教队于1962年12月由农二师塔管处调入，成员有单超（队长）、胡清友（放映员）2人，当时仅有1台35毫米流动放映机，年放映350场次。同时，制作幻灯放映团内新人新事。

1974年，随着工农业生产发展和人口增加，电教队增购1台16毫米放映机和1辆手扶拖拉机，另增刘银根、谢植鑫、刘申生3名放映员。

1977年，团购买1台8.75毫米放映机。

1979年，团场新建一座占地面积2163平方米、建筑面积668平方米的电影院。

1982年，增购1台35毫米弧光座机，放映员增至13人。年放映300余场。

1983年后，由于电视行业的兴起，电影放映景况不佳，加之片租上涨，处于亏损状态。团对电教队放映员进行调整减员，至1985年，电教队仅单超、姜志杰2人，年均放映100场左右，收入11万元。1990年，放映员剩姜志杰1人。1996年后，放映停止。电影院前门两层放映室改建为幼儿园，放映场地成为民间走穴歌舞团和杂技团表演场地。

2007年，农二师工会"送电影进连队"，电影放映由团电视广播站负责下基层免费放映。

2009年，在中华人民共和国成立60周年之际，团组织多部爱国电影下连队播放，开展爱国主义教育。

2010年，农二师为团配发一套便携式流动数字电影放映设备，放映场地设在老机关后面的露天文化广场，当年放映电影64场，观众达12000人次。

2012—2015年，根据第二师放映电影及放映内容新要求，团电视广播站制定放映电影管理制度，设专人负责、专人管理，年均播放86场，年均观看达15000余人次。

2. 三十二团

1959年底，塔四场成立电影放映队，购进35毫米电影机1台，12马力柴油发电机1台，配放映员2人、队长1人。当时的放映场地为露天，电影放映队每月巡回为连队放2场电影，场部1周放1场。电影收费低廉，连队平均一场电影每人收费0.05～0.10元，由会计月底在工资账上扣除。

1960—1968年，场电影放映队年均放映420场次。

1984年，团建起电视差转台后，电影观众人数日减，有时1场电影的观众仅10余人。到1990年，全团仅放映21场电影。

1991年，团露天电影院拆除，电影放映队解散，团不再放映电影。

1996年7月，由团工会出资，恢复放映，因是免费放映，累计放映30多场后，年底停映。

第十节 旅游业

三十三团有着厚重的军垦文化和独特的自然风光，按照"保护生态、开辟旅游、发展经济"的指导方针发展旅游业，带动团场经济社会发展，依托大漠胡杨、特色农产品、特色军垦文化等优势重点打造一批特色旅游项目。2006年三十三团和三十二团两团合并后，三十三团（中心团场）重点开发"千年胡杨"、老八队清水湾、新疆濒危植物保护区、沙漠风光等旅游产业，打造新丝路驿站。2014年，团被第二师评为旅游名镇。三十三团二连为第二师铁门关市党委确定的12个重点转型连队之一，2015年，团依托城镇优势，发展设施农业观光采摘园（民俗农家乐），把二连建成连队转型发展样板项目实施后，带动了周边旅游、餐饮、住宿、农副产品销售等经济发展。

第二十五章　社会生活

1995年后，随着经济社会快速发展，团场居民家庭及其他社会群体在物资和精神方面的消费性活动发生日新月异的变化。团场除承担企业的生产任务外，还承担起政府的民政管理职能。团场的民政工作先后由群工科、民政科、社会管理科负责管理。

2001年后，团场成立社区组织，团部城镇实行居民化管理，逐步在生产连队推行扩展社区化管理工作。至2015年，团场社会管理工作在保障团场职工群众基本生活权益、维护社会稳定、促进经济发展和推进社会文明进步中发挥积极作用。

第一节　居民生活

1958年建场时，场区职工住地窝房，缺粮少菜，生活单一艰辛，在生活物资不足的情况下，实行低标准的定量供应制度和票证制度。20世纪70年代后，随着生产的发展，团场改旱作为水、旱轮作，抓农田基本建设，发展水稻生产，实现粮食自给有余，改变建场13年吃返销粮的历史。90年代后，团场通过深化改革，以"两化"（团部城镇化、连队林园化）建设为抓手，开创"两个文明"建设新局面。三十三团、三十二团步入兵团先进团场行列，团场职工的生活需求向高层次发展，市场敞开供应，人们在吃穿用方面发生显著变化，职工住房通过"自建公助"形式得到显著改善，由土木结构逐渐向砖木结构的平房过渡。随之，电冰箱、洗衣机、电视机、摩托车进入多数职工家庭。

2006年，三十三团和三十二团合并后，随着团场小城镇建设的快速发展，居民生活发生显著改变，职工住房由平房向楼房发展。至2015年，团场居民饮食更加注重营养和科学搭配，居民穿着打扮讲究时尚、休闲。汽车、网络、健身器材进入职工家庭，早、晚锻炼身体的人日渐增多，全民健身成为潮流。

一、家庭及婚姻

1958年建场时，团场人口主要为全师各单位抽调来的干部和共青团员及优秀青年工人，当时家属、小孩很少，单身职工较多，双职工家庭较少。

20世纪70年代，从四川、河南等省自流来团人员增多，并逐渐在团场安家，特别是上海知青大多在团场安家。这时期团场人口剧增，一对夫妻一般都有3～4个孩子，一个家庭有5～6口人。

20世纪80年代后，由于国家计划生育政策的推行，团场家庭规模已呈减小势态，没有出现五世同堂大家庭的局面。年轻人也大多自由恋爱，婚嫁程序中增加了订婚、迎亲等内容，盛行举办婚宴。

进入21世纪，婚嫁形式和内容不断变化，婚礼仪式隆重热烈，并融入更多现代文明时尚的新内容。

2005年末团场总人口为16287人，2015年末团场总人口为12115人，总人口减少4172人。

二、衣食住行

从1958年建场起到2015年，团场居民的衣、食、住、行发生了翻天覆地的变化。

（一）服饰

随着时代和经济的发展，团场职工的衣着经历了由单一到多样化的过程。

1958年建场时，职工们大多身着黄军装，衣着式样和颜色比较单调。20世纪60—80年代，职工衣着颜色上增加了灰、蓝等颜色，市面上很少有花布卖，团场职工衣着款式没有太大变化。

改革开放后，国内其他省份色彩鲜艳、款式新颖、丰富多样的服饰持续涌入团场，职工衣着得以改善。其中，尤以年轻人的衣着更为时尚显眼，且花样繁多；年长职工的服饰以绿、蓝、灰色调为主，款式较为单调。

20世纪90年代后，团场居民的审美较以往有一定提高，衣着方面开始追求轻便、美观、大方。1995年后，团场服装店逐渐增多，团场居民以购买成品服装为主，自购布料制作衣物的现象普遍减少。

2006年后，由于团场民兵训练须统一穿着迷彩服，多数青壮年男女职工开始穿着迷彩服进行工作，迷彩服逐步成为团场青壮年职工着装的一大特色。

首先，在衣着布料方面，1958—1979年，团场群众凭票买衣（每人年均5米布票）。居民普遍穿着简朴，布料多为平布、哔叽、咔叽、斜纹、"的确良"、涤卡。1985—1995年，呢绒、绸缎、毛料、皮制品日渐增多。进入21世纪后，布料品类更加繁多，因棉制品对皮肤危害较小，遂开始重新走俏。

其次，在衣着样式方面，20世纪50年代末至70年代，团场男性穿中山装、军便服，女性穿列宁服、军便服。服色单一，绿色为主，灰、黑、蓝次之。20世纪80—90年代，衣着样式更新极快，色泽也趋向多样化，少数女性有穿西装裙、超短裙、旗袍等。2005年后，随着团场生活水平的有效改善，各类专卖店及其品牌服装开始进入团场。至2015年，服装店已成为团场居民购衣首选。

最后，在鞋帽首饰方面，20世纪50年代末至70年代，团场居民穿自制黑布条绒鞋者居多，夏单冬棉。严冬，室外工作者多穿毡筒靴，虽显笨重但胜在保暖。部分青年在夏季以解放鞋、球鞋、翻毛皮鞋为主，冬季更换为大头鞋、胶底棉鞋等。80年代后，由于团场制作鞋类的工匠骤减，居民开始购买鞋物。青年人群主要穿着皮鞋，部分老年群体则偏重于轻便和舒适的布鞋。青年人群多不戴帽子，只有部分老年群体习惯在冬季戴皮帽或戴自织毛绒帽。1995年后，团场居民兴起配戴首饰的浪潮，如金银戒指、耳环、手镯、项链等。2005年后，团场居民消费观念发生较大变化，随着收入增加和生活质量提高，购买铂金项链、钻石戒指、玉石手镯人数逐年增加。

（二）饮食

1958年建场初期，生活条件十分艰苦，蔬菜种类极少，团场职工常以咸菜、酱油汤为主。

1959—1961年为团场经济困难时期，也是职工饮食最差、粮食收成低下的三年，团场干部职工吃粮标准为每月9千克面粉，每日三餐只有两顿发糕、一顿汤，发糕内加入榆树叶、沙枣叶和苜蓿粉才能勉强果腹。面对主粮不足的问题，只能将沙枣、南瓜、西葫芦等"淀粉"食物和野菜作为替代品。该时期人们大都在单位食堂就餐。

20世纪60年代，团场多种植高产作物玉米，居民以玉米面发糕、炕饼和玉米糊为主食，也种植部分水稻及小麦，并配给少量的白面和大米。该时期，在团场成家的双职工数量逐渐增多，形成大食堂就餐和小家开伙两种截然不同的就餐方式。如职工生病，则须上报申请病号饭才能在大食堂吃到主食面条。该时期，只有家中出现贵客时才能吃到面条，生活条件较好的家庭则为鸡蛋炒菜。

20世纪70年代，团场多种植小麦，并开始大力推广水稻种植，发展畜牧业和种植蔬菜，职工主粮以大米、小麦为主，主食为米饭、馒头、面条，就餐方式以小家庭为主、到大食堂就餐为辅，早餐多为炒菜、馍、稀饭、糊糊和咸菜，午餐则以面条为主（该时期团场河南籍人口比重较大，居民饮食也受其影响）。春节等重要节假日期间，也会根据实际情况改善伙食，有包子、饺子等主食。副食品主要有牛肉、羊肉、猪肉、鸡蛋和牛奶。冬季，团场进行牛羊冬宰，产肉自然冷冻，分时分段食用。每个单位均有菜地，种植各类蔬菜以供应食堂，夏季蔬菜种类丰富多样，营养全面；冬季，食堂菜窖储有白菜、包菜、甜菜、白萝卜、胡萝卜、洋芋、皮牙子（洋葱）等多种蔬菜，并在菜窖旁挖坑腌制咸白菜，供单位职工食用。

20世纪90年代后，职工收入逐年提高，人们的饮食习惯较以往有很大转变，由以米、面为主的单一化饮食转向米、面、蛋、奶、鸡、鱼、肉等多元化饮食。尤其是团直单位，由于市场繁荣和电冰箱的普遍使用，蔬菜、肉类和海鲜储存更为方便，每逢朋友到来和节假日亦可放心食用。

（三）居住

团场历经几十年发展，干部职工的居住条件发生很大变化。

1958年建场时，干部职工都居住在地窝房里，环境恶劣，居住条件差。

20世纪70年代，团场开始修建砖块地基土坯房，居民房屋的质量有很大提高。1973年，团场告别地窝房，逐渐被土木结构住宅所代替。

20世纪80年代中期起，团场实行自建公助房政策，各单位部分职工新建起砖石地基的三大间土木结构新房（一栋2户，户均60平方米），前有园、后有院，彻底告别过去的部队式营房。新建房屋更适宜人们居住，居住条件得以改善。

20世纪90年代末，团场各单位居民点建设项目按照国家、兵团、"农二师相关政策+团场补贴"和职工自筹资金的方式进行。新建的砖木结构平房为三室二厅，白墙吊顶、水泥地面、保暖整洁、光线透亮，建筑面积为80平方米，前园可种果树、蔬菜，后院可饲养家禽（每栋2户，每户有前园、后院、库房、车库等，面积约为0.1公顷）。新建房屋完工后，居民可在房屋后侧建40~100平方米不等的偏房（厨房、浴室），偏房与主体房屋连成一体，并以砖块修建起院墙、花墙，前门及房后均设有院内空间和大门。因住户多习惯于从后院大门进入，"走后门"成为团场住平房居民的一大生活特色。

1999年，三十三团建起唯一一栋知识分子住宅楼，这是团场首次建住宅楼。2000年，团场职工住宅楼陆续建起。

2003年，三十三团金苑小区开建商品楼。

2006年，三十三团（中心团场）成立后，团场城镇化进程加快，团部周围不再建平房，改建住宅楼。职工购买楼房每户可享受团场补贴2.5万元，新建小区实现集中供暖。

2008年后，随着团场职工收入的提高，许多家庭在三十三团和库尔勒市等地购买楼房，居民居住条件得到极大改善。

2009年，团新建保障性住房，砖混结构五层条楼7幢，面积1.61万平方米。

2010年，团部小区人居环境 （胡俊建 摄）

2013年，团承德小区、德馨东苑和德福苑小区共建保障性住房37幢，总建筑面积7.8万平方米。其中6层电梯楼3幢，建筑面积1.06万平方米；4~5层条楼16幢，建筑面积3.3万平方米；2层洋楼8幢，建筑面积0.71万平方米；底商住宅楼10幢，建筑面积2.73万平方米。

2015年，团房管工作制定十项优惠政策，鼓励职工购买楼房，房管科组织专人负责售房工作，福泽职工群众。

（四）出行

20世纪60年代，团场干部职工外出时，主要依靠步行，有少量毛驴和牛车等代步工具，交通十分落后。

20世纪70年代，团场职工均骑自行车外出及上下班，交通情况有所改观。

20世纪80年代，团场客运班车均为国营，班车数量较少，由于路况、环境等问题，到库尔勒需要一天或一天以上时间，十分不便。

20世纪90年代中期，随着集体、个体出租车的出现，每天均有2~3辆班车发往库尔勒。

1994年后，团场有较多家庭购买摩托车，作为通勤出行工具。

2000年，218国道柏油路的通车，为团场职工出行提供了诸多便利。

2003年开始，国家实行"路路通"工程，团场投入大量资金，修建起各连队通往团部的柏油路。

2005年，三十三团（中心团场）在兵团、农二师党委和交通局的支持下，依靠国家项目资金投入，推进城乡一体化建设；三十三团至库尔勒市级班车通车运营，促进了团场客运网络化快速发展；建成"连连通"柏油公路18.2千米，全团18个农业连队道路通行能力明显提高，职工出行更为便捷。

2006年后，随着团场职工经济能力的不断增强，购买小轿车的家庭逐渐增多。

2009年后，团场完成各连队柏油路互通和田间道路硬质化建设。职工出行大多采用摩托车作为交通工具，家庭条件好的则驾驶小轿车，毛驴车、牛车已基本绝迹，自行车逐渐淡出团场居民视线，只有居住在连队往返学校的学生和部分日常锻炼的人仍使用自行车出行。

至2015年，摩托车、电动车、小汽车在团场已全面普及。团场已全面完成团场和连队柏油路互通，为职工群众带来更多便利，生活逐渐城市化。

三、生活水平

（一）收入

1985年，团场全面推进多种形式的联产承包责任制，职工生产积极性提高，收入增加，固定工年均纯收入978.8元。

1995年后，团场全面推行各行业改革，扩大职工生产经营自主权，职工收入进入增速阶段。

2000年，三十三团职均收入5138元，三十二团职均收入4548元。

2005年，三十三团职均收入13924元，人均自营经济收入1165元，三十二团职均收入8122元。

2006年，三十三团（中心团场）成立后，推进"三化"（城镇化、新型工业化、农业现代化）建设，实现资源优势向经济优势转化，团场经济快速增长。

2010年，团内职均收入21970元，自营经济人均收入2600元。

2015年，团场职均收入44398，较2010年增长约102.1%，年均增长约20.42%。

（二）消费

20世纪60年代，职工收入低，商品品类、货量少，整体消费低。

20世纪70年代，自行车、缝纫机、收音机、手表进入职工家庭，价值500～600元。

20世纪80年代，居民收入提高，消费发生较大变化，收录机、电视机、洗衣机、摩托车进入职工家庭，凭票购买商品的历史不复存在。

20世纪90年代后，团场消费结构发生变化，食品消费比重有所下降，各类人群开始注重饮食营养均衡，居民在住房、教育、旅游、娱乐、美容、衣着方面的消费投入呈上升趋势。

2006年后，团场取消定量油标准和价格补贴，居民食用油的购买已全面市场化，可随时购买食用油，以往大量储油容器被逐步淘汰。

至2015年，团场选择购买轿车的富裕家庭也明显增多。随着家具消费、家电消费、取暖消费、照明消费、厨具消费、信息消费等消费观念的快速普及，居民消费理念日臻成熟，并趋向理性。

第二节　城镇事业发展

团场城镇化水平的提高，对文化教育、卫生、服务等社会事业的发展起到了促进作用。团场加快农产品交易平台、储藏保鲜、配送等建设，持续推进城镇标准超市、农贸市场、商业物流、客运服务等工作，使团场社会公共服务体系得以逐步完善。

至2012年，团场第三产业实现总产出8632.7万元，其中道路运输业1565万元、批发和零售业1004.3万元、住宿和餐饮业1190.1万元、居民服务和其他服务业1959.3万元、公共管理和社会组织2914万元。是年，个体户共有379户。其中制造业14户，交通运输、仓储和邮政业60户，批发和零售业226户，住宿和餐饮业39户，居民服务业和其他服务业34户，卫生、社会保障和社会福利2户，文化、体育和娱乐业4户。招商引资5000万元的综合商贸楼、客运中心已在筹划建设之中；投资1.2亿元的通勤机场已进入论证阶段。家政、陪护、治安等社区服务业持续向好发展。

团场人均收入从2010年的13845元增加到2013年的22000元，年均增速达到19.6%左右，远超兵团"十二五"时期人均收入16180元的规划目标，收入结构进一步完善，贫困人口从2010年的248人下降到2012年的208人，贫困人口逐年减少；社会保障体系进一步健全。全团共有3397人签订劳动合同，劳动合同签订率100%。职工群众社会保障水平不断提高，有4464人参加五项社会保险，共缴纳各项社会保险费4678.5万元，养老金社会化发放率100%，持续完善最低生活保障制度。2011—2013年，通过开展社会救助、医疗救助、应急保障等工作，全团累计有6555户13139人次享受低保惠民政策，共计发放低保金287.86万元；并发放临时救济金和医疗补助资金，为残疾家庭提供廉租房，送去温暖。

团加快推进广播电视站数字化、网络化建设普及进程，加强民主化法治建设，认真贯彻团连两级职代会、民主议事会和"四议两公开"制度，落实职代会的5项权力和10项报告制度，坚持和完善票决制、一事一议、三重一大等民主机制，政务更加透明。

2013—2015年，职工群众的生活水平大幅提高，团与连、连与连的道路已全面实现柏油化，水电入户率达100%，自来水二次改造项目完成，团场网络电视普及率达98%，集中供暖率达100%，连队人口向城镇集中度逐年提升。团场社会稳定局面得到全面维护，社会治安综合治理各项措施全面落实，持续推动平安连队（社区）创建活动向好发展，矛盾纠纷调处能力得以增强。人民武装工作实现规范化、制度化管理，民兵军事训练持续深入展开，反恐维稳力量逐年提升。

第三节　民政事务

一、机构

（一）三十三团

1980年，团成立群工科。1998年3月，群工科改称民政科，设科长1人。

2002年，团建立新型的团场城镇化管理模式和运行机制，成立社区管理委员会办公室（以下简称社管会）。

2005年3月，三十三团（中心团场）成立社政管理科（以下简称社政科），辖民政、劳资、计划生育、社区管理委员会办公室。

2006年3月，中心团场机构改革完成，机关正式合并办公。三十三团（中心团场）成立社区建设指导委员会办公室（以下简称社区办）与社政科（民政）属一套班子两块牌子，设科长1人、社区办主任1人、业务2人。社政科（民政）在指导社区工作和社会救助工作中履行职能，延至2015年。

（二）三十二团

1994年，团成立群工科，管理社区工作。1998年3月，群工科改称民政科，履行民政工作职责，设1名科长。机构延至2006年3月。

二、灾害救济

团场春季是风、雨、霜、冻等灾害的频发季节，救灾工作以团场设立救灾救济专项资金和上级民政部门支持为主，将救灾工作列入团场预算，实行专户管理。专项资金为农业生产提供救灾物资保障，解决受灾职工的生产、生活困难。

团场根据农二师民政相关文件精神，制定并完善灾情报告制度，发生自然灾害情况均按照要求及时准确上报至上级有关部门。

2000年初，三十三团在217科目账上注入40万元救灾款，因未发生较大灾害，团将40万元救灾款分配至各单位，弥补1999年度承包户亏损。

2003年起，团场实行受灾职工冬令、春荒灾害救济制度。救济对象为农业一线承包职工救助物品有粮、油、棉被等。

2004年，团场建立灾情预防和上报机制，设立救灾救济专项资金，专户管理，建立救灾救济申报领发救灾救济制度，并对救灾救济工作监察审计。

2005—2007年，团场大风、低温、冰雹、干旱、霜冻等自然灾害频发，团民政部门聚力完成灾情上报和冬令、春荒救灾物资的发放工作。2005年，春荒：团为1138户灾民发放救灾面粉1200袋、清油600桶。冬令：团为1187户灾民发放救灾面粉1800袋、清油1300桶。2005年11月，团为614户灾民发放救灾款4万元。2006年，春荒：团为825户（2718人）发放救灾面粉1440袋、清油1100桶。冬令：团为796户（3184人）发放救灾面粉1600袋、清油1000桶、救灾款1.19万元。2006年，根据农二师民政局《关于下达2006年特大自然灾害救济补助费的通知》，经团上报，师民政局确定三十三团李勇等10户贫困家庭和李杰等5户残疾贫困家庭享受倒塌房屋恢复重建资金5.25万元，实施危旧房改造。贫困户住房每户补助0.4万元，残疾贫困户住房每户补助

2007年1月26日，团民政部门为受灾职工发放救灾粮　（民政科供图）

0.25万元。2007年，春荒：团为637户（1754人）发放救灾面粉800袋、清油750桶；冬令：团为994户灾民发放救灾面粉1200袋、清油850桶。

2008年，针对春季团场受灾实际和贫困职工群众生活困难等情况，团民政科及时上报灾情，收到农二师民政局下拨价值9.1万元救济粮25吨、棉被60床，救助灾民1103户（3154人）。

2009年，团建立救灾专用账户，专款专用。是年，团场遭受低温、风灾，受灾面积达1866公顷，1680名职工受灾严重。团党委聚力组织抗灾自救，机关下沉连队逐户摸排灾情，造册上报，将42吨春荒救灾粮、1100桶清油和40床棉被发至受灾职工。

2010年前后，因塔里木河断流，塔里木垦区旱情十分严重，卡拉水库分配的水方有限。全团休耕4500余公顷农田，直接经济损失达6760万元。是年，团共上报灾民5596户（15876人），发放救灾粮油资金68.45万元。

2011年，团场遭遇霜冻、大风、高温自然灾害，造成经济损失4036万元。民政科争取上级支持，将30吨救灾粮、1000桶清油发放至590户（1756人）受灾职工。

2012年，团民政科发放救灾粮40吨、清油500桶，使388户受灾职工群众的生产生活得到保障。

2013年春季，团遭受2次强风袭击，经济损失达1924.1万元。7月，55吨救灾粮、650桶清油发放至593户（1886人）受灾职工。

2015年1月，团为1326户（3710人）受灾职工发放冬令救灾粮50吨、清油1500桶。6月，团开展帮扶救助活动，为1038户（2798人）困难群体争取救灾粮（白面145吨、大米12吨）。

三、扶贫帮困

团场扶贫帮困主要分生活救助、就业救助、就医救助、子女就学救助和冬季取暖救助。

1999年，三十三团向内地灾区赈灾捐款0.80万元。

2000年，团场建立经常性社会捐助体系和扶贫帮困基金。是年，农二师发起"爱心助残"专项基金募捐活动，团场全民捐款4.46万元。

2005年4月，团开展第四个"扶贫帮困月"活动，794名党员干部参加"献爱心"活动，捐款1.56万元；职工群众自发捐款0.26万元。是年，团累计发放扶贫帮困救济款0.64万元，为77户低保特困家庭发放临时救济金1.79万元。

2006年，团开展第五个"扶贫帮困月"活动，有808人参加"献爱心"活动，捐款1.74万元，团使用该项基金救助贫困大学生6名，发放救助金1.2万元；慰问特困家庭27户，发放慰问金0.54万元。是年，团为困难职工家庭发放临时救济金5.76万元，其中，春节走访贫困家庭135户，发放慰问金4.05万元；国庆节慰问贫困家庭32户，发放慰问金0.96万元；为"三无"人员25人发放冬季取暖补贴0.75万元。

2007年，团开展第六个"扶贫帮困月"活动，815名党员干部捐款5.92万元。春节为106户发放扶贫帮困款1.59万元，为8名长期贫困人员发放抚恤费2.3万元，为7名大学生发放扶贫帮困救助金1.9万元，投入贫困残疾人体检费0.13万元。是年，发放农二师审批下拨的6.16万元临时救济金。其中，元旦、春节发放2.31万元，春荒临时救济金0.84万元，建军节慰问贫困优抚对象0.45万元，国庆节发放临时救济金1.96万元，发放"三无"人员冬季取暖补助金0.6万元，320户享受临时救助。

2008年，党员干部职工群众5345人为十五连职工郭成明儿子郭瀚文（患白血病）捐款5万余元，向四川汶川地震灾区捐款15.16万元，党员交纳特殊党费22万元。团为分散居住在连队的"三无"人员免去144元/年的电视收视费。是年，团根据农二师相关文件精神，从5月1日起为44名60岁以上领取城镇居民最低生活保障人员每人每月增发50元生活补贴；为382名"五七"人员每人每月所发生活补贴增加到150元。

2009年，团五连困难职工孙泽超儿子孙凯身患急性淋巴白血病，团通过开展"献爱心"活动捐款5.36万元，并为其争取到最高医疗保费，报销2.4万元医疗费。在开展的第八个"扶贫帮困月"活动中，673人参与"献爱心"活动，捐款2.11万元，党员干部职工群众为汶川大地震灾区儿童再次捐款1.14万元。

2010年，团组织干部职工群众向玉树灾区捐款3.06万元。是年，开展第九个"扶贫帮困月"活动，干部职工4198人捐款4.24万元。

2011年，团为贫困人员申请了4次临时救济，年累计389户691人次，救助资金11.67万元。对阳光家园托养25户贫困残疾人家庭发放托养补助金500元/户。

2014年8月，根据《关于组织开展对云南鲁甸地震灾区救助工作的通知》，团民政部门积极组织30个基层单位1056人捐款2.59万元。11月，党员干部职工为肿瘤患者朴敬文捐款3.52万元。

2015年，团民政部门为200户低保户、低收入家庭发放柴煤改气补贴8万元，每户400元；为4名考上大学的低保家庭学生发放贫困助学金1.1万元；为113户困难居民申请办理公住房；团领导干部与残疾人挂钩结对107户，与残疾人单位领导签订《2015年残疾人社会帮扶工作目标管理考核责任书》23份；为65名特困残疾人发放临时救助金7.8万元，发放取暖补贴、节日慰问金10.09万元。

四、社会救助

2000年始，团场实施社会救助工作，建立特困群众救助保障制度，民政科对救助对象摸底调查，把无劳动能力、无经济来源、无法定赡养人或特困残疾人纳入低保范围，享受低保待遇，设低保金专项账户，专款专用，确保社会救助资金足额按时发放。

2005年，三十三团（中心团场）出台实施《困难群众救助实施办法》，低保救助标准为每人每月117元。

2007年，团成立社会救助领导小组，建立城镇居民最低生活保障制度，按照实事求是、公开公正原则，实行居民申请公开、调查核实公开、对保障对象的补助金额公开，张榜公布、动态管理、群众监督。是年，团计划民政工作经费约62万元。其中，自然灾害救助资金30万元；低保工作经费共计划1.03万元；扶贫帮困资金4万元；4月1日医疗救助启动，筹集医疗救助资金6.54万元（包括22名"三无"人员门诊医疗费）；残疾人工作经费5万元；各种慰问经费（含军人优待金）12万元；社区办工作经费4万元。

2008年，团围绕城镇低保、社会救助，开展社会保障体系工作。年度发放低保、救济救助、优抚事业专项资金205.3万元，累计救助贫困群体5461人次，弱势群体基本生活得以保障。

2009年，团建立孤儿基本生活保障制度，按社会散居孤儿最低养育标准为每人每月发放保证金600元，年度发放保障金总额1.32万元。

2010年后，团场社会救助体系更加完善，建立以居民最低生活保障、医疗救助为基础，以救灾救济为辅，以临时救济为补充，以冬季取暖、子女就学等专项救助政策相配套的覆盖全团的社会救助体系。

2015年，团为937户低保户发放低保金152.44万元，元旦、春节、劳动节、国庆节为676户特困职工发放临时救济金23.7万元，为4名低保家庭大学生发放就学救助金1.1万元，为80岁以上高龄老人发放高龄补贴21.7万元。

五、优抚工作

1996年后，团场贯彻执行党和国家优抚政策，每年11月开展拥军优属宣传活动，对军烈属、伤残军人和其他优抚对象落实各项优抚政策。

1997年春节期间，团慰问军烈属及伤残军人，发放慰问金0.3万元。

1999年，团场出台《现役军人家属优待办法》，对应征入伍的义务兵每人每年发放优待金0.17万元。是年，春节慰问军烈属及伤残军人10户，发放慰问金0.3万元。

2000年起，义务兵优抚金按团职工收入的50%于年底一次性发放。

2001年，义务兵优待金上涨到每人每年0.3万元，延至2006年。

2007年，优抚人员优待金提高到0.5万元/人，落实义务兵优待金11万元，为9名伤残军人发放慰问金4万余元，并为退役士兵安置工作岗位。建军节期间，慰问驻团武警大队、向阳站官兵、监狱和团武装部，发放慰问金0.89万元。

2008年春节期间，团慰问驻地部队官兵发放慰问金0.44万元，慰问军属发放慰问金0.57万元，慰问伤残军人发放慰问金800元。7月30日，慰问驻地武警大队、向阳站官兵、监狱、武装部发放慰问金1.09万元，发放义务兵家属优待金10万元，为伤残军人刘其全赠轮椅1台。

2009年底，就退伍军人安置问题，民政科、武装部和劳资科达成共识，得以妥善安置。

2010年春节，团发放义务兵优待金9.5万元，发放特殊退役人员补助金3.7万元，发放伤残军人抚恤金3.5万元，奖励优秀士兵300元/人。建军节期间，团慰问驻团部队及团现役军人家庭，发放慰问金1.24万元。2010年底，安置退伍军人就业上岗，按时发放复转军人生活补助金，1999—2010年，团发放优待金、慰问金21.16万元。

2012年，团走访复员义务兵和退役士官，工作岗位得以安置，为60岁以上无生活来源的退役士兵申请生活补助720元/（人·年）。

2015年春节期间，为优抚对象每人发放价值200元的慰问品（慰问信、对联、礼品盒），发放优抚对象抚恤补助金21.43万元，发放义务兵优待金13.28万元，为没有养老金的农村籍退役士兵发放生活补助金0.28万元。建军节期间，团为驻地武警部队、向阳部队及团武装民兵发放慰问金5.1万元。

六、婚姻登记

1958年始，团场婚姻登记业务工作受尉犁县民政局指导，婚姻登记员需经尉犁县民政局培训。1984年，婚姻登记由团场工会兼办。1994年，婚姻登记由团场工会移交群工科。1998年3月，群工科改称民政科，兼管婚姻登记业务。2011年后，团民政科婚姻登记业务由尉犁县民政局收回。

（一）三十三团

1995年，团遵照国家有关法律法规落实婚姻管理工作，开展婚姻法宣传教育，按要求办理婚姻登记手续，建立并完善婚姻档案管理工作。

1996年起，团婚姻管理执行1996年10月发布的《新疆维吾尔自治区婚姻登记管理办法》，当事人双方符合有关规定的，给予婚姻关系登记。

从2004年始，团场根据国家规定，取消强制性婚前身体检查，婚前检查采取自愿原则，同时取消出具单位双方婚姻状况证明的要求，办理结婚登记只需要双方户口本、身份证原件即可在双方户口所在地任何一方办理婚姻登记手续。

2005年3月，三十三团（中心团场）成立社政科，下设民政科，婚姻登记业务受尉犁县民政局指导。

2006年4月，三十二团婚姻登记由三十三团（中心团场）民政科办理。

2011年10月，团民政科婚姻登记业务由尉犁县民政局收回，团场职工群众婚姻登记需到尉犁县民政局办理，延至2015年。

（二）三十二团

1984年，团婚姻登记由团工会兼办。

1989年5月，团婚姻登记由组干科兼办。

1996年9月，团群工科更名为统战科，挂民政科牌子。婚姻登记工作划归民政科管理，延至2006年3月底。

七、殡葬管理

20世纪90年代中期，三十三团与三十二团先后在本团医院附近建成殡仪馆，并开发了殡葬业务，殡葬服务管理走上正轨。

1997年7月21日，国务院发布《殡葬管理条例》，对新时期殡葬改革提出更高要求。团场民政科以《殡葬管理条例》为原则，依法强化殡葬管理，倡导文明节俭地办理丧事。

2008年，团殡仪馆负责人牛文元、郭玉芬到北京参加民政特有职业技能鉴定培训班，取得民政（殡葬）行业特殊技能与操作资格证书，团场殡葬管理更加规范。

2009年，团在原殡仪馆的基础上成立青松（三十三团）和顺利（原三十二团）两个殡仪服务站，属个人承包企业管理性质，团民政科指导服务站建立工作制度，遵章守法开展殡葬服务。丧葬服务中设有灵堂、休息室、寿洗、化妆、整容、穿戴寿衣等项目（免费）。

2010年，团殡葬工作按照国务院《殡葬管理条例》和兵团《关于加强新疆生产建设兵团殡葬管理工作的通知规定》，坚持以人为本，规范管理，依法行政，倡导移风易俗，殡葬各项工作协调发展。本着方便群众、尊重家庭意愿原则，切实做好团场殡仪管理服务工作，开创文明殡葬优质服务。是年，农二师民政发布《关于在殡葬系统开展"优质服务月"活动的通知》，要求优质服务，文明殡葬。清明前夕，团民政科、社区办对两个殡葬服务站的服务项目、用品出售价格进行清查，对私自出售殡葬用品的作坊予以取缔，并向各单位印发团殡葬服务项目和用品价格表，设立举报电话，实行社会监督机制。

2011年10月，团民政科科长为殡仪服务站法人代表。

2013年，团完成殡葬服务站的统一管理，实行明码标价，合理收费，文明守法殡葬，建立殡葬工作长效机制。由民政科科长对服务站提供的各项殡葬用品、服务收费督查。

2014年，青松殡仪服务站注销。

至2015年，团场仍实行土葬。

八、社团登记

根据《关于加强兵团团场专业经济协会培育发展和等级管理的指导意见》，团场在社政科设立社会组织管理工作办公室，负责民间组织登记管理，对所有注册的专业协会审批备案，由农二师民政局颁发《社会团体法人登记证书》。团民政科按照国务院《社会团体登记管理条例》和民政部有关规定，组织社会团体参加农二师民政局年检。2005—2010年底，团民政科登记注册7个社会团体，涉及专业、行业和学术三大类，均已年检。

表25-1 三十三团社会团体登记情况一览表（2010年）

社团登记证号	类别	社会团体名称	注册时间	法人代表	业务主管单位
新兵社证2005016	行业	农二师三十三团老年体协	2005年11月1日	周 静	团组干科
新兵社证2005021	专业	新疆兵团农二师三十三团香梨种植协会	2005年5月1日	鲁建英	团工会
新兵社证2006023	行业	农二师三十三团志愿者协会	2006年6月8日	武新发	团社区服务中心
新兵社证2006033	专业	农二师三十三团养鹿协会	2006年9月26日	刘河新	团职工文化培训中心
新兵社证2007004	行业	农二师三十三社区残疾人协会	2007年4月12日	刘建华	团社区服务中心
新兵社证2008004	专业	农二师三十三团沼气协会	2008年6月10日	闫玉民	团生产科
新兵社证2009005	专业	农二师三十三团农机协会	2008年6月10日	张建军	团生产科

2008年，团贯彻落实《社团登记条例》《民办非企业单位登记管理条例》。民政工作严格程序、依法管理、热情服务，为团场民间组织发展创造良好环境。是年底，团有社团组织6个（其中新成立2个），注册资金805万元，民办非企业2个。

2009年，团申请两个民办非企业殡仪服务站。坚持培育发展与监督管理并重的方针，注重发展行业协会、农村专业经济协会和社区民间组织，加强民间组织监督管理，规范行业协会建设。

2010年4月，团完成9个社会组织的年检和上报工作。

2012年，团贯彻落实《社会团体登记管理条例》，规范社会组织登记管理和监管工作，完成社区服务中心、殡仪馆建设项目申报和9个民非年检工作。

2013年，团9个社会组织年检合格率100%。

2014年，团完成2个民办非企业单位法人换证和5个社会组织的上报年检，合格率100%。是年，注销残疾人协会、志愿者协会、养鹿协会和昭气协会。

2015年，社团登记工作无太大变化。

第四节 社区建设

一、机构

2002年后，为建立新型团场城镇化管理模式和运行机制，三十三团和三十二团在库尔木依镇和乌鲁克镇成立社区管理委员会办公室（以下简称社管会），两团社区各配主任、书记、干事、报账员各1人。社管会下设社会治安、物业管理、老龄少儿、文明事业4个工作体。三十二团社管会管辖东区、西区2个居委会；三十三团社管会管辖梨花、拥军2个居委会。每个居委会负责区域内居民管理和社会化服务等。

2006年3月，三十三团和三十二团正式合并，成立三十三团（中心团场）。同年12月，三十三团成立社区建设指导委员会办公室（以下简称社区办）。

2008年，成立三十三团社区管理服务中心，下设3个居委会，分别是拥军居委会、梨花居委会、山水居委会（山水居委会在原三十二团），3个居委会在团社区管理服务中心管理下开展工作。居委会具体负责离休党支部、居民生活服务和文体活动等。是年6月，团成立连队社区居委会18个，单位党支部书记兼居委会主任。

2010年，团城镇有社区中心1个、社区居委会3个，连队社区居委会18个，专职人员37人，社区志愿者协会1个，社区残疾人协会1个，形成党政领导、社政科主管、社区办公室指导工作的三级社区组织网络。

2015年，随着城镇化建设发展需要，团将3个居委会升格为3个社区。其中，三十三团片区为拥军社区和承德社区，原三十二团片区为山水社区。三个社区属团社区管理服务中心管理。

二、社区管理

（一）社区党建

团场社区成立后，着力探索社区党建新的组织形式，扩大党在社区的工作覆盖面。成立社区党总支、居委会党支部，组建社区党员志愿者服务队、社区老年治安防范队和"夕阳红"艺术队。居住在团部社区的离退休党员、流动人口党员、下岗失业党员均被纳入社区党组织管理，党建工作延伸到各居委会，渗透到社区各居民区。

2003年，团场社区健全"五站、五室、一家、一广场"即服务工作站、环保站、文化站、卫生服务站、劳动和社会保障站，社区办公室及各居委会办公室、警务室、党建活动室、文化活动室、图书室，居民之家，居民健身娱乐广场。

2006年三十三团（中心团场）成立后，社区党组织围绕党员先进性这个主题，组织党员参加学习教育、看家护院、美化环境、扶贫帮困、文化服务等活动，增强党组织的凝聚力。

至2015年，团形成社区党总支1个、镇区居委会党支部3个、基层单位社区党支部16个的组织机构。

（二）居民管理

2002年起，团场社区居民实行属地管理，社区积极组织给居民建立居民信息卡，对弱势群体实行困难救助、扶贫帮困等。

2002—2005年，三十三团社区建立居民信息卡1400份，困难救助、扶贫帮困1600余人；三十二团社区建立居民信息卡1100份，困难救助、扶贫帮困1200人。

2006年两团合并后，全团60岁以上的老人有2800余人，大都居住在团部附近，属社区范围内。

2007年，社区广泛宣传老年优待办法，并在社区常年办理老年优待证，工本费由团承担，当年有600余人拿到优待证。

2015年，3个社区新建居民信息卡4550余份，方便了居民管理。

（三）卫生管理

团场社区成立以来，卫生管理以治理社区环境入手，以净化、绿化、美化为目标，制定《卫生环境管理办法》，对农贸市场、商业区实行"门前三包责任制"。社区环卫队负责每天团部范围内的路面卫生清洁工作。社区制定了居民卫生管理办法，要求社区居民的生活垃圾及时投入垃圾桶内，禁止乱堆乱倒，居民区按户缴纳卫生费，对卫生管理实行有偿化。

2013年，团购买一辆街道卫生清洁车 （宣传科供图）

2003年，社区不断提高居民的环境保护意识，聚力整治居住区"脏、乱、差"现象，抓好环境建设，在辖区实施"把道路让出来，把垃圾装起来，把庭院绿起来，把摊点管起来，把门前包起来"的环境综合治理。

2006年三十三团和三十二团合并后，为解决居民倒垃圾难的问题，团一次性投入3万余元制作垃圾桶60余只。管理中心制定《加强社区环境卫生的有关规定》，收取一定的绿化费和卫生费，自行解决社区辖区垃圾清运，1年为团节约开支近万元。

2008年，为改变社区面貌，团调配各种机械，清除沉积多年的生活建筑垃圾800余吨。

2009年，团建立垃圾收集处理机制，按照户收集、社区清运、集中填埋的模式，实现生活垃圾收集处理全覆盖。

2010年后，各连队社区按照团场要求每20～30户建1个垃圾池，共建垃圾池125个、垃圾填埋场21个。

2013—2015年，社区管理中心添置大型转运车3辆、街道清扫车2辆、小型转运车21辆、吸粪车2辆、拖拉机2台，3371户使用双瓮式水冲式厕所，医院固体垃圾实行定点回收，运至库尔勒进行集中焚烧，实现生活垃圾无害化处理。

（四）绿化管理

三十三团（中心团场）成立后，在城镇绿化管理上，社区建立目标考核制度，采取定人定岗，实行分片包干，谁主管谁负责，专人管理，确保团场小城镇绿化达标。

（五）社会治安

2002年起，团场社区中心和驻团派出所联合建立社区警务室，开展警民共建，群防群治，两团社区各有8名社区居民参与治安联防工作。社区治安，实行社会治安综合治理工作属地化管理，建立以派出所、综治办、计生办"三位一体""两线三块"管理模式，制定社区治安工作目标考核办法，落实到社区居委会若干小组。组织以社区专职治安员为主，社区离退休人员、党员干部、青年团员、少先队员为辅助的社区义务治保联防队伍。在社区治安管理中，社区专职治安员主要负责工作日、节假日期间的社区治安工作；义务治保队伍主要负责社区中午和夜晚的治安工作，形成治保人员包一片、联防队员包20户的居民点和居民群众互相照应的社区治安管理体系。做好暂住人口"三证一担保"等级登记工作，与外来人员签订治安责任书。对外来人员进入社区的行为规范、施工过程中的安全、节假日期间的法制教育、计划生育及团内的承包政策等方面进行宣传教育，形成外来人员管理机制。

2008年，各社区配置治安员，对案件多发区进行定人负责。要求治安员开展走访、排查常态化，实时掌握社区治安情况，团与社区签订重点部位安全责任书20份。

2009年后，开展创建平安社区工作，团制定《创建平安社区联动工作实施办法》，建立社区联动工作机制，社区平安创建工作取得实效（延至2015年）。

（六）全民健身

为推动社区居民健身活动，三十三团（中心团场）成立后，为社区配置全套健身器材，参加锻炼的居民络绎不绝。

社区设有老年活动中心、健身中心、图书阅览室、活动室、门球场、篮球场，成立了老年门球队、拳剑队，实现活动常态化。社区实时举办的革命歌曲演唱会、纳凉文艺晚会、趣味运动会、书法比赛等文体活动，深受

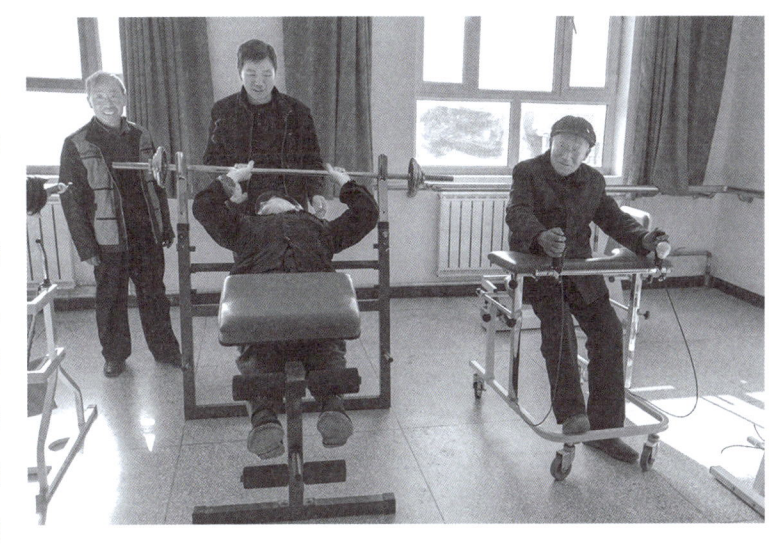

2015年，离退休职工在社区健身房运动　　　（丁建斌　摄）

广大职工群众喜爱。通过举办多样化活动，社区形成健康向上、文明和谐的氛围。

三、社区服务

团场社区成立以来，进一步完善社会保障、助残优抚、婚姻殡葬、敬老爱幼、医疗保健、民事调解、家政服务、信息中介、文化教育、劳动就业、物业管理等多项服务，社区服务网络作用得到发挥。

(一)计生服务

2002年后,社区服务中心计生服务站负责3个居委会的计生信息、药具发放及各项服务工作,计划生育政策落到实处。至2015年,服务站共服务500余人次,发放各类宣传单3000余份,上门服务200余次。社区服务站实现疾病预防、保健、环境卫生、医疗康复、健康教育和计划生育管理网络化,开展技术性服务,方便群众。

(二)文化服务

2002年,团场社管会通过社区专栏、板报等宣传设施,宣传党的方针政策和国家法规法律,表彰先进,树立和弘扬尊老爱幼、爱护公物、团结友爱、互帮互助、文明和谐社会新风尚,体现以德治国的方针,使社区成为有组织地进行社会主义思想道德教育和聚力开展丰富多彩、健康有益的文化、体育、娱乐活动的基本阵营。

2006年三十三团和三十二团正式合并后,随着团场小城镇建设的不断发展,在活跃社区气氛和丰富社区居民文化生活方面,社区不断寻求新的突破,为和谐团场增添活力。社区每年均组织居民参加团场文艺演出等活动,如秧歌、舞蹈、汇演、迎新春晚会等;组织居民开展篮球、羽毛球、乒乓球、体操、门球、长跑、健步走等文体赛事活动。至2015年,社区开展居民各类培训达1000余人次。

四、长寿老人

1958年建场时,团场职工队伍均由五湖四海的来场支边青年和部队复员转业军人组成,斗转星移,他们已陆续退休。团场老年群体中不乏一些百岁老人,这些健在的长寿老人,平日里都是粗茶淡饭,多数老人的三餐以素食为主,过着日出而作、日落而息的平凡生活,并没有什么特殊爱好,他们都性格开朗,热爱活动,喜欢聊历史。

至2015年,团场90~99岁的老人有13人。

第二十六章　人物和先进

人类的历史何其漫长，个人的生命又何其短暂。在1995—2015年团场这一重要发展历程中，兵团精神激励着无数团场干部职工为团场的发展而前赴后继，奋勇向前，宛如一盏明灯，为辽阔土地撕破了绵延万里的黑暗，并留下一抹抹浓厚的丰功伟绩。其间，涌现出无数先进集体、先进个人及劳动模范，共同谱写了三十三团、三十二团辉煌历史的崭新篇章。

第一节　正团级以上领导

一、三十三团

马胜利（第七任政委）：男，汉族，1944年8月出生，祖籍河北省沧州市吴桥县，初中文化。1961年参加工作，1965年7月加入中国共产党。1961—1986年5月历任三十一团值班战士、文教、政治干事、指导员、政治处副主任。1986年6月—1997年1月历任三十三团政治处主任、纪委书记、团委书记、副政委、党委副书记（政委）、党委书记（政委）等职。

马庆华（第七任团长）：男，汉族，1945年9月出生，祖籍重庆市，1963年9月从上海支边来疆参加工作，初中文化，1987年8月加入中国共产党。1963年9月—1995年12月在三十三团历任工人、排长、副连长、站长、科长、副团长，1996年1月—2001年12月任三十三团党委副书记、团长。

盛祖才（第八任政委）：男，汉族，1945年6月出生，祖籍上海市嘉定县（现为上海市嘉定区），中专文化，1964年9月在三十三团参加工作，1967年8月加入中国共产党。1974—1982年在三十三团任指导员、畜牧公司书记。1986—1996年12月历任三十一团政治部主任、工会主席、副政委、副团长。1997年1月—1999年1月任三十三团党委书记、政委。

付荣（第九任政委）：男，汉族，1948年8月出生，祖籍四川省南充市南部县，大专文化，

1966年5月在三十五团参加工作，1974年9月加入中国共产党。1966年5月—1998年12月历任三十五团青年战士、教师、团宣传干事、科长、团工会主席、副政委、政委。1999年1月—2004年4月任三十三团党委书记、政委。

曹护林（第八任团长、第十一任政委）：男，汉族，1963年12月出生，祖籍甘肃省武威市，大学本科，1985年11月加入中国共产党，1987年8月参加工作。1987年8月—1997年3月历任农三师四十四团良种连技术员、生产科参谋。1997年4月—2001年12月历任农二师三十团生产科副科长、总农艺师、副团长。2001年12月—2002年12月任三十三团党委副书记、代团长。2003年1月—2006年3月任三十三团党委副书记、团长。2006年3月—2011年9月任农二师三十三团党委书记、政委。

周敏燕（三十三团第十任政委、三十二团第十二任政委）：男，汉族，祖籍河北省石家庄市栾城县（现为河北省石家庄市栾城区），经济管理专业，高级政工师。1956年10月出生于新疆巴音郭楞蒙古自治州焉耆回族自治县。1975年11月参加工作，1983年12月加入中国共产党。1975年11月—2001年12月历任农二师二十四团值班二连战士、值班二连文教、武装部参谋、副部长、劳改科科长、综治办主任、组干科科长、副政委、纪委书记、政治处主任、党委书记、政委等职（其中1995年8月—1997年12月在中央党校经济管理专业上函授本科。1984年10月—1988年8月在新疆大学汉语言文学专业大专自学）。2002年1月—2004年5月担任农二师三十二团党委书记、政委。2004年5月—2006年3月任三十三团（中心团场）党委书记、政委。

刘期国（第九任团长、第十二任政委）：男，汉族，1967年5月出生，大学本科学历、农学学士学位，1990年8月参加工作，1993年6月加入中国共产党。1991年3月—2000年1月任农二师二十九团技术员、副场长、连长。2000年1月—2002年7月在新疆冠农果茸股份有限公司工作，历任三场场长、管区主任。2002年7月—2006年3月任三十团副团长，2006年3月—2011年9月任三十三团党委副书记、团长，2011年9月—2015年9月任三十三团党委书记、政委（2011年9月被选为新疆巴州尉犁县人大副主任、巴州人大代表）。

黄学东（第十任团长）：男，汉族，祖籍河南省信阳市固始县，大学专科，1964年10月出生，1986年3月参加工作，1990年7月加入中国共产党。历任三十四团政工干事、副指导员、连长、生产科科长、副团长，2008年9月—2011年9月任农二师农科所所长，2011年9月—2014年2月任三十三团党委副书记、团长。

孙泽斌（第十一任团长）：男，汉族，1969年7月出生，四川省广元市苍溪县人，大学本科，经济管理专业。1987年10月参加工作，1987年11月—1991年1月在武警兵团指挥所第三支队服役，1990年4月加入中国共产党。1991年1月—2011年9月历任二十一团治安员、政工干事、副指导员、副连长、指导员、连长、农业科科长、团长助理、副团长。2014年4月—2016年10月任三十三团党委副书记、团长。

二、三十二团

谭敦（第九任政委）：男，汉族，1937年2月出生，湖南省株洲市茶陵县人，中专文化。1956年8月毕业于长沙农业学校。1956年9月分配到农二师孔雀一场任技术员。1958年2月—1962年2月先后在农业部干校学习，在农二师原种场塔里木农科所第二管理处街道科科委任技术员。1962年3月调塔四场，历任技术员、生产科参谋、生产科副科长、副团长等职。1981年1月加入中国共产党。1987年6月—1995年12月任三十二团政治委员（政委）。1996年1月退居二线，任调研员。

陈吉良（第六任团长）：男，汉族，1938年5月出生，江苏省徐州市人，大学本科文化。1963年7月毕业于江苏南京农学院植保系，同年9月分配到塔四场工作。1971年6月加入中国共产党。历任技术员、中学教师、生产科参谋、团党委秘书、生产科副科长、副团长等职。1985年3月经民主选举任三十二团团长。1994年1月任农二师总农艺师兼三十二团团长。1995年1月卸任三十二团团长。

周逸（第十任政委）：男，汉族，祖籍浙江省金华市浦江县，1964年7月在新疆出生，大专文化，1983年8月参加工作，1991年6月加入中国共产党。参加工作后，1983年8月—1989年1月在农二师计财处任科员，1989年2月—1990年2月在北京农垦管理干部学院财会专业班学习，1989年8月任农二师团委副书记。1994年8月任农二师团委书记，1995年12月调三十二团任党委书记、政委。

周首芳（第十一任政委）：男，汉族，1947年7月出生，山东省莱西市人，1971年12月加入中国共产党。1965年9月参加工作，1967年2月在农二师尉犁支队六连任文教，1969年12月—1975年8月任三十一团中学教师，1975年8月—1981年6月任三十一团机修连指导员，1984年5月任农二师乌鲁克司法科驻三十一团助理，1981年11月—1992年6月任农二师乌鲁克司法局助理员、主任律师、司法局局长，1996年4月—1998年12月任三十一团副政委，1999年1月任三十二团党委书记、政委。

饶仕乾（第七任团长）：男，汉族，四川省巴中市人，1941年6月出生，初中文化，1960年参加中国人民解放军，1960年10月加入中国共产党。历任三十五团干事、指导员、保卫科副科长、行办室主任、政研室主任、生产科长、副团长等职。1995年1月任三十二团党委副书记、团长。

缑姚和（第八任团长）：男，汉族，祖籍甘肃省天水市，1950年3月在新疆出生，大专文化。1973年5月加入中国共产党。参加工作后，1983年10月—1989年2月任三十二团修理连连长，1990年3月—1993年在新疆五家渠干部管理学院学习，1994—2000年2月任三十二团供销科科长、副团长，2000年3月—2001年3月任三十二团党委副书记、团长，2001年4月—2001年12

月任三十二团团长、代党委书记。

郭德祥（第九任团长）：男，汉族，1963年8月出生，1984年8月加入中国共产党。1982年8月参加工作，1984年12月—2000年2月历任三十四团九连实习农具手、二连任农机站站长、九连连长、生产科副科长、生产科科长、农机管理科科长、副团长等职，2000年3月—2001年12月任三十一团副团长，2002年1月—2005年9月任三十二团党委副书记、团长。

第二节　劳动模范

一、兵团（自治区）级

（一）自治区劳动模范

谭德周：男，汉族，1958年出生，初中文化，四川省开县（现为重庆市开州区）人，1994年加入中国共产党，连队党支部委员。1988年落户九连开始承包土地，1991年加入职工队伍。1993年，他在承包工作中被评为团先进生产者，曾连续三年超额完成生产任务，当年承包的3.7公顷棉花地亩单产134千克皮棉，且担任班长期间积极协助连队行政工作，刻苦钻研农业种植技术，为连队经济发展作出突出贡献，被团授予"标兵"称号。1997年，在特大灾害和严重干旱的情况下，其带领班组成员12人早出晚归，坚持人工补种棉田半个月，最终以10500株/亩棉苗为全班实现89905千克籽棉的总产价值，亩单产籽棉275.8千克，超出生产任务的115%，成为全连唯一完成计划的班组，当年被农二师授予"绿原之星"称号。自1988年起，他连续11年承包土地并完成超产任务，取得较好的经济收益，1999年，被巴州人民政府授予"劳动模范"荣誉称号。2000年，三十三团九连委托其协助农业副连长进行农业生产管理，当年，连队各项农业生产取得重大收获，谭德周被评为2000年自治区"劳动模范"和团"先进工作者"。

（二）兵团劳动模范

周和平：男，汉族，1948年6月出生，四川省垫江县（现为重庆市垫江县）人，中专文化，1967年2月参加工作，1984年11月加入中国共产党。他从1986年起，先后担任三十二团连长、党支部书记、供销科副科长、科长和副团长等职。1999—2002年分别被兵团农业技术推广站授予"先进个人"称号、兵团安委授予"安全生产先进个人"称号；1994年2月被农二师授予"标兵"荣誉称号；1988—2004年被农二师授予"优秀共产党员""精神文明建设先进个人""支持工会工作的党政好领导"荣誉称号。连续多年获得团"优秀共产党员""先进工作者""先进个人"荣誉称号。1991年1月，周和平被兵团授予"弘扬兵团精神模范"荣誉称号。

郎宝：男，汉族，1965年出生，祖籍河南省开封市尉氏县，初中文化，2005年加入中国共产党，于2000年3月至今在五连承包土地。2003年，团场实行棉田加压滴灌，他结合新技术，严格执行团连要求，因地制宜防治虫害，个人承包的 5.3 公顷棉田均取得丰收成效，亩产籽棉达到 450 千克，当年被团评为"植棉高产状元"。作为连队的先进人物，他从未有过自满，始终牢记师、团、连各级领导赋予的使命，坚守在工作一线，认真把控棉田生长的各个时期，并圆满完成该年生产任务，当年被师评为"生产标兵"。2004 年，在师、团工会开展的"创争"活动中，他日夜学习，最终拿到农工高级证书，并将所学所悟运用到连队春播、田管、秋收当中，适时做好定苗、除草、中耕、灌水、施肥和病虫害防治等各项田管工作，田管的每个环节提早完成，收获颇丰，取得团"高产状元"三连冠的殊荣。当年 5 月，被师市评为"十佳劳动能手"，并荣获屯垦戍边"5·1"劳动奖章；该年 10 月，荣获兵团"劳动模范"荣誉称号。

张玉珍：女，汉族，1968 年出生于四川省资阳市安岳县，1986 年来三十三团二十连承包土地，1991 年 3 月落户并参加工作。参加工作后，她能主动向技术员请教种植技术并学以致用，严格按照科学管理方法亲自把控每个细节。在每年的农业生产大检查中，均受到团、连表彰，并多次迎来兵、师、团农业观摩团前来参观学习。2003 年棉种播下后，突如其来的低温致使她个人承包的 2.7 公顷棉田出苗率仅有 40%，心急如焚的她坚持在刺骨棉田里跪地补种十余天，承受着常人难以煎熬的苦痛，将 1.6 公顷缺苗全部补上。年底经团检测，其承包的棉田亩单产皮棉 227 千克，创产值 11.79 万元，获纯利 5.6 万元，皮棉单产获农二师第二名。当年被师团评为"农业丰产攻关标兵"，荣获"十佳植棉能手"称号。2004 年 10 月被兵团授予"劳动模范"称号。1992 年至 2010 年，因她肯于吃苦、敢于克难、坚守奉献、始终奋战在农业生产第一线，先后 22 次获得团"先进生产者"、7 次荣获兵团"三八红旗手""巾帼致富带头人""十佳种田能手""屯垦戍边劳动奖章"称号；被农二师、三十三团评为"青年科技致富标兵""三八红旗手""工会积极分子""农业丰产攻关标兵""巾帼致富能手"等 13 项殊荣 30 余次。

（三）兵团植棉高产个人

张兰花：女，汉族，1971 年出生于河南省开封市尉氏县，2008 年加入中国共产党，三十三团十九连（原三十二团九连）女职工致富带头人。自 2000 年参加工作以来，因勤奋好学、脚踏实地、吃苦耐劳，她连续十年被团评为"先进生产者"和"五好职工"；2007 年，她凭借永不服输的拼劲，从治碱、整地、播种、田管、综合防治到采摘进行多方学习和实践，在她的精心管理和辛勤汗水的浇灌下，其个人承包的 5.1 公顷棉田经国家验收皮棉亩单产量达到 179.6 千克。在她的帮扶下同条田的 4 个承包户籽棉亩单产均达到 512 千克。当年，她荣获师"植棉高产状元"荣誉称号。2008 年，其承包的棉田被 7 月突如其来的冰雹打的一片狼藉，面对此情此景，她没有气馁，打起精神，不等不靠，积极投入抗灾自救，通过精心管理，合理施肥、科学化调，最终取得较好收成，籽棉单产达到 426 千克，纯收入 6 万余元。在她的带动下，同条田其他承包户无一家亏损，该年被兵团授予"植棉高产个人"荣誉称号。每当丈夫半夜调水回到家中，她总是从睡梦中起床为丈夫端来热水烫脚，为让丈夫更好投入连队管水工作中，即便是连队用水高峰期，她也努力克服各种困难，让丈夫随时都能吃到温热饭菜，2009年被师评为"和谐家庭"。她连续三年被团评为"优秀共产党员"和"致富带头人"，连续两年被评为农二师"优秀共产党员"。在团、连组织培训中，她积极参与，认真记录，不断尝试新技术应用，她的棉田成为连队"精品田"，棉花产量年年递增，2011年至2012年，连续两年被评为团"棉花高产个人"。身为十九连职工，她始终坚持为连队排忧解难，以防治棉田病虫害的植保技术帮助连队其他职工，使得棉田病虫害得到有效控制，为连队作出了特有的贡献，2013年，被国家授予"全国女性经济人物"；2014年，被兵团授予"三八红旗手标兵""巾帼农业科技服务队队长"荣誉称号；2015年，获中共第二师铁门关市委员会、兵团二师、铁门关市人民政府表彰"劳动模范"荣誉称号。

二、师（地州）级

（一）二师劳模

李金荣：男，汉族，中专文化，1952年7月14日出生于湖北省黄冈市黄梅县，1969年1月参加工作，1969年8月参军，1971年加入中国共产党。他于1974年复员回原三十二团磷肥厂工作，曾任原三十二团蛭石连连长、三十二团蛭石矿党支部书记兼矿长、三十二团社区服务中心主任、三十三团社区服务中心主任，2011年5月内退。1982—2004年，作为蛭石矿矿长，他不仅要安排任务生产，对接客商业务，同时还要兼任驾驶员、电焊工、修理工等工作，每年春节前夕往往就要上山，十一月才能收队下山，风餐露宿，从未言苦。其间，15次被评为团"先进产工作者"、团"行业标兵"；1995年冬，根据外商购货需求，他以身作则，带领工人对选矿筛进行争分夺秒的改造。即便双眼因焊弧而红肿泪流，皮肤被寒风吹到皲裂，他也从未有过丝毫懈怠，最终按时完成任务。1996年，他所在的蛭石矿产出12000吨，其中2/3产品远销海外，创利81万元，职均创利1.6万元。当年，他所在的蛭石矿被授予文明单位称号，并连续多年被评为先进单位。1997年9月，李金荣被评为1995年、1996年农二师"劳动模范"。2009年4月，苏盖特引水工程因管道内出现气阻，为三十一团、三十三团居民生活用水带来了不便，他前往北山抢修故障10余次，并在师水利局的技术指导下，带领21人早出晚归，对29个排气阀、管道阀逐个进行维修，最终排除万难，使得供水恢复正常，并于2010年被评为三十三团"道德模范"。

（二）巴音郭楞蒙古自治州劳动模范

李富强：男，回族，本科学历，1969年2月出生于新疆巴音郭楞蒙古自治州尉犁县，祖籍河南省漯河市郾城县，1997年7月加入中国共产党，1990年参加工作，2002年5月担任三十三团十七连连长，2009年任十九连连长，2011因工作业绩突出，被团党委任命为农业科科长，是团场优秀的少数民族干部。在多年的基层管理工作中，李富强团结带领干部职工奋力拼搏，不仅赢得了职工群众的信赖，并多次受到师团党委的表彰，被农二师授予"十佳青年"荣誉称号。2009

年，他一改过去建园定植现成红枣苗木的做法，针对灰枣树体管理、花果管理、肥水调控、病虫害防治等技术合理制定规划，不断深入调整，使得"退棉进枣"产业结构逐步完善，带领职工开源节水35万立方米，有效应对旱情带来的影响，亏损率由往年的92%降至7.4%，2009年和2010年被团授予"优秀行政管理干部"称号，他所任职的连队连续多年获得"文明连队""先进连队"荣誉称号。2010年，为主动应对旱情、稳定职工队伍，他在滴灌节水的基础上，大力推行"膜下滴水蓄墒排盐"干播湿出新技术，其所在的十九连承包380公顷耕地，有189公顷均采用该技术，完成酸枣直播苗嫁接建园97.3公顷，棉花播种面积282.6公顷。2010年末，173.3公顷果园总产360万千克，职均收入4.8万元，其中自营经济职均收入2400元，籽棉总产220万千克、单产420千克，全连职工盈利达到100%。当年，荣获"开发建设二师"劳动奖章。身为连队干部，他通过组织田管劳动竞赛、农业技术观摩培训等活动，不断加强连队职工田管意识，克服大风、低温、降水及干热风等自然灾害，使得连队稳居农业排名前三。其个人先后连续8年获得团"优秀共产党员"和"先进工作者"荣誉称号；历年来，他在职工增收工作当中，不断挖掘潜力、主动拓宽渠道、着力收入水平，积极引导职工外出打工，大力宣发团场惠民政策，有效助力职工增收致富。2011年，被巴音郭楞蒙古自治州人民政府授予"劳动模范"，并荣获团"全国县（市）科技进步考核先进个人""开发建设二师"等称号；2012年，获"农二师农业战线突出贡献领导干部"荣誉称号。

第三节　兵团（省部）级以上先进个人

1995—2015年，团场获得兵团（省部）级以上先进个人表彰的情况。

一、三十三团

表26-1　兵团（省部）级以上先进个人（选录）（1995—2015年）

姓名	性别	族别	荣誉称号	获奖年份	授奖单位级别
刘大平	男	汉族	优秀党员	1996	兵团级
董少平	男	汉族	农广校招生先进个人	1997—1999	兵团级
诸学谦	男	汉族	农广校招生先进个人	1999	兵团级
李　玲	女	汉族	农广校招生先进个人	2002—2003	兵团级
陈建华	男	汉族	优秀党员	2003	兵团级
高艳荣	女	汉族	《塔里木马鹿胚胎移植科技研究》一文获兵团三等奖	2004	兵团级
鲁建英	女	汉族	全国林业先进个人	2005	国家级
董圆华	女	汉族	第六届全国电视希望之星声乐组"十佳"	2006	国家级
刘河新	男	汉族	优秀党员	2006	兵团级

续表

姓名	性别	族别	荣誉称号	获奖年份	授奖单位级别
李建军	男	汉族	全国优秀护林员	2006	国家级
李建军	男	汉族	兵团防沙治沙先进个人称号	2007	兵团级
高艳荣	女	汉族	《农二师屯垦戍边新型团场建设中的人口计生工作及对策研究》获国家人口计生委人口和计划生育队伍职业化建设和能力建设征文纪念奖	2008	国家级
苏国庆	男	汉族	全国公安系统缉枪治爆先进个人	2008	国家级
于 强	男	汉族	全国绿化奖章获得者	2009	国家级
向 钧	男	汉族	优秀党务工作者	2009	兵团级
于 强	男	汉族	全国绿化劳动模范	2011	国家级
刘期国	男	汉族	全国科技进步考核先进个人	2011	国家级
李富强	男	汉族	全国科技进步考核先进个人	2011	国家级
汪维忠	男	汉族	第二次全国资源清查工作先进个人	2011	国家级
向 钧	男	汉族	兵团优秀党务工作者	2011	兵团党委
吴建成	男	汉族	优秀专武干部	2011	兵团级
李秋艳	女	汉族	全国科技进步考核先进个人	2011	国家级
胡俊建	男	汉族	"五五"普法先进个人	2011	兵团党委
帅士新	男	汉族	兵团党史工作先进工作者	2012	兵团级
李宏彬	男	汉族	兵团科普惠农兴村科普带头人	2012	兵团级
黄学东	男	汉族	全国县市科技进步考核县级优秀先进个人	2013	国家级
刘期国	男	汉族	全国县市科技进步考核县级优秀先进个人	2013	国家级
冯利和	男	汉族	全国县市科技进步考核县级优秀先进个人	2013	国家级
李秋燕	女	汉族	全国县市科技进步考核县级优秀先进个人	2013	国家级
袁明汉	男	汉族	优秀通讯员	2013	兵团级
奚启鸿	女	汉族	帮扶工作先进个人	2013	兵团级
姜 峰	男	汉族	虫情调查先进个人	2013	兵团级
胡俊建	男	汉族	兵团新闻网优秀通讯员	2013	兵团级
王新敏	男	汉族	兵团新闻网优秀通讯员	2013	兵团级
张兰花	女	汉族	三八红旗手标兵、巾帼志愿服务队先进队员	2013	兵团级
姜 峰	男	汉族	生态林建设突出贡献奖先进个人	2014	国家级
吴子兰	女	汉族	最美家庭提名奖	2014	国家级
展明先	男	汉族	最美家庭提名奖	2014	国家级
周厚清	男	汉族	"全国低碳日"少儿绘画作品优秀奖	2014	国家级
邓忠翔	男	汉族	"全国低碳日"少儿绘画作品二等奖	2014	国家级
曹辉宇	男	汉族	"全国低碳日"少儿绘画作品优秀奖	2014	国家级
马晓祎	男	汉族	"全国低碳日"少儿绘画作品优秀奖	2014	国家级
胡俊建	男	汉族	兵团新闻网优秀通讯员	2014	兵团级
付晓刚	男	汉族	森防优秀测报员	2014	兵团级
帅 涛	男	汉族	2014—2015大学生志愿者西部计划优秀项目管理员	2015	兵团级
王冬娥	女	汉族	优秀巾帼志愿者	2015	兵团级
李宏彬	男	汉族	基层科普行动计划、农村科普带头人	2015	国家级

二、三十二团

表26-2 兵团（省部）级以上先进个人（选录）（1995—1996年）

姓名	性别	族别	荣誉称号	获奖年份	授奖单位级别
顾永康	男	汉族	安全先进个人	1995	兵团级
刘伯璋	男	汉族	优秀传真员	1995	兵团级
武红霞	女	汉族	果树病虫害防治先进个人	1995	兵团级
姜新华	男	汉族	农机监理先进工作者	1995	兵团级
黄志强	男	汉族	离退休干部先进个人	1995	兵团级
袁明汉	男	汉族	拥军优属、拥政爱民先进个人	1995	兵团级
任长龙	男	汉族	科技致富带头人	1995	兵团级
谢兴贵	男	汉族	安全生产、水利系统先进个人	1996	兵团级
康克英	女	汉族	先进档案、先进保密工作者	1996	兵团级
陈新珍	女	汉族	计划生育先进个人	1996	兵团级
谭斌	男	汉族	农机监理先进个人	1996	兵团级
陈玉庆	男	汉族	轧花先进厂长	1996	兵团级
贾永庆	男	汉族	优秀共青团员	1996	兵团级
摆国栋	男	汉族	先进卫生工作者	1996	兵团级
田焕银	男	汉族	先进卫生工作者	1996	兵团级
何俊武	男	汉族	庭院经济致富先进个人	1996	兵团级
王巧英	女	汉族	少儿工作先进个人	1996	兵团级

第四节 师（地、州、市）级先进个人

1995—2015年，团场获得兵团（省部）级以上先进个人表彰的情况。

一、三十三团

表26-3 师（地、州、市）级先进个人（选录）（1996—2015年）

姓名	性别	族别	荣誉称号	获奖年份	授奖单位
张河江	男	汉族	优秀团员	1996	农二师
李秋艳	女	汉族	《塔河马鹿胚胎移植技术研究》论文获师一等奖	2003	农二师
张琦军	男	汉族	有序化流动管理先进个人	2004	农二师
周静	女	汉族	"两基"验收先进个人	2005	农二师
高艳荣	女	汉族	计划生育优秀干部	2006	农二师
孔庆霞	女	汉族	计划生育优秀干部	2006	农二师
高艳荣	女	汉族	计划生育优秀干部	2007	农二师
孔庆霞	女	汉族	计划生育优秀干部	2007	农二师

续表

姓名	性别	族别	荣誉称号	获奖年份	授奖单位
高艳荣	女	汉族	计划生育优秀干部	2008	农二师
孔庆霞	女	汉族	计划生育优秀干部	2008	农二师
高艳荣	女	汉族	人口和计划生育管理先进个人	2009	农二师
孔庆霞	女	汉族	人口和计划生育管理先进个人	2009	农二师
高艳荣	女	汉族	全国计划生育协会先进个人	2010	国家
高秋英	女	汉族	全国幸福母亲	2010	国家
高艳荣	女	汉族	人口和计划生育管理优秀干部	2010	农二师
孔庆霞	女	汉族	人口和计划生育管理优秀干部	2010	农二师
高艳荣	女	汉族	人口和计划生育系统优秀计划生育干部	2011	农二师
孔庆霞	女	汉族	人口和计划生育系统优秀计划生育干部	2011	农二师
孔庆霞	女	汉族	人口和计划生育阳光统计之星	2011	农二师
黄学东	男	汉族	支持工会工作党政好领导	2011	农二师
刘期国	男	汉族	支持工会工作党政好领导	2011	农二师
刘期国	男	汉族	支持武装工作好领导	2011	农二师
刘河新	男	回族	关心和支持老年体协工作的在职领导	2011	农二师
王伯琪	男	汉族	环境影响评价工作先进个人	2011	农二师
王伯琪	男	汉族	有机食品基地建设先进个人	2011	农二师
苏明兰	女	汉族	优秀工会工作者	2011	农二师
苏明兰	女	汉族	妇女工作先进个人	2011	农二师
陈尚毅	男	汉族	信访工作先进个人	2011	农二师
熊官琼	男	汉族	档案工作先进个人	2011	农二师
向 钧	男	汉族	优秀党务工作者	2011	农二师党委
向 钧	男	汉族	先进老年体协工作者	2011	农二师党委
韦泽军	男	汉族	工商联先进个人	2011	农二师工商业联合会
韦泽军	男	汉族	统战工作先进个人	2011	农二师统战部
韦泽军	男	汉族	先进老年体协工作者	2011	农二师
胡俊建	男	汉族	廉政建设先进个人	2011	农二师
胡俊建	男	汉族	弘扬兵团精神勤政廉政先进个人	2011	农二师
胡俊建	男	汉族	加强和创新社会管理调训工作优秀学员	2011	农二师
石晓红	女	汉族	"建党90周年"电视专题片二等奖	2011	农二师
李富强	男	汉族	巴州劳动模范	2011	农二师
杨帮力	男	汉族	师文学艺术界联合会摄影协会优秀会员	2011	农二师
袁明汉	男	汉族	师文学艺术界联合会文学协会优秀会员	2011	农二师
刘 琼	女	汉族	师文学艺术界联合会文学协会优秀会员	2011	农二师
庞树林	男	汉族	纪检监察系统宣传教育、信息先进个人	2011	农二师
张 勇	男	汉族	机采棉红旗机车组	2011	农二师
张咏梅	女	汉族	帮扶工作先进个人	2011	农二师
张咏梅	女	汉族	困难职工帮扶工作先进个人	2011	农二师
许明书	女	汉族	职工自营经济工作先进个人	2011	农二师

续表

姓名	性别	族别	荣誉称号	获奖年份	授奖单位
王晓鹏	男	汉族	工会财务工作先进个人	2011	农二师
胡俊健	男	汉族	工会新闻宣传优秀通讯员	2011	农二师
谭道艳	女	汉族	工会新闻宣传优秀通讯员	2011	农二师
何 芬	女	汉族	工会新闻宣传优秀通讯员	2011	农二师
刘小功	男	汉族	工会新闻宣传优秀通讯员	2011	农二师
高艳荣	女	汉族	妇女工作先进个人	2011	农二师
高艳荣	女	汉族	三八红旗手	2011	农二师
高艳荣	女	汉族	人口和计划生育系统优秀计划生育干部	2011	农二师
田桂英	女	汉族	城镇规划建设管理先进个人	2011	农二师
田桂英	女	汉族	环境保护工作先进个人	2011	农二师
张柏奎	男	汉族	棉花加工企业先进管理工作者	2011	农二师
王彦新	男	汉族	棉花加工企业先进生产者	2011	农二师
肖卫东	男	汉族	安全生产月先进个人	2011	农二师安委会
张伊斌	男	汉族	人口普查先进个人	2011	巴音郭楞蒙古自治州
张伊斌	男	汉族	自治区第六次全国人口普查先进个人	2011	农二师统计局
张伊斌	男	汉族	2011年度农业专项调查工作先进个人	2011	农二师统计局
赵宝平	男	汉族	优秀武器库主任	2011	农二师
杜闯飞	男	汉族	优秀保管员	2011	农二师
陈立飞	男	汉族	优秀警卫	2011	农二师
吴晓东	男	汉族	优秀警卫	2011	农二师
张琦军	男	汉族	劳动保障先进个人	2011	农二师
牛美玲	女	汉族	劳动保障协管员先进个人	2011	农二师
王保江	男	汉族	发展和改革工作先进个人	2011	农二师
李志洋	男	汉族	农二师电视台新闻报道优秀通讯员一等奖	2011	农二师
刘期国	男	汉族	支持武装工作好领导	2012	农二师
王伯琪	男	汉族	城镇规划建设管理先进个人	2012	农二师
苏明兰	女	汉族	第二师妇女工作先进个人	2012	农二师
刘河新	男	回族	关心和支持老年体协工作的在职领导	2012	农二师
帅士新	男	汉族	办公室综合工作先进个人	2012	农二师
帅士新	男	汉族	机要工作先进个人	2012	农二师
熊官琼	女	汉族	保密工作先进个人	2012	农二师
刘晓功	男	汉族	工作信息报送工作先进个人	2012	农二师
向 钧	男	汉族	先进老年体协工作者	2012	农二师
韦泽军	男	汉族	农二师统战工作先进个人	2012	农二师
韦泽军	男	汉族	先进老年体协工作者	2012	农二师
陈尚毅	男	汉族	二师优秀宣传思想文化工作者	2012	农二师
张琦军	男	汉族	先进个人	2012	农二师
唐海燕	男	汉族	先进个人	2012	农二师
袁明汉	男	汉族	二师文学艺术界联合会先进个人	2012	农二师

续表

姓名	性别	族别	荣誉称号	获奖年份	授奖单位
袁明汉	男	汉族	二师优秀通讯员	2012	农二师
李志洋	男	汉族	二师优秀通讯员	2012	农二师
庞树林	男	汉族	纪检监察系统优秀办案人员	2012	农二师
张先信	男	汉族	纪检监察系统宣传教育先进个人	2012	农二师
许明书	女	汉族	年度纪检监察工作先进个人	2012	农二师
颜 哲	男	汉族	农业战线突出贡献领导干部	2012	农二师
李富强	男	汉族	农业战线突出贡献领导干部	2012	农二师
李富强	男	汉族	农业团场先进科长	2012	农二师
梅龙喜	男	汉族	农业团场植保先进个人	2012	农二师
谭 斌	男	汉族	农业团场农机工作先进个人	2012	农二师
赵合辉	男	汉族	农业战线突出贡献连长	2012	农二师
姜汉武	男	汉族	农业战线突出贡献连长	2012	农二师
何荣峰	男	汉族	农业战线突出贡献科技人员	2012	农二师
李秋萍	女	汉族	农业战线突出贡献科技人员	2012	农二师
李秋艳	女	汉族	"三冬"活动先进个人	2012	农二师
陈新珍	女	汉族	残疾人工作先进个人	2012	农二师
张启航	男	汉族	"五十百千"劳动竞赛活动优秀组织个人	2012	农二师
张启航	男	汉族	"三冬"活动先进个人	2012	农二师
帅 涛	男	汉族	优秀共青团干部	2012	农二师
陈寅生	男	汉族	优秀团员	2012	农二师
吴 杰	男	汉族	青年岗位能手	2012	农二师
陈应坤	男	汉族	青年岗位能手	2012	农二师
何荣峰	男	汉族	青年岗位能手	2012	农二师
石艳艳	女	汉族	青年岗位能手	2012	农二师
熊其富	男	汉族	青年致富能手	2012	农二师
刘辞军	男	汉族	青年致富能手	2012	农二师
吴志平	男	汉族	青年致富能手	2012	农二师
宋 杰	男	汉族	青年致富能手	2012	农二师
高艳荣	女	汉族	妇女工作先进个人	2012	农二师
高艳荣	女	汉族	人口和计划生育系统优秀计划生育干部	2012	农二师
高艳荣	女	汉族	少生快富工程先进个人	2012	农二师
孔庆霞	女	汉族	人口和计划生育系统优秀计划生育干部	2012	农二师
孔庆霞	女	汉族	人口计生阳光统计之星	2012	农二师
田桂英	女	汉族	建设项目管理先进个人	2012	农二师
田桂英	女	汉族	环境保护工作先进个人	2012	农二师
张伯奎	男	汉族	2012年度先进个人	2012	农二师
王宝江	男	汉族	环境影响评价管理工作先进个人	2012	农二师
吴佩花	男	汉族	商务系统先进个人	2012	农二师
陈 英	女	汉族	财务信息工作先进个人	2012	农二师

续表

姓名	性别	族别	荣誉称号	获奖年份	授奖单位
陈 英	女	汉族	调研课题"加强财政财务管理"二等奖	2012	农二师
陈 英	女	汉族	"进一步增强团场基层连队活力研究"二等奖	2012	农二师
张伊斌	男	汉族	统计专项调查先进个人	2012	农二师
陈志杰	男	汉族	副团长攻关园创建工作先进个人	2012	农二师
李宏彬	男	汉族	开发建设二师劳动奖章	2012	农二师
李宏彬	男	汉族	果品销售先进个人	2012	农二师
王孟辉	男	汉族	标准园创建工作先进个人	2012	农二师
孟新英	女	汉族	职工标准园先进个人	2012	农二师
李维莲	女	汉族	三八红旗手	2012	农二师
包宏才	男	汉族	新闻报道先进个人	2012	农二师
赵宝平	男	汉族	军事训练先进个人	2012	农二师
赵宝平	男	汉族	比武竞赛专武干部汉字录入第一名	2012	农二师
赵宝平	男	汉族	比武竞赛专武干部教学法第二名	2012	农二师
赵宝平	男	汉族	比武竞赛专武干部识图用图第一名	2012	农二师
赵宝平	男	汉族	优秀专武干部	2012	农二师
郭照云	男	汉族	优秀武器库警卫	2012	农二师
吴 峰	男	汉族	优秀武器库警卫	2012	农二师
李元龙	男	汉族	优秀武器库警卫	2012	农二师
朱明华	男	汉族	比武竞赛5000米跑第二名	2012	农二师
李元龙	男	汉族	比武竞赛手榴弹投掷男子组第一名	2012	农二师
吴小东	男	汉族	比武竞赛轻武器分解结合男子组第三名	2012	农二师
张琦军	男	汉族	劳动保障先进个人	2012	农二师
张琦军	男	汉族	劳动保障系统信息宣传先进个人	2012	农二师
唐海燕	男	汉族	劳动保障协管员先进个人	2012	农二师
王保江	男	汉族	发展和改革工作先进个人	2012	农二师
刘期国	男	汉族	关心支持老体工作的在职领导	2013	第二师老年体协
刘期国	男	汉族	机要工作先进个人	2013	第二师
刘期国	男	汉族	第六次民族团结进步模范个人	2013	第二师
苏明兰	女	汉族	优秀工会工作者、优秀妇女工作者	2013	第二师工会
王伯琪	男	汉族	城镇规划建设管理先进个人	2013	第二师建设环保系统
桑爱民	男	汉族	对口援疆工作嘉奖	2013	第二师
向 钧	男	汉族	先进老体工作者	2013	第二师老年体协
庞树林	男	汉族	查办案件先进个人	2013	第二师纪检监察系统
李富强	男	汉族	农业生产管理先进个人	2013	第二师
田桂英	女	汉族	基础设施公共服务设施建设先进个人	2013	第二师
田桂英	女	汉族	环境保护工作先进个人	2013	第二师
谭 斌	男	汉族	农机技术推广工作先进个人	2013	第二师
吴建成	男	汉族	优秀专武干部	2013	第二师
赵宝平	男	汉族	优秀专武干部	2013	第二师

续表

姓名	性别	族别	荣誉称号	获奖年份	授奖单位
包宏才	男	汉族	军事训练先进个人	2013	第二师
高艳荣	女	汉族	人口和计划生育系统优秀计划生育干部	2013	第二师
高艳荣	女	汉族	优秀妇女工作者	2013	第二师
孔庆霞	女	汉族	少生快富先进个人	2013	第二师
高艳荣	女	汉族	"两癌"筛查工作先进个人	2013	第二师
刘小兰	女	汉族	"两癌"筛查工作先进个人	2013	第二师
陈素华	女	汉族	"两癌"筛查工作先进个人	2013	第二师
丁剑莉	女	汉族	"两癌"筛查工作先进个人	2013	第二师
陈尚毅	男	汉族	宣传思想工作先进个人	2013	第二师
袁明汉	男	汉族	2013年度优秀通讯员	2013	第二师
袁明汉	男	汉族	师文学协会优秀会员	2013	第二师
奚启鸿	女	汉族	先进女职工工作者	2013	第二师
奚启鸿	女	汉族	工会财务工作先进个人	2013	第二师
奚启鸿	女	汉族	困难帮扶工作先进个人	2013	第二师
潘 玉	女	汉族	优秀通员、广播电视工作先进个人	2013	第二师
关 萍	女	汉族	劳动保障系统劳动保障先进个人	2013	第二师
徐丽华	女	汉族	劳动保障系统劳动保障先进个人	2013	第二师
刘小功	男	汉族	百名优秀青年大学生荣誉称号	2013	第二师
刘小功	男	汉族	优秀通讯员、工会新闻宣传优秀通讯员	2013	第二师
张启航	男	汉族	职工自营经济统计工作先进个人	2013	第二师
谭道艳	女	汉族	工会新闻宣传优秀通讯员	2013	第二师
胡俊建	男	汉族	工会新闻宣传优秀通讯员	2013	第二师
魏 东	男	汉族	工会新闻宣传优秀通讯员	2013	第二师
王宝洁	女	汉族	工会新闻宣传优秀通讯员	2013	第二师
梅龙喜	男	汉族	植保工作先进个人	2013	第二师
张宝娟	女	汉族	农情工作先进个人	2013	第二师
杨云鹏	男	汉族	气象工作先进单位	2013	第二师
张国庆	男	汉族	测土配方施肥工作先进个人	2013	第二师
杜闯飞	男	汉族	优秀武器库主任	2013	第二师
杨占胜	男	汉族	优秀警卫	2013	第二师
郑 轩	男	汉族	优秀警卫	2013	第二师
朱荐利	男	汉族	优秀警卫	2013	第二师
杨宏亮	男	汉族	优秀警卫	2013	第二师
张兰花	女	汉族	三八红旗手、三八红旗手标兵	2013	第二师
李开文	男	汉族	公路养护先进个人	2013	第二师
李开文	男	汉族	平安出行、文明交通活动先进个人	2013	第二师
李龙军	男	汉族	路政管理先进个人	2013	第二师
张幕华	女	汉族	纪念毛泽东同志诞辰120周年书画展个人作品三等奖	2013	第二师老年体协

续表

姓名	性别	族别	荣誉称号	获奖年份	授奖单位
冷绍元	男	汉族	先进老体工作者	2013	第二师老年体协
赵行德	男	汉族	先进老体工作者	2013	第二师老年体协
肖培云	男	汉族	先进老体工作者	2013	第二师老年体协
王红霞	女	汉族	先进老体工作者	2013	第二师老年体协
陈树桢	男	汉族	先进老体工作者	2013	第二师老年体协
韦泽军	男	汉族	先进老体工作者	2013	第二师老年体协
杨 艳	女	汉族	先进老体工作者	2013	第二师老年体协
刘西臣	男	汉族	先进老体工作者	2013	第二师老年体协
毛安国	男	汉族	先进老体工作者	2013	第二师老年体协
马兰花	女	汉族	先进老体工作者	2013	第二师老年体协
苏明兰	女	汉族	优秀妇女工作者	2014	第二师
苏明兰	女	汉族	争创妇联工作优秀妇女工作者	2014	第二师
崔红梅	女	汉族	救灾工作先进个人	2014	第二师
陈 俊	男	汉族	社区建设先进个人	2014	第二师
马永洁	女	汉族	双拥和优抚安置工作先进个人	2014	第二师
王庆华	女	汉族	民政信息工作先进个人	2014	第二师
汪维忠	男	汉族	政研工作先进个人	2014	第二师
肖卫东	男	汉族	安全生产先进个人	2014	第二师
石艳艳	女	汉族	科技统计工作先进个人	2014	第二师
高艳荣	女	汉族	优秀妇女工作者	2014	第二师
高艳荣	女	汉族	争创妇联工作优秀妇女工作者	2014	第二师
高艳荣	女	汉族	人口和计划生育系统优秀干部	2014	第二师
孔庆霞	女	汉族	人口和计划生育系统优秀干部	2014	第二师
吴子兰	女	汉族	最美家庭	2014	第二师
展明先	男	汉族	最美家庭	2014	第二师
李开文	男	汉族	公路养护先进个人	2014	第二师
李开文	男	汉族	平安出行、文明交通活动先进个人	2014	第二师
吴佩花	女	汉族	工商联先进个人	2014	第二师
赵小明	男	汉族	工信系统先进个人	2014	第二师
李战胜	男	汉族	组织人事工作先进个人	2014	第二师
陈尚毅	男	汉族	宣传思想工作先进个人	2014	第二师
陈尚毅	男	汉族	"第二师好新闻"二等奖	2014	第二师
胡俊健	男	汉族	摄影协会优秀会员	2014	第二师
胡俊健	男	汉族	"第二师好新闻网络类"三等奖	2014	第二师
袁明汉	男	汉族	《绿源报》新闻宣传报道优秀通讯员	2014	第二师
袁明汉	男	汉族	新闻先进工作者	2014	第二师
袁明汉	男	汉族	"第二师好新闻"二等奖	2014	第二师
刘 琼	女	汉族	优秀工作者	2014	第二师文联

续表

姓名	性别	族别	荣誉称号	获奖年份	授奖单位
牛美玲	女	汉族	劳动保障工作先进个人	2014	第二师
陈立飞	男	汉族	优秀武器库保管员	2014	第二师人民武装部
包宏才	男	汉族	优秀专武干部	2014	第二师人民武装部
郑 波	男	汉族	军事训练先进个人	2014	第二师人民武装部
潘 玉	女	汉族	广播电视工作先进个人	2014	第二师
潘 玉	女	汉族	第二师文联优秀会员	2014	第二师
潘 玉	女	汉族	第二师广播电视协会优秀会员	2014	第二师
白胜利	男	汉族	优秀通讯员	2014	第二师广播电视台
向 钧	男	汉族	优秀民政科科长	2015	第二师
陈 俊	男	汉族	社区建设先进个人	2015	第二师
崔红梅	女	汉族	低保工作先进个人、救灾工作先进个人	2015	第二师民政局
马永洁	女	汉族	双拥和优抚安置工作先进个人	2015	第二师
王庆华	女	汉族	民政信息工作先进个人	2015	第二师
汪维忠	男	汉族	政研工作先进个人	2015	第二师
张伊斌	男	汉族	农业专项调查先进个人	2015	第二师
阳 军	男	汉族	种植管理、技术研讨、农情先进个人	2015	第二师
李宏彬	男	汉族	果树管理、防护林管理先进个人	2015	第二师
李建军	男	汉族	果树管理、防护林管理先进个人	2015	第二师
陆 建	男	汉族	果树管理、防护林管理先进个人	2015	第二师
林 敏	男	汉族	畜牧业管理、动物防疫、技术推广及行政执法先进个人	2015	第二师
袁立波	男	汉族	畜牧业管理、动物防疫、技术推广及行政执法先进个人	2015	第二师
谭 斌	男	汉族	农机管理、安全生产先进个人	2015	第二师
赵小明	男	汉族	农业产业化工作、信息统计先进个人	2015	第二师
徐双成	男	汉族	棉花加工管理先进个人	2015	第二师
吴佩花	女	汉族	工商联工作先进个人	2015	第二师
邢志远	男	汉族	先进老体工作者	2015	第二师老干局
李秋艳	女	汉族	先进老体工作者	2015	第二师老干局
王红霞	女	汉族	先进老体工作者	2015	第二师老干局
刘西臣	男	汉族	先进老体工作者	2015	第二师老干局
杨 艳	女	汉族	先进老体工作者	2015	第二师老干局
毛安国	男	汉族	先进老体工作者	2015	第二师老干局
李桂娥	女	汉族	先进老体工作者	2015	第二师老干局
刘大平	男	汉族	先进老体工作者	2015	第二师老干局
吴立平	男	汉族	先进老体工作者	2015	第二师老干局
喻树山	男	汉族	先进老体工作者	2015	第二师老干局
李维莲	女	汉族	三八红旗手标兵	2015	第二师
张咏梅	女	汉族	三八红旗手	2015	第二师

续表

姓名	性别	族别	荣誉称号	获奖年份	授奖单位
董英罗	男	汉族	最美家庭	2015	第二师
斌家庭	女	汉族	最美家庭	2015	第二师
陈尚毅	男	汉族	宣传思想文化先进个人	2015	第二师
朱红星	男	汉族	民族团结进步模范	2015	第二师

二、三十二团

表26-4　师（地、州、市）级先进个人（选录）（1995—2005年）

姓名	性别	族别	荣誉称号	获奖年份	授奖单位
方志茹	男	汉族	工会工作先进个人	1995	农二师
高荣根	男	汉族	"两高一优"绿原之星	1995	农二师
王俟伟	男	汉族	优秀通讯员、五佳优秀通讯员	1995、1996	农二师
王锦泉	男	汉族	工会积极分子	1995、1996	农二师
李宏彬	男	汉族	优秀团员、新长征突击手	1995、1996	农二师
贾永庆	男	汉族	十佳青年	1995	农二师
黄志强	男	汉族	老干部先进个人	1995	农二师
袁明汉	男	汉族	民族团结先进个人	1995	农二师
祁登云	男	汉族	工会积极分子	1995	农二师
王巧英	女	汉族	好警嫂	1995	农二师
刘学萍	女	汉族	优秀教师	1995	农二师
张广军	男	汉族	新长征突击手	1995、1996	农二师
龙坤	男	汉族	优秀团员	1995	农二师
石建新	男	汉族	优秀团员	1995	农二师
饶仕乾	男	汉族	先进团职干部	1996	农二师
周逸	男	汉族	先进团职干部	1996	农二师
张应丹	男	汉族	优秀宣传干部	1996	农二师
金德彰	男	汉族	普法工作先进个人	1996	农二师
黄伯韬	男	汉族	普法工作先进个人	1996	农二师
陈玉庆	男	汉族	银花杯竞赛先进厂长	1996	农二师
宋卫民	男	汉族	优秀通讯员、优秀宣传干部	1996	农二师
张尚巧	女	汉族	优秀团员	1996	农二师
张河江	男	汉族	优秀团员	1996	农二师
沈红艳	女	汉族	优秀团员	1996	农二师
马国强	男	汉族	新长征突击手	1996	农二师
潘新卫	男	汉族	优秀团员	1996	农二师
姜汉福	男	汉族	普法工作先进个人	1996	农二师
李金荣	男	汉族	劳动模范先进个人	1997	农二师
周顺	男	汉族	社会保险先进个人	1999	农二师

续表

姓名	性别	族别	荣誉称号	获奖年份	授奖单位
蒋文丽	女	汉族	社会保险先进个人	1999	农二师
袁明汉	男	汉族	《大漠深处的红柳》获《绿原报》金秋风采杯一等奖	2001	农二师
王锐	男	汉族	迎国庆书画展书法第三名	2001	农二师
刁新桂	男	汉族	有序化流动管理先进个人	2004	农二师
袁春花	女	汉族	"两基"验收先进个人	2005	农二师

第五节 师级以上先进集体

1995—2015年,团场获得师级以上先进集体的情况。

一、三十三团

表26-5 师级以上先进集体一览表(选录)(1995—2015年)

获奖单位	荣誉称号	获奖年份	授奖单位
三十三团	先进团场	1995	农二师
三十三团	安全生产先进团场	1996	农二师
三十三团	一级甲等医院	1996	农二师
三十三团	棉花宽膜小畦筑埂播种机获科技进步三等奖	1996	农二师
三十三团	社会治安综合治理先进单位	1998	农二师
三十三团	全心全意依靠工人阶级十佳企业	1998	农二师
三十三团	纪检监察先进集体	1998	农二师
三十三团劳资科	先进劳资科	1998	农二师
三十三团	计划生育工作先进集体	1999	兵团
三十三团	党风廉政建设先进单位	1999	农二师
三十三团	先进职工之家	1999	农二师
三十三团劳资科	先进劳资科	1999	农二师
三十三团劳资科	失业保险先进单位	1999	农二师
三十三团社保所	社会保险工作先进单位	1999	农二师
三十三团	象棋比赛第一名	2000	农二师
三十三团	男子团体田径比赛第二名	2000	农二师
三十三团	失业保险先进单位	2000	农二师
三十三团	有序化流动就业管理先进单位	2000	农二师
三十三团	科技进步先进团	2001	兵团科委
三十三团	农业标准化示范团场	2001	兵团科委
三十三团	牧业生产工作先进党委	2001	农二师
三十三团	失业保险先进单位	2001	农二师
三十三团	先进劳资科	2001	农二师

续表

获奖单位	荣誉称号	获奖年份	授奖单位
三十三团	计划生育优质服务先进单位	2002	农二师
三十三团劳资科	先进单位	2002	农二师
三十三团劳资科	培训工作较好单位	2002	农二师
三十三团	2003—2004年度全国科技进步先进县（市）	2004	科技部
三十三团	计划生育优质服务先进单位	2004	农二师
三十三团劳资科	先进科室	2004	农二师
三十三团学校	"两基"验收先进单位	2005	农二师
三十三团	党的十七大精神知识竞赛获第二名	2006	农二师
三十三团十七连	生态文明小康连队	2007	农二师
三十三团林园连	生态文明小康连队	2007	农二师
三十三团劳资科	先进劳资科	2008	农二师
三十三团社保所	先进社保所	2008	农二师
三十三团	幸福工程管理先进单位	2009	农二师
林业站	先进科室、争先创优先进单位	2010	农二师
三十三团	幸福工程管理先进单位	2010	农二师
三十三团农业生产科	科技进步先进集体	2010	农二师
三十三团	农二师师政务信息先进单位	2011	农二师
三十三团	"四优一满意"计划生育优秀服务站	2011	农二师
三十三团	药具管理先进单位	2011	农二师
三十三团	人口与计划生育目标管理先进单位	2011	农二师
三十三团	人口和计划生育信息化建设先进单位	2011	农二师
三十三团	农二师人口和计划生育政务信息上报先进单位	2011	农二师
三十三团计划生育服务站	"四优一满意"计划生育优秀服务站	2011	农二师
三十三团	幸福工程项目管理工作先进单位	2011	农二师
三十三团	新型生育文化建设先进单位	2011	农二师
三十三团四连	计划生育协会优秀会员之家	2011	农二师
三十三团政法办	社会管理综合治理先进综治办	2011	农二师
三十三团机要科	机要工作先进集体	2011	农二师
三十三团保密室	保密工作先进集体	2011	农二师
三十三团史志办	史志工作先进集体	2011	农二师
三十三团政工办	老年体协先进团场	2011	农二师
三十三团政工办	老干部之家	2011	农二师
三十三团纪委、监察科	党风廉政建设先进集体	2011	农二师
三十三团纪委、监察科	纪检监察系统宣传教育、信息先进集体	2011	农二师
三十三团农业生产科	科技进步先进集体	2011	农二师
三十三团农业生产科	种植业争先创优先进单位第三名	2011	农二师
三十三团农业生产科	科技进步先进集体、先进团场第一名	2011	农二师
三十三团农业生产科	机采棉种植采收任务单位第一名	2011	农二师
三十三团农业生产科	超额完成机采棉种植采收任务单位第一名	2011	农二师

续表

获奖单位	荣誉称号	获奖年份	授奖单位
三十三团农业生产科	棉花采收优胜单位第一名	2011	农二师
三十三团民政科	民政工作先进集体	2011	农二师
三十三团民政科	扶残助残工作先进集体	2011	农二师
三十三团工会	十佳模范职工之家	2011	农二师
三十三团工会	职工自营经济工作先进单位	2011	农二师
三十三团工会	先进女职工委员会	2011	农二师
三十三团工会	职工民主管理工作先进单位	2011	农二师
三十三团工会	职工素质建设工作先进单位	2011	农二师
三十三团工会	困难职工帮扶工作先进单位	2011	农二师
三十三团工会	职工自营养殖业工作先进单位	2011	农二师
三十三团工会	工会新闻宣传先进单位	2011	农二师
三十三团工会	工运理论政策研究工作先进单位	2011	农二师
三十三团工会	工会财务工作先进集体	2011	农二师
三十三团工会	职工自营经济产业化发展工作先进单位	2011	农二师
三十三团八连	十佳模范职工小家	2011	农二师
三十三团妇联	妇女工作先进单位	2011	农二师
三十三团人口和计划生育	人口与计划生育工作达标先进单位	2011	农二师
三十三团人口和计划生育	人口与计划生育目标管理先进单位	2011	农二师
三十三团人口和计划生育	人口与计划生育信息化建设先进单	2011	农二师
三十三团人口和计划生育	人口与计划生育政务信息上报先进单位	2011	农二师
三十三团计划生育服务站	"四优一满意"先进单位	2011	农二师
三十三团人口和计划生育	幸福工程项目管理工作先进单位	2011	农二师
三十三团人口和计划生育	新型生育文化建设先进单位	2011	农二师
三十三团人口和计划生育	计划生育协会优秀会员之家	2011	农二师
三十三团工交建商科	商务系统先进单位	2011	农二师
三十三团工交建商科	棉花加工综合考评先进单位	2011	农二师
三十三团工交建商科	机采棉加工争先创优先进单位	2011	农二师
三十三团工交建商科	环境保护目标责任制先进单位	2011	农二师
三十三团工交建商科	环境管理工作先进单位	2011	农二师
三十三团工交建商科	有机食品基地建设先进单位	2011	农二师
三十三团工交建商科	公路养护先进单位	2011	农二师
三十三团工交建商科	板报比赛先进单位	2011	农二师
三十三团安办	防火安全先进单位	2011	农二师
三十三团安办	安全生产先进单位	2011	农二师

续表

获奖单位	荣誉称号	获奖年份	授奖单位
三十三团计财科	基本建设决算、日常报表一等奖	2011	农二师财务局
三十三团计财科	国有资产监督管理工作二等奖	2011	农二师统计局
三十三团计财科	农业专项调查工作先进单位	2011	农二师财务局
三十三团计财科	团场总预算决算、日常报表一等奖	2011	农二师财务局
三十三团林果业	果品采摘及销售优胜单位	2011	农二师
三十三团综治办	社会治安综合治理先进集体	2011	农二师综治委
三十三团劳资科	先进劳资科	2011	农二师
三十三团劳资科	先进社保所	2011	农二师
三十三团劳资科	先进劳动就业社会保障服务所	2011	农二师
三十三团劳资科	就业培训鉴定先进单位	2011	农二师
三十三团劳资科	劳动力组织管理优胜单位	2011	农二师
三十三团劳资科	"三基一化"档案管理达标先进单位	2011	农二师
三十三团发改科	发展和改革工作先进单位	2011	农二师
三十三团	人口与计划生育目标管理达标先进单位	2012	农二师
三十三团	"少生快富"工程先进集体单位	2012	农二师
三十三团	计划生育服务站事业单位考核优秀单位	2012	农二师
三十三团	人口与计划生育信息化建设先进单位	2012	农二师
三十三团	人口与计划生育政务信息上报先进单位	2012	农二师
三十三团	"四优一满意"计划生育优秀服务站	2012	农二师
三十三团林业站	争先创优先进单位	2012	农二师
三十三团政法办	社会管理综合治理先进单位	2012	农二师
三十三团办公室	先进集体	2012	农二师
三十三团办公室	工作信息报送工作先进集体	2012	农二师
三十三团机要科	先进集体	2012	农二师
三十三团信访办	党政信访工作目标考核先进单位	2012	农二师
三十三团档案室	档案工作先进集体	2012	农二师
三十三团史志办	史志工作先进集体	2012	农二师
三十三团政工办	文明单位	2012	农二师
三十三团政工办	组工信息先进单位	2012	农二师
三十三团政工办	老体工作先进单位	2012	农二师
三十三团政工办	五好关工委	2012	农二师
三十三团政工办	思想政治文化工作先进单位	2012	农二师
三十三团政工办	思想政治工作研究先进单位	2012	农二师
三十三团政工办	广播电视工作先进单位	2012	农二师
三十三团政工办	对外宣传工作先进单位	2012	农二师
三十三团政工办	党报党刊征订工作先进单位	2012	农二师
三十三团政工办	基层文联先进单位	2012	农二师
三十三团纪委监察科	纪检监察系统宣传教育工作先进集体	2012	农二师
三十三团生产科	种植业工作先进科室	2012	农二师

续表

获奖单位	荣誉称号	获奖年份	授奖单位
三十三团生产科	科技管理先进集体	2012	农二师
三十三团生产科	农业争先创优先进团场植棉塔里木垦区第二名	2012	农二师
三十三团生产科	机采棉先进团场第二名	2012	农二师
三十三团生产科	棉花加工先进单位	2012	农二师
三十三团民政科	民政工作先进集体	2012	农二师
三十三团工会	先进工会、工会财务工作先进单位	2012	农二师
三十三团工会	"五十百千"劳动竞赛活动优秀组织单位	2012	农二师
三十三团团委	优秀团委	2012	农二师
三十三团团委	优秀青年志愿者服务队	2012	农二师
三十三团武装部青年突击队	优秀青年突击队	2012	农二师
三十三团医院	青年文明号	2012	农二师
三十三团妇联	先进基层妇联	2012	农二师
三十三团计划生育	人口与计划生育目标管理达标先进单位	2012	农二师
三十三团计划生育	"少生快富"工程先进单位	2012	农二师
三十三团计划生育	计划生育服务站事业单位考核优秀单位	2012	农二师
三十三团计划生育	人口与计划生育信息化建设先进单位	2012	农二师
三十三团计划生育	人口与计划生育政务信息上报先进单位	2012	农二师
三十三团计划生育	"四优一满意"计划生育优秀服务站	2012	农二师
三十三团一连	新型生育文化建设先进单位	2012	农二师
三十三团九连	计划生育协会优秀会员之家	2012	农二师
三十三团工交建商科	房地产管理先进单位	2012	农二师环保系统
三十三团工交建商科	路政管理先进单位	2012	农二师环保系统
三十三团工交建商科	公路养护先进单位	2012	农二师环保系统
三十三团工交建商科	环境管理工作先进单位	2012	农二师环保系统
三十三团工交建商科	农二师商务系统先进单位	2012	农二师环保系统
三十三团安全生产办公室	防火安全先进单位	2012	农二师
三十三团安全生产办公室	安全生产先进单位	2012	农二师
三十三团计财科	2011—2012年度总预算决算一等奖	2012	农二师
三十三团计财科	2012年度财务信息工作先进单位	2012	农二师
三十三团计财科	基本建设决算一等奖	2012	农二师
三十三团计财科	部门决算及2012年度日常报表一等奖	2012	农二师
三十三团计财科	2012年度国有资产监督管理工作二等奖	2012	农二师国资委
三十三团计财科	统计工作先进单位三等奖	2012	农二师统计局
三十三团计财科	农业统计报表三等奖	2012	农二师
三十三团计财科	固定资产投资统计专业报表三等奖	2012	农二师
三十三团计财科	社会专业一等奖	2012	农二师
三十三团计财科	基本单位统计专业二等奖	2012	农二师
三十三团计财科	农场住户调查工作先进单位三等奖	2012	农二师
三十三团计财科	棉花抽样调查先进单位	2012	农二师

续表

获奖单位	荣誉称号	获奖年份	授奖单位
三十三团计财科	农业专业调查先进单位	2012	农二师
三十三团林果业	果树标准化管理工作争先创优先进单位	2012	农二师
三十三团综治办	社会管理综合治理暨平安建设先进集体	2012	农二师
三十三团武装部	军事训练先进单位	2012	农二师
三十三团武装部	比武竞赛先进单位	2012	农二师
三十三团劳资科	农二师劳动保障系统先进单位	2012	农二师
三十三团劳资科	劳动保障系统信息宣传先进单位	2012	农二师
三十三团劳资科	劳动关系信访先进单位	2012	农二师
三十三团社保所	社会保险系统先进集体	2012	农二师
三十三团就业培训中心	就业培训先进单位	2012	农二师
劳动就业社会保障服务所	劳动就业社会保障服务所先进单位	2012	农二师
三十三团发改科	发展和改革工作先进单位	2012	农二师
乌鲁克派出所	荣立集体三等功	2013	第二师
三十三团团党委	党风廉政建设先进集体	2013	第二师
三十三团团党委	基层组织建设工作先进单位	2013	第二师
三十三团	党政信访工作目标考核管理先进集体	2013	第二师
三十三团	林果业农业现代化推进先进单位第三名	2013	第二师
三十三团	双拥和优抚安置工作先进单位	2013	第二师
三十三团	宣传思想文化工作先进单位	2013	第二师
三十三团	外宣先进单位	2013	第二师
三十三团	先进思想政治工作研究会	2013	第二师
三十三团政工办	组工信息宣传工作先进单位	2013	第二师
三十三团	公路建设先进单位	2013	第二师
三十三团	公路养护先进单位	2013	第二师
三十三团	平安出行、文明交通活动先进单位	2013	第二师
三十三团	城镇规划建设管理先进单位	2013	第二师
三十三团	基础设施公共服务设施建设先进单位	2013	第二师
三十三团	第六次民族团结进步模范单位	2013	第二师
三十三团政研室	政研工作先进集体	2013	第二师
三十三团生产科	农业生产管理先进科室	2013	第二师
三十三团农机科	科技管理系统先进集体	2013	第二师
三十三团科委	农机新技术推广工作先进科室	2013	第二师
三十三团工会	先进工会	2013	第二师
三十三团工会	职工自营经济工作先进单位	2013	第二师
三十三团工会	工会财务工作先进集体	2013	第二师
三十三团工会	新闻宣传先进集体	2013	第二师
三十三团工会	劳动竞赛活动优秀组织单位	2013	第二师
三十三团工会	先进女职工委员会	2013	第二师
三十三团工会	困难职工帮扶工作先进单位	2013	第二师

续表

获奖单位	荣誉称号	获奖年份	授奖单位
三十三团	"少生快富"工作先进单位	2013	第二师
三十三团	"两癌"筛查工作先进单位	2013	第二师
三十三团三连妇代会	三八红旗集体	2013	第二师
三十三团妇联	先进基层妇联	2013	第二师
三十三团	先进老干部之家	2013	第二师
三十三团老年体协	先进老年体协	2013	第二师
三十三团歌舞二分会	先进专业分会	2013	第二师
三十三团门球一分会	先进专业分会	2013	第二师
三十三团太极拳二分会	先进专业分会	2013	第二师
三十三团健步走一分会	先进专业分会	2013	第二师
三十三团	老年人体育工作先进单位	2013	第二师老年体协
三十三团	纪念毛泽东同志诞辰120周年书画展组织奖	2013	第二师老年体协
三十三团劳资科	劳动保障系统劳动保障先进单位	2013	第二师
三十三团社保所	劳动保障系统就业培训先进单位	2013	第二师
三十三团就业培训中心	劳动保障系统社保先进单位	2013	第二师
三十三团武装部	安全管理先进武器库	2013	第二师
三十三团发改科	发展和改革系统先进单位	2013	第二师
三十三团发改科	对口支援工作先进集体	2013	第二师
三十三团计财科	总预算决算一等奖	2013	第二师
三十三团计财科	部门决算一等奖	2013	第二师
三十三团计财科	"一事一议"决算二等奖	2013	第二师
三十三团计财科	农业综合开发决算三等奖	2013	第二师
三十三团计财科	财政信息报送工作三等奖	2013	第二师
三十三团计财科	农业专项调查先进单位	2013	第二师
三十三团计财科	统计专项调查工作先进单位	2013	第二师
三十三团计财科	农业统计报表二等奖	2013	第二师
三十三团计财科	交通运输专业三等奖	2013	第二师
三十三团计财科	建筑业统计专业三等奖	2013	第二师
三十三团计财科	固定资产投资统计专业二等奖	2013	第二师
三十三团计财科	社会统计专业一等奖	2013	第二师
三十三团计财科	基本单位统计专业二等奖	2013	第二师
三十三团计财科	国民经济核算统计专业三等奖	2013	第二师
三十三团计财科	国有资产统计报表	2013	第二师
三十三团计财科	基础信息工作先进单位二等奖	2013	第二师
三十三团民政科	区划地名工作先进集体	2013	第二师
三十三团电视台	广播电视工作先进单位	2013	第二师
三十三团团委	共青团优秀工作奖、绩效考评二等奖	2013	第二师
三十三团文联	先进基层文联	2013	第二师
三十三团十六连工会	模范职工小家	2013	第二师

续表

获奖单位	荣誉称号	获奖年份	授奖单位
三十三团	统战工作先进单位	2014	第二师
三十三团民政科	残疾人康复扶贫就业工作先进集体	2013	第二师
三十三团民政科	民政工作先进集体	2013	第二师
三十三团政法办	社会管理综合治理先进单位	2014	第二师
三十三团政研室	政研工作先进集体	2014	第二师
三十三团	团场企业科技进步考核先进单位	2014	第二师
三十三团	种植业农业现代化推进工作先进单位第三名	2014	第二师
三十三团	林果业农业现代化推进工作先进单位第三名	2014	第二师
三十三团	农业现代化推进工作先进单位第三名	2014	第二师
三十三团	人口和计划生育综合达标先进单位	2014	第二师
三十三团工会	先进工会	2014	第二师
三十三团团委	绩效考核红旗单位	2014	第二师
三十三团妇联	先进妇联组织奖	2014	第二师
三十三团妇联	妇联工作先进单位	2014	第二师
三十三团	公路建设先进单位	2014	第二师
三十三团	公路养护先进单位	2014	第二师
三十三团	工商联工作先进单位	2014	第二师
三十三团工商科	工信系统先进单位	2014	第二师
三十三团政工办	组织人事工作先进集体	2014	第二师
三十三团关工委	一星级五好关工委	2014	第二师
三十三团文联	先进基层文联	2014	第二师
三十三团	宣传思想工作先进集体	2014	第二师
三十三团	群众文化先进集体	2014	第二师
三十三团	发展改革工作先进单位	2014	第二师
三十三团计财科	总预算决算二等奖、部门决算一等奖	2014	第二师
三十三团计财科	企业决算三等奖、农业综合开发决算二等奖	2014	第二师
三十三团计财科	财政信息报送工作三等奖	2014	第二师
三十三团计财科	交通运输专业三等奖	2014	第二师
三十三团计财科	社会统计专业一等奖	2014	第二师
三十三团计财科	统计工作综合奖二等奖	2014	第二师
三十三团计财科	工业统计专业二等奖	2014	第二师
三十三团计财科	固定资产投资统计专业一等奖	2014	第二师
三十三团计财科	国民经济核算统计专业三等奖	2014	第二师
三十三团计财科	能源统计专业三等奖	2014	第二师
三十三团电视台	广播电视工作先进集体	2014	第二师
劳动就业社会保障服务所	职工技能竞赛团体组织奖	2014	第二师
三十三团	民政工作先进单位	2015	第二师民政局
三十三团政研室	政研工作先进集体	2015	第二师
三十三团农业科	种植业管理先进科室	2015	第二师

续表

获奖单位	荣誉称号	获奖年份	授奖单位
三十三团林业站	林果业管理先进科室	2015	第二师
三十三团农机科	农机管理先进科室	2015	第二师
三十三团工商科	农业产业化工作先进科室	2015	第二师
三十三团加工厂一分厂	棉花加工管理先进科室	2015	第二师
三十三团	平安农机示范团场	2015	第二师
三十三团科委	第八届科洽会优秀组织单位	2015	第二师
三十三团	知识产权宣传周活动开展优秀单位	2015	第二师
三十三团	科技活动周优秀组织单位	2015	第二师
三十三团计生委	人口和计划生育目标管理先进单位	2015	第二师
三十三团	先进老年体协	2015	第二师老年体协
三十三团歌舞一分会	先进专业分会	2015	第二师
棋牌二分会	先进专业分会	2015	第二师
门球一分会	先进专业分会	2015	第二师
三十三团财务科	部门决算二等奖、财政信息报送三等奖	2015	第二师
三十三团财务科	农业综合开发决算二等奖	2015	第二师
三十三团财务科	工业统计专业一等奖、交通运输专业二等奖	2015	第二师
三十三团财务科	固定资产投资统计专业一等奖	2015	第二师
三十三团财务科	农业统计专业三等奖	2015	第二师
三十三团财务科	基本单位统计专业一等奖	2015	第二师
三十三团财务科	科技统计二等奖、农业专业调查先进单位	2015	第二师
三十三团财务科	统计工作综合奖一等奖	2015	第二师
三十三团财务科	能源统计专业三等奖	2015	第二师
三十三团财务科	劳动工资与人口统计专业一等奖	2015	第二师
三十三团财务科	批发零售住宿餐饮统计专业三等奖	2015	第二师
三十三团财务科	规下工业企业抽样调查先进单位	2015	第二师
三十三团团委	绩效考核红旗单位	2015	第二师
三十三团宣传科	宣传思想文化先进单位	2015	第二师
三十三团工商科	工信系统先进单位	2015	第二师
三十三团	环境综合整治工作先进单位	2015	第二师
三十三团十九连	民族团结进步模范先进集体	2015	第二师
三十三团	保障性安居工程考核先进单位	2015	第二师

表26-6 三十三团获兵师先进集体一览表（选录）（1995—2010年）

获奖单位	荣誉称号	获奖年份	授奖单位
三十三团	民族团结进步模范单位	1995	农二师党委
三十三团宣传科	先进宣传科室	1995	兵团宣传部
三十三团宣传科	先进宣传科室	1995	农二师宣传部
三十三团	先进广播站	1995	农二师党委

续表

获奖单位	荣誉称号	获奖年份	授奖单位
三十三团政研会	政研会工作奖	1995	农二师宣传部
三十三团	党报党刊发行先进单位	1995	农二师宣传部
三十三团通讯站	先进通讯站	1996	农二师宣传部
三十三团	先进广播站	1996	农二师宣传部
三十三团通讯站	先进通讯站	1997	农二师宣传部
三十三团	党报党刊发行先进单位	1997	农二师宣传部
三十三团政研会	政研会工作奖	1997	农二师宣传部
三十三团政研会	政研会工作奖	1998	农二师宣传部
三十三团	团场儿童文化园	1998	兵团宣传部
三十三团建筑公司、民兵连	小康连队	1998	农二师文明委
三十三团通讯站	先进通讯站	1998	农二师宣传部
三十三团	党报党刊发行先进单位	1999	农二师宣传部
三十三团宣传科	先进宣传科室	1999	农二师宣传部
三十三团儿童文化园	团场儿童文化园达标单位	1999	农二师党委
三十三团	文化建设先进企业	1999	农二师宣传部
三十三团加工厂、林园连	小康连队	1999	农二师宣传部
三十三团建筑公司、民兵连	兵团级小康连队	1999	兵团宣传部
三十三团	精神文明建设先进单位	1999	农二师党委
三十三团	民族团结进步模范单位	1999	农二师党委
三十三团宣传科	先进通讯站	1999	农二师宣传部
三十三团政研会	先进政研会	2000	农二师宣传部
三十三团	精神文明建设先进单位	2000	农二师宣传部
三十三团宣传科	宣传工作先进集体	2000	农二师宣传部
三十三团三连、十连、农科站	小康连队	2000	农二师党委
三十三团	文化建设先进单位	2000	农二师宣传部
三十三团政研会	先进政研会	2001	农二师宣传部
三十三团	精神文明建设先进单位	2001	农二师党委
三十三团宣传科	先进宣传工作集体	2001	农二师宣传部
三十三团十一连	小康连队	2001	农二师党委
三十三团八连	小康连队	2002	农二师党委
三十三团宣传科	先进宣传科室	2002	农二师宣传部
三十三团	文化建设先进团场	2002	兵团宣传部
三十三团五连	小康连队	2003	农二师党委
三十三团	政治精神文明建设先进单位	2003	农二师党委
三十三团	政治精神文明建设先进单位	2004	农二师党委
三十三团宣传科	先进宣传科室	2004	农二师宣传部
三十三团电视台	先进广播电视台	2004	农二师宣传部
三十三团	文明单位	2002—2004	兵团文明委
三十三团	全国乡村青年文化活动先进集体	2004	兵团宣传部

续表

获奖单位	荣誉称号	获奖年份	授奖单位
三十三团十一连	小康连队	2004	兵团文明委
三十三团	文明单位	2005	兵团文明委
三十三团通讯站	先进通讯站	2005	农二师宣传部
三十三团	政治精神文明建设先进单位	2005	农二师党委
三十三团	思想政治工作研究先进单位	2005	农二师宣传部
三十三团	文化工作先进单位	2006	农二师宣传部
三十三团	连队综合活动室建设先进单位三等奖	2007	农二师党委
三十三团	文化工作先进单位	2007	农二师宣传部
三十三团	宣传工作先进单位	2007	农二师宣传部
三十三团	精神文明创建工作先进单位	2007	农二师宣传部
三十三林园连、十九连	文明生态小康连队建设先进单位一等奖、三等奖	2007	农二师党委
三十三团	屯垦戍边新型团场建设先进单位第一名	2007	第二师党委
三十三团	优秀通讯站	2007	兵团日报
三十三团	兵团新闻网优秀通讯站	2008	兵团新闻网
三十三团	文明单位	2008	兵团文明委
三十三团	广播电视安全播出先进单位	2009	第二师文广局
三十三团	兵团新闻网优秀通讯站	2009	兵团新闻网
三十三团	宣传思想文化政治工作先进单位	2009	第二师宣传部
三十三团	兵团新闻网优秀通讯站	2010	兵团新闻网
三十三团林园连	文明生态小康连队	2010	兵团文明委
三十三团	思想政治工作研究先进单位	2010	第二师宣传部
三十三团	广播电视工作先进单位	2010	第二师宣传部

表26-7　三十三团获兵师先进个人一览表（选录）（1994—2010年）

姓名	荣誉称号	获奖年份	授奖单位
钱水发	优秀宣传思想工作者	1994	农二师宣传部
钱水发	新疆"三大报"二、三版头条奖	1994	兵团宣传部
钱水发、陈尚毅	新闻图片奖	1995	农二师宣传部
雍朝万、马胜利、段春芝、王有生、夏钱发、李扣喜、王宝玲	民族团结进步先进个人	1995	农二师党委
钱水发	优秀宣传干部	1995	农二师宣传部
李战胜	优秀通讯员	1995	农二师宣传部
钱水发	优秀通讯员	1996	农二师宣传部
钱水发、李战胜	优秀通讯员	1997	农二师宣传部
钱水发	优秀通讯员	1998	农二师宣传部
钱水发	优秀宣传干部	1999	农二师宣传部
钱水发	优秀通讯员	1999	兵团宣传部
袁明汉、钱水发	优秀宣传干部	2000	农二师宣传部

续表

姓名	荣誉称号	获奖年份	授奖单位
钱水发	优秀基层宣传干部	2001	农二师宣传部
袁明汉	优秀宣传干部	2002	农二师宣传部
袁明汉、钱水发	优秀宣传干部	2003	农二师宣传部
袁明汉、杨邦力、钱水发	优秀通讯员	2003	农二师宣传部
杨邦力、钱水发	优秀宣传干部	2004	农二师宣传部
钱水发	优秀通讯员	2004	农二师宣传部
钱水发	优秀通讯员	2005	兵团宣传部
杨邦力、胡俊建	优秀通讯员	2006	农二师宣传部
胡俊建、魏东	优秀通讯员	2007	农二师宣传部
杨邦力	五十佳通讯员	2007	兵团宣传部
胡俊建、杨邦力	兵团新闻网优秀通讯员	2008	中国新闻社兵团支社
杨邦力	宣传思想文化工作先进个人	2008	农二师宣传部
胡俊建、魏东	优秀通讯员	2008	农二师宣传部
潘玉	广播电视工作先进个人	2009	农二师宣传部
华云峰	广播电视安全播出工作先进个人	2009	农二师文广局
杨邦力	优秀通讯员	2009	中国新闻社兵团支社
魏东	优秀通讯员	2010	中国新闻社兵团支社
杨邦力	宣传思想文化工作先进个人	2010	第二师宣传部
魏东	首届十佳优秀新闻工作者	2010	第二师宣传部
李志洋	广播电视工作先进个人	2010	第二师宣传部

二、三十二团

表26－8　三十二团获师级以上先进集体一览表（选录）（1995—2006年）

获奖单位	荣誉称号	获奖年份	授奖单位
三十二团	师安全生产先进单位	1995	农二师
三十二团	先进团场	1995	农二师
三十二团医院	文明医院	1995	农二师
三十二团加工连	轧花先进单位	1995	农二师
三十二团加工连贾永庆班	优秀青年突击队	1995	农二师
三十二团广播电视站	先进电视台	1995、1996	农二师
三十二团五连	民族团结进步先进连队	1995	农二师
三十二团	自营经济先进单位	1995	农二师
三十二团	民族团结进步模范单位	1995	农二师
三十二团修理连尹建新班	优秀青年突击队	1995	农二师
三十二团纪委	查办案件先进集体	1995	农二师
三十二团纪委	案件审理先进集体	1995	农二师
三十二团	安全生产先进单位	1995	农二师

续表

获奖单位	荣誉称号	获奖年份	授奖单位
三十二团	师安全生产先进单位	1995	农二师
三十二团	计划生育先进单位	1995、1996	农二师
三十二团	农机管理标准化先进单位	1995、1996	农二师
三十二团	老干工作先进单位	1995、1996	农二师
三十二团	"两保一统"先进单位	1995、1996	农二师
三十二团	党报党刊发行工作先进单位	1995、1996	农二师
三十二团	社会治安综合治理先进单位	1995、1996	农二师
三十二团工会	先进职工之家	1995、1996	农二师
三十二团武装部	先进人武部	1995、1996	农二师
三十二团	先进征兵工作先进单位	1995、1996	农二师
三十二团机务科（农顷机务总站）	农机监理先进单位	1995、1996	农二师
三十二团中学团总支	先进团支部	1995、1996	农二师
三十二团畜牧连	红旗团支部	1995、1996	农二师
三十二团	文明团场	1996	农二师
三十二团	田管优胜单位	1996	农二师
三十二团	"二五"普法先进单位	1996	农二师
三十二团	绿洲杯竞赛先进单位	1996	农二师
三十二团	鹿茸单产第一名	1996	农二师
三十二团	母鹿繁育率第一名	1996	农二师
三十二团林园科	苹果蠹蛾性息素推广应用先进单位	1996	农二师
三十二团团委	先进团委	1996	农二师
三十二团宣传科	先进宣传科	1996	农二师
三十二团保密室	保密和档案工作先进单位	1996	农二师
三十二团医院	一级甲等医院	1996	农二师
三十二团修理站	农机管理标准化先进单位	1996	农二师
三十二团	初中男篮冠军	1996	农二师
三十二团	初中女篮亚军	1996	农二师
三十二团	文明团场	1996	农二师
三十二团	一级甲等医院	1996	农二师
三十二团	三十二团代表队获师塔里木垦区篮球赛冠军	1996	农二师
三十二团农机总站六分站	农机管理标准化先进集体	1996	农二师
三十二团	党风建设先进单位	1996	农二师
三十二团政法办	"二五"普法先进团级单位	1996	农二师
三十二团政法办	社会管理综合治理先进综治办	1998	农二师
三十二团	党风廉政建设先进单位	1998	农二师
三十二团	文化建设先进单位	1998	农二师
三十二团	民族团结模范先进单位	1998	农二师
三十二团劳资科	先进劳资科	1998	农二师
三十二团劳资科	失业保险先进单位	1999	农二师

续表

获奖单位	荣誉称号	获奖年份	授奖单位
三十二团社保所	社会保险工作先进单位	1999	农二师
乌鲁克派出所	公安系统人民满意派出所	1999	农二师
乌鲁克司法所	先进普法依法治理办公室	1999	农二师
三十二团妇联	先进妇联	1999	农二师
三十二团医院	文明医院	1999	农二师
三十二团防疫站	公共卫生监督工作先进集体	1999	农二师
三十二团广播电视站	先进电视台	1999	农二师
三十二团工会	创一流先进工会	2000	农二师
三十二团农广分校	先进集体	2000	农业部
乌鲁克派出所	公安派出所档案工作目标管理一级单位	2000	兵团公安局
乌鲁克司法所	先进普法依法治理办公室	2000	农二师
三十二团妇联	先进妇联	2000	农二师
三十二团广播电视站	先进电视台	2000	农二师
乌鲁克派出所	授予集体嘉奖	2000	农二师
三十二团	男篮比赛第二名	2000	农二师
三十二团	女篮比赛第一名	2000	农二师
三十二团	失业保险优胜单位	2000	农二师
三十二团	有序化流动就业管理先进单位	2000	农二师
三十二团	失业保险先进单位	2001	农二师
三十二团四连	先进基层党组织	2001	兵团
三十二团工会	创一流先进工会	2001	农二师
三十二团妇联	先进妇联	2001	农二师
三十二团团纪委、监察科	纪检监察先进集体	2001	农二师
三十二团广播电视站	先进电视台	2001	农二师
三十二团四连、九连	先进基层党组织	2001	农二师
三十二团四连、七连、九连	师小康连队	2001	农二师
三十二团劳资科	培训工作较好单位	2002	农二师
三十二团农广分校	先进集体	2002	兵团
三十二团砖厂	计划生育协会工作先进连队	2002	兵团
三十二团医院护理部	"巾帼"文明示范岗	2002	农二师
三十二团工会	工会工作模范单位	2002	农二师工会
三十二团妇联	先进妇联	2002	农二师
三十二团纪委、监察科	纪检监察先进集体	2002	农二师
三十二团妇联	少儿工作先进集体	2003	兵团
三十二团医院、八连	先进党支部	2003	农二师
三十二团医院护理部	"巾帼"文明示范岗	2003	农二师
三十二团广播电视站	先进电视台	2003	农二师
三十二团纪委、监察科	纪检监察先进集体	2003	农二师
三十二团中学团支部	"五四"红旗团支部	2004	兵团

续表

获奖单位	荣誉称号	获奖年份	授奖单位
三十二团妇联	先进妇联	2004	农二师
三十二团医院护理部	"巾帼"文明示范岗	2004	农二师
三十二团广播电视站	先进电视台	2004	农二师
三十二团团纪委、监察科	纪检监察先进集体	2004	农二师
乌鲁克派出所	集体嘉奖	2004	农二师
乌鲁克派出所	集体三等功	2005	农二师
三十二团社保所	先进集体、社会保险经办机构工作考核二等奖	2006	农二师

高标准农田春景图　　　　　　　　　　　　　　　　　　　　　　　（生产科供图　摄于2016年）

附　　录

附录1：

新疆生产建设兵团农二师三十三团文件

<h2 align="center">关于落实《三十三团土地承包长期固定实施办法》的通知</h2>

各单位：

为认真贯彻兵团党委"1+3"改革文件精神，全面落实土地承包长期固定不变，扩大职工经营自主权，充分调动广大承包职工生产经营积极性，发挥土地的最大的潜能，实现"发展壮大兵团，致富职工群众"的目标，经团党委研究，特制定《十团土地承包长期固定实施办法》，具体如下：

（一）土地长期固定对象：农业一线正式职工（1986年以前工作的固定职工和1986年以后与团签订劳动合同的合同制职工）。

（二）土地长期固定的范围：全团生产单位（监区除外）的全部土地（含职工自用地及果园、牧点的土地）。

（三）土地固定期限：土地长期固定期限分为5年、10年、20年、30年。固定年限尊重职工意愿，但最低不得少于5年。对临近退休的老职工可固定到退休年龄。

（四）土地固定原则：按40亩/户落实，地少人多的单位，按户平均固定；人少地多的单位按40~45亩/户固定；剩余土地可吸引劳务工承包或由能人牵头大户承包。

（五）建立土地流转制度：土地长期固定后，本人无能力承包而从事其他经营的，允许内部流转。但必须经本人申请、单位同意，上报团批准后方可转让。

（六）承包期内如因本人调离或病故，其子女和亲属在同等条件下可优先续包，或由单位收回土地另行发包。

土地承包经营使用证发放办法及规定：

（一）发放程序：根据土地承包经营合同，按规定填报土地承包经营使用申请表，上报团土管分局审核后办理和发放土地承包经营使用证。

（二）有关规定：

1. 土地承包经营使用证是根据土地承包经营合同，确定土地承包者土地使用权的凭证，经土地所在地的团场和填证机关（团土管分局）共同盖章后生效。土地承包经营合同终止后，本证也同时废止。

2. 土地承包使用者必须遵守《农业法》《土地管理法》《合同法》等法律、法规，履行土地承包合同规定的权利、义务，依法保护土地，严禁土地撂荒；反之则视为单方违约，团有权收回土地。

3. 土地承包使用权未经团批准不得抵押、出租和未经发包方同意转包。凡变更土地承包合同规定的权利、义务及土地权属和用途的，必须按照法定程序批准并办理变更登记手续。

本办法解释权归属团。

农二师三十三团
2001 年 12 月 15 日

附录2:

中国共产党新疆生产建设兵团农二师委员会文件

关于调整二十二团等团场党组织设置的通知

师属有关团场党委:

根据兵团党委、兵团《关于兵团农牧团场机构改革的指导意见》(新兵党发〔2004〕15号)等文件规定精神,经师党委研究决定:

一、撤销中共农二师二十二团委员会;

撤销中共农二师二十三团委员会;

撤销中共农二师二十四团委员会;

撤销中共农二师二十五团委员会;

撤销中共农二师二十六团委员会;

撤销中共农二师二十七团委员会;

撤销中共农二师二二三团委员会;

撤销中共农二师二十八团委员会;

撤销中共农二师二十九团委员会;

撤销中共农二师三十二团委员会;

撤销中共农二师三十三团委员会;

撤销中共农二师三十四团委员会;

撤销中共农二师三十五团委员会。

二、成立中共农二师二十二团委员会(中心团场)及进入中心团场的中共农二师二十三团委员会、中共农二师二二三团委员会;

成立中共农二师二十四团委员会(中心团场)及进入中心团场的中共农二师二十六团委员会;

成立中共农二师二十七团委员会(中心团场)及进入中心团场的中共农二师二十五团委员会;

成立中共农二师二十九团委员会(中心团场)及进入中心团场的中共农二师二十八团委员会;

成立中共农二师三十三团委员会(中心团场)及进入中心团场的中共农二师三十二团委员会;

成立中共农二师三十四团委员会（中心团场）及进入中心团场的中共农二师三十五团委员会。

三、二十二团、二十四团、二十七团、二十九团、三十三团、三十四团（中心团场）党委与进入中心团场的团场党组织的设置及相互关系：

1. 中心团场党委与进入中心团场的团场党委是领导与被领导的关系；进入中心团场的团场党委接受中心团场党委领导；

2. 中心团场党的委员会设立常务委员会，常委职数设 9 名，其中党委书记 1 名、副书记 1 名；

3. 进入中心团场的团场，只设立党的委员会，不设立常务委员会；党委委员职数设置 5 名，党委书记由中心团场党委常委担任（设 1 名），二二三团另增设党委副书记 1 名。

中共农二师委员会
二〇〇四年五月十九日

附录 3：

中国共产党新疆生产建设兵团农二师委员会文件

关于调整二十二团中心团场、二十三团等团场、企业党组织设置的通知

师属各团、厂、矿、公司、院、校党委，政法机关党委（党组），机关各部、委、办、局：

经师十二届党委第 87 次常委会会议研究决定：

一、撤销进入二十二团中心团场的中共农二师二十三团委员会；中共农二师二二三团委员会；

撤销进入二十四团中心团场的中共农二师二十六团委员会；

撤销中共农二师二十七团委员会（中心团场）及进入二十七团中心团场的中共农二师二十五团委员会；

撤销进入二十九团中心团场的中共农二师二十八团委员会；

撤销进入三十三团中心团场的中共农二师三十二团委员会；

撤销进入三十四团中心团场的中共农二师三十五团委员会。

二、成立中共农二师二十五团委员会；

成立中共农二师二十七团委员会；

成立中共农二师二二三团委员会；

成立中共农二师建工集团委员会。

三、中共农二师二十五团委员会设党委常委 5 名，其中党委书记 1 名、副书记 1 名；

中共农二师二十七团委员会设党委常委 7 名，其中党委书记 1 名、副书记 1 名；

中共农二师二二三团委员会设党委常委 7 名，其中党委书记 1 名、副书记 1 名。

中共农二师建工集团委员会设党委委员 7 名，其中党委书记 1 名。

中共农二师委员会
二〇〇六年三月十六日

附录4：

新疆生产建设兵团农二师三十三团文件

三十三团中心团场关于机关机构设置、调整的通知

各单位、机关各科室：

根据兵党发《关于兵团农牧团场机构改革的指导意见》、党办发〔2005〕3号文件和师党办发〔2004〕5号文《农二师关于农牧团场机构改革实施意见的通知》精神要求，现就三十三团中心团场机构设置、调整有关问题通知如下：

调整后的机关机构设置如下：

1. 纪检委机关（监察科）；

2. 办公室（机要、保密、档案、史志、体改、政研、信访、机关事务等）；

3. 政工办公室（组织、人事、机构编制、文化宣传、统战、老干等）；

4. 政法办公室（司法、综合治理等）；

5. 经营管理科（计划、国资、统计等）；

6. 财务科（年度预算编制、各期间预算执行）；

7. 社政管理科（民政、劳动和社会保障、教育、卫生、人口和计划生育等）；

8. 农业生产科（农业、林业、牧业、农机、水利、科委等）；

9. 工交建商科（工业、交通、基建、房管、环保、商务、安全生产等）。

群众团体机关：工会（挂妇联牌子）、团委。

各单位接此通知后，有关业务来往、请示、报告，按新科室职能规范执行。

三十三团中心团场办公室
2005年1月18日

附录5：

团场经济体制改革、产业结构调整重大决策文件

一、中共三十三团第八届党委决策

1998年，三十三团第八届党委决定实施发展战略：

1. 经济发展目标。

根据"九五"计划和团当前的客观实际，第一，到2000年实现1251工程，即国民生产总值达到1亿元，实现利润2000万元、人均收入5000元、职均收入10000元；农业发展主要指标是：棉花总产4400吨、果品总产5000吨、马鹿存栏头数达到4000头、鹿茸3吨；第二、第三产业总产值3500万元。第二，到2003年，国民生产总值达到1.2亿元，实现综合利润2500万元、人均收入6500元、职均收入13000元；农业发展主要指标是：棉花总产5750吨、果品总产6000吨、马鹿存栏头数5000头、鹿茸5吨，第二、三产业总产值5000万元。第三，监狱经济到2000年要实现：棉花总播种面积12000亩，总产籽棉300万公斤，总产值1800万元；牲畜存栏数1000头；大棚蔬菜20亩；在押犯人1000人。到2003年全面实现：棉花总播种面积15000亩，总产籽棉400万公斤，总产值2200万元；牲畜存栏数1500头；大棚蔬菜30亩；在押罪犯1100人。

2. 突出精神文明建设目标，抓好"八大工程"。

坚持"两手抓、两手都要硬"的工作方针，把社会主义精神文明建设摆在突出位置，常抓不懈，今后五年"八大工程"建设的目标是：（1）党建先锋工程：根据党的十四届四中全会作出的《中共中央关于加强党的建设几个重大问题的决定》和党的十五大精神，确立"三加强、一形成、一培养"的目标，即加强基层党支部的建设，发挥政治核心作用。加强领导班子建设，形成一个团结、勤政、廉洁的领导群体。加强党员队伍的思想作风建设，培养一支模范作用强的先锋队。（2）公民道德工程：强化公民的以为人民服务为核心，以集体主义为原则，以爱祖国、爱人民、爱科学、爱农场为基本要求的社会主义道德意识和行为，弘扬文明礼貌、助人为乐，遵纪守法的社会良好风尚。（3）职工素质工程：建设一支有较高思想道德素质和科学文化技能素质的"四有"职工队伍。经常性地开展邓小平理论、党的十五大精神、艰苦奋斗精神等为主要内容的教育活动。加强职工专业技术培训，到2000年基本扫除青壮年文盲，到2003年70%以上青壮年达到初中以上文化程度。（4）企业文化工程：播种企业观念，培育企业精神，塑造企业形象，增强凝聚力，提高向心力，发展生产力。抓好"五个一"建设，组建一支职工业余演出队，唱响一支企业歌，办好每年一届库尔木依文化节，摄制一部反映企业发展的专题片，每年出一批上大报、刊头条的好新闻。坚决清除文化垃圾，深入开展全民健身活动，加快文化基础设施建设。（5）长治

久安工程：搞好社会治安综合治理，落实责任制，实行一票否决制，进入师综合治理甲级单位。治安发案率控制在11%以下，职工犯罪率低于0.05%，民事纠纷和劳动争议调解成功率达到95%以上。库尔木依监狱、监区达到现代化文明监区标准，在2—3年内进入兵团级现代文明监狱行列。（6）民心工程：牢记全心全意为人民服务这个宗旨，每年为职工办5件以上受益面广、影响面大的实事。到2003年力争使80%以上的家庭职均收入达到10000元，无贫困户；人均住房面积达到20平方米，无危房，80%连队达到小康连队标准。改革完善社会保障制度，巩固一甲医院成果，进入"爱婴医院"行列，人人享有初级卫生保健。办好职工福利事业和残疾人福利事业，落实好退离休职工政策待遇。积极做好计划生育"三结合""三为主""两转变"工作，严格控制人口增长，提倡优生优育，提高人口素质，人口自然增长率年控制在8%以下。（7）希望工程：巩固九年制义务教育取得的成果，全面推进中小学素质教育，促进学生全面发展。小学、初中适龄儿童入学率达100%，高中入学率达80%，行为规范合格率达97%以上，消灭辍学率，教师合格率小学达95%以上、初中达90%以上、幼儿95%以上、学前教育达90%以上。团部建成符合国家二级标准的团中心幼儿园。80%的连队建有砖混结构托儿所。（8）科技兴团工程：贯彻邓小平"科学技术是第一生产力"的思想，使经济建设真正转移到依靠科技进步和提高劳动者素质的轨道上来。实现科技成果应用率达75%以上，科技对经济增长的贡献率接近40%。农业实现标准化，进入"兵团科技示范团"先进行列。集中力量加强棉花、香梨、马鹿等重点项目的科学研究，全面推广应用科技新成果，开展群众性科技示范系列竞赛活动。健全"三站一室"（种子站、试验站、兽医站、中心化验室）及配套设施。发展成人教育，加强管理干部、技术干部岗位培训和职工全员培训。

3. 积极稳妥地推进股份合作制的发展。
4. 继续稳定和完善以"两费自理"、租赁经营为主要形式的承包政策。
5. 放开搞活团办工商小型企业。
6. 改革所有制结构单一的状况。
7. 扬长避短、发挥优势、因地制宜加快职工庭院经济的发展。
8. 积极探索农业产业化经营路子。

依托农产品优势，适应市场需求，采取跨地区、跨行业、跨所有制的经济联合，加入较大范围和更高层次的产业化经营组织中，形成集团化优势。

二、中共三十三团第九届党委决策

2006年，团第九届党委提出"十一五"时期团场经济发展的总体思路：以结构调整为主线，以改革开放和科技进步为动力，抓住西部大开发机遇，以市场为导向。今后五年我团"十一五"时期，建设屯垦戍边新型团场的主要目标要实现"六个新"：一是形成经济发展新格局。团场基本经营制度更加完善,生产要素配置更加有效,农业产业化快速推进,工业得到新发展,经济结构更加优化,经济实力明显增强。到2010年,皮棉总产达2.2万吨,果品总产达3万吨,马鹿存栏达到2万头,鹿茸总产达到1.4万公斤。生产总值4亿元,年均增长10.26%,其中第一产业增加值3亿元,年均增长11.72%;第二产业增加值0.2亿元,年均增长7.3%;第三产业增加值0.8亿元,年均增长13.2%,完成全社会固定资产投资2亿元。二是开辟职工增收新渠道。劳动力资源得到充分利用,劳动生产率明显提高,职工负担逐年减轻,初步建立起职工收入稳定增长的长效机制。到2010年,农牧工家庭人均收入1.8万元,年均增长9.8%。三是培育团场建设新职工。团场职工培训力度不断加大,职工的思想政治素质、职业技能素质、经营管理素质和身体素质明显提高。到2010年职工每年培训不少于45天,一线从业人员持证上岗率达到95%以上。四是促进社会事业新发展。团场教育、卫生等社会资源得到优化整合,服务质量和效率明显提高,社会事业与经济建设协调发展。到2010年,人均受教育年限达到10.5年以上,团连综合文化活动场所普及率100%,连队甲级卫生室普及率95%。五是创造职工生活新环境。团场公共服务设施更加完善,职工生活条件明显改善,生活质量明显提高。到2010年,人均住房面积达28平方米以上,实现连连通数字电视,电脑普及职工家庭,通团、通连公路全部实现柏油化,安全饮用水普及率达到9.5%以上。六是营造维稳成边新局面。团场社会保障和社会救助体系更加健全,群众利益诉求渠道更加畅通,职工民主权利得到全面落实、平安建设深入推进,兵地关系、民族关系更加紧密。到2010年,90%的连队达到平安建设标准。

1. 以职工增收为核心,加快现代农业建设步伐和团场经济结构调整进程。大力推进农业标准化和规模化;继续推进农产品优质化;大力推进农业科技进步;积极发展循环农业。

2. 转变团场经济增长方式,逐步建立职工增收致富的有效机制。挖掘种植业内部增收潜力。加快发展现代畜牧业,积极推进科学化养殖、规模化生产和集约化经营,增强畜牧业整体素质和竞争力:一是推广普及科学养殖技术;二是提高良种畜禽覆盖率;三是加强畜禽防疫体系建设。大力发展林果业,全团要建成3.2万亩特色果品生产基地和初具规模设施园艺,集中建设香梨、红枣、设施园艺等优质特色园艺产业。将生态建设与发展园艺相结合,围绕团场城镇化建设,加快发展园艺业,实现较好的综合效益。

3. 优化新环境,构建人与自然相协调的可持续发展体系。加强农业综合生产能力建设。大力实施基本农田土地整理项目,提高土地集约化利用程度,促进耕地总量的动态平衡。进一步对全团干渠、支渠、斗渠进行防渗,大力推广高新节水灌溉技术,进一步扩大加压滴灌、常压滴灌等节水灌。加强大型农机具装备水平建设,加快组建农机作业合作社,提高农业机械化程度。加大中、低产田的改造力度,加强土壤肥力建设,进一步引导职工增施有机肥,全面实现测土配方施肥。切实加强农业生态环境建设和保护,防止化肥、药、农膜、废水等造成污染,实现农业可持续发展。加强团场基础设施建设,全面实施"五化"工程建设:一是硬化工程;二是净化工程;

三是绿化工程；四亮化工程；五是美化工程。加快团场职工住房建设；发展团场社区服务业，引导职工向中心连队、小城镇聚集。

4. 坚持存量与增量并举，加快推进发展工副业。加大技术改造的投入力度，用高新技术和先进适用技术改造提升传统产业，盘活以增量带动存量；提高市场竞争力，对于蛭石矿、地膜加工厂等，要在现有存量的基础上适当扩大生产规模，提高产量和质量；建立健全国内销售网络，进一步拓展市场，为工业强团打好基础。

5. 深入贯彻"1+3"文件精神，进一步加大改革力度。继续坚持以兵团"1+3"文件为指导，全面落实师党委的意见和相关办法精神，努力扩大和落实职工的生产经营自主权。

6. 加快小城镇建设步伐，大力发展城镇经济。按照农二师党委十二届七次全委扩大会议和农二师《国民经济和社会发展第十一个五年规划纲要》的要求，实施城镇化发展战略，以构筑产业发展平台和提高职工生活水平为核心，做大做强重点城镇，促进产业、人口、资源要素的集聚，发挥城镇辐射作用，逐步缩小城乡差别。

7. 发展公共事业，推进团场社会全面进步。一是发展团场教育事业。整合团场教育资源，推进集中办学，团场办学条件。二是发展团场卫生事业。不断增加投入，加强团场卫生基础，重点抓好塔垦区县级医院门诊楼建设。三是发展团场文化体育事业。加大对团场文化发展的投入力度，强化团场综合性文化活动中心、连队文化活动室等公共文化设施建设。四是实施职工体育健身工程。五是完善团场社会保障制度。发展职工专业合作经济组织。鼓励和引导职工发展各专业协会、专业合作社、股份合作社等新型合作经济组织，提高职工的组织化程度，健全规章制度，规范行为准则，保职工障合法权益。积极探索"连队+协会""协会+农户"的组织形式，大力发展、培养和规范职工经纪人队伍，通过传、帮、带等形式，提高职工的市场经济意识，增强职工闯市场奔市场的能力。深入开展"5000致富带动工程"，全团要实现720户被带动职工在带动户的带领下共同致富。

8. 加强党的执政能力建设。确保"十一五"团场经济和社会事业发展必须在团党委领导下，坚持民主集中制原则，坚持"三重一大"事项党委集体决策制。坚持依法行政；加强领导干部拒腐防变的自身素质教育；加强社会治安综合治理，以建设新型团场为己任，努力创建和谐社会。

三、中共三十三团第十届党委决策

2011年，团第十届党委把"十二五"发展放在西部大开发、大建设、大发展的大格局中，放在河北援疆对口支援的总体部署中思考和谋划。发展思路：农业稳团、工业活团、科技兴团、生态美团、人才树团、富民强团，走"三化"（城镇化、新型工业化、农业现代化）道路。团"十二五"期间主要目标任务：一是经济总量明显提升。团场经济保持又好又快发展，增长质量和效益明显提高，力争到2015年生产总值达到7.8亿元，年均增长23%；人均生产总值达到3.7万元，超过全师平均水平。五年累计完成全社会固定资产投资7.6亿元以上，年均增长19.8%。结构调整取得突破性进展，三产比例要提高到76∶7∶17。城镇聚集人口和产业能力明显增强，城镇化率达到80%。资源开发利用效率进一步提高，生态环境建设得到加强，可持续发展水平显著提升。二是职工群众生活明显改善。社会保障程度大幅提高，基本养老保险和基本医疗保险覆盖率均达到100%，城镇和团场居民平等享有社会保障服务；农牧工家庭人均纯收入年均增长10.4%；公共服务体系比较健全，国家义务教育阶段入学率达到100%，新增劳动力平均受教育年限达到13.5年，职工群众普遍享有基本医疗和公共卫生服务，屯垦文化事业快速发展。三是维稳戍边能力明显提高。党的建设进一步提升，基层党组织充满新活力；职工队伍建设不断加强，职工群众思想道德素质显著提高；民兵应急连工作进一步加强，整体动员应急处突、反恐维稳能力进一步提升；兵地团结、民族团结进一步加强。

1. 大力转变发展方式，不断推进"三化"建设。

紧抓加快团场城镇化建设的重大历史机遇，加快推进城镇化进程、拓展经济社会发展平台。农二师"十二五"规划把团纳入师"一主两翼四驱"师域城镇体系布局，使其成为师城镇化重点示范团场（二十二团、三十三团、三十六团、三十八团）之一。团党委按照总体建镇结构布局为"一环一带两心三片"。"一环"：防风防沙绿环，围绕镇区四周形成完整的绿化防护林带，阻隔外界风沙侵蚀。"一带"：中央绿地带，在镇区内部形成一条连续的绿化带，绿带将各个绿化中心和绿化廊道串联起来，形成有机的绿地系统。"两心"：分别为东西老城中心和西部新城中心。结合现状广场、在建客运站、扩建市场和新建旅游接待中心形成老城公共中心，在西部结合在建的办公楼和体育中心、文化中心以及中心公园等形成新城综合服务中心。"三片"：根据镇区发展格局形成三个功能片区，包括西部新城居住片区、中部老城居住片区、东部工业物流片区。根据合理布局、分步实施的原则，要抓好中心城镇建设。团中心城镇建设得到承德市规划设计院的大力支持和帮助，已做好前期各项准备工作，要高起点、高标准、高水平地科学编制中心城镇规划，利用承德市3000万元的投资，建好农业综合服务楼、廉租房、生态文化广场等。做好中心连队和生产作业点的优化布局，统筹规划好连队居民区和生产作业区，引导连队职工群众向团部小城镇集中，力争到2015年小城镇人口达到1.2万人，全团80%的人口居住在团部城镇。

新型工业化建设要立足团场的资源和经济基础，转变思想观念，更新发展思路，要跳出团场看发展，跳出团场搞工业，跳出团场谈合作。大力加强蛭石矿、油脂化工、红枣加工等支柱工业项目建设，与中国非金属矿业公司合作，共同开发蛭石矿，进一步提升产能，并对蛭石后续产品进行深加工，增加综合效益；给名星纸业入股600万元，建成1万吨再生文化用纸脱墨项目，投资8000万元建成西北五省最大的高端餐巾纸生产线，力争在2—3年内收回投资，得到回报；与农二师设计院、神华电厂合作，建立混凝土加气块砖厂和塔什店页岩砖厂；积极洽谈促成铜钼钨合作开发项目，使工业产值大幅度提升。要用好用足政策机遇，以建中心城镇为契机，统筹一、

二、三产业发展，营造发展工业的良好氛围，为招商引资搭建好平台。

农业现代化建设要坚持以龙头企业、品牌产品、基地建设为抓手，进一步调整优化升级农业结构，着力提高农业生产经营规模化、标准化、产业化水平。加快优质棉基地、特色林果基地和特色畜产品基地建设，大力实施农产品品牌战略和"走出去"战略，实现结构调优、效益提高、品牌创响。加大机采棉配套相关设施设备的投资力度，大力推广棉花机械化采收，与农二师设计院合作成立塔垦区机采棉公司，逐步实现棉花采收机械化，降低职工的劳动强度和采收成本。

2. 积极深化团场改革，增强发展的活力与动力。

进一步深化团场改革，规范和加强团场管理。根据中发〔2010〕9号文件规定，团场连队基本运转经费由中央财政予以补助，机关基本运转经费由中央予以保障。进一步巩固和健全职工减负增收的长效机制，按照兵团、农二师党委提出的两年内全部取消职工自身受益部分外的田亩负担的要求，坚决把职工自身受益的"五保三费"从土地承包费中分离出来，全面实行"两费分离"。要坚持和完善团场基本经营制度不动摇，进一步健全农资供应"一票到户"制。出台相关优惠政策，鼓励扶持连队种植经营地和创收地改善职工福利待遇，稳定职工队伍。

3. 加强改善民生建设，实现统筹和谐发展。

民生连着民心，民心凝聚民力，民力产生民效。要紧紧抓住党中央加快推进以改善民生为重点的社会建设和承德市对口支援的重大机遇，扎实推进改善民生的各项工作，切实解决好职工群众最直接、最现实、最关心的重大问题，使全团职工群众共享改革发展成果，提升幸福指数。大力实施富民安居工程，按计划分步骤推进廉租房建设，2011年要完成500户廉租住房建设项目。加快水、电、路、气配套基础设施建设，进一步解决职工群众的饮水安全问题，全面实现连连通柏油路，做好民用天然气进家入户工作。加快推进各单位文化阵地、文化广场等公共文化服务体系建设，开展形式多样的群众文化娱乐活动。落实各项扩大就业政策，做好团场高校毕业生、优秀复转退伍军人、就业困难人员和富余劳动力就业工作。加快建立以基本养老、基本医疗、最低生活保障制度为重点的覆盖团场居民的社会保障体系，提高职工群众社会保障水平。

4. 全力抓好维稳戍边工作，确保社会大局和谐稳定。

强化兵团精神和职工身份意识教育。加强职工队伍建设，实行实名制管理。要切实加强民兵应急力量建设，进一步强化和完善军警兵民"四位一体"的反恐维稳机制，抓好维稳和生产兼顾的民兵连建设。全面落实干部职工集训计划，不断提高民兵的整体动员能力和处突能力。加强社会治安综合治理工作，严密防范和严厉打击"三股势力"的渗透破坏活动，严格落实信访责任制，强化矛盾纠纷排查化解工作，深入开展专项治理活动，不断净化社会环境。

5. 努力做好对口援建工作，力争取得实际成效。

2011—2015年，第一批要完成农业综合服务中心项目；第二、三批要完成团部饮水厂、垃圾处理场、文化广场、塔里木垦区敬老院项目等，力争把承德新区打造成对口援建的示范工程，成为塔垦区的新亮点。围绕团场优势资源，推动团场产业发展，引导承德企业与团合作，以投资建厂或采取参股、技术支持等方式，共同开发红枣、香梨、果蔬、食用菌、甘草、罗布麻资源，扩大马鹿养殖，延长产业链，发展团场旅游业等。

6. 以改革创新精神加强和改进党的建设。

加强党的思想建设、领导班子和干部队伍建设、基层组织建设、作风建设、党风廉政建设。用"兵团精神"激发热情、斗志和干劲，使思想更解放、信心更坚定、精神更振奋。坚持和贯彻民主集中制。积极探索完善干部考核评价体系，增强考核内容标准的科学性和可操作性，完善符合不同行业、不同层次领导班子和领导干部特点的考核评价办法。要全面加大竞争性选拔干部的工作力度，逐步形成择优选拔干部机制。

四、中共三十二团第八届党委决策

1999年6月，中共三十二团召开第八次党员代表大会，确定"十五"团场国民经济和社会发展总体思路是：进一步巩固和扩大改革成果，逐步建立适应社会主义市场经济要求的管理体制和运行机制，做强扶壮第一产业，突出特色做优第二产业，搞活做大第三产业，不断壮大团场经济实力；进一步加强党的建设、精神文明建设和民主法制建设，推动团场经济建设和各项事业再上新台阶。提出今后五年团场经济发展目标是：生产总值年均增长9%，进一步增强职工收入，到2003年，力争实现人均10亩田、4亩园、3头畜（标准畜）、职均收入达到8000元。

1. 调整优化产业结构。

做强扶壮第一产业，突出特色做优第二产业，搞活做大第三产业。种植业指导思想：党委宏观调控，职工自主经营，土地长期固定，合理确定税费，全面推向市场，尽快致富群众。园林管理引进发展高效益的经济树木，抓出成效。畜牧业采取优惠政策，扶持、鼓励职工群众发展农区工厂化家庭养殖业。推进农业产业化进程。

2. 科技兴团。

加大力度开展科技示范和丰产攻关活动，强化农业实用技术开发应用，不断提高农业的科技含量和农业技术的推广应用，发挥农业增产高效作用。统筹规划，合理布局，多方筹措资金，加大团场基础设施建设。

3. 加快经济体制改革。

深化团场改革，在继续推行"两费自理"的基础上，发展租赁经营、农业股份合作制，鼓励大户承包，规模经营。团办企业以市场经济规律进行改制，建立并完善有效激励机制，使企业成为自主经营、自负盈亏、自我发展、自我约束的法人实体和市场竞争主体。

索　引

一、表格标题索引

表2-1　三十三团霜冻初、终日及无霜期一览表（1995—2015年） …………………………（52）

表2-2　三十二团霜冻初、终日及无霜期一览表（1995—2005年） …………………………（52）

表2-3　三十三团各月土壤温度平均值一览表（1995—2015年） ……………………………（53）

表2-4　三十三团主要气候要素一览表（1995—2015年） ……………………………………（53）

表2-5　三十二团主要气候要素一览表（1995—2015年） ……………………………………（54）

表2-6　三十三团日照情况一览表（1995—2015年） …………………………………………（55）

表3-1　三十三团荒漠治理一览表（1995—2005年） …………………………………………（70）

表4-1　三十三团干、支排水工程一览表（2015年） …………………………………………（78）

表4-2　国家"十一五"时期三十三团高新节水灌溉面积一览表
　　　（2006—2010年） ……………………………………………………………………（80）

表4-3　三十三团灌溉用水情况一览表（1995—2015年） ……………………………………（84）

表4-4　三十二团灌溉用水情况一览表（1995—2005年） ……………………………………（84）

表4-5　三十三团用电量一览表（1999—2015年） ……………………………………………（87）

表4-6　三十二团用电量一览表（1996—2005年） ……………………………………………（89）

表6-1　三十三团各民族人口结构一览表（1995—2015年） …………………………………（104）

表6-2　三十二团各民族人口结构一览表（1995—2005年） …………………………………（105）

表6-3　三十三团人口性别构成一览表（1995—2015年） ……………………………………（106）

表6-4　三十二团人口性别构成一览表（1995—2005年） ……………………………………（106）

表6-5　三十三团人口文化程度构成一览表（1995—2015年） ………………………………（108）

表6-6　三十二团人口文化程度构成一览表（1995—2005年） ………………………………（109）

表6-7　三十三团人口变动一览表（1995—2015年） …………………………………………（110）

表6-8	三十二团人口变动一览表（1995—2005年）	(111)
表6-9	三十三团各单位人口分布一览表（2015年）	(112)
表7-1	三十三团经济发展情况一览表（1995—2015年）	(121)
表7-2	三十二团经济发展情况一览表（1995—2005年）	(123)
表8-1	三十三团种植结构及规模一览表（1995—2015年）	(140)
表8-2	三十三团主要农作物播种面积及产量一览表（1995—2015年）	(141)
表8-3	三十三团棉花滴灌肥配方一览表（2007—2015年）	(146)
表8-4	三十三团棉花种植滴灌应用一览表（2001—2010年）	(149)
表8-5	三十三团建设滴灌系统首部及控制面积一览表（2001—2010年）	(149)
表8-6	三十三团手采棉与机采棉成本效益一览表（2014年）	(154)
表8-7	三十三团种植的棉花主要品种一览表（1995—2015年）	(156)
表8-8	三十三团种植蔬菜、瓜类面积及产量一览表（1995—2015年）	(160)
表8-9	三十二团种植蔬菜、瓜类面积及产量一览表（1995—2005年）	(161)
表9-1	三十三团果园生产一览表（1995—2015年）	(168)
表9-2	三十二团果园生产一览表（1995—2005年）	(169)
表9-3	梨树幼龄期（1~4年）阶段施肥一览表	(173)
表9-4	梨树初果期（5~6年）阶段施肥一览表	(174)
表9-5	梨树盛果期（亩产1600~2000千克）阶段施肥一览表	(174)
表9-6	三十三团果品等级一览表	(175)
表9-7	三十三团林业生产一览表（1995—2015年）	(188)
表9-8	三十二团林业生产一览表（1995—2005年）	(189)
表9-9	三十三团退耕还林一览表（2003—2015年）	(193)
表9-10	三十二团退耕还林一览表（2003—2015年）	(194)
表10-1	三十三团畜牧业生产一览表（1995—2015年）	(203)
表10-2	三十二团畜牧业生产一览表（1995—2005年）	(203)
表10-3	三十三团部分年份鹿存栏及鹿茸产量综合评估一览表	(205)
表10-4	三十二团部分年份鹿存栏及鹿茸产量综合评估一览表	(205)
表10-5	三十三团马鹿存栏及产茸数一览表（1995—2015年）	(206)
表10-6	三十二团马鹿存栏及产茸数一览表（1995—2005年）	(206)
表10-7	仔鹿人工哺乳三定进度一览表	(208)
表10-8	三十三团畜牧业机构负责人名录（1995—2015年）	(213)
表10-9	三十二团畜牧业机构负责人名录（1995—2006年）	(213)
表11-1	三十三团农机动力一览表（1995—2015年）	(219)
表11-2	三十三团农机具一览表（1995—2015年）	(221)

表 11 - 3	三十三团兑现国家农机购置补贴一览表（2007—2015 年）	（222）
表 12 - 1	三十三团工业总产值一览表（1995—2015 年）	（234）
表 12 - 2	三十二团工业总产值一览表（1995—2005 年）	（235）
表 12 - 3	蛭石矿生产经营情况一览表（1995—2015 年）	（236）
表 12 - 4	三十三团加工一厂加工籽棉情况一览表（1995—2015 年）	（238）
表 12 - 5	原三十二团加工二厂加工籽棉情况一览表（1995—2015 年）	（239）
表 12 - 6	尉犁县乌鲁克塑业公司产值情况一览表（2009—2015 年）	（240）
表 12 - 7	三汇公司生产利润情况一览表（1995—2015 年）	（243）
表 14 - 1	三十三团个体商业一览表（1995—2015 年）	（262）
表 14 - 2	三十二团个体商业一览表（1995—2005 年）	（263）
表 14 - 3	三十三团购进主要物资一览表（1995—2015 年）	（267）
表 14 - 4	三十三团物资供销一览表（1995—2015 年）	（267）
表 14 - 5	三十二团购进主要物资一览表（1995—2005 年）	（268）
表 14 - 6	三十二团物资供销一览表（1995—2005 年）	（268）
表 15 - 1	三十三团不同年份经济发展一览表（1995—2015 年）	（271）
表 15 - 2	三十二团不同年份经济发展一览表（1995—2005 年）	（272）
表 15 - 3	三十三团主要资金来源一览表（1995—2015 年）	（275）
表 15 - 4	三十二团主要资金来源一览表（1995—2005 年）	（276）
表 15 - 5	三十三团固定资产变动一览表（1995—2015 年）	（277）
表 15 - 6	三十二团固定资产变动一览表（1995—2005 年）	（277）
表 15 - 7	三十三团历年投资效果一览表（1995—2015 年）	（279）
表 15 - 8	三十二团历年投资效果一览表（1995—2005 年）	（279）
表 15 - 9	三十三团经营盈亏一览表（1995—2015 年）	（280）
表 15 - 10	三十二团经营盈亏一览表（1995—2005 年）	（281）
表 15 - 11	三十三团财务科负责人名录（1995—2015 年）	（283）
表 15 - 12	三十二团财务科负责人名录（1995—2005 年）	（284）
表 15 - 13	三十三团中华联合财产保险分公司保费一览表（1998—2015 年）	（290）
表 15 - 14	三十二团中华联合财产保险分公司保费一览表（1998—2005 年）	（290）
表 16 - 1	三十三团职工行业分布一览表（1995—2015 年）	（293）
表 16 - 2	三十二团职工行业分布一览表（1995—2005 年）	（293）
表 16 - 3	三十三团职工收入情况一览表（1995—2015 年）	（300）
表 16 - 4	三十二团职工收入情况一览表（1995—2015 年）	（300）
表 16 - 5	三十三团取得高中级专业技术资格分类一览表（1997—2015 年）	（304）
表 16 - 6	三十二团取得高中级专业技术资格分类一览表（1997—2015 年）	（304）

表16-7	三十三团五项基金收缴一览表（2005—2015年）	（308）
表16-8	三十三团职工养老保险缴费一览表（1995—2015年）	（309）
表16-9	三十三团离退休人员养老金发放一览表（1995—2015年）	（310）
表16-10	三十三团职工基本医疗缴费和支出一览表（2001—2015年）	（311）
表16-11	三十三团职工缴费和失业保险待遇支出一览表（2004—2015年）	（314）
表16-12	三十三团工伤保险费收缴和支出一览表（1999—2015年）	（315）
表16-13	三十三团生育保险缴费和支出一览表（1999—2015年）	（316）
表17-1	中共三十三团委员会领导名录（1998—2015年）	（318）
表17-2	中共三十二团委员会领导名录（1999—2005年）	（319）
表17-3	三十三团政工办（组干科）领导名录（1995—2015年）	（321）
表17-4	三十二团组干科领导名录（1995—2006年）	（322）
表17-5	三十三团党组织发展概况一览表（1995—2015年）	（325）
表17-6	三十二团党组织发展概况一览表（1995—2015年）	（327）
表17-7	三十三团党员结构一览表（1995—2015年）	（327）
表17-8	三十二团党员结构一览表（1995—2005年）	（328）
表17-9	三十三团纪委（监察科）领导名录（1995—2015年）	（340）
表17-10	三十二团纪委（监察科）领导名录（1995—2006年）	（340）
表18-1	三十三团行政领导名录（1995—2015年）	（367）
表18-2	三十二团行政领导名录（1999—2005年）	（368）
表18-3	三十三团机关科室领导名录（1995—2015年）	（369）
表19-1	三十三团民事调解情况一览表（1995—2015年）	（394）
表19-2	三十二团片区民事调解情况一览表（1995—2015年）	（394）
表19-3	三十三团法律服务情况一览表（1995—2015年）	（395）
表19-4	三十二团法律服务情况一览表（1995—2015年）	（396）
表20-1	三十三团工会领导名录（1995—2015年）	（402）
表20-2	三十二团工会领导名录（1995—2005年）	（403）
表20-3	三十三团团组织结构一览表（1995—2015年）	（414）
表20-4	三十三团团委领导名录（1995—2015年）	（415）
表20-5	三十二团团组织结构一览表（1995—2005年）	（416）
表20-6	三十二团团委领导名录（1995—2005年）	（416）
表20-7	三十三团妇联（女工委）领导名录（1995—2015年）	（424）
表20-8	三十二团妇联（女工委）领导名录（1995—2005年）	（424）
表21-1	三十三团科技论文一览表（1995—2015年）	（430）
表21-2	三十三团科研项目成果一览表（1999—2015年）	（431）

表21-3	三十三团专利成果一览表（1998—2014年）	(432)
表22-1	三十三团幼儿园师生人数一览表（1995—2015年）	(445)
表22-2	三十三团中小学校领导名录（1995—2015年）	(446)
表22-3	三十三团中学历年师生结构一览表（1995—2015年）	(446)
表22-4	小学课程设置及课时安排一览表（2005—2015年）	(451)
表22-5	三十三团职工文化培训一览表（1995—2015年）	(455)
表22-6	三十二团职工文化培训一览表（1995—2015年）	(455)
表22-7	三十三团中小学教师学历、职称一览表（1995—2015年）	(458)
表22-8	三十三团学校教育经费收支一览表（1995—2014年）	(460)
表23-1	三十二团医院领导名录（1995—2015年）	(465)
表23-2	三十二团卫生科领导名录（1995—2006年）	(466)
表23-3	三十二团防疫站领导名录（1995—2006年）	(466)
表23-4	三十三团医院科研论文一览表（1995—2015年）	(470)
表23-5	三十三团医院业务情况一览表（1995—2015年）	(472)
表23-6	三十二团医院业务情况一览表（1995—2005年）	(473)
表23-7	三十三团各类疫苗接种人数一览表（1995—2015年）	(476)
表23-8	三十二团各类疫苗接种人数一览表（1995—2005年）	(476)
表23-9	三十三团扩展各类疫苗接种人数一览表（2005—2013年）	(477)
表23-10	三十三团主要传染病情况一览表（2000—2015年）	(479)
表23-11	三十二团主要传染病情况一览表（2000—2005年）	(479)
表23-12	三十三团部分行业人员健康普查一览表（2004—2014年）	(484)
表23-13	三十三团孕产妇、婴儿体检情况一览表（1996—2014年）	(485)
表24-1	三十三团获师级以上奖励节目一览表（1995—2015年）	(493)
表25-1	三十三团社会团体登记情况一览表（2010年）	(522)
表26-1	兵团（省部）级以上先进个人（选录）（1995—2015年）	(533)
表26-2	兵团（省部）级以上先进个人（选录）（1995—1996年）	(535)
表26-3	师（地、州、市）级先进个人（选录）（1996—2015年）	(535)
表26-4	师（地、州、市）级先进个人（选录）（1995—2005年）	(543)
表26-5	师级以上先进集体一览表（选录）（1995—2015年）	(544)
表26-6	三十三团获兵师先进集体一览表（选录）（1995—2010年）	(552)
表26-7	三十三团获兵师先进个人一览表（选录）（1994—2010年）	(554)
表26-8	三十二团获师级以上先进集体一览表（选录）（1995—2006年）	(555)

二、条目索引

A

安全管理（377）
安置帮教（397）

B

巴扎（263）
巴州名星纸业有限责任公司（244）
保险业务（289）
泵房管理（85）
编制环保规划（60）
殡葬管理（521）
冰雹灾害（59）
兵团（自治区）级（530）
播种（224）

C

采购站（264）
残联工作（426）
产值效益（211）
常规园香梨优质高产栽培技术（169）
成本费用管理（277）
成效（118）
承包政策（192）
承德社区（46）
虫类（57）
畜牧业（436）
畜禽结构（202）
畜禽疫病防治管理（215）

传染病防治（478）

D

大风灾害（58）
代表大会（416，424，426）
档案管理（488，501）
档案利用（501）
党风廉政建设（341）
党建活动（329）
党外人士及非党指导工商联工作（354）
党委工作机构（320）
党员队伍建设（327）
道路建设（93）
德育工作（452）
地表水（51）
地籍管理（73）
地下水（51）
电视（506）
电影（507）
斗排（77）
短期计划（272）

E

鹅（212）

F

发展概况（240，446）

法规宣传（71）

法规制度（72）

法治宣传教育（391）

防护林（190）

风（56）

扶贫帮困（409，517）

服务（117）

妇女工作（422）

妇幼保健（485）

G

改水改厕（490）

概况（235，441）

干部档案（339）

干部管理制度（336）

干部考核（338）

干部培训（338）

干部选拔任用（337）

干排（77）

高新节水灌溉（78）

耕地作业（223）

工程成果（193）

工程管理（83）

工程基本概况（192）

工会职工（会员）代表大会（403）

工会组织选举制度（403）

工伤保险（314）

工时和休假（306）

工业环境保护（62）

工业经济体制改革（131）

工资调整（298）

工资制度（296）

工作机构（348）

公共法律服务（395）

公司规模（242）

公司生产经营情况（241）

公益林（187）

共青团组织（414）

供排水（97）

固定工（294）

固定资产管理（276）

瓜类蔬菜（160）

关心下一代工作委员会活动（349）

管理措施（498）

管理方式（228）

管理规定（192）

管理机构（82，86，196，231，253，265，439，463，497）

管理体制改革（196）

管理制度（214，281）

灌溉管理（83）

广播（506）

规模（233）

H

环境污染防治（63）

环境治理（489）

荒漠治理（70）

婚姻登记（520）

J

机采棉（152）

索　引

机构（74，113，212，245，283，284，287－289，340，354，372，390，498，515，522）

机关科室（368）

鸡（212）

集中供暖（96）

纪检监察案件查处（346）

纪律建设（344）

技术革新与应用（143）

技术培训（469）

季节工（295）

加工二厂（238）

加工一厂（237）

家畜种类（210）

家庭及婚姻（510）

监督检查工作（345）

减负工作（366）

简史编纂（500）

健康普查（482）

降水（55）

教师来源（456）

教师培训（459）

教学管理（444）

教育经费（460）

阶段管理计划（273）

津贴补贴（301）

经费（413）

经费保障（115）

经济效益（202）

精神文明创建活动（356）

居民健康档案（486）

居住环境保护（62）

K

卡拉总干渠（75）

科普（437）

科研成果（429）

科研机构（439）

客运管理（252）

库孜来克派出所（386）

跨世纪青年人才工程（419）

跨世纪青年文明工程（418）

L

劳动保护（304）

劳动竞赛（406）

劳动力市场建设（292）

利润管理（280）

连队工作机构（375）

粮食作物（159）

林果业（435）

林木管理（198）

林业产业调整（195）

流动人口管理（114）

鹿病防治（209）

鹿茸（209）

路政管理（252）

M

马鹿养殖（204）

美术书法（495）

棉花种植概况（142）

棉田土壤耕作（142）

棉种推广（157）

免疫工作（475）

面积（38）

民兵工作（398）

民主管理（411）

民宗工作（355）

母鹿繁殖（207）

木本植物（57）

目标管理责任制（114）

N

南总排（77）

农电网改造建设（87）

农机安全培训（230）

农机队伍（231）

农机监理（229）

农排（77）

农区饲草（201）

农业广播电视学校（453）

农业环境保护（61）

农业经济体制改革（126）

农业综合开发（365）

农业综合性开发（67）

农资供销（266）

P

爬行动物（57）

配套管理制度（196）

Q

企业概况（241）

企业管理（245）

气温与湿度（51）

汽车货运（249）

侨务工作（355）

桥涵（249）

禽类（56）

青少年科技大赛（437）

区域面积（65）

渠道防渗（80）

R

人工采摘（152）

人口变动（110）

人口分布（111）

人口总量（104）

人民调解（393）

日照（54）

S

三汇液化气公司（242）

三十二团（乌鲁克镇）（99）

三十二团（39，42，47，49，50，102，122，125，136，219，222，227，303，375，429，497，529，535，543，555）

三十二团党员代表大会（323）

三十二团乌鲁克镇（44）

三十三团（库尔木依镇）（98）

三十三团（中心团场）党委成立（332）

三十三团（38，39，47，49，50，101，119，123，135，217，220，226，301，374，427，496，527，533，535，544）

三十三团八连职工高秋英（187）

三十三团党员代表大会（322）

三十三团二十连职工张玉珍（155）

三十三团九连职工谭德周（154）

三十三团库尔木依镇（43）

三十三团七连职工李维莲（186）

三十三团三连职工何碧英（186）

三十三团十九连职工张志华（186）

山水社区（46）

商业改制（260）

商业概况（259）

商业建设（263）

商业经济体制改革（132）

商业状况（425）

少先队活动（421）

社保机构（316）

社会救助（518）

社会效应（242）

社区服务（525）

社区管理（523）

社团登记（521）

摄影创作（495）

审计工作（287）

生产效益（240）

生活水平（513）

生活饮用水管理（488）

生态环境保护（61）

生态环境综合治理（365）

生育保险（315）

失业保险（314）

师（地州）级（532）

十星级文明户评选（358）

实施"科技兴农兴团"战略（364）

食品安全管理（487）

收获机械（226）

兽类（56）

树体管理（181）

霜冻灾害（59）

霜期冻期（56）

水肥管理（180）

水费征收（85）

水生动物（57）

水生植物（58）

思想道德建设（357）

思想政治工作（352）

饲料及供应标准（211）

饲养（209）

T

太阳能发电（90）

特殊行业安全（380）

天然草场（201）

通团公路（247）

统计工作（285）

土地档案（73）

土地类型（65）

土地利用现状（66）

土地整理（70）

土壤改良（69）

团场个体商业（261）

团场行政机构（366）

团工作机构（375）

团建教育（418）

团员发展和"推优"工作（417）

团志编修（499）

退棉进枣（366）

退伍与安置（400）

拖拉机运输（250）

W

卫生安全教育（488）

卫生管理（487）

卫生监督（487）

位置（37）

文化构成（107）

文化娱乐市场（497）

文明（先进）单位创建活动（359）

文学创作（494）

乌鲁克派出所（388）

X

香梨病虫害防治（177）

香梨收储（174）

消防工作（378）

效益（200，234）

新建园香梨主杆结果栽培技术（171）

信访受理（373）

性别结构（105）

宣传工作（350）

宣传教育（116）

宣传教育（376）

学科竞赛（452）

学校安全（380）

学校体育（504）

学制及课程设置（450）

巡回医疗（474）

Y

鸭（212）

盐碱灾害（59）

养护管理（254）

养老保险（308）

养路技术与机械设备（255）

野生草类（57）

野生胡杨红柳保护（重点公益林管护）（189）

业务（288）

衣食住行（510）

医疗保险（311）

医疗队伍（467）

医疗技术（471）

医疗设施及设备（468）

医疗卫生服务机构（463）

医疗制度（480）

医务管理（480）

医药管理（481）

引水干渠（76）

营连级单位（371）

硬件设施（448）

拥军社区（46）

用电管理（89）

优抚工作（519）

预算管理（274）

Z

灾害救济（516）

枣树病虫害防治（179）

长期计划编制和执行（270）

长寿老人（526）

镇区绿化（94）

征兵工作（400）

蒸发量（55）

整地作业（224）

政治教育活动（333）

支斗农渠（76）

支排（77）

执法检查（488）

直播建园（179）

职工福利（305）

职工教育文化活动（410）

职工来源（292）

职工体育（502）

职工退休（306）

职工文化技术学校（454）

职业构成（107）

植保机械（225）

中耕（225）

中共三十二团委员会（319）

中共三十三团委员会（中心团场）（317）

种植业（433）

种子提纯复壮（155）

重大决策（331）

重点财政项目执行（283）

主要病虫害（162）

主要草害（166）

主要工作（348）

主要树种及育苗（190）

专利成果（432）

资金管理（278）

综合治理工作（382）

组织机构（356，381，397，421）

组织建设（324，401，420）

"两免一补"（461）

"三化"建设（361）

2004—2020年三十三团（库尔木依镇）总体
　　规划（91）

2011年三十三团城镇新区规划（92）

2012—2030年三十三团（乌鲁克镇）总体
　　规划（92）

后 记

《三十三团志（1995—2015）》是三十三团第二轮编修的志书。在修志过程中，得到了上级领导和团各部门各单位的大力支持，编务、编纂人员历时十载，3修篇目，9易其稿，终于付梓。

修志是中华优秀传统文化的传承，是一项浩大的文化工程。根据第二师二轮修志工作目标，团于2014年启动第二轮修志工作。在志书编修中，编纂人员完成资料收集、资料归类、篇目设置、志稿编纂、校审等各环节工作，于2021年4月完成初稿。兵团、第二师史志办领导亲临指导团内评审会，对志书编修提出了指导性意见。师史志办主任张振华多次到团指导编修编纂工作，提出专业性修改意见，保证了志书质量；在资金方面给予大力支持，保障了修志工作的顺利进行；抽调专业力量攻坚克难，史志专家叶小芳、苏娟、范金萍、王玉霞、尚新革、魏珂昕等积极参加编务、编辑、审读等。师市机关各部门各单位在志书评审中细心研读，提出了宝贵的意见建议。

盛世修志，志在千秋。编修团志是时代赋予的使命，也是大力弘扬兵团精神，推进文化润疆所义不容辞的责任。修志工作得到了团党委的高度重视，被纳入团文化建设的重点工程。历届团党委关心支持，团分管领导亲自督促，团办公室统筹协调，各部门、各单位积极配合，档案室李世荣尽职尽责，打印员王芳加班加点打印志稿，使编修顺利进行。

对关心、支持、帮助志书编修的所有人员深致谢忱。

由于志书断限跨度长、涉及范围广，部分资料缺失，加之编者经验所限，资料记述难免会出现遗漏和不足，敬请读者见谅，不吝赐教，以匡不逮。

编　者

2024年10月